HISTORIA DEL CINE BRITÁNICO

HISTORIA DEL CINE BRITÁNICO

CHRISTIAN AGUILERA
NATALIA ARDANAZ
LLORENÇ ESTEVE
TOMÁS FERNÁNDEZ VALENTÍ

T&B EDITORES

Para Jacques Minguell, mon oncle
(Christian Aguilera)

Para mis padres y la persona que me acompaña cada día
y me ayuda a limpiar los cristales de los ojos
con los que intento comprender el mundo.
(Natalia Ardanaz)

Para el meu pare porque nunca le podré agradecer
que me llevara una tarde de agosto a ver Lawrence de Arabia
(Llorenç Esteve)

Para Claudia, como no podría ser de otra forma
(Tomás Fernández Valentí)

PUBLICADO POR T&B EDITORES
Barquillo 15 A. 28004 Madrid. España
Tfno: 91 523 27 04. www.tbeditores.es

DISEÑO DE LA PORTADA: **Álvaro García-Romeu**
ILUSTRACIONES: **Archivo T&B Editores, Archivo autores**

DE ESTA EDICIÓN: **Noviembre de 2013**

ISBN: 978-84-15405-69-6
Depósito legal: M-31500-2013
Impreso en España- Printed in Spain

ÍNDICE

AGRADECIMIENTOS

Christian Aguilera:
A Esther Solías, Lluís Nasarre,
Adrián Sánchez y Octavi Martí

Natalia Ardanaz:
A Llorenç Esteve por compartir conmigo su pasión "filmhistórica" por el cine británico, a Darío Giménez Imirizaldu y a Pedro García.

Llorenç Esteve:
A todos los que me han acompañado en este largo y apasionante viaje desde Iñaki en Navarone, Natalia en Pamplona, Elio y Ruth en Londres, Toni en Donosti, a Steve en Southbank, a mis compañeros de viaje, Tomás y Christian, y nuestras británicas tertulias en el Trole, y en especial a Laurie, You're a Light That Never Goes Out y que pacientemente ha soportado estos meses de Britishness.

Tomás Fernández Valentí:
Enrique Aragonés, Tonio L. Alarcón y
la Biblioteca de Cinema de la Generalitat de Catalunya

INTRODUCCIÓN

EL CINE BRITÁNICO, ESE ILUSTRE DESCONOCIDO

No está de más empezar recordando la tristemente célebre afirmación de François Truffaut, quien dijo que los términos "cine" y "británico" le parecían incompatibles. Huelga añadir que el cineasta francés llegó a arrepentirse públicamente de esta exagerada aseveración, no solo teniendo en cuenta su amor por Alfred Hitchcock, a quien dedicó ese libro-entrevista cuya cita resulta ociosa a estas alturas, sino que fue en Gran Bretaña donde llevó a cabo una de sus mejores películas, *Fahrenheit 451* (ídem, 1966). Pero qué duda cabe que esa afirmación, y otras por el estilo pronunciadas por no pocos críticos, ensayistas y/o historiadores cinematográficos de todo el mundo, caló profundamente en un notable sector de opinión, sobre todo en España, que lo convirtió en una especie de dogma de fe según el cual el cine de nacionalidad británica carece de la importancia no ya del estadounidense, *of course*, sino de la que tienen el francés, el italiano o el alemán en el contexto del cine europeo. Nótese que cuando hablamos de "cine europeo" partimos asimismo de un artificio consensuado por toda o parte de esa corriente mayoritaria, según la cual el cine más representativo del continente conocido como Europa, formado en la actualidad por unas cincuenta naciones, es el oriundo de Francia, Italia, Alemania y, sí, también Gran Bretaña, y después y solo después se habla de la importancia de las cinematografías de países como Suecia, Noruega, Bélgica, Grecia, Rumania, Rusia y, claro está, España. Es decir, nos hallamos ante la paradoja de que muchos de los que minusvaloran el cine británico (y lo hacen, apuntamos ya, porque lo conocen mal) luego se les llena la boca a la hora de hablar de un cine que de europeo solo tiene su ubicación geográfica en el continente Europa, pero al cual se refieren *sin conocer la totalidad de la producción cinematográfica de todos los países europeos*; es decir, se habla de oídas, en el mejor de los casos, de lo que se conoce limitadamente, y en el peor, ignorando o incluso despreciando el resto.

Una de las razones por las cuales el cine británico, salvo honrosas excepciones, sigue estando subvalorado a la hora de confrontarlo con otras cinematografías del mundo reside justamente en el hecho del conocimiento parcial que se ha tenido del mismo a lo largo de sus distintas etapas, de manera que a grandes rasgos, e incurriendo deliberadamente en los tópicos habituales en torno a su historia, parece que el cine británico se limita a la escuela documentalista de John Grierson ("lo que mejor saben hacer los británicos son los documentales"), las comedias Ealing ("¡ah, ese clásico humor inglés!"), el cine de terror de Hammer Films ("hicieron nuevas versiones de Frankenstein y Drácula, pero en color"), el *free cinema* ("¡la *nouvelle vague* británica!"), las películas contra Margaret Thatcher ("la llamaban la Dama de Hierro") y comedias como *Cuatro bodas y un funeral* ("¡qué gracioso que es Hugh Grant!") o *Full Monty* ("¡qué divertidos esos parados haciendo *striptease*!"). Todo ello acompañado de los consabidos latiguillos que todavía riegan, con insistencia digna de mejor causa, los pareceres de gacetilleros que cuando hablan del cine británico se refieren al mismo empleando adjetivos como "frío", "estirado", o nuestro favorito, "académico", en base a esa vieja apreciación transmitida de generación en generación que es acogida por los nuevos cachorros sin cuestionársela siquiera. Siendo justos, empero, no es menos cierto que esa corriente de pensamiento se sustenta (si bien no se justifica) en una cuestión importante, sobre todo en lo que se refiere a España: la mala difusión de las películas británicas en nuestro país, de manera que muchas grandes obras que componen algunas de las páginas más valiosas de su historia permanecen lamentable y escandalosamente inéditas entre nosotros. De poco se puede hablar cuando poco se conoce.

A ello hay que añadir una característica específica de la cinematografía británica: su modestia a la hora de difundir sus méritos allende sus fronteras, como si los británicos no acabaran de darle importancia a su brillantísima producción cinematográfica, pareciendo que se sintieran acomplejados ante la presencia mayoritaria en sus salas de exhibición de la cinematografía con la cual comparten muchos rasgos, el principal de ellos la lengua: la estadounidense. Una especie de complejo de inferioridad que también ha favorecido cierto ahondamiento en el tópico, fomentado en este caso por los propios británicos, según el cual la tradición realista es la mejor cualidad de su cine, su máxima contribución a la cinematografía mundial, en detrimento de todo lo demás, lo cual carece de razón de ser a poco que se contemple el cine británico desde una perspectiva global y a vista de pájaro: es una idea preconcebida, una de las tantas que circulan al respecto, y contra las cuales lleva años luchando una institución tan fundamental como el British Film Institute, el mejor valedor del arte cinematográfico nacional.

Sería una fatuidad por nuestra parte afirmar que la *"Historia del cine británico"* que tiene el lector en sus manos, y a quien de entrada le agradecemos su interés por nuestra obra, vaya a ser el libro que acabará para siempre con todos los tópicos en torno a esta cinematografía. No se puede recoger en un único ensayo, ni tan siquiera en uno de las características del presente, toda la complejidad y riqueza artística e intelectual del cine de una nación; pedimos disculpas de antemano ante aquellas comprensibles lagunas y/o superficialidades en las que hayamos podido incurrir. Pero hay algo sobre lo cual no queremos pedir perdón: el hecho de amar el cine británico. Este libro está escrito por personas que sienten respeto, y por qué no decirlo, afecto hacia la cinematografía de Gran Bretaña; y se los tienen no en base a una pose preestablecida, sino porque, en la medida de nuestras posibilidades y movidos por ese amor, hemos planteado la presente obra con un carácter decididamente reivindicativo. Personas hartas de oír y leer que el cine británico es "frío" y "académico", mas teniendo en cuenta que los films que hemos ocasión de ver y las fuentes que hemos podido consultar al respecto nos arrojan, por el contrario, el valiosísimo saldo de un cine nacional vivo y palpitante, hermoso estéticamente y profundo intelectualmente, recorrido por una variedad de formas y estilos, de conceptos y corrientes de pensamiento que conforman un crisol híbrido de tendencias, estilos y géneros que se han ido relacionando y enfrentando entre sí, y cuya sola existencia, y un mínimo conocimiento, debería bastar para aniquilar por completo todas esos prejuicios e ideas preconcebidas.

También nos ha movido una razón práctica: la escasa bibliografía en lengua española sobre el cine británico. Nace este volumen con la intención de ser una humilde subsanación de esa laguna y una esperamos que útil herramienta para estudiosos y aficionados, con la esperanza de que su lectura pueda interesar a los lectores y servir de acicate para obras posteriores que puedan matizar o perfeccionar lo que se ha vertido en estas páginas. Hemos seguido un orden cronológico en el desarrollo de esta "*Historia del cine británico*", si bien incluyendo aquellos "saltos temporales" que hemos considerado oportunos en función de determinados contenidos temáticos y a efectos de clarificación. También hemos partido del concepto global de "cine británico" como aquel realizado dentro del territorio nacional o con producción cuya sede esté domiciliada en Gran Bretaña, con independencia de que, en según en qué épocas, se haya conocido a ese mismo territorio como Inglaterra, Bretaña, las islas británicas, el Reino Unido y Albión.

No pretendemos haber dicho la última palabra al respecto, pero aspiramos a que, gracias a la presente contribución, el cine británico deje de ser en España ese ilustre desconocido.

LOS AUTORES
Octubre de 2013

CAPÍTULO 1

SOMBRAS EN LA LUZ

EL CINE SILENTE BRITÁNICO (1895-1929)

por Natalia Ardanaz, Llorenç Esteve y Tomás Fernández Valentí

SOMBRAS EN LA LUZ O LUZ EN LAS SOMBRAS: LA ÉPOCA DE LOS INVENTORES

Sombras en la luz o luz en las sombras, este juego entre realidad y representación, entre ilusión y verdad, se encuentra en las manifestaciones artísticas más primitivas de la humanidad, y será a finales del siglo XIX, cuando el invento de una máquina denominada Cinematógrafo iba a permitir proyectar desde las sombras una luminosa ilusión imperecedera.

Tras largos siglos de búsqueda sobre cómo capturar el movimiento, serán los hermanos Lumière quienes den con la máquina más simple y perfecta para registrar y proyectar la imagen en movimiento. El invento de los científicos franceses no hubiera sido posible sin la indagación de numerosos inventores que, a lo largo de la Historia, fabricaron numerosos artilugios que poco a poco se fueron acercando hasta la ansiada máquina. El cine nació fruto de un cúmulo de hallazgos y experiencias en las que varios ingleses tuvieron grandes aportaciones. Los ingleses, por escasas semanas, no tuvieron la primicia de ser los "inventores del cine".

El 20 de febrero de 1896, el científico Robert W. Paul realizó la primera proyección pública de un film británico en el Finsbury Technical College de Londres, mientras que, el mismo día y en la misma ciudad, el Cinematógrafo de los Lumière era presentado públicamente en la Polytecnic. Los hermanos Lumière habían realizado la primera proyección, cobrando a una audiencia, el 28 de diciembre de 1895, a las 18 h. en el Grand Café 14, situado en el Boulevard des Capucines. Diversos inventores en Europa y Estados Unidos trabajaban simultáneamente para mejorar sus aparatos pero esa proyección en París, a la que no acudieron muchos espectadores, ha quedado como la emblemática fecha del nacimiento del cine, y los hermanos Lumière como sus "inventores".

Sin embargo, el nacimiento del cine es un logro colectivo de muchos inventores, de medio siglo de indagaciones técnicas para conseguir el primigenio sueño humano de capturar el movimiento[1] y que finalmente se consumó a finales del siglo XIX, el siglo

Muestra de una habitación donde se sitúan diversas linternas mágicas.

de las revoluciones científicas y tecnológicas. Las máquinas iban a revolucionar la sociedad decimonónica, introduciendo a Europa en el mundo contemporáneo. Las máquinas se convertirán en el símbolo de la modernidad y en protagonistas de una nueva manera de trabajar y vivir. Máquinas fabricadas para trabajar, para vivir y para divertir. Hagamos un breve *travelling*, pues, por las principales aportaciones británicas al descubrimiento del cine.

En 1824 el físico británico Peter Mark Roget presentó la tesis de la persistencia retiniana ante la Royal Society de Londres. A la luz de esta ley nacieron numerosos juguetes para experimentar la combinación de imágenes estáticas con esta teoría, que a la postre será clave para entender el mecanismo que alumbrará el descubrimiento del cine. Pero sin el descubrimiento de la fotografía no existiría el cine. En 1834 William Fox Talbot aportó sus primeras investigaciones en el campo de la técnica para obtener una imagen fija. El científico británico consiguió ser el primero en obtener imágenes fijas en negativo sin que la luz las hiciera desaparecer. A estas imágenes las denominó dibujos fotogénicos, y los fue perfeccionando hasta que en 1842 presentó públicamente el Calotopio, un método fotográfico que permitía a partir de un negativo crear tantas copias en positivo como se deseara, a diferencia del daguerrotipo, que era un positivo directo único. Aunque no eran tan nítidas como el invento de Daguerre, el talbotipo o impresión a papel salado era mucho más económico y permitió que se popularizara, dando lugar al nacimiento de la fotografía. Otro pionero relevante, Edward J. Muybridge, fue el primero en fotografiar el movimiento humano y animal, y a su invento lo llamó zoopraxiscopio, fundamental en la prehistoria del cinematógrafo. Sin olvidar a Lois Leprince, francés afincando en Leeds que patentó la cámara zootrópica en 1888, una máquina que podía filmar y proyectar, compitiendo verdaderamente con las de Edison y Dickson, pero que desapareció misteriosamente. Al año siguiente el fotógrafo William Friese-Greene (William Edward Green) (1855-1921) registró la patente de una máquina de fotos que reproducía el movimiento hasta diez imágenes por segundo. La máquina de Friese capturaba imágenes pero no las proyectaba, pero siempre se reivindicó como el inventor del cine, tal y como se lee en su lápida. Este inventor de Bristol está considerado como el padre del cine por sus compatriotas: registró hasta setenta patentes, y cinco décadas después los hermanos Boulting le darán un merecido homenaje en la extraordinaria *The Magic Box* (1951), narrando sus últimos años, obsesionado por el proceso fotográfico del color, donde marcó la excitación y a la vez la dificultad con que se vivieron los años de los pioneros cinematográficos.

Paralelamente, el gran físico norteamericano Thomas A. Edison, inventor de la lámpara incandescente en otros ingenios, realizó su aportación al cine con el Kinetoscopio. La máquina de Edison y William K. L. Dickson está considerada como la primera del cine. El Kinetoscopio permitía la visión de imágenes de manera individual pero no podía proyectarlas sobre una pantalla. Esa caja de madera se hizo muy popular en ferias y atracciones en el Nueva York de 1890. Al otro lado del Atlántico los británicos Robert W. Paul (1869-1943) y Bit Acres (1854-1918) habían fabricado la *Kinetic Camera* y el *Teatrograf*. El 18 de octubre de 1894 dos emprendedores de origen griego, tras asistir al primer espectáculo con el Kinetoscopio de Dickson y Edison, pidieron al entonces desconocido Paul, experto en fenómenos eléctricos, que les hiciera una réplica de la máquina, ya que resultaba muy cara para comprarla. El aparato de Edison no había sido registrado en Europa, y Paul junto con Acres fabricaron a partir del Kinetoscopio la primera cámara inglesa: la Paul-Acres, presentándola públicamente el 29 de marzo de 1895[2]. Estaban muy cerca de lograr la máquina perfecta pero los franceses se adelantaron por escasos meses. Louis y Auguste Lumière, hijos de un fabricante de placas fotográficas, tenían buena formación química y científica, y pensaban que el principal problema para lograr imágenes en movimiento era el de la proyección y se dedicaron intensamente a investigar sobre ello. En una noche de insomnio a Louis se le ocurrió que podía usar una manivela, como las de las máquinas de coser, para arrastrar la película[3].

Habían dado con la pieza que faltaba. Del griego *Kinema* («movimiento») y *grafein* («escribir»), le dieron a la nueva máquina el nombre de *Kinematógrafo* («Cinematógrafo»). Era la máquina más perfecta, más ligera y sencilla de las construidas hasta la fecha, ya que permitía registrar y proyectar. Una vez patentado el siguiente paso era mostrarlo, y así tuvo lugar la primera proyección pública de la historia del cine el 28 de diciembre de 1895. La noticia del nuevo invento corrió como la espuma. Pronto las principales capitales europeas querían proyectar esas imágenes que tanto habían fascinado a los espectadores de Le Grand Café.

EL CINEMATÓGRAFO DE LOS LUMIÈRE LLEGA A LA INGLATERRA VICTORIANA: PRIMITIVOS Y PIONEROS (1895-1905)

La fiebre del cine llegó a la capital londinense de la mano de un prestidigitador amigo de Antoine Lumière, Félicien Trewey, el mismo día que Robert W. Paul proyectaba con su aparato, como ya hemos mencionado. Unos días después, el 28 de febrero de 1896, presentó su *Teatrograph* ante unos espectadores asombrados que no se creían que las imágenes proyectadas cobraran vida. Pronto los grandes empresarios del entretenimiento londinense se quisieron hacer con su proyector para instalarlos en los principales teatros de *music hall* del momento: Olympia, Empire, Alhambra... Hasta el genial mago Georges Méliès, que fue el primero en entender el cine como arte, se hizo eco de su proyector y le compró uno para proyectar sus primeras películas en el teatro del célebre ilusionista Jean Eugène Robert Houdin. El Alhambra Theatre situado en Leicester Square era el más popular y decidió contratarle. El primer pase comercial tuvo lugar el 25 de marzo de 1896; el programa incluía la primera película de "animación" hecha con caricaturas animadas del káiser Guillermo II del dibujante Tom Merry y realizada por Birt Acres. Paul, conocedor de los gustos de un público británico acostumbrado a los *music-hall* y a los *gags* del teatro, vio que los espectadores se aburrían con las películas realistas de los Lumière y se lanzó a la producción en coalición con su socio Birt Acres.

Al principio realizaron pequeñas tomas de actualidades, como filmar por primera vez la regata Oxford-Cambridge. Acres siguió investigando las posibilidades técnicas del medio y Paul empezó a producir sus propias películas. Su primera obra con argumento, *A Soldier s Courtship* (1896), supuso la primera comedia del cine británico rodada en el Alhambra[4] y gira en torno a un soldado que flirtea con una joven en un banco cuando una mujer mayor les interrumpe. Su primer éxito llegó al filmar una de las carreras de caballos más exitosas en la que ganó el equino del Príncipe de Gales. De esta forma, *The Derby* (1896) se convirtió en el primer noticiario de la Historia del Cine.

En 1897 fundó la compañía Paul's Animatograph Works Ltd., desde la que coordinó la filmación del jubileo de la reina Victoria. Experiencia tan gratificante que le alentó a producir más películas. Durante esos años filmaba actualidades con un sentido de inmediatez informativa, noticiarios fílmicos que se rodaban por la mañana y se exhibían por la tarde en los teatros para competir con los periódicos. En 1899 abrió un estudio en el norte de Londres desde el que se dedicó más a la producción que a la filmación, a la que regresaría con una serie de cortometrajes, como *The "?" Motorist* (1906), con ingeniosos trucos al estilo Méliès.

Paul se convirtió en el pionero más importante durante esos primitivos años del cine británico. En cambio, la figura de Acres ha sido bastante olvidada dentro de ese grupo de inventores y pioneros, a pesar de que tuvo un papel muy activo y relevante poniendo su esfuerzo en investigación, promoción y venta de películas, asentando las bases de una incipiente industria cinematográfica. Su proyector se consideró el primero que funcionó correctamente en Gran Bretaña, lo que permitió la extensión de un invento para el cual los Lumière habían vaticinado un futuro muy corto.

El rotundo éxito que alcanzó el cine en la Inglaterra victoriana de finales del siglo XIX se entiende por la pasión hacia las máquinas por parte de un grupo de pioneros entusiastas para hacer avanzar la tecnología, pues no olvidemos que Inglaterra era uno de los países más industrializados del mundo, y de unos empresarios del ocio deseosos de hacer fortuna. El cine nació como un invento científico y se convirtió en la forma de ocio más popular. El cine como forma de expresión artística no llegaría hasta la primera década del siglo XX.

LA ESCUELA DE BRIGHTON: HACIA LA CREACIÓN DEL LENGUAJE ARTÍSTICO EN EL CINE

Entre 1895 y 1905 los pioneros británicos podían vanagloriarse de haber hecho un papel muy digno frente a sus fuertes competidores franceses y norteamericanos. Aunque los Lumière se hicieron con la primicia, Acres y Paul lograron entusiasmar al público británico. Mientras, en Brighton iba a surgir de forma espontánea un grupo de realizadores que entendieron que el cine no solo era un invento asombroso de magia y fabulación, sino un arte independiente, una forma de expresión para contar la realidad. Los emprendedores miembros fueron: 'Esmé' Collings (1859-1936), un fotógrafo retratista que trabajaba en las playas de Brighton y buscaba satisfacer su curiosidad científica; George Albert Smith (1864-1959), astrónomo de renombre hijo de un científico que cerraba sus conferencias con proyecciones elaboradas con linterna mágica; y James Williamson (1855-1933), farmacéutico con una pasión innata por la imagen. La mayoría eran fotógrafos que trabajaban en las playas de Brighton y allí empezaron a jugar con el nuevo invento. William Paul fue quien les vendió el primer aparato. Frente a la manera estática de colocar la cámara de los primitivos franceses, ellos se aventuraron a explorar el nuevo medio desplazando la cámara, buscando nuevos ángulos y planos, creando las bases del nuevo lenguaje cinematográfico. Por ejemplo, inventaron el primer plano, o el desplazamiento de la cámara hacia el actor construyendo una historia. O innovaron al filmar en exteriores, creando por primera vez fueras de campo y escenas paralelas.

Williamson empezó a hacer películas en 1897; al principio eran filmaciones de apenas unos segundos. Su primera película narrativa supuso *Attack on a China Mission* (1900), sobre el levantamiento de los bóxers en China. Ha sido considerada la primera película narrativa "continua" de ese cine primitivo. El carácter dramático de la historia y la acción introducida hizo que la audiencia quisiera ver una y otra vez la película, teniendo un enorme éxito. Una de sus películas más célebres e innovadoras fue *The Big Swallow* (1901), en la que un hombre se va aproximando poco a poco al objetivo hasta devorarlo. El mismo año realiza *Fire,* en que de manera similar a las anteriores muestra su inquietud por avanzar hacia estructuras narrativas más complejas.

Imagen de un *cameraman* del ejército británico de principios de siglo XX.

La película relata el rescate real de los habitantes de una casa en llamas. Simple en el fondo pero radical en la forma para aquel tiempo, mostraría esa concepción innovadora de filmar varios planos y editarlos cronológicamente, logrando una narración fílmica. Incluso acerca al espectador al suspense y al drama a partir de primeros planos, algo posteriormente muy imitado por otros cineastas. Williamson creó "minidramas" a través de los cuales estaba elaborando un nuevo lenguaje, una nueva forma de narrar. Amplió su vocabulario fílmico con la película *Stop Thief!* (1901), siendo el primero en contar a través del celuloide historias de una manera sofisticada y emotiva. Con esta película inauguró las *chase films*, películas cuya trama central son las persecuciones cómicas. Género que asimismo cultivaría otra figura relevante en los inicios de la industria cinematográfica, William Haggar (1851-1924), un *travelling showmen* que enseñaba sus películas en ferias de atracciones, entre ellas, *The Salmon Poachers* (1903) y *The Life of Charles Peace* (1905).

Williamson iniciaría después con *The Soldier Return* (1902) una serie de películas en las que relata el regreso de un soldado tras la Guerra de los Bóers en Sudáfrica. El propio director calificó esta película como un trocito de realidad, sin actuación y con realismo, tratándose de la primera aproximación de carácter social de la Historia del cine británico.

Como la mayoría de los pioneros tuvo que ingeniárselas para financiar sus proyectos; en este utilizó a su familia para ahorrar costes y logró hacer bastante dinero. George Albert Smith (1864-1959) era un popular hipnotizador afincado en Brighton, donde construyó el primer estudio de cine al cual se acercaban fotógrafos y cineastas que darían nombre a la escuela. Comenzó con una carrera prometedora experimentando con diferentes trucos fotográficos. Le interesaba llevar historias y tradiciones populares al nuevo medio. Sus primeros planos fueron en exteriores: mar, playa...

Después comedias en las que participaba su esposa. También mostró más interés por los elementos fantásticos y mágicos del cine. Le gustaba filmar al aire libre realizando planos generales. Su película más importante fue *The Kiss in the Tunnel* (1899). *Grandma s Reading Glass* (1900) merece la pena mencionar por su utilización del ilusionismo para introducirnos, a través de unas gafas en la mente del protagonista, un interesante ejercicio visual mediante el cual mostró un punto de vista nuevo: el subjetivo, sin lugar a dudas, una de sus grandes aportaciones al cine. Asimismo, el film experimenta con el primer plano, para lo cual utilizó una máscara circular en la lente a fin de simular la cercanía de la perspectiva con la que el protagonista ve a través de una lupa. Más tarde se centraría en investigar el proceso de colorear la película, denominado Kinemacolor, formando una empresa con Charles Urban: la Natural Color Kinematograph Company, que tuvo un gran éxito en los años anteriores a la Gran Guerra. Una nueva patente registrada por Friese-Greene llevó al colapso a la empresa y al fin de su carrera en el negocio del cine.

El tercer miembro de la Escuela de Brighton, 'Esmé' Collings (Arthur Albert Collings), empezó su carrera como fotógrafo, uniéndose a Friese-Greene para formar unos estudios de fotografía en Londres y Brighton en 1887. Dos años después se independizó, abriendo su propio estudio bajo el nombre de 'Esmé'. En 1896 empieza a dirigir sus propios films, exhibidos en The Empire Theatre of Varietes en Brighton. De esta serie se han conservado *Boys Scrambling for Pennies under the West Pier*, *Children Paddling* y *Playing on the Sands*, en que explora las posibilidades de animar fotografías. *Children Paddling* tenía una particular similitud con un cuadro del pintor John Constable. De los films desaparecidos destaca una de las primeras producciones eróticas de la historia: *Woman Undressing* (1897). Collings desapareció rápidamente del cine, dedicándose a su verdadera pasión, la pintura.

Los miembros de la Escuela de Brighton dieron un impulso para la creación de una industria cinematográfica británica, aunque no han sido muy valorados artísticamente. Aportaron numerosas innovaciones técnicas, vanguardistas para su época y con un contenido de denuncia social, cuyo testigo sería recogido por John Grierson y su escuela documentalista.

LOS COMIENZOS DE LA INDUSTRIA: CINE EN TERRITORIO HOSTIL

En los albores del siglo XX el cine de inventores se transformó en una industria. Mientras en Brighton indagaban en nuevas maneras de narración cinematográfica, en Londres el norteamericano Charles Urban (1871-1942) iba a construir los pilares de la industria cinematográfica británica. Urban empezó a trabajar en la industria del cine exhibiendo el Kinetoscopio en Detroit, para desplazarse después a Londres, donde empezó a trabajar para la Warwick Trading Company. En 1903 fundó su propia productora, Urban Trading Company, con el eslogan: «ponemos el mundo frente a vuestros ojos»[5]. La compañía, dedicada a realizar grandes reportajes y *newsreels* («noticiarios»), entre los que filmó con su operador Félix Mesguich la revolución rusa de 1905, fue muy aclamada por los espectadores de la época, convirtiéndose en el centro de la industria del cine británico. También se le debe a Charles Urban el primer intento de utilizar cine documental como medio de divulgación científica. En el Alhambra de Londres presentó la serie *Unseen World* (1903), del profesor Martin Duncan, producida con microfotografías. A Urban le salió un fuerte competidor, William George Barker, de la productora Warwick, con la que había empezado a trabajar. Ambos fueron devorados por la productora francesa de Charles Pathé, que decidió enviar corresponsales por todo el mundo realizando prestigiosos films de investigación. Fue entonces cuando Urban decidió pasarse a la ficción y explorar nuevas técnicas en materia del color. Para ello se asoció con Smith, con el que puso en práctica una técnica para lograr que, al proyectar la película, se obtuvieran los colores originales. En 1908 enseñó su proceso de color en la Royal Society of Arts de Londres. En 1909 fundó la Natural Color Kinematograph Company, empresa dedicada a la producción de películas en Kinemacolor con la que cosecharía mucho éxito hasta el estallido de la Primera Guerra Mundial. Finalmente tuvo un litigio judicial por la patente con Friese-Greene, resultado del cual fue que el Kinemacolor se convirtió en un invento de uso público para toda la industria del cine[6].

La fuerte competencia alrededor del mundo hizo que se desarrollara vertiginosamente la industria del cine. Desde su nacimiento hasta 1906, el cine primitivo británico escribió, según algunos historiadores, una de sus mejores páginas; para otros fue un periodo sin pena ni gloria. Películas de actualidades, documentales de carácter social, viajes, reportajes, películas con trucos de magia, vodeviles, farsas, comedias, melodramas populares... Los espectadores británicos acudían entusiasmados a ver esas películas filmadas de manera rudimentaria en estudios muy elementales y pequeños, pero con la libertad que ofrece toda una página en blanco por escribir. Avanzada la primera década de inventos, el cine se había convertido en el entretenimiento de las clases populares. El cine de finales del siglo XX y principios del siglo XX significó la democratización del ocio, hasta entonces dirigido a las clases privilegiadas: clase media y aristocracia. El bajo coste de la entrada de acceso, tres peniques, dio nombre al cine *The Threepeny Cinema*. Semejante coste permitió abrir el mundo del cine a las clases trabajadoras. Al principio veían en la pantalla la representación de su realidad cotidiana; después se convertiría en un espacio para viajar hacia la imaginación. Cualquier espacio se podía convertir en una improvisada sala donde proyectar y ver cine: casetas de feria itinerantes, cervecerías, cafés o tiendas abandonadas son algunos ejemplos. Aunque fueron los teatros de *music hall*[7] los que se convirtieron en los espacios mayoritarios de explotación comercial del cine hasta la construcción de salas destinadas exclusivamente a su exhibición.

A partir de 1906 y hasta el estallido de la Gran Guerra en 1914, se produjo un gran giro. El cine dejó de ser un invento de feria para dar respuesta a una audiencia más regular y se fueron sentando las bases de la industria para dar respuesta financiera e intelectual a unos espectadores cada vez más exigentes. En 1906, el norteamericano

George Hale abrió el primer cine comercial en Oxford Street conocido como Hale's Tour, que consistía en unos vagones de tren desde los que los espectadores veían películas de viajes como si fueran en un tren en movimiento. La experiencia encantaba al público y el empresario fue el primero en hacer una gran fortuna con el cine, lo que atraería a otros muchos empresarios y cineastas que se acercaron al mismo en busca de fortuna. Por esas fechas la cuota de pantalla estaba distribuida de la siguiente manera: el 15% para películas inglesas, el 40%, para las norteamericanas, y el resto para las francesas. El gran productor francés Charles Pathé decidió alquilar las películas en vez de venderlas, y llegó a decir: «no he inventado el cine pero sí lo he industrializado»[8]. Las salas se multiplicaron, llegando a alcanzar la cifra de 3.500 antes de la guerra. Durante los años anteriores a la Gran Guerra florecieron numerosas compañías dedicadas a la distribución para hacer frente a las sociedades extranjeras.

LOS PRIMEROS LARGOMETRAJES: HACIA UN CINE NARRATIVO

En los años anteriores al estallido de la Primera Guerra Mundial, algunos cineastas se atrevieron con películas de largo metraje: Cecil Hepworth, R. W. Paul, W. G. Barker, George Pearson, Maurice Elvey y Florence Turner fueron los más destacados. Cecil Hepworth (1874-1953) dominó la escena cinematográfica británica de preguerra. Hijo de un famoso exhibidor de linternas mágicas, construyó un estudio en su propio jardín en Walton on Thames. Con tan solo veintiún años empezó a trabajar como asistente de Acres y escribió el primer libro de historia del cine, "Animated Photography, The ABC of the Cinematograph", fechado en 1897. Charles Urban le descubrió y animó para que entrara a formar parte de su compañía, que dejaría al poco tiempo para crear la suya propia: la Hepworth and Co. Como otros pioneros, empezó rodando actualidades. Su primer éxito llegó con la filmación del funeral de la reina Victoria en 1901 y la coronación del rey Eduardo VII. Después estuvo unos años centrado a la producción de películas, con especial dedicación puesta sobre la calidad fotográfica. En 1905 obtuvo un gran éxito popular con *Rescued by Rover*, codirigida con Lewin Fitzhamon. Rodada tanto en estudio como en escenarios reales, cuenta la historia de un bebé que es secuestrado y posteriormente rescatado gracias al inteligente perro Rover. La película, protagonizada por miembros de su familia, no había costado más de diez libras esterlinas y logró vender 24 copias, lo que supuso también un logro comercial. En los siguientes años convirtió a un caballo en la nueva estrella en *Black Beauty* (1906). En 1910 ya era reconocido como una de las figuras más relevantes del cine del momento por su claridad narrativa y su estilo pictórico-fotográfico. En 1911 volvió al cine con *Rachel s Sin*, la historia de una chica que mata a su marido alcohólico en legítima defensa. La actriz Gladys Silvani se convirtió así en la primera estrella del cine británico. Después se atrevió con las adaptaciones de grandes obras de la literatura británica como *Oliver Twist* (1912), *Hamlet* (1913), esta de escaso valor salvo por la interpretación de Sir Johnston Forbes-Robertson, o *Alice in Wonderland* (1913), con el mencionado actor en el papel del conejo blanco. Poco a poco su estilo narrativo fue quedando obsoleto y la sociedad Hepworth Picture Plays se declaró en quiebra; sus películas se vendieron a peso y se destruyeron. Con todo, Hepworth devino una de las figuras más respetadas de la Historia del cine británico. Asentó las bases para el nuevo arte, introduciendo grandes innovaciones como el uso de luz natural para el rodaje en exteriores. Estudió las técnicas narrativas de los grandes cineastas *hollywoodienses* del momento, pero sin llegar a alcanzar su genialidad ni la de otros europeos contemporáneos[9].

Conforme avanzaban los años perfeccionó su lenguaje narrativo y aumentó la duración de sus producciones. Los grandes empresarios quisieron atraer al nuevo espectáculo a la burguesía, cuya moral había repudiado el cine, en su origen, por popular. Pero la burguesía era costosa de atraer, y los productores lo intentaron "elevando" los temas de las películas por medio de las adaptaciones literarias. Ese intento de elevar el cine a arte para la burguesía se asemejó al movimiento surgido en Francia denominado *Film D Art*, cuya expresión más temprana fue la adaptación de "Romeo and Juliet" de 1908. La vertiente británica de este estilo se centrará en promocionar el gran legado cultural literario y artístico de las Islas.

William George Baker (1867-1951), que había trabajado para la Warwick Trade Company, se atrevió con películas ambiciosas como *Henry VIII* (1911), y en 1913 hace un homenaje a la reina Victoria con motivo de sus sesenta años de reinado, de tres horas de duración: *Sixty Glorious Years*. George Pearson (1875-1973) antiguo maestro de escuela, rodó películas policíacas adaptadas de Arthur Conan Doyle. Con la ayuda de G. B. Samuelson (1886-1947), nacido en una familia de empresarios del espectáculo, construyeron The Worton Hall Studios en Isleworth. Abiertos el 1 de julio de 1914, se convirtieron en uno de los estudios más reseñables de aquella década.

En los años prebélicos la presencia de películas norteamericanas aumentó hasta alcanzar el 60% de cuota de pantalla. Londres se convirtió así en el principal cliente de Hollywood por el idioma y en el gran mercado desde el que exportar al resto del mundo anglosajón, aprovechando el dominio comercial y naviero de Gran Bretaña. Ante tal invasión el ministro del interior Herbert Gladstone promulgó una ley para reglamentar la exhibición y proteger el cine británico. La *Cinematograph Act* entró en vigor en 1909. Con esa ley se pretendía regular el crecimiento desordenado de la industria y defender el cine nacional de la "invasión" extranjera.

LA GRAN GUERRA, UNA ÉPOCA DE CAMBIOS

La guerra marcaría un impulso para el reconocimiento del cine como parte fundamental del entramado social dentro del país. Un primer síntoma es el espectacular aumento de espectadores, cuyas presencias semanales se multiplicaron exponencialmente: de 8 millones antes de 1914 se pasó a 21 millones en enero de 1917. Sería aventurado decir que la guerra lo provocó y más sensato hablar de coincidencia en la cul-

Charles Chaplin apenas tuvo presencia en el cine británico al fiar su futuro profesional en los Estados Unidos donde fundaría la United Artists, junto a Mary Pickford (a la dcha.)

minación de un proceso expansivo iniciado durante la etapa anterior. Proceso que se reflejó, en primer lugar, en la construcción de teatros y salones cada vez mejor acondicionados: de 3.100 en 1911 se pasó a 5.400 en tres años, lo cual explica entre otros motivos tal incremento. La expansión del negocio y su profesionalización aceleró la organización del mismo. Desde la censura (British Board of Film Censors), recién creada en 1912 para calificar a los films según categorías, a la implantación del modelo de distribución basado en el alquiler (*rent*) y no en la venta (*sell*), cuyo proceso culminó con la creación de la Kinematograph Renters Society a finales de 1915, que agrupaba a la mayoría de los *renters* del país. Se produjo un cambio de hábitos a la hora de ir al cine; el medio seguía siendo un entretenimiento eminentemente *working-class* a pesar de fomentarse medidas para evitarlo. Las autoridades, aprovechando los desórdenes normales en aquel momento, impusieron medidas coercitivas como la subdivisión en categorías de las butacas de los cines o la inclusión de hombres uniformados para vigilar el comportamiento del público. Aunque uno de los cambios con mayor repercusión supuso la progresiva constatación de programas cada vez más largos que duraban dos horas e incluían un film largo de una hora y dos cortos. El programa solía incluir

Debutante en su adolescencia en los escenarios teatrales birtánicos, Stan Laurel siguió los pasos de Charles Chaplin, estableciéndose al otro lado del Atlántico.

comedias, que era el género más popular, y un noticiario. El progresivo control de las audiencias provocó importantes cambios en el comportamiento de unos espectadores que cada vez optaban más por repetir varias veces por semana, hábito que ya se apreciaba a principios de la década de los 10[10]. Otro cambio importante es la transformación del cine en un medio de entretenimiento para toda la familia, dándose más habitualmente los casos de que asistía unida a las proyecciones. Por último, destacar el aumento del público femenino, factor sobre el que la guerra sí que tuvo algo que ver debido a la obligada ausencia masculina. Las espectadoras femeninas suponían el 55%, el 35% los hombres y el 10% los niños. Todos estos cambios respondían al intento de reducción de las audiencias *working-class* para potenciar la de la clase media con películas cada vez más habituales enfocadas a este tipo de público, como las adaptaciones de textos clásicos como *Hamlet* y *David Copperfield* (1913) producidas por Cecil Hepworth o la realizada por Ideal del *Tom Jones* (1917) de Henry Fielding. No obstante, como señala el crítico Nicholas Hiley, el más significativo asalto al control de la *working-class* a los salones cinematográficos no vino desde la industria, sino del gobierno. Dicho control comenzó a ejercerse en forma de tasa (*Entertainment Tax*) instaurada en julio de 1916[11], y que castigaba a las entradas más baratas. En pocos meses la recaudación bajó el 19%, en un proceso de pérdidas que llegaría hasta bien entrada la década de los 20. La guerra coincidirá también con la época de la profesionalización, con una fuerte diversificación de las compañías y una apuesta por crear estructuras industriales a través de la construcción de estudios fuera de Londres en lugares como Ealing, Elstree, Twickenham y Merton Park.

LA GUERRA EN LA PANTALLA: ESPECTÁCULO Y PROPAGANDA

Los británicos tuvieron claro en utilizar el cine como un arma útil de propaganda, no tanto para convencer de las razones de la guerra sino para levantar y proteger la moral del pueblo en tiempos difíciles. Sin embargo, el proceso estuvo plagado de malas decisiones y excesiva burocracia. Las cosas parecían funcionar cuando se dotaron rápidamente de instituciones de propaganda, como el War Propaganda Bureau establecido en la Wellington House, y se estrecharon contactos con la industria para estimular la producción de films patrióticos. Paradójicamente, junto a la aglomeración de films propagandísticos muchas productoras intentaron enviar a sus camarógrafos al frente, pero de inmediato la War Office, con órdenes directas del Ministro de Guerra Lord Kitchener, los expulsó aduciendo motivos de seguridad. La situación llegó a límites kafkianos, ya que otros países como Francia permitirían a los técnicos de Pathé, Eclair, Gaumont y Eclipse filmar en el frente. Incluso los alemanes establecieron una unidad especial estable, obligando a los británicos a utilizar su material reeditándolo para exhibirlo de nuevo. El Bureau decidió cambiar de planteamiento al contactar con las principales productoras de noticiarios estableciendo un consorcio: el Topical Committee of Film Manufacturers Asociation. Para la War Office la prohibición era una posición cada vez más insostenible, sobre todo después del veto levantado por Francia en 1915, que permitió el envío, por parte de la Topical Committee, de dos cámaras al frente. Su trabajo cambiaría el rumbo del cine propagandístico británico.

Mientras todo esto ocurría las pantallas eran provistas de todo tipo de material patriótico muy especializado. Rachael Low señala hasta siete tipos: pequeños films ficcionados, films sobre temas comunes militares, normalmente sobre la vida de los militares detrás de las líneas, films sobre entrenamiento militar, films sobre el movimiento de tropas británicas en Egipto y Palestina, visitas reales a tropas militares, films navales, films generales, y el séptimo, y más popular, los denominados "*battle*" films, con imágenes de batallas reales[12]. Antes de que llegara la primera de la serie con la emblemática *The Battle of the Somme* (1916), apareció un film también importante: *Britain Prepared.* Estrenado en febrero de 1916, y realizado por el equipo de producción de Charles Urban, pretendía ser un film definitivo, compuesto de doce bobinas de casi tres horas y media de duración y con algunos segmentos en Kinemacolor, el primer proceso de color "natural". La película describía el completo proceso bélico: desde el reclutamiento, la industria armamentística, la visita del monarca George V, la caballería entrenándose, la construcción de un barco, una perspectiva de la flota en

Scapa Flow (Escocia) o la recreación de un submarino atacando. Su éxito ayudó a la llegada de la imprescindible *The Battle of the Somme,* el más conocido de los films oficiales, donde se describe la ofensiva aliada de julio de aquel año en los campos de Francia. Los dos camarógrafos oficiales a los que nos hemos referido con anterioridad mandados por el Topical Committee, Geoffrey Malins y J. B. McDowell, ya liberados de las restricciones del War Office de filmar en el frente, recogieron espectaculares imágenes de una de las batallas más importantes en la que los británicos participaron durante toda la guerra, especialmente por ser la primera con un ejército masivo formado por civiles uniformados. El impacto de la batalla resultó indudable: el 1 de julio se reportó como el día con más caídos de la historia del ejército británico[13]. La expectación lógicamente era grande y el proceso de montaje se agilizó con el fin de que los acontecimientos no quedaran superados por el tiempo. Estrenada apenas seis semanas después de los hechos, supuso un éxito inmediato[14] gracias al impacto de unas imágenes que no reducían el dramatismo de la batalla. Con soldados heridos transportados desde el frente, el propio monarca al verla en un pase privado dijo «el público debe ver este tipo de películas, así se hace una idea de lo que está haciendo el ejército y lo que significa»[15]. El film no solo sirvió para el mercado interno sino para buscar más apoyos exteriores, entre ellos los entonces neutrales Estados Unidos, hecho de indudable importancia que también debemos valorar en clave cinematográfica. El film se considera el primer largometraje documental, pionero en filmar escenas reales de combate e incidiendo en el debate y en el cuestionamiento de films que "reconstruían" las acciones bélicas. La película logró el deseado impacto e incluso desde las instituciones hubo una reorganización en la producción con la creación del War Office Cinematograph Committee para que coordinara la producción oficial que sufrió varias alteraciones hasta el fin de la guerra[16]. Al año siguiente, apareció un nuevo "*battle*" film, también filmado por Malins y McDonwell, que gracias a su meritorio trabajo en *Somme* consiguieron la exclusiva de filmar los tres restantes *battle*. El siguiente, *St. Quentin,* era algo menos ambicioso, con tan solo tres bobinas de duración; casi de inmediato llegaron *Battle of the Ancre and the Advance of the Tanks* (1917), que recopilaba filmaciones de otoño de 1916 y la última de la serie, *The Battle of Arras* (1917), filmada en abril de 1917 aún mantiene el impacto de la devastación de la ciudad, aunque sin el drama del frente mostrada en los *battle* anteriores.

LA PRODUCCIÓN COMERCIAL: EL ESCAPISMO NECESARIO

La vertiente patriótica mostrada en los *battle* también contagió a la ficción de muy diversas formas. Desde el drama aventurero *Rupert of Hentzau* (1915), basado en la novela de Anthony Hope, una secuela de "El prisionero de Zenda", en que aparecen los parámetros del caballero inglés enredado en la maraña centroeuropea; o *Beau Brocade* (1916), según una obra de la baronesa Orczy, la misma que escribió las novelas que inmortalizaron al emblemático Pimpinela Escarlata. También los *biopics* funcionaron con fines propagandísticos a través de indiscutibles figuras británicas: *Disraeli* (1916), *Nelson* (1918), del longevo Maurice Elvey, quien repitió experiencia en *The Life Story of David Lloyd George* (1918) sobre la vida del Primer Ministro, y algunos no tan conocidos como *The Life of Kitchener* (1918), en que a través de la vida del militar del mismo nombre en su periplo por Egipto, Sudáfrica e India, se traza un docudrama histórico del momento. Sin embargo, las películas de tintes propagandísticos constituyeron una minoría dentro del global de la producción, que seguía dominada por el drama. La definitiva consolidación del largometraje como epicentro de los cambios en la exhibición, junto a la voluntad de establecer el cine conforme a un medio respetable, no hizo más de acrecentar la tendencia hacia el drama. Cómo no, la adaptación de grandes obras formaba parte de esta estrategia y en aquellos años se llevaron a la pantalla algún Shakespeare en *The Merchant of Venice* (1916), a Thomas Hardy en *Far from the Madding Crowd* (1915) o a Charles Dickens en *Barnaby Rudge* (1915) y *Dombey and Son* (1917). Junto a los grandes títulos, la guerra ofreció apariciones reseñables como las primeras adaptaciones del popular personaje de Sir Arthur Conan Doyle, Sherlock Holmes, en *A Study in Scarlet* (1914), llevada al cine por C. B. Samuelson, y *The Valley of Fear* (1916). El interés por el aún embrionario *crime film* aumentó a finales de la guerra; algunas de estas películas seguían la fórmula del serial, como *Ultus and the Great Lady* (1916), producida por George Pearson para la Gaumont. Otras, en cambio, adquirieron una forma más dramática, tal es el caso de *Her Greatest Performance* (1916), *For All Eternity* (1917), *Justice* (1917) o *Auld lang Syne* (1917). El conflicto bélico tampoco eliminó el vigor de la comedia, estableciendo las bases de su hegemonía en la década de los 30. En esta época se marcaron varias tendencias que se repetirían posteriormente, como la comedia con el tono romántico de *Sally in Our Alley* (1916), la comedia más burlesca que giraba en torno al cambio de identidades, como *Honeymoon for Three* (1915), y por supuesto, la comedia protagonizada por artistas del *music-hall* con una serie de cómicos bastante populares como Fred "Pimple" Evans (1889-1951). Junto a Evans, aunque con menos relumbre, apareció una larga generación de cómicos provenientes del *music-hall* que empezaron a destacar a principios de la década y que siguieron haciendo de las suyas durante los años de la guerra. Estamos hablando de Albert (1879-1942) y Seg Egbert (1878-1944), o de Sam (1866-1922) y Will T. Poluski (1889-1929). También debemos reseñar la importancia de la primera de las etapas brillantes de la animación en su intermitente historia en el cine británico. La guerra sirvió de estímulo, no solo porque el gobierno le dio apoyo como mecanismo propagandístico en films de instrucciones o en cortos que se exhibían previo al noticiario y al film principal en los programas de exhibición, sino en la coincidencia temporal de una brillante generación de animadores. Tal es el caso de Lancelot Speed (1860-1931) y su serie de ochos partes «*Bully Boy*», en que se ridiculiza al enemigo germánico, y los films que realizó para la Imperial Pictures, también de marcado tono patriótico: *The U-Tube* (1917) y *Britain's Honour* (1919). Coincidente con Speed destacó el trabajo de Dudley Buxton (1884-?), quien con el apoyo de Anson Dyer (1876-1962) realizó *John Bull's Animated Sketcbo-*

Fotograma de *The Faith Maid of Perth* (1923), adaptación de un texto del insigne Walter Scott, protagonizado por Russell Thorndike.

ok, también con un marcado cariz propagandístico, en que se utiliza la técnica del *cut-out* en los personajes movidos por hilos convenientemente escondidos[17]. A principios de la posguerra hubo un verdadero cambio al extenderse el uso del acetato y un cierto interés de las productoras por la animación. Hepworth, por ejemplo, financió parte de la carrera de Anson Dyer, el animador más importante hasta entonces, con sus historias del «Uncle Remus» en *Philip's Philm Phables* (1919), así como las parodias sobre Shakespeare, incluidas *'Amlet, Oph'phelia, The Merchant of Venice* o *Romeo and Juliet* agrupadas en el *Cartoon Burlesques* (1919-20). Dyer siguió asociado a Hepworth en la serie *Bobby the Boy Scout* (1921) y en *Kiddie-Graph* (1922). La década de los 20 no sería tan destacada para la animación británica debido al efecto devastador de la llegada de la industria americana y su poder para imponer gran parte de la exhibición.

LA POSGUERRA, CAPEANDO LA CRISIS: LOS CASOS DE LA IDEAL Y STOLL

Acabada la guerra era hora de hacer balance y el panorama no era para sentirse especialmente orgulloso. La contraproducente *Entertainment Tax* había hecho daño a la exhibición con una caída rápida de espectadores hasta bien entrado 1921. Eso no evitó que los primeros años de posguerra sean los de las construcciones de los grandes teatros y salas cinematográficas, levantado las restricciones del período bélico. La producción en cambio sufrió un ligero aumento en el período de 1919 a 1921, pasando de 103 a 136 títulos para, a partir de aquí, iniciar una imparable caída hasta llegar a los mínimos de 1926 con 37 films[18]. La producción empezó a cambiar, pasando de la fragmentación durante la guerra a un sistema aún con bastantes compañías, Pero sobre todo dominado por dos, la Stoll y la Ideal, y junto a ellas algunas compañías nuevas como la Alliance y la Welsh-Pearson, que convivieron con las ya existentes Hepworth Manufactury Company y Gaumont, entre otras.

Un caso paradigmático lo protagonizó la compañía Stoll, creada por el mayor empresario de teatral del momento, Sir Oswald Stoll (1866-1942). En abril de 1918 fundó la Stoll Film Company, que ejercía a la par de productora y distribuidora. Su primer film, la reflexión postbélica *Comradeship* (1919), supuso una buena carta de presentación y un impulso para la productora. Sin embargo, los primeros movimientos de la misma fueron cautelosos dirigidos en la búsqueda de aprovechar el ansia americana de distribuir sus producciones; con esta perspectiva la Stoll negoció un contrato con Samuel Goldwyn, que ligaba la ayuda en la distribución de su producción en suelo británico al sostenimiento de una modesta pero continuada producción propia. El acuerdo fracasó ante la evidencia de que los americanos podían encargarse ellos mismos de la distribución, como ya de hecho lo estaban haciendo la Universal, Fox y Famous Players-Lasky. La reacción de la Stoll tuvo aires de desquite, creando una división autónoma, la Stoll Picture Productions Ltd., y mudándose a unos estudios más grandes en Cricklewood, todo ello previo a una estimable inyección de capital. Su estrategia tomaría forma cuando empezaron a asegurarse masivamente los derechos de autores, la mayoría escritores contemporáneos británicos que iban desde los *reyes* de las novelas baratas, Edgar Wallace, Sax Rohner o Rafael Sabatini, a carismáticos como Conan Doyle, y autores de la novela colonialista: de A. W. Mason al visionario H. G. Wells, al mismo tiempo que la productora reforzaba los equipos técnicos. Entre 1919 y 1928 realizaron 128 films y seriales, casi un tercio de la producción total, de los cuales 118 eran de autores contemporáneos británicos vendidos como "Eminent British Authors Series"[19]. Stoll pretendía monopolizar el mercado para así crear la necesidad de suplirlo de manera continuada. Al principio lo lograron con 25 films al año, con una producción popular como los films sobre Fu Manchú, y una serie sobre Sherlock Holmes de quince títulos de dos bobinas, al margen de una versión más extendida del clásico *The Hound of the Baskervilles* (1921). El serial se convirtió en un sistema eficaz para la productora, que le dejaba margen para reaccionar ante la inclusión de nuevos temas de interés señalados por las audiencias. Las cosas dejaron de funcionar un par de años después de iniciada la estrategia y la aventura de los "Eminent British Authors Series" dio los primeros signos de debilidad, agravados por deudas y una gestión poco eficiente de la distribución. La Stoll intentó cambiar de política reduciendo la producción y priorizando proyectos de más enjundia al socaire de los films grandiosos franceses de principios de la década. No obstante, esa política duró tan solo un año y se decidió volver a los orígenes.

La otra gran productora nacida durante la guerra, la Ideal, actuó de forma similar produciendo a gran escala; en 1921 su producción llegó casi al nivel de su competidora Stoll con 18 producciones, aunque la diferencia serán el origen de la historias, la mayoría provenientes de autores de la época victoriana como Charles Dickens, George Elliot, William M. Thackeray, las hermanas Brontë u Oscar Wilde, entre otros. Ninguna otra productora llegó al nivel de estas dos. Algunas tuvieron similar ambición aunque menos alcance como la Alliance, conocida como la «*million pound company*», asociada con el magnate Charles F. Highman. La compañía unió esfuerzo con

British Actors Film Company para suministrarles intérpretes para sus producciones. Sus planes eran potentes, con 26 producciones de cinco bobinas y 26 de dos enfocadas a producciones escapistas, priorizando aventuras y espectáculo y con un equipo reducido de actores, entre ellos Matheson Lang, Ivor Novello, Gladys Cooper, C. Aubrey Smith y Costance Collier. Sus primeros films causaron interés, sobre todo *Carnival* (1921) y *The Bohemian Girl* (1922); sin embargo, la situación económica de la empresa era preocupante, agravada por el coste de la compra de un estudio en Twickenham y las necesarias obras para acondicionarlo. La empresa finalmente cerró, siendo vendida por la pírrica cifra de 9,750 £. Esta inestabilidad industrial también afectó a otras empresas como Minerva Films, nacida a modo del ejemplo de la United Artists a partir del acuerdo de varios artistas, entre ellos Leslie Howard (1893-1943), Adrian Brunel, C. Aubrey Smith, A. A. Milne o Nigel Playfair, cuyas buenas intenciones no duraron demasiados años. Tampoco los norteamericanos se libraron de las dificultades: la Famous Players-Lasky creó una división británica, la Famous Players-Lasky British Producers Ltd., para empezar a producir a finales de 1919 en su estudio en Islington equipado de tecnología norteamericana. El *stafff* lo encabezaría el director general J. C. Graham, aunque el *general manager* de la compañía en Estados Unidos Milton E. Hoffman estuvo a cargo el primer año. Para su producción requirieron de bastante personal norteamericano; sus dos primeros films *The Call of Youth* y *The Great Day* fueron dirigidos en 1920 por el "importado" Hugh Ford. Su linea de producción nunca fue demasiado ambiciosa, contentándose con 3 ó 4 films al año, entre los que destacaron *Three Live Ghosts* (1922) y *The Man from Home* (1923), ambas dirigidas por el también norteamericano George Fitzmaurice. A principios de 1924 la empresa madre americana decidió clausurar la filial inglesa por no llegar a los mínimos de calidad que sus homólogas yanquis. Pero el motivo real fue la crisis que, a partir de ese año, se hizo visible en la industria del cine británica.

Meritoria fue la carrera del ya mencionado e incombustible Cecil Hepworth, que había resistido desde los tiempos de los pioneros de Brighton y durante la guerra no le había ido del todo mal adaptando novelas populares en sus estudios en Walton-on-Thames. En 1919 decidió formar su compañía la Hepworth Picture Plays Ltd en donde en dos de sus primeros films, *Sheba* (19191) y *The Adventuress* (1920), aparece un joven Ronald Colman (1891-1958). De su producción dos films destacarían por encima de todos, *Mist in the Valley* y *Comin'Thro' the Rye*, ambos de 1922 y protagonizados por Alma Taylor. Sin embargo, al igual qe sus coetaneos se declararía en bancarrota un año después y la vendió al cabo a una pequeña porción de su valor. Otro resistente, George Pearson, se asoció con Thomas Welsh, con el que había trabajado en Gaumont, y juntos decidieron formar la Welsh-Pearson Company Ltd., alquilando en primera instancia un espacio en los estudios que tenía la London Film Company en Twickenham. Entre su modesta producción de tres o cuatro films al año destacó *The Better' Ole* (1918), *Garryowen* (1919), *Nothing Else Matters* (1920), *Mary Find the Gold* (1921) y *The Yellow Claw* (1921), en que se seguía la línea marcada por las grandes compañías de buscar films que reflejaran el carácter nacional.

PRIMEROS GRANDES CINEASTAS DE LOS AÑOS 20

No puede entenderse lo que supuso para el cine británico la transición del silente al sonoro sin hacer mención a las carreras de varios importantes cineastas que desarrollaron las aproximadamente dos mitades de su filmografía entre ambos períodos. Uno de los primeros fue William Seward Folkard, más conocido como Maurice Elvey (1887-1967). Inició su carrera profesional en el mundo del espectáculo en el teatro, primero como actor y luego como productor, donde a través de su compañía Adelphi Play Society, fundada en 1911, realizó montajes de obras de Bernard Shaw, August Strindberg, Henrik Ibsen y Antón Chejov. Por mediación del director de escena y guionista cinematográfico Harley Granville-Barker, Elvey también financió representaciones en Nueva York; sus viajes a los Estados Unidos le servirían para adquirir experiencia en Hollywood. En 1913, debutaría como realizador en el cine, iniciándose así la que todavía hoy está considerada la filmografía como director más larga de la Historia del cine británico, contabilizada en unos 196 títulos, incluyendo cortometrajes, largometrajes y un trabajo (el último que hizo) para televisión, repartidos entre el año de su debut y 1958. Existe cierta unanimidad a la hora de señalar como su primera película importante *Maria Marten, or the Mystery of the Red Barn* (1913), con guión propio y producción de George King Productions, en la cual Elvey también asume un papel como intérprete; lamentablemente, este film permanece desaparecido en la actualidad, de ahí que figure en la lista de las 75 películas perdidas más buscadas elaborada por el British Film Institute y hecha pública el 11 de agosto de 2010. Hasta 1929, fecha en la que dirigió *High Treason*, film pionero dentro de la historia del cine de ciencia-ficción cuya acción futurista se sitúa en el año 1940 (sic), si bien la misma se cambió a 1950 con motivo de su reestreno en versión sonorizada el 13 de marzo de 1930, Elvey desarrolló una importante carrera dentro del mudo, algunos de cuyos hitos fueron *The Suicide Club* (1914), que adaptaba "El club de los suicidas" de Robert Louis Stevenson; *Love in the Wood* (1916), adaptación de la obra de Shakespeare *Como gustéis*; una serie de películas biográficas, entre las que destaca la ya mencionada de 1918 *The Life Story of David Lloyd George*, reconstrucción de la vida de este Primer Ministro cuya particularidad reside en que se llevó a cabo durante el mandato del mismo (1916-1922), siendo con toda probabilidad «el primer *biopic* en torno a un político contemporáneo vivo»[20]; los dieciséis cortometrajes de 1921 en los que Eille Norwood encarnó a Sherlock Holmes, y que culminaron al año siguiente con la también citada *The Hound of the Baskervilles* (1921), esta de duración superior; y *Hindle Wakes* (1927), que produjo Victor Saville (quien dirigiría una nueva versión sonora en 1931) y adapta la obra teatral homónima de Stanley Houghton, y que algunos autores consideran un lejano precedente del realismo que dominaría la producción británica desde finales de los años 50 en adelante[21].

Poco después de hacerlo Elvey, debutó en el cine, en 1919, el productor y realizador Herbert Wilcox (1890-1977). Por más que suele destacarse más su labor como productor que como *métteur en scène*, Wilcox dirigió algunas relevantes piezas del silente británico de la época como su ópera prima *Chu-Chin-Chow* (1923); una adaptación del "Decamerón" de Bocaccio, *Decameron Nights* (1924), con el norteamericano Lionel Barrymore en el papel protagonista; y el reputado melodrama *London* (1926), protagonizado por la también estadounidense Dorothy Gish. En 1920, Wilcox se asoció con el también realizador Graham Cutts para fundar Graham Wilcox Productions. Poco después, concebiría British National Company, que en 1928 sería absorbida por la más poderosa British International Pictures (BIP), luego conocida como Associated British Picture Corporation (ABPC), la cual estuvo en activo en 1970. La BIP había sido creada en 1927 por el abogado escocés John Maxwell (1877-1940), quien ese mismo año también fundó la cadena de salas de exhibición ABC Cinemas (Associated British Cinemas), la cual estuvo en funcionamiento hasta el año 2000; la BIP tenía su sede en los legendarios estudios de Elstree en Hertfordshire, todavía en activo en la actualidad, y llegó a ser conocida como "el Hollywood británico", siendo dos sus films más relevantes en los albores del sonoro: por un lado, la famosa obra de Alfred Hitchcock *Blackmail* (1929), estrenada en España como *La muchacha de Londres* pero también conocida como *Chantaje*, que fue rodada aún de manera silente pero parcialmente sonorizada poco antes de su estreno, convirtiéndose así en la primera película británica sonora de la historia; y, en segundo lugar, la suntuosa *Piccadilly* (1929), dirigida por el alemán Ewald André Dupont (1891-1956), acreditado en ocasiones como E. A. Dupont, y un sofisticado melodrama sobre el cual volveremos un poco más adelante, desarrollado en los ambientes nocturnos londinenses y que gira en torno a una bailarina exótica (la famosa actriz chinoamericana Anna May Wong), e incluye uno de los primeros papeles relevantes de la futura gran figura del cine británico Charles Laughton (1899-1962).

El ya mencionado socio de Wilcox, John (Jack) Henry Graham Cutts, en arte Graham Cutts (1885-1958), fue otro importante realizador cuya carrera arrancó en el silente (concretamente en 1922), si bien no se prolongó tanto como la de Elvey y Wilcox durante el sonoro (duró hasta 1940). Apodado «el Griffith británico», Ernest Betts le considera «un cineasta mucho más sofisticado» que Elvey, sobre todo cuando devino «uno de los mayores talentos del cine británico gracias a *De mujer a mujer* (*Woman to Woman*), que dirigió en 1922», film clave de esta cinematografía durante el silente que es una de las, al parecer, poquísimas películas suyas estrenadas en España, la única muda junto con la no menos relevante *El rata de París* (*The Rat*, 1926); añade el mismo autor que «*El rata de París*, *The Wonderful Lie* [su ópera prima, también de 1922, que Betts menciona así en principio por error: su auténtico título es *The Wonderful Story*] y *The Blackguard* [una coproducción con Alemania de 1925 también conocida como *Die Prinzessin und der Geiger*] revelan a un director que había aprendido mucho del cine continental combinándolo con el virtuosismo técnico de estilo *hollywoodiense*. *De mujer a mujer* gira en torno a la historia de amor de un joven oficial y una bailarina durante la guerra que tiene trágicas consecuencias. Él pierde la memoria y cuando regresa a Inglaterra ignora que ella ha dado a luz a un hijo»[22]. Buena parte de la producción silente de Cutts fue producida por Michael Balcon (1896-1977),

Alfred Hitchcock, en los inicios de su carrera.

futuro responsable de los Ealing Studios y abuelo del actor Daniel Day-Lewis, quien inició su carrera cinematográfica en 1921 con la apertura de una compañía de distribución, Victory Motion Pictures, en asociación con su amigo el realizador Victor Saville. Su primera producción de éxito sería precisamente la mencionada *De mujer a mujer*. Dos años después del estreno de esta última, en 1924 Balcon crearía Gainsborough Pictures, que sobre todo durante los años treinta y cuarenta vivirían sus mayores momentos de esplendor gracias a la comedia y su característica producción de melodramas "de época". En estos primeros años, Gainsborough pasó a ocupar las instalaciones, pequeñas pero bien equipadas que había dejado libres la productora norteamericana Famous Players-Lasky (la futura Paramount Pictures); entre las jóvenes promesas del estudio se hallaba Hitchcock, a quien Balcon le dio su primera oportunidad produciéndole su ópera prima, *The Pleasure Garden* (1925). La producción silente de Gainsborough no tardó en labrarse un bien merecido prestigio por su calidad, pero diversos problemas financieros obligaron a esta empresa a convertirse en una filial de la poderosa compañía francesa Gaumont a finales de la década de los 20. Asimismo salido de la producción de *De mujer a mujer*, el citado amigo y socio de Balcon, y asimismo productor y director Victor Saville (1895-1979) tenía una notable previa experiencia dentro del mundo del espectáculo, primero en el teatro y luego en el departamento de noticiarios de la organización Pathé. Debutó como realizador con *The Arcadians* (1927), iniciando así una considerable trayectoria que se prolonga, como director, hasta 1954, y como productor, hasta 1962, faceta esta última que suele ser la más apreciada de su filmografía.

Paralelamente a este grupo de cineastas que, como hemos visto, estaban conectados de un modo u otro, resulta obligado hacer mención al prácticamente desconocido en España Adrian Brunel (1892-1958), cuya obra como director arranca ya en 1917 con

The Cost of a Kiss (1917), producida por él mismo a través de su empresa fundada en 1916 Mirror Films, si bien su trayectoria despegó en 1920 a raíz de su asociación con el actor Leslie Howard y el escritor, poeta y dramaturgo A. A. Milne al frente de la productora Minerva Films, para la cual dirigió seis cortos cómicos antes de emprender la realización de su primer film importante del período, *The Man Without Desire* (1923), protagonizado por la notable estrella del cine silente británico Ivor Novello. De 1920 es también un efímero intento de Brunel de formar una especie de primera asociación de cineastas británicos, la Cinemagoers' League, destinada a unificar criterios de producción y hacer frente a las demandas de un cine específicamente británico y a la sempiterna preferencia del público por la producción *hollywoodiense*[23].

Hasta 1925, Brunel dirigió otra serie de cortometrajes humorísticos, los cuales llamaron la atención de Michael Balcon, quien le ofreció trabajar para Gainsborough, cosa que hizo hasta 1929, destacando al respecto títulos como *Blighty* (1927), sombrío melodrama con la Primera Guerra Mundial como telón de fondo, *The Vortex* (1928), adaptación de la obra de teatro homónima de Noël Coward, *A Light Woman* (1928) y *The Crooked Billet* (1929), que el propio Brunel consideraba en su autobiografía «mi última y, quizá, mejor película silente».

Pero destaca, sobre todo, *The Constant Nymph* (1928), su adaptación de la famosa novela de Margaret Kennedy "La ninfa constante" y muy controvertida en su época por su manera de abordar la sexualidad adolescente, hasta el punto de despertar las suspicacias de la siempre estricta censura británica, la cual no autorizó la exhibición del film hasta asegurarse de que la actriz Mabel Poulton, coprotagonista de la película junto a Ivor Novello, tenía más de 20 años de edad.

Mención aparte merece, por su fama y particular relevancia dentro no ya de la Historia del cine británico como de la del cine en general, Alfred Hitchcock (1899-1980), quien empezó profesionalmente en 1924 en calidad de ayudante de dirección de Graham Cutts (*The Blackguard, De mujer a mujer*), y que entre 1925 y 1929 desarrollaría una notoria producción que ya apuntala lo mejor y más brillante de su estilo, algo que se percibe tanto en las ya mencionadas *The Pleasure Garden* (su debut producido por Balcon) y *Blackmail* (su película para BIP), como en el melodrama con toques criminales *El águila de la montaña* (*The Mountain Eagle*, 1926), el inventivo drama pugilístico *El ring* (*The Ring*, 1927), o el sombrío drama *The Manxman* (1929), entre otras. No obstante, si hay un título suyo que destaca en este período, dado que además es una de las cimas del cine silente británico, es *El enemigo de las rubias* (*The Lodger*, 1927, también conocido como *The Lodger: A Story of the London Fog*), la cual en ocasiones se menciona erróneamente en lengua castellana como *El vengador*..., que no es sino el título español de la nueva versión de *El enemigo de las rubias* que dirigió Maurice Elvey en 1932. Protagonizada por Ivor Novello, con quien Hitchcock volvería a trabajar en *Downhill* (1927), *El enemigo de las rubias* es un espléndido film de misterio. Basado en la novela de Marie Belloc Lowndes inspirada vagamente en el caso de Jack «el Destripador», Hitchcock sentó aquí las bases del procedimiento narrativo bautizado como "suspense", así como de una de sus temáticas recurrentes preferidas, la del "falso culpable", en este caso el extraño inquilino de una pensión londinense de quien todo el mundo sospecha que es el asesino de mujeres que ronda de noche por las neblinosas calles de la ciudad.

LA LLEGADA DE LOS ALEMANES

Hitchcock fue uno de los primeros ejemplos de un cineasta influenciado por el cine alemán, en parte por su estancia en productoras germanas donde pudo observar la vitalidad de una industria caracterizada por la minuciosidad y el profesionalismo de sus equipos humanos. Los contactos entre la industria inglesa y alemana empezaron a generalizarse a mitad de los años veinte a través de múltiples coproducciones, de las cuales muchos salieron beneficiados, como Hitchock; en cambio, otros decidieron recorrer el camino inverso atraídos por las posibilidades que se abrían en el cine británico a partir de la *Quota Act* de 1927. No era una emigración exclusivamente económica; muchos creían que el sistema británico de producción, en especial el de la BIP donde llegaron los más cualificados, se asemejaba al de la UFA comandado por Erich Pommer (1889-1966), donde se daba libertad creativa a todo su personal, provocando que algunos eligieran como destino el cine británico en vez de Hollywood, con un sistema de producción más rígido. John Maxwell, director de la BIP, aún entonces denominada British National Pictures (BNP), los recibió con los brazos abiertos, confiando en el prestigio que tenían no solo los técnicos alemanes sino su sistema de estudios, envidiado en toda Europa.

De entre ellos el más conocido era, sin duda, el ya mancionado Ewald André Dupont, que se hizo un nombre con un título referencial: *Varieté* (1925). Dupont no llegó directamente de Alemania sino que primero intentó la carrera americana, donde dirigió *Love Me and the World is Mine* (1927) para la Universal. Ya en suelo británico y con el cargo de supervisor de producción empezó a trabajar en su siguiente proyecto, *Moulin Rouge* (1928), con el que contó con el cámara Werner Brandes (1889-1968) y el director artístico Alfred Junge (1886-1964), que le ayudaron en la tarea de preservar el tono de sus producciones alemanas. Dupont no varió mucho en los temas clave de su carrera (las exploraciones amorosas, la intriga sexual, los celos a través del clásico triángulo), aquí entre una *stripper* (Olga Tschechowa) que descubre que su novio (Eve Gary) pretende casarse con su hija (Jean Bradin). La habilidad de Dupont, y la de parte del cine alemán de la época, era convertir una historia extremadamente *mélo* en un material de exquisita elegancia, sensual y de aire cosmopolita. Una parte de la misma se rodó en París, lo cual resultaba bastante inédito en el cine británico. La imagen inicial se presenta con el intertítulo: «Paris, ciudad de la tentación», y nos abre a un desfile vibrante de neones, imágenes exteriores de diversos locales de la vida nocturna parisina. A renglón seguido, en el interior del bar, la cámara barre las piernas desnudas de la protagonista hasta llegar a su rostro; hay un corte y vemos el rostro desde otro ángulo fumando y sonriendo sugerentemente a alguien fuera de campo; y así,

Ronald Colman obtuvo sus primeros créditos profesionales en el cine mudo británico.

desde su minuto cero el film es un despliegue de apabullante visualidad. El siguiente proyecto de Dupont y su equipo de 1929, la ya mencionada *Piccadilly*, contaba con parámetros similares en la historia; otro triángulo, esta vez recreado en el Londres de noche, con la espectacular presencia de Anna May Wong. De nuevo la historia queda sobrepasada por la magnificencia visual, recreada sobre todo en la espectacular sala de fiestas donde transcurre una parte importante del relato. El trabajo de cámara es sencillamente espectacular, exprimiendo cada rincón, en un *tour de force* del detallismo en el que todo cuenta, incluidos los reflejos de los suelos y espejos en la construcción de la atmósfera. Los dos films fueron bastante celebrados, a pesar de los habituales reparos de algunos críticos de tendencias nacionalistas hacia films de "cariz" extranjero.

El otro gran director que provino del cine alemán fue Arthur Robinson (1883-1935). Su aportación en el cine británico se circunscribe a *El delator* (*The Informer*, 1929), basada en la novela de Liam O'Flaherty que luego versionaría John Ford. Como había hecho Dupont, el film de Robinson es una película eminentemente nocturna, en que adquieren protagonismo los espacios, en particular los *pubs* donde deambulan sus personajes. Sin embargo, la aproximación de Robinson es más realista que la *alucinógena* de Dupont. Aunque Dupont y Robinson abandonaron el cine británico, el primero aún dejó tres films sonoros en suelo nacional: *Titánic* (*Atlatic/Atlantik*, 1929), *Dos mundos* (*Two Worlds*, 1930) y *Tinieblas* (*Cape Forlorn*, 1931). La huella de los alemanes en el cine británico había empezado a manifestarse con un indudable impacto, si cabe ampliada en las dos siguientes décadas, en una cinematografía como la británica que debe verse, a pesar de las reticencias, desde una perspectiva de crisol y fusión de influencias provenientes de diferentes puntos geográficos.

UN *STAR SYSTEM* A LA SOMBRA DE HOLLYWOOD: LAS ESTRELLAS DEL CINE SILENTE

Una de las características de prácticamente cualquier cinematografía es que ha gozado o goza de un *star system* de intérpretes que otorgan cuerpo y personalidad propia y diferenciada a un cine nacional. Al respecto, la británica no fue la excepción. Dejando aparte casos de personalidades oriundas de Gran Bretaña que desarrollaron sus carreras en su práctica integridad en los Estados Unidos, siendo los más notorios Charles Chaplin (1889-1977) o Stan Laurel (1890-1965), o los de algunas grandes estrellas de nacionalidad británica que pronto marcharon a Hollywood para triunfar allí, como Ronald Colman o Clive Brook (1887-1974), por la sencilla razón de que «ganaban el doble o el triple de sus salarios habituales»[24] durante el período silente, y como también ocurriría en otros países, multitud de figuras procedentes del teatro o el *music-hall* probaron suerte en el cine, y en muchas ocasiones repitieron o incluso aumentaron en las pantallas la popularidad obtenida en los escenarios. Es el caso de actores teatrales de reputación shakespeariana como Matheson Lang, Sir John Martin Harvey, Henry Ainley, George Robey y Owen Nares; o del cómico Fred Evans, a quien ya hemos citado anteriormente y también conocido como «*Pimple*» («espinilla», «grano») Evans, fruto de la identificación que llegó a darse entre este actor y el personaje cuyo nombre de pila acabó adoptando *de facto*, y al cual se calcula que interpretó en alrededor de 150 ó 200 cortometrajes cómicos rodados entre 1912 y 1922. Muchos de éstos fueron dirigidos por él mismo, y con títulos tan expresivos como *How Lieutenant Pimple on Secret Service* (1913), *How Lieutenant Pimple and the Stole Subamrine* (1914) o *How Lieutenant Pimple Captured the Kaiser* (1914), y cuyos seudo-*spoofs* abarcaron también a los intocables clásicos, como demuestran *Pimple as Hamlet* (1916) o *Pimple's Midsummer Night's Dream* (1916). Evans había nacido en el seno de una familia que trabajaba en el circo (su padre, Fred Evans Sr., había sido un famoso payaso). Amigo de la infancia de Charles Chaplin, Evans y su hermano Joe solían interpretar pantomimas. Debutó en el cine en 1910, pero sería dos años después con los cortos de las aventuras del teniente «*Pimple*» lo que le proporcionaría una fama inusitada, imprimiendo a sus films de una mezcla de clásica pantomima y de *slapstick*. Se le consideraba «el segundo cómico más popular de Gran Bretaña después de Chaplin en el momento álgido de su carrera», y alguien dotado de «un sentido del humor absurdo» que prefigura a los Monty Python[25] o a otros cómicos televisivos como Benny Hill[26].

No obstante, si una estrella destaca en el firmamento del cine británico silente es, sin duda, alguna el ya mencionado y muy polifacético Ivor Novello (1893-1951). Nacido David Ivor Davies, su talento para la música fue lo que le introdujo en el mundo del espectáculo: llegó a componer hasta 250 canciones, ya firmadas como Ivor Novello, así como obras musicales y operetas, pero sobre todo fue en 1914, con el estallido de la Primera Guerra Mundial, cuando alcanzó la primera cumbre de su popularidad gracias a la composición del himno patriótico "*Keep the Home Fires Burning*". Todavía en la actualidad existen los Ivor Novello Awards, que premian anualmente a compositores británicos. A principios de los años 20, Novello amplió su campo de inquietudes artísticas a la interpretación, tanto en teatro como en cine, si bien curiosamente sus primeros trabajos para la gran pantalla fueron en sendas producciones francesas, *L'appel du sang* (1920) y *Miarka/Miarka, la fille à l'ourse* (1920). Su apostura no tardó en valerle el popular apelativo de «el Rodolfo Valentino británico» (sic), por más que en su vida privada mantuvo relaciones con el actor de teatro y de cine Bobby Andrews, que fue quien le presentó a Noël Coward, introduciéndole en el selecto círculo de amistades de este último, y con el escritor y poeta Siegfried Sassoon. En los años posteriores, Novello se consolidó como el galán romántico de la cinematografía británica silente por excelencia, gracias a su intervención en títulos de tanto éxito como la ya citada *El rata de París* y sus secuelas, *The Triumph of the Rat* (1926) y *The Return of the Rat* (1929), esta realizada por Graham Cutts, en que encarna al sofisticado ladrón Pierre Boucheron, alias «El Rata», así como las asimismo mencionadas *The Constant Nymph*, *The Vortex* y sus dos trabajos con Hitchcock, *Downhill* y *El enemigo de las rubias*, de la cual también protagonizó su *remake* sonoro, la también citada *El vengador*, pues su carrera como intérprete cinematográfico se prolongó hasta 1934, fecha en la que se retiró prematuramente del cine para concentrarse en su carrera musical, que no pocos consideran más importante que su, a pesar de todo, extraordinaria trayectoria fílmica. Incluso llegó a trabajar con David Wark Griffith en la producción norteamericana *Flor que renace* (*The White Rose*, 1923), cinematografía en la cual llevó a cabo algún que otro trabajo esporádico, por ejemplo, firmando los diálogos de *Tarzán de los monos* (*Tarzan the Ape Man*, 1932). Otra importante estrella masculina del silente fue Henry Edwards (1882-1952), quien además desempeñó una nada despreciable carrera como director, formada nada menos que por la friolera de 67 títulos firmados entre 1915 y 1937. Casado con la actriz Chrissie White (1895-1989), con la cual formó una de las parejas más populares del mundo del espectáculo británico de los años 20, su carrera en el silente fue notabilísima, destacando sus papeles como intérprete en una primera versión de la novela de Thomas Hardy "Lejos del mundanal ruido", *Far for the Madding Crowd* o la exitosa *The Flag Lieutenant* (1926), realizada por Maurice Elvey, que conoció una continuación, *The Further Adventures of the Flag Lieutenant* (1927), así como una nueva versión sonora en 1932 dirigida por el propio Edwards. Entre sus trabajos como director en el mudo, en los cuales Edwards también solía llevar a cabo funciones como actor y productor, podemos destacar su ópera prima tras las cámaras, *East Is East* (1916); *The City of Beautiful Nonsense* (1919), coprotagonizada con Chrissie White y que conocería una versión sonora en 1935 dirigida por Adrian Brunel; o *The Amazing Quest of Mr. Ernest Bliss* (1920), objeto de un *remake* estadounidense en 1936 protagonizado por Cary Grant. Existe cierta unanimidad a la hora de señalar como su mejor trabajo solo como realizador su versión del "*Cuento de Navidad*" de Charles Dickens *Scrooge* (1935).

El cine británico silente también contó, por descontado, con estrellas femeninas de relumbrón. Una de las primeras en alcanzar notoriedad devino Alma Taylor (1895-1974), intérprete cuya extensísima trayectoria en el cine arranca, según algunas fuentes, con un papel como intérprete infantil en el ignoto film de 1907 *His Daughter's Voice*, pero que oficialmente lo hace tres años después con *A New Hat for Nothing* (1910), y que se prolonga a lo largo de 160 títulos hasta 1958. Una de las primeras actrices de la Historia del cine británico que consiguió un contrato fijo por el que cobraba aunque no trabajase, Taylor se hizo célebre por su papel de Tilly «the Tomboy» («Tilly el marimacho»), una chiquilla hombruna protagonista de una serie de exitosos cortos cómicos rodados entre 1911 –*When Tilly's Uncle Flirted*– y 1913 –*Tilly's Breaking-Up Party*–, y tanta fue su fama que en 1915 se la consideró la intérprete británica más popular de su época según los lectores de la revista "*Pictures and the Picturegoers*", a distancia de Charles Chaplin, votado en segundo lugar (¡). Superada su etapa como Tilly, la actriz inició una renovada carrera en el cine durante el resto de la década de los diez y sobre todo la de los veinte, interviniendo en títulos tan reputados como un par de adaptaciones de Dickens, *David Copperfield* y *The Old Curiosity Shop* (1914); *Shadow of Egypt* (1924), una superproducción para la época, habida cuenta de que se rodó en auténticos exteriores egipcios; u otra versión de "*El perro de Baskerville*" de Sir Arthur Conan Doyle, *Der Hund von Baskerville* (1929), rodada con capital de Alemania, país que solía coproducir mucho cine con Gran Bretaña entre finales de los 20 y principios de los 30. Pero si una película merece ser destacada en su filmografía, no tanto por su participación en ella como por sus valores intrínsecos, es *Tansy* (1921), melodrama rural basado en la novela homónima de Tickner Edwardes y dirigido por Cecil Hepworth, que está considerado uno de los clásicos fundamentales del cine mudo británico, entre otras razones por ser «un gran ejemplo de una de las mejores cualidades de Cecil Hepworth: su retrato de la campiña inglesa», y por el interés de su realizador «en considerar la película como una obra de arte pictórica por encima de los intereses dramáticos o narrativos de sus films», hasta el punto de hacer que «inusualmente para la época, sus actores y actrices usaran muy poco o ningún maquillaje»[27].

Otra actriz que despuntó sobre todo en el género de la comedia fue Betty Balfour (1903-1977), la cual, al igual que Ivor Novello, sería popularmente rebautizada con un apodo que hacía referencia a la celebridad *hollywoodiense* con la que se la comparaba, "la Mary Pickford británica". También la llamaban "la reina británica de la felicidad", y eso se debía a su especialización en el terreno de la comedia romántica, sobre todo a raíz de su participación en unas comedias mudas producidas y dirigidas por George Pearson, un antiguo socio del pionero G. B. Samuelson que se había labrado su fama gracias a una serie de películas realizadas a modo de imitación del personaje de Fantomas, inaugurada con *Ultus, the Man from the Dead* (1915) y concluida con *Ultus and the Three-Button Mystery* (1917). En aquellas comedias de Pearson, Balfour interpretaba al personaje de Squibs Hopkins, protagonista de *Squibs* (1921), *Squibs Wins the Calcutta Sweep* (1922), *Squibs M.P.* (1923) y *Squibs Honeymoon* (1923), serie que todavía conoció una última y tardía entrega en el sonoro, *Squibs* (1935), asimismo interpretada por Balfour, todo lo cual provocó que la actriz también fuera conocida popularmente como «*Squibs*» («buscapiés»). Pese a ello, no son pocas las voces que afirman que la mejor película de Balfour es el drama romántico *Love, Life and Laughter* (1923), escrito y dirigido por Pearson, lamentablemente desaparecido. En cualquier caso, Balfour hizo otras populares cintas a caballo del cine silente y el sonoro, entre ellas una de las escasas comedias de Hitchcock en este período, *Champagne* (ídem, 1928), si bien acabó dejando el cine en 1945 para emprender una poco afortunada trayectoria en el teatro. Anotemos, finalmente, un caso muy especial como es el de la legendaria Mae Marsh (1916-1968), dado que era de nacionalidad norteamericana y fue en los Estados Unidos donde alcanzó sus primeras cotas de popularidad gracias a su intervención en dos clásicos incontestables de Griffith, *El nacimiento de una nación* (*The Birth of a Nation*, 1915) e *Intolerancia* (*Intolerance*, 1916), desarrollando allí el grueso de su extensa carrera, compuesta nada menos que por más de doscientos títulos rodados entre 1910 y 1964, unos cuantos de ellos a las órdenes de John Ford. No obstante, Marsh ocupa un pequeño lugar dentro del silente británico por haber coprotagonizado *El rata de París* junto a Ivor Novello, con quien había coincidido en *Flor que renace* asimismo a las órdenes, recordemos, de Griffith. Asimismo, no fue la única actriz nacida fuera de Gran Bretaña que trabajó en esta cinematografía: ahí están, por ejemplo, las también estadounidenses Carlyle Blackwell (1888-1955) y Evelyn Brent (1899-1975), o la canadiense Estelle Brody (1900-1995).

EL DECLIVE INDUSTRIAL Y LA INSTAURACIÓN DE LA *QUOTA ACT* EN 1927

A pesar de toda la efervescencia creativa que hemos apuntado, durante los años 20 se fue haciendo progresivamente notoria dentro de la cinematografía británica una fuerte crisis económica, la primera de las muchas que, como iremos viendo, han salpicado consecutivamente al cine de esta nación, y que se tradujo en reducción de la asistencia a salas y dificultades de producción de nuevas películas, sobre todo las más ambiciosas, de ahí que ya hacia mediados de la década la producción cinematográfica británica anual fuera una de las bajas de su tiempo a nivel internacional. Crisis consecuencia, a su vez, de la que venía incubándose en todos los sectores sociales y económicos desde el final de la Primera Guerra Mundial en toda Gran Bretaña y que estalló en todo su esplendor también a mediados de los 20, dando pie a un episodio tan dramático como la única huelga general de la historia del país, la que tuvo lugar entre el 4 y el 13 de mayo de 1926, convocada por el Consejo General del Congreso de Sindicatos Británicos (TUC), en un intento fallido de obligar al gobierno a que no redujera salarios ni empeorara las condiciones de trabajo de 800.000 mineros del carbón, y que fue secundada por cerca de dos millones de personas.

En 1927 el gobierno promulga una ley, la Cinematograph Film Act, más conocida como Quota Act, que regulaba el alquiler de películas en contra del *block and blind booking* (sistema por el cual el contratante debía alquilar un lote de películas, del cual tan solo le interesaban una o dos de ellas), y obligaba a los distribuidores y exhibido-

Anthony Asquith debutó en el cine mudo para luego convertirse en un reputado adaptador de textos literarios clásicos

res a proyectar un número mínimo de películas británicas. Una medida semejante la había propuesto en 1917 el cineasta Sidney Morgan, pero se descartó por razones diplomáticas, debido a la entrada en guerra de los Estados Unidos. Tal vez puede llamar la atención este intervencionismo del gobierno Baldwin que, de hecho, fue muy criticado en su época. Para entender estas medidas hay que tener en cuenta la política de intervención de los poderes públicos, en los medios de comunicación en esta misma época, a través de la creación de la BBC. En 1926, durante la huelga general, el gobierno Baldwin se dio cuenta de lo importante que era para el poder político controlar los medios de comunicación de masas. En el campo del documental, también se aplicó esta política intervencionista, que afectó de manera especial a John Grierson, siempre bajo la supervisión del encargado, Stephen Tallents, primero en el Empire Marketing Board (Ministerio de Comercio del Imperio), y después en el General Post Office (Correos)"[28].

Coincidiendo con este período financiero tan turbulento, la cinematografía británica siguió brindando figuras de gran interés. A finales de esa misma década debutaba quien sería uno de los grandes nombres de la misma entre los años 30 y los 50: Anthony Asquith (1902-1968), por más que al parece existe cierta controversia en torno a su ópera prima. Para unos, «hizo su debut con *Shooting Stars* [1928], una *murder mystery* rodado en estudio, que dirigió en asociación con A. V. Bramble. El film fue muy popular y taquillero, demostrando una gran pericia en materia de ingeniosos efectos técnicos. Asquith había estudiado técnica en Hollywood. Para su siguiente película, un estilizado *thriller* titulado *Underground* [1928], a partir de un guión propio, incluyó en su reparto a Elissa Landi y Brian Aherne»[29].

Otros, en cambio, consideran que fue *Underground* su primera película como director, y que *Shooting Stars* fue posterior y, efectivamente, estuvo firmada por el tal Bramble, si bien no se descarta la labor de Asquith como codirector no acreditado [30]. Sea como fuere, a Asquith se le debe uno de los films más reputados del período reseñado: *A Cottage on Dartmoor* (1929), película silente pero con una secuencia sonorizada (la que transcurre en un teatro) que narra, a medio camino del melodrama rural y el criminal, la situación límite que se produce cuando el celoso ayudante de un barbero que acaba de evadirse de la prisión de Dartmoor (Uno Henning) intenta reencontrarse con la mujer a la que amaba (Norah Baring), una manicurista que, a su entender, prestaba demasiadas atenciones a un fabricante de ropa (Judd Green); por medio de un elegante y llamativo empleo del *flashback*, Asquith propone un relato intenso y opresivo, que para algunos autores pudo haber ejercido influencia en el posterior cine de Hitchcock[31].

Dejando para más adelante la valoración de la obra de Asquith durante el sonoro, no hay que echar en saco roto el valor de este cineasta como teórico del cine; de hecho, Asquith fue miembro de la Film Society, fundada en Londres en 1925 e integrada, entre otros, por Adrian Brunel y dos representantes de las letras inglesas tan ilustres como H. G. Wells y George Bernard Shaw, la cual organizaba a modo de primitivo cineclub sesiones de cine extranjero para público selecto[32]. Además, Asquith fue también uno de los últimos ensayistas relevantes que abordaron el análisis del cine británico durante el período silente, concretamente en las seis entregas del ensayo que escribió en 1927 con el título "The Art of the Cinema", el cual venía a culminar la trayectoria de los primeros críticos de la Historia del cine británico, los cuales "nacen" en 1919, momento a partir del cual un periódico como el "*Daily News*" (luego llamado "News Chronicle") empezó a publicar regularmente artículos sobre cine, iniciando una tendencia a la cual se fueron sumando otros rotativos como el "Evening News" (en noviembre de 1921) o el "Daily Mail" (en 1925), así como la aparición de contenidos cinematográficas en revistas o suplementos especializados: "English Review", "Saturday Review", "Fortnightly Review", "London Mercury", "Drawing and Design", "Illustrated London News" y "New Stateman" [33].

NOTAS

[1] Algunos historiadores creen que la ilusión de plasmar gráficamente el movimiento ya se encontraba en el hombre primitivo y en sus pinturas rupestres. En la Antigüedad, las sorprendentes similitudes de El mito de la caverna de Platón con el cine convierten al gran filósofo griego en el precursor del cine. En la arqueología del cine se hallan también las sombras chinescas, la descripción de la cámara oscura de Leonardo da Vinci (siglo XV), o la linterna mágica de Atanasius Kircher (XVII). La linterna mágica fue un aparato óptico basado en el diseño de la cámara oscura, precedente inmediato de la fotografía. La inquietud para captar el movimiento llevó a la fabricación de diferentes artilugios, a lo largo de los siglos, pero para capturar las imágenes en movimiento se necesitó del descubrimiento de las leyes de la estroboscopia o la ley de la persistencia retiniana. Fenómeno físico que tiene lugar cuando una imagen luminosa llega al ojo humano, éste conserva la impresión hasta una décima de segundo después de desaparecer aquella. La aparición de aparatos más precisos, el avance de la ciencia y la tecnología del siglo XIX permitieron el descubrimiento del cine. Ver el capítulo dedicado a los orígenes del cine en CAPARRÓS LERA, José María. Historia del cine europeo. Ed. Rialp, Madrid, 2003, p.17.

[2] CHERCHI USAI, Paolo. Smith, Williamson & C. En Historia General del Cine. Europa 1908-1918. Volumen III. Ediciones Cátedra, Madrid, 1998, p. 161.

[3] AMBRÓS, Alba y BREU, Ramón. Cine y Educación: El cine en el aula de primaria y secundaria. Ed. GRAÓ, Barcelona, 2007, p.54.

[4] PERRY, George. The Great British Picture Show, Paladin, Londres, p. 23.

[5] PILARD, Philippe. El cine británico, Ed. Acento, Madrid, p.11.

[6] TALENS, Jenaro, y ZUNZUNEGUI, Santos (Coord.). Historia General del Cine. Orígenes del Cine. Vol. 1. Ediciones Cátedra, Madrid, 1998, p.175.

[7] En esta etapa de cine primitivo, el cine ocupó el mismo escenario social y cultural que los espectáculos de music hall, nombre que recibían el teatro de variedades en Gran Bretaña. Este espectáculo tenía el atractivo del sonido y el cine la magia del movimiento. El gusto popular hacia la comedia hizo que el cine primitivo se llenara de personajes cómicos y paródicos. El lenguaje del cine mudo se basaba en la gestualidad de los actores, por eso del uso de recursos como las persecuciones, peleas y gags utilizando el físico para suplir la ausencia de sonido. Con la llegada del sonido, el cine comenzó grabando espectáculos musicales hasta desarrollar uno de sus géneros más célebres: el cine musical de los años treinta. Andy Merhurst "Placing Muisc-hall" en BARR, Charles. All Our Yesterdays, , BFI, Londres, 1986. p.170.

[8] PILARD, Philippe. Ibídem, p.12.

[9] BETTS, Ernest. The Film Bussness. Hamlet Hepworth. Londres. 1973. p. 41.

[10] HILEY, Nicholas, "The British Cinema Auditorium" en Karel Dibbets-Bert Hogenkamp (eds.). Film and the First World War, Amsterdam University Press, 1995. p. 162.

[11] HILEY, Nicholas. Ibídem, p. 166.

[12] LOW, Rachael. The History of British Film (volume 3): The History of the British Film 1914-1918. Routledge, Milton Park, 1997. p.155.

[13] Las cifras reportadas eran de 57.470 bajas, incluidos 19.240 muertos y 35.493 desaparecidos; aquel día fue llamado "the bloodiest twenty-four hours in the entire history of the British Army".

[14] En Londres se estrenó en 34 cines, que se abarrotaron de inmediato dejando a miles de espectadores sin entrada. Se calcula que unos 20 millones vieron la película durante las primeras seis semanas de exhibición.

[15] MacKENZIE, S.O. British War Films 1939-1945. Hambledon and London, Nueva York-Londres, 2001, p.8.

[16] En mayo de ese año la reorganización de la producción oficial de propaganda sigué su burocrático curso con el acuerdo de la WOCC y la Topical film Company para constituir la War Office Official Topical Budget como encargada con

exclusividad de los newsreels oficiales y con acceso privilegiado para filmar en los frentes. Esta situación no durará mucho por los problemas del WOCC y Topical en como coordinar la producción, decidiendo la primera romper el acuerdo y encargarse directamente de la gestión de los newsreels. Ya en febrero de 1918 con la creación del Ministerio de información cambían su nombre por el de Pictorial News (Official) ya sin muchos cambios seguirán haciendo producción hasta febrero de 1919.

[17] El cut-out es una técnica de animación que consiste en recortar específicos elementos, personajes, props y backgrounds con diversos materiales (papel, cartón, papel fotográfico, etc.) y dividirlos asimismo en partes para poderlos animar de manera autónoma.

[18] Para completar los datos estos son las cifras del periodo: 1919 (103), 1920 (145), 1921 (136), 1922 (95), 1923 (75), 1924 (56), 1925 (45), 1926 (37) y 1927 (45).

[19] MURPHY, Robert. The British Cinema Book, BFI, Londres, 2001. p. 15

[20] Según información de la United Kingdom National Commission for UNESCO del 4 de junio de 2011: http://www.unesco.org.uk/2010_uk_memory_of_the_world_register

[21] Este es el parecer de NAPPER, Lawrence, en su artículo "Maurice Elvey (1887-1967)". BFI Screenonline, 17 de agosto de 2010: http://www.screenonline.org.uk/people/id/449112/index.html

[22] BETTS, Ernest. Ibídem, pp. 59-60.

[23] HIGSON, Andrew. "Young and Innocent?: The Cinema in Britain, 1896-1930". Incluido en LOW, Rachael (editora). History of British Film. Vol. IV: The History of the British Film, 1918-1929. Allen and Unwin, Londres, 1971, p. 33.

[24] BETTS, Ernest. Ibídem, p. 46.

[25] DIXON, Bryony. "The Pimple Films". BFI Screenonline:
http://www.screenonline.org.uk/film/id/1151483/index.html

[26] ANTHONY, Barry. "Evans, Fred (1889-1951)". BFI Screenonline:
http://www.screenonline.org.uk/people/id/473302/index.html

[27] PETLEY, Julian. "Tansy (1921). BFI Screenonline:
http://www.screenonline.org.uk/film/id/443335/index.html

[28] PILLARD, Philippe. Ibídem, p. 17.

[29] PERRY, George. The Great British Picture Show. From the 90s to the 70s. Hart-Davis, MacGibbon Ltd. Londres, 1974. P. 57.

[30] Según la web del British Film Institute: http://explore.bfi.org.uk/4ce2b6b5c3246

[31] KEHR, Dave. Crítica publicada en la versión digital de The New York Times el 27 de noviembre de 2007:
http://www.nytimes.com/2007/11/27/movies/homevideo/27dvds.html?_r=0

[32] HIGSON, Andrew. "Young and Innocent?: The Cinema in Britain, 1896-1930". Incluido en LOW, Rachael (editora). Ibídem, p. 33.

[33] HIGSON, Andrew. Ibídem, p. 20.

CAPÍTULO 2
LA ESCUELA DOCUMENTALISTA BRITÁNICA (1929-1950)

por Natalia Ardanaz

«Aléjate de los confines del mundo y céntrate en los umbrales de la pobreza más inmediata, allí donde encuentres malnutrición, explotación y crueldad entre los tuyos».
–John Grierson

ON DOCUMENTARY

Casi veinte años trascurren entre el estreno de *Drifters* (1929) de John Grierson y *Family Portrait* (1950) de Humphrey Jennings, las dos películas que marcan el inicio y el fin de la escuela documentalista británica. Veinte años que coinciden con una de las etapas más decisivas de la historia del siglo XX. La escuela documentalista nació en la Europa de entreguerras, se consolidó en la década de los 30, alcanzó su plenitud durante la Segunda Guerra Mundial y entró en declive durante el primer lustro de la posguerra. Un movimiento cinematográfico que nació muy apegado a la realidad y que estableció los cimientos del documentalismo cinematográfico.

Se le atribuye a John Grierson la facultad de haber acuñado la palabra "documental" cuando en 1926 utilizó el término en un artículo sobre la película *Moana*, del cineasta norteamericano Robert J. Flaherty (1884-1951). Si Flaherty está considerado el primer documentalista de la historia del cine, se tiene a Grierson por el documentalismo británico. John Grierson (1898-1972) nació en Deanston, un pequeño pueblo del corazón de Escocia, en el seno de una familia de maestros presbiterianos. Creció en un contexto marcado por la lucha obrera y la depresión provocada por la Gran Guerra. Tras licenciarse en Filosofía moral por la Universidad de Glasgow, se marchó a Estados Unidos becado por The Rockeffeler Foundation, donde estuvo entre 1924 y 1927. Durante su estancia en Estados Unidos se dedicó a investigar sobre los medios de comunicación de masas, en concreto sobre el impacto e influencia de la prensa amarilla en la sociedad, a la vez que fue fraguando su conciencia social al observar la situación de los inmigrantes en Chicago, ciudad donde residía.

En ese período conoció la obra de Flaherty, hecho que marcó profundamente su carrera. Grierson quedó fascinado al ver *Nanuk el esquimal (Nanook of the North,* 1922*)* y *Moana* (1926). Acababa de descubrir en el cine un campo virgen donde aplicar sus ideas sociales. A partir de su visionado empezó a desarrollar sus teorías sobre cómo utilizar este medio y, en concreto, el documental para cambiar la realidad. El 8 de febrero de 1926 escribió una crítica cinematográfica sobre la película *Moana* para "The New York Sun": «Por supuesto *Moana,* una imagen visual de los acontecimientos de la vida cotidiana de un joven polinesio y su familia, tiene valor documental»[1]. Como hemos dicho, ésta sería la primera vez que utilizó el término documental, *documentary,* a modo de derivación del término francés *documentaire*: «(...) me sorprendió ir a París y oír hablar de películas documentales. Cuando la usé en *Moana* lo hice como un adjetivo, después como un sustantivo. La palabra comenzó a asociarse conmigo y mi círculo. Algunos querían deshacerse de ella por fea, pero así nadie la robaría, era fea por eso ni se comercializó»[2].

Grierson se convirtió en un reconocido teórico del cine, dejando importantes reflexiones en el campo del documental[3]: «Documental es una expresión torpe, pero dejémosla así. Los franceses que usaron primeramente ese término se referían solo al cine de viajes. Entretanto, el cine documental ha seguido su camino. De los exotismos ha pasado a incluir films dramáticos como *Moana* y con el tiempo incluirá otros tipos de cine tan distintos de *Moana*»[4].

Años más tarde escribiría en sus ensayos "Principios del Documental" lo que ha quedado como una de las definiciones más aceptadas y usadas del término en sí mismo: «El documental no es más que el tratamiento creativo de la realidad». Aunque otros pioneros del cine intentaron buscar una definición del cine documental antes que Grierson, su paternidad es indiscutible.

John Grierson regresó a Gran Bretaña en 1927, convencido de las amplias posibilidades que podía tener el cine como herramienta de uso social, y decidió poner en práctica toda su experiencia y aprendizaje extraído a partir de los documentales de Flaherty y de otros pioneros como los cineastas soviéticos. En los años 20 en la Unión Soviética irrumpieron un grupo de cineastas pioneros en poner el cine al servicio de la Revolución Rusa. Los Sergéi Eiseinstein, Vsevolod Pudovkin y Dziga Vertov concibieron, desde sus inicios, el cine como un vehículo social para canalizar las masas. Había nacido el cine a la manera de arma de propaganda ideológica. Estas ideas de la escuela soviética encajaban perfectamente con la educación presbiteriana escocesa que había recibido Grierson de sus padres, para quienes la cultura y el arte tenían una función social. El cine se presentaba conforme a un medio de expresión interclasista, un concepto muy diferente al que tenían los ingleses para quienes la cultura era territorio exclusivo de las clases altas.

De los cineastas soviéticos, quien más le influyó fue Dziga Vertov y su teoría denominada "Cine-Ojo" (*Kino Glaz*). Según la cual la cámara, que ve más que el ojo humano, debe registrar imágenes de la realidad desprovistas de todo artificio burgués, para lograr la objetividad integral. Estas teorías filosóficas sobre la imagen y la reali-

Drifters (1927), dirigido por John Grierson, fue uno de los títulos pioneros en el campo del Documental británico.

dad ayudaron mucho a Grierson en la formación de su pensamiento pero discrepaba con Vertov sobre el papel de la cámara. Para Grierson la cámara no debe captar la realidad como su ojo lo ve sino tal y como es. Grierson quería llevar a la pantalla los problemas de su realidad cercana no remota al igual que lo hacía Flaherty. Registrar, abordar la situación en la que se encontraba la sociedad británica tras la Revolución Industrial y el consecuente nacimiento del capitalismo. La Revolución Industrial había transformado socioeconómicamente y culturalmente Gran Bretaña y todo el mundo occidental. Miles de personas fueron desplazadas del campo a la ciudad para trabajar en fábricas. Las ciudades se llenaron de desarraigados campesinos obligados a vivir en condiciones de miseria y caos; con numerosos problemas de vivienda, higiene, salud... Un nuevo mundo mecanizado que enriquecía a unos pocos y empobrecía a muchos.

Las desigualdades sociales que la nueva economía capitalista estaba creando estallarían en forma de conflicto obrero. En la primera década del siglo XX, el movimiento obrero se convirtió en la primera fuerza de lucha social contra el sistema capitalista. El período que abarca las dos guerras mundiales constituyó una de las épocas de mayor inestabilidad en la historia europea. Las democracias liberales debilitadas por la situación económica y social sufrían la amenaza de los totalitarismos. En Gran Bretaña, cuna de la Revolución Industrial, la situación económica era muy grave, las grandes industrias tradicionales como el textil y el carbón se habían quedado anticuadas, sus productos eran poco competitivos y sus exportaciones se redujeron. Consecuencia de

En sus orígenes como director Paul Rotha concibió el corto *Shypyard* (1935).

todo ello fue el paro que alcanzó cifras históricas hasta la fecha. En medio de una fuerte depresión económica y un clima social convulso, el joven Grierson fue madurando su pensamiento. Grierson estaba convencido de que se podían superar las adversidades de ese tiempo creando una identidad nacional y una unidad social, que no se lograría mientras no se mejoraran las condiciones de los menos favorecidos. Un punto de vista sociológico original que no tenían en cuenta los principales estudiosos de la época. La escuela sociológica británica[5], empírica y funcionalista, no estaba reflexionando o estudiando los problemas de la sociedad desde esa perspectiva y Grierson buscó referencias en movimientos sociales más democráticos y reformistas como la *Mass Observation*[6].

Grierson quería testimoniar, documentar ese momento histórico, y porqué no, cambiarlo. Dispuesto a poner en práctica sus concepciones teóricas; a filmar la historia de la gente corriente, más allá de la remota o exótica como hacía Flaherty· Grierson se convirtió en el "padre fundador" del documentalismo social. La falta de medios económicos sería uno de los principales obstáculos que Grierson tuvo que afrontar en los inicios del movimiento. Dada la grave situación económica, la única fuente de financiación con garantías era el Estado. ¿Pero cómo aceptaría el gobierno financiar un cine de compromiso social?. Tras la Primera Guerra Mundial, al gobierno ya no le valía con ejercer el poder de una manera jerárquica e imperial. La extensión del sufragio universal le obligaba a mantener informada a la opinión pública. El gobierno alterno de laboristas y conservadores se vieron obligados a incorporar estrategias usadas por las relaciones públicas para mejorar su imagen. Grierson había leído "La opinión pública" (1922) de Walter Lippmann. Se trata de un libro fundamental sobre la comunicación de masas y la manipulación de la opinión pública. El libro del periodista estadounidense trazó el camino a Grierson para importar a Europa los conceptos de propaganda y relaciones públicas[7], tal y como los habían empleado las grandes empresas y el gobierno norteamericano durante la Gran Guerra. Grierson vio en la Europa de los años 20 un marco incomparable para aplicar dichos métodos con el fin de lograr las reformas sociopolíticas y culturales que necesitaba Gran Bretaña. El mundo se desmoronaba y el cine se presentaba conforme al medio más importante para transmitir ideas, tal y como ya lo había expresado Lenin, a quien Grierson había leído con atención.

John Grierson creía en el cine desde el sentido de fuente de inspiración para la gente común en su vida cotidiana. Su intención era la de conducir la mirada del espectador hacia el compromiso, y de esta manera influir sobre la opinión pública. La gran aportación de Grierson resultó aunar las estrategias americanas sobre cómo influir en la opinión pública y el uso revolucionario e ideológico que los soviéticos hicieron del cine.

Una concepción educativa, una función social informativa y divulgativa del cine documental[8] que daría como resultado un cine para entretener e informar a las clases medias, e instruir a las clases bajas. Grierson incidía en la necesidad de educar a un pueblo mayoritariamente analfabeto para que entendiera su entorno y despertara de ese sueño eterno en que el cine *hollywoodiense* y de ficción les tenía sumergidos.

Con todos estas ideas e ilusiones, en 1927 Grierson llamó a la puerta del secretario del Empire Marketing Board (EMB), Stephen Tallents, proponiéndole crear un departamento cinematográfico para divulgar la imagen del Imperio y mejorar las relaciones comerciales de la metrópoli con sus colonias. Tallents no dudó en darle una oportunidad para que pusiera en marcha sus estrategias de *marketing*. Grierson comenzó a realizar reportajes y a fraguar lo que sería su primera película: *Drifters*. Desde su nacimiento, el movimiento contó, por un lado, con el apoyo gubernamental[9], interesado en difundir la idea de que el gobierno conducía el país hacia una democracia con educación y progreso para todos. Y por otro, con las grandes multinacionales con intereses comerciales por todo el Imperio Británico. Los *Factual films* («películas basadas en la realidad») difundían perfectamente esos intereses políticos y comerciales, y un concepto de identidad nacional que podía funcionar en forma de alternativa al cine de Hollywood que invadía las salas. De alguna manera, el gobierno buscaba la manera de frenar la influencia de la nueva potencia mundial. Grierson regresó a un país con todo por hacer en el campo de la propaganda, materia en la que los países totalitarios ya llevaban ventaja[10]. Pero los exhibidores y distribuidores no confiaban mucho que ese cine alternativo tan serio fuera interesante para los espectadores acostumbrados al firmamento *hollywoodiense*.

EL ESTRENO DE *DRIFTERS* Y EL NACIMIENTO DEL DOCUMENTALISMO BRITÁNICO

El 10 de noviembre de 1929 se estrenó *Drifters*, la primera película realizada por John Grierson y que se convertiría en la producción germinal del movimiento. Desde su estreno, *Drifters* fascinó tanto a la audiencia[11] como a la crítica que no dudó en calificarla de obra maestra por el lirismo con el que muestra el trabajo de una flota pescadores de arenque faenando en el mar del Norte. Rodada principalmente en el mar y con tan sólo la ayuda del operador profesional Basil Emmont como equipo de filmación, Grierson pondría por primera vez su ojo tras el visor colocando la cámara de una manera instintiva: «cuánto más cerca se esté de la propia realidad más cerca se hallará uno de ella». "New Era Presents" ya indica al espectador que algo nuevo va a presenciar. Los textos introductorios informan que lo que vamos a ver es una historia épica sobre los pescadores de arenques. Desde los primeros planos, la cámara introduce al espectador en un escenario de imágenes naturales y sencillas: plano general del pueblo, pescadores caminando hacia el embarcadero y el mar... que con fuerza invade la pantalla. No fue casual que Grierson eligiera el mar y la dura vida de los pescadores para su primera película. Elementos que habían marcado su infancia y que estarían presentes siempre en su vida. Gaviotas, olas, el muelle, los barcos, pescadores charlando, faenando, ballenas, delfines... imágenes que contienen gran fuerza expresiva. A lo largo de la película aparecen textos explicativos sobre la ardua labor de esos hombres ante una naturaleza poderosa. La música que acompaña las imágenes ayuda a ensalzar el carácter heroico de los pescadores. La película mantiene un buen ritmo con un montaje en el que intercala los momentos de acción con otros que muestran a los pescadores descansando, soñando, exhaustos. Grierson les sigue hasta tierra, hasta la lonja con la intención de mostrar todas las fases del trabajo de los pescadores. La película acaba con la frase: «*so to the end of the earth goes the harvest of the sea*» («hasta el fin del mundo va la cosecha del mar»). Del mar al resto del mundo a través del ferrocarril, símbolo de la revolución industrial y de una *nueva era*.

Drifters se convirtió en el manifiesto fílmico de Grierson y abrió el camino hacia una nueva manera de hacer cine basado en la realidad. La principal innovación devino, como dijo Grierson en repetidas ocasiones, poner a los trabajadores en la pantalla, y lo hacía con una dignidad inusitada en una tradición cultural británica que trataba con desprecio a las clases trabajadoras. Durante casi una hora de duración, la película se convierte en un himno a la clase obrera acercando el comportamiento humano de esos seres anónimos y corrientes a unos espectadores acostumbrados a consumir cine comercial. A pesar de que el planteamiento podía sonar socialista, Grierson nunca fue de izquierdas, nunca formó parte del Partido Comunista aunque colaboraba con afiliados y otras organizaciones progresistas. En un período histórico en el que las ideologías se fueron radicalizaron, Grierson tenía un interés más social que político.

La película logró convencer a las autoridades para crear un departamento de producción cinematográfica dentro del EMB. La EMB Film Unit abrió su oficina en

Paul Rotha se uniría al grupo de Basil Wright. Al cabo, el primero rodaría títulos como *World of Plenty* (1943).

Londres convirtiéndose en la plataforma del movimiento documentalista. El gobierno aprobó la creación de dicho departamento a modo de fórmula contra el cine americano y el cine soviético. Entorno a la productora se irían congregando, de manera espontánea y casual, jóvenes universitarios ilusionados por hacer algo nuevo a pesar de que desconocían el medio cinematográfico. El primero en llegar fue Basil Wright (1907-1987) después le seguiría Paul Rotha (1907-1984), quien se acercó a Grierson estando en un café para explicarle que había escrito el libro "The Film Till Now", la primera auténtica Historia del cine británico. Rotha devino uno de los primeros en integrarse en la EMB y uno de los primeros en abandonar el movimiento. Al poco tiempo su personalidad haría que no pudiera coexistir con la de Grierson. En palabras de compañeros como Wright con el que le unía una profunda amistad, Rotha era demasiado individualista, un lobo estepario al que no le gustaba trabajar en equipo. Rotha prefirió tomar el camino en solitario montando su propia productora con la que desarrollaría una de las carreras más sólidas del documentalismo. Otros como Edgar Anstey (1907-1987) se unieron al grupo tras ver un anuncio en "The Times". Anstey, de formación científica, se acercó al cine interesado por directores creativos como Georg Wilhelm Pabst (1885-1967), Alberto Cavalcanti (1897-1982) o Walter Ruttman (1887-1941). Anstey aprendió minuciosamente la técnica del medio y se convirtió en un experto al que todos querían tener cerca. Arthur Elton enseñaba lengua y filosofía en la Universidad de Cambridge cuando conoció a algunos miembros como Basil Wright o Humphrey Jennings.

En poco tiempo, Grierson demostró su enorme carisma y capacidad de liderazgo para aglutinar y formar esa escuela creada para retratar las condiciones de vida de los hombres, mujeres, niños y ancianos que luchaban por sobrevivir en la Gran Bretaña de entreguerras. Pero filmar lo real conlleva sus riesgos; el documental como ventana al mundo iba a suscitar muchos dilemas teóricos y prácticos al grupo. Como dice el teórico del cine Bill Nichols «no se puede amar los documentales si se busca la verdad plató»[12]. Documental y verdad no iban a resultar sinónimos. La virginidad e ignorancia con la que estos cineastas capturaban la realidad hizo que se pusieran tras las cámaras sin miedo, explorando todas las posibilidades que el medio les podía ofrecer para mostrar todo lo que querían contar. La década de los 30 es la etapa en la que el movimiento mostró mayor disparidad de miradas, temas e innovaciones tecnológicas y artísticas.

Para formar a ese grupo de jóvenes, carentes de formación cinematográfica, invitó al cineasta estadounidense Robert Flaherty a colaborar con el movimiento. En 1931 aterrizó en las Islas Británicas el genio al que todos admiraban. Flaherty abandonó los exóticos escenarios de sus anteriores películas para ponerse al servicio de los objetivos de este grupo: retratar la realidad circundante. En este caso será el retrato de la nueva Gran Bretaña industrial, la mecanización del mundo moderno tras la Revolución Industrial y sus repercusiones en el paisaje, en sus hombres y en sus mujeres. El resultado de dicha colaboración fueron *Industrial Britain* (1931) y *Art of English Craftman* (1933). Ambas películas, de corta duración, sobre el tradicional trabajo de los ceramistas y la feroz transformación industrial de un mundo que había sustituido las manos por las máquinas. La película yuxtapone lo artesanal con lo industrial, defendiendo con tono épico el hombre frente a la máquina. Flaherty les enseñó que se podía tratar con belleza y poesía hasta el paisaje industrial. La colaboración del "padre" del cine documental con el movimiento se limitó a estas dos películas. A pesar del talento de Flaherty, su manera de trabajar, cara y extravagante, y una concepción más individualista sobre el cine y el hombre hizo que Grierson le invitara a abandonar el proyecto: «tu márchate a buscar paraísos perdidos, si eso es lo que te gusta. Yo voy a ver lo que hay de puertas adentro. Tú busca los salvajes de los más apartados continentes. Yo voy a ver a los salvajes de Londres o de Birminghan»[13]. Flaherty se marchó a la Isla de Aran, en las Hébridas (Escocia), donde rodó durante dos años la que sería otra obra maestra en la historia del cine: *Hombres de Aran (Man of Aran,* 1934) producida por Michael Balcon. Después de una problemática colaboración con Alexander Korda en

Sabu Toomay, el de los elefantes (*The Elephant Boy*, 1937) y al estallar la Segunda Guerra Mundial regresaría a los Estados Unidos. Aunque breve, la presencia del maestro y sus enseñanzas para aquellos jóvenes fue fundamental y supuso una inyección de ilusión. «Todos aprendimos de él pero creo que él también aprendió de nosotros. Su necesidad de buscar era incesante, jamás estaba satisfecho. Daba la sensación de venir de muy lejos y de no haber acabado de llegar a ningún sitio. Únicamente en su trabajo tenía objetivos concretos, un modo de mirar que no se desviaba en ningún momento. Tras la cámara se transformaba en alguien diferente, tranquilo, sin urgencias ni dudas, seguro de sí mismo»[14].

Aquellos primeros años de la década de los 30 resultaron los más interesantes desde el punto de vista creativo. Esos jóvenes reunidos en torno a la EMB Film Unit eran conscientes de que estaban creando algo nuevo y experimentaban con total libertad. En 1933 se disolvió la EMB y la unidad cinematográfica pasó a depender de la General Post Office (GPO). El gobierno y las grandes compañías seguían produciendo películas con objetivos propagandísticos o de márketing pero no al nivel que lo hacían los estados totalitarios que ya habían puesto en marcha toda la maquinaria. Los estados democráticos no harían un uso ideológico del cine al igual que lo hacían los totalitarios hasta el estallido de la Segunda Guerra Mundial. Para esta nueva etapa con la GPO como productora, Grierson convenció a Alberto Cavalcanti para que formara parte de la escuela. Cavalcanti ya era un director reputado, sus películas se habían proyectado en la Film Society en la década anterior. El cineasta brasileño llegó procedente de Francia, donde había colaborado con cineastas vanguardistas como Marcel L'Herbier, Jean Renoir o René Clair. Cavalcanti había nacido en Río de Janeiro Brasil, con quince años ya estudiaba leyes y tras ser expulsado por discutir con un profesor su padre le envió a Europa con la condición de que no se matriculara en Ciencias Políticas. Estudió arquitectura y se trasladó a París para trabajar en un estudio. Allí cayó en los círculos artísticos vanguardistas y entraría en el mundo del cine en calidad de asistente de L'Herbier. Después dirigiría en solitario *Rien que les heures* (1926). Su experiencia al lado de las vanguardias, su carácter trasnacional; Cavalcanti siempre se definió como un cineasta errante, un apátrida, y su sensibilidad hacia los marginados hizo que su llegada significara un giro, un gran cambio para el grupo. Desde su incorporación demostró una visión del documental más poética y acorde con la figura de Flaherty que con la de Grierson, además de muchas ganas de innovar, sobre todo en el campo del sonido. Varios de sus colegas afirmaron que con su llegada el movimiento se profesionalizó influyendo especialmente en Basil Wright y Humprey Jennings, que se convertirían en figuras señeras del documentalismo.

LA GPO FILM UNIT: EL LABORATORIO DEL DOCUMENTALISMO

Con Cavalcanti en el grupo la GPO iniciaría su época más brillante. Entre 1934 y 1936 el movimiento produjo películas clave: *Song of Ceylon, Coal Face, Housing Pro-*

blems, Night Mail o *Shipyard* de Rotha que, a pesar de que había abandonado el grupo, se trata de uno de los títulos imprescindibles del documentalismo de esos años. Grierson se puso tras la cámara cinco años después de *Drifters* y realizó *Granton Trawler* (1934) en torno al pequeño barco pesquero Isabella Greig, faenando en las costas del Mar del Norte. Las imágenes ya no van acompañadas de música sino de sonido ambiental creando una atmósfera idónea para trasladar al espectador hasta el barco. La película fue editada por Edgar Anstey (1907-1987), cineasta que siempre trabajó a la sombra de Grierson. Tras la disolución del grupo, entró a trabajar en Shell, creando el departamento de cine y formando jóvenes. Esta película le sirvió para experimentar y perfeccionar técnicas de montaje. El sonido, simples conversaciones sobre fútbol mezcladas con sonidos ambientales, había sido muy difícil de registrar y fue añadido posteriormente por Cavalcanti, un auténtico experto en los inicios del cine sonoro.

Grierson recordó siempre *Granton Trawler* desde el sentimiento que se trataba de una de sus películas favoritas. Tras ésta nunca más volvería a dirigir. A partir de entonces se dedicaría a ejercer de productor, pedagogo, teórico, periodista… Publicó cientos de artículos, críticas y manifiestos en revistas de la categoría de "Cinema Quaterly" y "Documentary News Letter", donde reflexionaba sobre el cine en general y el documental en particular. En la Gran Bretaña de los años 30 el cine tenía un valor

Humphrey Jennings se significaría entre los documentalistas más activos de los años 30. *The First Days* (1939) la realizaría en coalición con Harry Watt y Pat Jackson.

intelectual además de ser uno de los entretenimientos favoritos de la población. La situación económica no mejoraba y el clima de preguerra invitaba a los británicos a refugiarse en la sala oscura, donde consumían cine comercial, escapista y pequeño burgués[15]. Términos que utilizaban los documentalistas para referirse a un cine que menospreciaban y al que querían robar espacio. Se trataba no solo de un desprecio al contenido de las películas comerciales sino también a su modelo de producción que imitaba al *hollywoodiense*. Con lo que el cine documentalista se presentaba como una propuesta de creación de un cine con identidad nacional propia frente al cine de Hollywood o que seguía su estela que invadían las pantallas.

En la década de los 30, la GPO Film Unit se convirtió en un laboratorio de ideas, pruebas técnicas y de experimentación narrativa. Cada uno aportaba su mirada personal pero trabajando colectivamente, con sentido de equipo. Los temas que más abordaron durante esta etapa fueron: la clase obrera, la transformación industrial, y su incidencia en el paisaje rural y urbano de Gran Bretaña. Se focalizaría la mirada sobre cómo esos cambios habían afectado a los menos favorecidos. En cuanto a la técnica, resultaron años de improvisación y aprendizaje, sobre todo en el campo del montaje y del sonido. Para entonces ya habían llegado a la conclusión de que el documental es una falsa ventana al mundo. Sabían que no mostraban la realidad de manera íntegra sino una selección de la misma. Una narración de la realidad construida en la sala de montaje. Unos lo utilizaban con naturalidad, otros de manera más experimental, pero todos consideraban el montaje un elemento fundamental narrativo. Por eso se autodenominaban montadores y directores.

El mismo año que Grierson realizó *Granton Trawler*, Basil Wright dirigió su película más reconocida y aclamada: *Song of Ceylon* (1934) patrocinada por The Empire Tea Marketing Board. Una película ambiciosa sobre las costumbres y creencias de los habitantes de la isla de Ceylán (actual Sri Lanka), colonia del Imperio Británico. Basil Wright, considerado por sus colegas "el poeta" del movimiento, era el más completo en cuanto a formación humanística y científica. Su curiosidad como joven escritor y apasionado viajero le llevó hasta Ceylán con la intención de filmar material para varias películas que finalmente quedaría en una dividida en cuatro partes. La película destaca por el innovador y arriesgado uso del sonido para aquella época. Músicos tradicionales, danzas y exóticos sonidos que trasladan al espectador a ese mundo remoto. Imágenes de un universo antiguo, lleno de ritos y costumbres totalmente contrapuesto al que les ofrece el Imperio Británico. La película tiene un mensaje paternalista, colonialista y occidentalista muy unido a los propósitos que las compañías comerciales mostraban en la isla, la mayor productora de té del mundo. *Song of Ceylon* sería el primer y último acercamiento del movimiento documentalista a las colonias, la única incursión en una realidad exótica por parte de los documentalistas británicos. Un proyecto más *flahertiniano* que *griersoniano*.

Al año siguiente, en 1935, las principales figuras del movimiento, esto es, Cavalcanti, Rotha y Elton, estrenarían películas fundamentales en sus carreras. Paul Rotha realizó *Shipyard* en la que muestra de una manera simple, real y detallada el proceso de construcción de un transatlántico. Ese mismo año también produce y realiza *The Face of Britain* sobre el destructivo impacto de la industrialización en Gran Bretaña, tema que ya habían retratado en *Industrial Britain*. Tras el humo de las chimeneas y de la modernidad se oculta la pobreza, la miseria en la que la clase trabajadora vive explotada por ese mundo capitalista y desarrollado. Con gran potencia visual muestra la cara oculta de una Gran Bretaña moderna y desarrollada. Aunque utiliza la misma estructura narrativa que el resto de películas del movimiento, contraponiendo la realidad presente con el futuro que traerá las necesarias reformas políticas y sociales, su discurso es mucho más político y crítico. Rotha adoptará un punto de vista más socialista que le irán alejando de Grierson y su círculo.

En 1935 se estrenó asimismo en el documentalismo el cineasta sudamericano Alberto Cavalcanti, con una de las películas más experimentales de la brillante etapa de la GPO Film Unit: *Coal Face*. Cavalcanti había aprendido de las vanguardias que la realidad podía retratarse de una manera más artística. Con guión del poeta W. H. Auden (1907-1973) y la música del compositor Benjamin Britten (1913-1976), el resultado es una singular unión entre palabra e imagen en aras a retratar las duras y peligrosas condiciones de trabajo en las minas. Rostros manchados de carbón, iluminación teñida de claroscuros y, sobre todo, un montaje frenético de imágenes, sonidos ambientales y voces construyen un retrato único del mundo minero. Las repeticiones de las voces formando coros crean una atmósfera incómoda, de denuncia. Cavalcanti empleó este estilo de montaje, heredero del cine soviético, creando una de las películas más experimentales y comprometidas del movimiento documentalista. *Housing Problems* de Sir Arthur Elton (1906-1973) y E. H. Anstey sería otra de las películas emblemáticas realizada en ese año. El documental aborda el tema de la vivienda y sus problemas dando voz a los que nunca antes la han tenido; los habitantes de los *slums* («suburbios»). Por primera vez colocaron la cámara dentro de esos suburbios y escucharon en primera persona sus duras e infrahumanas condiciones de vida. La vivienda en la Gran Bretaña del primer tercio del siglo XX se encontraba en una situación penosa. Urgía llevar a cabo una serie de reformas sociales para construir inmuebles dignos. Baños sucios, techos semiderruidos, cocinas oscuras, dormitorios diminutos compartidos, hogares sin luz ni agua en el que personas, cucarachas y ratas conviven. La denuncia social es acompañada de un mensaje optimista mostrando el gran proyecto urbanístico que sería construido sobre las chabolas. El éxito de esta película reside en promover las reformas sociales colocando la cámara dentro de los *slums* y en utilizar el sonido directo sincrónico para entrevistar a sus habitantes. Que se escuchase la voz de esas personas resultó absolutamente innovador. Mujeres, hombres, niños harapientos, asumen su discurso para exponer sus problemas. Confesiones extraídas gracias a la sensibilidad y habilidad con la que Ruby Grierson (1904-1940), hermana de John, realizaba las entrevistas. *Cinema-verité* inédito y vanguardista hasta la fecha. Los testimonios de la gente resultaron muy polémicos e incómodos para el gobierno, pero el impacto de la película contribuyó a agilizar la política de protección oficial de las viviendas. Una película de denuncia social patrocinada por un gobierno conservador y por la compañía de Gas Británica. Como dijo Anstey, «persuadimos a la compañía de gas, que tenía una tradición inconformista, para identificar una gran compañía con objetivos sociales»[16]. El sueño de una vida mejor sería destruido por la guerra, los bombardeos demolerían toda la zona y llegada la paz el gobierno emprendería una labor mucho más ardua, la reconstrucción del país más que la construcción de hogares modernos y luminosos.

En ese mismo año Elton realizaría *Workers and Job,* producida por The Ministry of Labour (Ministerio de Trabajo) sobre las mejoras en materia laboral introducidas por el gobierno conservador. Se trata de la primera película que aborda la problemática del desempleo, que durante el período de entreguerras llegó a alcanzar los dos millones de parados. Otro ejemplo de cómo el cine fue utilizado conforme a un arma política para demostrar que se llevaba una política social a favor de los trabajadores y, así, calmar a una masa convulsa y necesitada de medidas urgentes. Las imágenes responden a los métodos de persuasión, a las estrategias de *marketing* para mostrar la realidad en sintonía con las exigencias del gobierno.

Sin embargo, la película que mejor representa el documentalismo británico en la forma de trabajar y en el mensaje es *Night Mail* (1936), dirigida por Harry Watt y Basil Wright, editada por él mismo junto con Cavalcanti, producida por Grierson y Stuart Legg, con música de Britten y guión de Auden, que ya habían colaborado en *Coal Face*, y recitada por Pat Jackson. La participación de tantos miembros convierte *Night Mail* en un manifiesto del grupo, además de ser la que más éxito de crítica y público recibió desde la pionera *Drifters*. La película registra el trayecto que realiza el tren que transportaba el correo desde Londres hasta Edimburgo y Glasgow. A través de ese viaje nocturno en tren descubrimos el paisaje central de Gran Bretaña. Sus raíles conectan toda la nación en un elogio de la modernidad que siempre representó el tren y simboliza a la perfección la velocidad del mundo industrial transformando el rural. Para expresar dicha idea experimentaron mucho a nivel técnico, tanto por las dificultades que entrañaba filmar de noche y en movimiento, como por la grabación de diferentes sonidos ambientales. Un alarde de técnica para un ambicioso proyecto audiovisual que sobresalía sobre el resto de producciones más convencionales y rutinarias producidas por la GPO.

Después de esta película el futuro del movimiento parecía prometedor; el grupo creció, se diversificaron los temas y las propuestas técnicas, pero, a su vez, comenzó a dividirse. La escisión se materializó a partir de 1937 cuando Grierson dimitió de GPO y decidió marcharse a Canadá para dirigir la National Film Board, convirtiéndose en la mayor productora de documentales a nivel mundial. Alberto Cavalcanti sería quien ocupara su lugar, ganándose el afecto del nuevo líder del grupo. Harry Watt (1906-1987) dijo de él: «si las ideas generales y la inspiración del movimiento las aportó Grierson, Cavalcanti fue sin duda quien forjó un estilo e hizo que la calidad de las películas mejorase»[17].

A partir de entonces, el movimiento se dividió entre los seguidores del punto de vista *griesoniano* y los del *cavalcantiano*. O dicho de otra manera, entre los que querían continuar con el documental de denuncia social y los que querían explorar las posibilidades del documental de una manera más estética y artística. En esta época entrarían a colaborar artistas como Len Lye (1901-1980), Norman McLaren (1914-1987) –que aprendería mucho de éste sobre cómo pintar películas–, o el profesor de arte William Coldstream (1908-1987). La incursión de estos artistas para con el documentalismo resultaría interesante y daría, a la postre, películas diferentes como *The Fairy of the Phone* (William Coldstream, 1936), sobre la forma de usar el listín telefónico (sic), la alegre *N or Nw* (Len Lye, 1937) sobre una chica a punto de romper con su novio por un error en la dirección postal, o *News for the Navy* (Norman McLaren, 1937) que sigue a un paquete postal desde Londres hasta las Bermudas...

Con tambores de guerra y los países armándose, a finales de los 30 las ideologías separaron los caminos del grupo. Hasta entonces habían convivido en el grupo diferentes tendencias políticas, pero a partir de ahora cada uno buscaría el punto de vista desde el que retratar los nuevos tiempos que se avecinan. El gobierno limitaba cada vez más la libertad expresiva y creativa, y la producción independiente fue el camino que tomaron muchos documentalistas. En agosto del 36 miembros principales del movimiento como Anstey, Wright, Legg, Rotha o Marion Grierson fundaron The Associated Realist Film Producers. Otros realizadores crearon productoras independientes denominadas COI, British Trasport Films, Realist International Film Company... En un clima prebélico, el gobierno británico comenzó a utilizar el cine de una manera más ideológica a lo efectuado hasta entonces. El mensaje gubernamental consistía en mostrar a los ciudadanos esforzándose por sobrevivir y superarse a sí mismos en una realidad dura, mientras los estados totalitarios mostraban una imagen idealizada de la realidad. En la industria cinematográfica británica surgirán voces discrepantes con la nueva postura gubernamental respecto al cine que reclamarían un cine en torno a la vida británica real y la vida de la gente de la calle, con el objetivo de tener una ciudadanía informada y educada. Para esa minoría de intelectuales como los documentalistas, la educación era el medio para la reforma social. Para el gran público el cine era un lugar de escape.

Los niños y sus condiciones de vida resultó uno de los temas que más preocupó al movimiento durante los años previos a la guerra. Los niños representaban el futuro de la nación y su educación el bien más preciado para su desarrollo. *Children at School* (1937) de Basil Wright, película de la que se sentía más orgulloso y con la que ganó un premio en el Festival de Cine de Venecia, representa un documental sobre la infancia y la importancia de la educación en la nueva Gran Bretaña. Basil Wright pone la cámara dentro de las escuelas y muestra infantes con hábitos saludables, bien nutridos que aprenden jugando con interés materias generales y prácticas de costura, mecánica, para que sean competentes en el mundo que deben construir. A la vez que se sobreponen imágenes de la escuela en condiciones miserables, manteniendo la misma estructura e intención que otros documentales en los que denuncian la situación y hacen propaganda lo que será o debería de ser. El clima bélico ya se respira en sus primeros planos con imágenes del Partenón griego solapadas a niños alemanes desfilando e imáge-

Spare Time (1939), producida por Alberto Cavalcanti y dirigida por Humphrey Jennings, sorprendió en el momento de su estreno

nes de Adolf Hitler y Benito Mussolini. El mensaje es claro y directo para que lo entiendan bien los ciudadanos de a pie: la importancia de conservar la democracia frente a los fascismos para que los niños crezcan en un país como Gran Bretaña.

La democracia y el fascismo se estaban enfrentando en la Guerra Civil española, conflicto que sirvió de laboratorio de pruebas para las grandes ideologías y preludio de la Segunda Guerra Mundial. La primera guerra a la que muchos cineastas fueron con un sentimiento romántico para "luchar" con sus cámaras, como diría Robert Cappa. También acudieron otras figuras del documentalismo de la época como Joris Ivens o André Malraux. Sin embargo, los documentalistas británicos no documentaron el conflicto español por la política de no intervención del gobierno. Hay algún caso aislado como el joven cineasta Thorold Dickinson (1903-1984) que realizó dos cortos documentales para el gobierno republicano, *Spain ABC* y *Behind the Enemy Lines*, ambas producidas en 1938 por Ivor Montagu, reconocido activista de la izquierda británica que fundó The Progressive Film Institute (PFI). Se trata de un instituto dedicado a producir películas para el Partido Comunista Británico y desde el que cineastas de la categoría de Dickinson y McLaren fueron enviados a España para realizar reportajes en apoyo al bando republicano. Sendos cineastas no filmaron el frente pero contribuyeron a denunciar lo que estaba sucediendo rodando a los niños refugiados que huyendo de los horrores de la guerra llegaron a las Islas Británicas. En 1937 más de 3.800 niños y niñas fueron evacuados del puerto de Santurtzi a Southampton, donde alrededor de 450 de aquellos niños se quedaron a vivir permanentemente. En palabras de Wright «mostrar la caridad hacia esos niños refugiados tenía más valor que filmar en el frente»[18]. *"Modern Orphans of the Storm. The Story of the Refugee Basque Children"* devino el título de la película dirigida por Basil Wright y Ian Dalrymple sobre la recepción, acogida y cuidado de esos niños. El gobierno británico no colaboró ya que no quería aceptarlos, así que fueron organizaciones no gubernamentales, junto a voluntarios de varios sectores de la población civil, quienes se hicieron cargo de ellos.

Según afirmó Paul Rotha, muchos intelectuales, especialmente poetas, se sentían decepcionados con la escena política europea e inglesa y vieron en España la oportunidad para mostrar sus frustraciones. George Orwell (1903-1950) y W. H. Auden fueron algunos de los escritores que se enrolaron en las filas de las Brigadas Internacionales y viajaron a España para defender a la República. Mientras tanto, los documentalistas británicos siguieron denunciando los abusos sociales en su país. El propio Rotha produjo para Strand Film *Today we Live (1937)* de Ruby Grierson y Ralph Bond. Un excelente ejemplo de documental social en donde se combinan dos historias; la primera, dirigida por Ruby Grieson, en torno a un grupo de mujeres que intentan reconvertir un granero en un centro de actividades de ocio. La segunda, de Ralph Bond, en la que observa cómo un grupo de mineros en paro construye un centro de ocupación para aprender nuevos oficios. Dos historias sobre reconversión laboral para salir del paro en las zonas rurales afectadas por la industrialización. La película estuvo patrocinada por el National Council of Social Service (NCSS), siguiendo la fórmula de propaganda gubernamental y denuncia social. *Today we Live* introduce la perspectiva de género para documentar la realidad de esos hombres y mujeres. Ruby Grierson ya había demostrado en *Housing Problems* su habilidad para acercarse de una manera más humana y cercana a la gente corriente. En especial, a esas mujeres que luchan por superar las adversidades de esos tiempos difíciles. La lucha de esas mujeres fue asimismo la lucha de las cineastas que intentaron ocupar un lugar dentro del movimiento documentalista [19]. Las oportunidades eran escasas para las mujeres que intentaban ponerse tras la cámara, consideradas incompetentes para manejar un presupuesto o dirigir un equipo de hombres. Sin embargo, las pocas que lograron hacerse un hueco demostraron una mayor sensibilidad para observar y una manera más antropológica de registrar la realidad.

Además de niños, mujeres y hombres parados, desde que Cavalcanti asumió el liderazgo del grupo el movimiento empezó a realizar un tipo de documentales en los que rompían la barrera entre documental y ficción. Con Cavalcanti al frente nació el "documental dramatizado". *North Sea* (1938), realizada por Watt, es un ejemplo de los *"dramatised documentary"*. Un barco pesquero tiene problemas tras sufrir una tormenta en el Mar del Norte e intenta recibir ayuda desde su estación de radio. El uso convencional de la voz en *off* para narrar la historia es sustituido por diálogos elaborados por el director y caracterizados por los personajes reales. El resultado ofrece la fusión de la estructura dramática dentro del retrato real de la vida de los pescadores que, al no ser actores, resultan muy forzados. Se trata de un primer intento innovador de unir realidad y ficción, y de avanzar en la relación imagen-sonido con el sello *cavalcantiano*. Los *dramatised documentary* serían la base de los *story documentaries* realizados durante la Segunda Guerra Mundial como *Target for Tonight*, *Fires Were Started* o *A Diary for Timothy*.

Semanas antes de que estalle la Segunda Guerra Mundial, Cavalcanti produce una película que sorprenderá a todos: *Spare Time* (1939). Dirigida por Humphrey Jennings, se trata de una producción en torno a trabajadores pero no en su jornada laboral, sino en su tiempo de ocio, un aspecto que jamás había sido observado. La película resultó muy criticada por Grierson y su círculo, para quienes ni el momento político ni social era el idóneo para retratar las actividades lúdicas de la clase trabajadora. Jennings, que se convertiría en uno de los cineastas más singulares de la Historia del cine británico por sus magníficas películas de propaganda durante la guerra, ya mostraba en *Spare Time* un talento especial para acercarse a la vida, a los usos y costumbres de la época. La película representa los gustos de la clase obrera según al sector al que pertenecen. Así vemos a obreros del algodón, y del acero llenando su tiempo libre con música, los paseos en bicicleta, leyendo, cocinando, viendo fútbol, apostando, en el teatro, bailando... con apariencia más de clase media que obrera. Y finalmente observamos a los mineros en el circo, en las atracciones de feria, en un *pub* hombres bebiendo cerveza y jugando al billar... Imágenes que hablan por sí mismas, lo que sería uno de sus principios estilísticos que retratan las costumbres y modas en el entretenimiento de la época, porque como dice la voz en *off* «*Spare time is the time where people can be most themselves*» («El tiempo libre es aquel en el que las personas pueden ser más ellas mismas»). Según el periódico "The Times" un ejemplo cinematográfico del método sociológico basado en la observación de masas (*Mass Observation*), que ya utilizó Grierson en sus inicios. *Spare Time*, fue la primera gran película «del único poeta del movimiento»[20] como así le denominó el cineasta Lindsay Anderson, cofundador del *free cinema* años más tarde.

Una nueva realidad estaba a punto de estallar, la población se preparaba para una nueva guerra y los documentalistas estaban prestos para retratarla. El gobierno realizó campañas para mentalizar a la población: «cosas que debes saber si la guerra llegara». Instrucciones que fueron recogidas en películas del estilo de *If War Should Come* (1939), una de las últimas producidas por la GPO Film Unit antes de rebautizarse con el nombre Crown Film Unit como parte de la Film Division del Ministerio de Información (MoI), ya en tiempos de guerra. La película comprende un catálogo de instrucciones sobre el modo que debe defenderse la población civil: «El país no quiere la guerra pero si llega se defenderán como una nación unida aunque no todos irán al frente. Prepárate para la guerra, compra comida, cobíjate en refugios anti bombardeos...» Las instrucciones para sobrevivir se sobreponen con imágenes de la población construyendo refugios caseros, el metro cerrado, máscaras de gas... el campo donde los niños se sienten a salvo y contentos... «Nadie en nuestro país quiere la guerra. Pero si la guerra llega no os alarméis, mantened vuestra bondad. Pase lo que pase Gran Bretaña es una nación preparada...y la democracia triunfará». Pocas semanas después la guerra estallaría y la vida cotidiana quedaría paralizada para miles de ciudadanos de toda Europa. El documental fue estrenado hacia el 18 de septiembre del 39 con el título más contundente, *Do It Now.* La guerra ya era algo más que una suposición.

CÁMARAS EN ACCIÓN: LOS DOCUMENTALISTAS AL SERVICIO DE LA GUERRA

El 1 de septiembre Alemania invadió Polonia y estalló la Segunda Guerra Mundial. La vida se paralizó y las salas de cine se cerraron. De la noche a la mañana la vida cambió para millones de ciudadanos. El gobierno británico pronto se dio cuenta de que la guerra iba a ser larga y vio en el cine el canal adecuado para rearmar moralmente a la población. Las salas de cine se reabrieron y el cine se convirtió en la principal fuente de entretenimiento durante todo el conflicto bélico. En la oscuridad de la sala la población se refugió aunque sin escapar del todo de la realidad.

Al estallar la guerra, pesos pesados del grupo como Cavalcanti, Watt o Pat Jackson (1916-2011) trabajaban para la GPO Film Unit. A pesar de que el gobierno daba un gran valor propagandístico al cine documental, no sabía muy bien qué papel otorgarles de acuerdo con una inestabilidad provocada por continuos cambios en el gobierno del ministerio. En un principio mantuvieron la esperanza de que el Ministerio de Información (Ministry of Information, MoI) dispusiera de su talento y de su equipo. Durante la guerra, el MoI ejerció de organismo de control de todos los *mass media*: prensa, radio y, por supuesto, cine con un específico departamento la Films Division. La influencia del MoI sobre el cine quiso ser absoluta. Aunque tuvo poca fortuna en la ficción, sí la logró en los documentales y noticiarios, producciones que dependían más de la ayuda gubernamental. El MoI llegó a ejercer las funciones de censura con el fin de preservar el delicado asunto de la seguridad. E incluso estableció unas bases sobre lo que debería ser un buen film de propaganda; trasmitir bien claro el mensaje de porqué y cómo luchaban y el sacrificio que suponía para la nación [21]. El gobierno quiso democratizar la guerra en el sentido de involucrar a todos los estratos sociales en el ingente esfuerzo de luchar para vencer al enemigo. El momento requería de expertos en mostrar la realidad pero el gobierno conservador de Neville Chamberlain (1869-1940) decidió, en un primer momento, prescindir de ellos y utilizar a su propio equipo. Bien por sus tendencias izquierdistas, bien por la predilección del director del departamento cinematográfico del MoI por los noticiarios más que por los documentales, o bien por la ausencia de John Grierson, la mayoría de ellos quedaron aislados. En palabras de Anstey fueron «abandonados en el desierto». Grierson pasó la guerra en Canadá, aunque algunos críticos creen que hubiera preferido defender desde las *trincheras* a su país, a pesar de que él mismo afirmó que el cine llegó a pesarle durante el conflicto. Otros miembros del grupo, a modo de respuesta a esa marginación, crearon la publicación "Documentary News Letter", cuya primera edición salió a la luz en enero de 1940 –devino una fuerte influencia en aquel momento– y "World Film

News". Sucesor en tiempos de guerra de publicaciones de la calidad de "Cinema Quarterly", medio donde Grierson expuso sus principales teorías y se mostró muy crítico para con las películas bélicas "no auténticas" de Jennings.

THE CROWN FILM UNIT Y EL NUEVO ESTILO DE DOCUMENTAL DRAMATIZADO

La GPO Film Unit pasó a ser controlada por el gobierno, hecho que resultó muy cuestionado por miembros del grupo que veían como funcionarios sin experiencia en el documental se hacían cargo de la unidad [22]. La contratación de Alberto Cavalcanti por la prestigiosa productora de ficción Ealing, y su sustitución por Ian Dalrymple (1903-1989), productor y guionista que provenía de la ficción, aceleró un cambio de rumbo en la unidad a finales de 1940. Rebautizada The Crown Film Unit, la productora estableció una nueva estrategia encauzada en la creación de un nuevo tipo de documental narrativamente más dramatizado. El nuevo estilo de la Crown Film Unit estuvo marcado por documentales cuya historia era dramatizada por actores no profesionales. Esta tendencia ya se presume en *Men of the Lighship* (1940) del director de ficción David MacDonald (1904-1983) y *Squadron 992* (1940) de Harry Watt. Películas antecesoras de los *story-documentary*, cuyos máximos exponentes fueron *Target for Tonight* (1941) o *Fires Were Started* (1943) de Humphrey Jennings. Al margen de la MoI, sobrevivieron otras productoras independientes creadas por realizadores que se habían escindido de la GPO, esto es, la de Paul Rotha, unidades de servicios como la RAF Film Production Unit y la British Army Film and Photographic Unit. E incluso algunas productoras comerciales como la Ealing, la Fxx o la Gainsborough que crearon sus propias unidades de documentales, donde era habitual que estrellas del momento como Arthur Askey, Tommy Trinder, Will Hay sirvieran de gancho a la audiencia para vender el "mensaje". La mayoría de las productoras optaron por el documental informativo en diversas categorías: de orientación, entrenamiento, científicos, médicos... destinados tanto a la audiencia militar como a la civil. La proliferación de tantas productoras se debió a que, en el verano de 1940, el curso de la guerra hizo que la Crown resultara incapaz de hacer frente al volumen de producciones que el gobierno requería para mantener el ánimo de la población. El nuevo director del MoI, Jack Beddington, involucró en ese "esfuerzo nacional" a todos los sectores de la industria cinematográfica. Así pues, los documentalistas volvieron a ocupar un lugar destacado en el uso del cine como arma de propaganda bélica. A mediados de la guerra, el MoI apostó por un estilo de películas más cercanas a la realidad que exhortativas. Películas para ser vistas en todos los rincones del país, no sólo en teatros y cines para que llegaran a un pueblo deseoso de verse retratado en la "gran pantalla". En definitiva, películas protagonizadas por héroes cotidianos que luchaban por sobrevivir en la retaguardia. En Gran Bretaña, la movilización de la población civil durante la guerra devino fundamental. El gobierno siempre quiso ganar la batalla en el campo

En *Listen to Britain* (1942) la música y los sonidos entran en armonía con las imágenes.

moral, al dejar claro el mensaje de que el sacrificio bélico tendría como resultado un mundo mejor. Para una población poco acostumbrada al lenguaje político ni a sus fines, las películas documentales se mostrarían reveladoras para comprender lo que estaba sucediendo. De ahí que críticos e historiadores coincidan al destacar el papel tan importante que realizaron los documentalistas en dicha labor de información, concienciación y rearme moral.

Con el "padre" del documentalismo británico lejos y con los Wright, Anstey o Cavalcanti prácticamente inactivos, quien se convertirá en la figura fundamental del cine documental realizado durante el conflicto bélico sería Humphrey Jennings (1907-1950). El cineasta ya había destacado por su estilo experimental y vanguardista en *Spare Time*. Desde que ingresó en la GPO fue muy criticado por el círculo "*griersoniano*" para quien sus películas no eran suficientemente realistas. Ahora, durante la guerra explotaría toda su imaginación convirtiéndose en un cineasta icónico. Alejado de Grierson en los planteamientos teóricos y plásticos en torno al documental, ambos compartían el principio de que debía disponer su talento al servicio de las estrategias del Estado para persuadir. Jennings se rodeó de un excelente equipo formado por Alberto Cavalcanti, Harry Watt y Pat Jackson. Este equipo recopiló un abundante y magnífico material que daría lugar a *The First Days* (1939), en la que vemos como en *If War Should Come* a la ciudad se va preparando para la guerra. La película sigue el método empleado por la *Mass Observation* al retratar la vida de la gente corriente en tiempos de guerra. *Britain at Bay* (1940) de Harry Watt o *London Can Take It* (1941) codirigida por Watt y Jennings, también siguieron esa manera de representar a la población y con la que tanto se identificaba el gran público. Ambas películas se realizaron a finales de 1940, momento en que Hitler ya había ocupado gran parte de la Europa continental y Gran Bretaña sentía la amenaza alemana más cerca que nunca. La capital inglesa había sufrido numerosos bombardeos a diario, transformando la fisonomía de la ciudad y la moral de los londinenses se encontraba mermada. Con su sensibilidad poética Jennings retrata el esfuerzo de la población por sobrevivir, por prepararse para lo peor, manteniendo la unión, la identidad nacional y la dignidad humana. Incluso muestran gente sonriendo en un esfuerzo por trasmitir la esperanza de un futuro cercano en el que recuperarían la normalidad. Considerada en su momento la mejor película de guerra realizada hasta la fecha, en *London Can Take It* Jennings señala el camino que va a tomar su cine. Un cine de propaganda sensible y poético, con una manera de mostrar el patriotismo muy diferente a la manera de hacerlo el cine de ficción. El estilo poético y cotidiano de Jennings llegaba más al corazón que a la mente de unos espectadores que sufrían en primera persona la dureza y la crueldad de la guerra. Las películas de Jennings muestran esperanza y ganas de vivir en medio de la tragedia. A Jennings le interesaban más los héroes cotidianos que los que están en el frente. Por eso focalizó su atención en retratar más a los que sufrieron la guerra que a los que la hicieron. Un cine documental diferente al resto de producciones de la época. Para los "ortodoxos" del cine documental social, encabezados por Grierson, el poético método de Jennings resultaba inadmisible.

Otro ejemplo de documental basado en la vida cotidiana de la población civil durante la guerra fue *They Also Serve* (1940) de Ruby Grierson, una realizadora que ya ha había demostrado su habilidad para entrevistar en *"Housing Problems"* y que logró consolidar su carrera a pesar de su condición femenina. En los años 30 puso su mirada lúcida y espontánea sobre la vida de los londinenses en *London Wakes Up* (1936) para Strand Film Company, donde trabajaba en calidad de productor Paul Rotha, cuyo punto de vista encajaba muy bien con el de Ruby. Ella realizó también *Today and Tomorrow* (1936), *Today we Live* (1937) y *Cargo for Ardrossan* (1939), su última película de éxito. Al estallar la guerra filmó películas propagandísticas para el Ministerio de Alimentación (Ministry of Food), pero su documental más significativo fue *They Also Serve* (1940). Se trata de un homenaje a las amas de casa y a su esfuerzo cotidiano por mantener los hogares y las familias en tiempos de guerra. La película sigue a diferentes mujeres: madres que llevan el desayuno a sus hijos a la cama, esposas lavando, cocinando, comprando... Amas de casa que, en definitiva, se acuestan exhaustas tras un largo día pero orgullosas de su familia. Un microcosmos que simboliza el papel que ejercían las mujeres para salvaguardar dicha institución, pilar fundamental para mantener la unión y el espíritu elevado. La película finaliza agradeciendo su coraje y su fuerza «porque ellas también "sirven"». Gran Bretaña representaría uno de los países que más movilizó a mujeres como enfermeras, auxiliares, aviación, fábricas. La guerra favoreció la incorporación de las féminas al mundo laboral consecuencia directa de falta de mano de obra masculina. Las mujeres irrumpieron en un espacio vetado hasta entonces, comenzando así la lucha por la emancipación de la mujer. Rudy Grierson introdujo el concepto de género en el documental a través de las *mobile woman*, mujeres llamadas así por su movilidad del espacio habitual del hogar al espacio público. La irrupción de las mujeres de todas las partes del país en fábricas y hospitales respondió a las necesidades del momento y fue aprovechado por el discurso gubernamental para resaltar el papel tan importante que las mujeres debían ocupar en tiempos de guerra. *They Also Serve* sería su última película ya que murió trágicamente en un accidente mientras filmaba la evacuación de niños a Canadá, en 1940. Ruby Grierson logró ocupar un lugar como cineasta en un movimiento que desconsideraba el trabajo de las féminas pero su humanidad y entusiasmo significaría una pérdida para el mismo[23].

Harry Watt realizó, al año siguiente, *Target for Tonight* (1941), uno de los documentales más exitosos producidos por la Crown, sobre el valor de un aviador de la RAF en un victorioso bombardeo en Alemania. Watt utilizó la reconstrucción dramatizada para explicar la historia y lanzar el mensaje de que Gran Bretaña vencería. Este documental se significaría conforme al primer ejemplo oficial de los *story-documentary.* Fórmula narrativa en la que los protagonistas, actores no profesionales, dramatizaban la escena. Un estilo que permitía a los documentalistas, que habían sido apartados en los inicios de la guerra, adaptarse a las necesidades que requería el gobierno y la población. A la exitosa *Target for Tonight* le siguió *Ferry Pilot* (1941) de Pat Jackson y *Coastal Command* (1942) de Jack Holmes. La segunda producción de la Crown Film Unit recibió fuertes críticas por parte de otros colegas de profesión que consideraban que la Crown contaba con presupuestos abultados y lujosos, suficientes para filmar en el océano y con música del prestigioso Ralph Vaughan Williams. Sin embargo, la unidad siguió con la línea de los *story-documentary*, estilo que alcanzaría su cumbre con *Fires Were Started* (1943) de Humphrey Jennings y *Western approaches* (1944) de Pat Jackson. Harry Watt también anduvo tras los pasos de Alberto Cavalcanti y entró a trabajar en la Ealing Studios, fichado asimismo por el productor Sir Michael Balcon (1896-1977). La legendaria productora tuvo su propia sección de documentales, en donde realizó cortos comisionados por el MoI en torno a temas informativos como el "*careless talk*" («hablar sin cuidado») para hacer frente al contracolumnismo en películas del perfil de *Now You're Talking* (1940), *Dangerous Comment* (1940) y *All Hands* (1940) o recreaciones más ficcionadas sobre el reciclaje de material de las amas de casa *Salvage with a Smile* (1940). Sin embargo, Balcon quiso controlar la Film Unit en un proceso frustrado por las injerencias del MoI[24]. Las relaciones entre Balcon y el MoI quedaron rotas, y el primero decidió contar con su propia unidad independiente del gobierno. En principio, para realizar cortos y después en producciones que plasmaba la progresiva influencia de los documentalistas en la ficción, mostrándola más cercana a la realidad y con un tratamiento más colectivo de personajes e historias[25]. Los caminos entre realidad y ficción se habían estrechado. Algunos cineastas como Carol Reed,

Michael Powell, los hermanos John y Roy Boulting o el actor Leslie Howard también decidieron pasarse, de manera ocasional, al documental. Carol Reed dirigió *The New Lot* (1943), un documental dramatizado, patrocinado por el Army Kinematograph Service, sobre el proceso de enrolamiento en la Armada Británica. Y dos años después dirigió *The True Glory* (1945), con guión del insigne Garson Kanin y coproducido por la oficina de guerra norteamericana, sobre "el Día D" y las campañas posteriores en Francia. Michael Powell tuvo una breve incursión en la emotiva *An Airman's Letter to his Mother* (1941) en torno a la carta de un soldado que escribe a su madre en caso de que fallezca, y dos años más tarde realizó *The Volunteeer* (1943), en que el actor Ralph Richardson hace de guía de la vida en un barco de la marina. Otros directores como Roy Boulting trabajaron en la serie "*Victory*" con documentales de tipo informativo como *Desert Victory* (1943) y *Burma Victory* (1945). Otra incursión en el documentalismo destacable es el caso del actor Leslie Howard, quien regresó a Gran Bretaña para participar en su defensa y lo hizo con producciones tipo *The From for the Four Corners* (1941), un documental en que ejerce de guía turístico por Londres a tres soldados de Canadá, Nueva Zelanda y Australia. El paseo por la ciudad le sirve de excusa para explicarles las virtudes de ser británico. La cumbre de la interacción entre documental y ficción se produjo hacia el final de la guerra con *Journey Together* (1945) de John Boutling. La película producida por la unidad de documentales de la RAF siguió el modelo del *story-documentary*, en aras a contar la historia de una unidad real de la aviación de manera dramatizada con actores profesionales de la talla de Edward G. Robinson y Richard Attenborough.

EL CINE DE JENNINGS: EL TRATAMIENTO CREATIVO DE LA REALIDAD

El ojo de Jennings siguió registrando la vida cotidiana durante la Segunda Guerra Mundial en películas como *Heart of Britain* (1941), que persigue la idea de *London Can Take it* pero retratando otras ciudades, y *Words for Battle* (1941), un documental que merece una espacio a parte por su planteamiento original y su creatividad. Desde las nubes, la cámara va descendiendo hasta la tierra. La naturaleza se presenta inmensa y hermosa en un país que no parece estar en guerra. Sucesión de planos del paisaje industrial, el busto de John Milton en la Abadía de Westminster, Hitler y sus jerarcas, niños pescando bañándose ajenos al horror, sucesión de planos ligados con la poderosa y penetrante voz de Laurence Oliver recitando versos de Milton y Blake. El atardecer en las costas, el mar cobrando su protagonismo, una bandera ondea, plano tumba de Kipling y, a continuación, la ciudad en ruinas, y hombres y mujeres trabajando para reconstruirla. En tan sólo ocho minutos, editados por su montador habitual Stewart McAllister, muestra como las palabras son las mejores armas con las que Gran Bretaña puede vencer la batalla: «No cejará en mi espíritu la lucha ni ha de dormirse en mi mano la espada, hasta que levantemos otra Jerusalén en el solar verdeante y dulce de Inglaterra» [26]. Hacia el final de la película vemos a Churchill frente a los soldados en formación mientras la voz de Laurence Oliver declama fragmentos de uno de sus discursos más célebres: «*We shall fight on the beaches*», pronunciado ante el parlamento británico el 4 de junio de 1940. «Defenderemos la tierra donde nacimos... llegaremos hasta el final. Pelearemos en las playas, pelearemos en los campos de aterrizaje, pelearemos en los campos y en la calle. Nunca nos rendiremos y, si por algún momento lo veo posible, esta isla o gran parte de ella fuera sometida o debilitada, entonces nuestro reino más allá de los océanos, armado y resguardado por la Flota Británica, continuará la lucha, hasta que cuando Dios lo decida. El Nuevo Mundo, con todo su poder y su fuerza, avance decidido a rescatar y liberar al Viejo Mundo». Palabras recitadas sobre imágenes de Londres hasta que la cámara se detiene en la estatua de Abraham Lincoln en Parlament Square. Jennings manifestó que *Words for Battle* representaba una película sobre la estatua de Lincoln. Afirmación que despistó a la crítica teniendo en cuenta que el plano dura unos instantes. No obstante, las últimas palabras están cargadas de un gran valor simbólico en torno al nuevo papel que Estados Unidos va a desempeñar a partir de la Segunda Guerra Mundial. Jennings hace un guiño al nuevo orden mundial presidido por Estados Unidos a través de la figura del mítico presidente Lincoln. La cámara sigue en *travelling* a tanques, soldados y mujeres que caminan con paso firme al compás de "Water Music" de Haendel.

Las palabras dan paso a la música en otra de sus películas más reconocidas: *Listen to Britain* (1942), codirigida con su montador Stewart McAllister. Si en la anterior producción utilizaba las palabras, en ésta serían los sonidos y la música las herramientas a través de las que observa las gentes y paisajes de Gran Bretaña. La película toma como punto de partida el recital de la pianista Myra Hess en la National London Gallery y desde ahí se extiende a las calles para, a través del montaje, crear una sinfonía de imágenes sincronizadas con sonidos ambientales, música de *swing* o de compositores clásicos, entre ellos, Mozart y Brahms. Jennings, fiel a su estilo de que las imágenes hablen por sí mismas, añade la música queriendo expresar que aun en tiempos de guerra también se puede poner música a la vida cotidiana. La película, al igual que *Spare Time*, sufrió las críticas de voces como la de Anstey que dijo que era un gasto elevado e innecesario producir algo así y que no servía para levantar el ánimo de nadie. Resultaba una película demasiado estética y fría para el movimiento. Sin embargo, el público la acogió entusiasmada al igual que la crítica, que la calificó uno de los mejores ejemplos de la elocuente manera de filmar de Humphrey Jennings. En cambio, sus siguientes películas, *Fires Were Started* (1943) y *Diary for Timothy* (1944-1945), fueron consideradas por sus colegas auténticas piezas maestras. Entre estas dos películas, realizó el corto *The Silent Village* (1943), una experimental reconstrucción de la masacre perpetrada por la ocupación nazi sobre el pueblo checo de Lidice en junio de 1942. Jennings reconstruye los hechos trasladándolos hasta un rincón de Gales. *Silent Village* es una de las películas más ignoradas de la carrera de Jennings, criticada por algunos por la falta de creatividad característica de su cine. Sin embargo, este intento de reconstrucción dramatizada de la barbarie nazi, en forma de homenaje, deviene un

Land of Promise (1945), realizada por Paul Rotha, se confección durante los primeros compases de la posguerra.

interesante intento visual de traspasar los límites de espacio y tiempo en un conflicto mundial. Su siguiente película, *Fires Were Started* (1943), es una de los referentes del movimiento, un elogio a los bomberos como héroes de guerra que tantos incendios debieron sofocar debido a los numerosos bombardeos a los que fue sometida la población civil. Un ejemplo máximo del documental poético *jenningsiano*, y de los *story-documentary*, en el que la realidad se diluye con la ficción y los límites se borran. Fórmula que tanto gustaba al público de la época y que llegaría a su fin con *Western Approaches* (1944) de Pat Jackson, fotografiada en Technicolor por Jack Cardiff. Se trata de un homenaje por parte del documentalismo a los héroes que combatían en primera línea, como la marina mercante que luchó en el mar protegiendo la línea hacia América de los alemanes. Considerada la culminación de la Crown, fue sintomáticamente el último éxito de la productora. Dalrymple abandonó y la dirección fue sustituida por Basil Wright y Alexander Shaw. Con Jack Holmes erigiéndose en productor principal, el nuevo equipo no tuvo mucha fortuna a la hora de levantar nuevos proyectos. La Crown perdió la hegemonía frente a otras productoras como la Army Film and Photographic Unit (AFPU). En la AFPU los soldados se convirtieron en cámaras y las cámaras en soldados, asumiendo el rol principal del uso del cine en virtud de su capacidad de convertirse en arma propagandística. Con la figura de David MacDonald como productor, la unidad estableció una línea más clásica e informativa con la serie *Victory*, siguiendo la estela de la famosa serie *Why we Fight* de Frank Capra, realizada en Estados Unidos. El título inicial *Desert Victory*, dirigido por Roy Boulting, describe los enfrentamientos militares entre las fuerzas del general Montgomery y las del general Rommel, en el desierto del Norte de África. El film tuvo un fuerte apoyo gubernamental por el interés británico en la victoria africana. Incluso el propio Primer Ministro accedió a incluir su discurso en la victoria de Trípoli. Ese interés propagandístico hizo que la película se acabara en un tiempo récord, para que los espectadores pudieran disfrutar directamente los acontecimientos descritos. Su éxito resultó inmediato gracias a la autenticidad de las imágenes y a la calidad de los segmentos reconstruidos. *Desert Victory*, ganadora de un Oscar, se convirtió en uno de los documentales más famosos producidos durante la guerra. El éxito puso involuntariamente en jaque a la Crown Film Unit y a su director Ian Dalrymple que quiso hacerse cargo de la esperada secuela. No obstante, la AFPU se lo impidió y Dalrymple dimitió de la famosa unidad de documentales. La saga iba a continuar con *Africa Freed*, sobre la campaña en Túnez pero se vieron sorprendidos al conocer que los americanos con Frank Capra estaban preparando su propio film sobre el tema. Después de un proceso no exento de dificultades entre británicos y americanos, decidieron unir sus fuerzas retitulando el film *Tunisian Victory* (1944), para así seguir con la serie iniciada con *Desert Victory*. *Tunisian Victory* comienza con los preparativos de la "operación Acrobat" en noviembre de 1942, y va describiendo los acontecimientos desde la perspectiva dual ofrecida por un soldado británico y otro norteamericano, con las voces de los actores Bernard Miles y Burgess Meredith. La tensión entre británicos y americanos también se palpó en otro documental de aquel año, *The True Glory*, dirigido por Carol Reed y centrado en el "Día D". Con esta película acabaría la colaboración entre británicos y estadounidenses. El último de los documentales de la serie "*Victory*" abordaría la operación en Birmania: los americanos, de la mano de Frank Capra, realizarían el cortometraje *The Stilwell Road*, y los británicos el largo *Burma Victory* (1945). Esta última mostraba cómo los británicos habían hecho mucho más por la recuperación del territorio asiático que Errol Flynn y sus compinches en el film de Raoul Walsh *Objetivo Birmania* (*Objective Burma*, 1945).

En ese último año de la guerra, a principios de 1945, el Eje ya había perdido mucho terreno y los Aliados avanzaban hacia la victoria final. Jennings realizó su postrera gran película del período bélico, *A Diary for Timothy* (1944-1945). Se trata del diario imaginario que escribe un soldado desde el *Home Front* a su hijo recién nacido. El pequeño Timothy personaliza todas las dudas y miedos de esa generación por el futuro. Una nueva realidad se presenta, el mundo ha cambiado y Jennings quiere recoger el sentir de la población. Una reflexión sobre la guerra y sus consecuencias encarnadas en la figura de un bebé. La película empieza con un locutor de la BBC recordando que ya se han cumplido cinco años de la guerra; Timothy Jenkins ha nacido, es el 3 de septiembre de 1944. Una vida empieza y una guerra acaba. Cuatro adultos más protagonizan la película: un minero galés, un granjero, un conductor y un piloto convaleciente. Las imágenes de estos cuatro en su existencia cotidiana se intercalan con las del bebé que vive en un *slum* de Glasgow. Estos hombres luchan por el futuro de Timothy mientras su padre se encuentra lejos, en el frente. Timothy va creciendo mientras afuera la vida continúa: niños en el cine, máquinas recolectando, enfermeras cuidando a pacientes... La pianista Myra Hess, que ya hemos visto en *Listen to Britain* toca la "Appasionata" de Beethoven. En el teatro se representa "Hamlet" mientras fuera siguen cayendo bombas. Llega la navidad, el invierno y la caída de Berlín es anunciada por la radio. La guerra ha terminado, los últimos planos son violentos fundidos con el rostro del pequeño mientras la voz en *off* se pregunta: «¿quién va a hacer otro mundo?», «¿qué mundo nuevo le espera a Timothy?». El camino hacia la paz y la normalidad no va a ser fácil. Con el cine de Jennings, durante este período, el documentalismo alcanzó su cima estética y un significado a lo absurdo de la guerra, persuadiendo a los espectadores de que la guerra no había sido un sacrificio de vidas en vano.

UNA TIERRA DE PROMESA: EL FIN DE LA ESCUELA DOCUMENTALISTA

Al concluir la guerra, Winston Churchill fue derrotado en las urnas por el Partido Laborista y Clement Attle sería proclamado Primer Ministro. El nuevo presidente tenía por delante el reto de reconstruir el país y configurar un nuevo modelo de sociedad. El lustro siguiente al fin de la guerra devino clave tanto para el futuro Gran Bretaña como para del propio movimiento documentalista. Durante su mandato, Clement Attle asentó las bases para la construcción del Estado de Bienestar con medidas como la asistencia sanitaria universal y gratuita, la nacionalización de la banca y las principales industrias de gas, carbón, electricidad...La proclamación de la independencia de la India también simbolizó el desmoronamiento del Imperio colonial. Años decisivos en los que el movimiento documentalista desempeñó un papel crucial para trasmitir todos esos cambios. Si durante la guerra contribuyeron a mantener la moral de la población ahora deberían retratar el camino hacia la paz. En la década de los 50 quedarían relegados al nuevo medio televisivo.

La nueva realidad de la posguerra requería de una nueva manera de mirarla. La falta de liderazgo (Grierson en la Unesco, Cavalcanti en Brasil y Jennings fallecido accidentalmente), la pérdida de respaldo del gobierno tras la desaparición de la Crown Film, y de entusiasmo de la segunda generación de cineastas el movimiento son algunas de las razones que explican que el movimiento entrara en franco declive. La realidad de la posguerra era mucho más compleja y los jóvenes cineastas no supieron ni trasmitir el mensaje institucional ni llegar a los espectadores. En palabras de su fundador Grierson: «el movimiento se abandonó, cuando lo estético sustituyó a lo sociológico el movimiento murió. Las paradojas del nuevo contexto serían bien expresadas por un nuevo movimiento que irrumpió con fuerza: el *free cinema*. Deudores innegables de los Grierson y compañía, emergieron adalides de la modernidad para transformar la ficción en documental. Con el propósito de dirigir una mirada más libre e independiente hacia la realidad».

A pesar de que el movimiento se precipitó hacia su muerte, en los primeros años de la posguerra dejó algunas películas memorables como *Land of Promise* (1945) de Paul

Housing Problems (1935) aborda el tema de la vivienda.

Rotha y *Family Portrait* (1951) de Humphrey Jennings. Películas que miran al pasado y al futuro con optimismo. Esa esperanza en el futuro la recogió simbólicamente Paul Rotha con su *Land of Promise*, un documental sobre la vivienda y sus problemas. La película preserva la estructura dialéctica típica de las películas de Rotha: yuxtaposición de imágenes antagónicas entre las primeras imágenes idílicas del campo que trasmiten felicidad, amor y paz seguidas de una narración contundente acompañada de una música que enfatiza la necesidad de reconstruir los hogares para reconstruir la nación. La película sigue el método empleado por la escuela documentalista de mostrar las cosas cómo son y cómo deberían ser. En este caso, lo hace relación a un tema tan fundamental como la vivienda, ya abordada en *Housing Problems*. Con un tono dogmático, tendencioso y monótono, intercala el uso de material gráfico con testimonios reales de voces relevantes, entre las que figura la del filósofo educador Otto Neurath, con el que ya había trabajado en *World of Plenty* (1943). El testimonio de una mujer a cámara quejándose resulta una llamada de atención directa al nuevo gobierno Laborista para que acometa las urgentes reformas. Las imágenes sobre las pésimas condiciones de las viviendas no gustaron nada al Ministerio de Salud. El gobierno quería películas instructivas que mostraran el proyecto de futuro, no mensajes de denuncia. Rotha se empeñó en mantener un tono de conciencia social beligerante y la película no fue muy bien acogida. A partir de entonces, la carrera que tan celosamente se había labrado entró en decadencia.

En estos años, asimismo se realizaron una serie de documentales menores con temas comunes como los niños, la reconstrucción de las ciudades o el trabajo. Realizados por

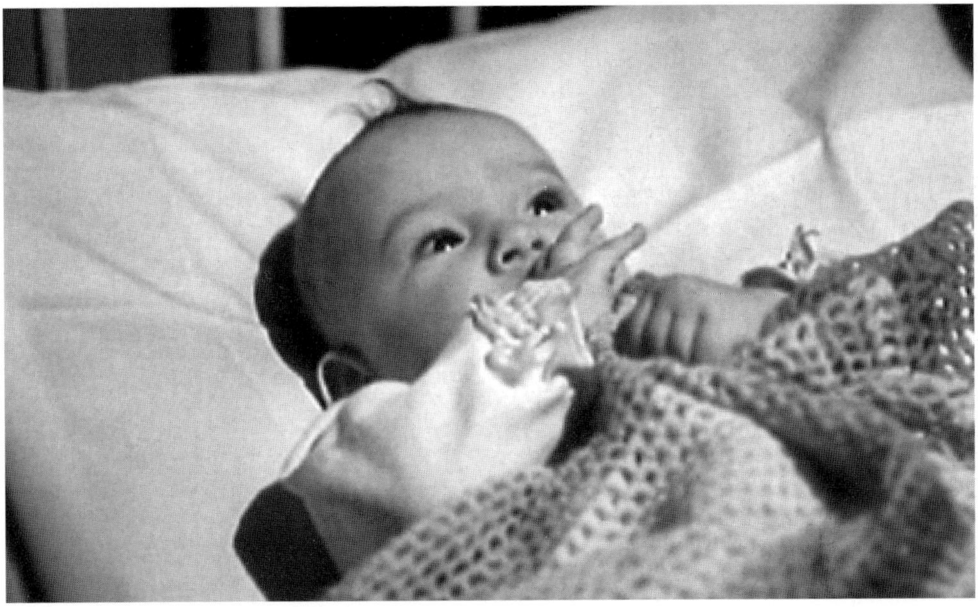

Humphrey Jennings rodaría *Diary for a Timothy* (1945), una reflexión sobre la guerra.

una segunda generación de realizadores que no iban a tener ni la fuerza, ni el talento ni el entusiasmo como los pioneros del movimiento. Entre los documentales más reseñables se sitúa *Britain Can Make it* (1946) de Francis Gysin, título que hace un juego con *Britain Can Take it* (1940) de Jennings. La película muestra todo lo que Gran Bretaña es capaz de hacer, con instrucciones para involucrar a toda le población en la construcción de una nueva nación en paz. Otro documental que responde a ese espíritu de esperanza fue *Children's charter* (1945), de Gerry Bryant, en torno al sistema educativo diseñado por el partido conservador, abriendo un debate sobre la educación de los niños según su procedencia social o género y su porvenir. Los niños también se significarían los protagonistas del documental *Children Learning by Experience* (1947) de la cineasta neozelandesa Margaret Thomson. Se trata de un estudio observacional sobre la forma en que los niños aprenden a través de la experiencia y que sirvió de método de aprendizaje para maestros, anticipándose en su método a lo que el *cinéma verité* aportará.

Otra película peculiar fue *What a Life* (1948) de Michael Law. La historia de dos hombres que cruzan sus caminos en un *pub* bebiendo en una actitud depresiva. Al día siguiente deciden coger un tren hasta la costa donde se suben a un bote e intentan suicidarse. El fallido intento provoca una situación absurda, a la par que cómica. Esos dos hombres representan la angustiosa situación que vivían muchos hombres durante la posguerra. La última escena con la estridente e hilarante risa de los dos protagonistas fue muy criticada por el parlamento, que la consideró un gasto absurdo pagado por los contribuyentes. Según el gobierno, transmitía un mensaje pesimista sobre lo que Gran Bretaña podía hacer por ellos y por su futuro. El gobierno y la población requerían de mensajes positivos para una época oscura.

La repentina muerte de Jennings acaeció el 24 de septiembre de 1950 mientras buscaba localizaciones para una nueva película en Grecia, *The Good Life*, sobre cómo se estaba utilizando el dinero del Plan Marshall. Ha sido considerada conforme a la fecha de defunción del movimiento. Así, *Family Portrait* (1950) se convirtió en su película póstuma. Realizada por encargo del Festival de Gran Bretaña para alentar a una población que ya lleva sufriendo cinco años, constituye el canto humanista a la fortaleza de los británicos y a sus buenos valores. Y lo hace con su sutileza característica; abriendo un álbum de fotos familiar a través del que muestra la belleza de la cotidianidad, las costumbres, la cultura popular, el gran legado literario y el pasado glorioso de Gran Bretaña. Una nación de progreso industrial, ciencia y poesía; Shakespeare, Newton, Watt, Carroll, Turner. Un pueblo fuerte, disciplinado, deportista que sabe relajarse y disfrutar de los grandes y pequeños placeres como el fútbol, el *cricket* o las carreras de caballos. Una nación hecha a sí misma que mantiene una identidad diferencial como isla frente al continente: los inmensos planos del mar parecen reforzar dicha idea. Tolerancia, coraje, fe, libertad y unión son las últimas palabras pronunciadas por el narrador; la música continúa sonando mientras el álbum se cierra con una foto de una madre y un niño. Un álbum que ayude a no olvidar porque un país sin memoria es igual que una familia sin álbum de fotos.

El álbum del movimiento quedaría prácticamente cerrado con esta película. Un movimiento documentalista único en el mundo por su espíritu, por su manera de dignificar a la clase obrera, por sus innovaciones técnicas y estéticas con esas características. Una escuela documentalista pionera en la Historia del cine y que contribuyó a engrandecer las páginas del cine británico. Con el fin del movimiento documentalista, una nueva generación de cineastas sería la encargada de representar la realidad desde otras perspectivas. Y como diría su fundador John Grierson: «a partir de entonces el documentalismo pertenecería a todo el mundo»[27].

NOTAS

[1] BARROSO, Jaime. Realización de documentales y reportajes. Ed. Síntesis, Madrid, 2009, p.13.

[2] Entrevista recogida en SUSSEX, Elizabeth. The Rise and Fall of British Documentary, University of California Press, London, 1995, p.3

[3] Fragmento del texto publicado originalmente en tres artículos en la revista Cinema Quarterly (1932 a 1934) y reiterado después en varias recopilaciones, como en GRIERSON, John. Grierson on Documentary, Ed. Forsyth Hardy, Harcourt, Brace and Co., Nueva York, 1947, pp 99-106.

[4] GRIERSON, John. Postulados del documental (1931-1934) en ROMAGUERA, Joaquim y ALSINA Homero (eds.) Textos y Manifiestos, Ed. Cátedra, Madrid, 1998, pp. 139-147.

[5] En Gran Bretaña, los problemas sociales comenzaron a ser objeto de estudio desde el siglo XIX, muy influenciados por el pensamiento de Adam Smith, para quien el mercado era una fuerza positiva, una fuente de orden, armonía e integración para la sociedad. Pensamiento funcionalista que impedía cuestionar la pobreza y otros problemas derivados

del sistema capitalista. Después surgiría otra corriente dentro de la sociología británica el ameliorismo o deseo de solucionar los problemas sociales mediante la reforma de los individuos, reformar pero sin cambiar su esencia para evitar la llegada de una sociedad socialista. A finales del siglo XIX la figura fundamental de Herbert Spencer, quien promovió el darwinismo social en su supervivencia del más apto se opone a la reforma social y a la intervención del Estado. RITZER, George, Teoría sociológica clásica, McGraw Hill Interamericana Editores S.A México, 6ª edición, 2012, pp.30-36.

[6] Mass observation: organización fundada en 1937 para realizar "una antropología de nosotros mismos", una manera de observar a modo de diario de la vida cotidiana de los británicos que contó con observadores documentalistas como Jennings.

[7] SWANN,Paul. The British Documentary Film Movement 1926-1946, Ed. Cambridge University Press, Cambridge,1989, p. 3

[8] Sus principios sobre el cine quedaron recogidos en sus Postulados: http://es.scribd.com/doc/28738857/Grierson-Postulados-Del-Documental

[9] Relaciones que se mantendrían durante muchos años hasta que comenzaron a tensarse al chocar el deseo de los realizadores de expresar posturas más críticas y experimentales y el deseo gubernamental de mantener películas más pedestres. AITKEN, Ian. Land of Promise. The British documentary movement 1930-1950, BFI, Londres, 2013, p.3.

[10] El período de entreguerras es fundamental en la historia del siglo XX, y el cine iba a adquirir un papel determinante. En la década de los veinte el cine deja de ser un espectáculo de feria para convertirse en objeto de análisis y en medio de expresión artística. El cine descubre su vocación artística y su capacidad para interpretar la realidad circundante. Así, cineastas de vanguardia y comprometidos como Ruttsmann, Eiseistein, Ivens, Pudovkin o Riefenstal se pusieron tras la cámara para adoctrinar y difundir las nuevas ideologías políticas. El auge de los fascismos y el comunismo penetraría en las mentes de un pueblo analfabeto a través de la fascinación de las imágenes. El control de los gobiernos sobre el cine también sucedería en los países democráticos y eso explica el apoyo que recibió el movimiento griersoniano durante la década de los treinta. La curiosidad por mundos lejanos fue sustituida por el documental social y político. En la década de los 30 el documental se puso al servicio de la propaganda. "Somos unos cuantos los que pensamos que la propaganda es esa parte de la educación democrática que los enseñantes han olvidado". Cita del discurso que pronunció Grierson durante la ceremonia de los Oscars de 1942. En PILARD, Philippe. Cine británico, Ed. Acento, Madrid, p.25.

[11] El estreno tuvo lugar el Tinola Palace con un programa histórico: The fall of the house of Usher de Jean Epstein, The Barn Dance de Walt Disney y del estreno del Acorazado Potemkin y de la suya. No fue casual, la película de Eiseisntein le había impactado sobre las demás y la subtituló para su estreno en Gran Bretaña. Grierson siempre reconoció su deuda a los cineastas soviéticos a su capacidad para crear conciencias más allá de entretener. Lo mejor de la intelectualidad de la época en la sala y entre ellos Sergei Eiseinstein, Adolf Huxley y toda la intelectualidad británica. En palabras de Elton: "Drifters fue una inmensa revelación para todos los que estábamos en la sala" o de Wright: "yo estaba contentísimo cuando la vi pensé ésta es el tipo de peli que yo quiero hacer", en SUSSEX, Elizabeth. The Rise and Fall of British Documentary, University of California Press, London, 1995, p.8.

[12] NICHOLS, Bill. La representación de la realidad. Cuestiones y Conceptos sobre el documental. Editorial Paidós, Barcelona, 1997, p.35.

[13] GUBERN, Romà. Historia del cine. Editorial Lumen, Barcelona, 1993, p 246.

[14] PAREDES BADÍA, Israel y RODRÍGUEZ Hilario J. Encuentros con lo real. Cine documental británico (1929-1950), Ed. Calamar, Fundación Festival de Cine de Huesca, Madrid, 2008, p.37.

[15] Cine moralista, pequeño burgués o de estrellas fueron algunos términos utilizados por miembros del movimiento para calificar el cine que se realizaba en Inglaterra en esos años. Paul Rotha escribió "si esto es el reflejo de Inglaterra en

el cine, entonces, productores iquédense en sus estudios y dejen a Inglaterra en manos de los realizadores de documentales!". En PILARD, Philippe. Cine británico, Ed. Acento, Madrid, p.20.

[16] En 1933, Grierson escribió un artículo sobre EMB Film Unit para Cinema Quaterly donde decía: "Wright fue el mejor documentalista lírico, Elton el mejor industrial y Legg el mejor de todo", en Sussex, Elizabeth, The Rise and Fall of British Documentary, University of California Press, Londres, 1975. Prefacio.

[17] SUSSEX, Elisabeth., The Rise and Fall of British Documentary. The Story of the Film Movement Founded by John Grierson, University of California Press, Londres, 1975, p.49.

[18] Opinión de Wright, en SUSSEX, Elizabeth. The Rise and Fall of British Documentary, University of California Press, London, 1995, p.100

[19] Las hermanas de John; Ruby y Marion fueron excepciones destacadas de la participación de mujeres dentro del movimiento, que al igual que la historia, padecían la invisibilidad y la discriminación que las relegaba a trabajos de segunda categoría. Pocas mujeres lograron ponerse detrás de la cámara y ser respetadas. Junto con Marion se formó la periodista Evelyn Spice, quien dirigiría Calendar of the Year (1936), Around the Village Green (1937) o Job in a Million (1937). Retratos de la vida cotidiana de las mujeres y sus labores que sus colegas ignoraban. Spice acabaría en Canadá fundando su propia productora Cherry Films. En la década de los 40 sobresale la figura de Kay Mander, prolífica directora de documentales que comenzó en el mundo del cine como actriz en películas de Alexander Korda. Después trabajó como asistente de producción para Elton en la Shell Film Unit. Durante la guerra realizó para Paul Rotha Higland Doctor (1943) y cinemagazines como Worker and Warfront. Finalmente fundaría con su marido la productora Basic Films, desde la que hizo películas educativas como Famille Martin (1949). En 1957 realizó el largo The Kid from Canada para la Children´s Film Foundation. Frustrada por la falta de oportunidades para hacer películas sobre mujeres, acabó de secretaria de rodajes de cineastas como Minilla, Truffaut o Ken Russell. La neozelandesa Margaret Thompson se trasladó a Londres para hacer documentales, y en los años cuarenta hizo una serie interesante sobre horticultura, agricultura y medicina; Making a Compost Heap (1942), Clamping Potatoes (1942), Clean Milk (1943), fueron algunas de ellas. No hay mucha bibliografía sobre las mujeres en el movimiento documentalista británico. Véase ESE Sarah, The women of the British Documentary Movement, en "Land of Promise".

[20] NEPOTI, Roberto en Historia General del Cine. Volumen V. Europa y Asia (1918-1930), PALACIO, Manuel y PÉREZ PERUCHA, Julio (Coord.) Ed. Cátedra, Madrid,1997, p.305

[21] Programe for Film Propaganda, INF 1/867

[22]. Harry Watt, entonces "senior" director de la unidad fue uno de los mas activos y llego a decir "el esfuerzo de guerra británico global, tanto institucional como propagandísticamente, era controlado por alguien cuyos problemas creativos en total se habían limitado hasta entonces a si la pintura de Post Office en Nether Wallop era blanco o rosa", en CHAPMAN James. British at War, Cinema and State and Propaganda 1939-1945, IB. Tauris, Londres, 1998, p. 116.

[23] EASEN Sarah en http://www.screenonline.org.uk/people/id/561579/

[24] CHAPMAN James. British at War, Cinema and State and Propaganda 1939-1945, IB. Tauris, Londres, 1998, p. 121.

[25] Títulos como The Foreman Went to France (1942), Went the Day Well? (1942), Nine Men (1943) y San Demetrio London (1943) reflejan las intersecciones entre ficción y documental.

[26] Versos del poema "La Nueva Jerusalem" escrito por William Blake en 1804.

[27] Fragmento del discurso pronunciado por John Grierson en The National Film Theatre (1959), en Land of Promise. The British Documentary Movement 1930-1950. BFI, Londres, 2013.

CAPÍTULO 3

EL CINE SONORO

EL NACIMIENTO DE LA INDUSTRIA (1929-1939)

por Llorenç Esteve

LA DÉCADA OLVIDADA

Jeffrey Richards, el historiador que más profundamente ha investigado sobre la década de 1930 en el cine británico, editó un libro titulado "The Unknown 1930s"[1]. Richards se refería a una gran parte de la historia de aquellos años, una de las más prolíficas en cuanto a producción, que ha permanecido prolongadamente oscurecida por unos *high points* bastante bien estudiados, véase Alexander Korda, Alfred Hitchcock o Anthony Asquith, en una situación que recuerda la propia Historia del cine británico en su conjunto, marcada por unos *landmarks* demasiado omnipresentes. Esta situación no solo se puede achacar a la socorrida habitual comodidad con que resulta cercenar un período a través de sus nombres clave, sino que hay razones más de peso, en particular el "malditisimo" que rodea esta década que empezó en ese mismo momento en que Grierson habló de los *dope pedlars* (suavemente podríamos traducirlo como «vendedores de droga») para referirse a los responsables del cine de los 30, o como Paul Rotha, maravillado con los hallazgos de Pudovkin o Murnau, quien declaró la guerra al sonoro a la que definió contrario a lo que llamó *cinema proper*[2]. La clave artística pero sobre todo nacionalista empapó el debate en un periodo marcado por el carácter hegemónico de Hollywood en todos los sectores del negocio cinematográfico, apareciendo el complejo de inferioridad de cierta tradición historiográfica británica intentando pasar de puntillas por una de las etapas más activas de su historia fílmica. Los años 30 es la época de las subsidiarias instaladas en suelo británico produciendo a destajo, y donde el cine financiado por manos británicas adoptó los mismos mecanismos industriales y artísticos que el proveniente del otro lado del Atlántico. Pero, ante todo, la década es una etapa mastodóntica de cifras desmesuradas. Más de 1.500 películas, centenares de productoras creadas, numerosos estudios construidos. Al margen de contener centenares de producciones olvidables –que no tan solo se circunscribe a las películas baratas conocidas como *quickies*[3]–, se trata de una década de joyas escondidas, de títulos referenciales y de remarcables eventos que podemos enumerar de manera informal. La década sirvió, por ejemplo, para consta-

Los estudios Pinewood inaugurados en 1936 se convirtieron en uno de los epicentros de la industria fílmica británica.

tar talentos en ciernes (Alfred Hitchcock, Anthony Asquith, Victor Saville); para largos y necesarios aprendizajes (Michael Powell, Carol Reed, David Lean); para aprendizajes menos largos pero también necesarios (Thorold Dickinson, John y Roy Boulting); de los que tuvieron un rodaje y luego dieron el salto al otro lado del Atlántico (Robert Stevenson, James Whale); de primeros pasos de grandes nombres (Terence Fisher, Charles Frend); de oscuras transiciones de directores «de culto» (John Brahm, Ladislao Vadja); de la presencia de estrellas invitadas (Raoul Walsh, Jack Conway, King Vidor, Anatole Litvak, Jacques Feyder, Rene Clair); de servir de «cementerio de elefantes» (Fred Niblo, Rex Ingram, Victor Sjoström, Maurice Tourmeur, Douglas Fairbanks); de productores estrella (Alexander Korda, Max Schach, Erich Pommer, Michael Balcon, Basil Dean, Herbert Wilcox), y cómo no, para confirmar grandes actores (Laurence Olivier, Ralph Richardson, Charles Laughton, Robert Donat, Rex Harrison, Wendy Hiller, Claude Rains, John Mills, Vivien Leigh, Anna Neagle, Merle Oberon, Conrad Veidt), estrellas olvidadas que brillaron (Gracie Fields, Jessie Matthews, Jack Buchanan), cantera de futuras estrellas aquí (Stewart Granger, Margaret Lockwood, Lili Palmer, James Mason) y allá (Errol Flynn, Ida Lupino, George Sanders, Jessica Tandy, Edmund Gwenn), o ilustres presencias (Marléne Dietrich, Maurice Chevalier, Erich von Stroheim, Gloria Swanson, Fay Wray, Buster Keaton, Henry Fonda, Walter Huston, Charles Boyer, Boris Karloff, Béla Lugosi, Cary Grant, Edward G. Robinson). Irónicamente, con tanta cifra y tantos nombres, la década estuvo marcada por dos leyes servidas por la Cinematograph Act; la de 1927, popularmente conocida como *Quota Act,* que determinó en gran parte la estructura industrial, y la de 1938, que acabó por rematar un sistema "enfermo".

A finales de la década de 1920 el cine británico se encontraba al borde de la quiebra. Mientras otras cinematografías europeas vivían un período de esplendor (la extinta Unión Soviética, Dinamarca, Alemania y, en menor medida, Francia), el cine británico era simplemente capaz de producir 37 películas en 1926. La intervención gubernamental supuso la solución de emergencia, pero su coste aún sigue siendo controvertido. Para unos estableció las bases de la presencia ininterrumpida de Hollywood en suelo británico, para otros salvó antes del último *gong* de la campana al cine nacional del KO con lo que el coste a pagar era asumible y para los más optimistas otorgó por primera vez una capacidad industrial propia y sentó las bases para las etapas brillantes de la década de 1940. La influencia "extranjera" también creó controversia con la llegada masiva de técnicos, directores y actores no británicos, en especial centroeuropeos, para unos, rayando incluso la xenofobia, rechazaban su presencia porque ignoraban la idiosincracia británica[4], para otros, repercutió en la consolidación de un núcleo creativo que saldría a la luz en la década siguiente. Mi opinión es que la Historia del cine británico debe verse como una historia de continuo mestizaje e hibridación, prácticamente desde el principio de su historia, con constantes contactos entre las Islas y el continente, como les gusta llamar a los británicos a Europa, amén de la apabullante influencia de Hollywood. Esta impronta híbrida empezó a cristalizar en los 30, haciendo de la década una época fundamental para entender de manera global la cinematografía británica.

Si el establecimiento de la *Act* en 1927 marcó el futuro, sobre todo determinando un sistema de producción basado en las cuotas que obligaba la ley, el otro hecho fundamental constituyó la llegada del sonoro. El impacto resultó menor al no disponer de un cine clásico mudo al que referenciarse, pero igualmente, y como habían hecho otras cinematografías, el cine se tuvo que adaptar al desafío técnico que implicó la llegada de las películas sonoras y el consiguiente retraso producido por los reajustes del lenguaje fílmico. Relativizado a veces, la llegada del sonoro supuso unos obligados cambios con el fin de adaptarse a los sistemas técnicos, como la disminución del número de planos debido a una falta del sistema efectivo del montaje de sonido sincronizado. Un hecho que condicionó la preferencia hacia ciertos géneros como la comedia por la capacidad de los cómicos para aguantar con más solidez los planos.

LA INSTAURACIÓN DE LA *QUOTA ACT*

Para fijar las bases de lo que sería el cine británico en los años 30 nos debemos remontar al periodo surgido inmediatamente después de la Primera Guerra Mundial. La hasta entonces apreciable industria cinematográfica británica estaba perdiendo fuelle debido a la afectación extranjera, sobre todo proveniente de Hollywood, llegando a solo un 5% de cuota de pantalla y a una crisis que afectó de manera general al país y en especial al cine donde la producción llegó a mínimos con 37 películas, muchas de las cuales coproducciones con Alemania. El sector cinematográfico agrupado en el Joint

Trade Committee for British films por productores, distribuidores y exhibidores intentaron sin éxito corregir la situación, con lo que el gobierno se vió obligado a legislar en lo que se iba a conocer popularmente como la *Quota Act* («Ley de cuotas»). Era la primera vez que sucedía en la corta Historia del cine británico, con lo que la regulación era una medida dolorosa y la constatación de un fracaso histórico. El cambio de legislación no vino motivado exclusivamente por temas económicos. Como apunta Steve Chibnall, el Parlamento tenía otras motivaciones al legislar, concretamente un carácter xenófogo y antisemita del llamado *Imperial Lobby* para detener el avance de las *majors* de Hollywood controladas por judíos[5], y así preservar el carácter genuinamente británico. Era, por tanto, una ley nacida no solo con el intento de proteger el cine como sector económico sino preservar, de paso, bienes culturales. Todo ello daría pie a un serio debate durante los años venideros.

La ley finalmente quedó ratificada gracias al empuje de los conservadores y establecía una cuota inicial del 7,5% para distribuidores y de 5% para exhibidores que progresivamente sería aumentada hasta el 20% en 1936, en que los films debían ser hechos por un británico o una productora constituida dentro del territorio, aunque no especificaba que el control debía quedar en manos británicas. Aquí es donde surgieron los problemas.

El estudio donde debía rodarse las escenas tenía que localizarse en suelo británico o de los dominios de la Commonwealth, el autor de la historia o el trabajo original de guión debía tratar un tema británico y, al menos un 75% de los costes de producción, debían ser pagados por un británico o por una persona domiciliada en el Imperio. Las consecuencias no tardaron en aparecer extendiendo un clima de euforia que repercutió en una demanda de producción. Multitud de productoras y productores independientes surgieron con el fin de acaparar esa demanda, ya que los norteamericanos no se plantearon inicialmente producir con sus propias unidades. Las únicas productoras británicas que pudieron sobrevivir sin la necesidad de la "servidumbre" de las *majors* fueron las que optaron por un sistema vertical. Ante una ley estimuladora de la producción el sistema industrial encontró en el modelo vertical una opción segura para subsistir. Así fue como actuaron los dos grupos británicos más potentes de la década, la Gaumont-British Picture Corporation (GBPC) y la Associated British Picture Corporation (ABPC). Ambos grupos empresariales se fortalecieron cuando consiguieron una porción considerable del negocio de la exhibición[6]. El modelo vertical reforzó de una forma más segura sus estrategias de producción, creando cada estudio su propio sello, pero asimismo priorizando un sistema capaz de ser rentable y, por tanto, tendiendo a programas de producción más conservadores. Otro de los primeros signos del cambio que conllevó la *Quota Act* eran las denuncias por la poca calidad de las películas provenientes de las sucursales americanas. Se trataba del nacimiento de las llamadas *quotas quickies*, uno de los sistemas de producción que iban a dominar el mercado de la década que estaba a punto de llegar. Pero a la ley le faltaba un elemento que la haría aún si cabe más trascendente: la llegada del sonido.

LA IRRUPCIÓN DEL SONORO

Cuando se gestó la *Quota Act*, una ley sobre todo encaminada a proteger intereses económicos, aparte del pretexto cultural reclamado por los conservadores, nadie pudo prever que un nuevo elemento distorsionaría la norma con efectos devastadores. En pocos meses todo cambió, el dinero empezó a fluir en busca de rentabilizar rápidamente la novedad en un proceso bastante caótico en que muchos aprovecharon para hacer su negocio a partir de un sistema engrasado de continuos préstamos que los productores debían devolver a corto plazo. Significativamente, Gran Bretaña sería el primer país europeo en adaptar sus salas para el sonido[7]. No obstante, el aumento de costes –una película sonora multiplicaba por dos la media de una muda– hizo que solo se quedaran los más poderosos. Muchas compañías cerraron, y las más potentes se consolidaron, sobre todo las que tenían garantizadas acuerdos sólidos con distribuidores o formaban parte de una estructura vertical. La mercantilización del negocio necesitaba de estructuras rentables y los productores británicos vieron en la experiencia norteamericana la forma más asequible de subsistir con lo que los dos grandes grupos que se formaron, la Gaumont-British Picture Corporation (GBPC) y la Associated British Picture Corporation (ABPC), pusieran énfasis en un sistema similar al de Hollywood priorizando los géneros y promoviendo con fuerza un *star system* nacional. De este modo se optó por una opción de convivencia y acomodo en vez de oposición, algo que siempre ha herido ciertas sensibilidades que vieron con bastante desprecio a una época que se encontraba dominada por los criterios *extranjeros*· Otra consecuencia tuvo lugar en el sector de la exhibición. La convivencia durante un tiempo entre el sonoro y el mudo generaron una forma alternativa de presentar las películas, las salas que no disponían del receptivo equipo de sonido empezaron a programar dos películas para contrarrestar una sala equipada que exhibía una película sonora. La situación no varió con la progresivamente implantación del sonido en los teatros. El sistema encontró entonces distintas variantes con programas dobles formados por una película muda y otra sonora, y finalmente dos sonoras. La demanda de la llamada *double bill* había sido creada, y la producción tendente a elaborar films de corto metraje afianzó un sistema de una película estandard, acompañada de una película de menor calidad, las llamadas *quotas quickies*.

EL BRITISH *STUDIO SYSTEM*

La conjunción de la *Quota Act* y la llegada del sonido consolidaron un sistema de conglomerados fuertes, al margen de las subsidiarias norteamericanas, propiciando así el germen de una verdadera industria cinematográfica en suelo británico. Las dos principales, las ya referidas ABPC (hasta 1933 denominada BIP, siglas correspondientes a British International Pictures) y la GBPC, se le unieron otras también potentes. De esta forma se contabilizarían la creada por Alexander Korda, la London Films ya

La vida privada de Enrique VIII (1933), una "Historia" exportable de la mano de Alexander Korda.

entrada la década, la Associated Talking Pictures (ATP), la British and Dominions o la independiente Twickenham Film Studios. El establecimiento de grupos fuertes trajo consigo la construcción de nuevos estudios como Ealing, Shepperton, Pinewood o Denham a lo largo de la década. El número de cines aumentó y, a mediados de la década, nació una tercera distribuidora importante, la General Film Distributors. Todo ello constituyó un auténtico sistema de estudios aupado por las particulares circunstancias del momento. Este impulso lógicamente respondía a una demanda interna, una audiencia en aumento, cuya mayoría aún eran *working-class* que no acusaban la carestía de la vida en los años 30 aunque agradecían que los precios de las entradas no sufrieran modificaciones significativas. El cine se convirtió en el entretenimiento principal para ingentes cantidades de británicos en cifras que llegaban a los dos tercios del total de entradas en cualquier medio de entretenimiento. La adopción de un mecanismo para fidelizar esas audiencias trajo irremediablemente un sistema similar al de Hollywood creando un *star system* autóctono con el cual el espectador seguía su vida "fuera" y "dentro" de la pantalla. Había nacido, pues, el *British Studio System* .

La compañía más dinámica del inicio del sonoro era el grupo integrado por la Wardour Films del escocés John Maxwell como distribuidora, la British International Pictures como productora y la Associated British Cinemas (ABC) como exhibidora que,

El monarca (Charles Laughton) recibiendo toda la atención en *La vida privada de Enrique VIII* (1933).

al integrarse esta última en el grupo, cambiaron el nombre por el de Associated British Picture Corporation en 1933. A pesar que John Maxwell se mostró cauto en su apuesta por el sonoro, el inmediato éxito de *Chantaje / La muchacha de Londres* (*Blackmail*, 1929) supuso tomar la delantera al resto de productoras del país. El éxito premiaba a una productora que había apostado por traer cineastas de calidad como Victor Saville –*Kitty* (1929), *The W Plan* (1930)– o el propio Alfred Hitchcock, quien realizó una buena parte de los inicios (1928-1933) de su carrera con ellos. La BIP también se interesó en la contratación de personal proveniente de Alemania, llegando hasta tres cuartas partes de su producción las que disponían de técnicos germanos[8], incluso mucho antes del exilio forzoso de éstos debido al régimen nazi y atraidos por las condiciones de trabajo similares a las que imponía Erich Pommer en la UFA.

Unos pocos años después, así ocurrió con cineastas de prestigio, en especial, A. E. Dupont con títulos de lo más celebrados del silente británico –*Moulin Rouge* (1928), *Piccadilly* (1929), así como sus primeros films sonoros, *Titanic* (*Atlantic/Atlantik,* 1929), *Dos mundos* (*Two Worlds*, 1930) y *Tinieblas* (*Cape Forlorn,* 1931)– o Artur Robinson, quien realizó *El delator* (*The Informer,* 1929). Asimismo, la BIP fue pionera en las multiversiones con *Titanic* a la cabeza, filmada de tres idiomas distintos. Pasada la euforia provocada por su exitoso aterrizaje en el cine sonoro, la BIP se concentró progresivamente en el mercado interior estableciendo una producción basada en los géneros más populares, esto es, comedia, musical y el cine criminal (*crime films*). Sin embargo, los beneficios cayeron en tres años, viéndose obligadas a fusionarse la ABC y la BIP, creando de esta forma un nuevo grupo empresarial como solución para tajar las malas cifras de recaudación. En 1933 el nombre de la compañía se cambió por el de Associated British Picture Corporation (ABPC), como expresión de la importancia de sus rentables cadenas de cine ABC. La fusión no pareció afectar al estudio que continuó su actividad frenética gracias a comedias encabezadas por Leslie Fuller, Claude Hulbert y un nombre mítico que irrumpió con fuerza, el de Will Hay, quien hizo su debut en el cine con *Those Were the Days*.

Las comedias musicales fueron potenciadas en la nueva compañía con Stanley Lupino y Gene Gerrard, aunque la estrella devino el tenor Richard Tauber que protagonizó *Lilac Time* (1934). Para la misma, la productora no reparó en gastos con sus escenas de masas y lujosos decorados en una improvisado *biopic* sobre Franz Schubert. Considerado un éxito artístico y de taquilla de primera magnitud, la productora intentó seguir la misma senda con *My Song Goes Around the World* (1934). Al igual que muchas productoras, la ABPC también cayó en la moda del *costume film* después del *boom* de *La vida privada de Enrique VIII* (*The Private Life of Henry VIII*, 1933), de Alexander Korda, y armó su propio film patriótico, *Drake of England* (1935), aunque la verdadera especialización de aquel año se correspondían con los musicales y las operetas como *Mimi*, *Heart's Desire* y *I Give my Heart*, algunas de ellas de inspiración germana y alimentada por huidos del nazismo como Paul Stein y Frederick Zelnick. De entre los ciclos establecidos de musicales, comedias y dramas, a veces surgieron films con un verdadero espíritu independiente como sucedió con *The Robber Symphony* (1935), merced a la inspiración de otro emigrado, Friedrich Feher (1889-1950), en un film que su peculiar forma de plantearlo –quiso montar la película para adecuarla a la banda sonora hecha previamente– propició la idea del *composed film* que Michael Powell llevó a cabo en la etapa gloriosa de su carrera. A finales de la década la BIP empezó a declinar, con el incendio parcial de los estudios Elstree, y el abandono de algunas de sus figuras como el cómico Leslie Fuller. En 1937 la producción se redujo a ocho películas, y dejó aparcadas operetas y *costumes films*, optando por comedias más tradicionales, algunos dramas contemporáneos y algún *coqueteo* con el horror en un film basado en una obra de Edgar Wallace, *The Terror* (1938). Sin duda, una curiosa forma de poner el cierre a una década que había empezado con *Chantaje*.

Si la BIP era la productora que inicialmente tomó ventaja, la Gaumont-British integrada en la GBPC, de una manera global fue la más poderosa de la década. Al igual que la BIP, la GBPC tenía una estructura vertical cuya empresa matriz Gaumont-British nació en 1927 a raíz de una sucursal de la famosa productora francesa al mando de los hermanos Ostrer, unida a la compañía W&F de C.M. Woolf y asociados a ellos la Gainsborough, cuyo responsable Michael Balcon ya había dado muestras de su valía a finales del mudo. Los Ostrer consolidaron su dominio a pesar de los intentos de la Fox Film Corporation de influir después de invertir cuatro millones de libras. Gaumont-British no anduvo muy resuelta a la hora de prever los cambios que conllevaría la llegada del sonoro. Desbordada por la situación, tuvo que realizar sus dos primeras películas sonoras, *De mujer a mujer* (*Woman to Woman,* 1929) y *Journey's End* (1930), con la ayuda de una pequeña productora norteamericana, la Tiffany-Stahl Studios. La primera de ellas fue dirigida por Victor Saville, uno de los cineastas con una carrera más brillante surgidos a lo largo de la década. La segunda constituyó el debut del mítico director de *El doctor Frankenstein (Frankenstein,* 1931), James Whale (1899-1957).

A pesar de ser un prometedor estreno, la línea de producción no acabó de arrancar. La situación no empezó a enderezarse hasta la llegada de Walter Forde, un director por lo general asociado a la comedia, aunque él fuera el primero en adaptar los *thrillers* de Edgar Wallace, en colaboración con la pequeña productora British Lion. Otro hecho decisivo en el grupo se dio con la reconstrucción de los estudios que la Gaumont poseía en Lime Grove gracias a medio millón de libras que permitieron cinco nuevos platós, camerinos para sus estrellas y los laboratorios con la tecnología más moderna del momento incluida en su propio sistema de sonido British Acoustic. Mientras las obras se acababan, la Gainsborough con su estudio en Islington, le proporcionó parte de la producción. El cambio de jerarquía en el cine británico empieza a fraguarse con la entrada de Michael Balcon, que dividiría sus labores en la Gainsborough y en la Gaumont-British en los rebautizados estudios de Shepherd's Bush. Antes de que los nuevos estudios abrieran, Isidre Ostrer anunciaba un acuerdo de coproducción angloalemana con la UFA en mayo de 1932. Un contrato donde la Gaumont distribuía en Gran Bretaña versiones inglesas de producciones alemanas.

En ese acuerdo entrarían actores como Jan Kiepira, Marta Eggerth y Lillian Harvey, y un joven director, Robert Stevenson (1905-1986), que tuvo la ocasión de hacerse un hueco en las Islas Británicas antes de su carrera americana. Sin embargo, el control final correspondía al todopoderoso Erich Pommer, a pesar de las objeciones de Balcon provenientes de su experiencia anterior con coproductores alemanes. Su primer film en los nuevos estudios fue *El rápido de Roma (Rome Express,* 1932), protagonizada por Conrad Veidt, y dirigida por Walter Forde, con guión de Sidney Gilliat en su primer trabajo de relieve. El éxito del film reforzaría la idea de Balcon sobre la necesidad de una ambiciosa producción que pudiera sobrepasar a los géneros tradicionales. Con este propósito nacieron *Forever England* (1933), *Wellington, el duque de hierro* (*The Iron Duke,* 1934) o uno de los grandes éxitos de aquel año, una nueva versión de *The Constant Nymph.*

El cambio de supremacía operado en el cine británico parecía irreversible. Así, la Gaumont-British Film Corporation poseía dos estudios, una cadena de 300 cines, una capacidad para realizar un millón de pies por semana y 14.000 empleados. Asimismo, la progresiva línea ambiciosa se concretaría con una ampliación de capital de unos seis millones de libras y la salida de C. M. Woolf que, en 1935, uniría fuerzas con un Arthur Rank que se iniciaba en el negocio. El grupo fomentaría una doble producción, los films importantes los llevaría Gaumont y las producciones más modestas la Gainsborough. Balcon dispuso de los mejores cineastas, es decir, Victor Saville, Anthony

Asquith, y sobre todo Alfred Hitchcock, recuperado por Balcon después de una breve etapa anterior en la Gainsborough y que le daría los mejores títulos de su etapa británica –*39 escalones* (*The 39 Steps*, 1935), *Inocencia y juventud* (*Young and Innocent*, 1937) o *Alarma en el expreso* (*The Lady Vanishes*, 1938)–. Asimismo, Balcon se preocuparía de mejorar los equipos de producción con la llegada de algunos "emigrados" del cine alemán como Alfred Junge, al cargo del Departamento de Arte en Shepherd's Bush, y Oscar Werndoff (1880-1938) en Islington, y la aportación de Ernö Metzner (1892-1953).

La internacionalización de la Gaumont constituyó uno de sus hechos diferenciales, aunque el gran fichaje de Balcon fue una de las estrellas de la comedia y del musical más popular del momento, Jessie Matthews, con una larga lista de éxitos en su haber, como *Compañeros de fatigas* (*The Good Companions*, 1932), *Friday the Thirteenth* (1933), *Siempre viva* (*Evergreen*, 1934) –esta última ya como estrella absoluta–, *First a Girl* (1934) y *Es el amor* (*It's a Love Again*, 1936). Balcon también tuvo a su cargo a otra de las figuras de la comedia, Jack Hulbert. Como sucedería en la BIP, la producción de la Gaumont-British se centraría en comedias y musicales, en que su carácter internacionalista consistiría en dar relumbre a todos los elementos de producción y adoptar estilos similares a Hollywood, como las comedias musicales de Matthews. Pero Balcon va más allá fruto de su conocida ambición, derivándose también de su política internacionalista la llegada de buenos profesionales provenientes de otras latitudes, caso de Berthold Viertel (1885-1953), con el que realiza tres films –*Little Friend* (1934), la estimable *El desconocido* (*The Passing of Third Floor Back*, 1936) y la colonialista *Rhodes of Africa* (1936)–. Asimismo, Balcon se fijó en el mercado norteamericano cuando envió a Arthur Lee para conseguir distribución de sus films. La aventura no resultó del todo exitosa, si bien se alcanzaron pequeños triunfos como *Transatlantic Tunnel* (1935), *39 escalones* o *Es el amor* (1936). En consonancia con lo que sucedió con otras productoras el fracaso de su política "internacionalista" prendió la mecha hacia una crisis más profunda. La Gainsborough repartió pérdidas de 98.000 £ en 1936 y anunciaban que los estudios que la Gaumont tenían en Shepherd's Bush cerraban. Aquel año Balcon abandonaría la productora atraída por los cantos de sirena provenientes de las promesas de una línea ambiciosa de la MGM. Ante momentos de adversidad la Gaumont-British, ya bajo el mando absoluto de los Ostrer y con Ted Black como cabeza de producción, optaría por una vertiente más popular.

LOS INDEPENDIENTES

Junto a las dos grandes conglomerados surgieron los independientes, productores que no optaron por el mercantilismo vertical y se dedicaron mayoritariamente a la producción. Los cuatro más destacados fueron Alexander Korda, Herbert Wilcox, Julius Hagen y Basil Dean. De todos ellos el más conocido se correspondía con el nombre de Alexander Korda (1893-1956). Nacido con el nombre de Sándor Kellner, oriundo de

Douglas Fairbanks (centro) protagonista de *The Private Life of Don Juan* (1934).

Hungría, Korda llegó a Inglaterra en 1931 después de breves estancias en Viena, Berlín y Hollywood, donde realizó diez films para la Fox y la First-National. Korda aterrizó en Londres con un contrato de la Paramount para un solo film, *Service for Ladies* (1932), pero sus intenciones eran aprovechar su experiencia internacional para tener su propia compañía. El cineasta anglohúngaro lo consiguió por la vía rápida con *La vida privada de Enrique VIII*, un éxito planetario sobre el cual construyó a su alrededor su propia compañía, la London Films, y le permitió una relación fluida con la industria de Hollywood.

Aquel film ya mostró las armas con las que edificaría su pequeño emporio; un equipo cosmopolita de técnicos: el propio Korda, su hermano Vincent como escenógrafo (luego reconvertido en director), el director de fotografía francés Géorges Perinal o el montador norteamericano Harold Young. Asimismo, concibió, un cine ambicioso con proyección internacional, y una historia proveniente del pasado que le permitía una particular perspectiva para la construcción de los mitos nacionales. Así Korda iría engrasando su carrera de *biopics* y *costume genre* como *The Private Life of Don Juan* (1934), *Catalina de Rusia (Catherine The Great,* 1934) y *Rembrandt* (idem, 1936), el cual le permitiría la construcción de sus propios estudios, los míticos Denham abiertos en 1936. Korda creó su propio *star system* con intérpretes que combinaron la carrera en Hollywood como Merle Oberon, Leslie Howard, Laurence Olivier, Vivien Leigh o

Charles Laughton. Conforme avanzó la década diversificó las temáticas, desde la comedia –*El divorcio de la señorita X* (*The Divorce of Lady X*, 1937)–, el fantástico –*La vida futura* (*Things to Come*, 1936)–, el prebélico – *La mujer enigma* (*Dark Passage*, 1937)– o el *epic* imperialista con *Bosambo* (*Sanders of the River*, 1935), *Revuelta en la India* (*The Drum*, 1938) y *Las cuatro plumas* (*The Four Feathers*, 1939). La crisis de finales de la década también afectó a Korda y en 1938 perdió el control de sus estudios. Con la llegada de la guerra, Korda *emigró* a Hollywood, aunque antes dejó consignado su film más espectacular, *El ladrón de Bagdad* (*The Thief of Bagdad*, 1940).

Menos conocido que Korda fue Julius Hagen (1884-1940), nacido en Hamburgo pero que llegó a Gran Bretaña a edad muy temprana. Actor teatral en sus inicios, Hagen empezó en el cine como vendedor hasta que la crisis a finales de la guerra lo reconvirtió en productor. Como muchos otros productores Hagen aprovechó la oportunidad que le brindó la Cinematograph Films Act de 1927 para formar su propia compañía, la Neo-Art Productions, junto al actor y director Henry Edwards, y utilizando los Twickenham Studios en régimen de alquiler. Al año siguiente se reorganizaron como Twickenham Film Studios Limited ya con Hagen al mando de la nave. Su primera producción –la comedia *Ringing The Changes* (1928)–, estuvo dirigida por Leslie S. Hiscott y protagonizada por Henry Edwards, ya más centrado en tareas artísticas dentro del organigrama empresarial. El productor de origen alemán anduvo resuelto en advertir las oportunidades que le ofrecía la llegada del sonoro y, de esta forma, firmó un contrato con RCA para equipar de sonido a sus unidades. El poco capital del que disponía le obligó a utilizar los Twickenham Studios por la noche mientras otros lo hacían servir durante el día. Aunque inicialmente no era una subsidiaria americana, los Twickenham Studios empezaron su producción obligatoriamente bajo los parámetros presupuestarios de las *quotas*, esto es, unas 6.000 libras de presupuesto. Sin embargo, Hagen necesitó de los norteamericanos para subsistir y, a finales de 1929, logró un contrato para la Warner para producir seis películas. Ello marcó un giro en su carrera. Su eficiencia con el manejo del *timing* de la producción, gracias a un fiel equipo técnico donde estaban integrados el director George Pearson y el inseparable Henry Edwards le proporcionó la oportunidad de más contratos con otras subsidiarias como MGM, Radio, Fox y United Artists.

Superada esta etapa de subsistencia y con los estudios Twickenham trabajando a pleno rendimiento, Hagen pudo apostar algo más por la calidad. Nuevos directores de cierto prestigio, entre ellos el siempre eficiente Maurice Elvey, aterrizaron en la productora. Pero el hecho más destacado supuso la galería de estrellas del momento que pasaron por la casa, desde Ivor Novello para la comedia *I Live With You* (1933) o al mítico actor Conrad Veidt (1893-1943) en *The Wandering Jew* (1933) –quien después de su carrera en Alemania dispuso de una larga temporada en el cine británico–, o la fémina más popular del momento como Gracie Fields en *This Week on Grace* (1933). El siguiente paso sería intentar aprovechar la "oportunidad" americana gracias al "efecto Korda" para intentar su propia aventura expansionista. Para ello decidieron construir un segundo plató en Twickenham abierto en septiembre de 1934. A renglón seguido, se embarcaron en crear su propia distribuidora Twickenham Film Distributor. Hagen puso a Hans Brahm (luego John Brahm) como supervisor de producción. Después de un verano de plena actividad el viejo plató de Twickenham se incendiaría. Aunque supuso un golpe duro –destinaría 100.000 libras en reconstruirlo–, Hagen salió adelante adquiriendo los Whitehall Studios y los Riverside Studios en Hammersmith. La intención de Hagen era abandonar definitivamente el cine barato. Su última *quota, Inside the Room,* la realizó a mediados de aquel año, y a continuación, apostaría por la calidad como lo atestiguaría su versión del clásico de Dickens *A Christmas Carol* en *Scrooge* (1935), en que los nuevos aires de la empresa quedan patentes en unos créditos donde muestra la imagen de una biblioteca y una mano de un desconocido elige el volumen de la obra de Dickens, y en cuyas páginas se abren para mostrarnos los nombres del equipo técnico del film. Hagen también se permitió su propio *epic* en *Spy of Napoleon* (1935), protagonizada por el actor norteamericano Richard Barthelmess. Sin embrago, al productor no le salió demasiado bien la jugada de distribuidor, ya que las compañías americanas le bloquearon su entrada en el mercado conduciéndolo a la bancarrota. Hagen ya no se pudo recuperar, y fallecería al inicio de la guerra.

Más suerte tuvo Herbert Wilcox, que ya gozaba de una prominente carrera en los últimos años del cine mudo. Con todo, su década sería sin lugar a dudas la de 1930. Wilcox fue seguramente el que más apostó por una producción de calidad con capacidad de ser exportada, especialmente con vistas puestas en la distribución americana. En 1927 fundó su propia compañía con el significativo nombre de British and Dominions Film Corporation (BDFC) con sede en los llamados Imperial Studios en Elstree y distribuidos por C. M. Woolf. Wilcox anduvo diligente al vislumbrar el potencial del sonoro y, de esta forma, su film *Black Waters* (1929) fue producido poco después que *Chantaje*. Sus primeros films se adentraron en terrenos ya conocidos, desde de la comedia al servicio de Sydney Howard, al toque romántico de *El danubio azul* (*The Blue Danube*, 1931) protagonizada por la actriz alemana Brigitte Helm, y con historias más elaboradas de lo habitual, véase *Carnaval* (*Carnival,* 1931) ambientada en Venecia donde los celos de un actor cuyo personaje que interpreta –Otello– traspasa las barreras del escenario. Su suerte cambiaría con la llegada de dos actores decisivos en la trayectoria de Wilcox. El primero se correspondía con la entonces popular estrella de la *musical-comedy* Jack Buchanan (1891-1957) –incluso había trabajado en Hollywood a las órdenes de Ernest Lubitsch– y cuya carrera traspasaba lo cinematográfico, con sus discos figurando entre los más populares de la década. Al igual que muchos otros, Buchanan provenía de los escenarios y vieron en el cine un medio para universalizar su carrera en films que utilizaban como estratagema mostrar sus éxitos discográficos.

La asociación entre Buchanan y Wilcox resultó exitosa, incluido uno de sus films más populares, *Noches mágicas* (*Goodnight Vienna,* 1932), en que el primero interpreta a un aristócrata oficial austríaco. Pero más importante para Wilcox constituyó la aparición de una joven corista. Se trataría de su futura esposa y estrella de la mayoría

Como gustéis (1936), con un joven Laurence Olivier testando su primer Shakespeare en el cine.

de sus películas, Anna Neagle (1904-1986). Wilcox ejerció de absoluto Pigmalión, convirtiendo a una desconocida bailarina en una estrella de sus comedias *upper class* y cine histórico siguiendo la estela dejada por Alexander Korda. El primer paso en emular al anglohúngaro supuso romper con C. M. Woolf y establecer un acuerdo con United Artists como uno de sus productores asociados. Wilcox empezó a concebir sus films pensando en el mercado americano.

Así sucedió con *Bitter Sweet* (1932), que ya contaba con esos parámetros de comedia elegante que tanto gustaban en Hollywood. Wilcox incluso incorporó un guionista estadounidesne, Samson Raphaelson (1894-1983) –titular en algunas producciones de Lubitsch– para la adaptación de un musical de Oscar Strauss, *La reina y el caudillo* (*The Queen's Affair,* 1934), en que Neagle le da replica al actor belga Fernand Graavey. Su triunfo Atlántico resultó incontestable con *Bitter Sweet, Sorrell and Son* (1934) y *Escape Me Never* (1935), En cuanto a su primer intento ambicioso de cine histórico, *Nell Gwynn o un amor de Carlos II* (*Nell Gwynn,* 1934), un *remake* de una versión manufacturada también por Wilcox en 1926, no tuvo la repercusión esperada por problemas con la censura y una falta del *charm kordiano*. La apuesta por el mercado americano incluyó un sustancial cambio en el tipo de roles de Anna Neagle, en que sus composiciones de alegre cantante y bailarina se tranformaron en mujeres con una sexualidad más explícita. Estos parámetros se consolidaron con el siguiente film, *Peg of Old Drury* (1935).

En paralelo al afianzamiento de la aventura americana de Wilcox, la producción continuó en otros frentes más populistas como los vehículos de lucimiento de Sydney Howard –*The Hope of his Side*– y los de Jack Buchanan –*Come Our of the Pantry*–. Wilcox esperó su oportunidad y esta llegó con *La reina Victoria* (*Victoria the Great,* 1937), que gracias a su contrato con la RKO se convirtió en el film británico más famoso en América desde *Henry VIII* [9]. El calibre del éxito del dueto Wilcox-Neagle les facilitó un contrato de diez años con la RKO. El acuerdo se hizo a través de Imperator, una compañía que Wilcox había formado específicamente para realizar *La reina*

Victoria, y las bases contractuales pasaban por producir entre tres y cuatro films al año, incluido uno con su estrella femenina al año en Hollywood como garantía de su recaudación en Estados Unidos.

Algo alejado de Wilcox se encontraba la figura de Basil Dean (1888-1978). Como muchos otros la llegada del sonoro y la efervescencia provocada por la Quota Act le movió a actuar y fundar su propia compañía en 1929, la Associated Radio Pictures, con un capital estimado de 125.000 libras, y asimismo hacerse cargo de los estudios Will Barker en Ealing. Después de unos titubeantes inicios, Dean decidió marchar a Hollywood donde escribió y dirigió *The Return of Sherlock Holmes*. Allí estableció un acuerdo con la RKO para la distribución de sus films, estimulado por el interés de las productoras de Hollywood de tener una pequeña empresa británica que le ayudaría para conseguir las cuotas autorizadas por la Ley de 1927. Dean pretendió con esa asociación realizar una producción ambiciosa en donde los americanos, a parte de la distribución en su mercado, aportarían técnicos cualificados. Sin embargo, de las intenciones a los hechos hubieron bastantes diferencias y pronto la RKO expuso claramente a Dean que de la producción se debía encargar él mismo. Poco a poco, Dean puso en marcha su maquinaria con una producción ecléctica dejando sus iniciales intenciones de realizar ambiciosas adaptaciones teatrales. Ubicado en los estudios Beaconsfield, surgieron comedias como *Sally in Our Alley* (1931) –protagonizada por la estrella del musical Gracie Fields–, el *thriller A Honeymoon Adventure* (1931) o el drama *Támesis* (*The Water Gipsies,* 1932), todos dirigidos por el cineasta titular de la casa, Maurice Elvey, y con un joven Carol Reed que empezaba su carrera en el cine en calidad de auxiliar. A finales de 1931, Dean acabó de construir su nuevo estudio equipado desde Estados Unidos de un moderno equipo de sonido donde proseguiría su propia producción. Pero también se ocuparía de las externas como el film producido e interpretado por Gloria Swanson *Perfect Understanding* (1932), en que Laurence Olivier le da replica, y Michael Powell y Thorold Dickinson figuraron como guionista no acreditado y *assistant director*, respectivamente.

Desilusionado por el escaso partido que había sacado de la RKO, el acuerdo se rompió y Dean creó su propia distribuidora, Associated British Film Distributors. Poco después el estudio cambió el nombre de Associated Radio Pictures por el de Associated Talking Pictures (ATP). Dean era originalmente un director teatral y trató de llevar una línea de producción con preminentes adaptaciones literarias con textos de John Galsworthy (1867-1933) en *Loyalties* (1933) –dirigido por el propio Dean, ayudado por Thorold Dickinson– y Dodie Smith (1896-1990) –autora de los "101 dálmatas"– en *Autumn Crocus* (1934). Sin mucho éxito, urgía un cambio que con la ayuda económica por parte del matrimonio Courtfauld se materializó en una producción más enfocada a lo popular y costumbrista. El primer paso de esta nueva etapa sería una reforma del estudio con dos nuevos platós y de los equipos de sonido con el objetivo de producir doce películas al año, seis propias y seis de otros productores. Así pues, 1934 empezó con nuevos bríos con la vuelta a la casa de Gracie Fields –*Love, Life and Laughter* y *Sing as We Go*–, dos *costume films* –*Java Head* y *El valle de los sin ley* (*Lorna*

Doone)– así como producciones hechas por otros productores, *It Happened in Paris*, el debut de Carol Reed como director. La producción externa fue mayoría entre los años 1934 y 1937, con Phoenix Films –*Brief Ecstasy*– y Toeplitz –*The Dictator* (1935), *Beloved Vagabond* (1936) –. Mientras la actividad externa de los estudios funcionaba a buen ritmo, la propia ATP no resultaba demasiado productiva. El recurso de los vehículos de lucimiento de Gracie Fields, en particular *Look Up and Laugh/Look up and Laugh (1935)* , eran, eso sí, siempre efectivos. Dean recurriría a escritores de prestigio, como J. B. Priestley (1894-1934), responsable del guión. Otro valor de la casa, Carol Reed, progresivamente iba cogiendo galones con *Midshipman Easy*, una adaptación literaria al gusto de Dean. Sin embargo, Dean necesitaba un estímulo importante para dinamizar su producción y éste llegó en forma del cómico más popular de la Historia del cine británico, George Formby (1904-1961). Como muchos otros provenía del *music-hall*, en que su acento del norte le daba una peculiar personalidad a su incontenible verborrea. Su descubrimiento para el cine se produjo con un cortometraje, *Boots! Boots!* (1934), en que da las hechuras de un tipo poco sofisticado y accesible al gran público. Además, el actor canta con brío y toca el *ukelele*. Dean estuvo al quite y lo contrató en junio de 1935. Aquel año Formby debutaría con ATP en *No Limit*, interpretando a un corredor de motos. Le seguirían *Keep Your Feats Please* (1935) y *Feather Your Nest* (1936). Con Formby y Gracie Fields, quien interpretó dos films en 1936 –*Queen of Hearts* (1936) y *The Show Must Go On*– la ATP conseguiría situarse en una buena posición, y con dos directores prometedores en sus filas, Carol Reed y Thorold Dickinson. Conforme avanzó la década la ATP sufrió la crisis como otras productoras, sin embargo, Dean decidió dejar el cine por motivos personales y después de tener una discusión con un técnico de su equipo. La herencia de la ATP quedó sobretodo en constituir el nícleo fundador de la Ealing, que con la llegada de Michael Balcon sería una de las "grandes" del cine británico.

LAS *QUOTAS QUICKIES*: EL HOLLYWOOD BARATO

Las despectivamente llamadas «*quota quickies*» se han considerado una verdadera mancha negra en la Historia del cine británico. Fruto de la urgencia de una decisión política que tradicionalmente ha funcionado a la contra del cine británico y sin sopesar las consecuencias que ocasionarían al entramado industrial, los historiadores decidieron ignorarlas ante la evidencia de la "fama" de su mala calidad. No obstante, diversos estudios historiográficos han empezado a tomar interés en profundizar en un sistema de producción bastante particular[10].

Las *quotas* nacieron casi en el mismo momento en que la ley de 1927 quedó ratificada. Las *major* (MGM, Warner Bros-First National, Fox, Columbia, Universal) y las que no lo eran (Wanger, Republic, RKO, Reliance, Monogram) empezaron a estimular una producción cuyo único propósito era cumplir los mínimos requeridos, inicialmente una cuota del 5% que progresivamente aumentó hasta el 20 exigidos en 1936, en films cuyo presupuestos rondaban entre los 5.000 y las 7.000 libras, aproximadamente el 10% de lo que costaba una producción estándar en Hollywood. Todo ello podría traducirse por la expresión castiza «hecha la ley, hecha la trampa», en un proceso que requería de una precisa sistematización en que como media se exigía cuatro minutos por día, en films cuya media era de 60-70 minutos de metraje. Para desarrollarlos los norteamericanos en ocasiones, las más habituales, buscaban algún productor local para que les hiciera el trabajo "sucio", como el caso de Julius Hagen, y una lista interminable entre las que destacaron Jerome Jackson, Irving Asher, Bray Wyndhman o George King.

En la mayoría de los casos contaban con gente sin experiencia, algo que benefició a muchos para hacerse un nombre y así poder trabajar de manera fluida en la profesión; reciclaban decorados, compraban película de *stock* a productoras extranjeras a precio más barato, e incluso se estimulaba a los intérpretes a utilizar su propia ropa. Si era posible, se hacían series con los mismos actores ya que uno de los grandes problemas de la sobreproducción era encontrar historias interesantes. Los productores exprimían los medios tradicionales, novelas y obras de teatro de autores no consagrados, programas de radio y sobre todo la prensa como medio de conseguir historias. Cada productora contaba con su dialoguista, que hacía equilibrios para conseguir dar credibilidad a cada argumento. El filtro común del dialoguista lastró, de manera vergonzosa, a muchas producciones, ya de por sí limitadas por razones obvias. A pesar de que los norteamericanos estaban detrás de la mayoría de las *quotas* no siguieron los mismos esquemas que las "B" *movies* de Hollywood. Los británicos, al contrario que los americanos, no especializaron las *quickies* en un género o tipología, sino que intentaban imitar las películas "A" pero con presupuestos más modestos. Tampoco las subsidiaras no actuaron todos de la misma forma. Salvo (con matices) la United Artists ninguna se interesó por la calidad. La mayoría de productoras prefirieron al inicio comprar sus derechos de cuotas a pequeños productores, pero algunos no les funcionó como la Paramount que adquirió films de la compañía Welsh-Pearson. A la postre, la Paramount optó por crear una actividad similar al estudio que tenían en París que tan bien les funcionaba. En unos estudios alquilados durante diez años en Elstree registraron la Paramount British. A rebufo le siguieron otras como la Fox. Algo parecido le sucedió a la Warner; primero utilizó una pequeña compañía, Carlton Films, para hacer sus pequeñas cuotas instalados en unos pequeños estudios en Teddington. Al desaparecer Carlton, los Teddington Film Studios se registraron como empresa en marzo de 1931. Después de hacer un film con ellos vendieron el estudio a la Warner, registrada finalmente en suelo británico, y que la matriz americana convirtió en un "mini" Warner británico trayendo personal americano como su director Irving Asher. Otros, léase RKO, intentaron llegar a acuerdos con productores como Basil Dean que, al comprobar las intenciones nada gratuitas de la empresa estadounidense, desestimó cualquier tipo de alianza, provocando un *peregrinaje* por otros pequeños productores británicos. Seguramente la que más se aprovechó del sistema, la *major* MGM, incluso llegó a comprar films en la India para llenar sus cuotas. En cambio, la United

Artists siempre se llevó la fama de ser la única que apostó más por la calidad que por la cantidad a través de sus contratos con Alexander Korda y Herbert Wilcox. Pero esta idea contrasta con las *quotas* que realizó entre 1928-1933, que eran de calidad similar al resto de subsidiarias[11]. No obstante, no solo las subsidiarias *hollywoodienses* se apuntaron a esta fórmula. El sistema también se extendió a las productoras británicas más importantes como la Gaumont-British y la British and Dominions que tuvieron su propia departamento para producir *quotas films*. Semejante dualidad asimismo la practicó a posteriori la Twickenham, al principio basada en estos parámetros "baratos" y cuando llegó el momento de su expansión, operó con una marca Real Art para las *quickies* y el nombre oficial Twickenham para la gran producción.

El impulso de la ley y la llegada del sonoro con el consabido aumento de costes, habían hecho del sistema una medida rentable a la espera de tiempos mejores. Por ello no fue extraño ver que los mínimos exigidos por la ley se superaron con creces[12]. Las cuotas supusieron una mancha para muchos, pero una especie de bendición para otros. De estas surgieron una enorme cantera de directores que se iniciaron profesionalmente, desde Michael Powell o Carol Reed hasta los hermanos Boulting, pasando por David Lean –en calidad de montador– o actores como James Mason, Laurence Olivier, Leslie Howard o John Mills.

LA COMEDIA: EL GÉNERO ESTRELLA

Tanto films de calidad como *quotas* siguieron un escrupuloso programa basado en la repetición de los esquemas de los tradicionales géneros cinematográficos. La comedia constituyó el más popular y prolífico de toda la década, pero significativamente se reveló el más ignorado y despreciado. La principal causa se debe a que la comedia encarnaba como nadie dos terribles obstáculos en Gran Bretaña: el cine como medio de masas caracterizado por la estandarizacion, y por tanto, alejado del prejuicista sistema de valores artísticos británico, y la repetición de los esquemas del "enemigo exterior", esto es, Hollywood. Otra razón supuso el cierto malditismo que rodea a la década de la Quota Act y, por consiguiente, de las *quickies* que explotaron como nadie el género. Desde otro plano, menos "tangible", el desdén que lleva aparejado la comedia británica y, por extensión, a escala mundial, es que ha sido el "patito feo" de los géneros, considerado en gran medida en peores condiciones que otros géneros denominados dramáticos[13].

A pesar de todos estos prejuicios y obstáculos la comedia reinó durante toda la década. Industrialmente, el género encontró fácil acomodo en el exportable modelo americano basado en el *star-system*, y que la llegada del sonoro no hizo más que consolidar su posición al tratarse de los mecanismos más efectivos para acompañar el desarrollo tecnológico del cine. El diálogo era un bien preciado, y quién mejor que los cómicos para conseguir atraer el interés del público. Pero más que una cuestión industrial, el éxito del género viene de su aceptación popular. La comedia se significó como nadie

La carismática Jessie Matthews, una de las mayores estrellas de la década.

en la búsqueda de la cercanía de las audiencias, a través de la familiaridad que comportaba la repetición de artistas y sus materiales creativos. Esta relación privilegiada quedaba garantizada por las peculiaridades británicas con un *star system* constituido, en su mayoría, por artistas del *music-hall* cuyas carreras fuera de la pantalla funcionaban con idéntica luminosidad. Así pues, cada uno desde el humor ingenuo de George Formby y Leslie Fuller, la chulería *cockney* de Max Miller o la anarquía de Arthur Lucan tenían un espacio familiar al que el espectador fácilmente podía acogerse. Asimismo, el acento se convirtió en un elemento determinante. La sonoridad de la voz de

Formby, Hay o Fields fue clave en el devenir de sus respectivas carreras; les conectaba con la tradición norteña del *music-hall.* Por ejemplo, Fields era de Lanchashire, y Fromby de Wigan –localidad cercana a Manchester–, donde sus espectáculos arrasaban. En cambio, no tenían el mismo arraigo en ciudades como Londres, dominado por el teatro *middle-class* del West End. La especificidad regional permitía, pues, a la audiencia pensar en términos de "complicidad" en que sus estrellas favoritas pertenecían a los suyos, haciendo aún más sencilla la identificacion.

La relación de estos artistas con el norte aumentó esa proximidad al tratarse de una de las áreas más deprimidas del país. Era, a su vez, una conexión con un status social y económico pero también jugo en su contra ya que la comedia británica fue ignorada también por ese visibilidad localista. Esta dependencia por el artista creó un tipo de comedia bastante particular, la denominada *character-based comedy,* en que lo importante deviene el artista y sus rutinas cómicas por encima de cualquier otra consideración. La omnipresencia del artista, George Formby –siempre era George en las películas–, Jack Hulbert –Jack– o Gracie Fields –en muchas ocasiones Grace–, le otorgaba una relación privilegiada para con el espectador, ya que el concepto que se tenía de él escapa de lo que acontece en el film, produciéndose un *diálogo* entre artista y audiencia. También cabía sumar a semejante "empatía" la conjunción del mensaje que el artista representaba. Así, la comedia conforme a un mecanismo que representa la jerarquía de la sociedad, en cuya clase, regionalidad y género eran inicialmente presentes el acento y la forma de lenguaje, se convertían en un mecanismo multiplicador del mensaje al no expresar solo un simple diálogo sino la vinculación con un sistema social. Este factor de representatividad dio a la comedia británica mucho de sí; los cómicos jugaban a cómo subvertir esas reglas que su estereotipo representa a modo de resaltar la propia especificidad. Este tipo de comedia personalista lógicamente determinaba su estructura, habitualmente basada en la tensión existente entre historia y la rutina del artista. De esta manera, el film se formaliza a través de las interrupciones a la trama tradicional, a veces de forma bastante abrupta, perpetuando una comedia con débiles estructuras narrativas que la verdad no suponían una novedad excesiva con respecto a la comedia muda. Los especialistas Landy, Barr y Andy Medhurst señalan la importancia de un film como *Elstree Calling* (1930), un ejemplo inicial del denominado *revue,* subgénero que servía para un interminable desfile de actuaciones musicales, *sketches* cómicos y rutinas varias, en que su significación se encierra en la visualización de los contrastes entre el entretenimiento en vivo y el cine. A la par que el film sabe identificar el rol del artista de variedades en el *revue,* el film también reconoce diferencias entre la actuación de variedades y el cine, y cómo esta diferencia revela el inevitable movimiento hacia el desarrollo de los géneros cinematográficos[14].

El contraste entre comedia británica y la clásica americana parece claro en el papel que juega la historia, pero hay también un efecto añadido en los materiales con que se nutren. Ello se debe a la diferencia temporal existente entre el vodevil americano y el británico. El americano posee un componente nostálgico porque quedaba lejano en el tiempo. En cambio, en Gran Bretaña aún vivía una Edad de Oro que el cine simplemente aprovechó. Esta convivencia contemporánea repercute en el papel de la historia, ya que su cercanía provocó no ser tan estrictos a la hora de plantear la comedia cinematográfica como un ejemplo de clasicismo narrativo, sino que las desdibujadas líneas de la historia podían sobrevivir ante la atención que se le prestaba a los *gags*, cortes y números musicales.

Como no sucedería en ningún otro género, las comedias tendían a la repetición de sus estructuras argumentales que reaparecían con formas, personajes y paisajes diferentes. Muchas de éstas parten de una de las constantes clave del cine británico, la preocupación por las estructuras de clases que inciden en su relación, dependencia y jerarquía. La comedia como género que necesita de la presentación de unas normas para así ironizar, reírse, ridiculizar o romper con ellas, adquirió formas bastante particulares para mostrar los potenciales cómicos sin pretender romper con el sistema. Así pues, muchos films hablan de la relación entre clases, cuyo planteamiento ya de por sí lleva implícito el apoyo al sistema existente. Uno de esas proposiciones más sibilinas, según Stephen Shafer, correspondía a representar la vida de la *working class* como más interesante, superior y más complicada que la vida de la clase media-alta[15]. Esto ocurre cuando las dos formas de vida se ofrecen a modo de espejo; habitualmente la clase media-alta era ridiculizada en una forma de establecer una conexión con las audiencias mayoritarias de clase popular. Por el contrario, la vida artificial de las élites cuando no tenían un reflejo en que mirarse se "sobreexponen" al *glamour* conectando con otra de las preferencias de la audiencia, el escapismo, en unos años dominados por la depresión económica.

Un caso significativo lo protagonizó Gracie Fields, heroína de las clases populares en films como *Sing as We Go* (1934). Aunque sus armas de combate se guían por el optimismo y las canciones, pasa a ser una chica de la alta sociedad en su último film importante *Shipyard Sally* (1939). Su ejemplo representó, según palabras de Jeffrey Richards, «la personificación del consenso»[16] aunque esta afirmación ha sido recientemente rebatida por David Sutton en que defiende la variedad de papeles de la artista como una demostración de versatilidad para interpretarlos. La fluctuación entre clases siempre requería de un hecho extraordinario, una confusión, un equívoco para que éstas acabaran mezclándose. A lo largo de la década estos parámetros irán relajándose, algo que lógicamente dinamitaría la guerra. A partir de esa idea matriz las comedias fabricaron sus propios clichés para repetirlos constantemente. En relación a las *working class* que se introducen en las clases altas encontramos diáfanos ejemplos en *High Society* (1932), *Yes, Mr. Brown* (1933), *Too Many Wives* (1933), *Bargain Basement* (1935), *El vagabundo millonario* (*The Guv'nor*, 1935), *Queen of Hearts* y *Mistaken Identity* (*I'm not Rich*, 1939). En sentido contrario, tenemos *The Vagabound Queen* (1930), *It's a King* (1932)) e *Chick* (1936). En otra categoría encontramos ricos situándose en la frontera del sistema para poderse reír de su clase: *Foreign Affaires* (1935). En cuanto a las "suplantaciones" de género, basten los ejemplos de *The Other Mr. Phipps* (1931), *Girls Will be Boys* (1934), *First a Girl* (1935), *Boys will be Girls* (1937) y *Everything is Rhythm* (1936).

The Lambeth Walk, la popularidad del *music-hall* en la pantalla.

Al margen del juego de género y clase también hubieron otras aproximaciones como la del marido tentado por la emancipación matrimonial, esposa o suegra horrible, en *The Spare Room* (1932), *His Wife's Mother* (1932), o la del *spoof* o parodia de films, o sobre géneros en boga, esto es, *Old Bones of River* (1938) –sobre las producciones imperialistas–, *Falling for You* (1933) –en torno a los *thrillers* periodísticos–, o *The Camels are Coming* (1934) –en relación a las aventuras exóticas.

Los argumentos universales variaban en función del cómico, cada uno con su personalidad, creando casi en ellos un propio "subgénero". La importancia en la configuración y desarrollo de las comedias nos obligan a remarcar un pequeño listado (incompleto seguramente) de los más notorios. Encabezan esta lista las dos mujeres, adscritas a la comedia, más populares, Jessie Matthews y Gracie Fields. Matthews (1907-1981) se había formado junto a la mítica Gertrude Lawrence en Nueva York. Después de una estancia en Canadá, la artista se iba haciendo un nombre en el teatro musical consolidado con los musicales de Charles B. Cochran (1872-1951), hasta que su popularidad fue "rescatada" para el cine. Matthews bailaba, cantaba, y era elegante en su comicidad y con un acento *posh*, a pesar de su origen humilde, que la hacía característica de las demás. Sus primeras apariciones en el cine se habían dado en el mudo –*This England* (1923), *The Beloved Vagabond* (1923) y *Straws in Wind* (1924)–, pero cuando regresó ya era toda una estrella y con papeles protagonista, caso de *Out of the Blue* (1931). Ya en esos films se mostraba un estilo basado en un control del movimiento, deje de su formación coreográfica, y en una vitalidad y optimismo en sus personajes algo bastante palpable en su primer film destacado, *Compañeros de fatigas*. A juicio de Sue Harper, el optimismo de las interpretaciones de Matthews animaba a la audiencia a sentir qué sistema social y sexual era suficientemente flexible[17]. *Siempre viva* deviene una demostración de ello con su historia de intercambio de roles, en que la hija suplanta a su madre, una estrella del *music-hall*, treinta años después, o una versión de *Viktor y Viktoria* en *First a Girl* (1935), en que Matthews sale airosa del doble rol mujer/hombre que propone la famosa opereta. Caracterizada por esa mezcla entre lo popular y la sofisticación, su carrera de éxito seguiría intacta el resto de la década con *Es el amor, Siguiendo una estrella* (*Gangway*, 1937), *Viento en popa* (*Sailing Along*, 1938) y *Cuidado con lo que haces* (*Climbing High*, 1938).

Gracie Fields (1898-1979) era la otra gran estrella femenina del momento, llegando a convertirse en la actriz mejor pagada con un salario de 40.000 libras por película. Fields provenía también del norte, concretamente de la zona del Lancashire, cuyo acento explotó, recordando su origen humilde en una de las áreas tradicionalmente más empobrecidas del país. La actriz desprendía positividad y accesibilidad, y la conectaba con el sentido popular de otros héroes del *music-hall*. Su carrera la llevó de la mano de Basil Dean, quien la lanzó en *Sally in Our Alley* (1931). En este film ya encarna al prototipo de heroína de las clases populares. Dean intentó dar empaque a su trayectoria profesional consiguiendo que el prestigioso J. B. Priestley firmara dos de sus guiones, *Sing as We Go* y *Look up and Laugh*. Sin embargo, en la cúspide de su popularidad, y lastrada por las difíciles relaciones con Dean se marchó a la subsidiaria de la Fox, donde de la mano de su marido Monty Banks (AKA Mario Bianchi) seguiría cosechando éxitos en *Queen of Hearts, Vamos a ser ricos* (*We're Going to be Rich*, 1938), *Keep Smiling* (1938) y *Shipyard Sally*.

Entre estas dos mujeres solo se pudo *colar* un hombre, George Formby (1904-1961), cuyo padre (James Booth) asimismo se dedicó al *music hall*. Su carrera la realizó bajo la tutela de Basil Dean en ATP donde explotó la fórmula de personaje *underdog*, en que su ingenuo pero persistente optimismo triunfan. Acompañado en todo momento con su inseparable *ukelele*, Formby llegó a ser el cómico mejor pagado en los albores de la Segunda Guerra Mundial. Formby construyó su personaje cinematográfico de manera progresiva en sus primeros films, *Off the Dole* (1934) y *No Limit* (1935). En estos aún no se ve totalmente al personaje ingenuo y voluntarioso que llegaría a popularizar en la pantalla en *Keep Your Seats, Please* (1936), *Feather Your Nest* (1937), *Keep Fit* (1937), *Reportero en apuros* (*I See Ice*, 1938), *George Takes the Air* (1938), *Detective genial* (*Trouble Brewing*, 1939) y *Come on George!* (1939). Nadie más pudo alcanzar la popularidad de estos tres artistas; algunos se les acercaron como Jack Hulbert que debutó, al igual que muchos otros, en el musical *Elstree Calling*, para seguir con una serie de comedias en que muestra su versatilidad en papeles de improvisado héroe además de bailar y cantar. Hulbert provino del teatro y del *music-hall*. Como Formby, Hulbert encarnó a la perfección el *character-based comedy* habitualmente en personajes *middle-class* que deben recuperar la confianza de su clase para recuperar su posición social, en un proceso que conllevaba la adquisición de madurez, este esquema sobre todo lo representó *Jack, el chico* (*Jack's the Boy*, 1932), su film más popular, al cual seguirán *Jack Ahoy* (1934), una versión paródica de Bulldog Drummond en *Bulldog Jack* (1935), *Jack, all the Trades* (1936) y *Take my Tip* (1937). Hulbert actuaba habitualmente con su esposa Cicely Courtneidge que, como su marido, tuvo una larga carrera en el teatro musical y compartieron también escenarios y pantalla en *Elstree Calling, The Ghost Train, Jack's the Boy, Take my Tip*. Pero también la actriz apareció junto a otros como Max Miller, *Things are Looking Up*, Sam Hardy en *Aunt Sally* (1933), Tom Walls en *Me and Marlborough* (1935). Su popularidad incluso le permitió rodar un film en Hollywood, *The Imperfect Lady* (1935).

Otro tipo de cómico resultó ser Max Miller (1894-1963). Su personaje de "Cheekie Chappie" marcaba diferencias como el *cockney* bocazas pero lógicamente simpático, cuyos chistes lo hacían reconocible más allá de los personajes diferentes que interpretaba. Los personajes de Miller mostraban un tono narcisista, de autoconfianza muy diferentes de los Formby y los de James Fuller. Su carrera en el cine resultó algo peculiar; actuó de secundario en algunas películas de la Gaumont –*Compañeros de fatigas, Friday the Thirteenth* (1933) y el musical *Princess Charming* (1934)–, pero apenas aprovecharon su vis cómica en *Things Are Looking Up* (1934). Miller encontró otra oportunidad en Warner donde realizó un total de ocho films, *Get Off My Foot* (1935), *Educated Evans* (1936), *Take it from Me* (1937), *Don't Get Me Wrong* (1937), *Thank Evans* (1938), *Everything Happens to Me* (1938), *The Good Old Days* (1939) y *Hots Mom* (1940). Asimismo, se mostraría conforme a un cómico diferente Jack Buchanan, actor escocés, cantante y bailarín, cuya fama no provenía de la tradición del norte del *music-hall* sino de los escenarios más sofisticados londinenses. Buchanan con una fama ganada también al otro lado del Océano, protagonizó el film de Lubitsch *Montecarlo* (1930). Wilcox lo fichó rápidamente, convirtiéndolo en uno de sus estandartes (*Noches mágicas, That's a Good Girl, Los millones de Brewster / Brewster's Millions-).*

A mediados de la década una nueva generación de cómicos irrumpió en las pantallas británicas. Este es el caso de Will Hay (1898-1949), sin duda, el artista proveniente del *music-hall* más interesado en el medio que lo llevó además a ser actor, guionista y casi creador de los films que participaba. Aunque su carrera seguía escrupulosamente la *character-based comedy*, sus personajes tenían ciertas variaciones distanciadas de las sobreidentificaciones de Formby, Hulbert y otros. Hay se especializó en encarnar personajes relacionados con aparentes figuras autoritarias iniciadas con la de maestro, ya testada en los escenarios del *music-hall* en *Good Will Boys* (1935), *Good Morning, Boys!* (1937), la de policía en *Ask a Policeman* (1939) y la de gobernador de prisiones en *Convict 99* (1938), para darles la vuelta con una mezcla de incompetencia y dignidad, desprendiendo una sensación de anarquía en el contraste con las instituciones a las que ridiculizaba. Sus films producidos por la Gainsborough tuvieron casi siempre el acompañamiento en la dirección por Marcel Vanel. Al respecto, un film fundamental fue *Oh! Mr. Porter* (1937), en que da vida a un torpe jefe de estación. Otro cómico que apareció en aquellos años, Arthur Lucan (Arthur Towle) (1885-1954), construyó su personaje principal sobre los escenarios, concretamente en la comedia *Old Mother Riley*, en que da vida a una mujer de avanzada edad irlandesa, papel interpretado junto a su esposa Kitty McShane (1898-1964).

Su popularidad aumentó en la década de los 30, y su *sketch* en el *revue Stars on Parade* (1936), les convenció para dar el paso definitivo al cine en una serie que se alargó hasta la posguerra. Durante esa misma década ofreció unos cuantos títulos, *Old Mother Riley* (1937) y *Old Mother Riley in Paris* (1938). Más tardía supuso la aparición de un grupo de cómicos que seguían el ejemplo de los Hermanos Marx. The Crazy Gang («la banda alocada») eran un sexteto formado por Bud Flanagan (1896-1968), Chesney Allen (1893-1982), Jimmy Nervo (1898-1975), Teddy Knox (1896-1974), Charlie Naughton (1886-1976) y Jimmy Gold (1886-1967), y en algunas ocasiones, acompañados por "Monsewer" Eddie Gray (1898-1969). Su carrera teatral se desarrolló en paralelo al cine donde hacían *shows* a dúo. No obstante, en el cine consiguieron una dimensión incluso mayor que en el teatro en hilarantes comedias, *O-Kay for Sound* (1937), *Alf's Button Afloat* (1938) y *The Frozen Limits* (1939), aunque todas ellas superadas por la hilarante *Gasbags* (1940) en que el grupo siembra el caos en la Alemania nazi. Junto a ellos una lista interminable de artistas como el prolífico Leslie Fuller, Ernie Lottinga con su popular personaje 'Jimmy Josser', Sydney Howard o los cómicos de las denominadas "Aldwych farces (farsas)".

Paralelamente a la comedia populista de los héroes del *music-hall* convivieron formas tradicionales en que los protagonistas eran más actores convencionales que cómicos. Se hicieron bastantes y a todos los niveles; películas baratas y las que no eran tanto, aunque sin la presencia de la atracción del número musical o rutina cómica de turno, la calidad estaba ligada a los medios que disponía el productor para proveer de un buen guión y unos actores con capacidad para desarrollarlo. Hubieron de varios tipos: la comedia de situación, algún seudo*screwball* –subgénero de la comedia norteamericana que hizo fortuna entre mediados los años 30 y principios de los cuarenta–, y comedias ligeras y sofisticadas asentaron la denominada *upperclass comedy*, en que los personajes deambulan en un mundo lujoso tratado con naturalidad. Para la comedia de situación la década ofreció dos figuras incuestionables: Alexander Korda y Anthony Asquith.

Korda llegó al cine británico a principios los 30 con experiencias en Alemania y Hollywood. Su llegada comportaría un proceso de adaptación que implicaría apostar por el género en el que se sentía más seguro, esto es, la comedia. Solo hay que ver sus primeros films, el primero un encargo de la Paramount, *Service for Ladies* (1932). El éxito de este título le garantizó la posibilidad de instalarse. Ya constituida su empresa London Films, Korda realizó *Wedding Rehersal* (1932), en que no escapa de los parámetros clásicos de *boy meets girl* («chico encuentra chica»), con la historia interpretada por Merle Oberon. Korda tuvo que marchar a París a terminar la versión inglesa del musical *La dama de Chez Maxim* (*The Girl from Maxim's,* 1932), el inmediato precedente del film que lo cambiaría todo, *La vida privada de Enrique VIII*. A partir de ese momento, Korda se dedicaría a la producción con tal de explotar el mayor éxito internacional de la década, dejando progresivamente la dirección y priorizando la confección de *biopics* y *costumes films*, en los que también incorpora humor de situación a la hora de describir la intimidad de personajes históricos.

La comedia siempre tuvo las puertas abiertas para Korda y ésta volverá como otra rama de su política internacionalista. La dirección, sin embargo, recaería en otros técnicos. Éste fue el caso de *El fantasma va al oeste* (*The Ghost Goes to West*, 1935), una brillante comedia bajo la mano maestra de René Clair (1898-1981), a partir de la destornillante historia de un fantasma escocés, *encarnando* un preciso Robert Donat, trasladado junto a las piedras de su castillo a su nuevo hogar en los Estados Unidos, en un film que estableció los parámetros de la comedia *ghost story* o la interesante *Storm in a Teacup* (1935) donde la impagable presencia de Cecil Parker dando vida a un grandilocuente político escocés roba el protagonismo a una más bien insulso encuentro entre Rex Harrison y Vivien Leigh. La siguiente comedia de la factoría Korda, *El divorcio de la señorita X,* supuso el primer encuentro entre Laurence Olivier y Merle Oberon, un par de años antes de *Cumbres borrascosas (Wuthering Heights,* 1939). El film, como comenta David Sutton, sigue los esquemas de la *screwball comedy* al estilo de *La fiera de mi niña* (*Briging Up the Baby,* 1938)[18], con un ingenuo personaje masculino atrapado por el misterio de una mujer con personalidad y una medida excentricidad. Korda no volvería a la comedia en estado puro en años, en parte por estar ocupado en diplomarse en "britanicidad" con su cuestionable trilogía imperialista.

La otra gran figura de la comedia clásica fue Anthony Asquith, cineasta que ya merecería una reputación en el cine mudo con *Shooting Stars* (1928) y *A Cottage on Dartmoor.* Al llegar el sonido, Asquith se dedicaría a elaborar dramas, alguno reseñable como *Gallipoli (Tell England,* 1931), ambientado en la Primera Guerra Mundial, describiendo el bautismo de fuego de unos soldados en Gallipoli. A pesar de lo interesante del film, Asquith no lo tuvo fácil con estancias poco agradables en la BIP y bajo las órdenes de Korda, con el cual trabajó en *Moscow Nights* (1935). El proyecto más reseñable de la primera parte de la década viene representado por *The Lucky Number* (1933), uno de los primeros films ambientados en el mundo del fútbol. De manera excepcional, Asquith recrea la historia en el mundo proletario, narrando las vicisitudes de un futbolista y su chica que intentan recuperar un número ganador de lotería. Capacitado para logros mayores, Asquith no encontró la senda de su carrera hasta que Bernard Shaw (1856-1950) y Gabriel Pascal (1894-1954) se cruzaron en su camino para la adaptación de "Pigmalión". Se ha contado bastante sobre este film, también en torno a su autoría. Aunque parece indiscutible la mano de Asquith en toda ella, Pascal, Leslie Howard y Shaw tuvieron que ver con su desarrollo artístico. Asquith plantea los signos de identidad de su carrera, esto es, dar relumbre al texto, aquí excepcional gracias al verbo brillante expresado por Bernard Shaw, pero también a la hora de aderezar los mensajes y debates que se dilucidan en el mismo, en especial la relación y tensión sostenida entre clases sociales, algo bastante distintivo de la comedia clásica británica. En la escena inicial vemos una muestra de la maestría de Asquith, ayudado por Lean en funciones de montador, visualizando las barreras entre la alegre y deslenguada florista (Wendy Hiller), y las damas estiradas de la alta sociedad a través de su ubicación física –desde un plano simbólico, Hiller en el suelo mirando hacia arriba, y la *upper class* mirando hacia abajo en el promontorio del exterior del teatro–.

Pigmalion constituyó un éxito para todos incluido Asquith, consolidando un prestigio como excelente cineasta de adaptaciones literarias. Una fama que aumentó con su asociación con Terence Rattigan (1911-1977), iniciada con brillantez con *Coqueta hasta el fin* (*French Without Tears,* 1939), basado en una obra que estaba triunfando en

Vivien Leigh en *Fire Over England* (1937), el rearme británico en vísperas de la guerra.

el West End, y con cierta relación con su anterior film en su "pigmalionismo" lingüistisco, en que la adscripción a una clase es solo una cuestión de maneras. La crítica recibió muy bien el film en una forma de consolidar un modelo de comedia más "respetable". Sin embargo, este doble modelo que con la Ealing será triple, la comedia clásica, la excéntrica y estrafalaria, seguiría conviviendo (con sus fluctuaciones) en los sucesivos ciclos comerciales.

EL MUSICAL

La comedia entroncó fuertemente con el musical, una hibridación que a veces se hace difícil distinguir al compartir *star-system*, temas y sobre todo el aprovechamiento de las novedades que trajo consigo el sonido sincronizado. El sonoro provocó un cambio profundo; de confiar en la gestualidad y en la capacidad visual para describir historias y sus emociones a depender del diálogo, la música y los efectos sonoros, todo marcado por el sostén de un proceso tecnológico desarrollado de manera progresiva. De este modo, la falta de sistemas efectivos de montaje de sonido obligaba a hacer tomas largas. De ello se beneficiaron sobre todo dos géneros, uno ya con cierta historia tras de sí –la comedia– y otro acabado de nacer –el musical–. Habitualmente fusionados, el cine de los inicios del sonoro supuso un mundo de oportunidades, un nuevo medio de expresión para intérpretes, cantantes y bailarines provenientes de los escenarios. Como sucede en la comedia, cómicos y cantantes eran los privilegiados en la misión que dictaminaba la generalización del sonoro, la capacidad de aguantar el interés del público en films cuya tecnología determinaban un mayor número de planos y más estáticos que en el cine silente. La industria rápidamente captó esta circunstancia y fomentó un género que participaba del mensaje positivista y escapista de la época. Además, en un proceso de salvaje capitalismo como fueron los primeros años "post-cuota", el musical era un valor seguro al contar con la presencia de los artistas más populares del país reciclados ya en estrellas mediante los otros medios populares, la radio y el teatro. Junto a las estrellas los productores reclutaron a una escuadra de talentosos compositores, Noel Gray, Vivan Elly, L. Arthur Rose o Douglas Furler, entre otros. Con todo ello, el musical se convirtió en el tercer género en importancia, por detrás de la comedia y el *crime film*, con un porcentaje del 15% del total de producción. La seguridad era absoluta y más viendo como el «hermano mayor» norteamericano había probado con éxito el género con la aceptación de *Aplauso* (*Applause,* 1929). Aunque los británicos copiaron bastante del modelo de Hollywood, su especificidad estaba más ligada a sus estrellas y en su dependencia en el origen de las obras.

Siguiendo la clasificación de Stephen Guy, el musical cinematográfico se alimentó de tres orígenes: el *music-hall*, de enorme arraigo en las Islas Británicas; las operetas de origen centroeuropeo, y lo que el teórico llama *English music comedy or musical revue*, variante en que se sucede un ramillete de actuaciones que servían de palanca para nuevos artistas con una leve o inexistente trama para enlazarlos[19]. Se tratan de orígenes que se mezclan, interactúan y se sobreponen haciendo difícil la diferenciación entre ellos. De las tres tradicionales fuentes del musical británico la que, sin duda, ejerció una mayor influencia fue el *music-hall*.

La historia de este género teatral sufrió una evidente evolución, desprestigiado por su carácter popular a finales del XIX a su adquisición de género "respetable" justo cuando convive con su homólogo fílmico. Semejante "contemporaneidad" de géneros deviene una de las características del musical británico, en que los números y *sketches* testaron las butacas del teatro inmediatamente antes de pasarlas a la pantalla. Aunque hubieron evidentes cambios en la duración de los diálogos, el maquillaje y la gestualidad, como hemos comentado anteriormente cuando nos referíamos al apartado de la comedia en general, la estructura no varió en exceso; los números y *sketches* se erigían en los protagonistas y, a su alrededor, se construyeron débiles tramas para garantizar esa continuidad, aunque las interrupciones eran habitualmente bruscas y simplemente aparecían porque tocaba introducir una canción. provado. Aunque esa estructura no estimuló la búsqueda de historias verdaderamente sólidas, sí que el género insufló aire fresco para una cinematografía que acusaba el retroceso del lenguaje con la llegada del sonoro. A la par, como resalta la interesante comparativa establecida por Andrew Higson, se dieron dos tendencias marcadas, una más internacionalista, clásica, con material proveniente del West End londinense, como podía representar *Siempre viva*, y otra más enraizada con la cultura popular y que tiene en cuenta los regionalismos de sus artistas, como Gracie Fields. El primero asumía más las estructuras clásicas, en relación al *backstage musical* y con historias de personajes que entraban en un mundo más glamouroso conectando con los deseos de las audiencias, como fueron por otra parte la mayoría de los personajes de Jessie Matthews, la estrella del film.

Aunque este tipo de films no evitaba la sobredependencia de sus números musicales, aun así conservó dinamismo y ofrecieron algunos momentos de enorme calidad, como ocurre en la mencionada *Siempre viva* con un exhuberante número latino o el número final donde se visualiza varios cambios de *performances* y ambientación histórica en forma de metáfora de la idea base de su trama, la conexión entre el *music-hall* clásico y el actual, en un film que no tuvo nada que envidiar a cualquier musical clásico de Hollywood realizado durante la misma década. El segundo protagonizado por Fields se centra en la conexión con la gente, y no necesita de una estructura tan determinada, funcionando con el impulso de los números musicales, y la conectividad de sus estrellas. Era un sistema dual como también lo hubo en Hollywood, en que combina los musicales más clásicos con expresiones más anárquicas del estilo de algunos musicales de la RKO.

La segunda gran influencia –aunque menos numerosa– fueron los musicales provenientes de la tradicción centroeuropea. Muchos de ellos adaptando el exitoso género de las operetas, muy popular en cinematografías como la alemana, austríaca, checa o húngara. Este tipo de films ofrecieron el añadido de presentar el mundo idealizado de los ambientes aristocráticos como ocurre en *Princess Charming* (1934) o *Noches mágicas*, en que aparece el romance interclasista entre una florista y un oficial. Su productor-director Herbert Wilcox se especializó durante un tiempo en este tipo de historias –*Bitter Sweet* o *The Queen's Affair* (1934)–. El éxito de estos films estaba marcado por su apuesta escapista aprovechando la atracción por el *costume film* y su renovada popularidad con el éxito de *La vida privada de Enrique VIII*. Esas recreaciones de época permitían ofrecer situaciones con más libertad que las presentaciones contemporáneas, sobre todo en cuestiones que atañen a las relaciones de pareja. Asimismo, este tipo de musical mostraba la huella germánica en el cine británico de la década. Algunos directores de estos musicales eran de origen alemán, como Paul Stein –*Al llegar la primavera* (*Blossom Time*, 1934), *Heart's Desire* (1935) – u Otto Kanturek –*The Student Romace* (1935)–. Algunos de los productores como Max Schach (1886-1957) no dudaron en importar cantantes extranjeros, caso del popular tenor austríaco Richard Tauber –*Se acabó la música* (*Land Without Music*, 1936)–, del polaco Jan Kiepura –*I Sing for You* (1934)– y de la soprano húngara Gitta Alpar –*The Loves of Madame Dubarry* (1935)–.

El tercer tipo de musical y menos numeroso se corresponde con el llamado "*revue*" o lo que los americanos bautizaron *parade of stars*, películas a modo de recopilatorio de actuaciones en que aparecían indistintamente cantantes y cómicos. El primer *revue* auténticamente popular *Elstree Calling* tuvo en Alfred Hitchcock uno de sus codirectores. El film publicitado como "un cine-*radio revue*" subrayó la importancia del medio en la construcción de la carrera de los artistas del *music-hall*, entre ellos la presentación de algunos destacados durante la década como Jack Hulbert, Ciceli Courtneidge, Tommy Handley y la exótica presencia de Anna May Wong. Otros *revue* populares fueron *The Television Follies* (1932) con la curiosidad de la aparición del medio recién inventado, *Radio Revista 1935* (*Radio Parade 1935*, 1934) –con la presencia de Will Hay–, *Stars on Parade* (1936) –con Arthur Lucan debutando con su popular personaje Old Mother Riley–, *Piccadilly Playtime* (1936) y *Calling the Stars* (1937), en que, a través del pretexto del desarrollo de una compañía de grabación, asistimos a un interminable desfile de artistas. En algunos aparecieron populares orquestas del prestigio de la de Henry Hall y la Dance BBC Orquestra en *Music Hath Charms* (1935), y la de Harry Roy en *Everything is Rhythm* (1936), que añadieron un cierto empaque al subgénero.

UNA DÉCADA DE DETECTIVES, ESPÍAS Y VILLANOS

Hay una cifra que lo dice todo: 350 *thrillers* se hicieron entre 1930 a 1939. Un número asombrosamente elevado de un género, el *thriller*, si lo entendemos conforme a un término amplio en el que podemos englobar desde el *crime film*, *detective film*, *mistery* o *spy film*. Detrás de la comedia este grupo de films eran los siguientes en número. La argumentación económica sirvió de motivo clave, ya que estos dos géneros requerían poco gasto en decorados o vestuario en comparación con otros. Tampoco debemos menospreciar el impacto de *Chantaje* de Alfred Hitchcock, el primer film sonoro cuyo éxito demostró la efectividad de este nuevo ingenio en el *thriller*. Pero ante todo la popularidad de este género tiene otra razón de peso; más que ningún otro, forma parte del «ADN» británico. Algo de culpa, sin duda, tiene la tradición literaria que alimentó muchas de estas 350 producciones y que no solo ayudaron a formar sus estructuras sino en la formulación de un género que incluso traspasó el ámbito nacional. Podemos referirnos de numerosas fuentes que construyeron su arquitectura, pero principalmente fueron tres, como bien comenta James Chapman. En primera instancia, la novela gótica con Edgar Allan Poe (1809-1849) a la cabeza y su formulación neoromántica de los Robert Louis Stevenson (1850-1894), o del americano Bram Stoker (1847-1912), en la enunciación de un mundo ordenado que puede estallar en cualquier momento por las maquinaciones de las fuerzas demoníacas intentando generar el caos, a veces mediante mecanismos perversos y degradantes. En segundo lugar, la más obvia en la década, las historias del denominado *thriller* victoriano que representó Sir Arthur Conan Doyle (1859-1930) y su celebérrimo Sherlock Holmes a la cabeza, en que instauró la figura del detective como esencial. En tercer término, la menos conocida, la "novela barata", los llamados *pennys dreadful* (también conocidos indistintamente por *penny awful, penny number* o *pennys blood*) de principios de siglo XX que alimentaron mayoritariamente al *crime film* de los 30, con autores reputados, entre ellos Edgar Wallace (1875-1932), John Buchan (1875-1940) y Sax Rohmer (1883-1959) [20]. Estas novelas eran fácilmente adaptables al cine porque se centran en la acción más que en una deducción demasiado intelectualizada.

De las tres tradiciones, la más común y seguramente más asentada en el imaginario británico, era la del *thriller* victoriano y sus historias de detectives. De esta forma, surgieron varias figuras aparte de la clásica de Holmes. Una de ellas fue Bulldog Drummond, un personaje creado por Herman Cyril McNelie (1888-1937) literariamente concebido como un veterano de la Primera Guerra Mundial traumatizado por su paso en el frente. Drummond pertenecía a una sociedad llamada "The Breed" formada por hombres con un fuerte sentido patriótico. El nacionalismo constantemente apareció en el *crime film*; los héroes como Dummond, Holmes o Sexton Blake representan las esencias del caballero inglés, honesto, generoso, deportivo cuyo patriotismo les exige luchar por preservar el orden político y social establecido. En el otro lado tienen a un enemigo, habitualmente "extranjero" de maneras toscas, némesis del héroe. Bulldog Drummond encarnó de manera más radical esta simple pero efectiva propuesta. Ya establecidos en el mudo se realizaron dos versiones, en 1922 y en 1925, interpretadas respectivamente por Carlyle Blackwell y Jack Buchanan. Hollywood asimismo se acercó al personaje con el Drummond interpretado por el inglés Ronald Colman en *El capitán Dummond* (*Bulldog Drummond,* 1929) y *Un aventurero audaz* (*Bulldog Drummond Strikes Back,* 1934). Los británicos no dejaron escapar la oportunidad de seguir adaptando a un personaje tan atractivo como Drummond en *The Return of Bulldog Drummond* (1934), en que Drummond, compuesto por Ralph Richardson, se encuentra integrado en una sociedad encargada de matar a bolcheviques. Richardson no repitió el papel, pero el personaje siguió presente en las pantallas con *Ondas mortales* (*Bulldog Drummond at Bay,* 1937), esta vez encarnado por John Lodge o en un acercamiento cercano al *spoof* en *Bulldog Jack* (1935). Sin embargo, serían los americanos quienes exploten el filón con más intensidad con la serie que hicieron a finales de los 30 protagonizada por John Howard. Los británicos no volverían sobre el personaje hasta *Calling Bulldog Drummond* (1951), en un momento de revitalización de los géneros.

Otro de los héroes que no necesita presentación resulta ser Sherlock Holmes, arquetipo por antonomasia de la figura del detective, y construido en aquellos años para el cine conforme a un personaje contemporáneo. El siempre oportunista productor Julius Hagen, al mando de Twickenham Films, apostó por dar un impulso al personaje en el cine sonoro, y tuvo el acierto de contar con el actor teatral Arthur Wontner (1875-1960) que ya había interpretado al «seudoHolmes» Sexton Blake en los escenarios. El actor, con su rostro anguloso y cercano a la ilustración que Sidney Paget (1860-

1908) efectuó en el original del "The Strand Magazine", compone un Holmes lo bastante fiel a la ortodoxia que incluso el propio Conan Doyle le otorgó su "bendición". Wontner apareció por primera vez como Holmes en *The Sleeping Cardinal* (1931), y aunque en el film sean evidentes las limitaciones inherentes a los films baratos de principios de la década, su carisma le garantizó una continuidad de la que no dispusieron Holmes coetáneos como el que interpretó Raymond Massey en *The Speckled Band* (1931). Los otros cuatro films interpretados por Wontner tuvieron desde el clasicismo detectivista de *Sherlock Holmes and The Missing Rembrandt* (1932), los toques de terror en *La marca de los cuatro* (*The Sign of Four*, 1932), la sofisticación temporal *The Triumph of Sherlock Holmes* (1935) y la agilidad de *Silver Blaze* (1937), aportando todos ellos dosis de humanidad y cercanía a un personaje siempre caracterizado por su obsesiva capacidad deductiva.

El Holmes de Wontner entusiasmó tanto a los puristas del Mito que su nombre ocupa un lugar de honor en la Sherlock Holmes Society de Londres. El pariente "pobre" de Holmes, Sexton Blake, asimismo se convirtió en carne de adaptación durante aquellos años, representado en la pantalla por George Curzon en *Sexton Blake and the Bearded Doctor* (1935), *Sexton Blake and the Mademoiselle* (1935) y *Sexton Blake and the Hooded Terror* (1938). En menor medida lo fue otro de los héroes de la novela criminal, el detective popularizado por las novelas de Agatha Christie (1890-1976) Hercules Poirot, llevadas también al celuloide por el incansable productor Julius Hagen y su fiel director Leslie S. Hiscott en *Alibi* (1931) e interpretada por Austin Trevor que repitió en dos ocasiones más, *Black Coffee* (1931) y *Lord Edware Dies* (1935). Trevor también interpretó a otro "carismático" detective, el inspector Hanaud en *At the Villa Rose* (1930), personaje creado en su momento como contraréplica a Holmes por la pluma de A. E. W. Mason (1865-1948). El film tuvo una inmediata secuela, *The House of the Arrow* (1930), esta vez con Dennis Nielson-Terry dando vida al protagonista. Junto a los *private eye* especializados, la figura del detective *amateur* o incluso la del policía novato aparecen con enorme asiduidad en el cine británico, en una relación bastante cotidiana con el crimen en que los cadáveres se muestran en algún rincón de una librería –*COD* (1932)–, en el estudio –*The Claydon Treasure Mystery Mistery (1938)* –, en las *country-houses* –*The Man at Six* (1931), *Crime on the Hill* (1933), *The Crime at Blossoms* (1933)–, en las *boarding-houses* –*Murder on the Second Floor* (1932)–, en un estudio de radio –*Death at Broadcasting House* (1934)– e incluso en un *set* de cine –*Death on the Set* (1935)–, todos ellos como aspirantes a Holmes dispuestos a resolver el entuerto. En muchos casos se trata de periodistas denotando el origen de las historias –*The Rasp* (1931), *The Star Reporter* (1932), ambas de Michael Powell, *The House of Silence* (1937) y *Special Edition* (1938) –, en algunos como *No Escape/No Exit* (1936) el protagonista obedece a la figura de un escritor de novelas de detectives e incluso la insólita aparición de mujeres detectives *Mrs. Pym of Scotland Yard* (1939).

Dos temas bastante dominantes se corresponden con historias arbitradas por chantajistas –*The Shadow* (1932), *Flat No. 3* (1933), *The River Wolves* (1933), *Blind Justi-*

Boris Karloff (derecha), una estrella "importada" para *The Ghoul* (1933).

ce (1934), *Line Engaged* (1935), *The Prince of Folly* (1937)– y centradas en robos de objetos de valor como joyas –*At the Villa Rose, Above Rubies* (1931), *The Roof* (1933), *The River House Mystery* (1935), *Trouble for Two* (1939)– o de cuadros –*El rápido de Roma*–, en un intento de internacionalización del género que no salió del todo mal y que merece una cierta atención. El film ofrece una estructura similar a *Gran Hotel* (*Grand Hotel*, 1932), a la hora de reunir diversos personajes en un espacio tan cinematográfico como el tren. Al igual que sucede con los protagonistas el film supuso una excepcional coincidencia de grandes nombres de la década. Su productor Michael Balcon reunió al casi debutante guionista Sidney Gilliat, que luego repetiría fórmula en *Alarma en el Expreso*, al fotógrafo Günther Krampf responsable de *Nosferatu, el vampiro* (*Nosferatu, eine symphonie des Grauens*, 1922) y *La caja de Pandora* (*Die Büchse der Pandora*, 1929), y al actor Conrad Veidt, todos dirigidos por Walter Forde cuando éste aún no estaba totalmente especializado en comedias. El film, conciso y de apreciable ritmo, ayudó a edificar la carrera de la mayoría de ellos, pero también a un género que poco a poco se iba haciendo "adulto".

Otro film que iba en la misma línea, *The Ghost Camera* (1933), ahonda en las capacidades visuales del género y de un director a reivindicar como Bernard Vorhaus (1904-2000). Un cineasta, a pesar de su apellido, norteamericano y con una interesante carrera en el cine británico, sobre todo especializada en *crime film* con *On Thin Ice* (1933), *Crime on the Hill* (1933), *Ten Minute Alibi* (1935) o *Hideout in the Alps* (1936). Su film más conocido empieza bajo una inquietante melodía con una sugerente imagen de una cámara que cae no se sabe de dónde a la parte trasera de un coche sin que el conductor se aperciba de ello. Luego descubriremos que en su negativo aparece la imagen de un crimen. Esta original forma de establecer el misterio antes de los créditos nos habla de las credenciales de un film que, a pesar de sus limitaciones (era un *quota quickie*), contiene bases luego sobreexplotadas en el género como la angustia del falso culpable (un jovencísimo John Mills), la aparición de una heroína (rubia para más señas) interpretada por Ida Lupino con ligeros toques de *femme fatale* que motivan al investigador *amateur* (Henry Kendall) y que producen ciertos equívocos de pareja en un hostal (al modo *39 escalones*). Asimismo, el film ofrece un desfile de interesantes recursos visuales como la presentación de Mills introducido mediante un *flashback*. A través de una cámara subjetiva y sin corte alguno en toda la escena, vemos las imágenes de las manos de Lupino (la hermana de Mills) arreglando la cama. Con un ligero movimiento nos lleva a su imagen proyectada en el espejo para luego abrir la puerta. Entonces observamos a Mills buscando un zapato, y la cámara, sin dejar de moverse, sigue el recorrido para terminar con las mismas manos que empezaba la escena encontrando los zapatos, o el rítmico montaje de la persecución de Mills, con los insertos de los radiofonistas, realizado ya con dotes maestras por David Lean.

El enfoque en dar al *murder mystery* unos atributos visuales se concretan también en un buen número de escenas exteriores, algo bastante inusual en una *quickie* y en un clímax final con toques de terror en unas vaporosas ruinas medievales. Delante de todos estos elementos estamos seguros que este film le sirvió bastante a un Hitchcock que aún no había fabricado sus obras mayores del género.

EL *SHOCKER*: DEL *HORROR* AL MELODRAMA GÓTICO

Como hemos comentado, los escritores de principios de siglo XX alimentaron muchos de las historias criminales, aunque por encima de todos se situó Edgar Wallace, sin duda una figura primordial de lo que se denominó *shocker*, un término que se utilizó para definir films que asustaban, y cuya obra no solo alimentó el cine británico, sino a la década gloriosa del terror en la Universal y a diversos cines europeos como el alemán. Wallace ya era popular en los últimos años del mudo y en la década de los 30. Sería, sin duda, el autor más adaptado del género. Wallace vendió sus derechos a la British Lion Film Corporation, una de las muchas productoras que surgieron del *boom* de la *Quota Act*. Después de algunas adaptaciones con poco éxito –*The Ringer* (1928), *The Flying Squad* (1929) y *The Clue of the New Pin* (1929)– Wallace decidió ser él mismo el director en *Red Aces* (1929) y *The Squeaker* (1930), esta última ya integrada en la etapa sonora. En 1931 se produjo un acuerdo entre British Lion y la Gainsborough Pictures, por aquel entonces, comandada por Michael Balcon. De la entente entre ambas compañías se derivaría actualizar material antiguo, entre los que figuraría una nueva versión de *The Ringer*, dirigida por un especialista de comedia como Forde. El film dio un nuevo impulso a la carrera de Wallace. No obstante, él no pudo disfrutarla personalmente ya que murió en 1932 mientras trabajaba en el *script* de

La Gaumont reclutaría a Boris Karloff para encabezar el reparto *The Ghoul.*

King Kong. Otro film fundamental en el impulso de su obra supuso *The Frightened Lady* (1932), un melodrama victoriano en que, a través de una historia de asesinatos y locura colectiva, encontramos una presencia inédita de temas más propios del *horror* de la Universal, como el acercamiento a lo macabro y lo siniestro. Aunque su impacto no tuviera repercusión a corto término, como remarca James Chapman, sí tuvo elementos en común con los ciclos del melodrama Gainsborough y la futura producción de la Hammer[21]. Para el cine británico, la presencia de dichos elementos devino algo excepcional por la constante persecución censora, que incluso prohibió la presencia en las pantallas británicas de gran parte de los clásicos del terror provenientes de Hollywood. La frustración era doble ya que los británicos se vieron incapaces de desarrollar sus propios mitos literarios, léase Shelley, Stoker o Stevenson, y sí en cambio otros como la Universal hacía suyos mitos eminentemente británicos.

Los censores se inventaron el código «H» (proveniente del vocablo «Horrific») que pretendía, de esta manera, atajar la llegada del *horror* americano. Aunque la certificación solo tenía efectos de "aviso", determinaba las restricciones por parte de los exhibidores y condicionaba su funcionamiento en taquilla. Uno de los films que recibió dicha calificación fue *The Ghoul* (1933), visto como un intento del entonces "internacionalista" Balcon, al mando de la Gaumont-British, por traspasar el impacto de los clásicos de la Universal al cine británico. Balcon se trajo a la máxima estrella del género, el británico Boris Karloff (1887-1969), e intentó ofrecer un film en condiciones que no palideciera frente a los films americanos del género. La película normalmente despachado como una copia *B* de *La momia* (*The Mummy*, 1932) por tratar también el tema de la egiptología, contiene elementos de añadido interés para el cine británico no solo por la poderosa presencia de Karloff como un obsesionado egiptólogo que después de morir "vuelve a la vida" al sentir como le roban las joyas de su mausoleo, sino por la ambientación del equipo "alemán" reclutado por Balcon. En este formaron el escenógrafo Alfred Junge, el fotógrafo Gunther Krampf y el maquillador Heinrich Heitfeld, quienes consiguieron una efectiva atmósfera plasmada especialmente en el siniestro caserón, con extremos contrastes entre las zonas oscuras y fluctuantes puntos de luz de las velas y fuegos, y en un adecuado uso de los elementos de los espacios, en especial las escaleras, dando al film un empaque a una historia que no lo tenía tanto debido a una trama de joyas que acaba siendo cómica matizando la presencia *shocker* de Karloff.

El film sufrió las restricciones derivadas de la calificación «H» con lo que Balcon abandonó momentáneamente el género que no retomaría hasta unos años después. Todos estos problemas hicieron del *horror* un género intermitente, con aislados intentos pero que nunca constituyeron una verdadera serialización. Aun así, el cine británico pudo mostrar una amplia paleta relativa al género. Hubieron películas sobre *mad doctors*, como *Castle Sinister* (1932) –en que un doctor pretende intercambiar los cerebros de una mujer por un mono en un film que logró sortear la censura de la época de una manera un tanto inaudita– y *The Unholy Quest* (1934), en que esta vez el doctor de turno intenta revivir un cuerpo momificado de las cruzadas. Ambas propuestas fueron dirigidas por Widgey Raphael Lotinga Newman (1900-1944), además de *El hombre que trocó su mente* (*The Man Who Changed his Mind,* 1936), dirigida por Robert Stevenson, en lo que constituyó la vuelta de la Gaumont-British al género, de nuevo con la presencia estelar de Karloff. A la misma se añadió la participación del guionista de John L. Balderston (1889-1954), que había escrito los libretos de *La momia* y *La novia de Frankestein* (*Bride of Frankestein,* 1935). Esta vez Karloff vuelve a otro tema familiar, el de trasplantes de cerebros a distintos cuerpos. Asimismo se concibieron películas con monstruo.

Cabe destacar, al respecto, *The Secret of The Loch* (1934), montada por un joven David Lean, o exploraciones más góticas como *The Tell-Tale Heart* (1934), que representaría el debut del nordirlandés Brian Desmond Hurst (1895-1986) en la dirección con una novela homónima de Edgar Allan Poe. En manifestación de Steve Chiball se trata de una producción impactante no solo por su fotografía sino por su diseño visual, en que el efecto del sonido del corazón latiendo del hombre mayor bajo el suelo es sustituido por el *motif* visual de su *Evil Eye*[22]. Asimismo, jugando con el terror psicológico hallamos la reivindicada *The Mystery of Marie Celeste* (1935), que iba más allá del típico film de misterios ambientado en pasajes marinos como podía ser una de las muchas *quickies* que realizó Michael Powell, *Phantom Light* (1934). El film transcurre en un barco donde sus tripulantes son asesinados. Amén de una sugerente tenebrosidad ambiental, la curiosidad es ver el encuentro de una gloria del terror de los 30 que iniciaba su decadencia, Béla Lugosi, con la Hammer, futura reina del *horror* británico, en su segundo film como productora. Lugosi volvió al cine británico con otra producción de impacto, *Ojos misteriosos de Londres* (*Dark Eyes of London,* 1939), en la piel de uno de los personajes "*wallacianos*" más celebres, el del siniestro doctor Orloff, aparentemente un filántropo dedicado a cuidar un hogar para ciegos, entre los cuales está su ayudante Hulk como cómplice necesario de sus asesinatos provocados, en busca de cobrar los seguros correspondientes. El film con unas inususales cargas de violencia explícita para las pantallas británicas, tuvo el "honor" de ser el primero en recibir la calificación «H», no como forma de aviso sino ya reformulada y con efectos legales. Los americanos más curtidos en temas de terror y violencia distribuyeron el film a través de la compañía Monogram y lo retitularon con un título más explícito, el de *The Human Monster,* y eliminando cualquier referencia inglesa de la historia. Asimismo, se suprimieron escenas, añadiéndose algunas de más violentas, con lo que curiosamente un título inglés había hecho el viaje inverso que normalmente hacían las producciones de Hollywood.

A mediados de la década una figura alteraría el panorama del denominado *shocker*. Su nombre: Tod Slaughter (1885-1956). El actor había sido una estrella del melodrama victoriano teatral con sus interpretaciones de clásicos como *Maria Marten, Sweeney Todd* y *Jack Shepherd*. Slaughter hizo su debut en el cine a los cincuenta años como una forma de plasmar su tipología actoral al cine con la ayuda de uno de los prohombres de las cuotas, George King. *Maria Marten,* también conocida por el título de *Murder in the Red Barn* (1935), ya daba cuenta del estilo de los films de Slaughter, con un tratamiento bastante sórdido del concepto de melodrama de época. El actor interpreta el papel de un terrateniente que asesina una mujer embarazada en un proceso en el que parece disfrutar en todo momento· Su siguiente film recogía otro de sus éxitos teatrales y figuras clásicas del periodo victoriano, el del barbero asesino en *Sweeney Todd, the Demon Barber of Fleet Street* (1936), que pasó los filtros de la censura porque King conocía los problemas que tuvo una versión de 1928 obligada a cortar las escenas más explícitas de los asesinatos y las referencias de restos humanos en las tartas.

Slaughter se acabó especializando en "asesinos en serie" como su personaje en *The Crime of Stephen Hawke* (1936), donde la apariencia de un respetable prestamista se esconde un implacable criminal. El actor fue "perfeccionando" su estilo excesivo cercano al estilo del *grand guignol,* donde su excesiva teatralización en movimientos y entonación le hacían aun más siniestro. Slaughter se convirtió en un pionero del *gothic melodrama,* en que más que nunca "lo gótico" se encuentra en el componente psicológico de un personaje demasiado humano para dar rienda suelta a sus más oscuras pasiones[23]. La fama de Slaughter le dio la oportunidad de aparecer como secundario "de lujo" en otros géneros, *Darby and Joan* (1937), *Sexton Blake and the Hooded Terror* (1938). Su carrera, a partir de *It's Never Too Late to Mend* (1937) donde interpreta a un cruel alcaide de prisiones, dio un pequeño giro en donde las referencias teatralizantes erán menos evidentes y explotando su estereotipo "violento asesino en serie", *The Ticket of Leave Man* (1937), *The Faces at The Window* (1938) y ya durante la guerra *Crimes at the Dark House* (1940), ya con un tono menos teatralizante y más cercano al *horror* cinematográfico. El legado de Slaughter será estimable, desde el tono gótico de algúnos personajes de la Gainsborough (James Mason en *Perfidia/The Man in Grey* y Basil Sidney en *Jassy, la adivina/Jassy*), al periodo de explendor de la Hammer dos décadas después, donde sus films estaban llenos de pseudoSlaughters, personajes escesivos y sin muchos condicionantes morales a la hora de ejercer su actividad criminal.

EL CINE DE ESPÍAS, BAJO LA MAESTRÍA DE ALFRED HITCHCOCK

Nos hemos dejado para un poco más adelante la presencia más distinguida del *crime film*, la etapa británica de Alfred Hitchcock, cuya obra (bastante estudiada, cabe decirlo) traspasó las barreras de su género antes de su marcha a Hollywood en los albores de la Segunda Guerra Mundial. Hitchcock, a raíz de sus títulos míticos como *El hombre que sabía demasiado* (*The Man Who Knew Too Much*, 1934) o *39 escalones*, puso en órbita el cine de espías. Un tipo de film que ligaba con el tradicional *crime film* de detective/gran villano que alimentó el género durante toda la década, en que el "malo" de la función presenta motivaciones más ideológicas, políticas o nacionales en vez de personales. Conforme iban avanzando los años y la inestabilidad europea se acrecentaba con la amenaza de la dictadura nazi ya evidente desde el bienio 1933-34, se hizo cada vez más patente la proliferación del cine de espías, en conformidad con la idea de identificar a los "buenos" con los británicos y los "malos" con los extranjeros que querían desestabilizar la tranquilidad y el orden del Imperio.

Hasta aquel momento, la carrera de Hitchcock había capeado como nadie la inestable y caótica llegada del sonido al cine británico. Después de posicionarse con *Chantaje*, la primera película sonora en que jugaría con las opciones que el sonido podía ofrecer, el cineasta inglés se vio encajonado en la política restrictiva de la BIP, tendente a no querer sobresaltos en su línea de producción. Hitchcock intentó sacarle partido a diversas adaptaciones teatrales –*Juno and the Paycock* (1930), *Juego sucio* (*The Skin Game*, 1931) o la interesante *Mejor es lo malo conocido* (*Rich and Strange*, 1932)–, que no escaparon del fracaso comercial. Hitchcock estaba desesperado por buscar una salida, incluso llegando a aceptar un vehículo de lucimiento de la estrella de la comedia musical Jessie Matthews en *Valses de Viena* (*Walzes of Vienna*, 1934), siguiendo la tradición de las operetas centroeuropeas. Pero mientras Hitchcock anduvo algo perdido durante la década, el *mystery thriller* británico le proporcionó una base interesante con buenos títulos como *El rápido de Roma*, *The Ghost Camera* y *El vidente* (*The Clairvoyant*, 1934), que computarían conforme a una inestimable ayuda al director. El rescate llegó en forma de segunda oportunidad auspiciada por un viejo conocido, Michael Balcon. Éste le recompensó con un film que visualiza un cambio en su carrera, *El hombre que*

Leslie Banks(Izquierda) observa a un inquietante Peter Lorre, en *El hombre que sabía demasiado* (1934).

sabia demasiado, en que ya aparecía el esquema clásico del *maestro*: una pareja inglesa involuntariamente situados en el centro de una trama de espionaje internacional, parámetros alejados de los esquemas tradicionales del subgénero como *Yo he sido espía* (*I Was Spy,* 1933), marcado por su solemnidad, o por espías que resolvían en los comedores de su casa siguiendo el modelo *El hombre delgado* (*The Thin Man)*. Por tanto, el drama se centra tanto en las implicaciones personales y psicológicas de los personajes como en la trama conspirativa, un claro alejamiento del clásico *crime film* británico precedente, dándole una dimensión hasta entonces inédita a la tradición literaria del espia-detective *amateur*. Ese planteamiento, como comenta Kubin, le alejaba del referente más importante del cine de espías, Fritz Lang (*Mabuse, Spione*), centrado más en la construcción de la arquitectura externa del *thriller*; Hitchcock, en cambio, se encontraba construyendo la interna[24]. Sin embargo, no era una oposición sobre todo en la construcción visual de ese esqueleto poniendo de relieve una influencia que se prolongaría en el cine británico hasta, incluida, la posguerra. Por consiguiente, Hitchcock se distanciaba de la ligereza y de la sofisticación del *crime film* para centrarse en el suspense como mecanismo motor de la angustia de los personajes. El cineasta no quedó del todo satisfecho y por eso hizo un *remake* veinte años después. Sabía que había margen de mejora que llegaría con su siguiente producción *39 escalones.*

En su nuevo film Hitchcock pretende combinar las tres estructuras temáticas que formalizaron su ciclo de suspense: la historia de un falso culpable, la narración de un enigma, a modo de las historias de Conan Doyle, y el ambiente del mundo de los espías y de los agentes secretos. La combinación resulta irresistible, aunque priorizando sobre todo la primera como forma de implicar al espectador en la historia, mostrando, todo hay que decirlo, una cierta desgana en el secreto o enigma que esconde la trama, en lo que es la primera aparición "estelar" de su celebrado *Mcguffin*. Hitchcock conduce la historia a travçes de la emocionalidad con un personaje principal obligado a vivir en fuga la mayor parte del metraje. Hitchcock, ya con hechuras de veterano, se permite introducir la inevitable subtrama romántica y una buena dosis de sarcasmo, como una forma de medido distanciamiento. La huella palpitó indeleble a tenor de la colección de seguidores que surgieron a raíz del film, como acontece en *The Secret Voice* (1936), *Café Colette* (1936), *The Fatal Hour* (1937) y *Under Secret Orders* (1937). Korda, que siempre veía rápidamente el filón también se apuntó a esta línea de títulos

Madeleine Carroll y Robert Donat pareja protagonista de *39 escalones* (1935).

con *La condesa Alexandra* (*A Knight Without Armour*, 1937), *La mujer enigma* y *Ondas misteriosas (Q Planes, 1939)* , esta última con la ayuda de Irving Asher de Columbia pero con una perspectiva diferente, mezclando drama romántico y espionaje, con la presencia de parejas especialmente seleccionadas en busca del gancho comercial. Tal es el caso de Marlene Dietrich y Robert Donat –el mismo protagonista de *39 escalones*– en la primera; la dupla Conrad Veidt-Vivien Leigh en la segunda, y Laurence Olivier-Valerie Hobson para el tercero de estos títulos. Mientras tanto, Hitchcock continuó con dos films a cuál más interesante, *El agente secreto* (*The Secret Agent*, 1936) y *Sabotaje* (*Sabotage*, 1936), que ahondan en el impacto que tienen en la naturaleza humana y en el núcleo familiar una extrema historia de espionaje.

Conforme la situación política en Europa se iba caldeando ante la inminencia de la guerra debido al expansionismo militarista nazi, los films fueron perdiendo la "timidez" ante el enemigo exterior. Hitchcock regresaría sobre la senda de *39 escalones* en la también celebrada *Alarma en el expreso*, en que esta vez el sentido de ligereza lo ofrece un brillante guión obra de Frank Launder (1906-1997) y Sidney Gilliat (1908-1994), ya preparados para saltar a la arena de la dirección. Hitchcock persiste en una historia creada a partir de la confusión de identidades, en que el suspense y el *thriller* son tamizados por varios estilos de comedia, desde la *screwball* a la romántica, a modo de terapia de sus anteriores films desprovistos del habitual tono de humor. En el último año de paz el auge del *spy film* resulta evidente con títulos como *The Four Just Men*, *Traitor Spy*, *An Englishman's Home*, *Spies of the Air* y *El espía negro* (*The Spy in Black*), que sigue la estela *hitchcockiana* de introducir la comedia en el género, pero que también empieza a mostrar las inquietudes de un dueto de Oro del cine británico, el director Michael Powell y el por aquel entonces guionista Emeric Pressburger.

EL REBROTE DEL CINE CRIMINAL

La influencia de la carrera británica de Hitchcock se constataría en el *thriller* con una serie de películas que huían de la estandarización del cine de detectives o del inofensivo *crime film* de principios de la década y apostaban por describir la angustia en un realista contexto criminal. A finales de los 30 empezaron a surgir films –*The Green Cockatoo* (1937), *They Drive by Night* (1938), *I Met a Murderer* (1939) y *Mientras arda el fuego* (*On the Night of Fire*, 1939)–, en que lo criminal estaba más arraigado a la sociedad y sobre todo ofrecía una presentación más realista. Hay evidentemente una afinidad con el cambio en los parámetros del *thriller* americano, ya que muchos de esos films fueron realizados por la subsidiaria de la Warner, reina del género al otro lado de Atlántico. De entre ellos merece atención especial *They Drive by Night*, dirigida por Arthur B. Woods, cuya historia protagoniza Shorty (Emlyn Williams), un ex convicto recién liberado que encuentra muerta en su apartamento a una antigua amiga. Temeroso de que lo involucren, emprende una épica huida. El esquema del falso culpable popularizado por *39 escalones* construye la arquitectura narrativa, pero el film ofrece algunos elementos adicionales, esto es, la descripción naturalista de los bajos fondos, una efectiva atmósfera en que la hostilidad se palpa en la calle, la lluvia y en una violencia social latente.

Asimismo aparece explícitamente la relación entre sexo y crimen. El auténtico asesino (Walter Hoover) tiene en su biblioteca el libro "Sex in Relation in Society", algo más que una sugerencia del verdadero motivo real del crimen[25]. Pero lo más interesante es que su porte aristocrático y sus maneras de «asesino en serie», compilación de los recortes de prensa de su currículum criminal incluido, no convierten su crimen en algo aislado y excepcional, sino en la consecuencia de una violencia contra las mujeres socialmente aceptada como muestra en diversos grados a lo largo del metraje: las chicas que son echadas del bar, el ataque del transportista a la chica (Anna Konstam) que ayuda a Shorty, o de una violencia más encubierta en el salón de baile donde los hombres pagan para bailar con mujeres anónimas. La aparición del asesino sexual resultó un encuentro curioso entre el *shocker* y el *crime film*, pero también entre dos formas de ver el género. Una buena lección, sin duda, de cara al futuro. Todo este tipo de retratos que los sajones llaman *gritty realism* se detuvo durante la guerra. Las obligaciones patrióticas, la búsqueda de la ejemplaridad arrinconó al género a niveles mínimos. No obstante, la necesidad de mostrar la criminalidad retornaría con fuerza en la posguerra en que se dan los mecanismos y condicionamientos sociohistóricos necesarios para volverlo a mostrar con naturalidad.

EL CINE HISTÓRICO: CONSTRUYENDO LOS MITOS

Podemos decir que el cine histórico se hizo mayor en la década de los 30. El cine como representación de la Historia existe desde el inicio del cine atendiendo a una fórmula de hablar del pasado pero *palpando* el presente. Se muestra su ideología, sus cambios sociales, pero también marcan los poderes que lo producen, fomentan el espíritu colectivo o exhiben un indisimulado patriotismo. Para el cine británico esta década será la del resurgimiento del cine histórico y en la que debemos señalar como uno de sus más ilustres culpables, al "extranjero" Alexander Korda. Precisamente, su perspectiva externa le permitió mirar a los mitos del Imperio de una forma deshinibida como hizo en *La vida privada de Enrique VIII*, percibiendo la Historia en un nivel cercano a través de una medida indiscreción, muy al estilo Lubitsch, como comenta Marcia Landy pero, a su vez, la humanización es una mitificación a través de una refuerzo de un individualismo que de paso evitaba los temas controvertidos[26]. Korda popularizó el *biopic* con el impacto de *Henry*. Su protagonista, Charles Laughton, ganó el Oscar, además de ser la película británica que funcionó mejor en los Estados Unidos, generando una ola de confianza en el cine británico y obligando a muchos a seguir esa estela con una esperanza, luego revelada falsa, de que los británicos podían poner un pie en el inaccesible mercado americano. Uno de ellos, Herbert Wilcox, incluso rehizo un antiguo éxito suyo, *Nell Gynn*, para concebir un *remake* fallido en 1934 adaptándolo a los "parámetros" Korda. Mientras tanto, el anglohúngaro que sí había encontrado la fórmula, incidió en la indiscreción en *The Private Life of Don Juan* (1934), con un ya maduro Douglas Fairbanks, y *Catalina de Rusia*, una versión femenina y no tan libertina como su homólogo *Henry,* y en que la protagonista, la alemana Elizabeth Berger, era dirigida por su marido Paul Czimer en la cumbre de la *indiscreción* del estilo.

Otro de los rivales de Korda, la productora Gaumont-British se apuntó a la moda con *La rosa de los Tudor (Tudor Rose, 1936)* , dirigida por Robert Stevenson. La diferencia es que esta vez se limitaban las "indiscreciones" en la Corte y se optaba por un relato más "oficial" del reinado de Eduardo VI. Ahondando en esta dinámica encontramos otro film de la Gaumont, *Wellington, el duque de hierro,* un *biopic* que describe el año que sucede a la derrota de Napoleón. El film muestra como el cine habla más del presente que del pasado que quiere retratar, visualizando un Wellington reclamando la unión internacional frente a la tiranía, en un momento delicado ante la política expansionista de Hitler. Tres años después Alexander Korda realizaría otro de sus clásicos, *Fire Over England* (1937), basada en una novela de A. E. W. Mason y planteada en forma casi monográfica al período donde Isabel I (Flora Robson) estaba frente al Imperio más poderoso del momento, el español, en un film donde el clima prebélico es ya imposible de disimular. Junto a los *biopics* y los films históricos individualizados también se puso de moda los *biopics* de artistas o personajes fuera del ámbito político. Los musicales exprimieron algunos conocidos como Johan Strauss jr en *Valses de Viena,* Franz Schubert en *Al llegar la primavera,* muy en boga por la influencia germánica del cine británico, expresada en los ciclos de operetas que se hicieron a mediados de la década. Korda, por supuesto, también quiso mantener su status líder del género, y aprovecharía el tirón de Charles Laughton para realizar *Rendbrandt* (1936). Sin embargo, el planteamiento era diferente, ya que como comenta en su tesis Francisco Moral Martín, muestra únicamente el recorrido descendente del protagonista, manifestando una inversión de los *biopics* del periodo que pasa invariablemente de la carencia a la posesión[27]. Esa puede ser una de las razones de su fracaso comercial que impidió a Korda más proyectos biográficos sobre artistas como hubiera sido su intención.

EL CINE IMPERIALISTA: *RULE BRITANNIA*

El *empire film* formalizó el encuentro de varios géneros: el cine histórico, el de aventuras y, en menor medida, el bélico. La ideología imperialista podía estar en cualquier sitio, incluido en el cine de detectives. Una figura como el capitán Hugh "Bulldog" Drummond creada por un militar, el coronel H. C. McNeile, podría también incluirse. Richards lo hace[28] debido a su inclinación a derrotar villanos de acentos "extranjeros" maximizando las cualidades arquetípicas del héroe británico. Richards comenta también que Drumond no es un personaje "ideologizado" pero que da por descontada la malvad del bolchevismo, en esa muestra típica del discurso del cine imperialista basaba en dar por hechas muchas cosas, por encima de todas, la idea de la supe-

El carisma de Leslie Howard en *La pimpinela escarlata* (1935) hizo de su personaje uno de los arquetipos esenciales del héroe aventurero británico.

rioridad de los británicos y de su civilización. La defensa de "lo británico" también se disfrazó bajo la toga aventurera, con *La pimpinela escarlata* (*The Scarlet Pimpernel*, 1935) o lo que es lo mismo, como un gran actor, Leslie Howard, puede hacer aceptable un aventurero clasista y estereotipadamente británico. Aún hoy en día la cinta es vista como una de las descripciones esenciales del héroe británico.

Como suministrador ideológico y también creativo, el imperialismo mostró su esplendor en la literatura de finales del XIX y principios del XX, con Percival Christopher Wren (1885-1941), Henry Rider Haggard (1856-1925), A. E. W. Mason, John Buchan y sobre todo Rudyard Kipling (1865-1939), cuya interesante obra siempre estaría oscurecida por esa ascripción a la literatura colonialista. Estos autores construyeron el universo de hombres ejemplares entregados a la disciplina y al deber como vanguardia de una civilización extendida por medio mundo. El militarismo, la superioridad cultural que ofrecía los británicos a sus colonias las "bondades" civilizadores se convirtieron en base legitimadora para estos autores. Otra hornada de escritores como Edgar Wallace o Talbot Mundy (1879-1940) crearon los mitos que participaban en esa ideología. El cine se aprovechó de ellos desde la dinámica patriótica de la Gran Guerra y la posterior euforia donde un título clave, *The Four Feathers*, ya había sido adaptado en 1921. Cuando el *empire film* resurgió en la década de los 30 las novelas se concebían desfasadas con lo que se trataba de un ejercicio de rescate nostálgico pero también, en palabras de Landy, «funcionaban como una expresión de la retórica oficial más que un modo popular»[29].

El cine imperialista también surgió por el efecto multiplicador que supuso el cine histórico y su popularidad, y no debemos obviar, a modo de contraréplica, de la particular versión de Hollywood sobre temas del "Imperio" a raíz del éxito de *Tres lanceros bengalíes* (*The Lives of a Bengal Lancer*, 1935) y la posterior hornada de films que le sucedieron[30]. Korda, aunque no fue el único, si se mostraría el más indicado. La línea de salida la marcó *Bosambo*, conocida como la primera pata de su trilogía imperialista (las otras dos, *Revuelta en la India* y *Las cuatro plumas*). Aunque era la más sobria de las tres en ella ya se observa las bases del género en que la justificación del Imperio iba cargada de capas de racismo y suficiencia a niveles casi insultantes. No había nada que justificar ya que Korda planteaba a los británicos lo suficientemente superiores para darse por hecha la presencia de éstos en los confines más remotos del planeta. En ella aparece el personaje del sumiso nativo, interpretado por el izquierdista ¡Paul Robeson!, cuyos pasos son monotorizados por la figura paternalista de Sanders (Leslie Banks). El continente africano se convirtió en un suministrador de historias coloniales, esta vez bajo la producción de Gaumont en que, al contrario que Korda, no incidía en militarismo sino en aspectos como el poder político y económico en *Rhodes of Africa* (1936), protagonizada por Walter Huston, en que ahonda en el paternalismo del "Gran padre blanco" (sic), las aventuras con unos de los estereotipos de aventurero colonialista en la figura de Allan Quatermass en *King Solomon's Mines* (1937) o la construcción del Canada Pacific Railway en *The Great Barrier* (1937) del interesante cineasta Milton Rosmer. Wilcox fue otro de los que se apuntó con su reverencial díptico sobre la reina Victoria, *La reina Victoria* y *Sixty Glorious Years* (1938), gestadas en un período bastante delicado para la monarquía británica con la abdicación del heredero. Habitualmente no se les sitúa en los dominios del *empire film* y sí, en cambio, en el cine de corte histórico ya que la acción sucede fuera del entorno colonial. Pero el reverencial tratamiento de la realeza y su ubicación cronológica creemos hace adecuada su inclusión dentro del *empire film*. Antes de retornar a su tríptico Alexander Korda quiso dar la oportunidad a su hermano Zoltan (1895-1961) para recrear un film que se centrase en la vida de los nativos, algo que lo intentó en *Bosambo* sin conseguirlo, y realizado sin el determinismo del contraste de civilizaciones. Korda recurrió al maestro del documental Robert J. Flaherty, recién salido de *Los hombres de Aran*. El resultado fue *Sabu Toomay, el de los elefantes* (*Elephant Boy*, 1937), una experiencia que no contentó a nadie, con Zoltan Korda rehaciendo el material filmado por el documentalista. Alexander Korda, ya liberado, abordó esta vez sin concesiones la más expresiva de su particular trilogía: *Revuelta en la India*. En mi opinión, se trata de la culminación del discurso Korda; incluso se permite diálogos tan deleznables como el que se produce entre dos oficiales ante la buena impresión que causa a uno de ellos la silueta de la ciudad de Tokot a lo lejos. El jefe expedicionario británico, interpretado por Roger Livesey, le contesta: «esperate a olerla». Korda plantea un esquema simple, unos malísimos rebeldes en la actual Afganistán encabezados por un villano perversamente violento (Raymond Massey), que deciden deponer al gobierno colaboracionista de los británicos, e instaurar otro simulando una buena sintonía con los europeos para atraerlos, mientras entre bastidores se arman para una revuelta general. Korda se recrea desde el minuto uno en la parafernalia imperial animado por una vistosa fotografia en Technicolor y de su equipo titular (Vincent y Zoltan Korda, y Georges Perinal) donde pudo sacar a relucir trajes, desfiles, opulencia armamentística en plena época de Munich. La estructura es obviamente clasista; los oficiales comiendo de etiqueta, los soldados planteados con un cierto folklorismo en sus habituales vestimentas y canciones escocesas. En un universo tan masculino, la mujer es un objeto intocable, sin capacidad de decisión, a la que los hombres admiran en su virtud como la escena donde ella toca el piano. Pero la constatación del paternalismo no se expresa en los británicos sino a través de la figura del príncipe que interpreta Sabu, que parece un personaje de la India interior más que de Kandahar. Su personaje es ingenuo, torpe e imprudente. Solo su reverencial gesto de no olvidar que la mujer del oficial que le salvó la vida le hace sobrepasar su simpleza. Sabu solo puede hablar de tú a tú con el avispado corneta del regimiento (Desmond Tester), o lo que es lo mismo, lo último de la tropa. De esta manera claramente la restauración de la *rule britannia* en la ciudad es la de un tutor ante un hijo con lecciones por aprender. La tercera pata de la trilogía deviene la que afronta la historia desde una posición más individual y enfocada a los miembros del cuerpo militar en *Las cuatro plumas*, adaptada al cine por cuarta vez. Las otras versiones datan de 1921 y 1929, amén de una americana en 1915, en lo que es una crónica de redención de un oficial acusado injustamente de cobardía en una estructura que modelaría los primeros intentos de cine bélico durante la Segunda Guerra Mundial con hombres dispuestos a autosacrificarse por la "eternidad" de la patria.

GENEROS, GÉNEROS Y GÉNEROS

El cine británico funcionó en aquella década de rápida caja de resonancia de los géneros *hollywoodienses*, en que algunos éxitos tuvieron su respectiva réplica. Así se explica que ante el éxito de un film como *Mares de China* (*China Seas*, 1935) surgieran *The Wife of General Ling* (1937), dirigida por el gran Ladislao Vadja años antes de su etapa en el cine español, y *Queer Cargo* (1938). Las películas de aventuras no tuvieron tanto éxito. Si lo circunscribimos fuera del ámbito del cine imperialista de Korda, y en menor medida de Balcon, aun así aparecieron una amplia gama de historias ambientadas en espacios externos al Imperio, como las aventuras exóticas de *Baroud* (1932), recreada en la Legión Extranjera, muy del estilo de su director, el norteamericano Rex Ingram, ya en el ocaso de su carrera. Otro ilustre, Victor Sjöström recurrió al género con un tono de cine de espadachines en *Under the Red Robe* (1932), ambientado en la época del cardenal Mazarino. El bélico no se consideró un género excesivamente popular. En un momento de demanda de optimismo los planteamientos dramáticos no eran del todo bien aceptados. Aún así, la década empezó con un título de prestigio, *Gallipoli*, dirigida en 1930 por Anthony Asquith, en que se describe el bautismo de fuego de dos soldados. El tono huía del exceso de patriotismo heróico y se centra, como era habitual en su director, en sus personajes. El ejemplo de Asquith no cundió demasiado. El cine prefirió tratar la guerra de lado a través de mediocres films de espías como *The W Plan* (1931) o *Yo he sido espía*, y el cine bélico lo conformarían un limitado número de títulos de todo tipo desde los dramas navales *The Flag Lieutenant* (1933) o *Brown on Resolution* (1935) con John Mills preparándose para futuras heroicidades. Conforme avanzó la inminencia de la guerra los británicos demandaron más historias que, por razones políticas, estuvieron ambientadas en la Primer Guerra Mundial como *The Windmill* (1938), *When the Poppes Bloom Again* (1938) o el primer film de Two Cities *13 Men and a Gun* (1939), dirigido por el italiano Mario Zampi. Los británicos también tuvieron tiempo para explorar otros conflictos como *The Battle* (1934) un coproducción británicofrancesa ambientada en la guerra rusojaponesa y protagonizada por Charles Boyer, *Incident in Shanghai* (1937) en la guerra chinojaponesa, y *The Last Barricade* (1938) en la Guerra Civil española.

NUEVOS FILMS, NUEVAS PERSPECTIVAS, MÁS ALLÁ DEL GÉNERO

Conforme la estructura económica que había propiciado un sistema tan cerradamente estandarizado en géneros, diversas personalidades fueron abriendo caminos en films que podrían encuadrarse en un listado de géneros "alternativos" si se buscan las etiquetas precisas, pero que no formaban parte de la habitual repetición. Los productores alemanes fueron un ejemplo, en especial Max Schach, un productor de prestigio, responsable de un film tan crucial como *La calle* (*Die strabe*, 1923) y que tenía el mismo *encanto* de Korda para conseguir financiación. Schach intentó llevar a suelo inglés fórmulas ya testadas en su país y no dudó de rodearse de un equipo, la mayoría alemanes o austríacos, de su entera confianza, convirtiendo su productora en una "mini"babelsberg con directores –Karl Grune, Fred Zelnick, y Berthold Viertel–, intérpretes –Richard Tauber, Fritz Kortner o Elizabeth Bergner– y guionistas –Rudolf Bernauer–, directores de fotografía –Otto Kanturek– y directores de arte – Oscar Werndorff–. Su debut con un film de aventuras con una pizca de exotismo, *Abdul Hamid, el sultán maldito* (*Abdul the Damned*, 1935), está ambientada en la Turquía de principios de siglo XX y un tono antialemán que se debería a un personal ajuste de

Elizabeth Berger, otra muestra del poderío alemán en el cine británico.

cuentas de su director, el emigrado Karl Grune. Aunque le siguió una comedia más estandarizada, *Un frac en la edad media* (*When Knights Were Bold*, 1936), Schach prosiguió con su particular carrera de "curiosidades", en especial *The Marriage of Corbal* (1937), un film ambientado en la revolución francesa en que lo inglés no se ve por ningún sitio según denunció Graham Greene (1904 -1991)[31].

Schach también se encontró cómodo en los musicales de inspiración centroeuropea: *Se acabó la música* con partitura de Strauss, y *La dama del dominó verde* (*The Lilac Domino*, 1937)· Schach acabó bastante mal, ya que tendía a desbordarse de presupuesto y la mayoría sus films fracasaron, en una carrera que terminó abruptamente con el colapso de su empresa Capitol Films debido a la política de continuos préstamos a la que se vio sometida. Su último proyecto, *The Stars Look Down* (1939), ya vio la luz con Schach convertido en uno de los mayores "apestados" de la Historia del cine británico. Otro productor alemán que ofreció productos no tan estandarizados fue el mítico Erich Pommer, otro peso pesado venido del cine alemán huyendo por su condición de judío que después de trabajar una temporada para Korda se asoció con Charles Laughton en la productora Mayflower. Su primer film, y el único que dirigió, *Bandera amarilla* (*Vessel of Wrath*, 1938) era un drama basado en una historia corta de W. Somerset Maugham (1874-1965), en que se plantea el enfrentamiento entre un alcohólico (Charles Laughton) y una monja que consigue reformarlo (su mujer Elsa Lanchester). Le siguió *Callejón sin salida* (*St. Martin's Lane*, 1938), una ambiciosa producción recreada en ambientes callejeros y teatrales londinenses, también con Laughton secundado por Vivien Leigh –construyendo su lado cruel, casi a las puertas de *Lo que el viento se llevó (Gone with the Wind,* 1939)– y Rex Harrison, que recuerda cierto cine urbano de la época de Weimar y el último film de Hitchcock antes de marcharse a Hollywood, *Posada Jamaica* (*Jamaica Inn*, 1939), un film que escapaba de las directrices de su carrera, ya enfocada al *thriller* que solo gustó al público. Laughton también dirigió sus pasos a Hollywood con lo que puso fin a la corta existencia de esta curiosa asociación. Otro productor alemán que apareció a finales de la década, Güntther Stapenhorst (1883-1976), antiguo oficial naval realizó algún film de corte nacionalista, *Flütchlinge* (1933), antes de negarse a ingresar en el partido nazi y emigrar a Inglaterra en 1935. Como algunos otros emigrados, Korda lo acogió trabajando de guionista no acreditado en *The Silent Barrier*, y en una curiosidad llamada *The Challenge* (1938), ya que su trama matriz de aventuras prebélicas se añade un subgénero tan alemán como el cine de montañismo. De hecho, era un *remake* de *Der Berg ruft* (1937) al que se trajo al especialista Luis Trenker, en una historia de alpinistas de diversos países intentando escalar el Matterhorn en lo que constituyó el primer guión de Emeric Pressbuger (1902-1988) en suelo británico, íntimo amigo de Stapenhorst, al que cogió de modelo para la creación del personaje de Theo Kretschmar-Schuldorff en *El coronel Blimp* (*The Life and Death of Colonel Blimp*, 1943). La experiencia alemana podía asemejarse metafóricamente a la historia de un film también particular, *El desconocido*, dirigido por Berthold Viertel, en que un misterioso personaje (Conrad Veidt) provisto de una luminosa humanidad se instala en una *boarding-house* transformando para mejor la vida de unos inquilinos de existencia bastante gris, esa mirada "externa" ayudó a ser menos condescenciente ante una clase media puesta en evidencia con sus prejuicios ante la presencia confraternizadora del personaje de Veidt.

La influencia exterior estuvo bastante presente en el cine británico a través de las estructuras de género americanas, las perspectivas de historias y estilismo del alemán y, a veces, el francés. En cambio, el documentalismo británico que estaba viviendo su desarrollo parecía ajeno a todo ello. Los documentalistas no querían saber nada del cine comercial y la ficción apenas recibía su influencia. El hombre que dio el primer paso para un acercamiento fue el norteamericano Robert J. Flaherty, al que Balcon, movido por necesidad de ganar prestigio, financió *Hombres de Aran*. En las largas jornadas de su montaje Flaherty conoció a un joven director que trabajaba como realizador de *quickies* en la Gaumont. Ese director conocedor de que Flaherty había colaborado con su admirado Murnau en *Tabú* (*Tabu*, 1931), no dudó en explicarle un futuro proyecto que compartían ciertas apariencias.

El joven director, de nombre Michael Powell (1905-1990), pretendía realizar un film sobre la evacuación de St. Kilda, una de las islas Hébridas ocurrida a principios de los 30. No obstante, había una gran diferencia: el británico quería contar una historia. Flaherty se extrañó diciéndole «hechos son hechos, tú no puedes vencer la naturaleza, no puedes inventarte la evacuación de una isla, no puedes ignorar la muerte de gente, tú deberías haber estado allí con media docena de cámaras»[32]. A pesar de las diferencias que con el tiempo se hicieron insalvables, si existía un documentalista cercano a Powell éste era Flaherty, capaz de ir más allá de los hechos dándole un tono más creativo y con un insobornable carácter aventurero que se trasmite en sus imágenes. Powell concebía que su trabajo no era el realismo, y que los documentales empezaban con poesía y terminaban con prosa, los *storytellers* (entre los que él mismo se incluía) «empezaban con naturalismo y acababan con fantasía»[33]. Algo parecido sucede en *The Edge of the World* (1937) con un prólogo en que el propio Powell aparece en una subliminal forma de remarcar su implicación y, a la vez, de poner el contador a cero de su carrera después de una excesivamente larga estancia en las *quickies*, algunas de interés, *The Fire Raisers* (1933), *Red Ensign* (1934) o *The Phantom Light* (1935), aunque la mayoría olvidables. El retrato ambientado en las islas Hébridas del británico aún no era capaz de hacer el viaje completo del naturalismo a la fantasía. Powell poetiza con elegancia y discreción la relación de los isleños con la naturaleza a través de una mirada que prioriza los rituales más que los hechos, como la magnífica escena del entierro donde sigue la relación con la muerte de una manera respetuosamente alejada, pero sacándole una evidente lectura poética con su fotografía telúrica. Sin embargo, su osadía técnica apenas se esboza, probablemente cohibido ante la responsabilidad de presentarse al mundo cinematográfico recién salido de la "clandestinidad" de las *quickies*. Powell, premiado por el film, vio reforzada su posición aunque el galardón era más por el hecho de convertirse en un símbolo del abandono de la desprentigiadas *quickies* que por su flirteo más aparente que real con el documentalismo.

Otra tendencia ligeramente que se escapa de lo habitual fueron algunas incursiones en los terrenos de la ciencia-ficción como en la futurista *Transatlantic Tunnel* (1935) dirigida por Maurice Elvey, cuya primera escena ya tiene su miga con un ingeniero norteamericano (Richard Dix) convenciendo a un grupo de grandes fortunas la realización de un túnel entre el Inglaterra y Estados Unidos (sic), con una historia así el interés parece asegurado. Aunque la trama no era del todo original, se trata de un *remake* de la francoalemana *The Tunnel* rodada dos años antes. A diferencia de clásicos como *Metrópolis* (*Metropolis*, 1927) la ciencia-ficción se aleja de la épica y se presenta con naturalidad, como dice Landy «al ser más didáctica que dramática es menos amenazante»[34]. Narrado en forma de drama (en este caso familiar), algo más cercano a lo que hizo Elvey desde *Hindle Wakes* (1918) a *The Lamp Stills Burns* (1943), a partir del conflicto familiar suscitado entre el ingeniero y su mujer británica (Madge Evans), que se va acrecentado por los daños colaterales del proceso incluida la muerte del hijo de estos (Jimmy Hanley), y aderezada con un tono patriótico con las escenas de los discursos políticos entre los presidentes inglés y americano interpretado por Walter Huston. El film está lleno de elementos interesantes. Probablemente sea uno de los primeros en mostrar la televisión y las videoconferencias, en las que el ingeniero jefe se comunica con su familia. Además, aparecen vagones autopropulsados y otros curiosos *gadgets*. Bastante más grandilocuente sería la incursión que produjo Alexander Korda con *La vida futura* (*Things to Come*, 1936), en la que el productor consiguió que el

Charles Laughton y Elsa Lanchester, una pareja en tránsito entre Inglaterra y Hollywood.

venerado H. G. Wells (1866-1946) accediera a guionizar una de sus novelas, "*The Shape to Thing to Come*". Wells no le hizo ascos al cine y la repercusión que se le daría a su trabajo. La unión con un productor que fomentaba un cine escapista y el carácter visionario de Wells produjo una película irrepetible. Wells dispuso del apoyo de Korda que le dio total libertad para escribir el guión a su antojo y con el mayor presupuesto nunca visto hasta entonces en el cine británico, unas 258.000 libras. Para apoyar a Wells, Korda le brindó la oportunidad al norteamericano William Cameron Menzies (1896-1957), más conocido como un "apagafuegos" en grandes producciones pero que nota en exceso el forzado cambio de su habitual rol de director de arte a director.

Estructurada en tres períodos temporales, el primero, además de contener una implícita crítica a las políticas de apaciguamiento representado en el optimismo del personaje de Passworthy (Edward Chapman), es una muestra pavorosa del caos que puede suponer una guerra, la "histerización" de las autoridades no ayuda en nada a llevar a la sociedad al desastre. En ellas se ve los posibles efectos de los bombardeos aéreos, anticipándose al dramatismo de los *blitz* en la Segunda Guerra Mundial. En la segunda parte, ambientada en 1970 la guerra, está dando los últimos coletazos, pero en el fondo resulta otra predicción que muestra la lucidez "*wellsiana*". Un señor de la guerra bajo los rasgos de un dictador pomposo arrastra al país a la miseria por mantener su aventura belicista bajo los epítetos de "paz victoriosa". La presencia del Mr. Cabal (Raymond Massey) convertido en el emisario de una sociedad donde el progreso pretende eliminar la violencia y el sufrimiento que conlleva acelera el fin de esa era.

El último y quizá más confuso episodio está ambientado en el siglo XXI y muestra una especie de sociedad perfecta.

Korda trabajó de nuevo con Wells en *The Man Who Could Work Miracles,* aunque el tratamiento va más en la línea de comedia alejada del tono melodramático de otro fantastique de personajes con poderes sobrenaturales como El vidente, protagonizada por Claude Rains y Fay Wray. Si *La vida futura* representaba una apocalíptica visión del futuro, *El ladrón de Bagdad* era el extremo opuesto, una perspectiva ensoñadora del pasado. Aunque fechada en 1940, el film es un producto de los 30 no solo porque su gestación corresponde cronológicamente a esos años sino porque es la culminación de la manera de hacer cine de Alexander Korda. Es por esa razón que algunos la colocan en el mismo saco del *empire film*. Existen bastantes conexiones: la presencia del icónico Sabu; la glorificación heroica para restaurar un orden contra la tiranía, o la celebración del exotismo orientalista. Pero esa adscripción parcialmente cierta limita su dimensión artística, e incluso parte de su discurso. *El ladrón de Bagdad* es cine de aventuras en estado puro, construido bajo los esquemas del arquetipo clásico del héroe y su itinerario de búsqueda a la que no falta la motivación romántica. Pero también deviene un descomunal despliegue técnico lleno de hallazgos (la tempestad, la intervención del gigante encerrado en la botella, la consecución del ojo que todo lo ve...) y, a su vez, un film *con discurso*, el de la reivindicación de la pureza del relato de aventuras encarnado en Sabu y su incansable búsqueda de la diversión y el de denuncia no tan velada al nazismo, con las dotes autoritarias y conspirativas del espléndido villano Conrad Veidt. *El ladrón de Bagdad* no se trata de una producción cualquiera; es seguramente uno de los más grandes films de aventuras jamás creados en la Historia del cine y uno de los primeros intentos de presentar la radicalidad romántica en el cine británico, con uno de sus codirectores, Michael Powell, empezando hacer de las suyas.

EL COLAPSO DEL SISTEMA

A mediados de la década, los datos de la industria eran mareantes. La capacidad de los estudios se había multiplicado por seis, la producción iba progresivamente en aumento: de 153 films en 1932 se pasó a 212 en 1936. En 1935, 94 compañías se registraban. El "efecto Korda" era un hecho desde que *La vida privada de Enrique VIII* multiplicó por cinco en beneficios su coste. Las productoras se lanzaron a la conquista del mercado americano a través de producciones cada vez más caras con el fin de competir en mejores condiciones. Pero el estrépito resultó el "estado natural" de ese intento; las distribuidoras americanas controlaban el mercado y los films británicos se veían obligados a pasar ese filtro. Muchas productoras no lo tuvieron en cuenta arriesgándose a no colocar sus nuevas producciones. Julius Hagen había decidido abandonar su prolífica producción de cuotas ante el maná americano y produjo una de sus films más caros, *Scrooge* (1935), aunque de las previstas 40.000 libras solo recibió una ínfima parte, 1.200 libras[35]. Lo que le pasó a Hagen se multiplicó en las grandes productoras:

la Gainsborough declaraba pérdidas de casi 100.000 libras en 1936 y anunciaba el cierre de sus estudios en Shepherd's Bush. La crisis incluso afectó a la productora de Korda con unas pérdidas registradas de 330.000 libras. En julio de 1937 el "Finacial Times" declaraba que las pérdidas sobrepasaban el millón de libras. Sin embargo, como comenta Street y Dickinson, el problema no solo era la fallida aventura americana sino un sistema de producción especulativo fundamentado en continuos préstamos a corto término (el productor usaba un seguro, basado en la recaudación del film, y debía encontrar un distribuidor que avanzara un porcentaje del coste de producción) y que fueron aumentando conforme las productoras multiplicaron gastos, hasta que la burbuja se paró cuando los productores no pudieron colocar sus productos como ellos pensaban. El notorio caso de Capitol Films, de la bancarota de la empresa del productor Max Schach acabó por obligar a tomar medidas. Se puso de nuevo de manifiesto la fragilidad de la industria británica caracterizada por crisis cíclicas. Había ocurrió en 1927, lo hacía en 1937 y se volvería a repetir en 1949.

LA CINEMATOGRAPH ACT DE 1938: EL FIN DE LAS *QUICKIES*

La producción cinematográfica británica estuvo determinada por dos leyes, la Quota Act de 1927 y la Cinematograph Film Act de 1938, la primera nació de la urgencia por legislar un sector que se dirigía al más directo fracaso. En cambio, la segunda fue motivada de forma determinante por intereses económicos. Dos años antes de que la ley viera la luz el Moyne Commitee Report había señalado las deficiencias de la ley de 1927 e hizo recomendaciones sobre una futura ley. Una de ellas era la formación de un banco para ordenar los caóticos mecanismos de financiación cinematográfica. Pero, en cambio, no recibió la misma atención el impacto de las *majors* en la industria de Hollywood. La ley se limitó a resolver un problema vergonzoso, las embarazosas *quickies*, estableciendo un coste mínimo por metro de film, y asimismo incorporar el sistema de múltiple de cuotas, en que una producción de mayor presupuesto podría tener doble o triple cuota. La ley no fue más allá debido a un contexto difícil en las relaciones angloamericanas. Por aquellas fechas se estaba negociando el Anglo-American Trade Agreement y ambos lados estaban preocupados por temas más importantes. Por otro lado, la situación política en Europa con la amenaza real del nazismo obligaba a los británicos a no ser demasiado duros con Hollywood. El nuevo Film Act estableció una cuota estandard del 15% para distribuidores (al principio era un 20%, pero las presiones norteamericanas surgieron efecto) y un 12,5% para exhibidores.

LOS AMERICANOS: MUCHAS PROMESAS, POCAS INTENCIONES

Antes de que la ley llegara los americanos se olieron los cambios. Los más previsores fueron la Fox que cerraron la Fox-British e impulsaron una nueva productora New

World Pictures Ltd a cargo de Robert T. Kane en una decisión a modo de lavado de cara de las "malditas" *quickies*. El estreno no pudo ser mas llamativo, *Wings of the Morning* (1937) que tuvo el honor de convertirse en el primer film en Technicolor realizado en territorio británico. La Fox trajo a una de sus grandes estrellas. Henry Fonda, y un equipo técnico con el *cameraman* Ray Rennahan a la cabeza. Asistiéndole se encontraba Jack Cardiff (1914-2009), un joven técnico que luego haría maravillas con el color. Kane siguió apostando por traer estrellas y cineastas foráneos.

Para su siguiente producción le tocó al prestigioso Victor Sjöström (1879-1960), en la que resultó su última película *Under the Red Robe*, un film ambientado en la Francia del siglo XVII. Las intenciones de hacer más grandes producciones se iban diluyendo, aunque produjeron algún que otro film interesante, *The Green Cockatoo* (1937) que para muchos es el punto inicial del *noir* británico junto con una historia de Graham Greene, *Cena en el Ritz* (*Dinner at the Ritz*, 1937), con una de las escasas presencias británicas de David Niven en aquella década y *Vamos a ser ricos*, coprotagonizada por dos estrellas importadas de Hollywood, Victor McLaglen y Brian Donlevy, acompañando a Gracie Fields.

Paralelamente aún en los años finales de la década la Fox, utilizando su nombre, produjo los últimos films de Gracie Fields y los primeros de la serie «Inspector Hornleigh». La Paramount siguió también el ejemplo de la Fox de cambiar cuando la ley parecía irreversible. Sus films eran un poco más holgados a nivel presupuestario que las *quotas* habituales, como los protagonizados por la pareja de detectives Barry K. Barnes y Valerie Hobson en la serie "This man". La Paramount pronto encontró un asociado para satisfacer sus cuotas, el italiano Filippo del Giudice (1892-1963), cuya intención de producir versiones multilingües en inglés e italiano, no llegaron a buen puerto. La compañía cinematográfica norteamericana también le dio una oportunidad a otro productor extranjero, Anatole de Grunwald (1910-1967), con un estreno muy lucido, *Coqueta hasta el fin*, en que su director, Anthony Asquith, y su joven *script*, Terence Rattigan, iniciaron una de las más fértiles relaciones del cine británico. La Warner, por el contrario, no recurrió al talento exterior o estrellas importadas de su homóloga americana. Eso sí, dejaron para los anales un título clave del *noir*, *They Drive by Night*. La RKO y la United Artists no hicieron grandes esfuerzos para un cambio real en sus producciones, a diferencia de la Columbia que había recurrido a Empire Films para sus cuotas, pero ante la nueva situación se asoció con Irving Asher, que formaría su propia empresa Harefield Films y era un productor que había trabajado con Korda. Ambos seguían manteniendo buenas relaciones, lo que permitió a Asher financiar *Ondas misteriosas* con todo el equipo de la London Films pero produciendo con Harefield, o recurrir a Michael Powell en *El espía negro*.

La MGM, en cambio, dio un giro radical, pasando de *mendigar* films para llenar su propia cuota a establecer una línea cara de producción en suelo británico. La *major* alquiló los estudios en Denham, contrató al jefe de producción de más prestigio –Michael Balcon–, incluso quiso fichar a Alfred Hitchcock, que denegó el ofrecimiento con su mente ya puesta en el posible salto a Hollywood. Victor Saville aceptaría el envite, así como un equipo de guionistas integrado, entre otros, por Launder, Gilliat, Dalrymple, R. C. Sheriff y Emlyn Williams. Contratado en 1936, Balcon se trasladó directamente a Estados Unidos para planear la futura línea de producción. Numerosos proyectos fueron propuestos y, a continuación, rechazados. Balcon estaba empezando a experimentar el modo de trabajar de Hollywood donde la *major* se reservaba el control absoluto de la producción con escaso margen para lo demás. Esto ocurrió con el trabajo de los guionistas británicos que veían cómo su trabajo era rehecho en oscuros laboratorios de guiones en California y en el *cast*, en que las propuestas de Balcon eran tumbadas por los ejecutivos de la MGM. Ocurrió en *Un yanqui en Oxford (A Yank at Oxford)*. La opción barajada por Balcon para que Vivien Leigh la protagonizara quedó descartada en beneficio de Maureen O'Sullivan. Balcon, fiel a su personalidad, dimitió. Su sustituto, Victor Saville, también sufrió sobre todo en la siguiente producción de la MGM, *Adiós, Mr. Chips* (*Goodbye Mr. Chips*, 1938), y en *La ciudadela* (*The Citadel*, 1938). Los resultados no parecieron acusar todos los problemas argumentados por la parte británica, pues fueron films remarcables que expresaban la conexión entre Hollywood, tendente a dar su perspectiva de lo británico en films como *David Copperfield* (1935), *Rebelión a bordo* (*Mutiny on the Bounty*, 1935) o *Historia de dos ciudades* (*A Tale of Two Cities*, 1936), con brillantes interpretaciones y dirección por parte de grandes cineastas, King Vidor, Jack Conway o Sam Wood. Pero la experiencia mostró dos hechos evidentes: los británicos habían mostrado el nivel técnico testado y perfeccionado durante la década, y la segunda, a modo de lección, los americanos no merecían la confianza ya que siempre querían hacer el cine a su modo.

NOTAS

[1] RICHARDS, Jeffrey, The Unknown 1930s, An Alternative History of British Cinema, IB. Tauris, Londres, 2001.

[2] "Cinematography today seems to be distinguished by parallel courses of development. On the one hand, there is the cinema proper, compounded from the elements of the medium, discovered and built up by the Russians up till the beginning of the dialogue era; whilst on the other, there is the vast output of ordinary narrative talking films of sensational interest that occupies the capitalist studio organizations of Western Europe and America". ROTHA, Paul. Celluloid: The Film Today, Longmans, Green and Co., Londres, 1931.

[3] Llamadas de esta manera por lo rápido que se hacían con una media de entre dos y tres semanas de rodaje.

[4] "failing to understand British temperament and trying to mix German psychology with Britain bourgeois unintelligence" en Paul Rotha. The Film Till Now: A Survey of World Cinema, Vision Press, Londres. 1977, p. 254.

[5] CHIBNALL, Steve, "Quotas Quickies"-The Birth of the British 'B' Film, BFI, Londres, 2007, p. 2.

[6] MURPHY, Robert. The British Cinema book, BFI, Londres, 1997, p. 28.

[7] Ibídem, p. 19. En 1929, el 22% y al año siguiente la cifra estaba en el 63%.

[8] ROBINSON, Kelly. "Flamboyant realism: Werner Brades and the British international pictures in the late 1920s en BERGFELDER, Tim (Ed.). Destination London German-Speaking emigres and British cinema 1925-1950. Berghahn, Oxford, 2008, p. 62

[9] STREET, Sarah. Transatlantic Crossings: British feature films in USA, Continuum, Londres, 2002, p. 74.

[10] Como el de Lawrence NAPPER, A Despictable Tradition? Quota in the 1930s o la monografía de Steve CHIBNALL, Ibídem.

[11] CHIBNALL, Ibídem, p. 67.

[12] En 1932 la cuota requerida era del 15%, pero los films británicos superaron el 25.

[13] A pesar de ser el género más prolífico de la década apenas hay estudios sobre al comedia británica, los más destacados el de David SUTTON, A Chrorus of Raspberries-British Film Comedy 1929-1939. Exeter Press, Exeter, 2000.

[14] LANDY, Marcia. British Genres, Cinema and Society 1930-1960, Princeton University Press, Princeton, 1991, p. 330.

[15] SHAFER, Stephen. British popular films: The Cinema of Reassurance, Routledge, Londres, 1997, p. 54

[16] LANDY, Marcia, "The extraordinary ordinariness of Gracie Fields: the anatony of British film star" en Bruce BABINGTON (ED.) British Stars and Stardom: From Alma Taylor to Sean Connery, Manchester University Press, 2001, p. 56.

[17] HARPER, Sue. Women in British Cinema, Continuum, Londres, 2000, p.26.

[18] SUTTON, David. Ibídem, p. 213.

[19] GUY, Stephen. Calling All Stars: Musical films in a Musical decade, en Richards, Jeffrey (ed.), The Unknown 1930s, Ibídem, p. 101.

[20] CHAPMAN, James, "Celluloid Shockers" en RICHARDS, Jeffrey (Ed.), The Unknown 1930s, An Alternative History of British Cinema, IB. Tauris, Londres, 2001, pp.78-79.

[21] Ibídem, p. 97.

[22] CHIBNAIL, Steve- PENTLEY, Julien. British Horror Cinema. Routledge, Londres, 2001, p. 65.

[23] NAVARRO, Antonio José. "¿Qué es lo gótico?, en Pesadillas en la oscuridad-el cine de terror gótico. Valdemar, Madrid, 2010, p. 53.

[24] KUBIN, Martin. Thrillers, Cambridge University Press, Cambride, 1999, p. 80.

[25] La censura american quiso eliminar la referencia del libro, pero la productora dijo que el negativo del film era imposible sacarlo de Gran Bretaña y que no había la intención de estrenarla en Estados Unidos. Subsiguientemente la Warner utilizó el mismo título para un film de 1940 dirigido por Raoul Walsh. En los países en que el film británico había funcionado, el film de Walsh se retitulo como Road to Frisco.

[26] LANDY, Marcia. Ibídem, p. 9

[27] MORAL MARTÏN, Francisco Javier , "Representación cinematográfica del artista plástico y biopic". Tesis publicada de la Universitat Politécnica de Valencia p. 225

[28] RICHARDS, Jeffrey, Visions of Yesterday,Routledge & Kegan paul, Londres, 1973, p. 9.

[29] LANDY. Marcia. Ibídem, p. 98.

[30] La lista es larga de títulos en que destacan Clive de la India (Clive of India, 1935), La brigada de la carga ligera (The Charge of the Light Brigade, 1936), Gunga Din (1939), El explorador perdido (Stanley and Livingston, 1939)

[31] La crítica publicada en "The Spectato"r, el 5 de junio de 1936, empezaba con un "¿es esto un film inglés? Hay veces cuando uno no puede menos de pensar con el agudo sufrimiento mental en los baratos y estupidos films internacionalistas bajo aquella etiqueta. *The Marriage of Corbal* es un inofensivo ejemplo. (...) Inglaterra, siempre ha sido el país de los exiliados, pero uno debe expresar al menos que los emigrantes deberían saber que la ignorancia en nuestro lenguaje y nuestra cultura era al menos un hándicap. (...)

[32] POWELL, Michael. A Life in Movies, Mandarin, Londres, 1990, p. 237.

[33] Ibid., p. 532.

[34] LANDY. Marcia. Ibídem, p. 391.

[35] DICKINSON, Margaret-STREET, Sarah. Cinema and state- The FilmIndustry and the Goverment 1927-84, BFI, Londres, 1985, p. 77.

CAPÍTULO 4
VITALIDAD EN TIEMPOS DIFICILES
EL CINE EN GUERRA (1939-1945)

por Llorenç Esteve

UN NUEVO ESCENARIO

La Segunda Guerra Mundial para el cine británico fue un momento mítico, valorado porque la pantalla y la realidad del país convergieron como no lo habían hecho antes, culminando la búsqueda de una verdadera identidad cinematográfica nacional. Un momento en que los directores, técnicos y actores que formalizaron el cine en los siguientes quince años pudieron acceder al banco de pruebas que supuso la producción de esfuerzo bélico. Pero también, un período con muchos matices ya que, a la par del cine más comprometido con la realidad, rugió con gran fuerza en la pantalla géneros como la comedia y el melodrama.

Que la Segunda Guerra Mundial dinamizó el cine británico parece una afirmación bastante incuestionable, aunque estuvo a punto de no ser así. Las cosas no empezaron del todo bien; el 3 de septiembre de 1939 los cines en Gran Bretaña cerraban por el miedo a los ataques aéreos. Sin embargo, una semana después, debido a la poca actividad de los *raids* aéreos y a la presión por parte de la prensa, el 11, las salas situadas lejos de las áreas urbanas se reabrieron, y el 15 el resto hasta las 10 de la noche. La medida representaba una salida inevitable a la orgullosa idiosincracia británica de intentar mantener la cotidianidad a toda costa sin importar la dificultad del momento. El público respondió consolidando el cine como un mecanismo primordial para preservar la moral con cifras que cada año aumentaban considerablemente[1] conforme avanzaba la guerra. Aquella era la mejor noticia para dar un empujón a una industria cinematográfica que no pasaba por su mejor momento con la quiebra de empresas importantes como Twickenham Films de Julius Hagen, los recortes salariales de la London Films y las pérdidas de la Gaumont British con el cierre de su estudio en Lime Grove o el escandaloso colapso de Capitol Films. La revista "Kinematograph Weekly" declaró 1938 el «*Year of Dissillusioment*» («El año de la decepción»)[2].

Con la negativa deriva industrial y un contexto que poco podía hacer para paliarla, la guerra devino un punto de inflexión, pero sobre todo de estímulo autoafirmativo para un cine nacional que poco a poco rompía ese prolongado desprecio del *establish-*

ment artístico británico que veía en el Séptimo Arte un simple "entretenimiento" de las clases medias y bajas. El cine se situó a la vanguardia de la realidad de la guerra, y con ello fue capaz de plantar cara ante Hollywood, en un proceso del que no resultó ajeno el movimiento documentalista con el impacto de su compromiso para con la realidad contemporánea y por la aportación de varios de sus mejores cineastas a la ficción. La guerra definitivamente marcó el encuentro del cine británico con su personalidad realista y que muchos "santificarían" como la característica definitoria de su identidad.

El proceso, claro está, no fue fácil debido a las dificultades lógicas del momento.De repente, la industria contemplaba la posibilidad de que una tercera parte de su personal acabara siendo reclutado; sufría un enorme recorte de gastos, además de restricción de material y de la utilización de varios platós (Pinewood, Elstree y Sound City, entre otros) para el esfuerzo de guerra. La producción de películas inevitablemente bajó de los 108 en 1940 a los 46 en 1942[3]. Ante estas dificultades la voluntad patriótica de la comunidad cinematográfica se revelaría determinante. Productores, directores, técnicos y actores se sumaron con entusiasmo a la causa de la guerra, donde incluso las grandes estrellas británicas del momento que habían empezado a desarrollar una carrera en Hollywood, caso de Laurence Olivier, Leslie Howard o David Niven, volvieron para echar una mano.

A todo esto el gobierno intentó controlar al máximo, aunque sus intenciones nunca se materializaron totalmente ante una sociedad tan antigubernamental como la británica. Las autoridades pretendían controlar la producción a través del impopular Ministerio de Información (MoI) y su Films Division en un proyecto de crear un sistema de propaganda a gran escala, conocedores del impacto que habían tenido el cine en cuanto a arma en la Rusia soviética y la Alemania nazi. El MoI estudió la opinión de la audiencias mediante la *mass observation* e incluso elaboró un documento llamado «*Programme for film Propaganda*», a modo de guía para toda la producción[4], en el que proponía crear las bases de lo que debería ser un buen film de propaganda. Los apartados generales expresaban ideas esenciales: por qué y cómo luchamos y la necesidad de ensalzar el sacrificio para poder ganar la guerra. Además, el documento expresaba referencias de la manera cómo exaltar las instituciones, la capacidad democrática y la actitud tolerante tradicional de los británicos. La idea de controlar las historias provocó la creación de un informal comité de ideas con algunos miembros destacados de la asociación de guionistas. Pero de la teoría a la práctica había un buen trecho y pronto se vio que resultaba imposible acordar una política unitaria en el esfuerzo de guerra recogiendo esa idiosincrasia "democrática" del país, ya que los intereses del entretenimiento y la supervivencia de las productoras estaba también en juego. Tampoco ayudó los constantes cambios en el ministerio. Nada menos que cuatro ministros en menos de dos años, que hicieron que su política se tornara más bien errática. El ministerio descartó pronto producir films de ficción con dinero gubernamental, sobre todo a raíz de la experiencia fallida de *Los invasores* (*49th Parallel*, 1941)[5], así como plantear a los productores dedicar un porcentaje de su producción a películas de específico interés nacional[6]. Al final, el gobierno se tuvo que conformar con un papel

La guerra irrumpe en los lugares más remotos, en *Los Invasores* (1941).

de "facilitador" de ayuda a la producción, aunque con constantes presiones del Tesoro para pasar la factura a los productores. El último recurso al que nadie podía escapar era reservarse un papel en la poderosa censura británica (BBFC). Al principio, el MoI incorporó personal para que se cuidara de la censura con respecto a temas de seguridad, y adaptar así las reglas de censura de preguerra a la nueva realidad. Sin embargo, conforme iba avanzando la guerra el BBFC fue adquiriendo un papel subordinado al Ministerio de información[7], con lo que *de facto* el gobierno se convertía en el organismo que daba la última palabra sobre si un film era o no adecuado. La influencia se plasmó también en cómo el Scenario Reports de la BBFC favoreció proyectos apoyados por el MoI. Una táctica más sibilina devino introducir algunos guiones propuestos desde el gobierno a cambio de contrapartidas para otro tipo, esto es, facilitar los medios materiales de los ejércitos, librar a los artistas de sus obligaciones militares, decretar las prioridades en el transporte o el préstamo de técnicos cualificados. Asimismo, el poder del MoI se encontraba en el control de lo estudios que fueron momentáneamente requisados. Por ejemplo, los estudios Denham cerrados por el gobierno lograron la reapertura para apoyar a films como *Sangre, sudor y lágrimas* (*In Which We Serve*, 1942).

EL ESTADO DE LA PRODUCCIÓN

La guerra acabó por desmantelar significativamente el modelo productivo que había imperado durante una década, cuya debilidad era evidente desde la quiebra de Twickenham Films y el colapso de Capitol Films Group[8]. La Cinematograph Act de 1938 aceleró la muerte de uno de los sistemas habituales de producción, las películas baratas; las llamadas *quotas quickies*. La ley les exigía un mínimo de presupuesto por producción con el atractivo de una dople o triple cuota si multiplicaban el presupuesto. Algunas de las subsidiarias norteamericanas cogieron las maletas de vuelta, otras intentaron quedarse con un "perfil bajo", léase Columbia y Warner, y las menos –la Metro-Goldwyn-Mayer– intentaron una efímera línea de producción de más alta calidad, aunque fracasada porque los directivos de la *majors* menosprecieron a los técnicos británicos que participaron en las mismas. Alexander Korda también cogió las maletas, siguiendo el camino de otro de los productores-directores *top* del país, Herbert Wilcox, quien desapareció del mapa nacional al trasladarse a Hollywood donde pretendía continuar con su ambiciosa línea de producción sin las restricciones provocadas por la guerra. Los que se quedaron tuvieron que readaptarse, como Michael Balcon que inició su gran etapa productiva al mando de la Ealing. Por lo que concierne a John Maxwell, la ABPC que se encontraba bajo su tutela se debilitó por la obligación del gobierno de vender una parte de la compañía a los norteamericanos[9]. Por su parte, el papel de Alexander Korda lo iba a llenar de manera progresiva J. Arthur Rank (1888-1972); el hijo de un empresario del trigo millonario y de profundas convicciones metodistas. Aunque, al contrario de Alexander Korda, su labor se revelaría más pasiva en cuanto a gestión de producción y enfocada al aspecto comercial.

Rank empezó financiando películas religiosas a través de la Religious Film Society, pero cuando otra millonaria Lady Yule (1874-1950) le introdujo en la productora First National ya nadie osó pararle los pies. Yule y Rank, junto a John Corfield, construyeron los estudios Pinewood, epicentro de la industria en el futuro. Su ambiciosa política empresarial consistió en edificar un monopolio vertical, proceso que consolidó con la creación, en coalición con C.M. Woolf, de la General Film Distributors, a raíz de los problemas de distribución de uno de sus primeros films *Turn of the Tide*, en 1935. Para cerrar el círculo, la Rank compró la cadena de cines Odeon ante la enfermedad de Oscar Deutsch y se hizo dueño de la Gaumont-British Picture Corporation y de los Amalgamated Studios, situados en el barrio londinense de Elstree. Esta posición predominante se consolidó con el buen ojo comercial del magnate, acumulando éxitos en relación a las producciones *Pigmalión* (*Pygmalion*, 1938), *Luz de gas* (*Gaslight*, 1940), *Contraband* (1940) o cuando apostó por *Los invasores* después de que el gobierno, que inicialmente iba a financiarla, se viera obligado a abandonar su política de ayuda directa a la ficción. Sin duda, otro hecho decisivo en su carrera fue las continuadas defunciones de sus competidores, John Maxwell y Oscar Deutsch, así como la decisión de Isidore Ostrer de dejar el país por la enfermedad de su mujer. Rank, con pocos rivales que le inquietaran, aprovechó la guerra para hacerse con lo mejor de la producción a través de la denominada Independent Producers Ltd. que formaron en 1942 diversas pequeñas productoras entre las que destacaban The Archers (Michael Powell–Emeric Pressburger), Cineguild (David Lean y Ronald Neame) o Individual Pictures (Frank Launder y Sidney Gilliat) y que serían el germen de la Edad de Oro del cine británico.

Durante la guerra su poder aún no era tan absoluto, permitiendo a otros productores que pudieran florecer, si bien con los años también los acabaría engullendo su emporio. Ese caso ocurrió con Filippo Del Giudice (1892-1963), un prófugo del fascismo italiano que fue artífice de la compañía Two Cities, llamada así porque operaba en Londres y Roma. Del Giudice la convirtió en una de las productoras más activas en la década de 1940, animado por el éxito de *Sangre, sudor y lágrimas*. De sus manos saldrían algunos de los títulos de mayor calidad del momento, entre otros, *The Gentle Sex* (1943), *The Way Ahead* (1944) o *Enrique V* (*Henry V*, 1944). Junto a estos dos grandes grupos algunas pequeñas unidades de producción existentes encontrarían su hueco en el panorama nacional. Es el caso de la Gainsborough que, al inicio, intentó mantener los populares modelos de preguerra, entre ellos la comedia protagonizada por artistas provenientes del *music-hall* y que, a mitad del conflicto, acabó especializándose en el melodrama de época, del que nos haremos eco más adelante. Asimismo, fueron los años de la consolidación de la Ealing de la mano de Michael Balcon, su jefe de producción desde 1938 y en donde su estilo aún por definir estaba alejado de la comedia excéntrica que hizo famoso al estudio. Balcon, al igual que la Gainsborough, apostaron a las primeras de cambio por un tipo de comedia "blanda" aprovechando el tirón del popular cómico George Formby, pero a la vez intentó establecer acuerdos con el Gobierno para ponerse al frente de la producción propagandística, en una maniobra que incluyó el fichaje de Alberto Cavalcanti y Harry Watt, al no conseguirlo, trasladó su compromiso con la realidad a la ficción. Completaba el panorama las subsidiarias que habían sobrevivido a la Ley de 1938, entre las cuales la Warner Brothers-First National Productions, RKO Radio British productions o Columbia British Productions. Cabe reseñar una pequeña producción de animación llevada a cabo por John Halas (1912-1995) y Joy Batchelor (1914-1991) que formaron su empresa en 1940 con el nombre Halas & Batchelor produciendo unos 70 cortos propagandísticos para el MoI y el considerado primer largometraje de animación británico *Handling Ships* (1945).

UN INICIO DESCONCERTANTE

La guerra empezó con un título paradigmático, *The Lion Has Wings* (1939), concebida de una manera un tanto precipitada por Alexander Korda. El film mostraba una forzada combinación entre imágenes de noticiarios, antiguos documentales y una pequeña historia ficcionada que recordaba los estereotipos clasistas de preguerra. Valores abstractos como la idiosincrasia, el carácter y la tradición eran invocados como

Leslie Howard fue uno de los actores más activos durante el periodo de entreguerras y la Segunda Guerra Mundial. Abajo: un fotograma de *Pigmalión* (1938), una de las exitosas películas protagonizadas por Howard en que comparte protagonismo con Wendy Hiller.

mecanismos para afrontar un conflicto de magnitudes desconocidas para muchos y seguramente para su máximo responsable. Korda emigraría a Estados Unidos de inmediato a la búsqueda de seguir su política de cine de prestigio sin cortapisas bélicas, aunque no olvidándose de Gran Bretaña como mostró su popular *Lady Hamilton* (*That Hamilton Woman!*, 1941).

El fracaso de *The Lion Has Wings* precipitó la intervención gubernamental con la creación de un memorando presto para crear las bases de lo que debía ser un buen film de propaganda. La apuesta del memorando era promover una aproximación más realista del cine a través de historias más convincentes. Sin embargo, esa situación tardó en llegar y lo que ocurrió en la pantalla durante los primeros meses de guerra era la sensación de que el conflicto parecía lejano. En ese período que se conoció por la expresión *Phony War* y que se extendió hasta la invasión de Noruega en abril de 1940, el cine británico buscó más el entretenimiento escapista que el compromiso con la realidad. Los auténticos protagonistas en la pantalla se correspondían con la inagotable cantera de artistas del *music-hall* (George Formby, Will Hay, Tommy Trinder, Arthur Askey, etc.) surgida la década anterior. Una situación bastante lógica a tenor de un medio de entretenimiento de arraigo popular, ya que con la presencia de los cómicos la cotidianidad de la preguerra se mantenía. La inversión resultaba segura para los productores y simplemente la novedad era ponerles ante un nuevo escenario. Así surgieron títulos como *Let George Do It* (1940), en que el carisma de George Formby desconcierta a unos nazis malhumorados, o *Gasbags* (1940), protagonizado por el Crazy Gang, un grupo de cómicos muy populares en aquel momento. La historia pretendía mostrarse delirante: unos soldados (los propios Crazy Gang) se dedican a vender *fish and chips*, y un día accidentalmente su puesto de venta queda enganchado a un globo que les lleva directamente al corazón de Alemania. Allí, para poder escapar, se disfrazan de Hitler, Goering y otros gerifaltes nazis. La fórmula era simple y exitosa: humor grueso donde se ridiculizaba a un enemigo; aún más caricaturesca se les presentaba en la pantalla.

El público respaldó la propuesta e incluso algún psicólogo, F. C. Bartlett para más señas, razonaba de «si un inglés pierde la capacidad de reír en estas depresivas circunstancias, su moral va camino de destruirse»[10]. La crítica fue menos benevolente al ver en ese modelo escapista una metáfora de la política de indecisión de Chamberlain, todavía en el gobierno hasta mayo de aquel año. La invasión de Noruega emplazó a la urgencia por un cine más comprometido para con la realidad, pero la línea de esos meses se mantuvo no solo con más comedias – *Sailors Three* (1940) o *The Ghost of St. Michael* (1940)–, sino que alcanzó a las producciones que pretendían ser más serias como *Pastor Hall* (1940) de los hermanos Boulting o *Freedom Radio* (1940) de Anthony Asquith, en que sus intenciones quedarían lastradas por una perspectiva simplista del enemigo. Quedaba claro, pues, que había un cierto miedo de los productores a romper los esquemas del pasado. Esto se pudo apreciar muy claramente en *Convoy* (1940), en que las convenciones del melodrama condicionaban la historia bélica[11], y la figura del oficial redimido con su muerte remitía a los héroes "romantizados" de la década anterior.

El hecho cierto fue que semejante fórmula aún gozó de éxito y los productores no tuvieron motivos para cambiarla. Ello también se explica por un contexto determinado; estamos refiriéndonos al momento más intenso de los Blitz en el período 1940-41, en donde las salas de cine sufrían la transformación de improvisados refugios ante lo peligroso que era circular por las calles. En palabras de Clive Coultass: «no era extraño que el público disfrutara de aquellos films que les llevaban lo más lejos posible de los peligros reales» [12]. Esta combinación exitosa de melodrama romántico con trasfondo de la guerra se extendió en films no tan estrictamente bélicos. El caso de *Aquella noche en Varsovia* (*Dangerous Moonlight*, 1941) fue remarcable ya que, a través de la historia de un pianista (Anton Walbrook) que trata de huir de Varsovia al inicio de la guerra, se reincide en la dialéctica entre el patriotismo y el deseo. Asimismo, deudores del pasado resultaron films como *Night Train to Munich* (1940) de Carol Reed, y *Contraband* de Michael Powell, paradigma de lo que vino a ser una puesta al día del esquema de *thriller* popularizado por Alfred Hitchcock de antes de la guerra. Curiosamente, en este último film, el clímax tiene una fuerte carga simbólica cuando el villano es cazado en un almacén lleno de bustos de Chamberlain que se desmoronan en el fragor de la lucha.

LOS INVASORES, UN FILM CLAVE

La caída de Francia en mayo de 1940 despertó un sentimiento en los británicos de que la guerra iba en serio. Junto al cambio de Primer Ministro el clima bélico se hizo cada vez más omnipresente. En este contexto surgiría *Los invasores*, el film clave para entender la evolución del cine británico durante aquel momento. No se trató de una «película-modelo», aunque el MoI que iba a financiarla a través de la Films Division lo intentara. Tampoco su director Michael Powell se lo iba a poner fácil ya que marcó distancias al rechazar la propuesta gubernamental de una historia sobre dragaminas, demasiado convencional para un cineasta tan contracorriente. Su alternativa fue un film con clara vocación ideológica que mostrase las razones de la lucha, eso sí, con una idea bastante bien vista por las autoridades, la de estimular la entrada en la guerra de los americanos. Plantear explicar el «¿porqué se estaba luchando?» era ya de por sí una excepción en aquel momento. Aún lo fue más el arriesgado planteamiento de narrar una historia desde el punto de vista nazi/alemán a través del itinerario canadiense de un grupo de soldados (liderados por Eric Portman) en busca de la libertad en Estados Unidos, una nación por aquel entonces neutral. En su viaje irán encontrándose a diversos personajes de distinta procedencia (encarnados por Laurence Olivier, Leslie Howard y Raymond Massey) y con un común denominador: parecen alejados del conflicto. No obstante, el encuentro fortuito con los nazis los pondrá en primera línea del frente.

La intención inicial era hacer un film-denuncia en torno a la neutralidad norteamericana, pero los retrasos en el rodaje y la indecisión del MoI a la hora de financiarla acabaron desvirtuando el mensaje al estrenarse en Estados Unidos una vez ya éstos habían entrado en el conflicto. En cambio, para el mercado interno el mensaje tuvo bastante vigencia y era sobre todo clarificador; la guerra podía *colarse* en cualquier momento en los hogares de la gente. El tono discursivo fue sobrellevado con un estilo narrativo ágil y de gran fuerza visual, en parte, debido al excelente trabajo de montaje de David Lean. La crudeza de las imágenes devino otra de sus bazas, en donde por fin la guerra era mostrada en la pantalla como una amenaza real y dramática generando un indudable impacto que convirtió al film en el de mayor éxito de aquel año, por encima de las producciones provenientes de Hollywood. Después de aquello nada fue lo mismo[13].

EL CINE DEL *PEOPLE'S WAR*: EL PROTAGONISMO DE LO COLECTIVO

Los invasores ayudó a dar un giro a la visión distorsionada del enemigo, al convertir su imagen en algo más cotidiano, por lo tanto, más real y, a su vez, provocó un giro en las prioridades de la propaganda. Una de ellas fue que los films británicos se centraron mayoritariamente en hablar de su propio esfuerzo de guerra y arrinconaron al enemigo en su funcionalidad. Siguieron existiendo *thrillers* y comedias, pero el género dejó

Vivien Leigh protagoniza *Lady Hamilton* (1941), el costume hollywoodiense de Alexander Korda.

de formularse conforme a un recurso prestado y sistemático ante el empuje de producciones más híbridas que mezclaban varios géneros a la vez; *thriller*, comedia, drama, pero sin decantarse totalmente por uno y armonizados por un tratamiento realista de las historias. Muchos films de esfuerzo bélico adquirieron una estructura de docudramas de aprendizaje en que los personajes se situaban cada vez más en el centro de la narración. Éstos mostraban paradigmas más cercanos e identificados con el espectador, que reflejaban los cambios y experiencias que estaba produciendo la guerra para una gran parte de la población, captando los movimientos y encuentros de gente de diferentes regiones y orígenes, reflejando la experiencia del reclutamiento, mostrando los cambios en el campo y en la ciudad, o el sacrificio de los deseos individuales frente a los colectivos. Cambios en que el debate entre la pasión y el deber no tenía sentido, y el romanticismo quedaría orillado. En este proceso la búsqueda de la conexión con las clases populares se significaría una de las prioridades después de una evidente dejadez durante años en los que solo se habían preocupado como espectadores en razón de comedias y dramas bélicos estereotipados. Durante el inicio de las hostilidades se presentaron dramas que se intentaban acercar a la realidad de las clases populares, en especial, de las comunidades mineras destacando *The Stars Looks Down* (1939) y *The Proud Valley* (1940), o la zona norte de Inglaterra que sufrió con dureza la depresión de la década de 1930 en *Love on the Dole* (1941), un film que no había sido posible hacer antes de la guerra porque la censura informó de que enseñaba un lado demasiado trágico y sórdido de la pobreza. En 1940 la situación no era la misma y ahora hablar del sufrimiento de las clases populares era bien visto[14]. Sin embargo, resultó una excepción y, a pesar de que ponían en primera línea al pueblo, eran retratos bastante cerrados en sí mismos que no cuestionaban el *status quo*. No fue hasta mediados de la guerra en que se dio visibilidad a de los sectores de las clases trabajadoras en la vanguardia de la lucha bélica. Era un paso ya dado por los documentales, pero que en la ficción fue un proceso más gradual y más difícil de culminar.

La necesidad de visualizar a las clases populares en el epicentro de la lucha no solo nació de la urgencia de un panorama dramáticamente bélico, sino que encontraba sus motivaciones en el miedo hacia un sector de la población que había sufrido como nadie la depresión de la década de 1930. Al dotarlos de protagonismo en la pantalla era una forma de evitar la ruptura de la cohesión social necesaria para ganar la guerra. Esta idea ya aparecía en el segmento del memorando que hablaba del "cómo luchamos" y fue a raíz del éxito de *Sangre, sudor y lágrimas* que esa perspectiva empezó a consolidarse en la ficción del momento. Impulsada por el dramaturgo Noël Coward (1899-1973) y el montador David Lean en su estreno en calidad de director, *canonizó* un modelo de acercamiento a la realidad de la guerra mostrando a personajes de diferentes clases unidos por un esfuerzo común. Era un planteamiento que no se cuestionaba el orden social ya que la clase alta aún lideraba y las otras clases les acompañaban, pero al contrario de films anteriores con los casos paradigmáticos de *Convoy* y *Gesta de héroes* (*Ship with Wings,* 1941), las clases media y popular tenían un espacio donde mostrar que su lucha ofrecía el mismo valor que el de las clases privilegiadas. Asimismo, hubo un cambio de actitud de los héroes redimidos por la guerra de estos dos films que no se distanciaban demasiado del arquetipo del cine imperialista que representó *Las cuatro plumas* (*The Four Feathers,* 1939)[15], incluso para recordarlo fueron interpretados por el mismo actor. John Clements se pasó a un nuevo paradigma que perseguía representar "líderes" y no "héroes", ya que lo importante era promover un espíritu colectivo. En este sentido, *Sangre, sudor y lágrimas* resulta clave porque estandariza en la pantalla el concepto del «*People's War*»[16]; la idea populista por la cual se pretendía "democratizar" el esfuerzo bélico a través de una relativización del clasismo imperante o siguiendo las palabras de Jeffrey Richards donde «no se pedía la abolición de las clases, sino el entendimiento entre ellas»[17]. Así pues, parece responder el protagonismo compartido en tres personas de diferentes clases: el Capitán (interpretado por el propio Coward), representativo de la clase dirigente; el oficial de clase media (Bernard Miles), y el marinero (John Mills). Todos ellos explican sus vivencias a la espera del rescate después del hundimiento de su barco. Todo funciona mediante un continuado sentido de la naturalidad, reflejando una realidad latente en el país, la de la población de diversos extractos sociales y culturales saliendo de su entorno habitual y convergiendo debido a sus obligaciones militares. A pesar que sus deseos y miedos son paralelamente similares cada uno se desenvuelve en espacios separados y la figura del comandante luce un indisimulado paternalismo. El lugar de unión era el barco, funcionando de metáfora de una nación donde la lucha se "democratiza", mensaje que caló hondo entre la audiencia local. El impacto del film no solo provenía de la novedad de su mensaje sino en la forma de ponerlo en escena. De manera habitual los films con una sobrexposición político-ideológica debido a su dependencia contextual e histórica han sido arrinconados a un gueto en el que sus méritos artísticos quedan silenciados.

Muchos films británicos del momento sufren ese "castigo" obviando lo meritorio de trabajar con un material tan explícitamente marcado por el momento y convertirlo en un producto que equilibra el entretenimiento y el mensaje. *Sangre, sudor y lágrimas* puede ser un paradigma de ello, donde a través de la brillantez de su puesta en escena Lean convierte la propaganda en un estado emocional, reforzado por sus elegantes *flashbacks* que nos adentran en la ventana de lo subjetivo para capturar los sentimientos y mentalidades de los tres personajes a través de sus vivencias cotidianas. Los críticos y también la audiencia refrendaron la apuesta de un cine que aunaba calidad y realismo y que, de paso, establecía un "estilo" británico basado en una mirada híbrida que mezcla tonos y géneros, pero que sobre todo habla de un tema británico con una forma de mostrarlo *británicamente*.

Con la fórmula finalmente encontrada, el *establishment* cinematográfico, sobre todo la crítica de cine, se mostró bastante inflexible a quienes osaban desafiar ese modelo. De manera imparable, a partir del film de Coward-Lean salieron multitud de réplicas que se planteaban a modo de tributo personalizado a un sector o cuerpo representativo del esfuerzo bélico. Estos fueron los casos de *Nine Men* (1943), a los soldados destinados en África, *The Gentle Sex*, al cuerpo auxiliar femenino o la tardía *The Way To the Stars* (1945), un homenaje a la RAF además de la celebración de la ayuda yanqui. En este ciclo de películas *The Gentle Sex* y su reverso masculino *The Way Ahead* intentaron visualizar la obligada transformación entre la esfera privada donde las clases eran visibles, y la esfera pública del ejército donde los distintos orígenes y contextos debían amoldarse al unitarismo militar. Con lo que estos films no solo pretendían dar una perspectiva "democrática" del esfuerzo bélico sino que, según la idea de Robert Murphy, mostrar «el positivismo de la guerra el cual permitía a la gente descubrir su potencial de pasar de tímidos ciudadanos a guerreros»[18].

Este planteamiento también se extendió entre la población civil, donde se incidía en que la lucha no solo debía protagonizarla los cuerpos del ejército, sino que empezaba en uno mismo y el frente estaba en tu propia casa. Hubo films que hablan del papel desempeñado por las enfermeras en la demasiado restrictiva *The Lamp Still Burns* (1943) o los bomberos en *The Bells Go Down* (1943). Pero si hacemos alusión a un título primordial del llamado «*Home Front*» este fue *Millions Like Us* (1943), creado por los guionistas Frank Launder y Sidney Gilliat en su debut como directores. La historia queda enmarcada en la vida de unas mujeres trabajadoras en una fábrica de componentes para aviones.

Planteada inicialmente conforme a un documental, Launder y Gilliat convencieron de la necesidad de ficcionar el recorrido vital de la llamada «*mobile woman*» que muestra a una mujer más independiente liberada, en parte, de sus obligaciones en el hogar para pasar a la acción y al trabajo, y donde empieza a tomar responsabilidades económicas y sociales en la esfera pública. El desarrollo de la historia combina la experiencia laboral con dos tramas románticas, una instantánea, apasionada entre una chica inocente (Patricia Roc) y un soldado escocés (Gordon Jackson), y la otra irónica, más abstracta entre una *upperclass girl* (Anne Crawford) y el capataz de la fábrica (Eric Portman). Resulta interesante la plasmación de estas dos historias; mientras la primera acaba trágicamente con la muerte del soldado, la segunda progresa poco a poco. Lo que parecía impensable años atrás, la liquidación abrupta de la subtrama romántica adquiere aquí una evidente coherencia en el discurso, en que el protagonismo definitivamente lo encarna el colectivo. El mismo tema de convivencia entre las relaciones de personajes y las "nacionales" fue tratado en *The Gentle Sex*, dirigida por Leslie Howard. No obstante, su impacto en la historiografía británica ha sido menor debido a una cierta "glamourización" del retrato femenino[19], pero sobre todo en función de una apuesta menos valiente por una narrativa de lo objetivo.

LA APUESTA REALISTA DE LA EALING: LA INFLUENCIA DEL DOCUMENTAL

La aparición de un cine comprometido para con la realidad no puede entenderse sin la figura de Michael Balcon, fundamental en la Historia del cine británico, y marcada por giros bruscos que plasmaban un particular inconformismo. Después de una mala experiencia con la MGM en que produjo *Un yanqui en Oxford*, Balcon se unió a una pequeña productora que él haría grande: la Ealing, nacida de las cenizas de la ATP de Basil Dean. Los primeros años en la casa que coincidieron con los de la guerra mantuvo la política de aquel entonces de comedias populistas al servicio de George Formby, y algunos films *Cheer Boys Cheer* (1939) y *Saloon Bar* (1940) que establecieron los primeros pasos de la comedia clásica de posguerra y los 50 con sus historias de exaltación de las pequeñas comunidades contra las maquinaciones comerciales. Balcon, fue algo más "tradicional" con sus taquilleras producciones bélicas, caso de las citadas *Con-*

voy o *Gesta de héroes*. Empero, la felicidad no fue completa ya que a su vez eran criticados por su visión estereotipada y clasista. *Convoy* ofrecía una perspectiva significativa de los primeros meses de guerra. La acción se distribuye a modo de dos mundos que funcionan autónomamente; los oficiales siempre en la torre de mando y los marinos en los camarotes inferiores. Los únicos puntos en contacto entre sendos "mundos" se encontraban en las disposiciones de mando en la cubierta del barco. Al final existe una unión determinada por el dramatismo de los acontecimientos, pero aun así, era bastante evidente que se trataba de dos universos con sus propias reglas y específica dramatización; los oficiales con un tono más melodramático y los soldados con un efecto más desenfadado, incluso llegando a la comicidad que pretendía enlazar con las audiencias de la década de 1930. De acuerdo con Charles Barr «muestra la guerra en términos de unidad y cooperación pero le falta convicción para mostrarlos plenamente»[20]. No obstante, el film cinematográficamente es remarcable por su dinamismo, consecuencia directa de los efectos positivos que tiene la incorporación de fragmentos provenientes del documental del cual Balcon podía acceder con facilidad ya que incluso había creado una sección en su compañía para producirlos.

Convoy fue el mayor éxito de 1940 y, por lo tanto, no resultaba extraño que el siguiente film bélico de la Ealing, *Gesta de héroes*, repitiera el esquema de la historia ambientada en la Marina y protagonizada por un héroe redimido (otra vez John Clements) por sus devaneos amorosos. A Churchill no le gustó nada la actitud de heroísmo "suicida" escasamente aleccionador del personaje principal hasta el punto de reunirse con Balcon para amonestarle. No obstante, del encuentro entre ambos salió un proyecto para que Balcon gestionara la producción gubernamental junto a la GPO. El productor inglés no pudo llevar a término el acuerdo por la hostilidad del MoI, celoso de que alguien supliera sus atribuciones en la función de coordinador del "esfuerzo de guerra fílmico". Ante tamaña decepción y sintiéndose engañado, Balcon decidió tomar la iniciativa de *motu proprio* y hacer otro de sus "famosos" giros artísticos, reclutando para la ocasión a reconocidos documentalistas, entre ellos Harry Watt y Alberto Cavalcanti, con la intención de que encabezaran su propia unidad independiente de películas propagandísticas. Balcon los conocía bien porque paralelamente a la producción de ficción esponsorizó una activa producción de cortometrajes de cariz propagandístico[21].

A raíz de la ruptura con el gobierno, Balcon siguió manteniendo su producción de cortos, y con ella a muchos de los técnicos que habían participado para encabezar también su producción de ficción. Junto a Cavalcanti, Watt, Charles Crichton, Robert Hamer y Basil Dearden obtendrían el impulso definitivo a sus carreras gracias al apoyo personal mostrado por Balcon[22]. La segunda apuesta plantearía una aproximación más verosímil de la realidad de la guerra.

Los primeros síntomas de cambio se mostraron con *The Foreman Went to France* (1942), cuyo origen fue una historia de un escritor de prestigio, J. B. Priestley, basada en hechos reales sobre el rescate de una pieza de maquinaria en Francia antes que los germanos se hagan con ella. Igual que sucedió en algunos films del momento la histo-

***Went the Day Well?* (1942), Leslie Banks (derecha) y Basil Sidney (izquierda) unos enemigos muy "integrados".**

ria estaba contada en forma de pasado histórico, retrocediendo la acción a la época de la invasión de Francia en 1940. Una forma temporal que permite introducir ciertas notas críticas sobre el hecho del modo en que se gestionaron aquellos días. Este tono no tan complaciente, lógicamente moderado por obligaciones patrióticas, supuso ya un cambio de sentido con respecto al cine anterior.

El otro factor que le da singularidad es la dramatización de los personajes, en que abiertamente el protagonismo del film recae en el capataz de clase media (Clifford Evans), pero también en dos soldados rasos, uno *cockney* (Tommy Trinder) y otro escocés (Gordon Jackson), que le ayudan en detrimento de un oficial convertido en espía (John Williams). Balcon parecía redimirse del "cine de oficiales" del inicio de la guerra y apostaría por presentar a personajes de las *working class* en el centro de la historia y esa voluntad de identificación que representan los acentos con una aproximación naturalista reforzada por una presencia importante de imágenes documentales y un efectivo trabajo con los intérpretes, en especial con uno de los cómicos de relumbrón del país, Tommy Trinder, en que simbólicamente una de los estrellas de las «*Phony War films*» hacía su propia evolución apagando su histrionismo cómico en favor de una interpretación más verosímil.

Probablemente, la voluntad de Balcon empezaba a plasmarse, sobre todo por confiar en gente proveniente del documental, esto es, Alberto Cavalcanti, el productor del film, y el director Charles Frend con una carrera administrada en la ficción pero con profundos contactos con los documentalistas. La apuesta por un cine comprometido para con la realidad se consolidó con *Next of Kin*, gestada a petición de la oficina de guerra (War Office) para alertar de los peligros del quintacolumnismo. Originariamente se trataba de un documental de adiestramiento. No obstante, la historia que recordaba el fracasado intento de desembarco en Dieppe se acabó ficcionando. Esta frontera ambigua entre documental y ficción encontró su punto álgido con la defensa de Balcon a lo que denominaba «actitud» en relación al proceso fílmico[23]. La influencia del documentalismo no solo era patente a través del uso de más segmentos visuales provenientes del documental, sino que iba más allá.

El documentalismo nació como movimiento estético, social y nacional, este último en reacción contra el *colonialismo* cinematográfico americano patente en la estructura industrial del cine de los 30, el reclamo no solo de un acercamiento más real de la sociedad sino también un acercamiento más autóctono. Así es como se explica la euforia de cómo se recibió la progresiva *documentalización* de algunos films. La huella de movimiento y de sus ramificaciones se palpó en la ficción bélica en la adopción de una estructura tendente al didactismo muy habitual en el documental, en que aparecen líneas narrativas múltiples y fragmentadas en busca de una idea de representatividad. Asimismo, de los documentalistas provenía marcar la importancia de la dimensión pública de los personajes. El film de la Gainsborough *Millions Like Us* (1943) sería un buen ejemplo de ello. A su vez, existe una coincidencia en las temáticas, dispuestas a visualizar a las clases trabajadoras, a la par que un tratamiento estético que busca el dinamismo como forma de coincidir lenguaje y contenido.

La ficción se benefició enormemente de un sentido creativo y poético existente en el documentalismo de la década de 1930 y durante la guerra Humphrey Jennings y Pat Jackson ofrecieron una buena muestra de semejante perspectiva. Con ellos se dio la incorporación de un ágil lenguaje visual debido a un profundo interés de los documentalistas en las técnicas de montaje que removió esa tendencia de "teatralización" del cine británico.

El punto álgido de la simbiosis entre ficción y documental se produjo en dos films que caminaban en paralelo, *The Gentle Sex* y *The Way Ahead*, en que en algunos fragmentos la diferencia entre los dos modelos es imperceptible y donde literalmente los actores y sus personajes de ficción se confunden con los soldados reales con la misma fuerza que se fusiona vida privada y pública. A su vez, el documental utilizó recíprocamente fragmentos ficcionados que aparecieron en títulos clave de los llamados *story-documentaries* como *Target for Tonight* (1941) o *Fires Were Started* (1943), que se convirtieron en los más populares del momento. Algunos directores, caso de Anthony Asquith, John Boulting, Michael Powell y Carol Reed, también realizaron documentales durante aquel tiempo. Hoy hay voces que relativizan el impacto de la influencia documental. Así, Robert Murphy habla de una cierta confusión por parte de la crítica del momento de aplicar en el cine comercial los términos «documental» por los de «realismo»[24]. Seguramente no le falte razón y el margen de la etiqueta fue bastante ancha, pero lo que parece indudable resulta que, desde el nacimiento del movimiento documentalista a principios de la década de 1930, la influencia de lo "documental" se hizo más patente que nunca y tuvo efectos inmediatos en la forma de afrontar la ficción, sobre todo a partir de 1942.

Uno de los films fundamentales de este ciclo fue *Went the Day Well?* (1942), dirigida por el documentalista Alberto Cavalcanti, que conecta con *Next of Kin* en la idea del peligro del quintacolumnismo cotidiano. La historia proviene de un guión de Graham Greene que muy bien podría anticipar cualquier film-paranoia sobre invasiones extranjeras o alienígenas. Un comando alemán se hace pasar por una tropa británica para instalar aparatos de radio en un pueblo inglés sin levantar sospechas. La lectura era parecida a *Los invasores*; el enemigo no era algo lejano y todos estaban en primera línea de guerra. *Went the Day Well?* transforma a los nazis sobreactuados y ridículos del inicio de la guerra en un enemigo sin rasgos extremos capaz de confundirse con la población local y, por tanto, más peligroso. Ante esta amenaza, el film también habla de las respuestas posibles y éstas son solidaridad y violencia. Las *edulcoradas* palabras y las buenas maneras no servían al invasor como muestra un grupo de mujeres del Women Service cogiendo las armas con indisimulado entusiasmo. Aquí no hay espíritu "deportivo", ni héroes individuales; cada uno usa sus armas. La ama de casa, por ejemplo, emplea un hacha para golpear al enemigo en su cocina. Había, sin embargo, otro dardo escondido y quizá el más importante y que anticipaba la vertiente "subversiva" que tuvo en el futuro la comedia Ealing. Los "nazis" infiltrados pertenecen a un rango social más alto encarnado en el traidor Wilsford (interpretado por Leslie Banks, un actor bastante popular en la década de 1930), y es precisamente un populista sentido comunitario el que lo desenmascara y derrota en un film que anuncia el protagonismo coral de los grandes films de la Ealing. De esta forma, el mensaje dejaba filtrar que la clase trabajadora era la vanguardia de combate.

La experiencia positiva de *Went the Day Well?* y del éxito de *Sangre, sudor y lágrimas*, producida por Two Cities, acabó por consolidar la nueva política de la Ealing. Los siguientes films se centraron en una alabanza a ese espíritu de equipo que había remarcado el film de Coward-Lean. Así nació un tríptico iniciado con *The Bells Go Down*, el debut de Basil Dearden ya en funciones de director en solitario, dedicada a los bomberos y gestada bajo la influencia de *Fires Were Started*, un título decisivo del documental de guerra. Le siguió *Nine Men*, sobre una patrulla de soldados en África en que se ahonda en el concepto de *Went the Day Well?*, en su propósito de protagonismo colectivo. Esta vez se trata de militares sin alta graduación, idea que fue aún más lejos en *San Demetrio, London* (1943) y que, según James Chapman, cerraba un giro completo iniciado por los héroes melodramáticos de *Convoy* y *Gesta de héroes*[25]. El film visualizó la difícil labor de la Marina mercante a través del desafío de unos marineros que lograban salvar su barco después de un ataque alemán, a partir de la simbiosis entre documental y ficción, en que apenas se dan referencias a la vida civil de los tripulantes con una diferenciación entre oficiales y marineros funcional, y alejada de los rigores de clase y rango. Su aspecto más impactante estaba en el hecho de que un grupo de marinos civiles lograba reflotar su barco sin la presencia de los oficiales de mayor rango, creando de tal suerte un sistema de funcionamiento extremadamente democrático, incluso votando entre ellos qué rumbo deberían seguir. El film, a su vez, deviene una crónica de las virtudes más genuinamente británicas, el estoicismo y la determinación y su aparición en los momentos más dramáticos. Esta defensa de la colectivización de la guerra, a juicio de Charles Barr, fue «la culminación del programa de guerra de la Ealing y la plasmación ideal de la política de Balcon» [26]. Con el ciclo suficientemente explotado, el productor buscó nuevas fórmulas para acabar la guerra con el díptico de terror formado por *The Halfway House* (1944) y *Al morir la noche* (*Dead of Night*, 1945).

HÉROES INDIVIDUALES: RECUPERANDO EL *CHARM*

El remarcable proceso de "democratizar" el heroísmo no podía esconder que Gran Bretaña siempre se caracterizó por un profundo sentimiento individualista. Las historias de héroes individuales tan habituales en Hollywood escasearon, pero las que lograron proyectarse en la pantalla fueron muy populares. Según señala Andrew Spicer «al estallar la guerra habían dos modelos consolidados de tipología masculina en el cine británico, la forma hegemónica del afable *gentelman*, y la alternativa para satisfacción de las clases trabajadoras del cómico bufonesco»[27].

Uno de los pocos que pudo mantenerse en el primer grupo de roles fue Leslie Howard. Su carisma resultaba incuestionable ante la audiencia y no dudó en exprimirlo en tiempos de guerra. Motivos no le faltaban ya que a su patriotismo se le debía sumar su condición de judío que le impulsó a mostrarse proactivo en el desempeño de la guerra. No dudó, por ejemplo, en recuperar al personaje de Pimpinela Escarlata que le había dado tanta fama y actualizarlo en la realidad de la guerra en *Pimpernel Smith* (1941) sin importarle una descripción más bien caricaturesca del enemigo, ya que todo quedaba en segundo término ante el *charm* y humor inherente al personaje. Howard encarna a la perfección la idea del hombre inglés, un héroe que llega a mostrarse preocupado por los malos modales del enemigo.

A la audiencia le encantó el film obviando la distancia para con la realidad, recalcando así que el carisma era también un factor a tener en cuenta en la capacidad de persuasión. Asimismo, Howard estuvo detrás del *biopic* del ingeniero aeronáutico e inventor de los aviones Spitfire R. J. Mitchell en *El gran Mitchell* (*The First of the Few*, 1942). En ella el ímpetu visionario e idealista servía para vencer la burocracia del *establishment* en pos de promover un más eficiente esfuerzo de guerra. Paradójicamente, un accidente de avión acabó con la vida de Howard poco después. Otro "héroe" que iba por libre resultó ser el personaje de Clive Candy de *El coronel Blimp* (*The Life and Death of Colonel Blimp*, 1943). Candy (interpretado por Roger Livesey) se correspondía con el prototipo de los denominados «*Blimps*», nombre con que se conocía familiarmente a los veteranos militares incapaces de adaptarse a la nueva realidad de la guerra moderna, y popularizados en las caricaturas que David Low publicaba en el "Evening Standard". La intención de Powell & Pressburger se centraba en realizar un retrato crítico sobre la actitud de ciertos militares[28]. En cualquier caso, sus directores empezaban a pensar más en clave artística que propagandística y, de esta forma, dibujaron un *Blimp* ambiguo, atrevido en su juventud pero con el transcurso de los años iría quedando fuera de tiempo, imbuido en una espiral de ensoñación que alentaría a su estructura en *flashback*. Churchill la intentó prohibir pero provocó el sentido contrario en la audiencia. El debate ya no estaba en la supervivencia sino en plantear las formas adecuadas de lucha para acabar lo más rápidamente posible la guerra, tema importante, pero sin dramatismo, de las horas decisivas del período 1940-41.

EL PESO DE LA HISTORIA: *BIOPICS* EN CLAVE *DEMOCRÁTICA*

Ya en la primera película de propaganda de la guerra, *The Lion Has Wings*, Alexander Korda recuperó imágenes de algunos de sus célebres films de ambientación histórica como *Fire Over England* (1937), en que la reina Isabel I ofrece un conmovedor discurso a las tropas en Tilbury ante la llegada del invasor. Aunque el film quedó pronto en entredicho y criticado en los documentos gubernamentales, las recomendaciones oficiales promovieron un cine de época para introducir «ideales como libertad e instituciones como el gobierno parlamentario»[29]. La cuestión estribaba en establecer lazos sólidos entre el pasado y presente a través de un género con bastante solera en la década anterior. A su vez, el MoI estimuló las películas históricas con la idea de vender la herencia británica a los americanos.

Así surge *This England* (1941), el primer film del ciclo, en que una chica norteamericana (Constance Cummings) visita un pequeño pueblo inglés donde la explican la historia del lugar. En esta intención de ofrecer un diálogo entre tiempos históricos el film recopila los momentos en que el espíritu británico se hace visible ante la adversidad, desde la inevitable Armada Invencible a las guerras napoleónicas. La propuesta acusaba cierto exceso de didactismo y se optó por opciones más novelescas como los *biopics*, un género bastante popular en la preguerra pero que se adaptaran a la nueva realidad, en que en lugar de reyes, cortesanos o artistas se decantaría por dar voz a personajes históricos con un cierto paralelismo, o conexión con la situación de guerra y con ideales plenamente democráticos. Ya en *Penn of Pennsylvannia* (1941) se pudieron ver cambios palpables.

Al margen del inevitable mensaje de atracción a los norteamericanos a la causa de la guerra, la figura de Penn es mostrada a partir de sus rasgos de tolerancia y pacifismo en oposición a la violencia de sus enemigos. Más explícita y ya decididamente enfocada al mercado interno fue *Primer Ministro* (*The Prime Minister,* 1941) que desarrolla la vida de Disraeli (John Gielgud) a través de dos tipos de mensaje; una primera parte

Laurence Olivier da el golpe con su Shakespeare patriótico en *Enrique V* (1944)

con su enfrentamiento con Gladstone, en el que se intenta ofrecer al protagonista ciertos atributos sociales, y una segunda con su actitud beligerante en relación a sus enemigos foráneos, focalizados en Bismark, en una clara referencia al relevo de Chamberlain por Churchill. El film no fue un gran éxito, algo que no impidió continuar con la senda del *biopic* con *El vencedor de Napoleón (The Young Mr Pitt,* 1942) dirigida por un cineasta todavía en formación, Carol Reed. Su estructura externa es similar a films anteriores; una primera parte hablando de la política doméstica, y la segunda parte consagrada al enemigo exterior, en que aún se muestra más explícita en el paralelismo entre la dicotomía pasado-presente en el convulsivo tiempo de la guerra librada contra la Francia de Napoleón. Según Marcia Landy, «si en los films históricos anteriores podrían ser descritos por su estructura de aprendizaje donde el protagonista transita de la pasividad a la acción, este film adopta la estructura de confrontación donde las acciones de protagonista invariable en sus principios sirven de ejemplo para los desafíos que se enfrenta la comunidad»[30]. Las dudas, pues, ya habían quedado atrás en el discurso patriótico. A partir de aquel momento, los *biopics* ya no fueron tan necesarios y perdieron el apoyo oficial al mostrar mayor interés en aproximaciones más realistas de la vida cotidiana. Aun así, la propaganda disfrazada con ropajes de antaño buscó otros planteamientos para significarse.

No podía ser otro que Laurence Olivier la persona que acercara Shakespeare a la propaganda, aunque fue el MoI quien estimuló el proyecto de levantar la ambiciosa adaptación de *Enrique V*. Para la ocasión, se pusieron bastantes facilidades para el rodaje. Ese origen se observa en las resonancias patrióticas del texto muy focalizado en la recreación de la batalla de Agincourt. Asimismo, hubo una motivación artística en la decisión de Olivier ya que su intención inicial no era la de dirigir. La combinación entre esas dos voluntades (la creativa y el compromiso patriótico) acabó por implicarle totalmente en el proyecto. Así nació *Enrique V*, un vistoso film ambientado en el siglo XIV que se significaría, a la vez, en un homenaje histórico a todo el hecho teatral y un canto al ambiente patriótico del momento. Shakespeare y el cine no habían tenido muy buena relación, sobre todo con los sonoros fracasos de adaptaciones realizadas en Hollywood, en especial con *Sueño de una noche de verano* (*Midnight Night Summer*, 1935) y *Romeo y Julieta* (*Romeo and Juliet*, 1936). Fue precisamente la experiencia fallida de estos films lo que llevó a Olivier al control de la producción y así poder ofrecer una perspectiva diferente, en que una de las premisas pasaba por recuperar la personalidad del texto shakespeariano. La obra no esconde su vocación propagandística al centrar el tercio final en la secuencia de la batalla de Agincourt convertido en epicentro de un discurso glorificador y patriótico. Agincourt se revelaría una referencia ideal en vísperas de Normandía para elevar la moral de las tropas a las que va dedicada el film.

PAÍSES OCUPADOS: UN DEBER PATRIÓTICO

Otros de los cambios que se observaron en el *mid-point* de la guerra fue el cine sobre países ocupados. Teniendo la seguridad garantizada resultaba el momento indicado que el cine británico mostrara la guerra conforme a un conflicto global en que una de las razones de la lucha era liberar a los pueblos invadidos. Devino un proceso popularizado a mitad de conflicto cuando los dramáticos días del *blitz* habían quedado atrás. Probablemente los británicos pensaban que su seguridad se encontraba ya garantizada. Así surgió un verdadero subgénero, sobre todo a raíz de *The Day Will Dawn* (1942), una cinta ambientada en Noruega. Muchas estaban cortadas por el mismo patrón. Un británico, Hugh Williams, se postularía como uno de los actores habituales del género, en una variación sutilmente más enérgica del típico héroe caballeroso británico que llega al país ocupado, contacta con la resistencia para realizar una misión y en el proceso se enamora de una resistente a modo de recurso metafórico en virtud de estrechar los lazos con las naciones ocupadas.

Con más o menos variaciones surgieron durante dos años un sinfín de títulos, entre ellos, *Secret Mission* (1942), *The Silver Fleet* (1943) o The *Adventures of Tartu* (1943), historias bastante similares en que se intentó que cada país en conflicto tuviera su propia producción dispuesta a glorificar la lucha clandestina contra el opresor alemán. Estas obras aún conservaban cierta caricaturización del enemigo, pero marcaron distancias para con los films iniciales sobre la oposición al régimen nazi como *Pastor Hall* o *Freedom Radio*. Dentro del cine de "resistencia" se podría englobar *One of Our Aircraft is Missing* (1942), que tuvo la particularidad de sintetizar el tema del «*People's War*» a través de la dialéctica social y cultural sostenida entre miembros de la tripulación de un avión de diferentes clases que accidentalmente llegan a Holanda. Otro punto interés del film es una cierta estilización del modelo, a través del juego temporal que expresó el *flashback* inicial y un retrato atmosférico en que los alemanes se sitúan en el papel de invasores anónimos. Sus referencias visuales son escasas, pero sí resulta palpable su amenaza: oficiales retratados de espalda entrando en las iglesias, los sonidos de sus botas retumbando y micrófonos vociferando órdenes. La consideración por los aliados, al final, hizo que no ya no fueran tan necesarios personajes británicos importantes para introducir las tramas a las audiencias. Ello acontece en *Undercover* (1943), en que el protagonismo absoluto recala en los militantes de la resistencia *chetnik* en Yugoslavia. Todos, a su modo, se convirtieron en la semilla del cine bélico británico, uno de los géneros más populares a partir del inicio de la década de 1950.

LAS OPCIONES ESCAPISTAS: EL TERROR, LA COMEDIA Y EL MELODRAMA GAINSBOROUGH

Parece cada vez más incuestionable que el cine británico durante la guerra no se significó precisamente por tratarse de un período monolítico caracterizado por el realismo. El cine británico hizo un esfuerzo por acercarse a la realidad de la guerra, pero también por adecuarse a los deseos de sus audiencias que, de manera directa o alegórica, demandaban escapismo. La respuesta de la industria fue que con sus limitaciones se lo proporcionó. Ese cine escapista, en especial comedias y musicales, sobrevivió bien dentro del modelo industrial de preguerra, en que la irrupción del conflicto apenas varió los parámetros existentes hasta que el empuje de un cine con un trasfondo bélico más comprometido adquirió protagonismo. Aún así, siguió manteniendo una cuota alta de producción a lo largo de todo el conflicto.

Otros géneros tuvieron apariciones testimoniales, esto es, el caso del terror –o «*horror*» para los británicos–, que acusó el marcaje de la censura que incluso cercenó la importación conlas clasificaciones restrictivas en los films de la Universal de la década de 1930[31]. Con todo, en aquellos «años bisagra» se vivió una pequeña «Edad de oro» con las adaptaciones de las novelas *pulp* de Edgar Wallace en títulos significativos, *The Terror* (1938) y *Ojos misteriosos de Londres* (1939) con la inquietante presencia de Béla Lugosi y aún visibles al principio de la guerra con *Case of The Frightened Lady* (1940), *La puerta de las siete cerraduras* (*The Door with Seven Locks,* 1940) y el melodrama gótico protagonizado por el siempre inquietante Tod Slaughter *Crimes at the Dark House* (1940).

Pero como haría con otros géneros la guerra modificó el interés de las audiencias y conforme se hizo más presente el día a día del conflicto, el terror cinematográfico se convirtió casi en un género semiclandestino, en parte porque el público ya tenía suficiente *horror* fuera para desearlo dentro de la sala. Muchos films optaron por "desnaturalizar" el género introduciendo elementos ajenos como comedia, romance o *thriller* para pasar los controles exhaustivos de censura. Las subsidiarias de Hollywood, sobre todo British Warner, hicieron algunas producciones como *Trágica sugestión* (*The Dark Tower,* 1943) que merece una cierta atención. Ambientada en el mundo del circo, un inquietante hipnotizador que da vida Herbert Lom pone patas arriba a una compañía ligada a este universo. Sin embargo, el tratamiento nunca se define por los caminos tradicionales del *horror* sino que la maldad de su personaje está condicionada por la

***The Halfway House*, una historia de "casas encantadas" que serviría de referente para la más exitosa *Al caer la noche*.**

imposibilidad romántica de conseguir la atención de la trapecista (Anne Crawford). La hibridación también recayó en las tramas de espías mezcladas con moderadas dosis de *horror*.

Así sucede en *Tower of Terror* (1941) o *The Night Has Eyes* (1942). Habría que esperar al fin de la guerra con la aparición de un cine que incidía en lo sobrenatural con el díptico producido por Alberto Cavalcanti formado por *The Halfway House* (1944) que con su historia de «casas encantadas» preparó el camino para un título clave, *Al morir la noche*. El film cuyo prestigio no ha decaído muestra diversas tendencias unidas por lo sobrenatural a través de un concepto de film de "episodios" dirigidos por los mejores cineastas de la Ealing (Cavalcanti, Dearden, Hamer y Crichton) contados en forma de informal tertulia, redundando en esa cotidineidad, la cercanía de lo fantástico y lo terrorífico en el *alma* británica. El film deviene un catálogo futuro de las tradiciones del *fantastique* patrio, desde las ligeras *ghost stories*, a las perturbadoras historias del ventrílocuo (encarnado por un joven Michael Redgrave) controlado por su muñeco, a la del espejo proyectando imágenes diferentes a las que de forma lógica debe reflejar. Para Robert Murphy la recuperación de la tradición británica de lo "macabro" no era sorprendente ya que «la muerte llegó a ser una experiencia tan del día a día que no sorprendía que hubiera un interés en el espiritualismo y lo sobrenatural»[32]. Aunque el film no tuvo continuidad, su singularidad le otorgó una fama de obra de culto, acrecentada por su carácter anticipador de las grandezas de las productoras insignia del género, caso de la Hammer y, en menor medida, la Anglo-Amalgamated.

Algo parecido sucedió con el *thriller* sin referencias bélicas, y dejando de lado historias de espionajes, un género tradicionalmente con tirón popular en el cine británico empequeñeció conforme avanzó la guerra. El impulso de un *thriller* de tintes más sociales que representó *They Drive by Night* (1938) y *I Met a Murderer* (1939) quedó cortado de raíz ante la dificultad de mostrar comportamientos que supusieran una amenaza en tiempos de ejemplaridad. Aun así, hubo un margen para satisfacer la demanda escapista con una serie de films de bajo presupuesto de pocas complicaciones dando carta de naturaleza a un género que había vivido mejores días en títulos de lo más variopinto, como *Alibi* (1942), *The Dummy Talks* (1943), *Death by Design* (1943), *Headline* (1944), *Escape to Danger* (1944), *The Hundred Pound Window* (1944) o *Candles at Nine* (1944) .

Recuperando una idea ya comentada, el cine de género tuvo una existencia paralela al cine propagandístico a pesar de su empuje. El más popular de ellos fue, sin duda, la comedia gracias sobre todo a los artistas de *music-hall* como Will Hay, Arthur Lucan y la serie "Old Mother Riley" que habían aterrizado en la gran pantalla durante la década anterior. La guerra ofreció una fácil oportunidad para situar a los cómicos populares de la década de 1930 en un nuevo escenario. Así surgieron un sinfín de comedias denominadas *joining-up* que describía el tránsito que suponía el reclutamiento para la población civil[33]. Luego, el siguiente paso fue poner a los cómicos en primera línea. Le sucedió a George Formby cuyo film más popular, *Let George Do It*, lo sitúa en el mundo de los espías sin perder un ápice su humor, en una línea que no abandonaba debido a la favorable inercia comercial. La llegada de los dramas realistas no evitó que la comedia siguiera reinando en gran parte de aquellos años a modo de reconfortante alivio al sufrimiento diario de la población.

La Gainsborough de la mano de Maurice Ostrer explotaría más intensamente la idea de «buenos temas y buenas risas es lo que la audiencia quiere»[34] y así con el cómico Arthur Askey a la cabeza, un personaje de hechuras histriónicas, produjeron una serie de películas que explotaban sin pudor su exuberante vis cómica tendente al *slapstick*. Estos films mezclaban géneros, entre ellos, el misterio –*The Ghost Train* (1941)– y el musical –*Miss London Ltd* (1943) y *Bees in Paradise* (1944)– al estilo del cine de Hollywood. La diferencia radicaba en que los cómicos representaban las estrellas y no un añadido a la pareja romántica de turno, visualizando los deseos de la audiencia que acudía primordialmente a verles a ellos en el formato de la *character-based comedy*. Con la fórmula exitosamente puesta en danza, cada productora tuvo necesidad de contar con su propio comediante. Si la Gainsborough poseía a Askey, la British National explotó la serie de "Old Mother Rile"», en que Arthur Lucan se trasvestía para dar vida a la protagonista, una extrovertida mujer irlandesa. En este clima favorable para la comedia más "ligera" aparecieron nuevos cómicos. Tal fue el caso de Frank Randle y su longeva serie de films "Somewhere"[35]. En cambio, la Ealing pudo contar al inicio con Formby que pronto se iría a la subsidiaria de la Columbia, junto a su inseparable director Marcel Vanel, en que explotaría su acento del norte y una gestualidad bastante característica en *Much Too Shy* (1942), *Get Cracking* (1943) e *Intruso en la Armada* (*Bell Bottom George,* 1943). Su hueco lo cubriría el veterano Will Hay, asimismo curtido en el mundo del *music-hall,* y con una carrera estimable en la década anterior. No obstante, Hay ofrecía algo diferente al resto, ya que en palabras de Paul Matthew «era la estrella del *music-hall* que mejor se adaptó al medio cinematográfico»[36]. Su interés por el medio hizo que incluso se responsabilizara de la codirección, en coalición con Basil Dearden en varios de sus films, *The Black Sheep of Whitehall* (1941), *The Goose Steps Out* (1942) y *My Learned Friend* (1943). Hay adaptó sus caracterizaciones de desastrado profesor adecuando su personalidad a las estructuras argumentales habituales en la guerra; su incompetencia causaba estragos en las líneas enemigas donde en *The Black Sheep of Whitehall* toca el tema de los quintacolumnistas, y en *The Goose Steps Out* resulta una aproximación cómica al cine de espías. En su última participación, *My Learned Friend,* la guerra ya quedaba en segundo término y su escaso éxito precipitó el fin de su carrera.

Este hecho tuvo un significado premonitorio, en que los cómicos provenientes del *music-hall* darían paso a intérpretes provenientes de otros territorios artísticos. Así sucedió con Alastair Sim (1900-1976), un actor escocés de formación teatral que logró una considerable popularidad con su personaje de sargento en la serie de films del *Inspector Hornleigh,* con la mezcla entre dos de los géneros clásicos del cine británico, es decir, la comedia y el misterio. Aunque la carrera de Sim tocó varios géneros, el actor se sintió cómodo encarnando personajes excéntricos, cuyo paradigma podría ser *Let the People Sing* (1942).

Asimismo, la carrera de Hay se revelaría significativa dentro de la evolución de la comedia en aquellos días. Al principio de la guerra el género adquirió un rol importante en la propaganda, en que los comediantes se situaban en las mismas entrañas del Reich para desplegar todo el efecto "ridiculizador" posible. Sin embargo, conforme fue avanzando la guerra, la comedia dejó de tener ese rol de estimulador propagandístico doméstico. De esta forma, las comedias participadas por Hay, Formby o Radle el conflicto se limitaba al telón de fondo, bien visible, pero que no adquiría el papel protagonizado al inicio. Esa evolución marcaba que su papel había perdido peso y paulatinamente dejaron de liderar la comedia, propiciando el paso a actores formados propiamente en el cine.

Formby no logró buenos resultados en la Columbia y la Ealing. No solo ésta última prescindió en 1943 de Will Hay sino que apenas volvió a la comedia en dos o tres años. En paralelo, Balcon recuperaría sus tiempos en Gaumont-British produciendo *Champagne Charlie* (1944), un *biopic* musical en homenaje a George Leybourne, un viejo héroe del *music-hall* clásico. Al fin, como comenta Charles Barr, «el *music-hall* era un género respetable, como el cine»[37]. Al año siguiente le tocó el homenaje al también importante núcleo femenino del género en otro *biopic*, *I'll Be Your Sweetheart* (1945), confirmando la importancia del legado de un género que había dominado escenarios y pantalla, y que seguiría vivo en el cine británico como podría verse en la serie de comedias que empezarían a surgir en la década de los 50, dominadas por fórmulas alrededor de cómicos y su enfoque bastante escorado hacia el *slapstick*.

Las productoras ya desprovistas de sus estrellas del *music-hall* empezaron a crear comedias con temas más elaborados y retomando ciertos paradigmas de preguerra a partir de comedias con perspectivas excéntricas o de comedias de situación mayoritariamente protagonizadas por estereotipos de clase media-alta. Asquith había enseñado el camino de las comedias ligeras y elegantes con *Pigmalion* y *Coqueta hasta el fin* (1939), y, intercalada en su contribución bélica, siguió el mismo camino en *Quiet Wedding* (1941), una benevolente farsa romántica sobre los preparativos de una boda *middle-class* basada en la pieza teatral de Esther McCracken (1902-1971) y en la curiosa *The Demi-Paradise* (1943), que narra la divertida relación entre un ruso (Laurence Olivier) con su entorno inglés, ambas, en especial la segunda, no dejaban de ser una mirada autocomplaciente de una realidad abiertamente clasista.

La guerra parecía estar cada vez más lejos para este tipo de comedia ligera. Así lo atestigua *On Approval* (1944), según Durgnat «uno de los pocos films británicos capaces de resistir una comparación con el cine de Lubitsch»[38], en virtud de la historia de la relación librada entre un aristócrata arruinado y una heredera norteamericana. Otro título clásico de las *upper-class comedies* fue *English Without Tears* (1944), secuela de un film bastante popular de preguerra, *Coqueta hasta el fin* (1939), que revisa con humor los cambios que produce la guerra en un aristócrata interpretado por Michael Wilding en una colaboración entre Anatole de Grunwald y Sir Terence Rattigan que se hizo clásica en este tipo de comedias, y esta vez, sin contar con Anthony Asquith, el director de la primera parte y estrecho colaborador del productor y dramaturgo, res-

Rex Harrison (arriba)/ Margaret Rutherford (abajo) inolvidables actores de la comedia *Un espíritu burlón* (1945)

pectivamente. Durante la posguerra estos títulos tendrían continuidad: *While the Sun Shines* (1947) –dirigida, esta vez sí, por Asquith con material de nuevo de Terence Rattigan– o *An Ideal Husband* (1947) para un Korda que intentaba revitalizar viejos laureles. Asimismo, durante la guerra aparece un tipo de comedia excéntrica caso de *Don't Take it Heart* (1944), que reanuda la tradición de «película con fantasma» y, a modo de preámbulo de un clásico en la tercera colaboración entre Lean y Coward, *Un espíritu burlón* (*Blythe Spirit*, 1945).

Siguiendo el ejemplo de la Ealing, otra productora, la Gainsborough, arrinconó la comedia para buscar acomodo en otros géneros. Era el momento en que el cine británico abordaba la guerra desde una perspectiva más "seria". La necesidad de otro género que cubriera los deseos de evasión de la audiencia se lo proporcionó el éxito de *Perfidia* (*The Man in Grey*, 1943). El film en sí definió un género, con un estilo visual muy característico, el de melodrama de época (el llamado *costume melodrama*) ya fuera de ambientación histórica o de tono exótico, protagonizado por mujeres con arrojo, tratamiento de la historia cercano al folletín y un tono con toques de cine negro.

El melodrama de época no representaba un género nuevo; la tradición en el cine británico devino más que contrastada en los años de preguerra, desde los melodramas clásicos al melodrama gótico de Tod Slaughter –*Crimes at the Dark House* (1940)–. Aquel mismo año proporcionó uno de los melodramas más brillantes de la historia del cine británico, *Luz de gas* (*Gaslight*, 1940). Ambientado en la época victoriana, el film se beneficiaría de la inquietante presencia del actor de origen austríaco Anton Walbrook, en su papel de sádico marido que hace la vida imposible a su mujer, y por una brillante puesta en escena, en que su director Thorold Dickinson mostró que tenía la lección bien aprendida del cine alemán y soviético. Dickinson se revelaría un estilista capaz de otorgarle a la puesta en escena una dimensión dinamizadora y desequilibrante muy poco común en el cine británico como luego mostraría en la imprescindible *The Queen of Spades* (1949).

El film anunció el auge del melodrama durante aquella década que, combinado con un toque de *thriller*, llamó la atención de David O. Selznick, presto a la hora de *pescar* en la cantera inglesa intentando repetir lo acontecido con Hitchcock. La MGM intentó quemar el negativo original con lo que Hollywood se tuvo que conformar con un *remake* interpretado por Ingrid Bergman, y para muchos, inferior al original, porque Dickinson rechazó la propuesta por razones patrióticas. Más modesta sería la aportación de *La chica en los periódicos* (*The Girl from the News*, 1940), un film que aunque no sea de época supone la revelación de las buenas migas que podían hacer la combinación *thriller*-melodrama, además de la sugerente presencia de Margaret Lockwood haciendo camino para sus futuras estelares apariciones en el *costume melodrama*. Otra perspectiva la dio un especialista, Lance Comfort (1908-1966). *Hatter's Castle* (1942) se centra en un mundo femenino oprimido por el patriarcado con un tono *noir-gothic* que anuncia la inminencia de la apuesta de la Gainsborough.

Las historias de los melodramas de la Gainsborough provenían, la mayoría, de novelas de escritoras femeninas, como Lady Eleanor Smith (1902-1945) –*The Man in Grey, Caravan*–, Margery Lawrence (1889-1969) –*Madonna of Seven Moons*–, y Magdalen King-Hall (1904-1971) –*The Wicked Lady*–o que otorgaban un papel preponderante a las protagonistas femeninas, en un papel más activo acorde con los tiempos en que, a pesar de recrear mujeres de la *upper class*, no actuaban ni por asomo como lo habían hecho en los melodramas o en el *costume genre* hasta aquel entonces. El *nuevo* melodrama tendía por subvertir los valores de moralidad criticando explícitamente la hipocresía de la sociedad victoriana a través de heroínas sexualmente activas o algunos personajes masculinos que las ayudan en su intento. Algunas, según señala Sarah Street, estrechan lazos con sectores sociales residuales a la aristocracia[39]. En parte, el género iba mayoritariamente destinado a una nueva audiencia femenina, mucho más independiente sexual y socialmente y que, a tenor de las encuestas de audiencia, era la que llenaba las salas[40]. Ese interés por los personajes femeninos asimismo condicionó parte de la producción de la Gainsborough dedicada a otros géneros, como el *biopic* musical *I'll Be Sweetheart* (1945) o *A Place's of One's Own* (1945), un *midpoint* entre *ghost story* y melodrama, y *Millions Like Us* (1943), el film que más explícitamente da visibilidad a la «*mobile woman*». Esta llamada a la "subversión" femenina depositaria del *costume melodrama* mostraba indirectamente una constatación de que la fórmula patriótica de establecer un consenso clasista en tiempos de guerra era más una estrategia que una realidad y, a pesar del progresivo afianzamiento de las clases medias, el clasismo seguía siendo un tema pendiente. Pero también el melodrama de la Gainsborough deviene el primer desafío del desaforo romántico ante los distintos consensos que pretenden establecer el "*establishment*" cinematográfico, incluido el MoI, por aquel entonces más preocupado por las propuestas realistas y las necesidades de propaganda.

El modelo también estaba sustentado por un particular y homogéneo *look* otorgado por una estrategia de producción llevada por Ted Black (1900-1948) y R.J.Minney (1895-1979) con una estructura estable de directores, Leslie Arliss (1901-1987) y Arthur Crabtree (1900-1975) preferentemente, y con un grupo reducido de intérpretes de la casa, entre los que destacaban James Mason, Margaret Lockwood, Phyllis Calvert, Stewart Granger, Jean Kent o Patricia Roc, quienes formalizaron uno de los primeros *star system* británicos alimentado exclusivamente del medio cinematográfico. De sus filas saldrían las denominadas «*Wicked Ladies*» encabezadas por Margaret Lockwood, cuya gestualidad y erotismo aseguraban el impacto de la jugada. Algunos personajes tuvieron un tratamiento gótico, caso de Lord Rohan (James Mason) en *Perfidia*, en que lo siniestro se enzarza con lo sexual. No obstante, el melodrama Gainsborough no era *gothic melodrama*, ya que los elementos góticos aparecieron de manera intermitente. Más visible devino un tratamiento *noir*, no solo en las historias de desajustes femeninos, sino en una fotografia *low key*[41] y un tratamiento ágil y rudo de la narración, con lo que más que *gothic melodrama* serían más preciso referirse a «melodrama femenino» o *noir melodrama*.

Tras el éxito de *Perfidia*, empezaron a aparecer un montón de títulos en que la voluntad escapista del género tuvo ambientes victorianos y de factura más elegante, –*Fanny by Gaslight* (1944), en parte por la siempre cuidada dirección de Anthony Asquith– o recreaciones exóticas y atemporales –*La madonna de las siete lunas* (*Madonna of Seven Moons*, 1944). El éxito de este par de films logró consolidar el modelo en que ya era evidente cierta evolución; se había pasado de la lucha de igual a igual entre personajes "positivos" y "negativos" a dar paso a una atracción sin complejos por los personajes "peligrosos", destacando la protagonista Barbara Skelton (Margaret Lockwood) en *La mujer bandido* (*The Wicked Lady*, 1945). Su personaje, en parte una evolución de su papel de malvada en *Perfidia*, describe a una mujer casada por conveniencia económica que decide tener una vida más "aventurera" convirtiéndose para ello en bandida. La atracción hacia esta «antiheroína» no era simplemente una rebelión contra la mediocridad de la vida que la espera encarnada por un marido convencional (Griffith Jones), solo interesado por el deber, sino en el contraste con Caroline (Patricia Roc), la anodina heroína que desea una existencia sin sobresaltos. Aunque la crueldad con que plasma esa vida "aventurera" la reserva un castigo, la atracción por un personaje que se rebela contra la moralidad victoriana y las convenciones era goloso para una audiencia femenina cansada de las restricciones de la guerra. Enmarcado en la austeridad de la guerra, el efecto fue inmediato ya que, según comenta Sue Harper «les introducían en un mundo de fantasía, donde la libertad y el placer eran coincidentes»[42].

Margaret Lockwood y Michael Rennie en *La mujer bandido* (1945).

El conflicto entre los deseos y la convención social seguirían presentes en otros melodramas de la casa, esta vez con ambientación contemporánea y de formas más suaves que sus homólogas *costumes* como la sensiblera *Historia de amor* (*Love Story*, 1944) y la curiosa *They Were Sisters* (1945), ambientada a caballo entre los años 20 y 30 en que propone varias definiciones de feminidad a través de la historia de tres hermanas que deben afrontar problemas con sus respectivas familias. Con el género en el punto más álgido de popularidad otros productores se sumarían a semejante demanda, destacando la exitosa *El séptimo velo* (*The Seventh Veil*, 1945), en que un marido obsesivo (James Mason, agrandando su fama de *bad boy*) controla a su mujer pianista.

A partir del fin de la guerra, el género perdió fuelle, a pesar de algún título como *Caravan* (1946), ambientada en el "exotismo" del sur de España. El protagonismo esta vez es masculino, Richard Darrell (Stewart Granger), y debe debatirse entre dos mujeres; la una, bailarina gitana (Jean Kent) que vive libremente en una cueva granadina y le salva de una conspiración para matarlo, y una aristócrata (Anne Crawford) atrapada en un matrimonio no deseado. La historia acaba beneficiando a la segunda, convirtiéndose en una doble metáfora anunciadora no solo de cómo la sociedad de posguerra intentaría hacer que una mujer mucho más liberada social y sexualmente

Leslie Howard puso todo su carisma a la causa de la guerra

salida de la guerra vuelva a la convencionalidad doméstica, sino también del propio cine que dejaría de estimular la fantasía para volver a esquemas más trillados. El siguiente film de la productora, *El arco mágico* (*Magic Bow,* 1946), un *biopic* melodramático sobre el violinista Paganini, confirma la tendencia. Si bien las mujeres seguían teniendo un rol activo, el protagonista recae en un personaje masculino (de nuevo Stewart Granger), cuyo destino pasa, una vez más, por escoger a una de las dos mujeres de caracteres antagónicos. Así, el personaje en cuestión elige a la más convencional (Phyllis Calvert). A pesar de ello, el film está lleno de momentos sublimes; la emotiva despedida de Calvert ante su amado es una de ellas, pidiéndole a Paganini que toque una pieza mientras la dama sale de la habitación. Era la confirmación de que el melodrama de la Gainsborough había nacido para suplir las necesidades coyunturales de una determinada audiencia y que cuando esta motivación desaparecía, el género perdió todo su sentido.

LA VUELTA AL CINE DE ESPÍAS

Uno de los pocos géneros que nunca desapareció durante aquellos años fue el cine de espías. Un género que ejemplifica a la perfección la "hibridación" existente entre el cine escapista y el comprometido con la realidad del momento. Al inicio de la guerra las cintas de espionaje, en las que Alfred Hitchcock lo había dejado en cotas muy altas, abundaron a modo de fácil trasvase de un género de enorme popularidad hacia la realidad bélica. De esta forma surgieron títulos del alcance de los apuntados *Contraband* y *Night Train to Munich*, en que la dinámica y atmósfera *hitchcockiana* se amolda con soltura a la convulsa confusión inherente al conflicto establecido. En ellos la presencia de un tratamiento romántico revelaría la herencia de la época anterior, pero la nueva situación obligó a un cambio. Pronto aparecieron historias en que los espías presentaban una apariencia más cotidiana, como *Cottage to Let* (1941), en que un idílico marco rural se formula una tapadera perfecta para el quintacolumnismo. Un tema que preocupó tanto a las autoridades que financiaron films monográficos en el que se advertía a la población de los peligros de hablar demasiado («*Careless Talk Cost Lives*»). Así nació el proyecto de *Next of Kin* (1942). Si bien no se trata de un film de espías, la irresponsabilidad del hablar demasiado ante una aparente cotidianidad genera el punto de inicio y el desencadenante final.

En el ecuador de la guerra el cine británico puso su mirada en los países ocupados donde la aparición de células de espionaje servirían para ayudar a la resistencia local. En producciones como *Squadrom Leader X*, *Uncensored* o *The Night Invader* aparecen tramas de espionaje, aunque fue en esta última la que intenta rescatar ese aire de romanticismo inherente al arranque de la guerra. Una vez concluido el ciclo de films que pretendieron apoyar la labor de las resistencias nacionales frente a las invasiones nazis, el cine de espías volvió a aparecer bajo formas algo más escapistas. Emblemático fue el título *The Adventures of Tartu* (1943), intento a medio camino entre el cine de espías y de apoyo a países ocupados. Empieza con un enfoque documentalista con la tensa desactivación de una bomba por parte de un especialista (Robert Donat) en el Londres del *blitz*. Sus conocimientos y origen le hacían ser candidato perfecto para una misión en Checoslovaquia. En este país centroeuropeo se disfraza de excéntrico rumano, casi emulando a Leslie Howard y su *Pimpernel Smith*, en lo que curiosamente no deja de ser el itinerario inverso que ha dado el cine británico durante la guerra, esta vez de la mano del realismo en tránsito hacia lo novelesco. Así lo muestra la imagen del protagonista acicalándose con su sombrero y traje de rayas antes de entrar en acción. La vertiente romántica también era evidente en *Yellow Canary* (1943), algo nada extraño viniendo de Herbert Wilcox, de regreso a su patria depués de su periplo en Hollywood, siempre preocupado en ofrecer vehículos de lucimiento para su esposa, la actriz Anna Neagle, quien se movía con bastante comodidad en ambientes lujosos. Unos meses antes se había filmado uno de los títulos seminales de esta nueva serie de cintas de espías, *They Met in the Dark* (1943), en que se describe a un oficial de la marina degradado (James Mason) que desenmascara una trama de quintacolumnismo. En el film se recupera la idea de la conspiración como núcleo de la trama al modo de antes de la guerra, en que espionaje y *thriller* van irremediablemente unidos, aderezado por la socorrida subtrama romántica. Mason, entre melodrama y melodrama, se convirtió en especialista en este tipo de films, caracterizado por una vertiente propagandística difuminada por un cine más de género. Así sucedió con *La espía de Argel* (*Candlelight in Algeria*, 1944) y *Contraespionaje* (*Hotel Reserve*, 1944), en el que un tono exótico deviene un añadido comercial a sendas tramas. Al término de la guerra el género asimismo acusó el cansancio generalizado hacia todos los temas que referenciaban al conflicto, volviendo con fuerza a raíz de la guerra fría a finales de la década.

PREPARANDO LA POSGUERRA

Con la guerra a favor, el cine británico remitió su fuerza de descripción inmediata del conflicto y, poco a poco, retomó los géneros. Algunos films empezaron a analizar el proceso global de la guerra y el cambio que comportaba en la población. *The Way to The Stars* (1945) se inicia con la imagen de un aeródromo abandonado para, a continuación, introducirnos primero en 1940 con el dramatismo de los primeros meses de la guerra y luego situarnos en 1942, centrando el discurso en la colaboración norteamericana. Esta estructura en *flashback*, le incorpora automáticamente un fuerte sentido de nostalgia y explora el impacto emocional que había causado la guerra en sus protagonistas. No es tanto un film sobre cómo hacer la guerra, sino vivir con la guerra[43]. Otro film recopilativo fue *La vida manda* (*This Happy Breed*, 1944), aunque el período que abarca se amplía desde 1919, a través de las vivencias de una familia de clase media urbana. David Lean, su director, repite parámetros de su anterior film *Sangre, sudor y lágrimas*, en el modo de la imagen de la familia metaforiza globalmente el país con sus conflictos, tragedias, pero con un profundo sentido de unidad, todo bajo un espectro bastante conservador inherente al texto de Coward. Aunque el film apenas tamiza el dinamismo alcanzado en el desarrollo de las sociedades urbanas del momento, sí deja ver a trasluz el peso cada vez mayor de ellas. La experiencia de la guerra supuso una cierta "homogeneización" social al obligar a personas de orígenes sociales y geográficos a pasar por el filtro militar.

Más beligerante resultó *A Canterbury Tale* (1944), nacida a modo de reacción a ese proceso eminentemente urbano. Definida por Powell y Pressburger como su primera obra antimaterialista, se apela a valores eternos, Canterbury y su iconografía rural parecía un lugar indicado para ello. Salían a la palestra temas que la urgencia de la guerra no permitió tratar como la fractura entre campo/ciudad fundamentalmente representada mediante la figura de Thomas Culpeper (Eric Portman), un historiador *amateur* de formas trascendentes que despierta en varios personajes de origen urbano unas raíces que la guerra ha hecho olvidar. Asimismo lo hace con un soldado norteamericano (John Sweet) mostrando el impacto no solo humano sino cultural que ha ejercido la presencia de decenas de miles de soldados venidos del otro lado del Atlántico a las Islas Británicas.

Otro ejemplo que se interrogaba sobre la herencia nacional, si bien menos ambicioso, fue *Tawny Pipit* (1944). Dirigida por el habitual actor Bernard Miles, cuenta la historia de un grupo de habitantes de un pequeño pueblo inglés que salen en defensa de un par de aves de una especie poco común. La historia representa un *Mcguffin* para hablar de nuevo del modelo rural representativo de la forma de vida más genuinamente inglesa. Otro enfoque que miraba al futuro lo dio Basil Dearden en su tercer largometraje en solitario, la curiosa *They Came to a City* (1944), en que, a través de una historia basada en una obra de J. B. Priestley que aparece en el prólogo del film, se explica una fábula a una pareja y se les interroga sobre qué tipo de sociedad esperan ver en la posguerra. Priestley parece facilitarles el trabajo con la historia de nueve personajes de diferentes clases que son sacados literalmente de su contexto diario y llevado a una utópica ciudad socialista cuyas puertas aún permanecen cerradas. Priestley expone una opción de compromiso en que los pocos idealistas entran y los personajes más subyugados por el dinero y las clases –la mayoría– rechazan. El film, sumamente teatralizado, se añadía al debate de lo que aguardaría a una nación forzada a la construcción de un discurso unitarista. En este sentido y en palabras de Alan Burton «rechazaba la supuesta armonización que había sido central en los dramas bélicos y en donde el antagonismo de las clases es aún visible»[44].

Ya fueran tanto valores urbanos como rurales, el cine británico vio por fin un momento de reflexión de lo que había sido su experiencia en la guerra. La conclusión era que debajo de las algarabías patrióticas residía una sociedad traumatizada por la guerra y fragmentada por las clases, a pesar de las experiencias conjuntas, impensables décadas atrás. La restricción y la disciplina impuesta por el patriotismo habían dejado mella; el debate surgiría si en el nuevo período a punto de abrirse era preferible preservar los valores establecidos en los años de guerra o dar validez a una nueva etapa. En estos films la llama de ese debate ya se intuía; un universo nada complaciente con un punto de pesimismo apareció de entre los *escombros* de la guerra *inundando* las obras de los grandes cineastas de la posguerra. La recuperación de la pulsión individual iba asociada a retratos de crisis individuales y colectivas. En ese entorno surgirían *Breve encuentro* (*Brief Encounter*, 1945) y *Larga es la noche* (*Odd Man Out*, 1947), con personajes en constante sensación de fuga e intentando huir de un entorno asfixiante, pero también el resurgimiento del cine criminal o el tono cada vez más oscuro que va adquiriendo el popular género del melodrama. Esa tensión también fue estética ya que la posguerra mostraría las esencias de los cineastas hasta entonces enclaustrados en la ortodoxia realista. El debate no se produjo tanto entre cineastas sino entre un *establishment* que quería preservar el realismo como seña de identidad del cine británico por convicción o como mecanismo de supervivencia con respecto al gigante norteamericano, y los que preferían ir por libre y explorar su propia creatividad. En 1946 no podía haber más euforia de los partidarios de la primera opción. Roger Manvell apunta en la idea de «un renacimiento en el cine en Gran Bretaña y que hemos fundado una escuela nacional que la coloca en su lugar en la Historia del cine»[45]. Sin embargo, los verdaderos protagonistas de la posguerra serían los segundos.

NOTAS

[1] De 1 billón de entradas vendidas en 1940 se pasó 1,5 en 1943. Vid. GLANCY, Mark. Going to the pictures: British Cinema and the second world war. (http://sas-space.sas.ac.uk/2810/1/Glancy,_Going_to_the_pictures.pdf)

[2] LANT, Antonia. Blackout-Reinventing Women for Wartime British Cinema, Princenton University Press, Princeton, 1991, p. 224.

[3] ALDGATE Anthony. Britain can take it, Basil Blackwell, Oxford, 1986. p. 2.

[4] PRO INF 1/867.

[5] Vid, ESTEVE, Llorenç. "Los invasores (49th Parallel, 1941): las paradojas de la propaganda bélica" en el libro Santiago de Pablo (eds.) La historia a través del cine: las dos guerras mundiales. Universidad país Vasco, Vitoria, 2004.

[6] PORTER, Vincent – LITEWSKI, Chaim. Carol Reed, Festival de cine de San Sebastián, 2000. p. 224.

[7] ROBERTSON, James. The British Board of Film Censors: Film Censorship in Britain, 1896-1950, Croom Helm, Beckenham, 1985. pp.110-111.

[8] RICHARDS Jeffrey. The Age of the Dream Palace (Cinema and society in Britain 1930-1939), IB Tauris, Londres, 2010.p. 41.

[9] Como comenta la razón era para hacer más aceptable al dollar exchange con el Tesoro, p.165.

[10] Richards, Jeffrey. Mass-Observation at the Movies. Taylor & Francis, Londres, 1987 p. 14.

[11] En el publicación Documentary News Letter critico el film ya que daba "la impresión de que la principal misión de la Navy era resolver triángulos amorosos de las "mujeres"de los oficiales". Vid. Chapman, James. The British at War, Cinema, State, Propaganda, 1939-1945, IB. Tauris, Londres, 1998. p. 181

[12] COULTASS, Clive. Images for Battle: British Film and the Second World War 1939-1945, Associate University Press, Londres-Toronto,1989. p.62.

[13] MURPHY, Robert. Realism and Tinsel, Routledge, Londres, 1992. p.236. Por detrás de Los Invasores, se situaron en este orden El gran dictador, Pimpernel Smith, El cielo y tu (All This and Heaven Too) y Lady Hamilton.

[14] ALDGATE, Anthony. Ibídem., p. 11.

[15] En Convoy y Ship with Wings, Clements recuperaba cierto arquetipo que interpretó en el film de Korda, el de militar que se redime aunque esta vez no era de la cobardía sino de las distracciones que le provoca sendas mujeres.

[16] Neil Rattigan lo analiza de manera extensa en su libro This is England: British Film and the People's War, 1939-1945, Fairleigh Dickinson University Press, Madison, 2001

[17] ALDGATE, Anthony- RICHARDS Jeffrey. Britain Can Take it (The British Cinema in the Second World War), Basil Blackwell, Oxford, 1996, p. 192.

[18] MURPHY, Robert. Ibídem , p. 68.

[19] CHAPMAN, James. Ibídem, p. 212

[20] BARR, Charles, Ealing Studios, Cameron & Hollis, Londres, 1977.p. 23

[21] Entre 1939 y 1946 la Ealing produjo casi 30 cortometrajes, donde habían tanto films informativos como documentales.

Muchas fueron dirigidas por cineastas de la casa como John Paddy Carstairs, Adrian Brunel o Compton Bennett, y en donde algunas eran introducidas por una pequeña historia ficcionada. Entre 1941-42 Cavalcanti se hace responsable de esta unidad coincidiendo con la ruptura entre Balcon y el Mol.

[22] Charles Crichton (1910-1999), Robert Hamer (1911-1963) y Basil Dearden (1911-1971), son tres de los directores clave de la época dorada de la Ealing que junto al norteamericano Mackendrick (1912-1993) y en menor medida Henry Cornelius (1913-1958) formalizaron los mejores años creativos de la productora.

[23] MURPHY, Robert (ed.) The British Cinema Book, British Film Institute, Londres, 1997, p. 70.

[24] BALCON, Michael. Michael Balcon presents..a lifetime of films, Hutchinson, Londres, 1969, p. 130.

[25] CHAPMAN, James. Ibídem, p. 188.

[26] BARR, Charles. Ibídem, p. 35.

[27] SPICER, Andrew. Typical Men: The Reprentation of Masculinity in Popular British Cinema, IB Tauris, Londres, 2001. p. 7.

[28] Vid. Entrevista a Michael Powell,Kevin Gough-Yates, Michael Powell in collaboration with Emeric Pressburger, Londres, 1970, p. 8 «El Coronel Blimp era un símbolo de la dilación británica por el recuerdo a la tradición y todas las cosas que sabemos que nos está haciendo perder la guerra».

[29] PRO INF 1/867.

[30] LANDY, Marcia. British Genres, Cinema and Society 1930-1960, Princeton University Press, Princeton, 1991, p. 82.

[31] Ojos misteriosos de Londres fue la primera producción británica de terror que recibió la calificación H.

[32] MURPHY, Robert. Realism and Tinsel, Routledge, Londres, 1992, p. 171.

[33] La lista es interminable, Old Mother Riley Joins Up, Laugh it Off, Somewhere in England, Pack up Your Troubles.

[34] PARK, James. British Cinema:the light that failed, Batsford, Londres, 1990, p. 72.

[35] A la inicial Somewhere in England (1940) se le sumaron Somewhere in Camp (1942), Somewhere on Leave (1943) y Somewhere in Civvies (1943)

[36] MATTHEW ST. PIERRE Paul. Music hall mimesis in British film 1895-1960: on the halls on the screen, Associated University Press, NJ, 2009, p. 191.

[37] BARR, Charles. Ibídem, p. 196

[38] Durgnat, Raymond, A Mirror for England, Faber and Faber, Londres, 1970. p. 175.

[39] En Perfidia es con miembros de un teatro, en Fanny by Gasslight con la sociedad de las public houses y en La mujer bandido con un bandolero. Vid. Harper, Sue. Women in British Cinema-Mad, Bad and Dangerous to Know Continuum, Londres – Nueva York, 2000, p. 43.

[40] RICHARDS, Jeffrey, "El cine británico del periodo 1930-1945" en Historia General del cine, vol. IX. Ed. cátedra, Madrid, 1996. p. 158.

[41] La iluminación "low key" se caracterizaba por un fuerte contraste entre las areas de luz y las oscuras

[42] HARPER, Sue. Picturing the Past: The Rise and Fall of the British Costume Film, BFI, Londres, 1994, p. 131.

[43] RYALL Tom. Anthony Asquith (British Film Makers)-Manchester University Press,2005.p. 91

(44) BURTON, Alan & O'SULLIVAN, Tim. Ibídem, p. 71

[45] HIGSON, Andrew. Waving the Flag, Constructing a National Cinema in Britain. Clarendon Press, Oxford, 1997. p. 212

CAPÍTULO 5

LA EDAD DE ORO

CINE DE POSGUERRA (1945-1949)

por Llorenç Esteve

UN PERÍODO DE AUSTERIDAD

Las lecciones aprendidas durante la guerra empezaron a construir el día después. Así es como se explica que los laboristas derrotaran al líder carismático de la guerra Churchill en las urnas poco después de la victoria aliada, recogiendo la idea de que desde la izquierda se podía conducir mejor el país en un período de austeridad. No obstante, según Robert Murphy, las políticas empleadas por el *Labour* apenas eran más radicales de las que podían llevar los progresistas moderados en los partidos liberal y conservador[1]. No parecía casual, por tanto, que los sectores más a la izquierda llamaran al gobierno "burocrático y monolítico"[2] y es que los laboristas optaron por mantener el consenso que se había formado durante la guerra para poder preservar la paz social debido a las buenas relaciones que existentes con los sindicatos. Aún así decidieron nacionalizar empresas, British Telecom y British Gas, también sectores estratégicos, el transporte o la metalurgia. Algunas políticas no funcionaron como el espinoso tema de la vivienda, que debía solucionar un déficit provocado por la masiva destrucción durante la guerra. Poco a poco el país recuperó su potencial económico a base de las exportaciones a países que aún estaban peor, caso de Alemania o Italia. Las cosas en el exterior tampoco resultaron fáciles; Gran Bretaña estaba a punto de empezar el progresivo y ordenado desmantelamiento de su imperio, que tuvo su primera parada en 1947 con la India, la denominada "joya de la corona", y el controvertido abandono de Israel.

Aquellos años preñados de dificultades para la economía doméstica estuvo dominada por el control de precios gubernamental, el racionamiento y un generalizado mercado negro. La extensión de estos tres sistemas determinó el desarrollo social de gran parte de la población que con la llegada de la posguerra no cambió en exceso y fueron aplicados en orden a controlar la inflación[3]. El racionamiento de pan se introdujo en julio de 1946, muchos bienes de consumo eran verdaderos lujos por falta de suministros y el mercado negro funcionaba a pleno rendimiento. La clase media salió tocada del envite y muchas familias emigraron a Canadá, Australia o Nueva Zelanda.

Socialmente constituye un período difícil que conjugó la vuelta de los soldados con el nuevo rol de la mujer donde la escasez de empleo femenino produjo un estrés en la noción tradicional de la familia, con altas cifras de divorcios y de tasa de natalidad a finales de la década. Después de la efervescencia que tuvo el papel de la mujer durante la guerra, los años de posguerra muestran una cierta frustración que films como *Breve encuentro* ya dejan entrever. A falta de lujos, el cine aún desempeñó un papel fundamental en la cotidianidad de la sociedad británica. Su status de medio masivo de entretenimiento siguió vigente los meses posteriores al fin de la guerra, aguantando las cifras espectaculares alcanzadas en los últimos momentos del conflicto con 30 millones de audiencia semanal, dato récord, en 1946[4].

EL CINE EN EUFORIA

Los datos de audiencia y el aumento de la producción, se triplicó en solo tres o cuatro años, dispararon un sentimiento de euforia en el cine británico; todo parecía que podría ir mejor y la esperanza por conseguir una industria fílmica independiente de Hollywood estaba sólidamente alimentada. Sin embargo, había cifras para no mostrarse tan optimistas. Los presupuestos de los films eran cada vez mayores y lo más importante, más difícil para hacerlos rentables. Además, pronto se vio que el aumento de audiencias había sido condicionado por las circunstancias bélicas. Otro motivo de preocupación era saber cuánto tardaría Hollywood en reaccionar después del impás bélico. Antes que esto llegara el cine británico viviría un período excepcional, capaz de creerse su modelo y listo para ambicionar el futuro.

No se trató de un fenómeno espontáneo, ya que la guerra había conseguido dos hechos fundamentales: los británicos habían creado, por fin, una forma propia de hacer cine que funcionaba en las audiencias debido sobre todo a conectar sus historias y personajes con la realidad y el carácter británico y también no menos importante, habían edificado una brillante cantera de cineastas, técnicos e intérpretes. Pero también las circunstancias ayudaron. El fin de la guerra hizo que las ataduras del presente desaparecieran, las penurias económicas y el desconcierto social que comportaría alimentan las temáticas en un momento en que la clase media aún se está reconstruyendo y no se encontraba lo suficientemente fuerte para imponer sus gustos, según con el siempre incisivo Raymond Durgnat más «puritanos y menos sofisticados que sus referentes europeos»[5], en una de las sociedades donde era más evidente la distinción de clases en el consumo cultural y sus contenidos. El espacio estuvo más abierto que nunca para unos cineastas que se sentían más libres para desarrollar sus carreras saliendo como "leones enjaulados" de la autorepresión bélica en busca de confirmar su lugar en el panorama nacional. La industria reforzaría esa voluntad y la reubicación después de la guerra cogería a la censura en fuera de juego[6]. Todo ello facilitaría una etapa llena de obras seminales del cine británico que irónicamente ha sido la gran olvidada dentro de las historias cinematográficas globales, donde sólo se destaca ciertos *landmarks*, el movimiento documentalista de la década de 1930, el *free cinema* y algunas remarcadas individualidades, escasos hitos creemos para una historia tan densa como la del cine británico. También víctima del desconocimiento de historiadores y estudiosos que diluyen estos años con la década de los 50, con condicionamientos industriales y artísticos bastante diferentes, ignorando su especificidad. En mi opinión, constituyó la verdadera Edad de Oro de su historia fílmica, que es la que abarcaremos en este capítulo y que alcanza hasta que la reestructuración del imperio Rank en 1948-49. No se trata de un período de uniformidad estilística sino más bien de la coincidencia de una brillante generación de realizadores, que aprovecharían un momento excepcional dentro de la industria cinematográfica británica.

J. Arthur Rank se convirtió en una figura básica para entender esta excepcionalidad. Su política promovió un cine con impronta de calidad, el denominado peyorativamente *Quality Film*, nacido de la necesidad de expandirse en el exterior, una vieja obsesión desde los fugaces y lejanos triunfos de Korda y Wilcox pero, al mismo tiempo, con la capacidad de crear un clima favorable para aflorar identidades creativas disimuladas por la guerra. Muchas se rebelaron contra el dominante realismo, no solo del proveniente de casa que la guerra había institucionalizado, sino el que ya estaba marcando la pauta en el cine europeo del momento gracias al poderoso influjo del neorrealismo.

La vía británica invertiría en parte los parámetros europeos y muchos films, al menos un buen puñado de los más destacados, surgieron con una profunda vocación estética que denota un ánimo de reformular la personalidad del cine británico más allá del restringido círculo del realismo. No se trató de una ruptura total, aunque en los casos de Powell & Pressburger o Dickinson así lo parecen, sino más bien de otorgar al realismo una capacidad emocional, subjetiva y habitualmente romantizada.

Rank canaliza todo ese potencial a través de la Independent Producers Ltd. (IPL), un espacio donde tuvo cabida una generación inigualable formada por David Lean, Michael Powell y Emeric Pressburger que acompañaron a otros cineastas fuera de su ámbito, Thorold Dickinson y Carol Reed, entre otros, llevando al cine británico a unas cotas artísticas inigualables. Todos decidieron ir por caminos diferentes en busca de una "obligada" autoafirmación personal; las adaptaciones de Dickens de Lean, las de Greene de Carol Reed o el desafío estético de Dickinson y Powell & Pressburger. En el proceso además de compartir los objetivos también hubo ciertos nexos compartidos, alguno particularmente obsesivo como la búsqueda de un huidizo espacio alternativo, la pareja de *Breve encuentro* o de *A vida o muerte (A Matter of Life and Death,* 1946), dan una buena muestra de ello. Además, muchos de los films optaron por liberarse de la tradicional opción narrativa británica de mirar la historia desde un distanciamiento objetivista tan aupada durante la guerra para someterse a los "peligros" de la subjetividad, algunos recurrieron a adaptaciones literarias pero con formulaciones novedosas que no parecen sentirse atrapadas por la literalidad del relato. Unos buenos ejemplos son *Oliver Twist* de Lean o el *Hamlet* de Olivier, otros crean la formulación de su mundo, en especial Powell & Pressburger. En ese viaje los grandes cineastas del

Laurence Olivier puso enfasis en la imagen y el encuadre en *Hamlet* (1948)

momento recurrieron a un reflujo neoexpresionista de distintas intensidades a través de un concepto más elaborado de la imagen –muchos directores de fotografía trabajaron en el cine alemán o asumen esa herencia–, en la creación de espacios y atmósferas fundamentalmente construidas en estudio que superen la frontalidad realista, y de la losa del literalismo bastante enraizado y conecten con una perspectiva más interiorizada del relato. Es el seminal enfrentamiento entre el *alma* romántica y el puritanismo victoriano, la ensoñación poética o el literalismo novelesco, en que los primeros tradicionalmente minoritarios adquieren una relevancia inédita al ser tolerados ante la euforia de establecer al fin la independencia industrial con respecto el cine norteamericano, dictándose conforme a la prioridad número uno. No obstante, algunos, en especial Powell y Pressburger, no pudieron evitar las suspicacias en una clase cinematográfica aún mediatizada por el rigor del realismo. Según Murphy «los críticos tendían a hinchar todo lo que podía estar relacionado con la tradición documental, o, como segunda opción, adaptaciones bien hechas con historias bien trabajadas y personajes psicológicamente impecables»[7].

La irrupción de los realizadores más creativos y arriesgados abriría una brecha producida por la simplista diferenciación entre forma y fondo[8], en que habitualmente los "formalistas", según la crítica tradicional británica, camuflarían con su *style* la ausencia de contenido. Estas reservas por parte de críticos y teóricos que alcanzaron a los mal llamados *technicians directors* en especial Powell y Dickinson, mostraban a su vez la hostilidad con que la industria y sus voceros acogieron la presencia de los "extranjeros" en el cine británico y sobre todo, su influencia, poniendo en solfa el "excesivo" virtuosismo técnico de sus propuestas[9]. Sin embargo, el hecho de plantearse la influencia extranjera y asociarlo con la pericia cinematográfica, idea bastante habitual y consolidada en la década de los 30 ante el aluvión germánico que aterrizó en el cine nacional, forma parte de la tradicional inseguridad, sino complejo, con que los británicos han mirado su propio cine, visto en por la élite cultural más como un entretenimiento que un arte y, por tanto, en inferioridad con las "artes mayores". Ese sentimiento, como hemos comentado, se consolidó durante la década de los 30 dominada industrialmente por las estructuras de Hollywood y plagada de técnicos extranjeros, motivo que despertó el recelo, sino indignación, de gente como Paul Rotha o John Grierson y les sirvió de acicate para construir una "alternativa" con el movimiento documentalista.

El exitoso encuentro entre realismo e imagen, primero en el documental y luego en la ficción, simbolizaba la consecución de un cine "nacional" sin injerencias extranjeras, algo bastante dudoso cuando los documentalistas se nutrieron del cine experimental europeo de los años 20, soviéticos y alemanes incluidos. Los documentalistas que tuvieron el favor de la crítica –Rotha escribió la primera historia del cine nacional–, elevaron el "dogma" realista de una manera tan entusiasta y a su vez rígida. Es lo que el *establishment* denominó "consenso", expresado en algunas producciones durante la guerra basada en el realismo de influencia documentalista y en la posguerra de un cine autolimitado por el puritarismo y la restricción visual que contentaría a las clases medias, proceso que culminaría en la década posterior con el rígido sistema de ciclos de géneros. Es por ello que la irrupción de la otra alma británica, la de aquellos que no temen la visceralidad romántica, rehuyen de la contención y no esconde "lo tortuoso" ante las capas de clase y del puritanismo, y no solo nos referimos a Powell o Dickinson, sino a Lean, Reed, los hermanos Boulting, Roy Baker y más tarde Terence Fisher, Joseph Losey o Derek Jarman, produciendo un cisma que rápidamente se le atribuyó al conjunto de técnicos foráneos, convirtiendo en "tragedia" el no asumir como propia la labor de un buen puñado de cineastas que otorgaron al cine británico una dimensión creativa y sobre todo propia.

Es indudable que los técnicos extranjeros dieron un evidente dinamismo visual y técnico y que, al mismo tiempo, los grandes directores estaban influenciados por estilos nacidos en el continente en una generación donde los Powell, Lean o Dickinson nacidos a principios de siglo XX tuvieron en sus referentes a Murnau, Lang, Buñuel o Eisenstein, o la influencia del cine francés de entreguerras en el *noir* británico (junto la alemana). Pero también parece incuestionable que fusionaron las influencias foráneas con un fuerte compromiso hacia una alternativa que buscara las verdaderas raíces británicas de la experiencia cinematográfica, a partir de referentes autóctonos en autores, temas e historias demostrando que lo cinemático y lo británico no tenían por que estar disociados.

Pero igual que sucede en muchas otras cinematografías la creatividad está íntimamente ligada a la estabilidad industrial y la excepcional aventura de los Lean, Powell y compañía tuvieron los días contados. Pronto se vio que la política de Rank no era sostenible a largo plazo, no solo porque la presión de Hollywood iba progresivamente aumentando conforme avanzó la posguerra, sino porque con una producción de altos costes un error se pagaba muy caro Así, el estrepitoso fracaso de *César y Cleopatra* (*Caesar and Cleopatra*, 1945) fue más que un aviso, devino una señal de que el precipicio estaba cerca.

El fin de la guerra también trajo una reorientación en los temas y géneros. Se dio una reapertura a géneros apenas tratados en la guerra, el cine criminal o de manera bastante más tímida al cine de terror, aunque siempre con la mirada atenta de la poderosa censura británica que protegía los principios de la moral victoriana. Asimismo encontramos nuevos enfoques en el melodrama muchas veces "contaminado" por perspectivas *noir* o en el escaso cine bélico que se abría a enfoques menos ejemplarizantes y más cercanos a la onda subjetivista de esos años. Un período que no rehuye mostrar los efectos postraumáticos de la guerra a través de conflictivos retratos familiares, representaciones de distintas tipologías de crisis (masculina sobre todo) o una reorientación de la mujer en su rol privado y público. Todos en parte marcados por visualizar el conflicto entre el individuo y su entorno, notablemente disimulado durante la guerra. En definitiva, un período rico, complejo, creativo que aunque cada vez más se está empezando a reivindicar, vivió un larga travesía de ostracismo tanto desde el exterior. En parte ello se debe a que los seguidores de la escuela surgida del *cahierismo* establecieron lazos en común entre el cine de posguerra británico y el cine de "prestigio" o también llamado "de papá" francés que tanto denostaron Truffaut y compañía, como los del interior y su insistencia en la etiqueta reduccionista de *Quality Films*. Una terminología que se utilizó para definir a films bastante diferentes entre sí, desde las adaptaciones literarias de grandes obras, los *costume films*, o las expresiones más artísticas, incluidas las que se revelaron contra el cine "dominante" de presentación realista, poniéndolo en el mismo saco por el mero hecho de exhibir una vocación estética. Superados afortunadamente estos debates, los británicos ya se han puesto las pilas, pero aún con trabajo por hacer en la reivindicación sobre todo a nivel global, la posguerra resultó un momento excepcional. Un período marcado por el aprovechamiento del fortalecimiento industrial que abrió a la creatividad a una comunidad formada y consolidada en los años anteriores y sobre todo capaz de enfrentarse sin recelos a una nueva realidad sin tantas cuentas que rendir.

RANK: EL *MOGUL* BENEFACTOR

Durante la guerra Rank no solo se consolidó como la personalidad más fuerte del cine británico, con una política seudomonopolista, sino que se convirtió en el *mogul* más poderoso en cincuenta años de historia de la cinematografía en las Islas. Alrededor de su inicial buque insignia la British National, Rank empezó a expandirse a raíz de la consolidación de la Independent Producers y luego echando el ojo a las productoras

Cesar y Cleopatra (1945) fue uno de los mayores desastres del cine de posguerra.

que funcionaban en aquel momento. Una de sus primera víctimas, la Two Cities, era una productora de prestigio, que conducida por Filippo del Giudice había arropado, entre otros, el inicio de la relación Lean-Coward, los films de Laurence Olivier y *Larga es la noche*. Poco a poco, Rank arrinconó a del Giudice que marcharía en 1947, prosiguiendo su expansión llegaría a un acuerdo con la Ealing, aunque Balcon, otro peso pesado, sabe contentarlo sin perder la orientación, y también conseguiría controlar la Gainsborough, desprendiéndose de su productor más destacado de los últimos años, Maurice Ostrer, y sustituyéndolo por Sydney Box y su camarilla familiar. Ya viendo lo que iba a suceder, la Cinematograph Films Council, un órgano gubernamental, advertía en 1944 de la posición dominante que el productor ejercía[10]. Sin embargo, su monopolio quedó matizado por la diversificación de la producción, en manos de pequeñas productoras independientes con algunas figuras destacadas, entre ellas Anatole de Grunwald. Las compañías ya existentes conservaron su autonomía y las subsidiarias de Hollywood que aún permanecían en suelo británico. Controlado dos tercios de la distribución que mantenían a raya la siempre amenazante presencia de Hollywood, su siguiente paso se dirigió a intentar internacionalizar el mercado británico con el fin de amortizar una producción que tendía al sobrecoste. Su aventura americana asociada con la Universal no progresó pero sí, en cambio Rank, pudo establecer su poder en Canadá, Australia o Sudáfrica. Como ya hemos comentado, Rank intentó hacer una labor no excesivamente intervencionista, probablemente porque él era el primero en reconocer su ignorancia en la faceta artística del cine. Fuera por desconocimiento o por prudencia este paraguas financiero funcionó con éxito en los denominados Independent Producers Ltd. Sin embargo, cuando decidió intervenir sus decisiones no siempre resultaron tan acertadas. El productor pretendía competir de tú a tú con un Hollywood en proceso de recuperación después de la guerra. Así fomentó una producción de "prestigio" donde abundaron cine de ambientación histórica, cine con origen literario de pedigrí o intentos de recrear en suelo inglés géneros paralelos del cine norteamericano. Rank incluso dispuso de una productora de animación, la Gaumont-British Animation, a cargo del animador proveniente de Disney, David Hand (1900-1986) con el pretendido y, a la postre, fallido intento de desbancar al gigante americano en suelo británico. De este modo no era extraño que Gabriel Pascal persuadiera a Rank para prolongar la presencia de Bernard Shaw en el cine, después del éxito de *Pigmalión*, desconociendo las consecuencias desastrosas de esa asociación, primero con *Major Barbara* (1941) y luego con la fastuosa *César y Cleopatra*. Tampoco le salió bien el intento de emular el cine músical al estilo Hollywood con *London Town* (1946) llevada por un cineasta norteamericano Wesley Ruggles.

Rank no tuvo tampoco suerte cuando progresivamente se dispuso a controlar algunas productoras. La Gainsborough constituyó un ejemplo paradigmático. A mediados de los 40 mantenía el tipo bajo el mando de los hermanos Ostrer y el productor Edward ("Ted") Black. Después de la guerra Rank decidió tomar el control colocando a Betty y Sydney Box al mando de la producción, y a su esposa Muriel responsable del departamento de guiones. No obstante, los nuevos responsables diluyeron el popular *costume melodrama* en dramas históricos, melodramas contemporáneos y *biopics* que provocaron el cierre del estudio en 1950. Rank también puso sus manos en la Ealing, aunque esta vez Balcon mantuvo el control y solo cedió en algunas producciones ya fueran adaptaciones literarias –*Nicholas Nickelby* (1947)–, *epics* –*Scott in Antarctic* (1948)– o melodramas de ambientación histórica –*Matrimonio de estado* (*Saraband of Dead Lovers,* 1948)–.

INDEPENDENT PRODUCERS: UN ESPACIO PARA LA CREATIVIDAD

Si nos referimos a este período como uno de los más brillantes dentro de la Historia del cine británico inevitablemente debemos asociarlo a la Independent Producers. Durante la guerra Rank se mostró cada vez más implicado en la producción, su intervención para poder concluir *Los invasores* resultó decisivo, después de que el Ministerio de Información se viera incapaz de financiarla. Fruto de aquella experiencia Rank creó la IPL en 1942 con la idea de ayudar financieramente a las pequeñas productoras que iban surgiendo. Rank empezó a acoger a lo mejor de la producción ya que ofrecía garantías económicas, una infraestructura en los Pinewood Studios y sin apenas pedir nada a cambio. En una conocida declaración David Lean llegó a decir: «Nosotros, los Independent Producers podemos llevar a término cualquier historia, con el dinero que sea necesario. Elegimos nuestro propio elenco de actores y nadie interfiere en la forma con que se realiza el film. Nadie ve el film hasta que este finalizado y no hay cortes que pase antes por la decisión del director o productor y ninguno de nosotros tiene ninguna atadura ni forma de contrato»[11]. Con esta idílica perspectiva que describe Lean, un director inconformista y exigente, no era extraño que los cineastas más creativos del país se unieran con entusiasmo al grupo.

Los primeros fueron The Archers, la productora resultante de la unión entre el cineasta Michael Powell y su guionista Emeric Pressburger que entendieron que su entente iba más allá de sus respectivos roles creativos priorizando su aportación dentro de un conjunto. Así, en una de sus primeras decisiones decidieron firmar siempre con el emblemático «Dirigida, producida y escrita por Michael Powell y Emeric Pressburger». Su cine que escapaba de las convenciones del momento constituyó un escaparate de prestigio para Rank, cuyo punto álgido se produjo en la selección de *A vida o muerte* para la primera Royal Film Performance, un acontecimiento de carácter anual que servía para recaudar fondos presidida por la monarquía británica. Otra visión *amplia* del hecho creativo la aportaron los miembros de Cineguild, que formaron el director David Lean, junto al director de fotografía Ronald Neame y al productor asociado Anthony Havelock-Allan. Rank vio en ellos otro camino para la ambición exportadora del productor, primero con las colaboraciones con Noël Coward y luego a través de las adaptaciones literarias que realizarían de la obra de Charles Dickens. Completan el listado el *partnership* entre Sidney Gilliat y Frank Launder, dos guionistas asociados bajo el nombre de Individual, en que ejercen de productores y directores de manera alternada, en un conjunto de films de corte más convencional pero de una calidad siempre estimable. Por su parte, la pequeña productora Wessex Films, con Ian Dalrymple y Jack Lee, levantarían cinco films entre 1947-49 y, el inefable Gabriel Pascal que después del fracaso de *Major Barbara* cavaría definitivamente su *tumba* con *César y Cleopatra*.

THE ARCHERS: UN TÁNDEM IRREPETIBLE

Cuando Rank decidió incorporar The Archers («Los arqueros») a los Independent Producers, ya sabía del potencial de un equipo puesta a prueba en *Los invasores*. Powell y Pressburger, aupados por el éxito de aquel film, propusieron un reverso del mismo en *One of Our Aircraft is Missing* (1942), en que ya deciden firmar juntos los créditos. El film, con un cierto enfoque de sofisticación dentro de los parámetros del realismo bélico, deja entrever que se tratan de directores que trabajan la imagen más allá de una función rutinaria. Algo que confirmaría *El coronel Blimp*, su primer film oficial dentro de la IPL y que Rank protegería celosamente ante la oposición del *establishment* político, y de los intentos de prohibición de Churchill, a sabiendas que invo-

Deborah Kerr huyendo de sus propios demonios en *Narciso Negro* (1947).

luntariamente le favorecería publicitariamente. En ella empiezan a verse la ambición de unos cineastas con una marcada influencia de los hallazgos visuales del cine mudo, sobre todo alemán, concretado en la construcción simbólica del encuadre y un juego temporal tan personal muy presente en el film con su estructura de *flashback* y la división en tres momentos de la vida y la Historia. Powell y Pressburger no podían proseguir con la exuberancia visual de *Blimp* debido a las restricciones bélicas y armaron dos pequeñas producciones mostrando sus intenciones futuras. *A Canterbury Tale* (1944) y *I Know Where I'm Going* (1945) recrean en sencillas dicotomías entre unos personajes urbanos tocados por una mirada nostálgica hacia la invocación del paisaje y de la cultura rural. Curiosamente, se debe más a la aportación del "extranjero" Pressburger que del británico Powell, bastante interesado en la introspección de la identidad británica. Estos dos films eran, según Powell «fábulas antimaterialistas»; una entre el pastoral y la historia de aprendizaje, y la otra a través del esqueleto argumental de una fábula romántica.

Su siguiente producción, *A vida o muerte,* corona esta informal trilogía con toda una declaración de principios de los parámetros que regirían su carrera. La trama planteada a través del explosivo enamoramiento de un piloto británico (David Niven) y una militar norteamericana (Kim Hunter) en el dramatismo de un avión a punto de ser derribado nos sitúa con todas las consecuencias en ese universo tan querido por sus creadores del límite entre lo creíble y lo surreal, o entre lo real y lo mental. La primera duda se formula sí está muerto o está vivo; la certeza es que la guerra ha resultado una experiencia traumática algo ya sugerido en *A Canterbury Tale* y que solo el apasionamiento romántico puede salvarle. A partir de aquí Powell y Pressburger crean la arquitectura de su discurso abriendo debates ante el futuro inmediato, dicotomías como USA vs Gran Bretaña, materialismo vs individualismo. Éstas son bastante evidentes, con el trasfondo de la progresiva norteamericanización de la sociedad británica y algunos otros más sujetos a interpretación como la crítica al *welfare state* laborista metaforizada en la recreación del rígido ordenamiento celeste. Recorriendo estos debates encontramos una obsesión central, sobre todo de Powell, al visualizar la defensa de una forma de ver la creación y el cine. La autoreflexión formalista implica un elogio del tiempo de la creación, mental y subjetivo por encima del tiempo objetivo, el del dominante realismo-documentalismo expresado simbólicamente por la clara división visual entre el monocromo y el Technicolor que refleja los dos mundos: el terrenal y el celestial, con un orden temporal claramente diferenciado.

Parece claro que Powell y Pressburger realizan un pequeño ajuste de cuentas al *establishment* que ha "decretado" el realismo de influencia documental convertido en el *auténtico* estilo nacional. La dupla plantea su alternativa a través de una forma de ver el mundo de una forma tan purista británica como lo puede ser el realismo, con la conexión con una tradición creativa que abarca desde Bunyan, Shakespeare, Raleigh, Chesterton o Kipling, algunos citados explícitamente en la historia.

No sin reservas, establecido su punto de vista a la comunidad cinematográfica, Powell y Pressburger decidieron llevarla a la práctica en su siguiente proyecto, *Narciso negro* (*Black Narcissus,* 1947), sin duda su obra cumbre, incluso por delante de la más reconocida *Las zapatillas rojas (The Red Shoes,* 1948). En ella la historia de unas monjas que enloquecen en un palacio reconvertido en monasterio en el Himalaya marca las más altas cotas visuales de la Historia del cine británico.

El film funciona casi sin historia varios años antes del cine desconstructivo de los 60, sustentado narrativamente a través de la evolución psicológica de sus protagonistas, la monja superiora (Deborah Kerr) y una monja convertida en su espectro oscuro (Kathleen Byron). Lo que curiosamente se convirtió en la primera adaptación literaria de los Archers[12], una novela de Rumer Godden (1907-1998), es probablemente su film menos "literario". Las protagonistas son incapaces de controlar los "acontecimientos" del relato y quedan sumidas en el panteismo de lo mental y lo telúrico (el viento del Himalaya), atrapadas por el pasado al que es necesario recurrir para reconocerse y seguir avanzando (idea que también ejemplifica la carrera de Powell y sus referentes fílmicos), magníficamente mostrados en los *flashbacks*, dejando la historia en manos de lo emocional, y de un fatalismo panteista (*The Edge of the World*) al que no se puede derrotar sino convivir. El reto, por supuesto, se convierte en una conjunción entre técnica y estética, entendiendo su cine como un desafío constante y una superación de sus logros anteriores, en que si en *A vida o muerte* el despliegue visual ya era de por sí novedoso aquí simplemente deviene espectacular; el formalismo no es una pose sino un elemento para avanzar en busca de los límites del lenguaje.

El film experimenta con la conjunción tiempo, espacio, cuerpos, rostros, encuadre, montaje y sobre todo color. *Narciso negro* es la cima del Technicolor británico, y me atrevería a decir mundial, gracias a la fotografía que juega desde el pictorismo *vermeeriano* de la escena inicial en Calcuta a una apabullante dialéctica expresionista de la paleta cromática, utilizando hábilmente el blanco de los hábitos como resorte multiplicador. Algo que no hubiera sido posible sin la maestría de Jack Cardiff, capaz de conducir el color cinematográfico por la misma evolución que supuso el nacimiento de las vanguardias pictóricas, otorgando al semejante cromatismo la capacidad de visualizar el *psyche* de la historia y los personajes que la mera realidad, tal como la observamos echando trizas el control que los Kalmus hacían de su invento. Más aún, podemos decir que Cardiff consiguió en unos pocos años con el color lo que se tardó décadas en el blanco y negro[13]. Powell & Pressburger estaban anticipando la modernidad, si no lo era ya, reescribiendo un nuevo lenguaje a través de la relectura del clasicismo y de sus modelos de representación. La alternativa plantea una convivencia entre la construcción estética con una deconstrucción narrativa, por ejemplo, ante la significación del colapso colonial, a través del fracaso de unas monjas que pretenden "occidentalizar" un rincón del Himalaya, ponen en entredicho no solo el discurso sino la narrativa y los esquemas tradicionales de representatividad del mismo, en lo que no es ajena un guiño a una figura simbólica del *empire film*, esto es, Sabu, descrito como decadente príncipe[14]. Como es habitual en su cine el film ofrece muchas lecturas y temas, ya que puede enfocarse como un estudio de la sexualidad (como elemento de represión en la sociedad británica), una alegoría sobre el fracaso del colectivismo (la posguerra presente) y la contención (el cine realista), la lucha de identidades (la real y la superpuesta) funcionando de eje vertebrador de la vida o el papel preponderante de la nostalgia (el itinerario errante de Pressburger). Evidenciando que el acomodaticio latiguillo de una obra encerrada en su estética, de vacuo formalismo como muchos vieron *Narciso negro* y "condenaron" gran parte de la filmografía "*archeriana*", es totalmente erróneo.

Las zapatillas rojas resultó un film más convencional, pero igualmente destacable. Powell y Pressburger recuperaron una vieja historia de la época de Korda de preguerra, para establecer un canon casi único del "film-ballet", con una vigencia innegable mostrada recientemente en *Cisne negro (The Black Swam,* 2010). El material de origen es la fábula de Hans Christian Andersen (1805-1875), no en una forma de adaptación tradicional, sino como una doble adaptación de ambientación contemporánea y de representación musical que no solo conviven sino que se retroalimentan.

A los Archers les interesó esta incursión en el mundo del ballet por la oportunidad de reflexionar sobre los procesos creativos, en especial, en la defensa de un concepto colectivo de arte. Largas escenas de discusiones, ensayos, relaciones captan la atención de la cámara en los entresijos de una estructura artística que bien podría equipararse con el cine[15]. Esta evidente declaración de amor a la profesión se plasma en el específico resultado artístico que se produce en la unión de artistas de diferentes campos y formalizado en un número de 17 minutos específicamente creado para el film, un *tour de force* creativo que aún impacta ante su visionado de nuevo con la aportación esencial de Cardiff y del director artístico Hein Heckroth (1901-1970) que había sustituido en esa función a Alfred Junge. Powell pretendía ampliar la capacidad de lo que se denominó *composed film*, ya mostrado en el clímax de *Narciso negro*, en que la música determina y condiciona la visualidad fílmica.

El resultado es incuestionable gracias más a la intensidad y autenticidad que desprende sus imágenes que por su retrato de los bastidores del mundo artístico. Pero ante todo crearon una obra de inmediato y continuado impacto, en lo que seguramente constituyó el film con mayor influencia en otros cineastas, empezando por Gene Kelly que tomó prestado los hallazgos del número de ballet para *Un americano en París* (*An American in Paris*, 1951), hasta Martin Scorsese, que traspasó el ceremonial casi religioso del ballet por el ritual en el cuadrilátero en *Toro salvaje* (*Raging Bull*, 1980)[16]. *Las zapatillas rojas* supuso otro éxito, pero no evitó la pérdida de confianza con Rank, ya entonces bastante tocado por la crisis financiera de su emporio a raíz del descalabro de *César y Cleopatra*. Era el final de una época idílica dentro del cine británico y abriendo un período de incertidumbre para todos los que se acogieron al mecenazgo de Rank.

Después de la etapa Rank, The Archers decidió volver con un viejo "amigo" Alexander Korda, del que tenían el recuerdo positivo en sus inicios al ser el reponsable del encuentro entre ellos. Sin embargo, el Korda que encontraron era otro, bastante intervencionista y debilitado por el forzado intento de emular a Rank en el liderazgo de los productores independientes. Para mantener su posición Korda recurrió a coproductores norteamericanos, Goldwyn y Selznick lo cual no ayudó en las intenciones artísticas de The Archers convirtiendo *El Libertador* (*The Elusive Pimpernel*) y *Corazón salvaje* (*Gone to Earth*), ambas de 1950, en desastrosas experiencias. Powell-Pressburger solo pudieron levantar en codiciones *The Small Back Room* (1949), un film que abandona la exhuberancia visual para respaldar una historia de trasfondo bélico protagonizada por una tipología de personaje atormentado bastante habitual en las pantallas británicas de la época.

Su último film personal, *Los cuentos de Hoffmann* (*The Tales of Hoffman*, 1951), marcó el canto del cisne de su cine "artístico" con una adaptación integra de la obra de Offenbach donde llevaron aún más lejos la integración entre música, imagen y color y abandonando la convencionalidad del entramado narrativo. La década que empezaba será la constatación de que su cine era demasiado grande para las restrictivas concepciones comerciales de Rank y sus equipos dirigentes que impondrían en la década de los 50.

CINEGUILD: EL ESPACIO DEL CRECIMIENTO DE DAVID LEAN

Los siguientes en incorporarse a la nómina de Rank fueron los integrantes de Cineguild, David Lean, Ronald Neame y Anthony Havellock-Allan. Al acabar la guerra, David Lean era un cineasta de referencia después de realizar dos films básicos, *Sangre, sudor y lágrimas* y *La vida manda*. Teniendo su cuota de cine de esfuerzo bélico cumplimentada Lean empezaría a buscar nuevos retos aún con el apoyo del dramaturgo Noël Coward, primero con una deliciosa comedia *Un espíritu burlón* y de inmediato con un aparente pequeño film *Breve encuentro*, pero que le daría una fama inmensa sobre todo a raíz de la reivindicación de ciertos críticos franceses[17]. Es su última colaboración con Coward y, a pesar de haber sido rodada aún en plena guerra, el conflicto nunca se menciona. El film parece palpar ese tránsito en el relato de Laura (Celia Johnson), una mujer casada, golpeada por la pasión de una posible infidelidad con el atractivo y encantador Alec (Trevor Howard). El debate se cierra con cierta convencionalidad, con la vuelta de Laura al hogar familiar. No obstante, representa una vuelta en forma de derrota, en que el pesimismo que representa la autorepresión del *alma* romántica de los personajes pesa más que el conservadurismo del texto de Coward y a una sociedad aún rígida moralmente. Esta fricción construida a través de la dialéctica entre texto e imagen, Lean ya siente que va ser la última colaboración con el dramaturgo. Para ello articula un discurso auténticamente propio con la fuerza suficiente para liberarse del espacio que marca el origen literario de sus historias. De tal suerte, crea una puesta en escena a través de tres elementos básicos; rotura de la linealidad temporal, montaje asociativo y la profusión de encuadres extremos. Lean construye con precisión el lenguaje que le va acompañar durante los siguientes años y que sirve en esta ocasión para desarrollar una atmósfera, a veces asfixiante, que tensiona de una manera extraordinaria la narración.

Liberado del material de Coward, su siguiente film sería incluso un reto mayor al enfrentarse a una obra ya canonizada, la del escritor Charles Dickens. En la primera de sus dos adaptaciones de Dickens, *Cadenas rotas* (*Great Expectations,* 1946), Lean extrema su capacidad para crear un espacio que trascienda la propia historia. La adaptación es inmaculada lo que le permite con mayor libertad de nuevo fabricar una atmósfera, aquí en registros más amplios que van desde lo siniestro a lo poético, en parte por una aplicación más profunda del bagaje expresionista en decorados, luz y encuadres. La atmósfera muchos la han calificado de *noir*; remarca ese sentido fatalista tan característico en su carrera, así como la descripción de un universo pesimista, muy acorde con lo que es la posguerra. Lean logra algo excepcional en Gran Bretaña; el cine había pasado de ser de dominado a dominador con respecto a su origen literario. Con esa seguridad Lean afrontaría una nueva adaptación de una obra aún más canonizada, *Oliver Twist* (ídem, 1948). *Domesticado* el medio literario, Lean se recrea más en el contexto que en el contenido, al cual se permite eliminar personajes y segmentos considerables. El cineasta arrincona el tono lírico de *Cadenas rotas* y se centra en un retrato más inflexible con las miserias de una época, subrayando la sordidez

John Mills y Valerie Hobson en *Cadenas rotas* (1946), versión David Lean.

innata del relato redundante de la explícita tenebrosidad *dickensiana*, en un tono muy acorde con su tiempo en lo que podríamos hablar de *spiv film* camuflado en la adaptación literaria, en un relato lleno de pequeños criminales y beneficiarios de la miseria humana[18].

Aparte de Lean, Cineguild también apoya a los otros miembros del grupo. Ronald Neame dirigiría el *thriller Take my Life* (1947), iniciando una carrera de director que se alargaría bastantes décadas, y Havellock-Allan antes de abandonar el grupo produce *La mansión de los Fury* (*Blanche Fury*, 1948), realizada por el francés Marc Allégret que intentaba aprovechar el impulso del melodrama Gainsborough. Después de *Olivier Twist*, Lean decidiría, al contrario de sus compañeros en los Independent Producers, seguir bajo el amparo de Rank, abordando dos films considerados menores en su carrera, pero de una calidad indiscutible. El primero, *The Passionate Friends* (1949) es un film que iba a encargarse de dirigir Neame, pero que Lean forzó cambiar el guión, lo que costó a la práctica la desmembración de Cineguild. Lean volvía al escenario de *Breve encuentro*, el conflicto entre contención y pasión ante la tentación de la infidelidad. Sin embargo, hay una notable distancia entre los dos films, la más evidente la matización del peso moral del texto de Coward, aquí sustituido por una obra de H. G. Wells, adaptada con bastante libertad por Eric Ambler (1909-1998). Los condicionantes morales son en *The Passionate Friends* más económicos al enfrentar personajes

Celia Johnson y Trevor Howard disfrutando de su fugaz felicicidad en *Breve encuentro* (1945).

de clases diferentes. La complejidad del relato lo dan unos personajes que dudan, mienten y no expresan sus verdaderos sentimientos, dejando al entorno un peso menor al que tenía en *Breve encuentro*. Para Lean esta vez son las contradicciones humanas las que generan el conflicto. La otra distancia con respecto a aquel film es la estilística, con una puesta en escena más elegante, menos asfixiante en que siguiendo el hilo de las afirmaciones de Tomás Fernández Valentí, «exprime el *flashback* como generador de una atmósfera de ensueño»[19].

El recibimiento del film a la sombra de *Breve encuentro* lo condenó a una posición de obra menor dentro de su filmografía. También lo fue su último proyecto de la década nacido a modo de vehículo para la nueva flamante esposa del realizador Ann Todd. *Madeleine* era una historia tremendamente golosa para la actriz; se trata de la narración real de Madeleine Smith acusada de envenenar a su amante francés. Lean, que nunca le gustó del todo el resultado, volvería a demostrar su capacidad creativa a través de un relato que de nuevo explora el conflicto entre sensualidad y represión, y que deviene su particular visión de un género popular en la década el melodrama de época. El film fracasó en taquilla, lo que empeoró su relación con Rank. La negativa de éste de financiar un proyecto sobre la reina María de Escocia, titulado *The Gay Galliard*, pensado de nuevo para el lucimiento de Ann Todd, aceleró la decisión del cineasta de dejar Rank y Cineguild, ya desmembrada con el abandono anterior de Neame y Havellock-Allan. Siguiendo el ejemplo de sus compañeros de generación, Lean decidió ir a trabajar con Korda.

INDIVIDUAL: BRILLANTES GUIONISTAS PASANDO A LA ACCIÓN

Otro de los equipos que cobijaba Rank en los Independent Producers, la pareja formada por los guionistas Frank Launder y Sidney Gilliat, eran muy poco conocidos fuera del ámbito británico, pero bastante apreciados en su país. Esta pareja de guionistas, responsables de grandes títulos –*Alarma en el expreso, Night Train to Munich, Kipps* o *El vencedor de Napoleón*– pasaron a la dirección con el drama bélico sobre el mundo femenino en *Millions Like Us*. Rara vez volvieron a acreditarse como directores de manera conjunta pero, en cambio, establecieron un sistema de colaboración en el que se irían repartiendo alternativamente las labores de dirección, producción y guión. Al contrario de sus compañeros de grupo su estilo visual es menos visible, pero bastante definitorio en el tono y el tratamiento de las historias en este período escritas por ellos mismos. Su cine participa de una rica ambigüedad, mezcla géneros de manera elegante –*I See a Dark Stranger* (1945) es, a la vez, un film de espías, comedia romántica y un *thriller*– o *Green for Danger* (1946) función de drama de ambiente bélico como un film de misterio–. Esta ambigüedad es aderezada de paradojas, por ejemplo el detective de *Green for Danger* en la que previsiblemente va a resolver el crimen, cuando al final no solo no lo resuelve, sino que no logra evitar que el doctor salve una vida. Hay en ese planteamiento una mezcla entre subversión, excentricidad británica y un moderado inconformismo, habitualmente aderezado con un contumaz sentido del absurdo. Para Gilliat y Launder la guerra concluía con *Waterloo Road* (1945), en que el final del conflicto abría la puerta a mostrar retratos no tan ejemplares. Los cineastas abordaron la relación entre un pequeño delincuente, los llamados *spivs*, y la mujer de un soldado. Era también el fin de una informal trilogía sobre el llamado *home front*, en que explora lo que había detrás de la vida ordinaria de las mujeres durante el conflicto.

Ya constituidos en Individual, su primer film de posguerra *The Rake's Progress* (1945) revisa todo el período de entreguerras través de la vida de un miembro de una acomodada familia (Rex Harrison) que exprime sin escrúpulos su posición, aunque al final se redime en el campo de combate. A ella le sigue un par de films con trasfondo bélico. *I See a Dark Stranger* y *Green for Danger*. La primera muestra a una simpatizante del IRA (Deborah Kerr) que trabaja inicialmente para los nazis, pero que es reconducida a la causa aliada por el atractivo de un oficial inglés (Trevor Howard). Gilliat y Launder ponen en práctica su conocida tendencia a plasmar los efectos de la mezcla de géneros, en una especie de comedia-*thriller* que conecta con su etapa de guionista. La siguiente producción de Individual resultó probablemente uno de sus films más complejos, ambientado en la dureza de la época de los ataques de los V-1 narra las misteriosas muertes de pacientes acaecidas en un pequeño ambulatorio. Gilliat y Launder construyeron un poderoso entramado de pequeños dramas, relaciones no correspondidas, apoyado con el asfixiante universo que se crea en el centro sanitario. De nuevo aparece una de sus constante favoritas de su cine, otro género, el cine criminal, léase subgénero cine de detectives, seamos precisos, irrumpe en la acción. Sin embargo, la vigorosa descripción de este microcosmos ha quedado en lo

Alistair Sim (izquierda) y Trevor Howard (derecha) en la excelente *Green for Danger* (1946) (arriba).
Un deslumbrante Jean Simmons en *La isla perdida* (1949) (abajo).

más interesante del film, en detrimento de una trama de misterio más bien rutinaria. Individual abandonaría la iconografía bélica para adentrarse a abordar géneros populares en ese momento pero dándoles un enfoque más personal.

Así sucede en el drama de época *El rebelde* (*Captain Boycott,* 1947), sobre el personaje que dio origen a la palabra ambientado en la revuelta de tierras de la Irlanda del siglo XIX. Aunque la cumbre de su hetereogeneidad fue, sin duda, *London Belongs to Me* (1948), calificada de ejemplo de «*boarding-house film*», un subgénero que describe la vida de los personajes que viven en la típica casa de huéspedes bastante habitual en un momento de escasez de vivienda. Gilliat y Launder convierten a cada inquilino en un género en sí mismo, la comedia excéntrica con un médium fraudulento que da vida Alistair Sim, uno de los actores fetiche de Individual, las vicisitudes del involuntario criminal Richard Attenborung en un *thriller* o su relación con Susan Shaw en el drama romántico. Armonizando todo en el comunitario intento, muy al estilo Ealing, de sacar de la cárcel al personaje que interpreta Attemboroung. Su último proyecto para Independent Producers *La isla perdida* (*The Blue Lagoon,* 1949) se convirtió en la segunda adaptación de la novela de H. de Vere Stacpoole (1863-1951) sobre la vida de un niño y una niña que naufragan en una isla y permanecen en ella durante años. Para Launder y Gilliat era su primer film en color y un cierto giro a su carrera, al perder esa óptica más inconformista y decantarse por un cine más convencional en que prima ante todo la espectacularidad del rodaje en el Pacífico. El film resulta toda una metáfora del momento, en que los dos protagonistas se debaten entre quedarse en una bucólica y paradisíaca isla o volver a la realidad. Gilliat y Launder optan por seguir la opción de los protagonistas de renunciar a ese sueño y adaptarse, a regañadientes, a los parámetros de un cine más convencional.

WESSEX FILMS: LOS PEQUEÑOS DE LA CASA

La más desconocida de todas las productoras asociadas al grupo fue la Wessex Films encabezada por el polifacético Ian Dalrymple que trabajó de guionista, montador y dedicado a la productora oficial de documentales, la Crown Film Unit, durante la guerra y responsable de ayudar en la carrera de uno de los mejores documentalistas, Humphrey Jennings. Con la llegada de la posguerra Dalrymple, asociado con el director Jack Lee (1913-2002), formaría Wessex Films. Sin embargo, la carrera de la Wessex no resultó fácil levantando tan solo cinco films, muchos de los cuales fueron fracasos a pesar de lo interesante de algunas propuestas, la mayoría marcadas por la sobriedad y un ligero contenido social. Wessex tocó varios géneros: el melodrama *The Woman in the Hall* (1947), dirigida por el propio Lee sobre la inestabilidad familiar provocada por una mujer con problemas; el drama de época con *Esther Waters* (1948), también con una mujer en dificultades que aguanta con estoicidad un itinerario sobre los abusos del machismo social victoriano con un casi debutante Dirk Bogarde, dirigida por el propio Dalrymple y Peter Proud, *Once a Jolly Swangman* (1948), asimismo dirigida por Lee, en un apreciable melodrama ambientado en el mundo del motociclismo, de nuevo con Bogarde, esta vez como protagonista, y un claro antecedente del *free cinema*, en su descripción del microcosmos juvenil y cierto toque social; la comedia *All Over The Town* (1949), dirigida por Derek Twist, y *Dear Mr. Prohack* (1949) integrada en los *spiv films* tan populares en los años de posguerra. Dalrymple abandonó a Rank y siguiendo el ejemplo de Cineguild, The Archers e Individual atraídos por los cantos de sirena que provocó la vuelta de Alexander Korda al cine nacional. Paradójicamente el cambio les sentó bien, ya que con su primer film para Korda *The Wooden Horse* (1950) reformularon el subgénero de las historias en campos de prisioneros durante la guerra obteniendo el éxito que no habían cosechado antes.

UN NUEVO CAMINO: FILMS EXCEPCIONALES Y GÉNEROS EN MUTACIÓN

Aparte de la aportación de los Independent Producers la guerra supuso un nuevo planteamiento para el cine británico. Ya no servían ni los modelos de preguerra totalmente superados por los acontecimientos o la estricta dependencia de la excepcionalidad del período bélico. Para el cine británico era un nuevo comienzo, aunque con un equipo humano puesto a prueba durante la guerra y cierta tradición estética consolidada. La guerra había reforzado el cine como un entretenimiento masivo en que las audiencias ya no eran tan mayoritariamente populares, sino que también abarcaban a las clases medias, aunque éstas nunca tuvieron el suficiente potencial para determinar la producción.

El cine de posguerra intentó adaptarse a la nueva situación, combinando un cine de calidad con la búsqueda del escapismo, entretenimiento y satisfacción cultural. La herencia del realismo no era desdeñable con lo que se optó por opciones que modularan creatividad con escapismo y acercamientos verosímiles. La solución más consensuada era una aproximación "romantizada" del realismo que se adecuaba a una perspectiva individualista y subjetiva de las historias, algunas convenientemente interiorizadas. En este sentido, las distancias entre escapismo y realismo no fueron tan grandes como lo habían sido en la guerra. Ello se debe a que el sentido del escapismo se había atenuado y el realismo había evolucionado desde su aparente rigidez. Un buen ejemplo representó *It Always Rains on Sunday* (1947), del muy interesante realizador Robert Hamer, incluida muchas veces dentro de la categoría del *spiv film* o un *film noir* pero a su vez valorada por su capacidad de plasmar un microcosmos característico de posguerra. Incluso en las opciones más creativas y aparentemente más enfocadas a la estética había reflexiones sobre el presente del momento de su producción.

Si otro aspecto caracterizó el cine de la inmediata posguerra fue la variedad de opciones que aportó. Sin duda, el fin de las hostilidades autoliberó a la profesión y abrió la perspectiva de un cine en construcción. Los géneros perdieron rigidez y en algunos casos las paredes que les separaban eran lo bastante flexibles para abarcar varios en un solo film. Este es el caso del *noir melodrama* muy habitual en la posguerra. De entre ellos, sobre todo los más tradicionales, sufrieron una profunda reestructuración. Resulta clarificadora la notable caída del cine bélico, que ya era minoritario al final de la guerra, pero que en los primeros años de la posguerra se reduciría a la mínima expresión, fruto de la nueva realidad y el agotamiento de la audiencia hacia un tema que les recordaba un momento de extremo sacrificio. Eso no evitó que poco meses después de finalizar la guerra apareciera un título lo suficientemente destacado, *The Captive Heart* (1946), dirigido por Basil Dearden, en que da luz un tema bastante oculto por las necesidades de moral de guerra, los prisioneros de guerra en campos de internamiento. El film prácticamente creó un subgénero, explotado en décadas posteriores con títulos míticos[20], pero como muchos films coetáneos no habló tanto del conflicto sino de la difícil transición entre guerra y posguerra con relaciones personales interrumpidas o las secuelas físicas y morales que conllevaron aquel momento.

Según lo reseñado resulta significativo ver la conexión romántica que establecía la historia a modo de unión a la realidad de posguerra. Si los compañeros (el clásico colectivismo bélico) le sirven al protagonista para sobrevivir durante la guerra, la esperanza romántica lo sería para afrontar la posguerra, a través de las cartas que envía a la viuda del soldado suplantado por Michael Redgrave. Es decir, que incluso el cine bélico, si lo podemos llamar así en este caso, hablaba de una de las ideas matrices comunes en el cine de posguerra, la dificultad a veces imposibilidad de conseguir la estabilidad emocional y social para afrontar con garantías el día después. Lógicamente priorizando el aspecto romántico-emocional en un film bélico mostraba que el género había perdido interés, y prácticamente quedó aparcado de las pantallas hasta que una nueva oleada de títulos le diera una nueva vida a raíz de éxitos destacables, *The Cruel Sea* (1952) y *Dam Busters* (1955), en que el impacto emocional y subjetivo de sus historias era menor centrándose en las simplificaciones tradicionales de un género que ejercería en el cine británico lo que el *western* era en Hollywood.

Otro género exitoso al menos en los últimos años del conflicto, el melodrama, realizaría su particular reconversión. Con la llegada de la posguerra el *costume melodrama* popularizado por la Gainsborough sufrió una pérdida de apoyo, y a renglón seguido, iniciaría un profundo replanteamiento. El cambio se expresó en dos tendencias que surgirían con fuerza en la productora: el melodrama contemporáneo, y los films de época con un enfoque más serio y acartonado. Curiosamente, el *costume genre* vivió un cierto auge productivo al convertirse en un cajón de sastre donde confluirían melodrama, *biopics*, comedia *upper class* o comedia más costumbrista, postulándose como un género mayor y conforme avanzaría la Historia del cine británico como una ineludible seña de identidad tan británica como el realismo. Una "moda" que asimismo se explica debido a poder presentar cuestiones más difícilmente planteables en recreaciones contemporáneas. Paralelamente a la Gainsborough, el melodrama encontraría nuevas formulaciones gracias al caldo de cultivo que ofrecería los efectos colaterales de la guerra. De este modo surgirían con fuerza historias protagonizadas por personajes masculinos en crisis en que algunos se encuentran tan al límite que se dejan *seducir* por el lado criminal. Sus incapacidades y tendencias son vistas desde la fatalidad hasta la comprensión, algo bastante excepcional en un cine siempre caracterizado por el control moral. También parece nutrirse de ello el surgimiento de un auténtico *noir* británico, por supuesto, invisible en las historias globales del cine negro, alejado del cine criminal de preguerra que separaba los criminales de su contexto. En la posguerra los criminales son producto de su tiempo y entorno, el del mercado negro, el racionamiento que forma la cotidianidad de los gánsters locales –los denominados *spivs*– en el tránsito de la violencia de la guerra (muchos son ex soldados) a la de las calles.

Si el melodrama supo adaptarse a la pulsión de su tiempo, otros géneros nacieron tocados de muerte. Uno de los más sonados fue el musical, activo durante la guerra gracias al impulso de los actores del *music-hall*, pero que los ambiciosos intentos por revitalizarlo y competir con su «hermano mayor» norteamericano fracasaron con *Champagne Charlie* (1944), un entrañable *biopic* que vio el mundo del *music-hall* con añorada nostalgia, justo cuando sus estrellas estaban abandonando el cine y *London Town* (1946), un fracasado intento de llevar el musical contemporáneo de inspiración *hollywoodiana* a los standards británicos, dejando el testigo a algún valiente, léase Herbert Wilcox, en su intento con *Maytime in Mayfair* (1949). Otros inevitablemente desaparecieron como el cine colonialista o lo que quedaba del *empire film*, cuyo algún seudointento aislado como *Men of Two Worlds* (1946) evitaban el *jiogismo* del pasado y trascendía una implícita conciencia de culpa con una historia compleja ambientada en África. La llama de los géneros lo revitalizó en los 50 aunque moderando el tono insultante que fundamentó su ciclo en los años 30.

En cuanto a la comedia, uno de los tradicionales géneros mayores del cine británico, la posguerra, constituyó un período de paso, finiquitada la época de los comediantes del *music-hall*, aunque alguno resistió como la serie "Old Mother Riley". También sobrevivieron ciertas tendencias que habían transitado durante la guerra dentro del género desde la comedia excéntrica, *English Without Tears* (1944) o *Un espíritu burlón*, o la comedia de situación *upper-class* en la que gente como Anthony Asquith y Terence Rattigan se prodigaron en títulos, caso de *The Demi-paradise* (1943) y *On Approval* (1944). La posguerra intentó continuar esa tradición con *While the Sun Shines* (1947) o *An Ideal Husband* (1947). No obstante, según comenta Durgnat, «los británicos fueron incapaces de crear un propio estilo de comedia sofisticada al no encontrar un equilibrio entre la comicidad disparatada y la seriedad»[21]. Los británicos sí que vislumbrarían una vía propia más adelante con la llegada de la comedia Ealing a raíz de la aceptación de *Hue and Cry* (1947) y *Pasaporte para Pimlico* (*Passport to Pimlico*, 1948), dando cabida a una nueva etapa dorada dentro del género con un tipo de comedia de marcada personalidad.

Mientras los géneros trataron de asentarse y con ello la industria porfiada en la búsqueda de fórmulas seguras que garantizaran su subsistencia, se produjo un espacio donde films excepcionales convivieron con los que sentaron las bases de la serialización de la década de 1950. Hubo cine de género, véase comedia, cine criminal, melodrama o drama histórico entre otros, pero el período ofreció muy poca serialización. Muchos de los films participaban de varios géneros. Las películas de Sidney Gilliat y Frank Launder eran un buen ejemplo; mezclaban sin rubor comedia, espionaje, drama o cine criminal. Otros como Michael Powell y Emeric Pressburger crearon géneros en sí mismo, como *Las zapatillas rojas*. La personalidad exhibida por ambos dejaba patente que se trataba de obras únicas. Asimismo, las adaptaciones literarias de David Lean se las trató de encasillar dentro de la representación de una corriente, circunstancia que se revela erróneo. Las adaptaciones no eran un fin sino más bien un mecanismo para desarrollar inquietudes puramente cinematográficas. Fue, sin duda, un período de excepciones. Un ejemplo claro lo entendemos en el *Hamlet* (ídem, 1948) de Laurence Olivier, en que después de romper el hielo con *Enrique V*, el actor se lanzó a una producción aún más ambiciosa, cogiendo un seminal texto Shakesperiano y llevándolo al límite. Olivier plantea un film bastante diferente a su antecesor; elige el blanco y negro para potenciar la intensidad dramática del texto, aparca ese agradable naturalismo y le somete una textura *noir* con una ambientación expresionista planificada en estudio. Se trató de una perspectiva novedosa pero con elementos cinemáticamente prestados que la conectaban con las tendencias de posguerra.

Otra obra única, pero a su vez de corte similar con el film de Olivier constituyó *The Queen of Spades*, de uno de los directores más minusvalorados del cine británico, Thorold Dickinson, autor de una breve pero intensa filmografía. El cineasta se enfrentó a otro texto imponente, una historia corta de Pushkin ambientada en San Petesburgo en 1806 que describe la obsesión de un oficial ruso por conseguir el secreto que posee una anciana condesa sobre un juego de cartas. El personaje va adentrándose con su tortuosa ambición a un espacio incontrolable, en esa locura gótica que la Hammer recuperó con sus antihéroes. Dickinson, que ya había mostrado sus credenciales en *Luz de gas*, plantea la historia desde el subjetivismo del antihéroe romántico, aquí con la suerte de contar de nuevo con un inmenso Anton Walbrook, ya especializado en dar vida a personajes *close to the edge*, haciendo de su infierno tan visible como fuera posible. Al igual que *Hamlet* o *Narciso negro*, la opción del rodaje en estudio devino ideal. La vibrante fotografía en claroscuro, el uso extremo del *set* desde calles estrechas, habitaciones sobrecargadas, espejos omnipresentes que siguen al personaje a todas partes aumentan el tono perturbador y claustrofóbico en ese viaje de desintegración masculina. Dickinson plasma una cierta filiación a la intensidad romántica de Max Ophüls o Jean Cocteau. Un compositor habitual de éste último, Georges Auric, firmó la banda sonora, pero con un punto algo menos elegante, y sí más visceral y gótico próximo a lo alucinógeno. Al igual que le había sucedido a Powell, el film fue visto como poco británico, no tanto por su tema como su radical puesta en escena, aunque podemos considerarla una expresión exultante de un género bastante británico como las *ghost stories*, eso sí, barriendo su habitual formulación de comedia para situarla en el terreno de lo sobrenatural y de lo terrorífico. Pero la obligada pregunta en este sentido que debemos hacernos es si existieran tantas excepciones de lo que se presume como "británico" sería porque el exceso romántico-simbolista es un planteamiento arrelado al *psyque* artístico de las Islas. La grandeza del film aún aumenta al comprobar que Dickinson sacaría tanto partido cuando se vio envuelto en la producción, solo tres días antes de su inicio, al pelearse el productor Anatole de Grunwald con el guionista Rodney Ackland y primer candidato a dirigirlo, y ser propuesto por la recomendación de su actor principal Anton Walbrook. John Boorman llegó a decir Dickinson que «poseía el

Esther Waters **(1948), con Dirk Bogarde en su primer papel relevante.**

atrevimiento de Powell, la solidez del montaje de Lean y la tensión emocional de Carol Reed». Una afirmación en la que no podemos estar más de acuerdo.

Además de ser apuestas sumamente estéticas *Hamlet* y *The Queen of Spades* participaban del retrato de la compleja naturaleza de la castración masculina. Muchas producciones del momento ofrecieron una variedad de personajes masculinos en crisis, en histeria o con una dualidad peligrosa entre su lado público y el privado. Uno de ellos lo encarnó el actor Eric Portman que acabó especializándose en personajes de fuerte desequilibrio. Quizá el mejor film que lo representó fue *La extraña cita* (*A Corridor of Mirrors,* 1947), del debutante Terence Young (1915-1994), posterior realizador de una de las mejores, sino la mejor película de la serie Bond, *Desde Rusia con amor* (*From Russia With Love,* 1963). El film se inicia de manera deslumbrante, Mifanwy Conway una mujer galesa de aparente vida ordinaria viaja en un tren y empieza un itinerario interiorizado conducido por una intensa voz en *off*. La misma afirma que va a reunirse con su amante, cuando llega a Londres descubrimos que su cita es con una figura de cera del Museo Tussaud, concretamente la de un asesino en la cámara de los horrores. Mediante *flashback* y con la imagen del rostro del asesino nos adentramos en la particular historia de una obsesión mutua, entre una mujer de vida feliz pero ordinaria y Paul Mangin, un inquietante personaje (Eric Portman) que desprende una extrema opulencia romántica. Mangin, un ex militar traumatizado de la Primera Guerra Mundial se declara guardián del pasado, en sintonía con otro de los personajes que dieron fama a Portman, Thomas Colpeper, el bizarro protagonista de *A Canterbury Tale*.

El film combina un desaforado romanticismo con las llamadas *ghost stories* que a raíz de *Al morir la noche* (1945) surgieron y que combina tenebrosidad con toques de terror, como *Latin Quarter* (1945), *The Ghosts of Berkeley Square* (1947) o *Uncle Silas* (1947). Sin embargo, las enseñanzas del venerado film de la Ealing tardarían en cuajar, y el escaso *horror* aparecería en fórmulas recicladas como la fugaz resurrección de Tod Slaughter en *The Curse of the Wraydons* (1946) y *The Greed of William Hart* (1948), o dando brillo a algunos fragmentos de *Narciso negro*, *The Queen of Spades* y *Jassy, la adivina*. El género se situaría en estado de reformulación, y la eclosión de la Hammer se inutiría pero aún quedaría lejos.

EL *NOIR* BRITÁNICO; *SPIVS*, MERCADO NEGRO Y MEDIAS DE NYLON

Parece claro que la posguerra definitivamente enterró la idea del héroe caballeroso, impoluto y ejemplar tan característico en antaño. A excepción de alguno como Michael Wilding aupado con los films de Herbert Wilcox –*Incidente en Piccadilly (Piccadilly Incident, 1946)* y *La casa de los Courtneys (The Courtneys of Curzon Street, 1947)*– como el "heredero" del trono dejado por el desaparecido Leslie Howard, el "emigrado" Rex Harrison, y de Stewart Granger como prototipo de héroe romántico más dinámico, los verdaderos protagonistas de la posguerra fueron los hombres peligrosos.

Los hay como James Mason, atormentado –*Larga es la noche, The Upturned Glass* (1947)–, pero sobre todo violento y activamente sexual en su etapa Gainsborough. Otro de los destacados deviene el criminal atormentado que representó en pantalla habitualmente Eric Portman con toques más misóginos y a veces bajo una tipología "*byroniana*": *The Mark of Cain-*, especialidad, también de Dennis Price, *Ocho sentencias de muerte* (*Kind Hearts and Coronets*, 1949), que incluso interpretó al propio personaje en *The Bad Lord Byron* (1949), el tono gótico que ofrece Basil Sidney en *Jassy, la adivina* y Herbert Lom en *Dual Alibi* (1947), o la arrogancia cínica de David Farrar en *Narciso Negro*, ampliado con una perspectiva atormentada en *The Small Back Room* y llevado al límite en *La salvaje (Gone to Earth,* 1950). Esta atracción hacia el *misfit* («marginado»), fue la base de la transversalidad del *noir* británico en que, si hablamos de "estilo" y no tanto de género, el melodrama Gainsborough, las adaptaciones dickensianas de Lean y Cavalcanti e incluso films de Lean y The Archers aparecieron historias de hombres traumatizados de las que nos ocuparemos más adelante.

El *noir* británico obviamente ha permanecido invisible en las grandes ligas del género, a pesar de que una relación de expertos, entre ellos William Everson, Tony Williams y Robert Murphy, lo hayan reivindicado. Entre éstos se producen dos debates principales, sus fronteras, donde los dos primeros conciben el *noir* en términos amplios, a partir de la trasversalidad de géneros que precisamente es una cualidad que le otorgan un interés especial al *noir* británico, y sus influencias. De tal suerte, esta

Lo criminal escondido entre las costuras burguesas en *Ocho sentencias de muerte* (1949).

versión abogaría por la influencia del cine francés, Williams, atiende al concepto de una mezcolanza entre éste y el deje expresionista, debido al numeroso capital humano proveniente del cine alemán. A mi parecer añadiría una tercera influencia, la del realismo costumbrista, en parte francés pero también *made in Britain,* en que el drama individual viene marcado por el entramado social, la vida de barrio, la falta de vivienda, el mercado negro, en definitiva, la fauna autóctona donde surge el núcleo criminal. Es de ese contexto el que surgió el *noir británico* si podemos llamar más "genuino", el denominado *spiv film,* que describían la actividad delictiva que surgió a raíz de las restricciones de la guerra y posguerra. Eran los años del mercado negro, el racionamiento, la falta de vivienda y en donde hubo un cambio en la percepción de la criminalidad disipando la noción del criminal como una casta separada[22]. La guerra y su discurso ejemplarizante había minimizado la incursión de "lo criminal" en la pantalla limitándolo en las tramas de melodramas de época o en el cine de espionaje. Tampoco tuvo nada que ver con el cine criminal de preguerra protegido por la censura de la sordidez de los bajos fondos[23], aunque sí conectado con el cine criminal de tono social que representó *They Drive By Night,* a la cabeza, apuntado por Williams habida cuenta del inicio de la serie negra británica. La llegada de la posguerra acaerró la aparición de un abundante ciclo de films que, a su manera, constituyeron el epicentro del *noir* británico. El *noir* entendido como *spiv film* presentó también esos desajustes masculinos (muchos ex combatientes transitando en mundos de violencia) pero más como una vertiente socioeconómica que psicológica, expresada mejor en el *noir melodrama,* redundado en la atención que dispensan los films al entramado criminal y su dependencia del contexto.

Era evidente que el espejo del cine negro norteamericano ayudó en plena posguerra, y se dieron raíces históricas compartidas como la pulsión de una sociedad trastornada después de la guerra. También participaban de un enfoque individualista en forma de reacción al pasado. Como bien dice Murphy «"*crimen*" es sinónimo de hedonismo y agresivo individualismo que se opone a los valores de deber, servicio, restricción y consideración por los demás»[24]. Un cierto *look* similar a su homólogo yanqui parece de igual modo visible con la evidente presencia del trabajo de fotógrafos como Mutz Greenbaum (Max Greene), Otto Heller y Erwin Hillier que habían trabajado en Alemania, o Robert Krasker y George Perinal en Francia, que le dieron una textura *low key* a muchos films. No obstante, los británicos tuvieron ciertas especificidades. Se trata de un país en que durante aquellos años tuvo racionamiento, cortes de luz y mercado negro, y otras más inherentes como el rol de las clases. Everson indica que la clase social jugaría un papel más fundamental que su homólogo americano, donde el *spiv* ansía posicionarse en una clase social superior[25].

Otro rasgo distintivo era el tratamiento de los roles; si en el *noir* norteamericano las *femmes fatales* determinan la acción confundiendo al héroe, aquí son los personajes neuróticos masculinos los importantes donde se resaltan sus potencialidades, dejando a las mujeres más propensas a ejercer de víctimas. También tenían a la censura y la crítica bastante celosa en el caso británico hacia los desviacionismos sociales, sexuales y violentos que, a su manera casi había eliminado el género del terror durante dos décadas en las pantallas. Pero el surgimiento del *noir* cogió a los censores con la guardia baja debido a la reubicación de una institución recién salida de la guerra, un momento en que las prioridades eran más la seguridad que la moral.

Con la guerra ya decidida empezaron a aparecer los primeros films que describían la pequeña actividad delictiva como *Waterloo Road*, en que un ladronzuelo de aspecto seductor (Stewart Granger), un genuino *spiv*, logra atraer la atención de la esposa (Joy Shelton) de un soldado (John Mills) que no se fía de ella. La presencia del crimen se visibilizó más en *Appointment with Crime* (1946), en que aparecen grupos de *gangs*. Ya con las hostilidades finiquitadas muchos soldados tuvieron la tarea, no siempre grata, de reubicarse en el nuevo escenario. La historia de ex militares que se integraban en bandas criminales aparecieron con frecuencia como *Dacing with Crime* (1947) o *Nightbeat* (1947). También le sucede al protagonista de *They Made Me a Fugitive* (1947), vendida como una "story of London underworld" («una historia de los bajos fondos de Londres»), y donde el *spiv* ya no es tanto un amable arribista, sino un *gánster* neurótico. La trama describe la introducción de Clen Morgan un ex piloto de la RAF (Trevor Howard) en una banda de *gánsters* liderada por el psicópata Narcy (Griffin Jones), dedicada al contrabando de materiales muy apreciados en el momento como whisky, bacon o nylon. El film propone una crónica existencialista a través del proceso de venganza, a su vez de redención, de Morgan ante la traición de su antiguo mentor. Alberto Cavalcanti, su director, impregna autenticidad realista como si se tratara de una producción del período bélica, con el añadido de un cierto sentido poético en la descripción de la dualidad y la fatalidad de un personaje buscando salir de sus contradicciones, en una propuesta que recuerda al cine criminal francés de los 30.

Una aproximación diferente resultó la de la mencionada *It Always Rains in Sunday*, en que el hedonismo romantizado de lo criminal topa con el realismo de la vida del East End de posguerra en un viaje inverso a lo habitual con la irrupción de un asesino fugado (John McCallum) en el tedioso espacio de una convencional familia de clase trabajadora. Era un punto de vista interesante con un contraste entre lo individual y el docudrama de las miserias, y relaciones de la vida de barrio y ha fundamentado su progresivo prestigio como obra capital de aquel momento. Las consecuencias de ese encuentro tiene una respuesta, que el propio título da a entender; la confirmación de la monotonía de una vida encerrada en ella misma y sin posibilidad de escape, como parece indicar el impacto que ejerce la antigua amante del criminal y ahora esposa respetable (Googie Withers), incapaz de enterrar un pasado. Impacto también provoca la aparición de un memorable "villano" en una de las cumbres del *spiv film*, *Brighton Rock* (1947), basada en una novela de Graham Greene y levantada por los interesantes hermanos Boulting; John como director y Roy como productor . El film ambientado en la ciudad costera en los años previos a la guerra, se inicia con unos créditos remarcando que el mundo narrado ya no existe. Ese aviso que formaba parte del peaje al control moral que existía sobre películas de criminales es también una ventana para ofrecernos un relato sin concesiones en la descripción del lumpen criminal que rodea a la historia. Sin embargo, John Boulting no hizo ningún esfuerzo por marcar esa distancia temporal y los protagonistas fueron recreados como *spivs* de posguerra. Como en los mejores ejemplos de *spiv*, el "villano" es el protagonista, un psicópata, fantásticamente interpretado por Richard Attemborough, capaz de atraer la atención de una ingenua heroína (Hermione Baddeley).

El film capta a la perfección ese universo tan particular de Greene, de antihéroes atrapados en su fatalismo moral, en parte no solo por el trabajo de los actores sino en la magnifica textura de la fotografía de Harry Waxman que remarca el contraste entre los espacios, *metaforizando* la incapacidad del delincuente de sobrevivir en el espacio redentor que le ofrece la protagonista. Aunque la censura pretendía que *Brighton Rock* fuera la descripción de un mundo excepcional y superado, la realidad propiciaría que al año siguiente aparecieran un buen número de films modestos llenos de criminales campando a sus anchas, caso de *A Gunman has Squired* (1948), *Noose* (1948) y *No Orchids for Miss Blandish* (1948), film basado en la novela de James Hadley Chase que pasó a la historia no tanto por su calidad sino por la polémica suscitada entre crítica y censura al haber permitido un film de altas dosis de violencia [26].

Dentro de esta amalgama de cine criminal apareció el tema de la delincuencia juvenil con un film remarcable, *Muchachas en libertad* (*Good Time Girl,* 1948), una historia narrada en forma de *flashback*, a partir de una magistrada (Flora Robson) que alecciona a una joven potencial delincuente (Diana Dors), explicándola los peligros de los bajos fondos en el descenso a los infiernos del caso que conoció de una joven de dieciséis años (Jean Kent). Bajo esta apariencia de relato moralizador y cierto enfoque "sensacionalista" encontramos la habitual tensión entre el orden y el desconcierto social del período de posguerra en que, a pesar de las malas decisiones que acompañan a la protagonista, el entorno es casi tan responsable como ella de su destino [27]. Familia, autoridades y sistema educativo, todo juega en su contra, a través de un denso itinerario que acaba "positivizando" al personaje ya que el relato de su criminalidad es, a su vez, un relato de su supervivencia. Su director, David MacDonald, le dio un *look* americano imprimiendo a la narración ritmo, violencia y vertiginosidad a un relato impecable. Al final, la ley y el orden se imponen, pero el rostro con la mirada algo perdida de Flora Robson da entender que la tensión no queda del todo resuelta. El tema de la delincuencia, sin embargo, hasta entonces se había mostrado con cierta cautela, asumiendo como un peaje de los efectos de la guerra, y mirándolo de controlar con un cierto paternalismo como sucedió en *Boys in Brown* (1949) y *El farol azul* (*The Blue Lamp*, 1950) y en el matriarcado en *The White Unicorn* (1947).

En este contexto no pareció extraña la aparición de un film como *El tercer hombre* (*The Third Man*, 1949), con el *spiv* más legendario de todos a la cabeza, Harry Lime. Sus particularidades lo hicieron un film único, pero el desconocimiento del cine de posguerra británico lo han dibujado erróneamente aislado de su contexto. A pesar de estar ambientado en la Viena de posguerra el film de Carol Reed, sin duda, participa como los *spivs* citados, del pesimismo de una sociedad curándose aún de los traumas de la guerra donde el desconcierto moral afecta a las líneas definitorias de cada perso-

James Mason protagoniza una de las cimas del cine de los años 40, *Larga es la noche*, bajo la dirección de Carol Reed.

naje. También comparte la idea del fugitivo particularmente activa en el cine británico –*Larga es la noche, They Made me a Fugitive, It Always Rains on Sunday, Escape, My Brother's Keeper*–. El film emerge también de una proceso de desmitificación hacia un tipo de personaje encarnado en el distanciamiento de su amigo (Joseph Cotten), convirtiendo el cima del género en su final "simbólicamente" expresado en el propio destino de Harry.

La llegada de la década de 1950 es también la de la recuperación económica y la de la organización del propio cine; el *spiv* se "domesticará". Un ejemplo claro deviene *El faro azul,* en el que el protagonismo no lo lleva el criminal ya fuera dudoso o convencido, sino la policía recreada en su espacio público y privado como el guardián de una sociedad convencional, algo esperado merced al guión realizado por el ex policía T.B.E. Clarke. Uno de los actores principales, Jack Warner, plasmó esa transformación pasando de asesino fugado en *My Brother's Keeper* (1948) a su más reconocido papel de Dixon, un policía ejemplar y moralista que incluso rentabilizará en una serie televisiva [28]. El film empieza con una voz en *off* despersonalizada que crea un clima de "objetividad" documental, sensación que se acrecienta con un villano (Dirk Bogarde) sin la confusión ni la dualidad de los criminales de posguerra, aunque con un punto de rebeldía juvenil que anuncia una tipología bastante utilizada en los años 50. Sin embargo, su personaje, al contrario de la protagonista de *Good Time Girl,* no tiene ninguna disculpa posible, relacionando su delincuencia con una apresurada inmadurez, pero sobre todo sobrepasado por una sociedad "aparentemente" cohesionada muy típica de los retratos de la Ealing de Michael Balcon inmerso ya en la efervescencia colectiva de su comedia clásica. El *spiv* definitivamente había dado paso al cine policíaco, aunque ese sustrato de atracción por los criminales volvería aparecer periódicamente en el cine británico desde Jack Carter de *Asesino implacable* (*Get Carter*, 1971) a Harold Shand de *El largo viernes santo* (*The Long Good Friday*, 1980).

LA MELODRAMA GAINSBOROUGH: FIN DE UNA ETAPA

La Gainsborough, una de las productoras de más prestigio de la Historia del cine británico, se había especializado en el *costume-melodrama* o melodrama de época desde el éxito de *Perfidia*, un género vigente durante la guerra en parte porque iba particularmente destinado a la mayoritaria audiencia femenina. Sin embargo, la posguerra marcó la definitiva decadencia del género que quedó engullido dentro de una corriente más amplia de drama histórico. Lo que hizo particularmente interesante a este género era como representaba a la mujer dentro de un universo aún dominantemente masculino. Una mujer que con la guerra había adquirido visibilidad y se mostraba más liberada del patriarcado, conectando con una evolución social imparable. Los melodramas se adaptaron al nuevo rol femenino evitando una función pasiva que hasta aquel momento le había dado el cine británico. Pero cuando finalizó la guerra la motivación comercial de la audiencia femenina se debilitaría y las cosas empezaron a cambiar.

Otro factor para su decadencia se debió a la ruptura del equipo que había formado hasta entonces los grandes éxitos del género. El hecho de que Rank, en su imparable construcción de un imperio, se pusiera a controlar la Gainsborough acabó pasando factura. El desmantelamiento afectó a sus máximos responsables, los hermanos Ostrer y los productores Edward Black y R. J. Minney, quienes marcharon de la compañía y fueron sustituidos por Sydney (1907-1983) y Betty Box (1915-1999) a mediados de 1946, que habían alcanzado cierta fama a raíz de *El séptimo velo*, la película más Gainsborough sin la Gainsborough. A ello se añadían a alguna de las fugas de sus actores estrella, en especial Stewart Granger, y del director Leslie Arliss al que volverían a reclutar los hermanos Ostrer en *Idol of Paris* (1948).

La intención de Box era seguir con el cine de época, aunque más por una opción de mercado que por convicción, con un cariz más enfocado al drama social de tono más realista. Presionado por la política expansiva de Rank, el objetivo era realizar doce films al año, circunstancia que aprovechó Box para ampliar el campo a comedias, *thrillers* o films con varios géneros combinados. En cambio, el tradicional *costume drama* de la casa limitó su carga melodramática, exotismo y ese tratamiento *noir* que le había caracterizado tradicionalmente, apostando a su vez por un tono más realista.

Ese camino se inició con *The Man Within* (1947), la primera película a cargo del nuevo equipo de producción. Las diferencias resultan evidentes desde el tipo de historia, basada en un autor de prestigio como Graham Greene y no en alguna escritora femenina como era habitual, o la introducción del Technicolor, desnaturalizando la atmósfera, ya que desaparecía esa textura del blanco y negro en que el melodrama adquiría a veces un tono cercano al cine negro. Más cercana a las raíces de los principios, a pesar de su fotografía en lujoso Technicolor, se situó *Jassy, la adivina* (*Jassy*, 1947), en parte porque provenía de un proyecto de los Ostrer, donde se retoma el papel primordial de la mujer en la narración.

El reencuentro en la pantalla de Margaret Lockwood y Patricia Roc, la pareja de *La mujer bandido*, resultó bastante diferente. Lockwood vuelve a interpretar el papel fuerte, pero en esta ocasión se revela comedida y domesticada, dando vida a una mujer de madre gitana que se convierte en una *self made woman* y acaba casándose con el asesino de su progenitor. La ambigüedad del personaje (nunca sabes si está vengando a su padre o a su pasado de apestada) le otorga a la narración un espacio donde agarrarse. Al final es acusada de asesinar a su marido y sometida a un ceremonioso juicio, toda una metáfora para el que podemos considerar el punto final del género, germen de retratos de mujeres libres que en este epílogo son conducidas a regresar al redil de una sociedad conservadora. *Jassy, la adivina* cerraría una etapa y casi sin querer abriría otra gracias a la fotografía en Technicolor y a los decorados abrumadores de la mansión donde se ubica la mayoría de la trama. La textura gótica que acompaña a un personaje tan siniestro como Nick Helmar (Basil Sydney) nos anuncia el auge del terror colorista de la Hammer, en que *horror* y *gothic melodrama* unirían fuerzas en una formulación irrepetible. A pesar del éxito del film, Betty Box no seguiría con esa línea y se contentaría con hacer films más tendentes a la crónica histórica tocada por cierta solemnidad –*The Bad Lord Byron* (1949) y *La verdadera historia de Cristobal Colón* (*Christopher Columbus*, 1949), ambas dirigidas por David Macdonald (1904-1983), uno de los directores más fieles a la menor de los Box–, o mostrando su preferencia por la comedia familiar con los films sobre la familia Huggett a raíz de *Holiday Camp* (1947)[29].

El fracaso de esta línea obligaría a Rank, en el delicado momento de reformulación de sus equipos de producción, a deshacerse de la compañía como de sus estudios en Shepherd's Bush y Lime Grove, vendidas finalmente a la BBC. El final de la Gainsborough fue paradigmático. Su última producción *Extraño suceso* (*So Long at the Fair*, 1950), mezcla la ambientación histórica con un toque de misterio y tuvo como uno de sus responsables a un joven Terence Fisher, artífice de otro de los géneros que dio gloria al cine británico, el de terror de la Hammer, y que los films de la Gainsborough pueden considerarse como uno de sus precursores.

LOS OTROS MELODRAMAS: DISECCIONANDO CRISIS

La llegada de la paz certificó el fin del *costume melodrama* destinado al público femenino. Incluso intentos fuera de la Gainsborough, el más evidente *A Man about the House* (1946) ,constituyeron un fracaso a pesar de contar con Edward Black y Leslie Arliss como productor y director, respectivamente. El cambio ya había aparecido al mostrar films con menos exotismo y más drama, en que en vez de dos mujeres enfrentadas –trama recurrente en la Gainsborough– se mostraba a una mujer en la encrucijada de elegir entre dos hombres que representaban la convención y el escapismo. En tan solo unos meses aparecieron *El séptimo velo, Breve encuentro, I Know Where I'm Going* y *I Live in Grosvernor Square* que plasmaban un debate latente en un período de cambio. Algunas representaciones femeninas las hacían peligrosas al estilo de las *femmes fatales* de Hollywood, como en el caso de *Bedelia* (idem, 1946) escrita por Vera Caspary (1899-1987), la misma autora que "Laura", el mítico *noir* dirigido por Otto Preminguer. De *Bedelia* se encargaría tras las cámaras el especialista en melodramas Lance Comfort. El resultado decepciona a pesar de apoyarse en una de las actrices fetiches de la Gainsborough (Margaret Lockwood), en una más bien grotesca actualización de sus personajes míticos de villana.

No le importó a Comfort repetir esquema, esta vez con Siobham Mckennna, en *Daughter of Darkness* (1948), en que el apetito sexual de la antiheroína pone directamente al margen de la sociedad. Otras acabarían siendo peligrosas por la presión de conseguir una mejora social. Este el caso de *This Was a Woman* (1948), o la madre de *The Rocky Horse Winner* (1949), aunque la presencia de su hijo evita males mayores, o para mantener el bienestar, *Madeleine*. A algunas no les queda más remedio que asesinar a sus maridos, como acontece en *Pink, String and Sealing Wax* y *Jassy, la adivina*. Todas ellas marcarían la tensión del reajuste femenino en la posguerra, en que la mujer se debate entre extender las conquistas de la guerra o volver a su rol doméstico. La posguerra definitivamente supuso un retroceso en aras a mostrar la independencia femenina, ya que los pocos intentos en films como *The Loves of Joanna Gooden* (1947) o *The Root of all Evil* (1947) estaban llenos de matices. Pero el fracaso de las alternativas de melodrama también eran motivadas por una cuestión de tono, el *costume genre* de la Ealing más cercano al de la Gainsborough como *The Loves of Joanna Gooden* estaban marcados por un tono *middle-class* que no permitía celebrar del todo la independencia de la mujer, o los melodramas de Two Cities, una productora que hasta aquel momento había basado su labor en un cine de prestigio (*La vida manda, Enrique V, The Way to The Stars, Larga es la noche*) se vio abocada a un género ajeno sin mucha convicción –*Beware of Pity* (1946), *Carnival* (1946)–, o buscando una pátina seria al típico culebrón familiar –*Hungry Hill* (1947) –. Su mayor éxito en el género llegó ya tardíamente con *Madness of the Heart* (1949), a costa de someter a la actriz más popular, Margaret Lockwood, a una tortura familiar sin límites.

Ante el fracaso de las vías alternativas de repetir los esquemas del melodrama femenino, un género tan mutablemente acostumbrado a recoger las tensiones sociales de su momento encontró rápidamente nuevos caminos, y la posguerra como época de cambios y ajustes después de un período traumático le concedió una nueva vida. Esta vez, aparecieron una serie de films híbridos entre el melodrama y el *noir* que dramatizaban a hombres con problemas de crisis de identidad o desafíos psicológicos o sociales. El *noir melodrama* recogió la crisis del hombre de posguerra, algunos como en el caso de *Great Day* (1945), también dirigido por Comfort, eran bastantes explícitos al hablar

Margaret Lockwood la "Wicked Lady" por excelencia de la factoría Gainsborough.

de la desubicación de un veterano de guerra interpretado por Eric Portman a su regreso a la vida de civil. A pesar que la película estaba ambientada en la Primer Guerra Mundial todo el mundo sabía que el film perseguía un claro mensaje de presente. El *noir melodrama*, al contrario que el *spiv film* que daba protagonismo a los espacios urbanos como los clubs y las estructuras humanas y físicas de los barrios, halló su fuerza en mostrar la lucha individual para superar obstáculos que estaban más en el interior que en el exterior.

Así proliferaron obras con una poderosa interiorización del relato y parciales incursiones en lo onírico e hipnótico. Sucedió en *The October Man* (1947), uno de los primeros films de Roy Ward Baker (1916-2010), en que retrata el trauma de un hombre (John Mills) que sobrevive a un accidente de autobús en que la hija de unos amigos fallece. El trauma moral y físico le condena a una larga convalecencia. En el regreso a la vida ordinaria, en un tránsito que se asemeja a la de un veterano de guerra, tiene que manejar sus secuelas con un contexto no siempre comprensivo con los retornados. Su déficit de interacción humana choca con las miserias de los inquilinos de una *boarding house* [30] en la que se hospeda, señalándolo de inmediato como apestado y acelerando una dudosa acusación de asesinato. La policía tampoco ayuda demasiado señalándole como principal sospechoso debido a sus secuelas mentales, convirtiendo el drama en una nueva muestra de tensión entre individuo y orden social, con el trasfondo del peligro de la marginalización a "los diferentes", en un paralelo "masculinizado" de lo que había sido *Muchachas en libertad*. La atmosférica fotografía *low key* sobredimensiona brillantemente la angustia del protagonista creando un film perturbador. A su vez, el film se beneficia de constantes detalles visuales, en especial la escena del accidente visualizada en rápidos planos sin diálogo en que, de paso, nos muestra el *motif* del muñeco hecho con su pañuelo que nos recuerda en diversos segmentos el origen de su tragedia. En esa sensibilidad con la narrativa visual resulta fundamental el protagonista John Mills, alejado de sus papeles de "chico bueno" y bastante creíble en este giro en su carrera. En una imagen al recibir un cariñoso beso en la mejilla de la chica que le gusta a Mills se le ilumina el rostro cuando se toca la cara, pero se transforma de inmediato cuando se toca la cabeza, en una muestra del brillante quehacer de Baker antes de su etapa americana y en la Hammer.

Otro melodrama con personaje traumático y toques *noir* fue *The Upturned Glass* realizado también aquel año y que no tiene nada que envidiar a cualquier film similar de Hollywood, seguramente porque asume como propios muchos de los elementos característicos del *crime melodrama* americano: narración con un profundo sentido de la interiorización; uso de la voz en *off*; el empleo del *flashback* para articular la narración, así como ligeros toques de psicoanálisis, plasmándolos con bastante efectividad. James Mason interpreta a un doctor que da una clase de psicología criminal en la que cuenta su propia historia como asesino simulando la de un paciente suyo. En su discurso empieza afirmando que el criminal se caracteriza habitualmente por el excepcional estrés nervioso y un malsano entorno. No obstante, el médico parece que no tiene ni uno ni otro y su inclinación es inicialmente provocada por la venganza ante la muerte de una amante. La apariencia, como suele pasar en los asesinos *made in Britain*, engaña y la dualidad se muestra en forma de vertiente psicópata que es incapaz de controlar. Para Mason era una vuelta a ciertas actitudes de personajes anteriores como el obsesionado marido en *El séptimo velo*, el atormentado irlandés en *Larga es la noche* o sus papeles de villano en la etapa Gainsborough. Hubieron más ejemplos de actores especializados que repetían tipología en films que mezclaban melodrama, con *noir*, fruto de una cierta demanda como le sucede a Robert Newton en *Brumas de tentación* (*Temptation Harbour*, 1947) y *Obsesión (Obsession, 1946)*, que le confirió un tono más *working class* al típico personaje atormentado. Sin duda, el caso más excepcional es el de Eric Portman, que aparte de la vena más romántica exhibida en *La extraña cita*, y sus personajes desajustados de *A Canterbury Tale* o *Great Day*, se especializó en la figura de elegante asesino iniciada en su papel de verdugo de aspecto respetable en *Gritos en la noche* (*Wanted for Murder*, 1946), a partir de un guión de Pressburger. Le seguirían papeles de marido celoso capaz de deshacerse de sus rivales masculinos en actos que palpan su inseguridad emocional, esto es, *Dear Murderer* (1947), *The Mark of Cain* (1948), o *Daybreak* (1948). Portman fue abandonando progresivamente sus papeles de asesino, pero en la excelente *The Spider and the Fly* (1949), a pesar de haber intercambiado los roles, interpreta a un inspector francés poco antes de la Gran Guerra. La intensidad y el perfeccionismo siguen intactos en su personaje; Spicer define a Portman como «el Jean Gabin francés con una identidad que transita entre una exagerada sensibilidad y una capacidad para la violencia»[30].

Desprovistos de los elementos del cine criminal, el melodrama mostró lo traumáticos que podían ser los retornos de maridos ausentes como *The Years Between* (1946), en que un militar erróneamente dado por muerto se encuentra a su regreso que su mujer se ha comprometido con otro hombre. Otro retorno más celebrado pero también traumático se produce con el capitán checo que da vida Michael Redgrave en *The Captive Heart*, que pasa la guerra en un campo de internamiento simulando ser un oficial británico. Al volver toma la responsabilidad de decirle a la mujer del difunto con la que ha tenido una larga correspondencia, la verdad. El film mostró de nuevo como la esperanza por la estabilidad emocional, muchas veces lograda a través de la afección romántica, era una forma de afrontar la posguerra.

Si la posguerra nos dejó retratos masculinos marcados por los efectos secundarios de la guerra, el concepto de familia también quedó alterado. Un tema en que incluso el gobierno se vio obligado a regular la situación[32].

El melodrama familiar era un subgénero habitual en el cine británico en que incluso en la guerra sirvió como base para un cierto discurso patriótico al unir el concepto familia al de nación con el palpable ejemplo de *La vida manda*. La llegada de la posguerra supone una cambio en esa relación, a pesar de algunos intentos amables en forma de comedia *Holiday Camp* (1947) del debutante Kenneth Annakin (1914-2009), en torno a las vacaciones de una familia de clase trabajadora que trata de afrontar la vuelta a la normalidad después de la guerra. La tendencia era cuestionarse roles familiares. Uno de los que más ataques recibió fueron las figuras paternas, cuestionadas en *Pink String and Sealing Wax* (1945), *The Brothers* (1947) o *My Brother Jonathan* (1948), que palpan el proceso traumático de volver a construir la unidad familiar después de la guerra. Incluso en los últimos coletazos del *costume melodrama* femenino como *Jassy, la adivina* se apuntaron con indisimulado entusiasmo al mostrar con más fuerza la historia de destrucción familiar que del propio relato focalizado de la mujer. Algunos films –*Hungry Hill* (1947)– relacionaron la crisis del paternalismo con una denuncia a una brutal industrialización a través de una saga familiar construida alrededor de una controvertida mina en Irlanda. Todos los personajes masculinos quedan tocados, logrando solo la mujer de uno de los hijos (Margaret Lockwood en un papel poco habitual por su contención) sobrevivir al desastre. La actitud se muestra conciliadora entre patrones y trabajadores, muy propio del *welfare state* laborista, aunque hay temas pendientes ya que la historia aún está contada desde el prisma de los de arriba. En cambio, se muestra inflexible en el cuestionamiento familiar.

Este tipo de dramas dinásticos no eran excepcionales como mostraron *Master of Bankdam* (1947) y *So Well Remembered* (1947), dirigida por el *blacklisted* Edward Dmytryk (1908-1999) que fue menos condescendiente con las barreras de clase en esta recreación de una saga de tres generaciones de políticos.

Dmytryck tuvo una curiosa y desconocida minicarrera en el cine británico con interesantes títulos, *Obsesión* y *Give us a Day* (1949). Asimismo, la afectación al mundo familiar propició bastantes relatos con personajes infantiles en busca de sustitutos a figuras paternas desaparecidas, lo fueron obviamente *Nicholas Nickelby*, *Oliver Twist* o *The Rocky Horse Winner*, donde un hijo de una familia paralizada por la espiral malgastadora de la madre y la inacción del padre encuentra en un empleado de la casa con gran afición a las carreras de caballos una válvula de escape cuyo desenlace trágico deja al descubierto la inestabilidad familiar. En varios films de posguerra los personajes infantiles son presentados como figuras activas predispuestas a buscar alternativas como los juegos de detectives de los niños de *Hue and Cry* o la capacidad de observación del niño de *El ídolo caído* (*The Fallen Idol*, 1948). En el film de Carol Reed aparece también una relación fascinada del niño con respecto al adulto, en que ambos reformulan según su conveniencia sus esquemas morales, en un tema que, como veremos más adelante, sería bastante utilizado en el cine británico en las décadas siguientes con la perspectiva de la relación entre la inocencia infantil y personajes adultos marginales, en una expresión bastante británica de mirar la sociedad de una forma oblicua.

Como vemos el melodrama ejercía de crónica social y testimonio de los cambios producidos por el nuevo escenario. Esa pulsión pesimista traspasó el ámbito familiar y también afectó a los retratos de personajes públicos, como el caso de uno de los pocos intentos que se hicieron de dramas políticos, *Fame Is the Spur* (1947). El film producido y dirigido por los siempre interesantes, y a veces magistrales gemelos Boulting, adaptaba la novela de Howard Spring (1889-1965) sobre el político laborista del siglo XIX Hamer Radshaw.

El tratamiento se aleja de los *biopics* triunfalistas de la guerra y se centra en la crisis, otra vez, de un político que cae en una espiral de corrupción y distanciamiento con los valores honorables. El film no funcionó, quizá porque siempre se espera del político ejemplaridad y no las flaquezas expresadas por el hombre de su tiempo. Por ello, en su siguiente film los Boulting acompañado por el productor Filippo del Giudice ya desvinculado de Two Cities, y al mando de su nueva productora Pilgrim Films, plantearon un tema más positivo dentro del ámbito sociopolítico con *The Guinea Pig* (1948), un film que denuncia las dificultades para conseguir la igualdad en las escuelas, a partir de la historia del primer joven de clase obrera que consigue una beca en un colegio de élite.

LA EALING: EN BUSCA DE SU IDENTIDAD

La Ealing había salido reforzada de los años de la guerra, gracias a la mano de hierro de Sir Michael Balcon con su ciclo de películas realistas que conectaban con las clases populares y que establecieron una de las producciones más interesantes de aquel momento. Allí se empezaron a gestar una brillante generación de talentos, entre ellos, Robert Hamer, Charles Crichton, Basil Dearden y Alberto Cavalcanti. Sin embargo, la posguerra planteó un nuevo comienzo. En primer lugar la necesidad de dinero hizo que Balcon pactara un acuerdo con Rank en el que, a cambio de financiación, perdería independencia[33]. La aparición de Rank hizo que Balcon apostara por un cine más en concordancia con la política de "prestigio" que el magnate patrocinaba. Así surgieron crónicas con toques exóticos –*The Overlanders* (1946)–, adaptaciones literarias –*The Loves of Joanna Gooden* (1947)–, la inevitable dickensiana –*Nicholas Nickleby*– o las biografías épicas –*Scott in Antarctic*–.Ésta última significaría la película más cara del estudio y un film peculiar para la Ealing ya que, a pesar de mostrarse conforme a una celebración del estoico y sufrido carácter británico, rehuía de la formulación coral que tanto le gustaba al productor. Balcon intentaba contentar a Rank con estos films y en algunos lo consiguió, sobre todo en el *biopic* de Scott[34], mientras a su vez buscaba la manera de conectar ese espíritu de compromiso y solidaridad popular de su cine bélico (*Went the Day Well?*, *San Demetrio London*) con una nueva manera de expresarlo. Balcon provó iniciar nuevas perspectivas como el film de terror *Al morir la noche*, magnífico intento de recuperar esa tradición semiabandonada por la guerra, pero que contadas excepciones –una de ellas es *Daughter of Darkness* (1948)– no se plasmó con rotundidad hasta años después. También se intentó alargar la serie bélica, aunque con un enfoque de drama con *The Captive Heart* y *Frieda* (1947), y la interesante aportación de *Against the Wind* (1948).

Ealing, por descontado, no dejó aparcada su preocupación social en *It Always Rains on Sunday*, el segundo largo del prometedor Robert Hamer (1911-1963), en que muestra la irrupción de un criminal en el marco cotidiano de una familia de clase trabajadora. Hamer, uno de esos jóvenes que Balcon promocionó durante la guerra, había debutado en solitario dos años antes en *Pink String and Sealing Wax*, un film que recogía la tradición del *costume melodrama* de la Gainsborough pero otorgándole un toque de ironía que se haría tradicional en su cine. Su carrera seguiría con su reconocida obra maestra *Ocho sentencias de muerte* (*Kind, Hearts and Coronets,* 1949), en que a pesar de estar encasillada dentro de la comedia Ealing, mucha culpa de ello tiene la poliédrica composición del excelso Alec Guinness, su devastador humor negro, la amoralidad de Louis (Dennis Price), su personaje principal y la criminalidad de su relato, la conectan con la confusión de posguerra.

El film merece una atención especial ya sea por la magnífica narración donde la depravación de un asesino es contada de una manera fría y, a la par, interiorizada con la omnipresente voz en *off* del protagonista. Estamos bastante de acuerdo con Tomás Fernández Valentí que sea «una de las mejores películas en el uso de ese recurso, a

Charles Crichton fue uno de los directores que empezaron su carrera durante los años 40.

pesar de ser a veces impopular o esconda limitaciones». Siguiendo sus razonamientos Fernández Valentí expresa que «no se limita a subrayar las acciones de su repugnante protagonista, sino que las acompaña y, al mismo tiempo, las matiza lo que a los ojos del espectador son crímenes atroces sin paliativo alguno. Para la diabólica pero serena mente de Louis son meros trámites, engorros molestos pero necesarios que debe cumplimentar de cara a la consecución de sus propósitos, de tal manera que el relato y una reflexión sobre el mismo, lo que se cuenta y el comentario sobre lo que se cuenta, van indeleblemente unidos».[35] La década se cerraría para Hamer con una película menos contundente pero sí bastante apreciable, *The Spider and he Fly* (1949), en un *tête-a-tête* entre un detective obsesivo y un escurridizo criminal en el París de principios de siglo XX.

La Ealing también *coqueteó* con los ecos artísticos de los films de la Rank. Sucede claramente con la desconocida *Matrimonio de estado*, en lo que podríamos llamar los daños colaterales del acuerdo entre Rank y Balcon. El film lógicamente fue una rareza dentro de la productora, no solo porque era la primera producción en color, sino porque hablaba de príncipes electos, condes y condesas. A pesar de unir el tono de los melodramas de la Gainsborough y el acartonado drama histórico, el film posee una destacable vitalidad fruto de un guión cincelado por Alexander Mackendrick (1912-1993) que retrata sin compasión la corrupción que rodea al poder de las monarquías.

Su empaque visual es considerable con un montaje ágil y un tratamiento del color alejado del frontalismo que exigían los técnicos del Technicolor. Sin embargo, ninguna de esas opciones tuvo continuidad hasta que llegó *Pasaporte para Pímlico*. Oficialmente la comedia Ealing nació un año antes con *Hue and Cry* ya con el equipo titular que haría grande a la casa: guión de T. E.B. Clarke (1907-1989), dirección de Charles Crichton (1910-1999) y producción de Henry Cornelius (1913-1958). En esta historia protagonizada por un grupo de niños expresaba una novedad dentro del cine británico. De primeras no niega la realidad sino que su compromiso con ella se evalúa diferente; las imágenes de los niños jugando en las ruinas provocadas por la guerra combinaron con una forma de narrar esa realidad desde una perspectiva diferente, la de los niños que deben escapar de la austeridad de la guerra con imaginación a través de sus pesquisas detectivescas.

Ya en *Hue and Cry* aparece la reivindicación de ese sentido de comunidad que muchas comedias Ealing van a mostrar. Sin embargo, la afortunada reincidencia con *Pasaporte para Pímlico* estableció una fórmula caracterizada por la comedia de raíces muy autóctonas y con una clara voluntad de conectar con las audiencias a través de su humor inteligente, muy británico, caústico, tendente a la sátira pero muy fino en las formas. En esta historia sobre unos londinenses que de la noche a la mañana se despiertan borgoñeses y reclaman su independencia aparece otro parámetro clásico, el enfrentamiento entre una pequeña comunidad orgullosa y un gigante poco receptivo. Si los niños y las clases populares urbanas fueron el centro de las dos primeras comedias clásicas de la Ealing, los escoceses completarán el trío de retratos característicos de la casa en la divertida *Whisky Galore!* (1948). El film vuelve la vista atrás, con un grupo de escoceses que nada quieren saber de la guerra, y sí sobre su preciada bebida. Irónicamente, el cine de la Ealing quería recuperar el espíritu colectivo que reinaba durante el tiempo bélico, valores genuinamente británicos que parecían haberse perdido con la llegada de la paz. Y es que la Ealing capeó como nadie ciertas contradicciones, que con humor no lo parecían tanto; una velada crítica al *welfare state* laborista con un retorno al colectivismo bélico y todo mezclado con la idiosincracia británica tendente a la individualidad y a lo excéntrico. El "milagro" de la Ealing fue asumir todo ello sin que se notara el desajuste. *Whisky Galore!* también quedaría consignado como el debut del norteamericano Alexander Mackendrick, junto a Hamer, el hombre con más talento de la Ealing y con ella la carta de presentación de un estilo de comedia que haría historia y de la que hablaremos más extensamente en el siguiente capítulo.

EL REGRESO DE KORDA: SEGUNDAS PARTES NUNCA FUERON BUENAS

Alexander Korda había sido la figura más importante del cine británico en los años de preguerra donde su imponente política de cine de prestigio marcó toda una época.

Priorizando su carrera, desembarcó en Hollywood dispuesto a continuarla, sin embargo, su aventura norteamericana no fue lo suficientemente imponente para una vez finalizada la guerra lo retuviera allí por más tiempo. En noviembre de 1945 regresaría a Inglaterra y unos meses después adquiriría parte de la productora British Lion, siendo su base de operaciones los Shepperton Studios. Korda siempre hábil a la hora de moverse en los círculos del poder, se aprovechó del interés del gobierno de estimular competidores ante la situación de semimonopolio que había impuesto el imperio Rank. Su intención era hacer una política vertical similar a la de Rank, en versión más modesta, pero posicionándose por si su competidor no pudiera aguantar el ritmo tan generoso de su política. Korda regresó con fuerza trayendo celebridades de Hollywood, por ejemplo, Paulette Goddard en *Un marido ideal* (*An Ideal Husband*, 1947), abordando historias "lujosas" como la versión de *Anna Karerina* (1948) o recurriendo a la efectividad de Anthony Asquith en *Pleito de honor* (*The Winslow Boy,* 1948). Korda pretendió adaptar ciertos esquemas de Hollywood al cine británico, pero el fracaso de *El último Estuardo* (*Bonnie Prince Charlie*, 1948), que comportaría otro *comeback*, el del director británico Robert Stevenson, instalado en Hollywood desde hacia años, para luego echarlo le obligó a ser más cauto.

Entre tanto desaguisado surgió un film bastante interesante, *Mine Own Executioner* (1947), basado en la novela de Nigel Balchin (1908-1970), y también con una estrella americana traída por Korda, Burgess Meredith, que mezclaba el *noir* con la temática de la psiquiatría tan en auge en el Hollywood de posguerra. La experiencia positiva de trabajar con el material de Balchin ayudó a que Korda confiara dos años después en la bondad del proyecto de Powell & Pressburger *The Small Back Room*. El film ambientado en el período bélico no diluía el tono negro de la novela en la recreación del universo atormentado de su protagonista (David Farrar), un desactivador de bombas alcohólico y lisiado. Esa fue la única experiencia positiva de Korda con The Archers, ya que el productor a posteriori, en su intento de emular a Hollywood a toda costa, no dudó en asociarse con Sam Goldwyn y David O. Selznick en los desastrosos proyectos de *El libertador* y *La salvaje*.

Seguramente la relación más satisfactoria de esta segunda etapa de Korda fue la que tuvo con Carol Reed. El cineasta no se había integrado en los Independent Producers ya que, al concluir la guerra siguió ligado a Two Cities. Cuando terminó *Larga es la noche*, Reed acudió a Korda, al cual conocía de sus comienzos y ambos empezaron una fructífera asociación en la que obtuvieron un beneficio mutuo. Korda incitó la colaboración entre Reed y Graham Greene, y éstos les respondieron con dos de los títulos más destacados de la segunda etapa de Korda en Gran Bretaña. Sobre todo *El tercer hombre*, un film que ha mantenido su status de pieza seminal no solo del cine británico, sino mundial. La relación de Korda y Reed se mantuvo firme a pesar de que los fracasos de las posteriores *El desterrado de las islas* (*Outcasts in the Island,* 1950) y *Se interpone un hombre (The Man Between,* 1952).

La segunda etapa de Korda se nutrió de las víctimas del colapso de Rank, en busca de mantener sus privilegiadas condiciones. Uno a uno los mejores equipos de producción fueron cayendo bajo sus dominios; The Archers, Anatole de Grunwald, Anthony Asquith, Individual y finalmente Cineguild. Ante una eventual ampliación de la nómina, Korda pidió ayuda al gobierno que le concedió tres millones de libras a través de la National Film Finance Corporation. Así pudo continuar su producción. Sin embargo, la fragilidad de Rank era la misma o más en Korda y pronto se vio obligado a asociarse con las productoras de Hollywood United Artists, Sam Goldwyn y David O. Selznick, para mantener esa línea ambiciosa. Korda estaba liquidando el espíritu que había reinado entre los productores independientes sometiéndoles a una situación de doble dependencia, la suya y la de las *majors* que no querían saber nada del cine de "prestigio", sino ser rentables comercialmente. La carrera de Korda languideció en la siguiente década, mantenida con acuerdos económicos externos hasta su muerte en 1956.

CAROL REED: EL DESPERTAR DE UN GRAN DIRECTOR

Fuera del ámbito de los Independent Producers el cineasta de posguerra más destacado fue Carol Reed. Al igual que ellos compartió ese despertar creativo coincidiendo con el cese de las hostilidades en que el desafío estético coincidía con una novedosa perspectiva subjetiva después de una época muy enfocada al colectivo. Reed representó como nadie la búsqueda de ese camino nuevo, a través de los que algunos han calificado de *romantic realism*, al combinar el realismo poético francés de preguerra con toques de neorrealismo italiano[36]. El camino lo marcó su primer film de posguerra *Larga es la noche* que dejaba atrás una carrera de director todo terreno durante los 30 y la guerra, en que había tocado el drama social (*The Stars Look Down*), el *thriller* (*Night Train to Munich, Su nombre en los periódicos*) el *biopic* (*El vencedor de Napoleon*) o la crónica bélica (*The Way Ahead*). La trama de *Larga es la noche* se centra sobre las consecuencias de un atraco por parte de un militante político irlandés. Reed articuló el film a modo de viaje que funciona en varios frentes, irrumpe con formas de vibrante *thriller* pero cuando las cosas se tuercen y el protagonista Johnny (James Mason) cae herido la historia empieza a sufrir un rápido proceso de *descompresión* que irremediablemente la conduce a un drama fatalista. La modulada interpretación de Mason como la disposición estilística de su director crearía un personaje casi alejado del mundo que poco a poco va entrando en su propio infierno. Es, por tanto, otro viaje a la subjetividad que se convierten ciertas producciones de posguerra, pero que en el camino también plasma un lugar y un universo.

Reed recurre al bagaje entre el naturalismo recargado del cine francés de finales de los 1930 (*Quai des Brumes* está bastante presente) y un toque expresionista en la recreación de una atmósfera urbana cercana a lo irreal, en que las siluetas sombreadas adquieren con la profundidad de campo dimensiones casi demoníacas. La magnífica fotografía de Robert Krasker (1913-1981) sería capaz de sacarle partido a cada rincón y cada sombra, en una lección de cómo filmar un ambiente urbano nocturno. En su

La infancia ante el engañoso laberinto de los adultos en *El ídolo caído* (1948).

periplo, el protagonista se encuentra a todo tipo de personajes; borrachos, un vendedor de pájaros, un médico expulsado de su carrera, un cochero distraído, la *fauna* propia de un *pub*, o un pintor bastante pretencioso. Es allí donde Reed construye el conflicto ya que ese *catálogo* humano tiene que posicionarse, dilucidando su propia moralidad. Muchos evidencian un interés bastante egoísta y pocos con una sincera solidaridad, en un muestrario pesimista característico en el cine de Reed, pero que también formaba parte de algunos films clave de posguerra, léase *Breve Encuentro* o *The Small Back Room*, entre otros.

Después de este film, Carol Reed abandonó la productora y buscó protección de la mano de Alexander Korda y la British Lion. Korda, al igual que había hecho con Powell & Pressburger, estableció la colaboración entre Reed y el escritor Graham Greene al sugerirle dirigir una adaptación del relato del escritor, "The Basement Room". Reed había mostrado en *Larga es la noche* ciertos parámetros muy cercanos al universo de Greene; personajes marginales, dilemas morales y una puesta en escena apabullante. *El ídolo caído* explotó varias de ellas, pero priorizaría los dilemas morales. Carol Reed se enfrentó a su primera adaptación de una obra de Graham Greene y, a la vez al universo infantil, muy cercano, debido a un cierto trauma por su condición de hijo ilegítimo. El cineasta ahondaría en la idea de la confusión moral, aunque esta vez por parte de un niño expuesto al engañoso laberinto del mundo de los adultos.

El desconcierto moral de la posguerra se abre ante los ojos de Joseph Cotten en *El Tercer hombre* (1949).

Aunque Reed abandonaría ese exacerbado romanticismo por una perspectiva más neutra seguiría recurriendo a una puesta en escena de encuadres distorsionados y de fuerte carga simbólica que acompañarían también a compañeros de generación como Michael Powell y David Lean.

Sin embargo, lo mejor estaría por llegar con la aparición de *El tercer hombre*, considerada por muchos el film británico más importante de la Historia. Reed sufrió la sombra de Greene y Welles, aupados en el papel de artífices de este film único construido en su mitología por la acumulación de momentos irrepetibles; sus diálogos, la música de Antón Karas o la persecución final en las alcantarillas de Viena. Pero, en defensa de Reed, en *El tercer hombre* aparecían varios elementos consustanciales a su carrera. La insistencia en trabajar con el material proporcionado por Graham Greene y sus reflexiones sobre la moralidad humana ya le eran familiares en el cineasta británico en el *El ídolo caído*. Tampoco representaba una novedad la estética recargada por sus encuadres e iluminación expresionistas, al igual que la recreación de los ambientes nocturnos de *Larga es la noche*. No por casualidad, Reed eligió al director de fotografía de aquella película, Robert Krasker. También fue él quien encontró al músico Antón Karas en las calles de Viena y lo convirtió en una celebridad. Es decir, de las cuatro o cinco casualidades que formulan su magnetismo imperecedero, Reed estaba detrás de todas ellas confirmando que el director tuvo más que ver de lo que nos han hecho pensar. Asimismo, parece infundado ese dibujo que ha llegado de obra única dentro de su contexto cinematográfico que parte del tradicional desconocimiento hacia el cine británico y su evolución histórica. El film transpira de manera descomunal el pesimismo y el desconcierto de posguerra. A pesar de estar ambientada en una cosmopolita Viena corona un género muy británico, el *spiv film,* y apabulla con un remarcable estilo visual. Tres elementos presentes del cine británico de posguerra pero que combinados resultan de una fuerza imperecedera. El éxito de *El tercer hombre* proporcionó un margen a Reed ante el siempre intrusivo Korda, pudiendo rodar dos films marginados en su momento pero que bien merecerían una buena reivindicación. Se trata de *El desterrado de las islas,* basada en la novela de Joseph Conrad, y *Se interpone un hombre,* de nuevo con material de Graham Greene en un *thriller* de espionaje con tintes existencialistas. Luego Reed se embarcó en una exitosa aventura norteamericana diluyendo su estilo merced a su sometimiento a los parámetros *hollywoodienses.*

EL REESTRUCTURACIÓN DEL IMPERIO RANK: EL FINAL DE UNA ÉPOCA

El imperio Rank, en apariencia poderoso, tenía los pies de barro. Cimentado en una época excepcional, le faltaba demostrar hasta dónde era capaz de llegar en tiempo de paz. Rank tuvo problemas de los que no pudo desprenderse, primero el sobrecoste de las producciones que hacían cada vez menos rentable los posibles triunfos. Esto constituía un serio problema porque descontados el 38% de tasas que se pagaban y los porcentajes del distribuidor, exhibidor, el margen se hizo cada vez más estrecho. Rank llegó a perder casi 1.700.000 £ en producción en el período 1945-46[37], de entre ellas computarían los dos fracasos más sonados de su carrera, *César y Cleopatra* y *London Town,* que generaron un lastre difícil de soportar. Rank intentó la aventura americana aprovechando sus lazos con la United Artists y la Universal, pero como le había pasado a Korda y a los hermanos Ostrer fracasó en la intentona de llevar su política expansionista y abarcar sus tentáculos en Hollywood.

Otro hecho acabaría siendo decisivo para la suerte del imperio del *gong*: la medida del gobierno de poner una tasa del 75% a la importación de films extranjeros en 1947. Esta decisión tomada sin consultar a las autoridades cinematográficas del país [38] acarreó desastrosas consecuencias. Dos días más tarde, la Motion Picture Export Association (MPEA) que representaba a las *majors* anunció un boicot total al mercado británico[39]. De este modo, los distribuidores se vieron obligados a reestrenar viejas películas de Hollywood no sujetas a la tasa. La reacción de Rank fue cambiar de política e intentar tener a los americanos fuera del mercado británico. La primera consecuencia de todo ello se plasmó en el incremento de la producción teniendo, por tanto, que reestructurar todo su imperio para así suplir adecuadamente las cadenas de distribución que él personalmente controlaba. El boicot finalizó a principios de 1948 pero la reestructuración financiera ya había incidido en la producción, con lo que para mantener el ritmo se tuvo que reducir costes que afectaron sobre todo a presupuestos y *scripts*. Así, poco a poco empezaron las deserciones, la más sonada las de Powell & Pressburger después de acaloradas discusiones sobre *Las zapatillas rojas* y la poca confianza que tenían Rank, y su mano derecha John Davis en el film, después de que el presupuesto se disparara[40]. A ellos les siguieron Frank Launder y Sidney Gilliat que mostrarían su disconformidad sobre los detalles de la distribución de *La isla perdida*. El equipo de Cineguild se desintegró pero Lean se mantuvo fiel a Rank hasta el final de la década. Curiosamente los films con mayor presupuesto, *Las zapatillas rojas* y *Hamlet*, fueron los que dieron más dinero. Financieramente las consecuencias de la tasa y el subsiguiente boicot se tradujeron en unas deudas de 13'5 millones en 1948, aumentados a 16 al año siguiente. La decisión ya improrrogable era primar cantidad o calidad. Rank eligió lo primero. Tampoco la política gubernamental ayudó mucho. La Cinematograph Film Act de 1948 volvió al sistema de cuotas de 20 años atrás, vigentes desde la Ley del 38 pero no aplicadas totalmente durante la guerra, para distribuidores y exhibidores. Se obligó a los primeros a reservar un porcentaje para las películas británicas y a los segundos a poner en circulación una cuota de films nacionales. A su vez, como medida proteccionista se fijó un cupo para las importaciones. De esta forma las cuotas fueron la oportunidad de las productoras estadounidenses de copar otra vez el mercado.

Atormentada **(1949), el fugaz regreso de Alfred Hitchcock al cine británico.**

Dos años después otra decisión agravó aún más la situación, con el fin de estimular la producción se creó la British Film Production Fund, más conocida con el nombre de Eady Pool, que imponía en el precio de la entrada una tasa que revierte en los productores cinematográficos. Se trata de una ayuda extensible también a las filiales de Hollywood. El resultado fue que los norteamericanos con sus subsidiarias producieron 100 películas en suelo británico[4] . La suerte estaba echada y Gran Bretaña se convirtió en un plató ideal aprovechando su brillante cantera de actores y técnicos, significando entre otras cosas la vuelta de Hitchcock con *Atormentada* (*Under Capricorn*, 1949), y una variada producción de género abarcando desde el cine negro –*Noche en la ciudad* (*Night and the City*, 1950) de Jules Dassin–, de aventuras –*La rosa negra* (*The Black Rose*, 1950) de Henry Hathaway o *La isla del tesoro* (*Treasure Island*, 1950) de Byron Haskin–, en el aterrizaje de Disney a la ficción, o los casos específicos de John Huston que realizaron una destacada "mini"carrera británica con *La reina de Africa* (*The African Queen*, 1951), *Moulin Rouge* (ídem, 1952), *La burla del diablo* (*Beat the Devil*, 1953) y *Moby Dick* (ídem, 1956). Los norteamericanos habían regresado y esta vez era para quedarse. En paralelo, las grandes estrellas británicas del momento, Deborah Kerr, Jean Simmons, Stewart Granger, James Mason o Rex Harrison cogieron las maletas rumbo al *sueño americano*. Ante tanta adversidad la respuesta resultó más bien modesta.

El gobierno, a través del National Film Finance Corporation (NFFC) nacido en 1949, estableció un consorcio llamado British Film Makers (BFM) para intentar mantener la producción independiente con films interesantes –*Mandy, The Card, Hunted, La importancia de llamarse Ernesto (The Importance of Being Earnest)* o *Cita con Venus (Appointment with Venus)*–. Sin embargo, no tuvieron mucho éxito, con lo que Rank cerró definitivamente la puerta a producir cine independiente y agrupando toda la producción bajo la Arthur Rank Film Corporation. Poco después, al morir su hermano Arthur Rank se retiró dejando el control a John Davis y Earl St.John. Definitivamente una etapa del cine británico, en mi opinión la más brillante, había quedado atrás y con ella el fracaso del intento más cercano que ha tenido el cine británico de ser una industria autónoma del coloso yanqui. Eso si, todo hay que decirlo, mediante un viaje plagado de sonoros triunfos y estimulantes producciones.

NOTAS

[1] MURPHY, Robert, Realism and Tinsel. Cinema and Society in Britain 1939-49, Routledge, Londres, 1992. p. 76.

[2] MORGAN, Kenneth O. Britain since 1945: The people's place, Oxford Univeristy Press, Nueva York, 2001. p. 33.

[3] ZWEINIGER-BARGIELOWSKA, Ina, Austerity in Britain – Rationing, Controls and Consumption, 1939-1945, Oxford University Press, Nueva York, 2002, p. 9.

[4] DICKINSON, Margaret- STREET, Sarah. Cinema and State. The Film Industry and the Government 1927-84, BFI, Londres, 1985. p. 150.

[5] DURGNAT,Raymond. A Mirror for England-British Movies from Austerity to Affluence, Faber and Faber, Londres, 1970. p. 6

[6] La BBFC había sido gobernada durante muchos años por el veterano Lord Tyrell, octogenario cuando acabó la guerra, y por un board de ilustres veteranos como el Coronel Hanna y el secretario Joseph Brooke Wilkinson. Ellos administaron

el organismo hasta que en 1948 un nuevo equipo ocuparon sus lugares.

[7] MURPHY, Robert, Ibídem, p. 96.

[8] BARR Charles. All our yesterdays 90 years of British Cinema, BFI, Londres, 1986. p. 197.

[9] La llegada de extranjeros al cine británico, sobre todo provenientes del cine alemán es sobre todo en la década de 1930, esa generación alcanzara la madurez en la década siguiente. La lista es interminable desde los más conocidos los hermanos Korda o Emeric Pressburger, productores, Anatole de Grunwals o Filippo del Giudice a directores, Ludwig Berger, el fotógrafo Otto Heller, Max Greene, Gunther Krampf, los músicos Miklos Rosza o Allan Gray, directores artísticos, Alfred Junge y Hein Heckroth o los actores Anton Walbrook, Conrad Veidt, Oscar Homolka y Frederick Valk.

[10] MURPHY Robert. Ibídem, p. 72.

[11] Penguin Film Review, No. 4, 1947: 35.

[12] En la etapa pre-archers Pressburger adaptó una novela J. Stourer Houston en El espía negro, y A Canterbury tale a pesar de ser tener la referencia de los cuentos de Chaucer no la podemos considerar una adaptación en si.

[13] Jack Cardiff (1914-2009) acabó siendo el abanderado de una excelente generación de fotógrafos británicos, Geoffrey Unsworth, Douglas Slocombe, Freddie Young, Jack Hildyard o Guy Green.

[14] El personaje que interpreta Sabu (Sabu Dastagir) (1924-1963) puede verse como una revisión crítica del príncipe que interpreta en Revuelta en la India. El príncipe imprudente, caprichoso y colaboracionista, al britanizarse se ha convertido en arrogante y aristocrático.

[15] Powell se postuló como un firme defensor del cine como proceso colectivo, concepto que aprendió de su primer mentor cinematográfico el director norteamericano Rex Ingram. Por ello fue especialmente cuidadoso de rodearse de un equipo de técnicos y artistas capaces incluso de superar su propio estímulo. Este ideario le hizo rechazar el concepto del cine como obra autoral del cual nunca se sintió representado.

[16] STERN, Leslie. The Scorsese Connection, BFI, Londres, 1995 pp. 14-16. Stern habla de la dramatización del deseo, del paralelismo entre dos personajes (Vicky y La Motta) poseídos y transformados por el "performance" donde las zapatillas y los guantes de boxeo son los objetos totémicos o del ceremonial de LaMotta en el nightclub parecido al del film de Powell & Pressburger.

[17] André Bazin habló en estos términos "nada podía ser más ajustadamente estructurado, ni más cuidadosamente preparado que Breve encuentro"

[18] Llamaban spiv a los pequeños criminales que traficaban en el mercado negro durante la guerra.

[19] FERNÁNDEZ VALENTÍ, Tomás. David Lean, La emoción y el espectáculo, Dirigido por, Barcelona, 2000. p. 173.

[20] El primero de esos títulos exitosos The Wooden House (1950), ya estaba desprovisto de la parte romántica que había en la precedente The Captive Heart (1946) y exclusivamente se centraba en la vida de los prisioneros en el campo y sus planes de fuga, el género se perfeccionara con títulos tan populares como The Colditz Story o El puente sobre el rio Kwai.

[21] DURGNAT, Raymond. Ibídem, p. 175

[22] PULLEINE, Tim "Spin a dark web", en British Crime Cinema, Routledge, Londres, 1999)

[23] Expertos de primer orden, William Everson, Tony Williams o Andrew Spicer señalan el nacimiento del noir británico en una serie de films de preguerra, The Green Cockatoo (1937), They Drive By Night (1938), I Met a Murderer (1939) o Stranger on the Third Floor, esta ya rodada durante la guerra.

[24] LEACH, Jim, British Film, Cambridge University Press, Camdridge, 2004. p. 163.

[25] WILLIAMS, Tony. "El film-noir inglés", en PALACIOS, Jesus (ed.) Euronoir- serie negra con sabor europeo, TB. Editores, Madrid, 2006.

[26] El Monthly Film Bulletin hablo de ella como "la más repugnante exhibición de brutalidad, perversión, sexo y sadismo

nunca vistos en una pantalla de cine".

[26] No era extraño que la censura quisiera cambiar la imagen negativa que se daban de los Approved School system.

[27] La serie llamada Dixon of Dock Green se emitió durante más de veinte años (1955-1976)

[28]Protagonizada por la familia Huggett le seguirán Here Comes the Huggetts (1948), Vote for Huggett (1948), The Huggetts Abroad (1949)), mostrando una de las tendencias favoritas de Box hacia la formula de ciclos de comedias repitiendo personajes y estructuras que tan bien le funcionarán en la década siguiente con Doctor in House .

[29] Las "Boarding houses" (casa de huéspedes) eran populares en posguerra como mecanismo para paliar la falta de vivienda producida por las consecuencias de la guerra. El espacio donde se reunía gente de diverso origen fue aprovechado por el cine británico como un lugar para dibujar un microcosmos nacional.

[30] SPICER, Andrew. Typical Men: The Representation of masculinity in popular British Cinema, I.B. Tauris, Londres, 2001. p. 177.

[31] LANDY, Marcia, British Genres, Cinema and Society 1930-1960, Princeton University Prewss, Princeton, 1991. p. 305. Como comenta Marcia Landy el Curtis Commitee on Children Care (1949) y la Population Commission (1949) testifica la intervención del estado en la vida doméstica.

[32] CORRAL, Juan M. Los estudios Ealing- Comicos a Go-Go, TB Editores, Madrid, 2005. p. 61.

[33] FERNÁNDEZ VALENTÍ, Tomas. "El cine de los estudios Ealing". Dirigido por..., núm. 372 (noviembre 2007), págs. 76-77.

[34] Rank escribió una carta a Balcon diciéndole: "He disfrutado mucho con Scott , tiene grandes momentos y seguro que entretendrá (...), en mí opinión creo que puede tener un buen recorrido en América". Vid. CHAPMAN, James. Past and Present: National Identity and British Historical Film. IB. Tauris, Londres, 2005.

[35] ORR, John."Running Man 2: Carol Reed and his contemporaries", en Romantics and modernists in British cinema, Edimburgh University Press, Edimburgo, 2010. p. 44.

[36] Armes, Roy, A Critical History of British Cinema, Oxford Univeristy Press, Nueva York, 1978. p. 171

[37]Ibid.

[38] MURPHY, Robert. Ibídem , p. 221.

[39] MACDONALD, Kevin. Emeric Pressburger. The Life and Death of a Screenwriter, Faber and Faber, Londres, 1994. p. 292.

[40] BRUNETTA, Gian Piero. Historia mundial del cine I.II,. Akal, Madrid, 2010. p. 1287.

CAPÍTULO 6

EL TORMENTO Y EL ÉXTASIS

Crisis, heterogeneidad y expansión del género
Los años 50

por Tomás Fernández Valentí

LA DÉCADA TURBULENTA

Los años 50 supusieron para Gran Bretaña un nuevo mandato como el Primer Ministro de Sir Winston Churchill (octubre de 1951), la coronación de Isabel II (2 de junio de 1953), la elección del conservador Anthony Eden como Primer Ministro (abril de 1955), el fracaso diplomático de la intervención militar francobritánica en Egipto tras la nacionalización del Canal de Suez por el coronel Nasser (julio de 1956) y el nombramiento de otro Primer Ministro conservador, Harold Macmillan (enero de 1957). Pero, en lo que al cine atañe, la década aportó parejas dosis de crisis financiera y descenso de público y una heterogeneidad creativa que se manifiesta, satisfactoria aunque no exclusivamente, en la expansión y riqueza del cine de género, el cual provocó un auténtico alud de producciones de gran interés que se prolongó durante toda la década de los 60 y hasta la primera mitad de los 70.

La década aportó al cine británico parejas dosis de crisis financiera y descenso de público y una heterogeneidad creativa que se manifiesta, notable aunque no exclusivamente, en la expansión y riqueza del cine de género, el cual, como veremos más adelante, provocó un auténtico alud de producciones de gran interés que se prolongó durante toda la década de los 60 y hasta la primera mitad de los 70. No solo eso: por encima de la precariedad de la industria, esta década supone en muchos sentidos la continuidad y plena madurez de autores que habían eclosionado en el decenio anterior, tal es el caso de David Lean, Carol Reed o Anthony Asquith; y la revelación de algunos extraordinarios cineastas que, si bien en algunas ocasiones iniciaron sus carreras antes de la presente década no es sino en la de los 50 cuando su talento eclosiona de forma esplendorosa, como, por mencionar a los que quizá sean los dos más representativos pero no los únicos, Terence Fisher, el mejor realizador que trabajó jamás en la productora Hammer Films y maestro indiscutible del género fantástico, o Alexander Mackendrick, si bien oriundo de los Estados Unidos mas no por ello menos fundamental firmante de algunas de las más brillantes páginas de la cinematografía británica de la época, tanto dentro como fuera de la productora Ealing.

En 1954 unos 24.5 millones de espectadores iban al cine cada semana, y en 1960 solo eran 10 millones; en el 54, la recaudación en taquilla era de 110 millones de libras esterlinas, que se quedaban en 74 millones una vez deducida la *Entertainment Tax*, y en el 60, el taquillaje apenas llegaba a los 64 millones, una vez descontados 2 millones de la Entertainment Tax, que fue derogada ese mismo año; en 1946 existían en la nación unas 4.709 salas, doscientas de las cuales ya habían cerrado en 1954; al acabar la década, 1.500 habían desaparecido, permaneciendo operativas solamente unas 3.034, reducidas a 2.000 en 1967 y a 1.552 en 1971. En 1960 «la recaudación de taquilla semanal es de 11 millones (menos de un tercio de lo que era diez años antes)» [1]. ¿Y cuáles fueron las causas de esta decadencia, que no hizo sino acrecentarse a mediados del decenio con la aparición de la televisión –las primeras emisiones del canal privado ITV tuvieron lugar en septiembre de 1955, y las primeras de televisión educativa de la BBC, en 1957–, repitiéndose en Gran Bretaña el mismo problema que se le planteó a la industria del cine norteamericano con el inesperado auge de la así llamada "pequeña pantalla"? Esto último fue una de las razones principales, en base a la comodidad que suponía para el espectador tener una parcela de entretenimiento audiovisual en su propio hogar con los primeros films para televisión o telefilms, y el hecho de que el gasto que suponía poseer un receptor en casa era mínimo comparado por el coste de las entradas de cine para toda una familia[2]; como podemos ver, las cosas no han cambiado mucho desde entonces.

A ello se pueden añadir otros factores: si bien durante los años 30 y sobre todo los 40 la mayor parte del público británico que acudía a las salas eran mujeres y familias (téngase en cuenta la influencia de la guerra: la mayoría de los varones estaba en el frente), en los 50 se produjo el *baby boom*, que obligaba a las mujeres a quedarse en casa cuidando a sus hijos, y la aparición de un renovado contingente de público formado por los niños que habían nacido durante la guerra y que ahora eran adolescentes o jóvenes solteros de sexo masculino a un paso de la mayoría de edad, los cuales despreciaban el *costume genre* o "cine de época" de los años 30 y 40 que entusiasmaba a sus madres, dado que no cubría sus expectativas, más orientadas hacia los gustos juveniles de la época (el rock, las motos), las cuales se satisfacían mejor mediante producciones que prefiguran el movimiento del *free cinema*, el cual alcanzaría sus primeros éxitos a finales de los 50 gracias a *Un lugar en la cumbre* (*Room at the Top*, 1959) –merecedora de una continuación, *Vivir en la cumbre* (*Life at the Top*, 1966)– y *Mirando hacia atrás con ira* (*Look Back in Anger*, 1959). No por casualidad, en 1950 la productora Gainsborough estrenó su último "film de época", *Extraño suceso*[3]. Todo esto, y muchas cosas más, conformaron el tan turbulento como atractivo panorama de la cinematografía británica de los 50, mal que le pese a algunos *eruditos* y a quienes siguen pensando como ellos, afirmando majaderías (por más que sea citando a Raymond Durgnat) del calibre de que esta década es «un período de éxito para el cine pequeño burgués» (sic); o que una obra maestra de David Lean como *La barrera del sonido* (*The Sound Barrier*, 1952) es «un buen ejemplo de una de esas películas pretendidamente serias, correctas, ni muy aburridas ni muy pasionales, un tanto grises que la industria

El cine británico de los 50 vio nacer el *free cinema* con *Mirando hacia atrás con ira*.

cinematográfica británica producía por doquier. Se ensalzaba el respeto de la jerarquía y de los valores establecidos, se reflejaba un modelo social moderado, se retrataban pasiones racionales (las pasiones irracionales, sobre todo si se trataba del sexo, siempre terminan mal); en resumidas cuentas, es un cine para echarse la siesta de los domingos»[4]. Terrible, terrible.

TIEMPOS DE INCERTIDUMBRE: J. ARTHUR RANK

Un caso que ejemplifica por sí solo cuál era la situación general de, si no toda, buena parte de la industria del cine británico de la década lo hallamos en lo que ocurrió con la legendaria productora de J. Arthur Rank, The Rank Organisation, cuando aquél y el secretario de su empresa, John Davis, buscaron producir una cantidad razonable de películas británicas destinadas a cubrir las demandas de sus cadenas de cines Odeon y Gaumont[5]. Cuando se produjo la crisis financiera, se les planteó un dilema. ¿Qué tipo de producción debían potenciar y cuál no? Lo que decidieron fue arriesgar entre unas pocas y bien seleccionadas producciones costosas de calidad y una producción cuantiosa de producciones de bajo presupuesto. Para ello, establecieron un límite máximo de 150.000 libras esterlinas de la época por película. A partir de 1956, Rank varió su estrategia intentando abrir mercados allende las Islas Británicas, abriendo salas de exhibición en Canadá, Irlanda, Jamaica y Portugal, y asociándose con empresarios de Australia, Sudáfrica, Nueva Zelanda, Malasia, Ceilán y los Países Bajos. La exportación de producciones Rank al extranjero se dobló en cinco años, pero nunca dio mucho dinero. Eso se debía a que Rank, un estricto metodista, consideraba que el cine que producía no debía tener un ánimo de lucro excesivo, convencido de que la cinematografía cumplía más una función social que comercial. Su propósito era, en sus propias palabras, «ofrecer, a través de las salas de cine, un saludable entretenimiento bajo condiciones ideales para toda la familia» (sic), de ahí que llegara al extremo, desde 1953, de promover *saludables entretenimientos para niños* mediante programas matinales los sábados que ofrecían cinco minutos de charlas sobre religión y la proyección de *Which Will Ye Have?* (1949), un mediometraje de 40 minutos en torno a la detención y el proceso de Barrabás que Rank había producido a través de una de sus filiales, GB Instructional.

Los cines de Rank fueron una de las principales vías de acceso para las producciones norteamericanas de Columbia, Disney, 20th Century-Fox, United Artists y Universal, las cuales copaban el 70% de los circuitos de Rank, estando el 30% restante ocupado por la cuota de producciones británicas que Rank siempre se esforzó en cumplir escrupulosamente; la única ocasión en que no lo consiguió fue durante el período 1949-1950. Cuando a principios de los 50 se produjo el descenso de la asistencia del público, Rank aprovechó la circunstancia para expandir su imperio de exhibición: pensemos que, en 1952, un 12% de las salas británicas le pertenecían, y en 1965, con tan solo 330 salas, acaparaba el 16% de la exhibición nacional, lo cual le valió severas críticas por parte de numerosos productores independientes, que le acusaban de intentar monopolizar el mercado. Pero incluso él sufrió las consecuencias de esa crisis: en 1958, John Davis decidió unificar los circuitos Odeon y Gaumont en uno solo, el primero, para reducir costes; Odeon y la rival ABC eran en 1960 los únicos circuitos de exhibición del país.

En 1949 se había fundado The National Film Finance Corporation (NFFC) para financiar la producción cinematográfica independiente, organismo que llegó a un acuerdo con Rank, el consorcio Rank/NFFC oficialmente llamado British Film Makers (BFM), formado por un grupo de productores de cine teóricamente independientes pero que en la práctica llevaban a cabo una política, si no común, sí coordinada de cara a la preparación de programas de producción fílmica. Estos equipos de productores y directores lo que hacían era, en una primera fase, avanzar dinero para escribir guiones y preparar presupuestos. Rank y el NFFC se encargaban de producir las películas y administrar los beneficios. El 70% de las producciones producidas a través de la BFM se financiaban a través del National Provincial Bank y con el aval de Rank, mientras que el 30% restante corría a cargo del propio NFFC. Rank se ocupaba de la distribución de los films producidos por el NFFC a través de General Film Distributors, su compañía de distribución y, a cambio, recibía lotes de películas británicas de bajo coste con los cuales llenar las programaciones de sus salas.

Por desgracia, este sistema no tardó en fallar: dieciocho meses después de haberse puesto en marcha, y tras haberse producido catorce películas, seis de ellas por el BFM y el resto de producción independiente, ninguna de ellas se saldó con el esperado éxito de taquilla, con las excepciones de *Cita con Venus* (*Appointment with Venus*, 1951), *Hunted* (1952), *The Card* (1952) y *La importancia de llamarse Ernesto* (*The Importance of Being Earnest*, 1952); resulta significativo del fracaso de esa política de producción el hecho de que los mayores éxitos que distribuyó Rank en 1952 no eran producciones suyas, sino dos de Ealing, *Where No Vulture Fly* (1951) y *Mandy* (ídem, 1952), y *Malasia* (*The Planter's Wife*, 1952), producida por Pinnacle Productions. Desengañado con estos resultados comerciales, Rank rompió su acuerdo con el NFFC y encargó nuevas fórmulas a Davis y al jefe de producción de los estudios Pinewood Earl St. John. La nueva estrategia se concentró en la búsqueda de una producción que, según Rank, fuera lo más representativa posible de la Gran Bretaña, con los sempiternos "valores familiares" como telón de fondo, principalmente comedias de ambientación contemporánea, de aventuras, melodramas y policíacas; en estas últimas, sobre todo, se hacía particular hincapié en las connotaciones de índole moral inherentes a la comisión del delito.

La principal empresa de producción de Rank, Group Film Producers, tenía su sede en Pinewood. Durante los 50, Rank intentó lanzar al estrellato a nuevas figuras como Diana Dors, Jill Ireland y Anthony Steel, manteniendo con ellos largos contratos en exclusiva de hasta siete años de duración, al estilo del viejo Sistema de Estudios *hollywoodiense*. Esos contratos hacían que Rank tuviese la última palabra en materia de contratación de intérpretes; de ahí, por ejemplo, que obligara a Anthony Asquith y a Michael Powell & Emeric Pressburger a utilizar a la principal joven estrella del cine nacional de la década, Dirk Bogarde (1921-1999), en *The Woman in Question* (1950) y *Ill Met by Moonlight* (1957), respectivamente. El resultado de esa política se tradujo en éxitos como *Genoveva* (*Genevieve*, 1953), una comedia Rank que parece de Ealing, y sobre todo la primera entrega de la exitosa serie cómica "Doctor", *Un médico en la familia* (*Doctor in the House*, 1954). También se abordaron relatos de corte histórico, principalmente los centrados en el heroísmo británico durante la Segunda Guerra Mundial, así como relatos "de época" como *Historia de dos ciudades* (*A Tale of Two Cities*, 1958) o *La India en llamas* (*North West Frontier*, 1959) [6].

Las producciones Rank "despegaron" ligeramente en 1955 gracias a esta política, consolidada al año siguiente con los triunfos en taquilla de films de trasfondo bélico como *Reach for the Sky* (1956), *Mi vida empieza en Malasia* (*A Town Like Alice*, 1956) y *La batalla del Río de la Plata* (*The Battle of the River Plate*, 1956). En 1957, Rank anunció una nueva política de expansión de mercado en los Estados Unidos, con la creación de una filial que distribuyera sus películas en cines norteamericanos, Rank Film Distributors of America (RFDA), pero como resultado de esa iniciativa solo funcionaron más o menos bien títulos como los melodramas *Manuela* (1957) y *La dinastía del petróleo* (*Campbell's Kingdom*, 1957), y el film de aventuras *Ferry to Hong Kong* (1959). A partir de ese momento, se produjo un rápido declive de toda la pro-

***Sábado noche, domingo mañana*, film cuya producción rechazó J. Arthur Rank.**

ducción Rank, en buena medida como consecuencia de la incapacidad de su principal responsable para ponerse al día: en su momento había rechazado producir lo que acabarían siendo sendos éxitos del recién nacido *free cinema*, *Mirando hacia atrás con ira* y *Sábado noche, domingo mañana* (*Saturday Night and Sunday Morning*, 1960), fruto de su apuesta por ese cine familiar para británicos de todas las edades, y no sería hasta principios de la década siguiente que una producción suya, el melodrama de trasfondo político *No Love for Johnnie* (1961), conseguiría la calificación moral "X", que restringía su exhibición a público adulto. Era el fin. Rank había tenido pérdidas por valor de 1.3 millones de libras en 1958 y de cerca de otro millón en 1959, y por más que en el período 1960-1962 la compañía consiguió algunos pequeños beneficios, no fueron suficientes para impedir el cierre de la empresa en 1963, a pesar de intentos de refinanciación de la misma como, por ejemplo, el acuerdo suscrito en 1956 con la empresa norteamericana Halord Company de cara a la explotación de los derechos del proceso Xerox fuera de los Estados Unidos a través de la filial de la Rank Organisation que fuera conocida como Rank-Xerox.

LOS ESTUDIOS EALING: ESPLENDOR Y OCASO

Ya hemos visto cómo hacia finales de los 40 se produjo el despegue de los Estudios Ealing de Michael Balcon, bajo cuya égida esta relativamente modesta productora alcanzaría su mayores éxitos gracias al triunfo nacional e incluso internacional de sus celebradas comedias, entre ellas *Hue and Cry, Ocho sentencias de muerte, Whisky Galore!* y *Pasaporte para Pimlico*; éxito que se revalidó gracias a otras comedias tan famosas como *El hombre vestido de blanco* (*The Man in the White Suit*, 1951), *Oro en barras* (*The Lavender Hill Mob*, 1951), *Los apuros de un pequeño tren* (*The Titfield Thunderbolt*, 1953), *La lotería del amor* (*The Love Lottery*, 1954), *La bella Maggie* (*The Maggie*, 1954) y *El quinteto de la muerte* (*The Ladykillers*, 1955). Sin embargo, a pesar de que el nombre de Ealing ha quedado para la historia del cine indisociablemente unido a la comedia inglesa, dicha asociación resulta inexacta y hasta tremendamente injusta, dado que la producción de Ealing no se circunscribe a este género, y si la misma se ha producido durante tanto tiempo ello se debe pura y simplemente a la ignorancia o a la comodidad, dado que la mayoría de la producción Ealing no cómica jamás se estrenó en España.

Incluso coincidiendo con el momento de mayor popularidad de sus comedias, Ealing produjo ásperos films, bien fueran de aventuras, como –recordemos– *Scott of the Antartic*; melodramas, como *Corazón dividido* (*The Divided Heart*, 1954), o bélicos, como el fundamental *The Cruel Sea*; destacan, asimismo, los melodramas realizados desde finales de los 40 por el cada vez más revalorizado Basil Dearden, tales como *The Captive Heart* y *Matrimonio de estado*, a las cuales cabe añadir en la década siguiente dos imprescindibles aportaciones al policíaco británico, principalmente *El farol azul* pero también *Pool of London* (1951). Por sorprendente que parezca, Balcon declaró en más de una ocasión que estas películas representaban el tipo de cine que realmente le interesaba, pero sus sueños de llegar a conseguir lo que él mismo catalogó como "un cine nacional inglés", en una línea parecida a la de Rank pero entendida en un sentido no tal moral ni ético, sino más bien estético, «un estilo nacional de filmación»[7], no tardarían en caer en saco roto: en 1955, Ealing sufrió una grave crisis económica que Balcon intentó remontar ofreciendo la venta de los estudios a la BBC; otra alternativa fue trasladar la Ealing a los estudios de Pinewood, pero como estos últimos no ofrecían las garantías de independencia creativa que hasta entonces había disfrutado, el problema finalmente se resolvió, tristemente, mediante la absorción por la Rank Organisation, quien eliminó el estatuto exclusivo y autónomo del que había gozado

Dos comedias de los estudios Ealing de entre finales de los 40 y principios de los 50: *Los apuros de un pequeño tren* (arriba) y *El quinteto de la muerte* (abajo).

hasta ese momento, desapareciendo como firma de producción tras la realización del melodrama criminal *The Long Arm* (1956), tras lo cual Balcon abandonaría Ealing y proseguiría su carrera como productor por otros caminos[8].

Pese a todo, el sello Ealing extendería su existencia unos pocos años más. Arthur Loew, presidente de Metro-Goldwyn-Mayer y un viejo colega de Balcon, invitó a Ealing a continuar produciendo films en las instalaciones que la *major* norteamericana tenía en Borenham Wood. El resultado de esa efímera colaboración –sería la penúltima película de Ealing, y la última de MGM en Gran Bretaña– se titularía *Nowhere to Go* (1958), un *thriller* que sería uno de los primeros films de corte comercial directamente influenciados por la estética del recién nacido *free cinema*, y que vendría a cerrar simbólicamente el ciclo iniciado por el otro famoso título policíaco del estudio, el mencionado *El farol azul*, junto con la posterior producción Ealing/Balcon *El asedio de Pinchgut* (*The Siege of Pinchgut*, 1959). Ealing continúa existiendo en la actualidad –su "resurrección" más o menos oficial, y perpetuando el inexacto tópico de su adscripción a la comedia, se perpetuaría a raíz de la producción de una nueva (y mediocre) versión de *La importancia de llamarse Ernesto* (*The Importance of Being Earnest*, 2002)–, pero sin la personalidad de los tiempos aquí evocados.

LOS YANQUIS SIGUEN EN LA CORTE DEL REY ARTURO

No debe echarse en saco roto la influencia que tuvo el cine norteamericano producido en Hollywood sobre la producción cinematográfica británica de esta década, muy superior a la que se produjo en la década anterior. Y qué mejor para ejemplificarlo que Romulus Films, una productora que mantuvo una estrecha relación con la cinematografía estadounidense en regímenes de coproducción. Propiedad de los hermanos John (1913-1999) y James Woolf (1920-1966), hijos a su vez del productor y distribuidor del cine silente C. M. Woolf, la empresa había nacido como división de producción cinematográfica de un grupo de empresas, dentro del cual Independent Film Distributors se encargaba de la distribución. Su primera producción importante sería la famosísima película de Albert Lewin *Pandora y el holandés errante* (*Pandora and the Flying Dutchman*, 1951), en la cual John Woolf sería coproductor no acreditado, y cuya participación británica está formada por su protagonista masculino (James Mason), director de fotografía (Jack Cardiff), diseñador de producción (John Bryan), diseñadora de vestuario (Beatrice Dawson), operador de cámara (el futuro director de fotografía Edward "Ted" Scaife) y autor de la banda sonora (Alan Rawsthorne). Sería el inicio de una brillante carrera internacional de Woolf, cuyo siguiente jalón se correspondería ese mismo año con el célebre film de John Huston *La Reina de África*, coproducción con la estadounidense Horizon Pictures que cuenta con otra generosa participación de personalidades procedentes Gran Bretaña como los actores Robert Morley, Peter Bull y Walter Gotell, el coguionista (tampoco acreditado) John Collier, el director de fotografía Jack Cardiff, los operadores de cámara y futuros directores de fotografía Ted Moore y Edward "Ted" Scaife, el director artístico Wilfred Shingleton, el montador Ralph Kemplen y el ayudante de dirección y luego realizador Guy Hamilton (n. 1922); Woolf extendería su colaboración con Huston con *Moulin Rouge* (*Moulin Rouge,* 1952) y, un año más tarde, la ya mucho menos exitosa *La burla del diablo,* y andando el tiempo acabaría ganando un premio Oscar a la Mejor Película con *Oliver* (*Oliver!*, 1968), a partir del famoso musical de Lionel Bart basado en el *Oliver Twist* de Charles Dickens; también merece anotarse en su haber la producción de títulos como el reputado film de misterio de bajo presupuesto *The Late Edwina Black* (1952), *I Am a Camera* (1955) –primera versión de la novela de Christopher Isherwood y la obra de teatro de John Van Druten que darían pie al *Cabaret* (ídem, 1972) de Bob Fosse–, *Three Men in a Boat* (1956) –a partir del famoso libro de Jerome K. Jerome–, *Un lugar en la cumbre, La habitación en forma de L* (*The L-Shaped Room,* 1962) y la popular comedia *El honrado gremio del robo* (*The Wrong Arm of the Law,* 1963).

Se produjo un notable desembarco de productores norteamericanos que trabajaron en Gran Bretaña entre los años 50 y los 60, tal es el caso de Herman J. Cohen (1925-2002); los hermanos Edward J. (1909-1999) y Harry Lee Danziger (1913-2005); Robert L. Lippert (1909-1976); los creadores de la célebre y muy británica franquicia de James Bond 007, el quebequés Harry Saltzman (1915-1994) y el neoyorquino Albert R. Broccoli (1909-1996); o los dueños de la productora Amicus Max J. Rosenberg (1914-2004) y Milton Subotsky (1921-1991). Por no hablar de los acuerdos de coproducción y/o distribución que algunas *majors* de Hollywood establecieron con pequeños estudios británicos de cine de bajo presupuesto equivalente al cine de serie B estadounidense, como es el caso de la *B movie* inglesa *Fraude criminal* (*The Fake,* 1953), protagonizada por Dennis O'Keefe, que conoció distribución en los Estados Unidos a través de United Artists; de *The Hour of 13* (1952), con Peter Lawford y Dawn Addams, producida por Metro-Goldwyn-Mayer a través de su filial inglesa, MGM British; o de *Time Bomb* (1953), con la presencia estelar de Glenn Ford.

LA SERIE *B* EN LOS AÑOS 50

El *boom* del cine británico de bajo presupuesto de los 50 se produjo al albur de la crisis (¡otra!) que experimentó el sector de la exhibición de programas dobles a mediados de la década, hasta el punto de que el propietario de Hammer Films, James Carreras, publicó a finales de 1955 un artículo en el "To-Day's Cinema" explícitamente titulado: "The Old Second Feature is Dead"[9]. La mal llamada, pero para entendernos, "serie *B*" británica de los 50 –pues, en puridad de conceptos, no es equiparable a la serie *B hollywoodiense,* que es de donde proviene originariamente un término que, todavía hoy, se utiliza a la ligera–, giró alrededor de numerosas pequeñas productoras especializadas en todo tipo de géneros. La más veterana era Butcher's Film Services, fundada por William Butcher en el período silente y que subsistió hasta principios de los 80, conociendo sus mayores éxitos durante los 50 gracias a la serie de films iniciada con *Salute the Toff* (1952) y centradas en el personaje de Richard Rollison, alias *The Toff* («El ricachón»), detectivesco aventurero creado por John Creasey, así como a una serie de títulos inscritos en el policíaco y el relato de espionaje, tales como *The Black Rider* (1954) o *Cloak Without Dagger* (1956); Steve Chibnall y Brian McFarlane subrayan el interés de *Marilyn* (1953), un relato criminal de tono considerablemente erótico, "en la línea de *El cartero siempre llama dos veces*, de James M. Cain", que en los Estados Unidos se estrenó al año siguiente con el título de *Roadhouse Girl* y, sin que se sepa muy bien porqué, con tres minutos menos de duración, acaso por temores relacionados con la censura.

Una de las más notables contribuciones al cine británico de género de finales de los cincuenta, y paralela a la valiosa aportación de Hammer Films dentro del terreno del fantástico, se corresponde con la labor de Robert S. Baker (1916-2009) y Monty Berman (1905-2006), a quienes se les deben, como productores, dos de las mejores películas británicas del género de todos los tiempos, *La sangre del vampiro* (*Blood of the Vampire*, 1958) y *La carne y el demonio* (*The Flesh and the Fiends*, 1960), y como directores, una magnífica aproximación al caso (o sería mejor decir mito) de Jack el Destripador, *Jack the Ripper* (1959) Por esas extrañas casualidades del destino, Berman había nacido en… Whitechapel (Londres), como Nestor Montague Berman, y era el que tenía formación cinematográfica dado que se había iniciado en la industria del cine en 1922 como ayudante de cámara en el Twickenham Studio, ascendiendo a director de fotografía, labor que luego desempeñó en algunas de sus propias producciones con Baker. Durante la Segunda Guerra Mundial, conoció al también londinense Robert S. Baker, un experimentado fotógrafo y cámara en campaña. Se hicieron amigos y, una vez finalizada la guerra, decidieron asociarse. Fundaron en 1948 la productora Tempean Films, bajo la cual desarrollaron una extensa producción de cine de bajo presupuesto en calidad de productores, guionistas y también realizadores (a veces juntos, a veces Baker en solitario); producción no solo adscrita al fantástico, sino también a otros géneros, tal es el caso del *thriller*, la comedia –*Love in Pawn* (1953), *Reluctant Bride* (1955), *No Smoking* (1955)–, y el cine bélico: el ambicioso *Sea of Sand* (1958), protagonizado por Richard Attenborough. Era usual que algunas producciones de Baker y Berman no figuraran bajo la firma Tempean Films, sino bajo distintos sellos, por lo general filiales o empresas subsidiarias. Así, por ejemplo, *The Trollenberg Terror* (1958) figura oficialmente como una producción de Tempean, mientras que *Jack the Ripper* consta como producción de la mencionada Mid Century Film Productions Limited, y tanto *La sangre del vampiro* como *The Strange World of Planet X* (a.k.a. *Cosmic Monsters*, 1958) y *Behemoth the Sea Monster* (1959) lo hacen como producciones de Artistes Alliance Limited.

Asimismo estaba Adelphi Films, del productor Arthur Dent (1888-1956), fundado en los años 20, conocido durante los 40 como Advance Films Ltd. y enfocado sobre todo hacia la comedia, descubrieron el talento cómico de Peter Sellers (1925-1980) en *Penny Points to Paradise* (1951). A ellos hay que sumar las producciones de Edwin John (E. J.) Fancey (1902-1980), quien había iniciado su trayectoria en 1940 pero no fue hasta la década siguiente cuando alcanzó notoriedad gracias a sus producciones policíacas de estética documental producidos bajo el sello DUK (en la línea del "cine negro" de la 20th Century-Fox de finales de los 40), con títulos como *Behind the Headlines* (1953); en 1956, y tras asociarse con su hermano menor S. A. Fancey, E. J. fundaría New Realm, que sobre todo durante la década siguiente produciría algunas películas nudistas (sic). También la productora Vandyke había empezado su andadura en 1947 de la mano de su fundador Roger Proudlock (1920-2003), abordando principalmente comedias y *thrillers* puestos en manos de futuros talentos en la dirección como John Guillermin (n. 1925) –*Smart Alec* (1951), *Two on the Tiles* (1951), *Su excelencia el sablista* (*Song of Paris*, 1952)–, Don Chaffey (1917-1990) –*Time Is My Enemy* (1954)– o Val Guest –*They Can't Hang Me* (1955)–. Otras compañías, en cambio, velaron sus primeras armas en esa misma década, tal es el caso de ACT Films, fundada en mayo de 1950 por los miembros de la Association of Cinematograph Technicians; entre sus producciones destacan, también por la fama de sus realizadores, *Night Was Our Friend* (1952) –Michael Anderson (n. 1920)–, *House of Blackmail* (1953) –el veterano Maurice Elvey–, *Final Appointment* (1954) y *Stolen Assignment* (1955) –ambas de Terence Fisher–, así como el drama de denuncia de la corrupción municipal *Private Information* (1952). En asociación con ACT surgió otra pequeña productora, Group 3, muy influida por el movimiento documental de John Grierson, tal y como se percibe en producciones suyas como las reputadas comedias *Brandy for the Parson* (1952) y *Miss Robin Hood* (1952).

Cabe señalar los efímeros Brighton Studios –fundados en 1949, y que a mediados de los 60 acabaron dedicándose a la televisión–, gestionados por el director administrativo Jack Norman y el productor independiente y director de producción Thomas "Tommy" Tomlinson; Apex, productora asociada a Present Day Productions para la cual trabajó Terence Fisher: *Distant Trumpet* (1952); la labor del productor de origen italiano Guido Coen (1915-2010), quien sobre todo en colaboración con el realizador Charles Saunders (1904-1997) alumbró, entre otros, el reputado film *noir The End of the Line* (1957), a través de la firma Fortress; otro productor, Bill Luckwell (1913-1967), responsable entre otras de otro *thriller* "B" de renombre, *Hidden Homicide* (1958); e Independent Artists, productora gestionada por Leslie Parkyn (1918-1983) y Julian Wintle (1913-1980), en cuyo haber despuntan títulos como *Violent Moment* (1958), *Breakout* (1959), *October Moth* (1959) y *Linda* (1960).

CINE DE GÉNERO. PANORÁMICA GENERAL Y UN CASO ESPECIAL: EL *COSTUME GENRE*

Empleando a efectos metodológicos la misma clasificación del cine de género británico que Chibnall y McFarlane aplican tan solo a las producciones de bajo presupuesto pero ampliándola a toda la producción cinematográfica nacional de los 50, distinguiríamos el cine policíaco (bajo el genérico *crime*), la comedia, el musical, el melodrama sentimental (*romance*), el "cine de aventuras de época" (*costume adventures*), cine bélico (*war films*), cine fantástico en general (*fantasy*), si bien distinguiendo dentro del mismo lo que nosotros conocemos como cine de terror (*horror*) y de ciencia-ficción, el cine de animación y el "drama realista" (*realist drama*), que no es sino la antesala del *free cinema*[10]. En sus líneas generales, el policíaco, la comedia, el *romance*, el bélico, sobre todo el fantástico, y ya hacia finales de la década el *realist drama*, viven momentos de esplendor comercial (son los que, al margen de la crisis generalizada de la industria, dan más dinero), pero también artístico.

John Boulting durante el rodaje de *The Magic Box*, muestra de «cine dentro del cine».

No resulta tan lucrativo ni exportable el musical, hasta el punto de que las únicas aportaciones importantes de la década son, de nuevo, las del tándem Michael Powell/Emeric Pressburger con la ya citada *Los cuentos de Hoffman* y *Oh... Rosalinda!!* (1955), y *Luna de miel* (1959), firmada por Powell en solitario tras la amarga ruptura profesional con Pressburger y la disolución de The Archers como consecuencia del fracaso comercial de *I'll Met by Moonlight*. La primera, de 1951, es una bellísima extravagancia, por más que no solo no repitió la repercusión de *Las zapatillas rojas*, sino que además, «su estreno fue turbulento, Korda quería cortar el último episodio por ser demasiado largo y poco convincente la interpretación de Ann Ayars. Powell se negó, enfrentándose a Korda, que le llegó a decir: 'Tú ya no trabajarás en la industria'. Finalmente Powell pudo exhibirla en Cannes, donde ganó dos premios técnicos, a los que se añadirían varias nominaciones de la Academia. Pero Korda anunció lo que sucedería, Powell y Pressburger estuvieron casi cinco años sin dirigir, viendo cómo sus proyectos eran sucesivamente rechazados». En cuanto a *Oh... Rosalinda!!*, adaptación de la opereta *El murciélago*, de Johan Strauss, se saldó con un fracaso, «e incluso el propio Powell lo repudió y se pasó casi veinte años sin volver a verlo». Más rara que las anteriores, si cabe, es *Luna de miel*, coproducción con España nacida del interés de colaborar juntos de Powell y el bailarín Antonio, que «probablemente no pase de ser una curiosidad, siendo recordada por Powell por su amistad con Antonio y porque le permitió unas vacaciones por España»[11].

Hacemos una mención particular al *costume melodrama* de los años 50, también llamado *costume genre* o "cine de época", y englobando aquí también lo que se denomina *costume adventures*, dadas las especiales características de lo que vendría a ser un macrogénero o "súper género" que acostumbra a utilizarse para definir miopemente incluso hoy en día al cine "típicamente *british*", y eso a pesar de que este macrogénero dio pie durante la década a títulos tan memorables como el extraordinario film de David Lean *Madeleine* (1950); esa soberbia adaptación del *Cuento de Navidad* de Charles Dickens que fue el *Scrooge* (1951) de un Brian Desmond Hurst más inspirado que nunca; la atractiva *El desterrado de las islas*, de Carol Reed; o la refinadísima versión de *Romeo y Julieta* (*Romeo and Juliet*, 1954) rubricada por el italiano Renato Castellani. A los mencionados podemos añadir títulos tan representativos como *El libertador*, el curioso *The Magic Box* –*biopic* en torno al pionero del cine silente británico William Friese-Greene–, *The Pickwick Papers* (1952), *Svengali* (1954), *La sombra del águila* (*The Shadow of the Eagle*, 1950) o *Lilacs in the Spring* (1954), al que la especialista Sue Harper ve como un esforzado intento por parte del veterano realizador Herbert Wilcox de perpetuar y, al mismo tiempo, renovar la vieja tradición del *costume film*. Mención especial merece la nueva y colosal lectura de William Shakespeare llevada a cabo como actor y realizador por Laurence Olivier con *Ricardo III* (*Richard III*, 1955), tan brillante como *Enrique V* y *Hamlet*, las previas incursiones en materia shakespeariana de este, insistimos, magnífico director de cine que fue, además de gran intérprete, Lord Olivier. Como expone al respecto Virginia Guarinos, «el tratamiento de cámara que encontramos en *Ricardo III* se aleja tanto del estatismo de *Enrique V* como del vértigo del movimiento de *Hamlet*. O más que alejarse, deberíamos decir los integra, los concilia», y «más que en ninguna otra película, Olivier explora las posibilidades de la cámara para salir del soliloquio y su teatralidad. No obstante, lo consigue equilibrando fórmulas ya empleadas por él, compaginando los planos fijos de conjuntos de figuras para los diálogos y el movimiento de cámara, ejerciendo con mesura los excesos de cada una de las técnicas, la primera correspondiente a *Enrique V* y la segunda a *Hamlet*»[12]. Un buen ejemplo es ese extraordinario momento en que, casi en primer plano, el rey Ricardo (Olivier) se vuelve a la cámara y pronuncia un soliloquio donde hace gala de su absoluta falta de escrúpulos a la hora de asesinar a inocentes con tal de mantenerse en el poder: «no habrá lágrimas de piedad en mis ojos».

Para Sue Harper, el *costume genre* británico de los años 30 y 40 «se alteró radicalmente durante los años 50. Siempre había sido demasiado caro de producir, y en consecuencia resultaba más vulnerable a las fluctuaciones del mercado. Particularmente durante la década en la que la industria del cine británico estuvo recorrida por las dificultades económicas. Las relaciones de los films británicos con la audiencias internacionales siempre habían sido volátiles, y particularmente en relación con el *costume genre*, tan estrechamente vinculado a la identidad nacional británica». Los films "de época" se concentraron en esta década entre 1950 y 1958, coincidiendo con los momentos políticamente más tranquilos pero económicamente más turbulentos de Gran Bretaña. Un momento determinante en la evolución de los mismos se había producido a mediados de los 40 cuando la British Film Producers' Association (BFPA) empezó a llevar a cabo una política de registro de obras de ficción similar al realizado en los Estados Unidos por la Motion Picture Association of America (MPAA), destinado a recopilar las novelas escritas por autores que hubiesen muerto hacía más de cincuenta años. De esta manera se buscaba garantizar que, cada vez que una productora estuviese interesada en llevar una novela al cine, las demás productoras estaban legalmente obligadas a no competir con aquélla intentando adaptar la misma novela.

El ejecutivo John Davis, Dirk Bogarde y Arthur Rank, en el plató de *Historia de dos ciudades*.

La única razón por la cual Rank pudo producir su versión de *Historia de dos ciudades* en 1958 fue porque ya se había hecho una en Hollywood en los años 30 y no había interés en un *remake* por parte de ninguna *major* norteamericana. Una dificultad añadida para la BFPA a la hora de adaptar clásicos de la literatura británica residía en el hecho de que los derechos cinematográficos de algunas de las más famosas obras de autores como Walter Scott, Charles Dickens y Robert Louis Stevenson estaban en manos de dos *majors hollywoodienses*, Metro-Goldwyn-Mayer y Disney. Otra alternativa consistía en negociar directamente con los herederos de los escritores los derechos para el cine. Se dio además un curioso fenómeno de colonización por parte de exitosas producciones cinematográficas estadounidenses "de época" basadas en clásicos de la literatura británica y ambientadas en Gran Bretaña, curiosamente firmadas tanto por directores británicos como estadounidenses, «si bien se inclinaban antes por la ambientación en la edad media que en el siglo XVIII y daban preferencia a los escenarios escoceses», tal fue el caso de varias producciones de Disney –*La isla del tesoro*, de 1950, *Los arqueros del rey* (*The Story of Robin Hood and His Merrie Men*, 1952), *La espada y la rosa* (*The Sword and the Rose*, 1953), *Rob Roy, el gran rebelde* (*Rob Roy, the Highland Rogue*, 1953) y *Kidnapped* (1960)–, Warner Bros. –*El hidalgo de los mares* (*Captain Horatio Hornblower R.N.*, 1951) y *El señor de Balantry* (*The Master of Ballantrae*, 1953)–, y MGM –*Ivanhoe* (ídem, 1952), *Beau Brummell* (1954) y *Aventuras de Quintin Durward* (*Quentin Durward*, 1955)–, la mayoría de las cuales podemos catalogar sin problemas como *costume adventures*[13].

CINE BÉLICO: HEROÍSMO Y SUFRIMIENTO

El cine bélico británico de esta década se caracteriza por la división en dos frentes temáticos aparentemente irreconciliables, por un lado las producciones que glosan las "hazañas bélicas" del ejército nacional sobre todo durante la Segunda Guerra Mundial –aunque también haya alguna ambientada en otros conflictos, por ejemplo la guerra de Corea en la abrupta *A Hill in Korea* (1956)–, y por otro, los films que contemplan el escenario bélico como un marco repleto de dolor y muerte. Es decir, el heroísmo y la crueldad inherentes a la guerra componen a grandes rasgos un género que, en esta su acepción más *british*, en ocasiones solapa ambas vertientes temáticas, la patriótica y la realista, la optimista y la pesimista, la glorificante y la que denuncia las atrocidades y las matanzas. De ahí que podemos encontrarnos con que en películas que exaltan los triunfos de los británicos contra los nazis y los japoneses incluso en fronteras muy alejadas de la "madre patria", como la isla de Malta en la estimable *Malta Story* (1953), Grecia en la excelente *Ill Met by Moonlight*, o Malasia en la sensible *Mi vida empieza en Malasia* lo hacen subrayando los elevados costes en sufrimiento y vidas que supusieron. Acaso una singular excepción de esta tendencia sea la áspera *Fugitivos del desierto* (*Ice Cold in Alex*, 1958), cuya acción se sitúa en el norte de África y en la que, por el contrario, el tono general del relato es marcadamente antibelicista; notable obra de un realizador, J. Lee Thompson (1914-2002), que, como suele ocurrir con muchos cineasta británicos de su generación, suele ser ninguneado por la crítica "elitista" en función del bajo nivel de sus producciones de sus últimos años (diversos productos para Cannon, a mayor honra y gloria de Charles Bronson), sin tener en cuenta para nada el conjunto global de una filmografía que ronda el medio centenar de títulos.

No son pocos quienes señalan como punto de inflexión del cine bélico británico de la época a la película de Charles Frend *The Cruel Sea*, una producción Ealing y nueva prueba de que la identificación de los estudios de Balcon exclusivamente con la comedia es un tópico que hay que ir desterrando del acervo cinéfilo. No solo eso: Tim Pulleine es del parecer que «la Segunda Guerra Mundial jugó un papel clave en el establecimiento de la identidad de Ealing». Tras *Against the Wind*, de 1948, un sorprendentemente verosímil film sobre las operaciones especiales de resistencia contra los nazis en Bélgica que no consiguió el favor del público, ninguna otra película Ealing hasta *The Cruel Sea* había vuelto a tratar directamente el tema de la guerra. Ello se produjo, apunta, «como consecuencia de la repercusión que tuvo en su momento *They Were Not Divided* (1950), el título que inauguró oficialmente el cine británico que miraba la Segunda Guerra Mundial de manera retrospectiva». Se ha especulado con la posibilidad de que este renacimiento del cine bélico británico fuese una respuesta durante la Guerra Fría contra las hostilidades en Corea (recuérdese *A Hill in Korea*), pero una explicación más plausible para Pulleine es que el *revival* se produjo a raíz de «una necesidad de echar la vista atrás y de explicar qué había supuesto la guerra para el Reino Unido», y añade que el tono de exaltado heroísmo de este cine postbélico desarrollado en alta mar fue inaugurado por la película de Compton Bennett *Gift*

Horse (1952), pero que no se encuentra precisamente en *The Cruel Sea*, ni tan siquiera en sus momentos más dramáticos. Anotar que *The Cruel Sea* es la segunda película más larga de la historia de Ealing (126 minutos), solo superada por la también bélica *Dunkirk* (1958), de 135 minutos[14].

Si *The Cruel Sea*, que consolidó el estrellato del actor Jack Hawkins en Gran Bretaña, supuso una buena muestra de equilibrio entre exaltación y denuncia, eso no significa que todas las producciones del género siguieran la misma tónica. El heroísmo es lo que predomina en una de las producciones de más éxito de la década, *The Dam Busters*, de 1955, epopeya en torno a los bombarderos ingleses sobre territorio alemán firmada por el realizador Michael Anderson, quien reincidiría en el género con *Yangtse Incident: The Story of H.M.S. Amethyst* (1957), sobre el incidente protagonizado por un navío de guerra inglés atacado por baterías comunistas en 1949. El tono de exaltación también domina, con matices, los rasgos generales de *Infierno de los héroes* (*The Cockleshell Heroes*, 1955), una de las raras incursiones en la dirección del actor norteamericano de origen portorriqueño José Ferrer; la por lo demás estupenda *Yo fui el doble de Montgomery* (*I Was Monty's Double*, 1958); la reputada *El hombre que nunca existió* (*The Man Who Never Was*, 1956), con Clifton Webb jugando a burlar a los alemanes en la Sicilia de 1943; o la espectacular aunque fallida *La batalla del Río de la Plata*, pese a venir firmada por Powell y Pressburger, quienes mostraron mucho mayor acierto en su posterior *Ill Met by Moonlight*, film este que recupera la energía de sus mejores trabajos bélicos de los 40, *Los invasores* y *One of Our Aircraft Is Missing*.

Una temática que apareció con frecuencia en el bélico británico de la década es la de los prisioneros de guerra, la cual fue oficialmente inaugurada por *The Wooden Horse* (1950), crónica de la evasión de tres oficiales ingleses de un campo de prisioneros alemán. A *Mi vida empieza en Malasia*, que vendría a ser la versión "femenina" del tema, resulta forzoso añadir títulos de tanto éxito como *The Colditz Story* (1955), basado en la historia real de la que posiblemente sea la más famosa y/o mitificada evasión de prisioneros de un campo alemán de toda la historia de la Segunda Guerra Mundial, o por descontado, la célebre obra de David Lean *El puente sobre el río Kwai* (*The Bridge on the River Kwai*, 1957), si bien con matices, dado que se trata de una coproducción con los Estados Unidos; de hecho, y pese a tratarse de una interesantísima película, *El puente sobre el río Kwai* no es de lo mejor de su autor, quien iría más allá en sus planteamientos de "superproducción intimista" con sus espléndidos trabajos de los 60. No falta incluso quien prefiere otros títulos de esta misma temática más duros y sombríos, como el que posiblemente sea el mejor trabajo de Val Guest, la producción Hammer *The Camp on Blood Island* (1958), o como *Danger Within* (1958). Anotemos dos apreciables películas, *Morning Departure* (1950) y *El único evadido* (*The One That Got Away*, 1957), de un cineasta cuya carrera está llena de agradables sorpresas dentro de su modestia, Roy Ward Baker; la primera no es estrictamente una película bélica, dado que en realidad no hay combate con el enemigo, sino más bien un melodrama psicológico en torno a una situación límite: la que se produce a bordo de un submarino que, como consecuencia de una lamentable casualidad (un desastroso encuentro fortuito

Gloria Grahame fue la protagonista femenina de *El hombre que nunca existió.*

con una vieja mina flotante), va a parar al fondo del mar, sobreviviendo únicamente doce hombres: el comandante Armstrong (John Mills) y once más, entre ellos un marinero que sufre claustrofobia, Snipe (Richard Attenborough); mientras que la particularidad de la segunda reside en el hecho de ser un film de prisioneros de guerra desde el punto de vista del "enemigo": un alemán (Hardy Krüger) que trata de huir de Gran Bretaña.

El cine bélico británico de los 50 conoció también la especialización dentro del género de otro de esos cineastas que, como John Guillermin o J. Lee Thompson o Lewis

Gilbert (n. 1920). *Albert R.N.* (1953) desarrolla otra trama de campo de prisioneros de guerra repleta de secretas tensiones; *The Sea Shall Not Have Them* (1954), el rescate de los pasajeros de un avión militar derribado sobre el mar; *Reach for the Sky*, de 1956, un exitoso relato de superación sobre un héroe de la aviación sin piernas (Kenneth More); *Agente secreto SZ* (*Carve Her Name With Pride*, 1957), buena película con la protagonista de *Mi vida empieza en Malasia*, la popular Virginia McKenna, encarnando a una espía británica; y *Sink the Bismarck!* (1960), con Kenneth More persiguiendo un indestructible buque de guerra alemán. Pero, si no al margen, al menos paralelamente, otros veteranos hicieron su propia aportación al género. Como Anthony Asquith, quien firma dos melodramas con trasfondo bélico, *Carrington V.C.* (1955), con David Niven defendiéndose a sí mismo en un consejo de guerra, y *Orden de ejecución* (*Orders to Kill*, 1958), sobre unos espías norteamericanos que deben eliminar a un miembro de la *Résistance* sospechoso de ser un traidor. O como Carol Reed, que hace otro tanto en la atractiva *La llave* (*The Key*, 1958).

LA COMEDIA: TRADICIÓN Y RENOVACIÓN

La comedia británica del primer lustro de los 50 sigue dominada, como la del último lustro de la década anterior, por el éxito internacional de las comedias de los Estudios Ealing, cuya influencia se extiende incluso hacia otras comedias inglesas del período que parecen Ealing sin serlo –como la ya mencionada y muy simpática *Genoveva*, o la magnífica sátira política *Left, Right and Centre* (1959)–, siendo las principales aportaciones Ealing al género en este nuevo decenio las famosas obras de, por un lado, el prematuramente desaparecido y todavía pendiente de la adecuada reivindicación Robert Hamer –*Ocho sentencias de muerte*–, además de las de Charles Crichton (*Oro en barras*, *Los apuros de un pequeño tren* y *La lotería del amor*) y Alexander Mackendrick (*El hombre vestido de blanco*, *La bella Maggie* y *El quinteto de la muerte*).

A pesar de que *Los apuros de un pequeño tren* y *La lotería del amor* son obras simpáticas y agradables de ver, ninguna de las dos tiene la brillantez de la justamente popular *Oro en barras*, cuyo guión fue escrito por T.E.B. Clarke concibiéndolo inicialmente como una especie de secuela de *El farol azul*. La entrada en el proyecto de Charles Crichton hizo que, a partir de ese momento, el nombre de este realizador quedara vinculado (injustamente) solo a la comedia, como demuestra la no menos famosa *Un pez llamado Wanda* (*A Fish Called Wanda*, 1988), que cierra tardíamente su filmografía. *Oro en barras* está construida alrededor del largo *flashback* que visualiza el relato que Henry Holland (Alec Guinness), un adinerado caballero inglés que disfruta de su fortuna en Río de Janeiro, narra con todo detalle cómo se hizo rico a otro personaje cuya identidad descubriremos en la espléndida escena final. Holland era un gris empleado en la sede central del Banco de Inglaterra en Londres, donde se encargaba de la custodia de los lingotes de oro con la secreta intención de robarlos algún día. Esa ocasión se le presenta cuando conoce a Alfred Pendlebury (Stanley Holloway), quien tiene la forma de sacar el oro del país sin levantar sospechas: fundiendo el metal y fabricando con el mismo pequeñas reproducciones doradas de la Torre Eiffel, como las que exporta a París para venderlas como souvenir. Extraordinariamente interpretada por Guinness y Holloway, *Oro en barras* está llena de secuencias tan memorables como la del asalto al furgón del oro; el sensacional momento en que Holland y Pendlebury persiguen a unas chiquillas a las que por error se les han vendido figuras de oro auténtico, bajando precipitadamente las escaleras de la Torre Eiffel; la brillante secuencia en la aduana, con Holland y Pendlebury haciendo denodados esfuerzos por pasar los trámites administrativos para subir al barco en el que viajan las niñas; y el final, con los protagonistas robando el único souvenir que puede involucrarles en el robo y su posterior huida en coche por las calles de Londres.

Alexander Mackendrick, que a pesar de su origen norteamericano (nació en Boston, si bien de padres escoceses) debería ser siempre mencionado entre los más grandes cineastas que hayan nacido o desarrollado la mayor parte de su trayectoria profesional en Gran Bretaña, legó a Ealing en esta década una buena comedia, *La bella Maggie*, y sobre todo dos obras maestras: *El hombre vestido de blanco* y *El quinteto de la muerte*. La primera es un film que admite muchas y muy variadas lecturas. Desde un punto de vista estrictamente temático, *El hombre vestido de blanco* se presenta como una digresión sobre determinados mecanismos de la sociedad contemporánea que en el momento de la realización de la película eran más propios de la sociedad occidental y que se han propagado por el mundo globalizado que habitamos actualmente, lo cual le confiere un carácter profético. Sidney Stratton (Alec Guinness) inventa un hilo irrompible y que repele la suciedad, lo cual permitiría confeccionar ropa que duraría para siempre. Y surge el conflicto: si así se hiciera, la gente solo necesitaría comprarse ropa una sola vez; las fábricas abastecerían el mercado con una sola remesa; y los trabajadores de las mismas se quedarían automáticamente sin trabajo. Desde un punto de vista estrictamente cinematográfico, *El hombre vestido de blanco* puede verse como un genuino relato fantástico que se erige en el contrapunto malicioso de *Metrópolis* (*Metropolis*, 1927): si en la conclusión de la fantasía futurista de Fritz Lang el Capital y el Proletariado acababan dándose la mano y uniendo sus esfuerzos de cara al Progreso de la humanidad (una idea ingenua, cierto, pero que era fruto de su época), en el terrible clímax de la película de Mackendrick, el Capital (los fabricantes de hilo) y el Proletariado (los obreros de las fábricas) se ponen de acuerdo para destruir al Progreso (Stratton), a fin de mantener el *status quo*. No es de extrañar que Mackendrick dibuje las apariciones del personaje de Stratton y la influencia que desata a su alrededor de manera *perturbadora*: el efecto fantasmagórico del traje de Stratton, cuya blancura iridiscente es un desafío al mundo: una luz en la oscuridad que nos rodea.

Salvando las distancias, *El quinteto de la muerte* hace con la comedia algo parecido a lo que sucedía con *El hombre vestido de blanco*: la subvierte de forma sutil. La anciana Sra. Wilberforce (Katie Johnson) alquila una habitación al profesor Marcus (Alec Guinness), un amable caballero que, en realidad, es el jefe de una banda de delincuentes, integrada por Claude (Cecil Parker), Louis (Herbert Lom), Harry (Peter

***El hombre vestido de blanco*, corrosiva sátira social de Alexander Mackendrick.**

Sellers) y One-Round (Danny Green), que usan el domicilio de la vieja dama como tapadera para preparar un atraco. Al principio, la Sra. Wilberforce parece responder a aquello que suele conocerse como "una adorable ancianita": acude, como suele hacer a menudo, a la comisaría del barrio, donde los oficiales, que ya la conocen, atienden sonrientes a sus inofensivas denuncias. Cuando Marcus se presenta por primera vez en la vivienda de la anciana, Mackendrick planifica el acecho y posterior presentación ante la Sra. Wilberforce de este personaje recurriendo a una iconografía visual característica del *thriller* o del cine de terror: la caracterización de Alec Guinness (mirada sibilina, dicción impostada, dientes sobresalidos) le confiere cierto aire monstruoso. La información posterior, que nos confirma que Marcus es, en efecto, un hombre "de cuidado", un atracador que está preparando un "golpe" junto a cuatro compinches de aspecto "sospechoso", parece indicarnos que la pobre Sra. Wilberforce corre un serio peligro teniendo a esos hombres bajo su techo.

Pero lo que acaba contando *El quinteto de la muerte* es justo lo contrario: que son esos criminales los que no saben a qué se enfrentan por culpa de la Sra. Wilberforce, la cual bajo su apariencia de dulce e indefensa mujer mayor esconde una auténtica bestia salvaje que acabará logrando que todos esos hombres se maten entre sí y quedándose ella solita con el substancioso botín sustraído por los ladrones. Lo más gracioso del asunto reside en que la Sra. Wilberforce nunca es consciente de su propia e intransferible *monstruosidad*. Ella es auténtica y genuina, mientras que los hombres que tiene en su casa han que recurrir a la mentira para intentar engañarla, fingiendo ser un grupo de músicos aficionados que se dedican a ensayar en la habitación de Marcus mientras suena un disco.

El quinteto de la muerte, contundente demostración del extraordinario talento de Mackendrick –como corroboraron sus trabajos posteriores: las soberbias *Chantaje en Broadway* (*Sweet Smell of Success*, 1957), esta, norteamericana, y *Viento en las velas* (*A High Wind in Jamaica*, 1965), de nuevo británica–, es junto con *Oro en barras* el máximo exponente de cierta tendencia de la comedia británica de la época, consistente en la combinación de elementos cómicos con una intriga policíaca. Ahí está, por ejemplo, la ya mencionada *El detective*, obra de otro veterano de Ealing, Robert Hamer, con Alec Guinness personificando la famosísima creación literaria de G. K. Chesterton. De una manera si no igual, cuanto menos parecida a la de las comedias Ealing, otras producciones *bis* británicas inscritas insistían en la combinación de comedia con relato policíaco, como así lo certifican *Miss Robin Hood* o *Aunt Clara* (1954), ambas con la veterana Margaret Rutherford al frente del reparto[15].

Dirk Bogarde y Brigitte Bardot, en *Un médico en la marina*, film de la serie Doctor.

La comedia británica exhibió el carácter de puente entre lo viejo y lo nuevo que supusieron los 50 en la historia del cine nacional. Veteranos como Anthony Asquith –adaptando a Oscar Wilde (*La importancia de llamarse Ernesto*) y a George Bernard Shaw (*The Doctor's Dilemma*, 1958), o colaborando con Terence Rattigan en el guión (*The Final Test*, 1954)–, David Lean –*El déspota* (*Hobson's Choice*, 1954), según la pieza teatral de Harold Brighouse y una comedia muy superior a su incursión anterior en el género, *Un espíritu burlón*–, Carol Reed –*El niño y el unicornio* (*A Kid for Two Farthings*, 1955), partiendo del libro de Wolf Mankowitz– y Laurence Olivier –con su notable e incomprendida coproducción con los Estados Unidos *El príncipe y la corista* (*The Prince and the Showgirl*, 1957), según, también, Terence Rattigan–, representarían la cuota de la comedia "de antaño". Méritos aparte, estos títulos chocan con la serie de sátiras producidas y dirigidas por los hermanos Boulting, las cuales miran de frente y con venenoso sentido del humor los males endémicos de la sociedad, tales como la incompetencia de instituciones como el ejército en *Private's Progress* (1956), los tribunales de justicia en *Brothers in Law* (1957), la política internacional en *Despiste ministerial* (*Carlton-Browne of the F.O.*, 1959), y los movimientos sindicales en *I'm All Right, Jack* (1959).

A pesar de todo, en el momento de su estreno las comedias que triunfaron en Gran Bretaña eran las que representaban tendencias más ligeras y desenfadadas, tal y como demuestra la repercusión que tuvieron, incluso allende las fronteras británicas, títulos como la comedia juvenil *Es grande ser joven* (*It's Great to Be Young!*, 1956), o la suave sátira *¡A la orden, almirante!* (*Carry on Admiral*, 1957), que a pesar de su título original no forma parte de la (posterior) serie "Carry on". Esta última, por cierto, compuesta nada menos que por ¡treinta y un títulos! [16], absolutamente todos bajo la dirección de Gerald Thomas (1920-1993), hermano de Ralph Thomas (1915-2001), y caracterizados por su humor paródico y astracanesco, próximo a lo que luego patentaría el norteamericano Mel Brooks y sería conocido como *spoof movies*, es el máximo exponente de la tendencia de la comedia británica hacia las series. Hay que destacar asimismo la muy popular serie "Doctor", iniciada por uno de los más representativos cultivadores del cine de género de la historia del cine inglés, el mencionado Ralph Thomas, e inaugurada con *Un médico en la familia*; pero a la misma hay que añadir la serie "St. Trinian", centrada en las pícaras aventuras de las alumnas de un colegio religioso[17]; y las comedias protagonizadas por William Windom (1923-2012), cuyo denominador común era que su personaje asumía el nombre de Norman [18].

CINE POLICÍACO: LLAMANDO A LAS PUERTAS DEL INFIERNO

Es de justicia empezar haciendo una reivindicación de Basil Dearden, otro de tantos realizadores sobre los que pesa en exceso el prejuicio fomentado por la tibieza de resultados del cine de sus últimos años de carrera, dejándose llevar, por pereza o ignorancia, hacia la subvaloración o directamente el olvido de los nada menos que ocho largometrajes que le garantizan un puesto de honor dentro del género: *El farol azul*, *Pool of London*, *Coacción* (*Cage of Gold*, 1950), *I Believe in You* (1952; codirigida con Michael Relph), *The Ship That Died of Shame* (1955), *Barrio peligroso* (*Violent Playground*, 1958), *Sapphire (Crimen al atardecer)* (*Sapphire*, 1959) y *Objetivo: Banco de Inglaterra* (*The League of the Gentlemen*, 1960), a cual más interesante. De hecho, y sin olvidarnos del precedente que supuso tres años antes *Brighton Rock*, no andamos desencaminados si consideramos *El farol azul* como el nacimiento del cine policíaco británico contemporáneo.

Esta aparente oda a la labor policial por un lado supone la culminación de la evolución que experimentó el policíaco británico de los 40, con un progresivo aumento del protagonismo de la figura del agente en detrimento de la del delincuente. Se trata de un simbólico "regreso al orden" de un país que todavía estaba recuperándose de una guerra larga, costosa y sobre todo dolorosa, y que a la larga evolucionaría, como se verá más adelante, en la presentación del país como una especie de "estado parapolicial" no muy alejado de los siniestros postulados futuristas de George Orwell. Por otra parte, *El farol azul* también apunta ya un amargo comentario sobre la situación de esa sociedad británica gastada por la guerra y con una incipiente tendencia a rebelarse contra los valores tradicionales, rebeldía personificada en un asesino joven e insumiso (Dirk Bogarde) que da así un paso (¡otro!) en el proceso social y artístico que desembocaría en el *free cinema*. *El farol azul* conoció una especie de "continuaciones": *Pool of London* y *I Believe in You*, que muestran ambientes suburbiales muy similares, si bien antes Dearden había dirigido *Coacción*, relato con ribetes de melodrama en la que una viuda casada en segundas nupcias (Jean Simmons) es chantajeada por su ex esposo, al que creía muerto. Cineasta que sobre todo en esta época manifestó un gran interés por abordar temáticas inéditas de fuerte repercusión social o, cuanto menos, sociológica –a principios de la década siguiente firmaría la excelente *Víctima* (*Victim*, 1961), primera película de la Historia del cine británico que aborda abiertamente el tema de la homosexualidad–, Dearden tocó temáticas como el desencanto de los antiguos combatientes en la guerra –en *The Ship That Died of Shame*, relato de misterio en alta mar–, la violencia juvenil –*Barrio peligroso*– y el racismo –*Sapphire (Crimen al atardecer)*–, además de firmar ese bello epitafio a la antigua tradición del género que es *Objetivo: Banco de Inglaterra*.

Si bien ambientada en 1901, otro cineasta había planteado la posibilidad de un atraco a esta misma entidad bancaria: John Guillermin, con su estupenda *Robo al banco de Inglaterra* (*The Day They Robbed the Bank of England*, 1960), protagonizada por el norteamericano Aldo Ray, como el "cerebro" asimismo estadounidense del "golpe", y un conmovedor Peter O'Toole, como el oficial a cargo de la custodia del banco cuya amistad se ha ganado el primero. Ese mismo año, Guillermin firmaría otro *thriller* excelente y de ambientación contemporánea: *Hasta el último aliento* (*Never Let Go*, 1960), singular variante de *Ladrón de bicicletas* (*Ladri di biciclette*, 1948, Vittorio De Sica) en torno a un viajante (Richard Todd), desesperado por recuperar el coche que necesita para subsistir y que le ha robado un mafioso de barrio (Peter Sellers). Estas dos obras de Guillermin, ya entrando en el decenio siguiente, certifican junto con *Objetivo: Banco de Inglaterra* algunos de los derroteros del policíaco británico en particular (y, casi, del cine británico en general), y que van de la tradición literaria victoriana a los nuevos aires contemporáneos que impregnan el cine de Dearden o a películas revestidas de relato de espionaje tan sorprendentemente premonitorias como *Ultimátum* (*Seven Days to Noon*, 1950), ganadora de un premio Oscar al mejor guión original –a mayor curiosidad, con un argumento firmado por Paul Dehn y... ¡el futuro gran compositor de Hammer James Bernard!–, en torno a la amenaza de detonación de un artefacto nuclear en pleno centro de Londres; *State Secret* (1950), sobre la deposición de su cargo de un dictador centroeuropeo; y *Hell Is a City* (1960), producción Hammer con Stanley Baker encarnando a un duro inspector de policía a la caza de un asesino fugado, escrita y dirigida por Val Guest a partir de la novela del ex agente de policía de Manchester Maurice Procter, que se caracteriza por «su sentido del realismo estilo documental, ayudado en este sentido por el rodaje en localizaciones reales, el empleo de algunas coloristas costumbres locales (...) y el uso de trucos del *cinéma vérité* tales como los diálogos superpuestos. Por una vez, el villano del relato es un americano (John Crawford)»[19].

Otro título en una línea similar a la de los citados en último lugar es *Trágica obsesión* (*The Clouded Yellow*, 1950), estimable relato de corte hitchcockiano en torno a un agente secreto degradado (Trevor Howard) que protege a una joven (Jean Simmons) falsamente acusada de un crimen. Fue dirigido por el ya mencionado Ralph Thomas, quien firmó una carrera que se caracterizó por la adscripción a todo tipo de géneros cinematográficos populares; la frecuencia con que trabajó con el actor Dirk Bogarde, sobre todo al principio de la carrera de este último, contribuyendo en no poca medida a su popularidad; y su asociación con la productora Betty Box, responsable financiera del grueso de su filmografía. Thomas cultivó mucho la comedia: a la misma pertenece su primer largometraje, *Traveller's Joy* (1949), y dentro de su colaboración con Bogarde destaca su asimismo citada labor en la serie inaugurada con *Un médico en la familia*, si bien también cooperaron en otros títulos de corte dramático y/o aventurero, tales como *La dinastía del petróleo*, *Historia de dos ciudades* y *El viento no sabe leer* (*The Wind Cannot Read*, 1958). También cultivó el *thriller*, dentro del cual realizó *Intriga en Venecia* (*Venetian Bird*, 1952), una nueva versión de la hitchcockiana *39 escalones* (*The 39 Steps*, 1959) o *Nadie huye eternamente* (*Nobody Runs Forever*, 1968), así como algunos títulos que combinaban este género con, de nuevo, la comedia, tal es es caso de *Demasiado cálido para junio* (*Hot Enough for June*, 1964) y del divertido díptico paródico de la serie Bond *Más peligrosas que los hombres* (*Deadlier That the Male*, 1967) y *Más peligrosas todavía* (*Some Girls Do*, 1969).

El policíaco también fue campo abonado para otros tipos de introspecciones. Desde la opción, digamos, "clásica" representada por Carol Reed, quien durante este decenio brinda en 1953 *Se interpone un hombre*, una obra con reminiscencias de su extraordinaria *Larga es la noche* (presencia de James Mason incluida), y *Nuestro hombre en La Habana* (*Our Man in Havana*, 1959), según la famosa novela homónima de Gra-

Objetivo: Banco de Inglaterra, uno de los mejores policíacos británicos de su época.

ham Greene y con Alec Guinness en el papel protagonista; hasta opciones más inclasificables, como las representadas por dos raros trabajos de Charles Crichton: *Hunted*, con Dirk Bogarde encarnando a un violento fugitivo que toma a un niño como rehén, y *Oleadas de terror* (*Flood of Fear*, 1958), tan extravagante como tan solo puede ser un *thriller* protagonizado por el norteamericano Howard Keel en el que buena parte de su acción principal transcurre en un escenario rural inundado. Mención especial merecen las incursiones de dos realizadores procedentes asimismo de los Estados Unidos: Jules Dassin, quien brinda *Noche en la ciudad* (*Night and the City*, 1950), con protagonismo de los estadounidenses Richard Widmark y Gene Tierney, y que sin ser de lo mejor de su director es bastante preferible al horrible *remake* firmado por Irwin Winkler en 1992; y sobre todo Joseph Losey, quien ofrece tres películas progresivamente mejores: *Time Without Pity* (1957), que a ratos parece un precedente del film de Clint Eastwood *Ejecución inminente* (*True Crime*, 1999); la magnífica *La clave del enigma* (*Blind Date*, 1959), con Hardy Krüger convertido en el principal (e inocente) sospechoso de un asesinato; y la extraordinaria *El criminal* (*The Criminal*, 1960), punto de partida de la *crook story* de estilo eminentemente británico cuyos ecos todavía perduran en el policíaco inglés de la actualidad, con un inolvidable Stanley Baker (1928-1976) convertido ya, y con justicia, en una de las más interesantes estrellas de su generación.

Acabaremos mencionando el policíaco de "serie B", dentro del cual se distinguen: a) films en los que el delito ha sido cometido antes incluso del inicio del relato y no se resuelve el mismo hasta los aproximadamente veinte minutos finales, tal y como ocurre, por ejemplo, en *Dick Barton at Bay* (1950) –tercera y última entrega de la serie "Dick Barton", precedida por *Dick Barton: Special Agent* (1948) y *Dick Barton Strikes Back* (1949)–, o en *The Floating Dutchman* (1952); b) films en los que el delito está cometido por bandas de criminales o personas asociadas para perpetrarlo, y en los que subyace de fondo el tema de la diferencia de clase social de los componentes del *gang*: un ejemplo paradigmático lo hallaríamos en la reputada *Cash on Demand* (1962); c) films en los que el protagonismo recae en un agente de policía, como *Assassin for Hire* (1951); d) films en los que la trama criminal está combinada con una *love story*, por lo general que gira alrededor de una chica de clase media que se ve accidentalmente involucrada en el delito, como le ocurre a Susan Shaw en *The Diplomatic Corpse* (1957), donde encarna a una periodista que se ve envuelta en el asalto a una embajada extranjera por una banda de delincuentes; y e) como curiosidad, la serie de pequeños films centrados en los métodos de investigación de Scotland Yark, equivalentes o, al menos ,similares a la variante temática del cine negro estadounidense conocido bajo el genérico *procedural*, destacando al respecto la serie de "mini"películas producidas por los hermanos Danziger, en ocasiones agrupadas en un largometraje con motivo de su estreno en los Estados Unidos, como es el caso de *Gilbert Harding Speaking of Murder* (1953), compuesta a su vez de tres *sketchs*: *The Missing Passenger*, *Falstafff's Fur Coast* y *Thirty Days to Die*. También merece una mención la serie de *thrillers* producidos por Berman y Baker, tal es el caso de *No Trace* (1950), *The Quiet Woman* (1951), *The Frightened Man* (1952), *The Voice of Merrill* (1952), *Recoil* (1953), *Three Steps to the Gallows* (1953), *Escape by Night* (1953), *The Gilded Cage* (1955) o *Enigma de un diario* (*Tiger by the Tail*, 1955), todos ellos dirigidos por John Gilling (1912-1984); de *Blackout* (1950), *13 East Street* (1952) o *The Steel Key* (1953), estos dos realizados por el propio Baker; y de *Impulse* (1957), *Hour of Decision* (1957), *Stormy Crossing* (1958) y *Stranger in Town* (1957).

CINE FANTÁSTICO: EL INICIO DE LA EDAD DE ORO DEL GÉNERO

Por más que en la inmensa mayoría de los casos se hallara inscrita en los márgenes del cine de bajo presupuesto, la contribución de la cinematografía británica al fantástico durante esta época constituye, sin temor a exagerar, una de las mayores al cine de género de todos los tiempos, solo comparable a la desarrollada esos mismos años por las cinematografías estadounidense y británica. Existe cierta unanimidad a la hora de considerar que esta Edad de Oro del fantástico británico se produce a partir del segundo lustro de la década, dado que durante el primero apenas hay producciones considerables, como el divertido pero inane film de ciencia-ficción *Devil Girl from Mars* (1954), producido por los hermanos Danziger, o alguna pequeña pero notable película del estudio, Hammer Films, y el realizador, Terence Fisher, que protagonizarían el brillantísimo despegue del género en Gran Bretaña, tal es el caso de esa variante del mito de Frankenstein que es la estupenda *Four Sided Triangle* (1953).

Nadie duda a estas alturas que los consecutivos éxitos de Hammer con *El experimento del doctor Quatermass* (*The Quatermass Experiment*, 1955), *La maldición de Frankenstein* (*The Curse of Frankenstein*, 1957) y *Drácula* (*Dracula*, 1958) abrieron una gloriosa veta en el cine de género británico, lo cual no obsta para que durante ese segundo lustro de los 50 y a lo largo de la década siguiente no se produjeran otras valiosísimas contribuciones al género que no procedían de los principales estudios que se especializaron en el *fantastique* para competir con Hammer, como Tempean, Amicus o Tigon Entre este lote sobresale *La noche del demonio* (*Night of the Demon*, 1957), una obra maestra de Jacques Tourneur rodada en tierras inglesas (entre ellas, el legendario monumento megalítico de Stonehenge), por más que, por razones de producción, pueda parecer una producción estadounidense al contar con el protagonismo del magnífico Dana Andrews. Destacar también el espléndido díptico que forman *Village of the Damned* (1959), la adaptación de la novela "Los cucos de Midwich", de John Wyndham –de quien Steve Sekely destrozaría otro famoso libro suyo, "El día de los trífidos", en *The Day of the Triffids* (1962)–, junto con su secuela, tanto o más interesante: *Children of the Damned* (1964). Otros títulos, cuanto menos, dignos de cita dada su curiosidad son un par de rarezas, *Cat Girl* y *The Shadow of the Cat* (1960), esta última, coproducción no acreditada de Hammer, que guardan ecos de otro clásico de Tourneur, *La mujer pantera* (*Cat People*, 1942); el díptico de Robert Day (n. 1922) *Grip of the Strangler* (1958) y *Corridors of Blood* (1958), con Boris Karloff en los papeles protagonistas; la "*hammeriana*" *Doctor Blood's Coffin* (1960); *The Tell-Tale Heart* (1960), según el famoso relato de Edgar Allan Poe "El corazón delator"; *Horror en la mansión Fordyke* (*The Black Torment*, 1964), otro *hammeriano* relato de horror gótico, acaso lo más digno legado por el realizador Robert Hardford-Davis –luego firmante de bodrios infames como *Corruption* (1968) e *Incense for the Damned* (1970): pasen de largo–; y el film de vampiros *Los diablos de la oscuridad* (*Devils of Darkness*, 1964), último trabajo del veterano del *cinéma bis* Lance Comfort, el firmante del interesante *thriller* de 1948 *Daughter of Darkness*.

Aunque la producción cinematográfica *fantastique* de Robert S. Baker y Monty Berman no ocupa el grueso de su trabajo, fue esta la que consiguió mayor repercusión allende las fronteras de Gran Bretaña, como demuestra el hecho de que algunas de ellas llegaran a verse excepcionalmente en la España de la época (*La sangre del vampiro, La carne y el demonio*), cosa bastante rara en nuestro caso dado su atrevimiento en materia de sexo y violencia, tal y como demuestran, contundentemente, *La carne y el demonio* y *Jack the Ripper* con sus generosos desnudos femeninos, o la cruda escena en esta última de la muerte del asesino, aplastado y con salpicón de sangre negruzca incluida, lo cual debió impedir su estreno entre nosotros.

A pesar de que Baker y Berman produjeron otros títulos inscritos en el género, tales como la pedestre película *sci-fi The Strange World of Planet X*; y una *monster movie* con

Dos escenas de *Drácula*, film de Terence Fisher producido por Hammer Films que consolidó la línea de terror gótico de esta popular productora.

influencias de Ray Harryhausen, *Behemoth the Sea Monster*, el peso específico de su contribución al fantástico se concentra en *La sangre del vampiro* –que no es exactamente un relato de vampiros propiamente dicho, pero sí gótico, y magnífico, sobre los experimentos de un *mad doctor*, el Dr. Callistratus (Donald Wolfitt), repleto de jugosos apuntes tortuosos–, *Jack the Ripper* –espléndida mirada sobre los célebres crímenes de Jack el Destripador– y *El demonio y la carne*, si bien merecen menciones otro film de ciencia ficción, *The Trollenberg Terror*, y *The Hellfire Club* (1961), por más que el primero no sea particularmente memorable (su máximo atractivo reside en combinar, con resultados flojos pero aún así curiosos, la temática de las invasiones extraterrestres con un trasfondo *lovecraftiano*), mientras que el segundo tampoco es una película fantástica *strictu sensu* pero guarda su interés por el dibujo de la corrupta atmósfera moral de la Inglaterra de épocas pretéritas, habida cuenta que su trama gira alrededor de uno de los auténticos Hellfire Clubs que existieron en la Inglaterra y la Irlanda del siglo XVIII, clubes selectos para las clases privilegiadas donde se daban rienda suelta a todo tipo de perversiones sexuales y, en ocasiones, a prácticas satánicas.

Aunque prácticamente desconocida en España, *Jack the Ripper* tuvo un notable impacto que fue más allá de las fronteras de Gran Bretaña, como demuestra la entusiasta opinión de Alain Lebris, para quien «*Jack the Ripper* (junto con *La carne y el demonio*, *Circus of Horrors* [1960] y *Horror en el museo negro* [*Horrors of the Black Museum*, 1959]) representa uno de los más altos grados del horror puro. Film excepcional, de una sexualidad delirante, perfecto manual de perversiones sexuales, *Jack the Ripper* es uno de los más grandes films del cine de terror anglosajón» [20]. Andy Boot afirma que las producciones *fantastiques* de Baker y Berman pudieron originarse o hasta, en cierto sentido, ser el punto culminante de su previa y extensa dedicación al *thriller* y el relato criminal[21]: a fin de cuentas, tanto *La sangre del vampiro* como *Jack the Ripper* y *La carne y el demonio* tienen cierto trasfondo "policíaco" que marca una diferencia con respecto al terror gótico Hammer. Por otro lado, y pese a que solo *La sangre del vampiro* es en color, tanto esta como *Jack the Ripper* y *La carne y el demonio* son las mejores "imitaciones" de Hammer realizadas por competidor alguno.

La carne y el demonio es una obra maestra y quizá la mejor de las producciones de Baker y Norman. El film reconstruye el caso real de William Burke y William Hare, popularmente conocidos como Burke & Hare, una pareja de ladrones de cadáveres de Edimburgo que, a lo largo de diez meses durante el año 1828, cometieron la friolera de dieciséis asesinatos con la finalidad de proveer de cuerpos frescos al prestigioso cirujano, anatomista y zoólogo escocés Robert Knox, quien se convirtió así en encubridor de sus crímenes. Film de una ferocidad y contundencia pocas veces vista a la hora de mostrar agresivamente los males de la sociedad inglesa decimonónica, es un durísimo retrato social que se desarrolla a partir del extremadamente complejo y matizado contraste que se produce entre el personaje del Dr. Knox (Peter Cushing) y los ladrones de cadáveres Hare (Donald Pleasence) y Burke (George Rose). El contraste va más allá de la contraposición de los perfiles psicológicos del Dr. Knox frente a los de Burke & Hare, y se extiende con gran agudeza a sus respectivos entornos sociales. Los ladrones de cadáveres y asesinos se mueven en un mundo marginal y marginado, atestado de pobres, niños descalzos, mercados abarrotados de especias, mendigos, prostitutas y borrachos que se hacinan en aglomeradas plazas, nauseabundas tabernas y estrechos callejones repletos de inmundicia. El Dr. Knox, en cambio, imparte sus lecciones magistrales de anatomía en la elegante aula instada en su propia y lujosa mansión. Pero tanto en un ambiente como en otro flota la siniestra sombra de la crueldad inherente a una época de represión. El coguionista y director John Gilling narra este espléndido relato haciendo gala de un inusitado talento para combinar dentro de una misma secuencia, en ocasiones dentro de un mismo plano, toda la carga de sordidez moral y ambiental que impregna esta película dura y sin concesiones, amarga hasta decir basta y, al mismo tiempo, elegante y reflexiva. *La carne y el demonio* se beneficia, además, de un superlativo nivel interpretativo: todo su elenco está magnífico pero es un genial Peter Cushing quien se merece nuevamente los mayores aplausos.

PINCELADAS DE VITALIDAD: LA ANIMACIÓN BRITÁNICA DE LOS CINCUENTA

La década marcará una importante presencia del cine de animación, recogiendo un caldo de cultivo iniciado en los 40 con la formación de algunas productoras de animación, como British Animated Productions, British Industrial Films, British Instructional Films Animation Unit, Diagram films, The Mack Cartoon Unit o Pinschewer Films. También de aquellos años surgió la unidad de animación que montó Arthur Rank con el fin de competir con Disney con un par de series de films, *Animaland* y *Musical Paintbox*; pero lograrlo parecía una quimera, y cuando llegó la restructuración de 1948-49 la unidad de animación fue una de las primeras víctimas en caer. Irónicamente, Disney se instaló con toda comodidad en suelo británico para producir su propia productora de ficción a raíz de *La isla del tesoro* en 1950. Fracasado el intento de crear una Disney a la británica, el género de la animación discurrió fuera de los circuitos comerciales y su existencia devino posible gracias al apoyo de patrocinadores privados, apoyo gubernamental e iniciativas personales. Con todo, el movimiento de animadores fue remarcable, desde los componentes de los W. M. Larkins Studio, destacando entre ellos el mítico creador de "Henry's Cat" Bob Godfrey (1921-2013), y responsable de *The Big Parade* (1952) y *Watch the Birdie* (1954), esta ya con su compañía Biographic Cartoon Films e inspirada en la obra de Paul Klee; el dibujante de origen alemán Peter Sachs (1912-1990), con *River of Steel* (1951), realizado para la British Iron and Steel Federation y *Without Fear* (1953); o Richard Taylor, con *Mr. Finley's Feelings* (1956) y *Earth is a Battlefield* (1957).

A los citados podemos sumar aquellos realizadores que provenían del British Film Institute's Experimental Film Fund, todos ellos con un cariz más *arty*, como el fugaz Peter King con el cortometraje *Thirteen Cantos of Hell* (1955), basado en la descripción del Infierno que proporciona "*La Divina comedia*" de Dante Alighieri; y la pareja britanicohúngara, casi al modo Powell & Pressburger, formada por Halas Folder (1922-1977) y su esposa Joan (n. 1924), autores de films de marcado carácter experimental, *Animated Genesis* (1952) y *A Short Vision* (1956).

Otra pareja de la misma conacionalidad, los más conocidos John Halas (1912-1995) y Joy Batchelor (1914-1991), vivieron las etapas más destacadas de sus carreras trabajando para empresas como la BP Shell y British Gas, gracias a la cual llevaron a cabo *As Old as the Hills* (1950) y *Moving Spirit* (1951); incluso para el gobierno, para el cual firmaron obra dedicada a impulsar el célebre Plan Marshall; *Think of the Future* (1953); pero también trabajaron en films más personales, tales como la serie de cuatro partes *Painter and Poet* (1951), donde combinan el arte de Henry Moore y Ronald Searle con poetas como Kathleen Raine y William Cowper. Otro desafío que superaron fue su aventura en uno de los primeros films de animación en 3D, *The Owl and the Pussycat* (1952), a la que le siguió *The Figurehead* (1953), inspirado en un poema de Crosbie Gaston. Paralelamente a este proyecto, Halas & Bachelor estaban trabajando en el que sería su film más conocido y por ende de la historia del cine de animación británico, *Rebelión en la granja* (*Animal Farm*, 1954), extraordinaria adaptación de la famosa novela homónima de George Orwell. El proyecto nació inicialmente de la idea de Louis de Rochemont (1899-1978), un productor norteamericano conocido por ser el creador de los noticiarios *The March of Time*, si bien muchas voces dan por hecho que fue la CIA quien estaba realmente detras del proyecto[22], sugiriendo ciertos cambios en la obra de Orwell tales como el final, que convertía una obra surgida con vocación antiestalinista, en una oportuna alegoría anticomunista en plena Guerra Fría. Esta sobreidentificación política del film le dio una cierta fama pero también provocó bastante denostación, sobre todo en Francia, donde no se estrenó hasta 1990. En cambio, en Gran Bretaña los críticos la votaron como la mejor película del año, aunque no porque innovara mucho el género de la animación, sobre todo teniendo en cuenta su estilo visual, bastante similar en el dibujo al clásico de Disney. Pero sí se la premió por romper bastantes esquemas gracias a su contenido adulto. Todos los honores para este film, sin embargo, no sirvieron de mucho para cambiar el sino de la industria de la animación en Gran Bretaña; Halas & Bachelor, como sus compañeros de generación, siguieron haciendo películas para sus patrocinadores o refugiándose en la televisión, un medio que sería mucho más agradecido a los siempre meritorios animadores británicos durante las dos siguientes décadas.

EL MELODRAMA: LLAMANDO A LAS PUERTAS DEL *FREE CINEMA*

El género del melodrama, entendido en sentido amplio y englobando dentro del mismo la crónica social y el relato de denuncia fue, a lo largo de los 50, un fiel reflejo de las tensiones entre tradición y modernidad que caracterizan la evolución del cine de género en Gran Bretaña y que acabarían confluyendo en el *free cinema*. Un movimiento que, si bien sería abordado en profundidad en el siguiente capítulo, no surge del vacío ni tampoco supone una ruptura tan radical como en ocasiones se ha pregonado en relación al cine que lo precede (lo mismo puede aplicarse a movimientos cinematográficos como la *nouvelle vague* francesa o el *new american cinema* estadounidense), sino que se trata más bien de un paso adelante por una trayectoria que habían recorrido previamente una serie de películas melodramáticas que, de un modo u otro y de manera perfectamente lógica, acabaron evolucionando y desembocando en el cine espiritualmente *bendecido* por los "jóvenes airados".

Eso no significa, por descontado, que todo el cine "de drama" británico en bloque participara de ese proceso que acabaría desembocando en el *free cinema*, mas teniendo en cuenta que dentro de la cinematografía nacional todavía hallamos a muchos grandes cineastas que eran acérrimos practicantes del melodrama en su acepción más *mélo*. Desde luego que la actitud de realizadores como David Lean, Michael Powell & Emeric Pressburger, Anthony Asquith, Carol Reed o Zoltan Korda, representantes de lo que podríamos considerar una especie de "vieja guardia" de la cinematografía inglesa, puede interpretarse como una pose conservadora e incluso reaccionaria ante los nuevos tiempos, un querer adoptar la postura del avestruz ante el fin de una manera de entender el cine y la sociedad británicos. Pero eso resulta demasiado fácil, y más a la vista de la excepcional calidad de sus trabajos. Tomemos, por ejemplo, a Lean: ¿acaso no es la protagonista de *Madeleine* (Ann Todd) una mujer decidida a vivir la vida (y el amor, y el sexo) a su antojo, y por tanto, avanzada a su época, tanto como pueda serlo la Hazel Woodus (Jennifer Jones) de la coproducción norteamericana de Powell & Pressburger *Corazón salvaje?*; ¿podría verse en *La barrera del sonido* una amarga digresión sobre la figura paterna típicamente *british*, personificada en ese ambicioso Ridgefield (Ralph Richardson) que sacrifica dinero y hasta a sus propios hijos con tal de conseguir sus visionarios propósitos?; ¿o, en *Locuras de verano* (*Summertime*, 1955), también en coproducción con los Estados Unidos, un afán soterrado de Lean de huir de Gran Bretaña, del cine británico estándar, con la vista puesta en una carrera internacional pronta a despegar gracias a *El puente sobre el río Kwai*, tal y como intentaría asimismo Carol Reed con la enteramente estadounidense *Trapecio* (*Trapeze*, 1956), o Powell & Pressburger rodando para David O. Selznick *Corazón salvaje*?

Las cosas tampoco son tan sencillas como parecen ni siquiera en el caso del aparentemente menos audaz Anthony Asquith, quien en esta década firmaría melodramas "clásicos", cierto, pero tan amargos y mordaces como *The Browning Version* (1950), con un Michael Redgrave extraordinario como profesor universitario consciente de su fracaso como docente y como ser humano; *The Net* (1953), con un trasfondo de nuevas tecnologías que recuerda hasta cierto punto a *La barrera del sonido*; *Los jóvenes amantes* (*The Young Lovers*, 1954), que muestra las relaciones de una joven pareja no casada; y *La noche es mi enemiga* (*Libel*, 1959), desaforado folletín con las secuelas de la Segunda Guerra Mundial como telón de fondo. Hasta Zoltan Korda, viejo bardo de las glorias del Imperio Británico (*Las cuatro plumas*), firma, con *Tierra prometida* (*Cry, the Beloved Country*, 1951), la primera versión de la novela de Alan Paton "Llanto por la tierra amada", otra oda, pero en este caso a la reconciliación entre blancos y negros

David Lean, Alec Guinness y Sessue Hayakawa, rodando *El puente sobre el río Kwai*

en la Sudáfrica del *Apartheid*. Ninguno de estos realizadores abonó conscientemente el terreno para el *free cinema*, pero ninguno de ellos vivía al margen del mundo.

Aparte de impregnarse por la amargura de sus más veteranos practicantes, el drama realista británico de los 50 se fue abriendo a temáticas acordes con los cambios de perspectivas. Por ejemplo, las inquietudes "ecológicas", antes siquiera de que se llamaran así, que demuestra el protagonista de *Where No Vultures Fly* (1951), basado en el personaje real de un inglés que creó un parque natural en Kenia. O la preocupación por el estatus social de los discapacitados de la cual hace gala una (otra) sensible película de Mackendrick, *Mandy*, con Jack Hawkins desviviéndose por la educación de una niña sordomuda (Mandy Miller). No resulta de extrañar, en este sentido, que el melodrama británico del decenio sea capaz (al igual que ocurría con el policíaco, la comedia y el fantástico) de mantener un raro equilibrio entre tradición y modernidad, incluso en obras dispares procedentes de un mismo cineasta, tal es el caso de Roy

La India en llamas, excelente film de aventuras de J. Lee Thompson.

Ward Baker, capaz de evocar brillantemente "el pasado" en *La última noche del Titanic*, y tres años después, ya en los 60, abordar "el presente" de la precariedad laboral, el racismo y la violencia callejera en *Fuego en las calles (Fire in teh Streets*, 1961). Algo se cuece en el fondo del cine de género, incluso en el en apariencia más convencional: Cy Endfield firma con *Hell Drivers* (1957) un magnífico *thriller* sobre camioneros cuya dura denuncia de las condiciones laborales haría sonrojar de envidia al "comprometido" Ken Loach.

Acaso no le falte razón a Sue Harper[23] cuando insinúa que, en 1952, Ronald Neame (1911-2010) ya vino a prefigurar el *free cinema* con *The Card*, un "film de época" sobre un arribista interpretado por Alec Guinness; y poco más o menos puede decirse lo mismo de *The Gypsy and the Gentleman* (1958), esta última firmada por un realizador, el estadounidense Joseph Losey, asimismo responsable a finales de la década de otra película, *Intimidad con un extraño* (*The Intimate Stranger*, 1956), en torno a las consecuencias de una relación adúltera, que parece un precedente de sus trabajos de los 60: *Eva* (ídem, 1962) y *Accidente* (*Accident*, 1967). Cuando, entrando ya en la década siguiente, el melodrama británico afronta abiertamente una temática radicalmente "social" como la huelga en la excelente *The Angry Silence* (1960), con uno de los rostros del "cine del Imperio" por antonomasia, Richard Attenborough, encarnando ahora a un obrero de una fábrica que se niega a participar en una movilización laboral contra su empresa; incluso, como digo, cuando eso se produce, ya cuenta con un precedente producido diez años antes: *Chance of a Lifetime* (1950), en torno a la lucha de unos obreros con tal de conseguir hacerse con la administración de su fábrica, maltrecha tras los estragos económicos de la guerra.

Otros dos factores a tener en cuenta de cara a la transición del melodrama británico al *free cinema* residen, primero, en el auge de una nueva y más joven generación con ansias de ver un cine que resulte más cercano a sus inquietudes, y segundo, una revalorización del papel social de la mujer. Alrededor de 1955 empezaron a proliferar por todo el país pandillas de jóvenes con edades comprendidas entre los 14 y los 21 años, siendo particularmente notorios los episodios violentos que se produjeron al año siguiente alrededor de los cines donde se proyectaba la primera película musical con banda sonora íntegramente formada por temas de *rock & roll*, la producción de serie B norteamericana *Rock Around the Clock* (1956), provocados por grupos de *Teddy Boys*, movimiento juvenil fascinado por la moda y el pensamiento de la Inglaterra eduardiana, que ya antes del estreno de ese film de Fred F. Sears habían iniciado sus primeras revueltas callejeras con motivo del estreno en Gran Bretaña de otra película estadounidense, la famosa *Semilla de maldad* (*Blackboard Jungle*, 1955). Otro síntoma del cambio de costumbres que se estaba produciendo se materializaba en la crisis del modelo familiar tradicional: en 1954 se contabilizaron 27.451 divorcios entre Inglaterra y Gales, y 2.200 en Escocia, frente a los 4.735 y 637 que se registraron en los mismos territorios en 1937, respectivamente; lo cual, por cierto, vino acompañado por las reaccionarias valoraciones de los miembros de la Royal Commision of Mariage and Divorce, cuyo diagnóstico apuntaba como causa de esa crisis de valores a "la emancipación social y económica de las mujeres"[24].

De ahí que, además del auge de lo que podríamos denominar películas "rockeras", a mayor honra y gloria de estrellas de la canción como Tommy Steele –*La historia de Tommy Steele* (*The Tommy Steele Story*, 1957)–, Frankie Vaughan –*These Dangerous Years* (1957)–, o Cliff Richard –*Expresso Bongo* (1959)–, se produjera paralelamente por esos años un tipo de melodramas "femeninos", con los problemas cotidianos de la mujer moderna como telón de fondo. *Women of Twilight* (1952) marca un antes y un después, tratándose de la primera producción importante de la década que recoge la herencia de otras "mujeres descarriadas" –la Kay Walsh de *La vida manda*, aquí secundaria, y la Jean Kent de *Muchachas en libertad*, aquí protagonista– a la hora de ofrecer un retrato sórdido y contemporáneo de la mujer, de ahí que haya quien se refiera a este film y a otros de la misma década con remarcable protagonismo femenino como películas sobre *twilight women* («mujeres crepusculares»). La importancia de este tipo de producciones reside en el hecho de que se rompía con la tradición de las heroínas *glamourosas* de los 40, como Margaret Lockwood o Anna Neagle, de las cuales hallamos muchos menos ejemplos en los 50, como pudieran ser las encarnadas por Virginia McKenna y Kay Kendall; el *glamour* pasaba así a los hombres, caso de intérpretes como Kenneth More o Dirk Bogarde. A cambio, se favorecía una mirada más realista y humana sobre los personajes femeninos, tal y como hizo el realizador J. Lee Thompson en dos dramas carcelarios, *The Weak and the Wicked* (1954) y *Yield to the Night* (1956), en su melodrama sobre un ama de casa de la cual su esposo quiere divorciarse, *Woman in a Dressing Gown* (1957), en el drama con ribetes criminales *No Trees in the Street* (1959) y en la popular *La bahía del tigre*; films de Thompson de otros géneros, como *Fugitivos del desierto* y *La India en llamas*, también hacían gala de llamativos personajes femeninos. Curiosa coincidencia que, durante esta década, se produjera mucho cine bélico centrado en prisioneros de guerra –desde *The Colditz Story* hasta *El puente sobre el río Kwai*–, y por otra parte, abundaran estas películas centradas en mujeres "prisioneras" en la rutina del hogar, tal es el caso de los films mencionados y otros como *Coacción*, *Dance Hall* (1950) –este particularmente interesante por sus paralelismos argumentales con el posterior *Sábado noche, domingo mañana*–, y los dramas carcelarios *Mujeres en la calle* (*Turn the Key Softly*, 1953) y *Women Without Men* (1956), este producido, curiosamente, por Hammer[25].

NOTAS

[1] PILARD, Philippe. El cine británico. Acento editorial. Madrid, 1998. Pp. 56-57.

[2] PERRY, George. The Great British Picture Show. From the 90s to the 70s. Hart-Davis, MacGibbon Ltd. Londres, 1974. Pp. 170-171.

[3] HARPER, Sue. "Bonnie Prince Charlie Revisited: British Costume Film in the 1950s". The British Cinema Book. Robert Murphy (ed.). BFI – Palgrave Macmillan. Londres, 2008. P. 277.

[4] PILARD. Ibídem, p. 51.

[5] PORTER, Vincent. "Methodism versus the Marketplace: The Rank Organisation and British Cinema". The British Cinema Book. Ibídem, pp. 268-273.

[6] Cuyas secuelas fueron Un médico en la marina (Doctor at Sea, 1955), Un médico fenómeno (Doctor at Large, 1957) y Los problemas del doctor (Doctor in Distress, 1963), todas protagonizadas por Dirk Bogarde, y Doctor in Love (1960), El doctor, la enfermera y el loro (Doctor in Clover, 1966) y Doctor in Trouble (1970), ya sin este actor.

[7] KARDISH, Laurence. "The Idea of a National Cinema". Michael Balcon: The Pursuit of British Cinema. The Museum of Modern Art. Nueva York, 1984. P. 72.

[8] BETTS, Ernest. The Film Business. A History of British Cinema, 1896-1972. George Allen & Unwin Ltd. Londres, 1973. P. 249.

[9] CHIBNALL, Steve, y McFARLANE, Brian. The British "B" Film. BFI – Palgrave McMillan. Londres, 2009. P. 53.

[10] CHIBNALL y McFARLANE. Ibídem, p. 97 y ss.

[11] ESTEVE, Llorenç. Michael Powell y Emeric Pressburger. Ediciones Cátedra (Grupo Anaya, S.A.). Madrid, 2002. Colección Signo e Imagen/Cineastas, nº 55. Pp. 288, 291 y 305.

[12] GUARINOS, Virginia. Laurence Olivier. Royal Books, S.L. Barcelona, 1996 (colección Cine Selección). Pp. 135 y 138.

[13] HARPER. Ibídem, pp. 276 y 278.

[14] PULLAINE, Tim. Comentario de The Cruel Sea. The British Cinema Book. Ibídem, p. 261.

[15] No por casualidad la misma actriz que encarnaría a Miss Marple, la célebre creación de Agatha Christie, en cuatro films de similares características cómico-detectivescas: El tren de las 4:50 (Murder She Said, 1961), Después del funeral (Murder at the Gallop, 1963), La señora McGinty ha muerto (Murder Most Foul, 1964) y Asesinato a bordo (Murder Ahoy, 1964).

[16] Carry on Sergeant (1958), Carry on Nurse (1959), Carry on Teacher (1959), Carry on, Constable (1960), Carry on Regardless (1961), Carry on Cruising (1962), Carry on Cabby (1963), Los tremendos piratas del Venus (Carry on Jack, 1963), Cuidado con los espías (Carry on Spying, 1964), Cuidado con Cleopatra (Carry on Cleo, 1964), Carry on Cowboy (1966), Carry on Screaming! (1966), Don't Loose Your Head (1966), Follow That Camel (1967), Follón en el hospital (Carry on Doctor, 1967), Carry on... Up the Khyber (1968), Contrólese, excursionista (Carry on Camping, 1969), Contrólese, doctor (Carry on Again Doctor, 1969), Carry on Up the Jungle (1970), Carry on Loving (1970), Carry on Henry (1971), Carry on at Your Convenience (1971), Carry on Matron (1972), Carry on Abroad (1972), Carry on Girls (1973), Carry on Dick (1974), Carry on Behind (1975), Carry on England (1976), That's Carry On! (1977), Jugando a Emmanuelle (Carry on Emmanuelle, 1978) y La loca pandilla de Chris Columbus (Carry on Columbus, 1992).

[17] Formada por The Belles of St. Trinian's (1954), Blue Murder at St. Trinian's (1957), The Pure Hell of St. Trinian's (1960), The Great St. Trinian's Train Robbery (1966) y The Wilcats of St. Trinian's (1980). Conoció un remake titulado Supercañeras: El internado puede ser una fiesta (St. Trinian's, 2007).

[18] La serie "Norman": Trouble in Store (1953), One Good Turn (1955), Man of the Moment (1955), Esta perra vida (Up in the World, 1956), Just My Luck (1957), Espía a la fuerza (The Square Peg, 1958), Follow a Star (1959), Zafarrancho en la marina (The Bulldog Breed, 1960), El tigre de Scotland Yard (On the Beat, 1962), Enfermero a la fuerza (A Stitch in Time, 1963), Pájaro mañanero (The Early Bird, 1965) y Reportero a la fuerza (Press for Time, 1966).

[19] Para más detalles, véase CHIBNALL y McFARLANE. Ibídem, pp. 220-240.

[20] Crítica de Midi-Minuit Fantastique, núm. 2, citada por PIRIE, David. A Heritage of Horror. The English Gothic Cinema 1946-1972. Avon Books. Nueva York, 1973. P. 99.

[21] BOOT, Andy. Fragments of Fear. An Illustrated History of British Horror Films. Creation Books. Londres-San Francisco, 1996. P. 72.

[22] COHEN, Karl. "The cartoon that came in front the cold". The Guardian, 7 de marzo de 2003.

[23] HARPER. Ibídem, p. 280.

[24] HILL, John. Sex, Class and Realism. British Cinema 1956-1963. BFI Publishing, 1986. Pp. 13 y 18.

[25] WILLIAMS, Melanie. The British Cinema Book. Ibídem, pp. 286-288.

CAPÍTULO 7

FREE CINEMA

MIRANDO HACIA ATRÁS CON IRA

por Christian Aguilera

Ex nihilo nihil fit. Nada surge de la nada. Semejante aforismo sería imputable a Parménides y podría aplicarse a que un movimiento como el *free cinema*, si bien supuso un «antes» y un «después» para el cine británico partía, además de las enseñanzas del documentalismo librado en el periodo de entreguerras y durante la Segunda Guerra Mundial, de un *background* desarrollado a lo largo de los años 50 del que resultaba imposible abstraerse por mucho que se alimentara una actitud rupturista. No obstante, la evaluación del *free cinema* precisa del análisis de determinados elementos que llegarían a configurar la idea misma de un movimiento que bajo planteamientos un tanto inocentes, elementales en su definición, lograría obtener una forma reconocible, siendo objeto de una influencia que perduraría sobre todo hasta finales de los años 90. Con el ánimo de reseguir esta línea de puntos que nos conduzca a obtener un dibujo lo más certero posible de lo que significó el *Free* cabe atender a otros frentes culturales, a priori, desconectados o con un pronunciamiento residual por lo que atañe a la proyección de cintas que tratan de enfrentar al hombre con su propia realidad social.

"SEQUENCE" Y "SIGHT & SOUND": LOS CIMIENTOS IDEOLÓGICOS DEL *FREE CINEMA*

Merecedor por sí solo de una tesis que nos llevaría a la conclusión, cuando no al convencimiento, de su importancia en virtud de su contribución a crear la base ideológica que encontraría acomodo en el *free cinema*, "Sequence" irrumpía en el panorama editorial en el otoño de 1947. En contra de lo que suele darse por sentado, "Sequence" no nació de la "nada", esto es, en razón de un impulso juvenil cuyo capital para sufragar los preceptivos gastos de edición había sido posible gracias a la generosidad circunscrita al ámbito familiar o al de las amistades de sus respectivos fundadores, a saber, Karel Reisz, Lindsay Anderson y Gavin Lambert, un amigo del *college* de éste último. Ciertamente, "Sequence" formalizaría su inscripción en la lista de revistas culturales a partir de registrarse la baja de su antecedente, la "Film Society Magazine", cuya publi-

La serie de seis programas del *free cinema* contemplaría numerosas propuestas rodadas a pie de calle, donde la población muestra su oposición a diferentes temas como el rearme nuclear.

cación había sido sufragada por la Oxford Film Society, una de las múltiples patas que conforman el complejo financiero-docente sito en una de las comunidades educativas más célebres del orbe mundial. Paradójicamente, pese a anticiparse varios años a la publicación de "Cahiers du cinéma", la revista francesa cofundada por André Bazin iría inexorablemente ligada al movimiento de la *nouvelle vague* –el uno no parecía entenderse sin el otro, y viceversa– mientras que "Sequence", por lo general, queda confinada a un mero apunte a pie de página al referirse al *free cinema*.

Pese a su corta existencia –tan solo se publicaron catorce números, de periodicidad cuatrimestral, que vieron la luz entre 1947 y 1952– el análisis de su contenido [1] desmiente el carácter residual en orden a un pensamiento ideológico que tuvo traducción directa sobre todo en el cuerpo de largometrajes que conforman el *edificio* del *free cinema*.

Asimismo, al reparar en el contenido de sus páginas, prácticamente a las primeras de cambio Lindsay Anderson dejaba constancia de su particular "cruzada" para con un cine británico, a su juicio, obsoleto, que había quedado anclado en el pasado, amén de auspiciar la publicación de artículos que evaluaran la importancia de directores como John Ford –en su número 2 (invierno de 1947), con la rúbrica de Peter Ericsson, uno de los críticos recurrentes de la revista que hizo las veces de editor junto a Lambert, Penelope Houston y el propio Anderson– conforme a una idea (un tanto vaga) de autoría, al cabo "patrimonializada" por los redactores de "Cahiers du cinéma". Acompañarían a Ford en esta prospección reivindicativa de cineastas preferentemente estadounidenses o europeos los nombres, entre otros, de Preston Sturges (nº 4, págs. 22-29) y René Clair (nº 6, Págs. 23-31).

Del embrión que diera carta de naturaleza a la publicación más prestigiosa en materia de crítica cinematográfica, la misma "Sequence" se haría eco en su tercer número (primavera de 1948), al saludar con cierto énfasis la importancia de contar con un aliado en el continente en forma de un movimiento de *avant-garde*. Un entusiasmo que no fue recíproco cuando "Cahiers du cinéma" iniciaba su andadura editorial, al tiempo que la agonía financiera de "Sequence" desembocaría inevitablemente en su desaparición. Cuestiones inherentes a un chauvinismo que haría oídos sordos al reconocimiento que hubiera merecido "Sequence" desde las *trincheras* de la crítica cinematográfica de la que participaban activamente Jacques Rivette, Jean-Luc Godard, Eric Rohmer y François Truffaut. Al margen de su condición de revista de culto (material preciado para coleccionistas «de papel»), el carácter efímero de "Sequence" no haría más que alimentar su casi nula trascendencia de sus escritos por lo que compete a su apreciación más allá de las fronteras del Reino Unido. Cabe, por tanto, empezar a saldar una deuda histórica para con "Sequence" con arreglo a la calidad de sus escritos que perseguían una visión "transversal" del Séptimo Arte contando para ello con la colaboración de técnicos –por ejemplo, Douglas Slocombe se encargaría de un artículo dedicado a su colega de profesión Gregg Toland en el número 8 de la revista (verano de 1949)–, a la par que daban cobertura a una serie de teorías de cariz ideológico que implicarían de pleno a Lindsay Anderson.

A partir del número 4 (verano de 1948), "Sequence" pasaría de las 36 a las 48 páginas, y con ello se ampliaría su horizonte crítico, potenciando secciones y creando de nuevas («People We Like», a mayor gloria de intérpretes relevados en la escena del cine del Hollywood clásico). Pero esta no fue una tendencia uniforme y, a los pocos números, la revista variaría sus contenidos en función de la extensión de determinados artículos o ensayos en que Lambert y Anderson solían tomar la decisión final para incluirlos o descartarlos de su montaje definitivo. Claro está, ambos tenían patente de corso en su condición de editores y cofundadores, y rara vez sus escritos quedaban excluídos del contenido de un determinado número. Especialmente indicada deviene la lectura de algunos escritos de la época a cargo de Anderson, con la mirada puesta en reformular un pensamiento desconectado del tratamiento amable para con el cine de su país. En buena lid, Anderson partía de un vasto conocimiento del cine británico realizado hasta entonces para reformular una suerte de diatriba sobre el alcance del mismo, por ejemplo, en el ensayo "British Cinema: The Descending Spiral" (número 7, Primavera de 1949, pág. 6-11), en que llega a la conclusión que: «Aunque existen unos pocos directores excepcionales trabajando en Gran Bretaña en la actualidad, y no pocas promesas o personas capacitadas en la actualidad, de nuevo sus films provocan colapso a través de chapuceros diálogos, pobreza de ingenio, carencia de estructura dramática. Esto es imputable a esos directores que se podrían sentir en la necesidad de participar en la escritura de sus films, pero prescinden del hecho que ellos mismos sean los guionistas, o tengan que utilizar a guionistas incompetentes con los cuáles colaborar».

En cierto sentido, "Sequence" posibilitaría a Anderson explayarse en esos males comunes que, según su perspectiva, afectaban a la industria cinematográfica británica. Lindsay Anderson daría el siguiente paso fuera de "Sequence", que echaría el cierre en 1952 fruto, entre otras consideraciones, del perfil de "francotiradores" (a la manera de los estudiantes díscolos de un colegio privado en *If...*, apostados en las terrazas) de algunos de sus redactores en relación a una Industria cuyo "núcleo duro" despotricaba de los contenidos de la misma, más desde una postura "patriótica" que lo privativo al territorio de las ideas. "Sight & Sound", la revista oficial del British Film Institute, propiciaría el reencuentro entre Anderson y Reisz, quien se había dedicado en cuerpo y alma a la escritura de su libro sobre el montaje, descuidando su participación en la elaboración de artículos y críticas para "Sequence", además de su encaje en el comité de redacción de la revista cuyas labores de intendencia las manejaba el primero buscando el consenso con Penelope Houston –también integrada al equipo de dirección de "Sight & Sound"– y Gavin Lambert, una de las plumas más sutiles de ese pequeño grupo de redactores cuyo cauce profesional se desenvolvería justo en el periodo en el que los Estados Unidos vivieron de pleno el fenómeno del maccarthismo.

No cabe duda que "Sequence" asimismo debe ser observada conforme a una "mirada amiga" de aquellos cineastas y producciones dispuestas a "combatir" o hacer frente a las hordas anticomunistas. Demasiados elementos de interés, por tanto, para soslayar la importancia de "Sequence" cara a una realidad cinematográfica que se hallaba en un auténtico cruce de caminos durante su lustro de existencia. En cierta manera, "Sight & Sound" propiciaría un hilo de continuidad en relación a "Sequence", incluída la contundencia de unos escritos que movilizarían a pensar que algo estaba fraguándose en la mente de unos jóvenes dispuestos a cuestionar la fortaleza de una cinematografía cuyas estructuras se estaban erosionando a marchas forzadas. Lindsay Anderson no cesaría en el empeño en este sentido, procurando alzar la voz en toda una nueva afrenta a un sistema definitivamente anquilosado, del que participaba la propia crítica cinematográfica. El artículo "Stand Up! Stand Up!" publicado en "Sight & Sound" en otoño de 1956, mostraba la magnitud de la virulencia con la que se expresaba Anderson, al que un par de años más tarde se sumaría otro artículo "Get out and Push", para la revista mensual "Declaration". Toda una declaración, pues, de principios contenido en su título.

LOS SEIS PROGRAMAS DEL *FREE CINEMA* EN EL NATIONAL FILM THEATRE

A pocos pasos de Marks & Co., la librería que serviría de inspiración para Helen Hanff a la hora de crear una novela convertida con el paso de los años en un *longseller*, "84, Charing Cross Road" (1970), a mediados los años 50 se situaría la cafetería *The Soup Kitchen*. Allí se empleaba Lorenza Mazzetti, oriunda de Italia. En aquel periodo, Mazzetti se dejaba ver en círculos de jóvenes inquietos por la cultura y, en particular, por el cine. En la misma cafetería se citaría con Lindsay Anderson para que ambos consensuaran una suerte de manifiesto con el que presentarse de cara a la celebración de una hipotética sesión de películas a programar en el National Film Theatre. Al cabo, Mazzetti expresaría que «Esos films no se concibieron juntos, no con la idea de mostrarlos juntos. Pero cuando nosotros los pusimos juntos vimos que había una actitud en común. Implícita en esa actitud está una creencia en la libertad, en la importancia de la gente y en el significado del día a día». Nada premeditado parecía contener aquella cita entre Anderson y Mazzetti. De ahí que trazaran sobre el papel unos escuetos puntos que servirían a modo de guía del marco de actuación por el que querían desenvolverse. Cuatro puntos esenciales se corrigieron en este propósito de Manifiesto:

–Los films no pueden ser demasiado personales
–La imagen *habla*. El sonido amplifica y comenta.
–La duración es irrelevante. La perfección no es una aspiración.
–Una actitud significa un estilo. Un estilo significa una actitud.

A imagen y semejanza del planteamiento de "Sequence", la serie de proyecciones que tuvieron amparo en las salas del National Film Theatre bajo el genérico «The free cinema Programmes» pretendían ofrecer una mirada "transversal" sobre el cine que se desarrollaba en las Islas Británicas pero, a su vez, en el continente europeo. De resultas de todo ello fue la confección de una serie de seis programas organizados –salvados los dos primeros– por países.

Óbviamente, el nexo en común de los títulos seleccionados obedecía al concepto de «cine libre» por el que abogaban sus ideólogos y que, en buena lid, llevaba incorporado la apertura hacia otras realidades cinematográficas proactivas en los años posteriores a la conclusión de la Segunda Guerra Mundial cuando el viejo continente trataba de levantar cabeza, al tiempo que puso coto a tentativas totalitaristas que habían causado un auténtico cisma entre la mayor parte de los moradores de Europa. En consecuencia, el domingo día 5 de febrero se inauguraban las sesiones del «The free cinema Programmes» con una asistencia de público a lo largo de cuatro jornadas que sorprendería a la propia *empresa*, la de unos *angry young men* («jóvenes airados») que en un número de cuatro –Lindsay Anderson, Karel Reisz, John Fletcher y Walter Lassally– formaban en su comité de selección. En el Programa nº 1 computaban títulos que inequívocamente daban la razón a aquellos críticos al considerar la operación en cuestión una mera propuesta de carácter endogámico. Cada uno de los miembros del Comité quiso sentirse representado en el programa inaugural: Lindsay Anderson lo haría con *O Dreamland* (1953) mientras Reisz establecía una primeriza asociación con Tony Richardson a través de *Momma Don't Allow* (1956), y Fletcher y Lassally ocuparon puestos de director de fotografía y/o montador en estos títulos, además de *Together AKA Glass Marbles* (1956). La Mención Especial del Festival de Cannes a este último mediometraje en el que participó de manera «extraoficial» el propio Anderson –a él se deben algunos insertos en su fase de montaje que insuflarían un cierto halo poético– supuso un toque de atención para con un movimiento que tan solo empezaba a *gatear*. Una distinción nada gratuita atendiendo a la calidad de una cinta elaborada por Lorenza Mazzetti y Denis Horn (sin acreditar) sobre dos jóvenes que deben soportar la carga de la marginalidad debido a su condición de sordomudos mientras deambulan por el East End londinense. Franco al lucimiento de una partitura, la escrita por Daniel Paris, que va puntuando la acción de estos «desheredados de la fortuna», *Together* atiende a la visión de una realidad británica que no formaría parte, a buen seguro, de la guía turística oficial de la capital inglesa.

Con idéntica emulsión en blanco y negro, pero sin exhibir las hechuras artísticas de la producción orquestada por Mazzetti, *O Dreamland* y *Momma Don't Allow* se abonan a un efecto meramente coyuntural, en sendas narraciones socorridas por ese factor "externo" relativo a las canciones de la época –el tema "I Believe" de Frankie Laine y la Chris Barber Band, al compás del estilo de moda por aquel entonces, el *rock & roll*– que captarían la atención de un público esencialmente juvenil. En el propio relato de la vida de Reisz se halla la razón de peso del porqué de su primera obra cinematográfica, concebida con una cámara Bolex: «Había recibido clases en escuelas de la Seccundary Modern y también en la Marylebone Grammar School. *Momma Don't Allow* y en cierta medida *We Are the Lambeth Boys* fueron una respuesta a esas experiencias». Este segundo documental aguardaría su proyección para el sexto de los «The free cinema Programmes». Para entonces ya habían desfilado un buen puñado de cineastas por los pasillos del National Film Theatre, en disposición a defender unas producciones que mostraban a las claras lo heterodoxo de sus sesiones, cada vez con mayor aceptación de un público atraído por la idea de que algo nuevo se estaba *cocinando* en los *fogones* del cine europeo.

Del 9 al 12 de septiembre de ese mismo año se celebraría el segundo de los programas con un formato un tanto de "cajón de sastre" –*Neighbours* (1953), *On the Bowery* (1956), nominado al Oscar al Mejor Documental, y *Le sang des Bêtes* (1956), dirigidas por los estadounidenses Norman McLaren y Lionel Rogosin, y el belga Georges Franju, respectivamente– que conllevaría dotar de alguna particularidad para cada una de las sesiones aún por programar. Semejante decisión no se produjo hasta bien entrado el año 1957, floreciendo en primavera el tercero y quizás el más interesante de todos los exhibidos en el marco del National Film Theatre. Durante cuatro días –del 25 al 29 de mayo– se mostraron una relación de títulos que, a pesar de las distintas procedencias de sus realizadores, ofrecían una mirada sobre Gran Bretaña. Ciertamente, del visionado en su integridad del programa «*Look at Britain*» se iría perfilando esa realidad de una nación que todavía guardaba distancia (temporal) con los *happy sixties*. Alguno de los títulos –el cortometraje *Nice Time* (1957) participado por los helvéticos Claude Goretta y Alain Tanner– trataba de dejarse contagiar por un espíritu más encaminado hacia la esperanza a través de la evaluación de un grupo de jóvenes de fiesta los sábados por la tarde en los alrededores de Piccadilly Circus. Al igual que

El programa nº 5 del *free cinema* acogería la proyección de *El bello Sergio*, dirigida por el francés Claude Chabrol.

The Singing Street (1951) –enfocado a la vida diaria que afecta a los alumnos de la Norton Park School, en Edimburgo– y *Wakefield Express* (1952) –realizada por Anderson con un sentido esencialmente descriptivo sobre el proceso que conlleva la edición y puesta en circulación de un periódico inglés de fuerte arraigo popular–, *Nice Time* oficiaba bajo el control del British Film Institute, ya sea en su cadena de distribución o en el de su financiación. En cambio, *Every Day Except Christmas* (1957), administrada tras las cámaras por Anderson y Lassally, y en la intendencia por Karel Reisz y Leon Clore, encontraría su fuente de financiación en la Ford Motor Company, empresa que auspiciaría otros trabajos del *Free* en su derivada de cortos y mediometrajes documentales. Una vez más, la música de Daniel Paris descollaría en su prospección de una cotidianidad que, para la ocasión, afectaría a los trabajadores del Covent Garden Market, punto neurálgico de la cadena de distribución alimentaria no tan solo circunscrito a la extensión de la ciudad de Londres.

Integrado en el arranque de la temporada 1958/59 del National Film Theatre, el programa nº 4 consignaría un total de siete cortometrajes de nacionalidad polaca, uno de los países emergentes –pese a los estragos causados por una guerra que había diezmado su población mayoritariamente de extracción judía– en el continente, que contaría con la Escuela de Lodz, semillero de futuros cineastas. Por sus aulas pasarían, entre otros, Roman Polanski y Kazimierz Karabasz, quienes presentarían trabajos recientes en Inglaterra con la voluntad de abrirse al mundo. Los elementos surrealistas formarían parte de la *cosmogonía* de estos «hijos de la guerra», mereciendo la consideración de un público, el británico, receptivo a propuestas que les *distrajeran* de la realidad ni que fuera por unos minutos. Algunos de ellos se valieron de la combinación de personajes animados con reales –*Dom* (1957), de los ilustradores Jan Lenica y Walerian Borowczyk, y *Byl sobie raz / Once Upon a Time* (1957), del propio Borowczyk en solitario– para reclamar la atención del espectador. Pero para el grueso de propuestas procedentes del noroeste de la Europa continental se desprendía una conciencia social de una realidad que trataba de borrar las huellas de un trágico pasado reciente, *sublimada* por un componente surrealista o, en su defecto, bizarre. En esta tesitura se sitúan *Dom starych kobiet / The House of Old Women* (1957), de Jan Lomnicki, *Gdzie diabel mówi dobranoc / Where the Devil Says Goodnight* (1956), de Kazimierz Karabasz y Wladyslaw Slesicki, *Paragraf Zero* (1956) de Wlodzimierz Borowik y sobre todo *Dwaj ludzie z szafa / Two Men and a Wardrobe* (1958) de Roman Polanski impregnada de un humor negro que haría fortuna en su salto a la realización de largometrajes.

Algunos de los cineastas de nacionalidad polaca (Polanski, Borowczyk y Lenica) citados encontrarían refugio creativo en París, la ciudad de donde serían oriundos François Truffaut y Claude Chabrol, redactores de "Cahiers du cinéma" en los prolegómenos de la revista de periodicidad mensual y artífices de sendas carreras cinematográficas de indudable empaque. Dos de sus títulos se proyectarían en el programa nº 5 del National Film Theatre, constituyendo el díptico galo con el que el *free cinema* se saltaba una regla hasta entonces "inviolable". Así pues, la presencia en el programa de *El bello Sergio* (*Le beau Serge*, 1958), de Chabrol, abría la puerta de entrada a largometrajes, en una concesión que no tardaría en abortarse. A modo de complemento se proyectaría *Les mistons* (1957), una obra de juventud de Truffaut, rodada íntegramente en Niza, y que entronca con su ciclo de películas que pivotan sobre el personaje de Antoine Doinel (Jean-Pierre Léaud, su alter ego cinematográfico) y esa mirada infantil que luego desarrollaría con perspicacia en *El pequeño salvaje* (*L'enfant sauvage*, 1969) y *La piel dura* (*L'argent de poche*, 1976). En función del escuálido repertorio de producciones presentes bajo el génerico «*French Renewal*», tres únicas jornadas (concretamente, las celebradas del 7 al 9 de septiembre de 1958) se destinarían para el quinto de los programas del *Free*. Tras haber colocado el foco sobre otras realidades cinematográficas, cabía volver, a juicio de los programadores, a los inicios para retomar el pulso de una realidad mostrada a través del celuloide por los «jóvenes airados» instalados en suelo británico.

El sexto y último de los programas del *Free*, pues, tuvo un sabor inglés pero sin perder la perspectiva de un sentido de mestizaje que forzaría a mostrar la realidad de una nación autoproclamada Imperio bajo la luz de realizadores foráneos. Tal es el caso de *Refuge England* (1959) en que la cámara seguiría las evoluciones de un súbdito húngaro que llega a Victoria Station y se empieza a sentir desplazado de su hábitat. Un relato fílmico que parece manifestarse en la voz de su propio director, Robert Vas, cuya «mirada extranjera» comparte, en cierto sentido, con la de otro centroeuropeo,

Karel Reisz en *We Are the Lambeth Boys* (1959), el título al que aludía el mismo realizador a propósito de su bautizo tras las cámaras. El cineasta oriundo de la actual República Checa razonaba que La película original «es profundamente visual. De acuerdo, tenía sonido, pero el sonido amplifica y comenta. La información a menudo se procesa en términos visuales. Y particularmente se da en la escena donde van y juegan a cricket con una escuela pública en Harrow, o en otra parte no hay casi diálogo».

Ambas producciones se beneficiarían del trabajo de *cameraman* Lassally, pieza angular del *free cinema* desdoblado en miembro de un comité de programación, presto a cerrar el círculo con la selección de *Enginemen* (1959), de Michael Grisby –producción del BFI en que se nos muestra la operativa que implica a un ferrocarril propulsado con carbón– y de *Food for a Blush* (1959), de Elizabeth Russell, cuyo tono paródico en torno a la realeza británica debió cautivar de forma harto especial a Anderson, en aquel periodo enfrascado en una diversidad de proyectos teatrales y situándose en lontananza su debut en el campo del largometraje. En este sentido, sus colegas Richardson y Reisz le ganarían la partida al concebir sus respectivas operas primas a finales de los años 50, *Mirando hacia atrás con ira* y *Sábado noche, domingo mañana*, respectivamente. Títulos que se situaban, junto a *Un lugar en la cumbre* –su director Jack Clayton no tuvo presencia alguna en las «The free cinema Programmes» cuando la selección del mediometraje *The Beskope Overcoat* (1956), con resabios

Mary Ure, Gary Raymond y Richard Burton en *Mirando hacia atrás* con ira, una de las primeras representaciones del *free cinema* que lucirían en la gran pantalla.

polanskianos, se hubiera hecho especialmente pertinente– en la parrilla de salida del *Free* por lo que concierne a su formato de largometrajes.

LITERATURA Y CINE: UN MARIDAJE COMPLEJO E INDISOLUBLE

El aprendizaje merced al rodaje de cortometrajes podía determinar un progresivo grado de desenvoltura con las técnicas inherentes al lenguaje del cine, pero hacía inviable su paso al largometraje si no se contaba con una base dramática sólida con la que apuntalar una determinada producción. La propia condición de intelectuales de los componentes del *free cinema* razonaba que la misma podría provenir gracias a las ingentes horas destinadas a la lectura de obras teatrales o novelas que conectaran con sus postulados críticos. Con el cambio de siglo el Reino Unido seguía alimentando el interés, por una parte, de una literatura de prospección historicista, y por la otra, de la novela romántica heredera de las enseñanzas de Jane Austen y coetáneas. Dos "frentes" que concentrarían un gran número de lectores, a los que cabría sumar la paulatina atención generada por las novelas de espionaje que crecerían bajo la sombra de Eric Ambler, auténtico *factotum* de este género, ubicando preferentemente sus historias en el periodo de entreguerras.

En un segundo plano se moverían los relatos con un timbre humorístico y las novelas o piezas teatrales de arraigo social que cuestionan el modelo de país extraordinariamente nocivo a efectos de aquellos individuos o comunidades que pertenecían a la *low class* o la *working class*. Para estas últimas, el auténtico *boom* no llegaría hasta traspasado el meridiano de la década de los 50. La coyuntura sociocultural experimentada en aquel periodo facultaría a los prohombres del *Free* a servirse de los textos escritos por John Osborne (1929-1994), John Braine (1922-1986), Keith Waterhouse (1929-2009), Shelagh Delaney (1938-2011), Alan Sillitoe (1928-2010) o David Storey (n. 1933) con arreglo a conformar la serie de producciones representativas de un movimiento, al menos desde la vertiente literaria, *so british*.

En cierta manera, cada uno de estos escritores y dramaturgos contribuyeron a dinamitar una tradición secular en que no se cuestionaban los principios vectores de una sociedad clasista por definición. Ellos se implicarían en la evaluación de seres humanos integrados en el espacio de las clases más desfavorecidas, pero que buscan un aliento de esperanza ya bien sea a través de ir escalando peldaños en lo social –la vívida encarnación del arribista en la persona de Joe Lampton en *Un lugar en la cumbre* (1955) de Braine– o tratando de evadirse merced a la creación de un «mundo paralelo» fruto de la ensoñación –*Billy the Liar* (1960), de Waterhouse, o *La soledad del corredor de fondo* (1961) de Sillitoe–.

Una literatura o dramaturgia franca a la reivindicación[2], que jugaría un papel determinante para que sobre la misma se crearan los pilares narrativos del *free cinema*, un movimiento camino de alcanzar su "mayoría de edad" con producciones pautadas entre los noventa y los ciento cuarenta minutos de metraje. Con excepción de *If*...

Laurence Harvey protagonizaría *Un lugar en la cumbre* y su continuación, *Vivir en la cumbre*. El fotograma pertenece a esta última, en la que figura al fondo del plano Jean Simmons.

(ídem, 1968) –nacido de una historia original de David Sherwin y John Howlett– y *Morgan, un caso clínico* (*Morgan: A Suitable Case of Treatment*, 1966) –surgida de un libreto de David Mercer– la relación de títulos que suelen citarse en representación del *free cinema* incluso aquellas prestas a quedar excluidas preferentemente por desconocimiento –en particular, *Esa clase de amor* (*This Kind of Love*, 1962), surgida sobre la base de la novela homónima de Stan Barstow (1928-2011)–, parten de presupuestos literarios o teatrales que se hicieron célebres merced a sus transcripciones a la gran pantalla. En el caso de Osborne su implicación iría más allá, acordando junto a Tony Richardson la creación, en 1959, de la productora Woodfall Films. Una asociación que permitiría, amén de dar salida a obras propias de Osborne, abrir la veda a la adaptación de un sinfín de novelas y textos teatrales de distinto sesgo, algunos de las cuales se alinearían con el fundamento de crítica social contenido en, por ejemplo, *Mirando hacia atrás con ira* –elaborada, al igual que *Un sabor a miel* (1960) de Shelagh Delaney, con una orientación autobiográfica–, caso de *Los seres queridos* (1948), de Evelyn Waugh (1903-1966). En las fechas que se aprobaría la puesta en circulación de *Los seres queridos* (*The Loved One*, 1965), Richardson ya había puesto tierra de por medio, decantándose por su integración en la industria cinematográfica estadounidense y con ello, los cimientos del *Free* se empezarían a resquebrajar. Al cabo del desembarco de

Richardson en suelo estadounidense, su otrora compañero Lindsay Anderson protagonizaba un acto de "resistencia" con arreglo a fortalecer las conexiones existentes entre literatura y cine perfiladas sobre unos propósitos "rupturistas" afines, a través de *The White Bus* (1967), un mediometraje urdido por el ideólogo del *Free* a partir de una historia de Shelagh Delaney, la benjamín de esos *angry young (wo)mens* que operarían en el espectro literario-teatral de Gran Bretaña en el ecuador del siglo pasado, coincidiendo con la aparición de otros "fuegos" activos –los localizados en el National Film Theatre, en las redacciones de "Sequence" y "Sight & Sound" y en el Royal Court Theatre– en un panorama cultural parapetado hasta entonces en una actitud un tanto inmobilista, consecuencia directa de una concepción en que el vocablo tradición se articulaba en forma de dogma de fe. A propósito de la importancia del Royal Court Theatre como bastión de la rebeldía focalizada en una parte de la juventud británica, en el espléndido documental *Small as Beautiful: The Story of the free cinema films told by their Filmakers* que acompaña a la edición en DVD de cada uno de los títulos que conformaron las sesiones del National Film Theatre, Walter Lassally declararía que «el *free cinema* era una muy, muy pequeña tentativa de empezar un cambio, el cuál eventualmente transformaría por entero a la industria del cine británico. Pero antes que pudiera darse semejante impulso, éste se había producido particularmente desde el teatro, desde el Royal Court Theatre. Lo que pienso es que era un elemento mucho más importante de cambio que el propio impulso del *free cinema*»[3]. Uno de los futuros colaboradores de Lassally en el cinematógrafo, Tony Richardson, se mostraría el director escénico de mayor peso y el más prolífico en el Royal Court Theatre de aquel periodo para luego integrarse en lo que denominaríamos la «santístima trinidad» del *free cinema*.

LA «SANTÍSIMA TRINIDAD» DEL *free cinema*

Muchos de los movimientos cinematográficos que se produjeron a lo largo y ancho del siglo XX tuvieron entre sus respectivas filas un variopinto grupo de realizadores que los impulsaron y favorecieron su difusión a escala mundial a través de producciones que preservaban un similar sesgo crítico en la evaluación de unas constantes narrativas y estilísticas. Debido al carácter efímero del *free cinema*, cuyo alcance temporal no fue más allá de los siete u ocho años a partir de su gestación con la serie de diez programas difundidos en el British Film Institute, el movimiento en sí mismo se puede reducir, en una primera línea de importancia, a los nombres de Lindsay Anderson, Tony Richardson y Karen Reisz. Todos ellos participaron activamente en la creación del germen que daría carta de naturaleza a la programación del BFI, pero no llegarían a monopolizar la presencia tras las cámaras o en lo que atañe al capítulo de producción y elaboración de guiones. En cambio, para el tránsito del corto o del mediometraje al largometraje, muchos cineastas en ciernes acabarían descolgándose de la práctica profesional tras las cámaras, otros tantos buscaron acomodo en el continente para librar su particular "batalla" para con una industria que recelaba, en buena medida, de los dividendos que pudieran generar determinadas propuestas *arties* (los helvéticos Claude Goretta y Alain Tanner, el húngaro Lados Langy, etc.) y su «núcleo duro» (léase Anderson, Richardson y Reisz) enarbolarían la bandera de un movimiento que ellos mismos habían promulgado desde sus etapas iniciáticas. Sobre este "trípode autoral" se asienta, pues, el fundamento nutritivo del *free cinema* una vez *emancipados* del protectorado institucional que ofrecía el BFI y, a renglón seguido, buscando su sustento –equivalente a un principio de independencia– con la puesta en marcha de distintas unidades de producción. En este sentido, Woodfall Films jugó un papel preponderante. De la gestión artística de la misma se encargarían John Osborne –reciclado a guionista; para algunos dramaturgos el pluriempleo devino una tabla de salvación para economías fuertemente "oscilantes"– y Tony Richardson.

TONY RICHARDSON, EL «TALENTO NATURAL»

Hijo de un profesor de química y de una ama de casa, Cecil Antonio Richardson adoptaría de bien pequeño el diminutivo de Tony para no llamar a equívocos sobre un origen que no fuera el estrictamente británico. Si bien el carácter de "ideólogo" del grupo recaería por derecho propio en Lindsay Anderson, Richardson se comportaría conforme a un "fiel escudero" de los postulados de su compañero de redacción en "Sequence". Pero este último desarrollaría otras aptitudes que van más ligadas a la propia dinámica del artificio cinematográfico, dejando constancia película tras película que sus hechuras de director superaban con creces la media de lo que se estilaba en aquella época. Consecuentemente, Tony Richardson (1928-1991) iría conformando una obra que no descuidaba, por ejemplo, esa narrativa acronológica consustancial al *free cinema* en algunas de sus propuestas, pero al mismo tiempo se guiaba por una arquitectura sólida en su aparato narrativo, esmerándose en la evaluación de cada uno de los elementos que se debían "conjurar" para que el producto resultante fuera lo más satisfactorio posible. Ese rigor narrativo ya se expresaría a partir de su cortometraje documental *Momma Don't Allow* (1955), antesala de un compromiso adquirido para con un cine social de calado profesional ligado de manera intermitente al conjunto de su filmografía. El propio ímpetu de Richardson le llevaría a perseguir gestas o retos que ni tan siquiera otros de sus colegas de profesión adscritos al cine británico –incluídos el propio Anderson y Reisz, pero sí, en cambio, John Schlesinger– se habían planteado al calor de sus primeras *embestidas* en contra del *establishment*. En esas entradas y salidas del Reino Unido registradas a caballo entre la década de los 50 y de los 60 por parte de Richardson empezaría a crecer el sentimiento de que su pertenencia al *Free* parecía un vano espejismo. Al fin y al cabo, Richardson se revelaría la "avanzadilla" para que posteriormente el resto del "núcleo duro" buscara acomodo en la industria cinematográfica estadounidense, ya sea en fases intermedias (Reisz) o tardías (Anderson) de sus respectivas singladuras profesionales.

James Bolam y Tom Courtenay en La soledad del corredor de fondo, una de las propuestas cinematográficas que cimentaron el prestigio artístico de Tony Richardson.

Instalado en la veintena, la inquietud de Tony Richardson viajaría en muy distintas direcciones. En el teatro, la televisión y el cine se proyectaban sus inquietudes creativas. Tratando de desenvolverse en ese "delicado balance" –en alusión al título de una de las obras teatrales que encontraría su lugar en el celuloide dentro de su prolífica filmografía– en razón de sus intereses por explorar distintos caminos de expresión artística, Richardson iría solapando proyectos que le convocarían indistintamente sobre los escenarios, la pequeña y la gran pantalla. Así pues, una primera etapa tras las cámaras se evaluaría en blanco y negro, el *color* con el que se imprimirían su serie de films de cariz social que formarían dentro de la nómina de producciones indispensables del *Free*. *Mirando hacia atrás con ira*, *El animador* (*The Entertainer*, 1960), *Un sabor a miel* (*A Taste of Honey*, 1961) y *La soledad del corredor de fondo* traban su discurso crítico cuyos postulados orientados hacia lo social ya había empezado a desarrollarse en las distintas tandas de cortos y mediometrajes exhibidos en el BFI. Recorridos por un similar propósito de dotar a los personajes principales en liza de un aliento de *soñadores*, estas cuatro funciones cinematográficas contribuirían sobremanera a dimensionar las hechuras de una *nueva ola* que no se dejaría arrastrar por un modelo de cine "del pasado". Una aspiración no del todo ajustada a la realidad histórica atendiendo a los precedentes que se dieron, en mayor o menor medida, en el curso de la

Albert Finney dio vida a Tom Jones, un personaje picaresco obra del escritor Henry Fielding que encontraría acomodo en el cine de la mano de Richardson y John Osborne.

década de los 50. Si acaso, el empeño de Richardson y sus "correligionarios" iba más orientado a someter a "revisión" lo realizado hasta entonces, convocando para ello el *cribaje* de una relación de textos susceptible de ser adaptados para la gran pantalla. Mas, Richardson se mostraría particularmente resuelto a este proceso de "destilación" de textos cuya raíz bien pudiera ser teatral o literaria.

Al amparo de la obra de John Osborne surgirían *Mirando hacia atrás con ira* y *El animador* –él mismo se encargaría de traducirlas a guión con el auxilio de Nigel Kneale (1922-2006), a la sazón libretista de la trilogía sobre el doctor Quatermass– mientras que *Un sabor a miel* y *La soledad del corredor de fondo* se articulaban a partir de sendos trabajos de Shelagh Delaney y Alan Sillitoe, respectivamente, asimismo solícitos a contribuir al redactado del *script*. Por consiguiente, en el espacio temporal de poco menos de un lustro Richardson asumía el liderazgo del *Free*, circunstancia que le movería a una actitud cada vez más ambiciosa, derivándose de la misma la necesidad de conquistar territorio estadounidense. Tras un primer tanteo con la traslación de la novela "Sanctuary" –traducida en nuestro país sin demasiado sentido como *Réquiem por una mujer* (1961)– de William Faulkner, Richardson aprovecharía la repercusión mediática generada a raíz del estreno de la oscarizada *Tom Jones* (ídem, 1963) para tratar de "exportar" un modelo de cine británico saturado de humor negro en suelo estadounidense. La empresa de *Los seres queridos* (*The Loved One*, 1965) naufragía en su tentativa por insuflar mordacidad e ironía a una propuesta cuyo punto de partida había sido la novela homónima de Everlyn Waugh. Ni tan siquiera la participación de Terry Southern, coguionista de *¿Teléfono Rojo?, volamos hacia Moscú* (*Dr. Strangelove or...*, 1964), contribuiría a apartarnos de la idea del carácter fallido de un film organizado por Tony Richardson, a las puertas de encadenar una serie de fracasos comerciales –*Mademoiselle* (1965), *The Sailor from Gibraltar* (1967), *La última carga* (*The Charge of the Large Brigade*, 1968), *Risa en la oscuridad* (*Laughter in the Dark*, 1969), etc.– que le dejarían en una situación franca al "estrangulamiento" económico cara a la Industria. Ninguno de los reputados autores adaptados o con los que trabajaría en esta serie de "catastróficas desdichas" en lo pecuniario (Jean Genet, Marguerite Duras, Cecil Woodham-Smith y Vladimir Nabokov) ayudaría a corregir el rumbo errático de Woodfall Films, que inexorablemente iba a la deriva. *Ned Kelly* acusaría idéntico descrédito en relación a productores que Tony Richardson pudiera atraer para sí mismo en la necesidad imperiosa de buscar fuentes de financiación. En cualquier caso, le volvería a situar sobre la senda de un atribulado y osado aventurero que cuadraba con el imaginario propuesto por Tom Jones, pero cambiando el escenario de la campiña inglesa por las zonas costeras y del *outback* de la geografía australiana. Salvado su compromiso con el American Film Theatre –*A delicate Balance* (1973), nacida de un texto de Edward Albee– suscrito con los Landau, Richardson se esmeraría en reflotar su compañía cinematográfica, pero al medio plazo no tardaría en darse cuenta que sus esfuerzos serían en vano. Al respecto, la virtual «carta de despedida» la consignaría *Joseph Andrews* (ídem, 1977), que retorma los personajes de la novela de Henry Fielding, base para la confección de *Tom Jones*. Una última *bala*, pues, en la *recámara* de un *cargador* que se había quedado sin posibilidad ni tan siquiera de aproximarse al blanco de una diana dispuesta para ofrecer continuidad al proyecto empresarial. Con todo, Woodfall ayudaría a dinamizar la industria cinematográfica británica durante los años 60 y 70, pero una vez descabalgados sus principales impulsores, sus meses de actividad estaban contadas. A finales de los 70 Richardson fijaría su residencia en los Estados Unidos, acometiendo proyectos que volvían a deslizarse por la pendiente del compromiso social –*La frontera* (*The Border*, 1981), en razón de una historia que se articula sobre los denominados «espaldas mojadas», una materia prima idónea para que hubiera sido moldeada por John Sayles)–, buscaban alianzas con un cine "libre" que siguieran el dictado de la lógica narrativa y de la evaluación de unos personajes, al menos, lejos de los patrones convencionales –*El hotel Newhampshire* (*The Hotel Newhampshire*, 1984), "valores" contenidos en el propio texto obra de John Irving–. La sombra del *free cinema* de ese "corredor de fondo" parecía volatilizarse en su dinámica cinematográfica localizada al otro lado del Atlántico.

Richardson fallecería a los sesenta y tres años sin haber saboreado el relativo éxito de *Cosas que nunca mueren* (*Blue Sky*, 1991), drama con resabios románticos desarrollado en un ambiente castrense y estrenado con tres años de retraso. Ello no fue óbice para obtener algunas nominaciones a los Oscar –incluida a la Mejor Actriz Principal

(Jessica Lange), la estatuilla que él había cosechado merced a su labor tras las cámaras en *Tom Jones,* su cumbre a nivel comercial, no así a efectos artísticos que se concentran sobre todo en ese ramillete de producciones libradas en el intervalo de unos pocos años, tantos como cuatro.

LINDSAY ANDERSON, EL «IDEÓLOGO»

El más veterano de los aladides del *free cinema,* Lindsay Gordon Anderson (1923-1994), cargararía a sus espaldas con una actividad frenética antes que el largometraje se evaluara entre sus ocupaciones artísticas cumplidos los cuarenta años de edad. Hasta entonces, Anderson, natural de Bangalore (India) verbigracia de la labor desempeñada por su padre de origen escocés dentro del cuerpo de oficiales del Ejército Británico desplazados al vasto país asiático, pasó por distintos centros escolares –el Saint Ronan's School en Sussex y el Chentelham College– que irían conformando una personalidad inquieta, tallada por una actitud contestataria e irreverente.

A principios de los años 40, Anderson obtuvo una «doble graduación»: en las aulas y en el ejército –siguiendo los pasos de su progenitor– donde desempeñaría tareas de criptografía para las Servicios de Inteligencia Británicos. A su regreso a Inglaterra una vez concluída la Segunda Guerra Mundial, Anderson no dilapidaría el tiempo y se procuraría una formación suplementaria que redundaría en su inequívoca decisión por moverse en diversos medios de expresión artística que ayudaran a canalizar su perfil humanista marcadamente social. Latía en su interior un afán rupturista, que atacara los resortes de una sociedad parapetada en el valor de la tradición y de las costumbres. Entonces, la crítica cinematografía se advertía para Anderson un elemento que alimentara semejante pensamiento, conformando junto a Gavin Lambert –un amigo íntimo desde los tiempos de los *colleges* donde ambos compartieron pupitre– y Karel Reisz un "ideal" de revista bautizada "Sequence" (1947-1952). En la misma Anderson mostraría su sapiencia cinéfila, al tiempo que sus particulares obsesiones (preferentemente ligadas a actrices del cine mudo y de la Edad Dorada de Hollywood como Mary Astor) quedarían al *desnudo* en algunos de sus artículos.

El equivalente de "Cahiers du cinéma" en territorio británico apenas sobrepasaría el lustro de vida, pero se revelaría un tiempo suficiente para ir dando cabida a un pensamiento común entre algunos de sus redactores que el cine británico padecía de un anquilosamiento y de una autocomplacencia que imposibilitaba que fuera más allá de los dictados de una corrección formal y de contenidos. A diferencia de buena parte de la reducida plantilla de "Sequence", Anderson proseguiría su actividad de crítico en las filas de "Sight & Sound", la revista oficial del British Film Institute, y en el semanario "*New Statesman*", heredera directa de las enseñanzas, de carácter corrosivo para las huestes conservadoras del Imperio, de la revista satírica "*Punch*". A través de una serie de contactos que iría realizando en aquellos años de febril actividad, Lindsay Anderson introdujo un nuevo desestabilizante de cara a ese sector inmobilista de la

Malcolm McDowell (a la dcha.) iniciaría su serie de colaboraciones con Lindsay Anderson con la polémica *If....*

sociedad británica: la confección de la serie de programas auspiciados por el National Film Theatre. Su organización recaería, en lo conceptual, fundamentalmente en Anderson y Reisz. Algunos de sus respectivos trabajos tras las cámaras obtuvieron visibilidad en este ciclo de películas documentales que no excedían de los sesenta minutos de duración en el mejor de los casos. La semilla de su pulsión refractaria al autoritarismo, que abogaba por una actitud ácrata frente a la sociedad y las instituciones que la sustenta, ya se localiza en *O Dreamland* (1953) y *Every Day Except Christmas*, piezas documentales que se arremolinan en torno a una filmografía copiosa en su apartado documental pero exigua en cuanto a número de largometrajes abordados en el espacio de treinta y cinco años. Una actitud parsimoniosa, al *ralentí*, que contrasta con la velocidad de crucero adoptada por John Ford desde sus inicios profesionales, el cineasta al que honró con un ensayo, "*About John Ford*" (1983), fruto de una serie de entrevistas sostenidas con el realizador de Maine a lo largo de varios años, cuando su vitalidad artística empezaba a menguar, circulando en sentido contrario al de Lindsay Anderson, presto a su debut cinematográfico con *El ingenuo salvaje* (*This Sporting Life*, 1963). Respaldado por un prestigio creciente en determinados círculos intelectuales del país, Anderson escogería una novela de David Storey para armar una propuesta "bendecida" por las *exigencias* propias del *free cinema*. En esta opera prima Anderson dejaría patente que había llegado rodado a la cita del largometraje, pero no le empujaría a cambiar su perspectiva de la necesidad de *crecer* en otros campos de expresión artística, léase el teatro –debutaría en el Royal Court Theatre con el montaje de "The Waiting of Lester Abbs" (1957), feudo propicio para una colección de adaptaciones que llevarían la impronta de su realizador– o seguir porfiando con escritos que iría almacenando hasta sacarlos a la luz en forma de libro de ensayos como el indicado de Ford.

Muy poco ha trascendido de los proyectos cinematográficos que quedaron en el tintero de Anderson. En todo caso, al albur del cómputo global de haber rodado tan solo seis largometrajes, parece que fueron más de los esperados. Con todo, Anderson pudo conformar la denominada «Trilogía de Mick Travis», esto es, *If...*, *Un hombre de suerte* (*Oh! Lucky Man*, 1973) y *Britannia Hospital* (*The Britannia Hospital*, 1982), convirtiéndose Malcolm McDowell en una especie de alter ego en pantalla o, cuanto menos, correa de transmisión de una personalidad desprejuiciada que abominaba de un sistema formativo (en el ámbito familiar, educativo o empresarial) *castrador* de los derechos individuales de los jóvenes de la sociedad. Además de exhibir ese timbre contestatario que guiaría no pocos de sus propósitos, Anderson dejaba constancia de su apego a ese cine «en construcción» que empezaría a fraguarse con el cambio de siglo –XX– y al que rinde tributo en las escenas preliminares de *Un hombre de suerte* antes que la función se desenvuelva en un tiempo presente donde Mick Arnold Travis realiza un periplo que recuerda de soslayo al experimentado por Alexander De Large (asimismo en la piel de McDowell[4]) en la coetánea *La naranja mecánica* (*A Clockwork Orange*, 1971).

Inspirada en una de las piezas fundamentales de la literatura británica ligada al acervo popular, "Pilgrim's Progress", la realización de *Un hombre de suerte* dio paso a *In Celebration* (1974), en que Anderson retornaría la obra de Storey pero en su derivada teatral. Una muestra de los múltiples montajes escénicos dedicados al «universo Storey» que compremeterían a la persona de Lindsay Anderson en aquel periodo. En la confluencia del estreno de *Britannia Hospital* –el discurso crítico de su autor se cebaría especialmente en la institución sanitaria, a la que ya había dedicado una vitriólica mirada en *Un hombre de suerte*– y la preparación del libro de John Ford, Lindsay Anderson fue tentado para un *revival* de *In celebration*, que encontraría acomodo en el Manhattan Theatre Club de Nueva York. Al otro lado del Atlántico asimismo se barajaría la conveniencia de abordar en la gran pantalla la adaptación de un texto de idéntico origen –teatral– , "The Whales of August", servido por David Berry.

Así pues, saltándose sus propias convicciones personales y profesionales, Anderson se avino a filmar *Las ballenas de agosto* (1987), en su presunción que había caído en sus manos un material apto para formular un sentido homenaje a esas actrices del Hollywood del primer tercio del siglo XX y que irían moldeando una cinefilia galopante antes de traspasar el rubicón de la controversia en su condición de "ideólogo" del *free cinema*.

KAREL REISZ, EL «TEÓRICO»

Para Karel Reisz (1926-2002), oriundo de Ostrava (República Checa; antigua Checoeslovaquia) el compromiso social que caracteriza a cada uno de los máximos representantes del *free cinema* estuvo marcado a fuego desde sus primeros compases vitales. Fuera de las fronteras del Reino Unido apenas trascendería la historia de Nicholas Winton en relación a los seiscientos sesenta y nueve niños judíos que éste rescatara de las hordas nazis poco antes de proclamarse la Segunda Guerra Mundial. El pequeño Karel Reisz se contaría en «la lista de Winton», una personalidad que tardaría muchos años en destaparse, cara a la opinión pública, el asunto y así poner en valor el alcance de su heroicidad. Peor suerte correrían los padres de Reisz, muertos en el campo de exterminio nazi de Auschwitz. En un acto que comprometía tanto a su pasado como a su futuro, Karel Reisz, habiendo cursado sus estudios medios en la Leighton Park School, fue movilizado a filas por su país de adopción, llevando diversas misiones en el seno del escuadrón checo al amparo de la RAF (Royal Air Force).

A la vuelta de la guerra, Karel Reisz quiso expulsarse sus propios "fantasmas" al *refugiarse* en la docencia –impartió clases de Ciencias Naturales– y acusando una pasión por el cine que, al cabo, le proyectaría hacia la crítica y la elaboración de ensayos tales como un manuscrito sobre la teoría del montaje. Merced a su paso por las redacciones de "Sequence" y "Sight & Sound"Reisz trabaría una fuerte amistad con Lindsay Anderson. Habida cuenta de la "paternidad" asumida para con "Sequence" y compartida con sus otros miembros fundadores, Gavin Lambert y Anderson, el paso siguiente no sería otro más que compilar los datos suficientes para dar forma a uno de los libros de montaje por antonomasia, "The Tecnique of Film Editing" (1957). Paradojas del destino, Seth Holt escribió una reseña crítica del libro de marras en las páginas de "Sight & Sound" con un pronunciamiento más bien de signo negativo. Años más tarde, Reisz y Holt coincidirían en la producción de *Sábado noche, domingo mañana*, el uno asumiendo el mando de la dirección y el otro desenvolviéndose en la mesa de edición. Reisz se había procurado su bautizo en el campo del largometraje con la traslación a la gran pantalla de la novela de Alan Sillitoe tras dejar constancia de su efecto de *metteur en scène* en un terceto de cortometrajes documentales –*Momma Don't Allow*, *We Are the Lambeth Boys* y *March to Aldermaston* (1960)–, todos ellos programados en el curso de las jornadas auspiciadas por el National Film Theatre. Unas jornadas que él había contribuido decisivamente a articular sobre una orientación común en lo social, que compromete asimismo a *Every Day Except Christmas*, producida por Reisz y con la responsabilidad asumida tras las cámaras por Lindsay. Al igual que éste, en su salto a la dirección de largometrajes, Reisz se conformaría con rodar pocas películas durante un largo periodo de tiempo.

Atraído por escritores preferentemente adscritos a Europa, Reisz arbitraría un total de cinco producciones –la citada *Sábado noche, domingo mañana*, *Night Must Fall* (1964), *Isadora* (ídem, 1968), *El jugador* (*The Gambler*, 1974) y *La mujer del teniente francés* (*The French Lieutenant's Woman*, 1981)–, a partir de los textos de Sillitoe,

Karel Reisz, el «teórico» del *free cinema*, acompañado por su esposa, la actriz Betsy Blair.

Emlyn Williams, Sewell Stokes, Feodor Dostoievski y John Fowles, respectivamente–, prueba inequívoca de su filación a una cultura continental que se vería seriamente amenazada en distintos frentes durante la Segunda Guerra Mundial. De sus experiencias sufridas en carne propia o por sus familiares más cercanos, Reisz nunca quiso "rentabilizarlas" con la confección de obras cinematográficas. Pero sí que el cineasta natural de la extinta Checoeslovaquia trataría de testimoniar su "tormento interior" a través de algunos de los personajes de sus películas –Arthur Seaton (Albert Finney) en *Sábado noche, domingo mañana*; Danny (otra vez Finney) en *Night Must Fall* (1964); Ray Hicks (Nick Nolte) en *Nieve que quema* (*Who'll Stop the Rain?*, 1978) o Tom O'Toole (Nolte) en *Todo el mundo gana* (*Every Body Wins*, 1990)–, la mayoría de las cuales recorridas por una mirada turbulenta en torno a una comunidad en que se ponen a prueba los más bajos instintos del ser humano.

Casado en segundas nupcias con la actriz Betsy Blair, tres fueron las cintas que Reisz registraría en los 80: la apuntada *La mujer del teniente francés*, con ese sentido de narración acronológica que hizo fortuna en los tiempos del *Free*; *Dulces sueños* (*Sweet Dreams*, 1985), a mayor gloria de la cantante *country* Patsy Cline (Jessica Lange), y *Todo el mundo gana*. Estos dos últimas serían en régimen de producción estadounidense, con un Reisz empujado por las circunstancias, las de un país del que se había "exiliado" en materia de realización tras validar algunos de los títulos más representativos del *Free*, su señalada opera prima, *Morgan, un caso clínico*, todo un canto al *non sense* y, en menor medida, *Isadora* (ídem, 1968), en torno a una de las figuras punteras de la danza contemporánea –Isadora Duncan (Vanessa Redgrave)–, junto, por ejemplo, a Nijinsky que en su tiempo Anderson quiso dedicarle un *biopic* (a buen seguro) *sui generis*. El proyecto de Nijinsky se malograría, sobre todo al saberse la noticia del deceso de Anderson en 1994. Reisz, una vez cumplimentados algunos encargos televisivos de poco fuste, fallecería en noviembre de 2002, a una semana vista que Nicholas Winton fuera distinguido Caballero del Imperio Británico. Una secuencia existencial que si hubiera podido vivir más tiempo, Reisz no hubiera olvidado jamás.

UNA PANORÁMICA SOCIAL: EVALUACIÓN DE LOS LARGOMETRAJES DEL *FREE*

En el panorama del cine británico que abarca desde finales de los años 50 hasta mediados los años 60 se produjeron multitud de largometrajes de temática social que hubieron sido susceptibles de incluirnos dentro del *free cinema*. Pero este movimiento en sí mismo se situaría en las coordenadas de aquellos directores intrínsicamente vinculados a la redacción de "Sequence" y "Sight & Sound", y al ciclo de «sesiones-manifiesto» del National Film Theatre previo a su ingreso a la industria cinematográfica británica con todos sus pronunciamientos. Es menester subrayar semejante "correlación" para no incurrir en el error de integrar a otros cineastas coetáneos a los dominios del *Free*.

En particular, el caso de John Schlesinger (1926-2003) ha sido recurrente por parte de los autores de diversas monografías o antologías al tratar de ubicarlo dentro de la senda de los *angry young men*. En sus orígenes tras las cámaras no faltaban motivos para situarlo como un «correligionario» de los «jóvenes airados» –el mediometraje documental *Terminus* (1961)[5], financiado por la compañía pública British Transport Films, en que se nos muestran escenas de la vida cotidiana de empleados que llegan a sus respectivas oficinas luego de haberse apeado de la Waterloo Station; y su citado debut en el largo con *Esa clase de amor*, que obtuvo un notable éxito en su país de origen, y *Billy, el embustero* (*Billy the Liar*, 1963)– pero no tardaría en desvanecerse semejante percepción al calor del estreno de *Darling* (ídem, 1965), en que se muestra la problemática inherente a una mujer de la *middle-class*, Diana Scott (Julie Christie). Schlesinger retomaría la atención por las clases más desfavorecidas con la oscarizada *Cowboy de medianoche* (*Midnight Cowboy*, 1969), pero ya instalado en los Estados Unidos donde pasaría largas temporadas en función de los contratos que suscribió con la Meca del cine. En un alarde de sinceridad, Schlesinger razonaría lo siguiente: «Nunca formé parte de este movimiento. Respecto a sus directores recuerdo a Lindsay Anderson. No lo soportaba, ¡pero es que nadie lo soportaba!. Era un hombre muy crítico con todo y todo el mundo, siempre en una oposición frontal, con una actitud terrible. Igual lo era con Gran Bretaña que con los Estados Unidos. Considero que esto le comportaría un gran problema porque era un buen director... Tony Richardson era el que más se parecía a un compañero de juegos. Nos conocíamos de la universidad cuando fui actor él se desenvolvía como director. Pero tampoco éramos grandes amigos. Karel Reisz resultaba menos agresivo y creído»[6].

Una situación anecdótica narrada por él mismo ofrece el verdadero alcance del sentimiento de desarraigo que experimentaría Schlesinger para con sus colegas de profesión británicos, a los que nunca dio crédito un presunto sentido de grupo cohesionado ni tan siquiera entre las puntas de lanza del *Free*: «Una vez estaba en Nueva York sentado en un famoso restaurante y en el mismo local se encontraba Lindsay Anderson en una mesa, Tony Richardson en otra y el director teatral John Dexter en otra cercana... Debí ser yo el que se levantó y los saludara porque si no fuera así, nadie lo hubiera hecho. No lo sé, cosas como estas son ridículas, no las he entendido jamás. Parece como si los ingleses fuéramos envidiosos de cualquiera que tuviera éxito; este es el deporte nacional. La razón podría encontrarse en el teatro. El teatro que fue el que nos llevó a todos al cine, a la fama, no era una atmósfera satisfactoria y agradable para trabajar, y supongo que todos los problemas entre actores y directores vienen de allá»[7]. Una escena extraída de la vida real que bien hubiera podido titularse *Mesas separadas*, en alusión al texto teatral de Sir Terence Rattigan que Schlesinger llevaría a la pequeña pantalla en 1983 nuevamente con el concurso de Julie Christie, a quien el orondo realizador había sido uno de sus descubridores –junto a Ken Annakin– veinte años atrás para la confección de *Billy, el embustero*. Lo haría en un rol secundario, casi *furtivo*, para una producción cuyo protagonismo se lo apropiaría el personaje de William Terrence –con dos «r»– Fisher encarnado por Tom Courtenay.

Tratada con cierto desdén e indiferencia fuera de las fronteras británicas, *Billy, el embustero* se sitúa en el epicentro de algunas de las temáticas abordadas por el *Free*, además de exhibir unos recursos narrativos muy próximos a los adoptados por este movimiento. Si no fuera porque partimos de la base de la (auto)exclusión de Schlesinger del *Free*, *Billy the Liar* tendría todos los pronunciamientos para que hubiera sido uno de los títulos paradigma de los *angry young men*, en función de esa manera de operar a dos niveles, el de una castradora realidad –William trabaja en una funeraria regentada por el huraño Emmanuel Shadrack (Leonard Rossiter) para ganarse el sustento sobre el que debe "rendir cuentas" a su familia– y el de un mundo imaginario, en forma de válvula de escape, donde la máxima expresión de la belleza cobra rostro en la persona de Liz (Christie). Una dicotomía que se expresa asimismo en el fundamento narrativo de *La soledad del corredor de fondo*, *El ingenuo salvaje* e *If...*, entre otras. Mas, el interés de *Billy the Liar* se corresponde con las concomitancias que se derivan en relación a la versión cinematográfica de "La naranja mecánica" (1962) –sobre todo que afectan a los personajes de Alex DeLarge (Malcolm McDowell) y William– así como las alusiones de cariz racial y pinceladas de una rebeldía juvenil organizada bajo la denominación de *teddy boys* (el grupo de chicos que se desenvuelve a la entrada del Roxy). Al margen de lo señalado, en su tono bufonesco, paródico (a cuenta, por ejemplo, de una imitación de Adolf Hitler) y un tanto anárquico *Billy the*

William Hartnell, Richard Harris y Colin Blakely en un escena de *El ingenuo salvaje*, una de las cimas artísticas del *free cinema*.

Liar parece haber sido guiada por el humor propio de Lindsay Anderson, quien ofrecería su singular propuesta ese mismo año con la excelente *El ingenuo salvaje*.

Anderson debió tener el convencimiento de que la espera había merecido la pena. Para alguien que había bregado con multitud de documentales en diversos cometidos dentro del organigrama de producción, el salto a la dirección de largometrajes parecía una consecuencia lógica una vez administrada una etapa de fogueo ciertamente destacada. Esta es una de las razones que explica el porqué *El ingenuo salvaje* se localiza en la parte "noble" de los títulos del *free cinema*, una primorosa pieza de orfebrería cincelada por Anderson a través de un dispositivo narrativo-metafórico –la manera cómo equipara ciertos comportamientos del Imperio Romano con el del Imperio Británico en orden a la evaluación de un similar sistema clasista– y simbólico –las botas que Margaret Hammond (Rachel Roberts) coloca al lado de la chimenea para honrar el recuerdo de su difunto esposo; el camposanto localizado al fondo del paisaje que anuncia la "muerte" del amago de felicidad que embarga a la relación sostenida entre la viuda y el ex jugador de rugby Frank Machin (Richard Harris)–, todo ello sobre la base de una narración acronológica, y el empleo de una emulsión en blanco y negro, algunos de los signos "identitarios" del *Free*.

Alineada con el sentido metafórico del que hace gala *This Sporting Life*, *Mirando hacia atrás con ira* devino una traslación a la gran pantalla del texto de Osborne al que el propio Richardson había dado acomodo en la escena teatral en 1956. De la función escénica inicial celebrada en el Royal Court Theatre, de su elenco principal únicamente Mary Ure repetiría en su traspaso al celuloide. Richard Burton, Claire Bloom y Gary Raymond sustituirían a Kenneth Haigh, Helena Hughes y Alan Bates, respectivamente. Cambios concentrados en su apartado artístico pero no demasiado reseñable por lo que compete al montaje teatral y al cinematográfico, en que la idea de la guerra planea a lo largo de la pieza urdida por Osborne, por ejemplo, en referencia a la suerte que correría en combate (partícipe de las Brigadas Internacionales en territorio español) el padre de Jimmy Porter (Burton) o las imágenes de lisiados sentados mientras la pareja Jimmy-Helena (Bloom) se pasea sin rumbo fijo en la escena final. Asimismo, el aborto –Alison, la esposa de Jimmy, decide interrumpir el embarazo debido al marco tempestuoso que se avecina– y el racismo asoman en el tapiz temático de *Look Back in Anger*, elementos que se afianzarán en *Un sabor a miel*, otro de los títulos inequívocamente *Free* manufacturado en la Woodfall Films.

A pesar de la pretensión de Richardson por potenciar lo tragicómico, entre otros resortes narrativos, a través de la música compuesta por John Addison –uno de sus más estrechos colaboradores de la época, indistintintamente en el cine y en el teatro–, *Un sabor a miel* infunde a sus imágenes un diáfano propósito de crítica social, casi *arrancada* de la propia esencia documental exhibida en las sesiones del National Film Theatre que levantaba acta de los constrastes ofrecidos por el *paisaje* humano de las grandes ciudades de Gran Bretaña. En particular, mientras Geoffrey Ingham (Murray Melvin) y Jo (Rita Tushingham) se *confiesan* sus temores *sotto voce*, observamos a unos niños jugando en un canal putrefacto, contaminado que testimonía el peaje que se cobra la proliferación de industrias en entornos fuertemente poblados. A lo largo de su metraje, además de *imprimir* este tipo de imágenes, Richardson colocaría diversas *cargas* en forma de temas por lo general refractarios a la industria cinematográfica británica hasta entonces –al racismo y el aborto se suma la homosexualidad a través del personaje de Geoff, y una historia interracial que busca amparo "en la clandestinidad"–, que acabarían *explosiando* en su cometido de producción de una dureza en sus enunciados no lo suficientemente ponderada a día de hoy.

Más amable en sus formas y en su contenido aunque sin evitar una exposición agridulce, se torna *El animador*, otra operación que trataría de rentabilizar la «sociedad» Richardson-Osborne en su doble dispositivo teatral-cinematográfico en el que concurría en ambos "escenarios" Sir Laurence Olivier en el rol de Archie Rice. Vidas a la deriva que se agarran al *flotador* de una vacua ilusión, la idea de patriotismo que se *enmaraña* en un microcosmos en que la representación teatral se formula una máscara de una realidad lastrada por las penurias económicas, *The Entertainer* cerraría una década, la de los 50, singularmente productiva para Richardson en su quehacer escénico (un total de dieciocho montajes teatrales). Una realidad que cambiaría ostensiblemente en los 60 con su definitiva implicación en el cine, sustanciado a uno y otro lado del Atlántico, por parte de Tony Richardson. Éste llevaría el timón artístico de la Woodfall Film, el paraguas financiero de *Sábado noche, domingo mañana* –con un rutilante Reisz tras las cámaras, presto a aplicar la teoría del montaje certificado en su manual a la práctica– y *La soledad del corredor de fondo*, que él mismo se ocuparía de dirigir. Así, un cierto grado de "fidelidad" a las obras originales parecía garantizado merced a que sendas piezas cinematográficas fueron adaptadas por su mismo autor, Alan Sillitoe. Pese a aceptar determinados "ajustes" inviolables a la práctica cinematográfica, Sillitoe saldría airoso en su intención por preservar la matriz crítica que opera a lo largo de las páginas de ambas piezas literarias de exquisita calidad, trocadas de un humor que funciona de *escudo* protector para *repeler* el exceso de dificultades que atraviesan las vidas de Arthur (Albert Finney) y Colin Smith (Tom Courtenay), y la de sus entornos domésticos, en *Sábado noche, domingo mañana* y *La soledad del corredor de fondo*, respectivamente.

Una vez finiquitado para la Metro-Goldwyn-Mayer el *remake* de *Al caer la noche* (*Night Must Fall*, 1937) –a partir de una obra teatral de Emlyn Williams estilo *whodonit*–, Karel Reisz reafirmaría su compromiso para con el *free cinema* al abordar la realización de *Morgan, un caso clínico*. Inconexa en algunos de sus tramos, desfasada en su arquitectura narrativa cortesía de David Mercer –autor del libreto original–, *Morgan* entraría de lleno en el circuito de producciones encaradas hacia un público juvenil receptivo a estímulos anti*stablishment* que guardaran distancia con cierta "contundencia" expositiva propia del *Free*, la misma que convocaría a una cierta marginalidad a *If...* en su vehemente y controvertida mirada sobre las instituciones docentes de Gran Bretaña. Rescoldos, en todo caso, de un movimiento cinematográfico que se ahogaría en su definición prácticamente a unos años vista de haberse solemnizado su «Manifiesto» vital.

NOTAS

[1] A través del enlace a la siguiente URL se pueden consultar los contenidos en su integridad de varios números de la revista británica "Sequence": http://issuu.com/hardworkmagazine/docs

[2] Hasta la fecha la Editorial Impedimenta ha publicado Un lugar en la cumbre (2008), Sábado noche, domingo mañana (2011) y La soledad del corredor de fondo (2013).

[3] Editado en 2006 por el British Film Institute. Comprende un total de tres DVD's y un libreto de unas cincuenta páginas.

[4] En 2007 Mike Kaplan dirigió el documental Never Apologize (1997), en que Malcolm McDowell, en plan one man show, habla de su relación con Lindsay Anderson a través de su experiencia de trabajo en tres largometrajes.

[5] Acreedor de un BAFTA al Mejor Corto Documental en 1962.

[6] Entrevista publicada en Seqüències de cinema nº 2. Barcelona, Febrero de 1995.

[7] Op. Cit.. número 6.

CAPÍTULO 8

ESPLENDOR DEL CINE DE GÉNERO

DEL REINADO DEL TERROR AL SERVICIO SECRETO DE SU MAJESTAD (1960-1976)

por Tomás Fernández Valentí

UNA PRODUCTORA: HAMMER FILMS. UN DIRECTOR: TERENCE FISHER

El cine de género británico de los años 60 y hasta mediados de los 70 aproximadamente constituye por sí solo una parcela dotada de fuerza y autonomía propia en medio de un período donde, de cara a la galería, triunfaban el *free cinema* y las superproducciones norteamericanas rodadas en territorio británico, pero también arrasaban, por otro lado, multitud de producciones de género de bajo presupuesto, principalmente centradas en la producción de temática fantástica considerada, en ocasiones con ciega displicencia, "innoble", dado su carácter comercial o *exploitation*; y por otra parte, llamaba la atención mundialmente, dentro de un borroso campo genérico a medio camino del cine de espionaje, el de aventuras y la ciencia-ficción, la que fue la franquicia longeva más comercial de la historia del cine que nunca surgiera de Gran Bretaña hasta la llegada a principios del nuevo milenio de la de Harry Potter: la del agente secreto James Bond 007.

Dentro de ese cine de género de bajo coste un caso fundamental es el de la famosísima Hammer Films, fundada en 1934 pero que no sería hasta mediados de los 50 cuando empezaría a tener sus mayores éxitos internacionales en el terreno del cine fantástico, consolidando su especialización en este género a lo largo de la década siguiente y generando, además, un notable mercado en forma de competidores y/o imitadores. Es sobradamente conocido el hecho de que su especialización en el cine fantástico arrancaría en 1955 a raíz del éxito de un interesante film de ciencia-ficción realizado por Val Guest: *El experimento del doctor Quatermass*. Sin embargo, la consolidación de la productora como principal impulsora de la plena recuperación de la vertiente más gótica del género no se produciría sino a partir de la excelente acogida, a nivel internacional, de *La maldición de Frankenstein*, dirigida en 1957 por Terence Fisher, con guión de Jimmy Sangster (1927-2011) e interpretación del sinpar Peter Cushing (1913-1994) como el Barón Victor Frankenstein, y del majestuoso Christopher Lee (n. 1922) como la Criatura. La popularidad de esta nueva adaptación de

Hace un millón de años, incursión de Hammer Films en la temática prehistórica.

la novela de Mary Shelley, superada con creces al año siguiente mediante la realización de la maravillosa nueva versión en color de *Drácula,* a cargo del mismo equipo creativo de *La maldición de Frankenstein* –Fisher, Sangster, Cushing (como Van Helsing) y Lee (como el conde vampiro)–, estimularía al equipo directivo de la Hammer a seguir explotando el terror gótico en virtud de las óptimas perspectivas de rentabilidad rápida de sus productos no solo en Europa, sino sobre todo en los Estados Unidos, un mercado donde las películas Hammer siempre han sido consumidas con fruición. Un equipo encabezado por dos personas: el productor Michael Carreras (1927-1994), hijo del dueño de Hammer James Carreras (1910-1990) y nieto de Enrique Carreras (1880-1950), emigrante español, catalán para unos, gallego para otros, que a principios de los 30 se asoció con quien había fundado el estudio en 1934, el actor William

Hinds (1887-1957), el cual usaba el nombre artístico de William Hammer; y el también productor y, bajo el seudónimo de John Elder, luego guionista Anthony Hinds (n. 1922), hijo de William Hinds.

Dejando para luego las aportaciones de Fisher a las series basadas en los clásicos de Mary Shelley y Bram Stoker, y a otros mitos del *fantastique*, cuya importancia exige que le dediquemos un apartado propio, la producción de Hammer estuvo formada por nuevas entregas de las series Quatermass, Frankenstein –la última de las no realizadas por Fisher sería la nada despreciable *El horror de Frankenstein* (*The Horror of Frankenstein*, 1970)–, y Drácula –que se cerraría con las mediocres *Drácula 73* (*Dracula A.D. 1972*, 1972), *Los ritos satánicos de Drácula* (*The Satanic Rites of Dracula*, 1973)–, unidas a otros films de vampiros –entre otros, *Lust for a Vampire* (1971), *Drácula y las mellizas* (*Twins of Evil*, 1971; en la que, pese al título español, no sale el conde) y la reivindicable *Vampire Circus* (1972)–, la momia –*The Curse of the Mummy's Tomb* (1964) y *Sangre en la tumba de la momia* (*Blood from the Mummy's Tomb*, 1971) son un par de ellas– y otros muertos vivientes, el film de suspense –*La máscara submarina* (*The Snorkel*, 1958)– y otras ramas y temáticas del cine de género como los viajes a mundos perdidos –*La diosa del fuego* (*She*, 1965), *The Lost Continent* (1968)–, las aventuras antediluvianas –*Hace un millón de años* (*One Million Years B.C.*, 1966), *Cuando los dinosaurios dominaban la Tierra* (*When Dinosaurs Ruled the Earth*, 1970)– o la ciencia-ficción –*Luna cero dos* (*Moon Zero Two*, 1969) –, y aportaciones a géneros no *fantastiques*, como el bélico, el policíaco, el melodrama carcelario, el de aventuras medievales y hasta películas de piratas –*Captain Clegg* (1962)– compusieron, a grandes rasgos, la producción esencial de la productora, que vivió momentos de esplendor hasta principios de los 70, momento a partir del cual entra en una rápida fase de decadencia comercial y artística que concluye, oficialmente, con la producción del film de terror satánico *La monja poseída* (*To the Devil... a Daughter*, 1976), y el cese de toda actividad cinematográfica, por más que, poco más o menos como ocurrió con Ealing, en estos últimos tiempos Hammer haya protagonizado un discreto retorno (coproducido, en parte, con los Estados Unidos), gracias a títulos como *Déjame entrar* (*Let Me In*, 2010) y *La mujer de negro* (*The Woman in Black*, 2012).

Por más que la producción fantástica de Hammer hace gala de una notable homogeneidad temática y estilística, gracias al peso de la perseverante labor de un notable equipo técnico-artístico –estrellas como Peter Cushing y Christopher Lee, y algo menos, Michael Gough e Ingrid Pitt; los guionistas Jimmy Sangster y John Elder; el director de fotografía Arthur Grant; el decorador Bernard Robinson; el montador James Needs; el compositor James Bernard–, no hay que desdeñar la considerable influencia estética que ejercieron los barrocos melodramas de Gainsborough sobre el cine de terror gótico del estudio de Carreras: basta con ver el tono fotográfico y el diseño de producción del melodrama Gainsborough *Jassy, la adivina* para darse cuenta de ello prácticamente al primer golpe de vista. Hablar de Hammer supone hacerlo de un realizador que, precisamente, había trabajado en Gainsborough y que acabó siendo el mejor que tuvo nunca: Terence Fisher.

Sus cinco aproximaciones a Frankenstein –*La maldición de Frankenstein, The Revenge of Frankenstein* (1958), *Frankenstein Created Woman* (1967), *El cerebro de Frankenstein* (*Frankenstein Must Be Destroyed*, 1969) y *Frankenstein and the Monster from Hell* (1973)– y a Drácula y el tema del vampirismo –*Drácula, Las novias de Drácula* (*The Brides of Dracula*, 1960, donde a pesar del título el conde no aparece) y *Drácula, príncipe de las tinieblas* (*Dracula, Prince of Darkness*, 1965)– bastarían por sí solas para garantizarle un lugar privilegiado en la Historia del cine, si no fuera porque Fisher arrojó en el seno de Hammer otras valiosísimas miradas sobre diversos mitos/figuras del género como el hombre lobo –*Curse of the Werewolf* (1961)–, el Dr. Jekyll y Mr. Hyde –*Las dos caras del Dr. Jekyll* (*The Two Faces of Dr. Jekyll*, 1960)– y la momia –*La momia* (*The Mummy*, 1959)–, además de a temáticas como la inmortalidad –*The Man Who Could Cheat Death* (1959)–, los mitos paganos –*The Gorgon* (1964)– y la demonología –*The Devil Rides Out* (1968)–, amen de sendas adaptaciones de Arthur Conan Doyle y Gaston Leroux limítrofes con el género: *El perro de Baskerville* (*The Hound of the Baskervilles*, 1959) y *El fantasma de la ópera* (*The Phantom of the Opera*, 1962), respectivamente. Lo mejor de tal contribución al género –a la cual se puede añadir otros trabajos, menos conseguidos, rodados tanto en el seno de Hammer (*The Stranglers of Bombay*, 1959; *Sword of Sherwood Forest*, 1960) como fuera de ella (*El collar de la muerte/Sherlock Holmes und das Halsband des Todes*, 1962; *The Earth Dies Screaming; S.O.S.: El mundo en peligro/Island of Terror*, 1966; *Radiaciones en la noche/Night of the Big Heat*, 1967)– es que, en el caso de Fisher, la calidad artística sobrepasa con creces la cantidad.

Sin ser su única obra maestra –ahí están *La maldición de Frankenstein, The Revenge of Frankenstein, El cerebro de Frankenstein, Las novias de Drácula, Drácula, príncipe de las tinieblas, The Gorgon* y *The Devil Rides Out*–, *Drácula* es un título fundamental dentro de la Historia del cine en general, y puede afirmarse con escaso margen de error que, a partir del mismo, arranca el cine de terror contemporáneo. Significó un avance sin parangón al restituir la naturaleza erótica del personaje creado por Bram Stoker y que, hasta esa fecha, el cine no se había atrevido a mostrar. Su bellísimo empleo del color, poco frecuente dentro del género, le imprimió una fuerza cromática inusual, de tal manera que la sangre adquiría así un relieve jamás visto. Pero, contemplándose exclusivamente como obra cinemática, *Drácula* es un film fascinante. Fisher demostró ser el más importante cineasta que haya dado el fantástico con un trabajo de puesta en escena de excepcional brillantez, en el cual momentos muy crudos, explícitos –la primera aparición de Drácula exhibiendo sus colmillos ensangrentados; las sucesivas muertes con estaca de la vampiresa (Valeria Gaunt) a manos del aquí cazador de vampiros Jonathan Harker (John Van Eyssen), y la de este y Lucy Holmwood (Carol Marsh) en las de Van Helsing; el crucifijo de Van Helsing abrasando la frente de la vampirizada Lucy–, se combinan elegantemente con otros muy sugerentes, implícitos: la sombra de Drácula bajando las escaleras la primera vez que se presenta ante Harker; Drácula acercándose amenazador a Harker, después de que este haya matado a la vampiresa, con la imagen fundiendo a negro; las visitas nocturnas de Drácula a

The Revenge of Frankenstein, uno de los films de Terence Fisher centrado en el Doctor.

Lucy, sugiriendo la cercanía de la presencia del primero por medio de una puerta abierta a un jardín de hojas secas; Drácula saliendo de su ataúd en el momento en que Mina (Melissa Stribling) se presenta en el lugar donde se han citado; la famosa escena en la que Mina acaricia el cuello del abrigo de piel, bajo el cual oculta el mordisco del vampiro (y que la actriz Melissa Stribling, esposa de Basil Dearden en la vida real, interpretó, siguiendo indicaciones de Fisher, «como si acabase de vivir un gran éxtasis sexual»). *Drácula* representa una de esas raras películas *inagotables* que va ganando en matices, detalles y complejidad a cada visionado; por poner un ejemplo, en la pelea final entre Drácula y Van Helsing –cuyo insuperable clímax, el conde siendo destruido por la luz solar que entra por el ventanal después de que Van Helsing haya arrancado el cortinaje que lo cubría, guarda ecos de las bellas escenas finales de las *Cadenas rotas* de David Lean–, combate que tiene lugar en la biblioteca del castillo del vampiro, pueden verse sobre la mesa o en el suelo algunos paquetes de libros cuidadosamente atados; recordemos que Harker había ido al castillo para trabajar como bibliotecario; ¿son esos libros, que parecen ordenados por alguien que se haya ocupado de la biblioteca, un recordatorio del principio del film, como si el espíritu de Harker estuviese así simbólicamente presente en el momento de la destrucción del vampiro que acabó con su vida?

Como apunta José María Latorre con respecto al cine de Fisher, «su constante temática, que algunos identifican con la sempiterna pugna entre Bien y Mal, es, sin embargo, la detección de las conflictivas raíces que se agazapan, retorcidas, en el interior de sus criaturas. Común a todo su cine es una puesta en escena reflexiva, poco estridente, en la que monstruo y víctima, o víctima verdugo, aparecen relacionados dentro del mismo encuadre (alejándose con ello de los modos habituales hasta entonces en el cine de terror), componiendo un curioso bestiario en el que, a pesar del puritanismo del autor, o quizá por eso mismo, destacan mórbidamente elementos como fetichismo, necrofilia, masoquismo, bestialidad o incesto»[1]. Capacidad de sugerencia que visualmente se traduce en un estilo fílmico sin parangón hasta ese momento (por más que acuse ciertas influencias formales, si bien perfeccionadas, del *costume genre* y el *thriller*, practicados ambos por Fisher en sus trabajos anteriores a su etapa Hammer), y que define el cine gótico británico, enriqueciendo, a base de una rara mezcla de elegancia narrativa y agresividad temática y visual, las propuestas que contribuyeron a cimentar el prestigio de Hammer dentro del género, tales como el regreso del protagonismo del doctor (aquí, barón) a la saga Frankenstein en detrimento del Monstruo, vehiculado en el rostro del siempre espléndido Peter Cushing; o la más poderosa exploración que se hubiese visto hasta la fecha del mito de Drácula y el vampirismo, acentuando sus componentes sexuales y contraponiéndolos a un represivo puritanismo victoriano, ambos perfectamente personificados en los extraordinarios Christopher Lee, y de nuevo Cushing. La importancia de la labor de Fisher desborda sobradamente el espacio asignado en este volumen, de ahí que aquí tendremos que contentarnos con apuntar la magistral naturaleza introspectiva y a la vez trágica de sus cinco películas sobre Frankenstein, en su presentación de un doctor empeñado en implantar el progreso a cualquier precio; el soberbio carácter sexualizado (en *Las novias de Drácula*) y ritual (en *Drácula, príncipe de las tinieblas*) de sus tres trabajos sobre Drácula y sus amantes vampiro; la atmósfera de malditismo que impregna su versión de *La momia* y su majestuosa aproximación al paganismo en *The Gorgon* (ambas, trágicas historias de amor con trasfondo sobrenatural); o la cautivadora malignidad que impregna la conspiración satánica que describe brillantemente *The Devil Rides Out*.

De la misma manera que es imposible hablar de Hammer sin Fisher y de Fisher sin Hammer, no es menos cierto que el estudio de Carreras alumbró otras películas de gran interés, y justo es mencionarlas en función de los realizadores que las firmaron: Val Guest, con sus dos primeras entregas de la saga Quatermass, *El experimento del doctor Quatermass* y *Quatermass II* (1957), y su agradable *The Abominable Snowman* (1957); el gran director de fotografía Freddie Francis (1917-2007), y *The Evil of Frankenstein* (1964) y *Drácula vuelve de la tumba* (*Dracula Has Risen from the Grave*, 1968), lo mejor de su irregular carrera como director; Roy Ward Baker, cineasta a quien, Hammer aparte, se le deben no pocos films considerables –a *El único evadido* hay que añadir *La última noche del Titanic* (*A Night to Remember*, 1958), el rarísimo *western* británico (sic) *El demonio, la carne y el perdón* (*The Singer, Not the Song*, 1958) y *Fuego en las calles*–, y que contribuyó al estudio con las estupendas *¿Qué sucedió* *entonces?* (*Quatermass and the Pit*, 1967), *The Vampire Lovers* (1970), *Dr. Jekyll y su hermana Hyde* (*Dr. Jekyll and Sister Hyde*, 1971), y *Kung Fu contra los siete vampiros de oro* (*The Legend of the Seven Golden Vampires*, 1974), y la inferior pero nada desdeñable *Las cicatrices de Drácula* (*Scars of Dracula*, 1970); el prematuramente desaparecido Seth Holt (1923-1971), cuñado de Robert Hamer, cuyas aportaciones al *thriller*, *El sabor del miedo* (*Taste of Fear*, 1961), *A merced del odio* (*The Nanny*, 1965), solo pueden calificarse como magníficas; John Gilling, responsable de las estimables *The Plague of the Zombies* (1966), *The Reptile* (1966) y *The Mummy's Shroud* (1967); Don Sharp (1921-2011) y sus simpáticas *The Kiss of the Vampire* (1963), *The Devil-Ship Pirates* (1964) y *Rasputín* (*Rasputin: The Mad Monk*, 1966); Peter Sasdy (n. 1935), apreciable gracias a *El poder de la sangre de Drácula* (*Taste the Blood of Dracula*, 1970) y *Las manos del destripador* (*Hands of the Ripper*, 1971); o Brian Clemens (n. 1931), firmante de una de las mejores últimas producciones Hammer: *Captain Kronos – Vampire Hunter* (1974).

UNA COMPAÑÍA: ANGLO-AMALGAMATED. UNA PELÍCULA: *EL FOTÓGRAFO DEL PÁNICO*

Sin ser una productora "B", Anglo-Amalgamated Productions jugó un papel fundamental en la producción y, en especial, en la distribución de cine de bajo presupuesto, sobre todo de género fantástico. Fundada en 1945 por los productores Nat Cohen (1905-1988) y Stuart Levy (1907-1966), y en activo hasta 1969, año en el que desapareció oficialmente tras ser absorbida por EMI Films, durante los años 50, y tras la absorción de los Merton Park Studios –una productora de bajo presupuesto fundada en los 30 pero que no inició su producción cinematográfica *strictu sensu* hasta 1940–, Anglo-Amalgamated estuvo también tras la producción y distribución de pequeñas películas como el relato sobrenatural *Ghost Ship* (1952); producciones inscritas en los márgenes del policíaco, entre las cuales destacan un par de trabajos del norteamericano Joseph Losey, *El tigre dormido* (*The Sleeping Tiger*, 1954) y *El criminal*; la primera entrega de la serie de comedias "Carry on", *Carry on Sergeant*; así como diversos films de John Schlesinger (*Billy el embustero, Darling*) o Ken Loach (*Poor Cow*).

El sello Anglo-Amalgamated Film Distributors Limited llevó a cabo una importantísima labor de difusión de buena parte del cine fantástico desarrollado en Gran Bretaña, como demuestra el hecho de que fueran los distribuidores de *Cat Girl* (1957), *Konga* (1961), el extraordrnario film de Sidney Hayers *Night of the Eagle* (1962), *El extraño caso del doctor Longman* (*The Mind Benders*, 1963), *Unearthly Stranger* (1964), *Invasion* (1965), *Circus of Fear* (1966) y la producción Amicus *La carrera de la muerte* (*Scream and Scream Again*, 1970), además de producciones limítrofes con el *fantastique*, tal es el caso de *El millón de ojos de Sumuru* (*The Million Eyes of Su-Muru*, 1967), o un par de entregas de la serie Fu Manchú producida por Harry Alan Towers (1920-2009) y protagonizada por Christopher Lee, *Las novias de Fu-Manchú* (*The Brides of*

Póster de *El fotógrafo del pánico*, de Michael Powell.

Fu Manchu, 1966) y *La venganza de Fu-Manchú* (*The Vengeance of Fu Manchu*, 1967). Asimismo, se encargó de distribuir films fantásticos norteamericanos *low cost* como *It Conquered the World* (1956), *I Was a Teenager Frankenstein* (1957), *Attack of the Giant Leeches* (1959) y diversos trabajos de American International Pictures, como las películas de Roger Corman *Historias de terror* (*Tales of Terror*, 1962), *The Raven* (1963), *La tumba de Ligeia* (*The Tomb of Ligeia*, 1964) y *La máscara de la muerte roja* (*The Masque of the Red Death*, 1964), o el film de Jacques Tourneur *La ciudad sumergida* (*The City Under the Sea*, 1965), en ocasiones en régimen de coproducción. No está de más apuntar, siquiera brevemente, la estrecha relación que por esos años se dio entre las cinematografías británica y norteamericana en materia de cine de terror, y gracias al interés puesto en la misma sobre todo por American International Pictures, lo cual explica que, por ejemplo, Corman rodara algunos títulos de su famoso ciclo Edgar Allan Poe en Inglaterra, o la presencia de Vincent Price en producciones Amicus o en films como el díptico del Doctor Phibes –*El abominable Dr. Phibes* (*The Abominable Dr. Phibes*, 1971) y *El retorno del Dr. Phibes* (*Dr. Phibes Rises Again*, 1972)– y el delicioso *Matar o no matar, este es el problema* (*Theatre of Blood*, 1973).

Aunque no se especializó en cine de terror, y su producción dentro de este género es más bien escasa, esta última resulta sumamente relevante, dado que abarca la producción de tres significativas películas dentro de la historia del *fantastique* británico, englobadas por David Pirie bajo la denominación «trilogía sádica» del estudio [2]: la famosa *Horror en el museo negro*, de 1959, en torno a los "creativos" crímenes de un psicópata (Michael Gough), propietario de un "museo negro" dedicado a la tortura; la muy curiosa *Circus of Horrors*, de 1960, en torno a otro sádico (Anton Driffing), y sus experimentos quirúrgicos, cuya "materia prima" sale de los misteriosos "accidentes" en el circo con el que viaja y que él mismo provoca; y, sobre todo, una película que a estas alturas no necesita presentación alguna: la obra maestra de Michael Powell y uno de los más importantes films británicos de todos los tiempos *El fotógrafo del pánico* (*Peeping Tom*, 1960), otro relato en torno a otro sádico criminal, Mark Lewis (Carl Boehm), y sus insólitos actos de *posesión sexual* de mujeres en forma de asesinatos cámara en mano. La «trilogía sádica» de Anglo-Amalgamated se distingue del cine de terror *chez* Hammer en el hecho de tratarse de relatos de ambientación contemporánea en vez de victoriana, el período histórico favorito del estudio de Carreras. *Horror en el museo negro*, *Circus of Horrors* y *El fotógrafo del pánico* vendrían a ser no solo una especie de "simbólicas" réplicas al cine Hammer en lo que al retrato de la depravación oculta entre los pliegues de la sociedad británica se refiere, sino también su complemento perfecto, en el sentido de que vienen a revelar aquello que aquéllas ya apuntan con ferocidad: que la corrupción, la perversión y el clasismo de la sociedad británica instaurado en los tiempos de la reina Victoria pervive, agazapado, en una nación que presume de "moderna" y que tan solo lo es en apariencia. ¿Resulta casual que el esplendor del cine fantástico británico coincida temporalmente con el auge contestatario del *free finema*? Quienes suscribimos la opinión de quien dijo que, en el fondo, el cine de terror británico de entre finales de los 50 y durante los años 60 y 70 fue el *auténtico free cinema*, creemos que la convivencia de estos dos movimientos fílmicos tan aparentemente dispares en Gran Bretaña no fue ninguna casualidad, sino el resultado de una evolución que fructificó, cinematográficamente hablando, a través de dos vías: el cine popular y el cine de autor, o considerado como tal.

Evidentemente, *El fotógrafo del pánico* bien merece una mención especial, por ser el primer film que reflexionó sobre el poder de la cámara de cine como aparato capacitado no solo para captar imágenes de las cosas, sino también, yendo más lejos, para penetrar en el interior de las personas y capturar sus terrores y deseos más íntimos. Su arranque es fascinante: la cámara, adoptando el punto de vista subjetivo del personaje de Mark mientras va filmando de forma compulsiva, se adentra en los suburbios londinenses; Mark contrata los servicios de una prostituta y, siempre filmando, sube con ella a su piso; sin que veamos cómo, la asesina de una manera atroz, aproximándose a ella con su cámara. No vemos el crimen: tan solo apreciamos el objetivo de la cámara acercándose impúdicamente a la mujer mientras esta última grita de terror. Más adelante conoceremos el *modus operandi* del asesino: Mark emplea una de las afiladas patas del trípode con el que sostiene su cámara a modo de puñal con el que atraviesa las yugulares de sus víctimas, con el propósito de captar su última y definitiva expresión de terror absoluto en el momento de morir. Pero mientras lo ignoramos, la sensación que tenemos es que la mujer del principio ha sido *atacada por la propia cámara*, una idea que Iván Zulueta retomaría literalmente en su famosa *Arrebato* (1979).

El fotógrafo del pánico describe una turbulenta patología mental técnicamente conocida como "escopofilia" y más vulgarmente denominada *voyeurismo*. Mark es un *voyeur*, o también un mirón (en inglés *peeping tom*, de ahí el título original del film), y buena parte del relato se centra en el problema psicológico del personaje y, en particular, en sus connotaciones sexuales: Mark se mueve en un mundo lleno de mujeres; trabaja como ayudante de cámara en un estudio cinematográfico y se gana un dinero extra tomando fotografías pornográficas; incluso Helen (Anna Massey), la joven que vive en el piso debajo del suyo junto a su madre ciega (Maxine Audley), se siente atraída por él; sin embargo, Mark no tiene relación alguna con mujeres porque lo único que satisface sus más oscuros deseos es filmarlas mientras las asesina, registrar su último rictus de miedo y dolor. El único instante en que Mark parece hacer caso a los avances amorosos de Helen tiene una resolución irónicamente perversa. La muchacha le pide que le enseñe algo de su trabajo y Mark, a regañadientes, le proyecta una serie de películas caseras filmadas por su padre (encarnado en las mismas por... Michael Powell), psiquiatra de profesión, en las cuales aparece cuando era niño, explicándole a Helen que formaban parte de un extraño experimento del padre, quien estaba empeñado en registrar todos y cada uno de los momentos de la infancia de Mark, convencido de que la cámara podía captar aspectos de las personas que el ojo humano no puede percibir. De este modo, Mark ha crecido como una persona cuya intimidad fue "violada" por el objetivo de la cámara y ahora es incapaz de relacionarse con el resto del mundo si no es a través del mismo aparato con el que su padre le persiguió obsesivamente siendo niño. Un personaje clave al respecto se corresponden con el de la madre de Helen, cuya presencia siempre perturba a Mark precisamente porque es ciega, es decir, porque se trata de una mujer a la que nunca podrá aterrorizar como a sus anteriores víctimas porque ella no podría ver su propio rostro, deformado y desencajado, en el espejo circular que tiene acoplado en su cámara para iluminar. El clímax es sobrecogedor: Mark intenta matar a Helen mientras la filma con su cámara, pero lo que en el fondo quiere es consumar un acto sexual con la joven: el intento de asesinato es también de violación. La decisión final del protagonista consistirá en llevar a cabo un último acto de autosatisfacción: filmar su muerte, clavándose el trípode de su cámara en el cuello y contemplando en el espejo su propio rostro.

LOS PEQUEÑOS CUENTOS AMENAZADORES DE AMICUS

A mediados de los 60 surge la productora Amicus, cuya fuerza directiva recaía en dos hombres, Max J. Rosenberg aportando el dinero y Milton Subotsky como encargado de los aspectos creativos. Ambos eran norteamericanos, pero adoptaron Gran Bretaña como base de operaciones a iniciativa de Subotsky, un montador *amateur* curtido como distribuidor en el terreno de la serie *B* que a mediados de los 50 creó Amicus, nombre latino de una empresa fundamentada en la amistad que le unía con el también distribuidor Rosenberg. Gran admirador de la cultura británica y muy aficionado a los cuentos de hadas y los relatos de fantasmas, Subotsky estaba tan ansioso de dedicarse a la producción de películas de terror que, tan pronto como pudo permitírselo, se trasladó a Inglaterra con ese propósito; Rosenberg permanecería siempre en los Estados Unidos, ocupándose del dinero y de la distribución de los films Amicus en territorio norteamericano. Tras un proyecto frustrado con Hammer –una nueva versión de

"Frankenstein, o el moderno Prometeo", que Subotsky le ofreció a Carreras un año antes de que este pusiera en marcha *La maldición de Frankenstein*–, y un primer paso dentro del género *fantastique* de considerable éxito comercial –*City of the Dead* (1960), coproducida con la Vulcan/Trans Lux, y protagonizada por Christopher Lee–, Subotsky no volvería a abordar el género hasta la película que asentaría, de manera prácticamente definitiva, las directrices de los siguientes títulos de Amicus: *Doctor Terror* (*Dr. Terror's House of Horrors*, 1965), con guión del propio Subotsky, que ya contenía las características básicas de muchas posteriores películas fantásticas de esta productora: su intención de ser una especie de reverso contemporáneo de la Hammer, decantándose por lo general por los relatos de ambientación moderna, pero al mismo tiempo contratando para sus propósitos a algunos realizadores e intérpretes que habían labrado su reputación dentro del género en su competidora (sin ir más lejos, *Doctor Terror* está dirigida por Freddie Francis y su reparto cuenta con las presencias estelares de Peter Cushing y Christopher Lee), y la adopción de la fórmula del film de episodios, en consonancia con una moda imperante en el cine europeo de la época (y que, sobre todo en Italia, había dado fructíferos resultados), que facilitaba la incorporación, dentro de una misma película, de numerosos golpes de efecto por cada *sketch*.

***Doctor Terror* inauguró el ciclo de terror por *sketchs* de la productora Amicus.**

La influencia de un guionista, cuya asidua colaboración con la productora a raíz de *La maldición de la calavera* (*The Skull*, 1965) marcaría decisivamente el estilo de esta compañía, sería la del escritor norteamericano Robert Bloch, famoso autor de la novela *Psicosis* y de una serie de relatos de terror caracterizados por su tendencia a situar clásicos arquetipos del género fantástico en modernos ambientes cotidianos, y a mezclarlos, en ocasiones, con cierto sentido del humor negro, todo lo cual era muy del gusto de Subotsky. En líneas generales, no hay excesivas diferencias en cuanto a intenciones, tono y resultados artísticos entre las películas de *sketchs* de Amicus y las que no lo son. Entre las primeras tenemos *La maldición de la calavera, Dr. Who and the Daleks* (1965) y su secuela *Daleks: Invasion of the Earth 2150 A.D.* (1966), *El psicópata* (*The Psychopath*, 1966), *The Deadly Bees* (1966), *The Terrornauts* (1966), *They Came From Beyond Space* (1966), *The Birthday Party* (1968), *La carrera de la muerte, El monstruo* (*I, Monster*, 1970), *What Became of Jack and Jill?* (1971), *And Now the Screaming Starts!* (1973), *La bestia debe morir* (*The Beast Must Die*, 1974) y *Madhouse* (1974), a las que hay que sumar una trilogía de aventuras antediluvianas basadas en obras de Edgar Rice Burroughs: *La tierra olvidada por el tiempo* (*The Land That Time Forgot*, 1975), *En el corazón de la tierra* (*At the Earth's Core*, 1976) y *Viaje al mundo perdido* (*The People That Time Forgot*, 1977). Sus películas de *sketchs* incluirían tanto *Doctor Terror* como las posteriores que siguieron, con más o menos variantes, su misma construcción, tales como *Torture Garden* (1967), *La mansión de los crímenes* (*The House That Dripped Blood*, 1970), *Refugio macabro* (*Asylum*, 1972), *Condenados de ultratumba* (*Tales from the Crypt*, 1972), *Vault of Horror* (1973), *From Beyond the Grave* (1974) y dos títulos tardíos producidos por Subotsky en solitario tras la disolución del sello Amicus a mediados de los 70: *The Uncanny* (1977), en coproducción con Canadá, y *El club de los monstruos* (*The Monster Club*, 1980).

Una de las señas de identidad de los terrores Amicus residía, en casi todos sus films de *sketchs* (no se da en *Vault of Horror*), en la presencia recurrente de un personaje narrador que iba hilvanando los distintos relatos que componían el metraje y ejercía, así, simbólicas funciones de "presentador": el Doctor Terror (Peter Cushing) de la película homónima, el Guardián de la Cripta (Ralph Richardson) en el que posiblemente sea el mejor film de episodios de este estudio, *Condenados de ultratumba*, el Doctor Diavolo (Burgess Meredith) en *Torture Garden*, el Doctor Martin (Robert Powell) en *Refugio macabro*, el propietario de la tienda de antigüedades (Peter Cushing) en *From Beyond the Grave*, o en particular un personaje creado por Robert Bloch, el inspector de policía Holloway, encarnado por Patrick Wymark en *El psicópata* y por John Bennett en *La mansión de los crímenes*. También destaca en este sentido la insistencia en determinadas ideas y conceptos que se repiten de un film en otro, por ejemplo la mano cortada que, por diversas razones, tiene vida propia, y que aparece en la mediocre *La carrera de la muerte* y la curiosa *And Now the Screaming Starts!* Estas últimas fueron títulos decisivos en el devenir de Amicus, la primera por suponer un intento por parte de Subotsky de aproximar todavía más sus producciones al mercado norteamericano, contando para ello con la presencia estelar de Vincent Price;

cinco años después Amicus volvería a contar con Price en la más interesante *Madhouse*, emparejándole para la ocasión con Peter Cushing, en la que posiblemente es la última producción de calidad de Amicus junto con el nada despreciable relato de fantasmas *And Now the Screaming Starts!*, adaptación de la novela de David Case "*The Curse of Fengriffen*" que supone una rara incursión de Amicus en el relato de horror gótico a lo Hammer, acaso gracias a la, a ratos, inspirada labor tras las cámaras de Roy Ward Baker.

COMPTON FILMS, HERMAN J. COHEN Y LIPPERT FILMS

Otro estudio que se movió bajo el paraguas distribuidor de Anglo-Amalgamated durante los 60 y 70 fue Compton Films, productora cuya vida empresarial está cronológicamente situada entre los años 1964 y 1968, y cuyas cabezas visibles eran Michael Klinger (1920-1989) y Tony Tenser (1920-2007), productores vinculados al "cine para adultos" realizado en Gran Bretaña durante los años 60, con títulos como *Las ositas amarillas* (sic) (*The Yellow Teddy Bears*, 1963), o como los documentales sobre clubes de *strip-tease Primitive London* y *London in the Raw*, ambos de 1965. Klinger y Tenser tienen un pequeño lugar dentro de la Historia del cine por haber sido productores de dos de las más famosas películas de Roman Polanski en Gran Bretaña, *Repulsión* (*Repulsion*, 1965), si bien en esta no figuran acreditados, y *Callejón sin salida* (*Cul-de-sac*, 1966). Como explica el propio Polanski en sus memorias, «The Compton Group tenía un nombre rimbombante, un membrete muy complicado y un consejo de administración en el que figuraba como miembro el conde de Kimberley. Todo parecía indicar que se trataba de una importante organización dedicada a los espectáculos y los medios de difusión. En realidad, debía su existencia y su principal fuente de ingresos a un pequeño y mísero local del Soho llamado Compton Cinema Club, en el que se exhibían películas que por aquel entonces se consideraban pornográficas en Londres. Lo que exhibía el Compton Cinema Club –y lo que hacía algunas veces el Compton Group– eran unas tímidas películas de porno blando. Klinger, rechoncho y calvo, con gruesas gafas de montura de concha y un perenne puro en la boca, era una fuente inagotable de chistes judíos. A lo largo de su variada existencia había desempeñado toda clase de oficios, desde vendedor de embutidos a vigilante y, posteriormente, encargado de sala de fiestas. Tony Tenser, otro judío del East End, era un personaje completamente distinto. Alto y erguido como una vara, lucía un recortado bigotito gris y, de no ser porque algunas veces le traicionaban ciertas insólitas inflexiones vocales, hubiera podido pasar por un coronel retirado»[3].

Klinger y Tenser también produjeron bajo el sello Compton películas *fantastiques* como *Horror en la mansión Fordyke* (*The Black Torment*, 1964); *El hombre proyectado* (*The Projected Man*, 1966), film de ciencia-ficción en torno a las catastróficas consecuencias de un fallido experimento de teletransportación; y, sin ser un film de horror

Repulsión, film de Roman Polanski producido por Tony Tenser y Michael Klinger.

en sentido estricto, a pesar de su título, *Estudio de terror* (*A Study in Terror*, 1965), nueva vuelta de tuerca a Jack el Destripador, en esta ocasión enfrentado a otros mitos, literarios en este caso: los detectives privados Sherlock Holmes (John Neville) y el Dr. Watson (Donald Houston), creación de Arthur Conan Doyle. En este estupendo precedente de la excelente coproducción anglocanadiense *Asesinato por decreto* (*Murder by Decree*, 1979) jugó un papel determinante un productor norteamericano que tuvo cierto peso en el fantástico británico del período: Herman J. Cohen, quien bien fuera en su propio nombre o a través de su empresa, Herman Cohen Productions, estuvo detrás de la financiación de films como *Horror en el museo negro*, *Circus of Horrors* y *El circo del crimen*, y de *Garras asesinas* (*Black Zoo*, 1963), además de un par de films del infatigable Freddie Francis: *Trog* (1970) y *Locura* (*Craze*, 1973). Anotemos la existencia de Lippert Films, propiedad del también estadounidense Robert L. Lippert, cuya producción *fantastique* tiene lugar entre principios de los 50 (momento en el que estuvo temporalmente asociado con Hammer) y hasta mediados los 60, brindando un par de estimables trabajos de Fisher, *Stolen Face* (1952), y *The Earth Dies Screaming* (1964), además de curiosidades como *Witchcraft* (1964), *Return of the Fly* (1965) o el film de ciencia-ficción *Spaceflight IC-1: An Adventure in Space* (1965).

MARCADOS POR EL SENSACIONALISMO: TIGON Y PETE WALKER

Hablar de Tigon British Film Productions supone hacerlo de Tony Tenser, quien como ya hemos visto fue, junto con Michael Klinger el propietario de Compton Films, y quien en 1966 fundó su propia productora y distribuidora con la abierta finalidad de competir con Hammer en el terreno del cine de terror gótico, si bien aumentando las dosis de erotismo que hacia finales de la década de los 60 y sobre todo durante la de los 70 impregnó la práctica totalidad no ya del cine de Hammer, sino de la producción *fantastique* del Reino Unido en general, en un intento casi desesperado –y, finalmente, baldío– de competir con las cada vez más pujantes y exitosas producciones norteamericanas que, durante esos mismos años y con distintos métodos cambiaron para siempre la faz del género: desde el *gore* primigenio de *La noche de los muertos vivientes* (*Night of the Living Dead*, 1968) hasta el *slasher* rural, característico del género gótico estadounidense, de *La última casa a la izquierda* (*The Last House on the Left*, 1972) y *La matanza de Texas* (*The Texas Chainsaw Massacre*, 1974), pasando por superproducciones como *El exorcista* (*The Exorcist*, 1973) y *Tiburón* (*Jaws*, 1975). Tenser también se mostró pródigo a la hora de financiar películas eróticas de distintos calibres –*Mini Weekend* (1968); *What's Good for the Gooses* (1969), dirigida por Menahem Golan (sic); *Monique* (1970); *Love in Our Time* (1972); *Oh! Calcutta!* (1972), según el famoso musical de Peter Schickele, Robert Dennis y Stanley Walden; *Au Pair Girls* (1972), ¡firmada por Val Guest!; *Come Play with Me* (1977)–, que en ocasiones se cruzaban con temáticas fantásticas, tal es el caso de la comedia de ciencia-ficción *Zeta One* (1969), que gira en torno a una invasión de mujeres alienígenas en *topless* (sic) procedentes del planeta Angvia que se dedican a secuestrar féminas terrícolas a fin de repoblar su mundo (¡sic!), o como *Virgin Witch* (1972), sobre el papel más erótica que terrorífica, si bien esto último depende mucho del punto de vista. Acaso para compensar, o como mínimo para diversificarse, Tenser también produjo bajo el sello Tigon un par de películas de temática familiar, *Sandy the Seal* (Robert Lynn, 1969) y *Belleza negra* (*Black Beauty*, 1971), y participó en la producción del *western Ana Caulder* (*Hannie Caulder*, 1971), aunque este último no anda *espiritualmente* demasiado lejos de sus producciones eróticas, vía la generosa exhibición de epidermis de su protagonista femenina, Raquel Welch.

Tenser era un amante del sensacionalismo, sobre todo si venía revestido de desnuda piel femenina, pero a pesar de ello su producción *fantastique* propiamente dicha está compuesta por una docena de títulos: *Los brujos* (*The Sorcerers*, 1967), *El deseo y la bestia* (*The Blood Beast Terror*, 1968), *Witchfinder General* (1968), *La maldición del Altar Rojo* (*Curse of the Crimson Alter*, 1968), *La casa maldita* (*The Haunted House of Horror*, 1969), *The Body Stealers* (1969), *La piel de Satán* (*The Blood on Satan's Claw*, 1970), *Las perversas solteronas* (sic) (*The Beast in the Cellar*, 1970), *Holocausto radiactivo* (*Doomwatch*, 1972), la citada *Virgin Witch*, *The Creeping Flesh* (1973), y el melodrama romántico con toques fantásticos *Ni el mar ni la arena* (*Neither the Sea Nor the Sand*, 1972). Una producción que oscila entre el respeto hacia la tradición gótica de

Hammer –*El deseo y la bestia* y, sobre todo, *The Creeping Flesh*, que Boot describe como «un esfuerzo por capturar al público de la Hammer»[4]–, su intento de "modernización" mediante la ubicación de las tramas en época contemporánea (*Los brujos, La maldición del Altar Rojo, La casa maldita, The Body Stealers, Las perversas solteronas, Holocausto radiactivo, Virgin Witch, Ni el mar ni la arena*), y finalmente, el de plantear relatos de terror gótico de ambientación no victoriana, sino situada más atrás en el tiempo y poniendo un acento especial en el sadismo y el erotismo (*Witchfinder General, La piel de Satán*), algo en lo cual Tigon cargó las tintas cuando la propia Hammer hizo lo propio con títulos como *Lust for a Vampire* y *Drácula y las mellizas*.

Esos intentos de modernización y renovación de los planteamientos temáticos y ambientales de Hammer se encuentran resumidos en la carrera del cineasta más relevante que trabajó para Tigon, el malogrado Michael Reeves (1943-1969), autor de una filmografía corta, irregular e intensa –además de *Los brujos* y *Witchfinder General*, su labor no acreditada en la producción italiana *Il castello dei morti vivi* (1964) y *The She-Beast* (1966)–, que se truncó como consecuencia de su fallecimiento, a los veinticinco años de edad como consecuencia de una sobredosis de barbitúricos, durante la preproducción de *The Oblong Box* (1969), producción de American International Pictures finalmente terminada por Gordon Hessler. Fuera de Tigon, Tenser también fue productor ejecutivo de *Terror sin habla* (*Frightmare*, 1974), una de las provocativas películas de otro erotómano impasible al desaliento, Pete Walker (n. 1939), el firmante de *Die Screaming, Marianne* (1971), *The Flesh and Blood Show* (1972), *House of Whipcord* (1974), *House of Mortal Sin* (1976) y la ya más posterior *House of the Long Shadows* (1983). De entre las citadas, acaso *House of Whipcord* sea la más interesante y provocativa: un alucinante *thriller* con ribetes de terror gótico, cuya acción transcurre en una claustrofóbica mansión rural a donde van a parar muchachas "díscolas", para ser sometidas a un brutal proceso de purificación a base de severos castigos corporales, y en última instancia, ¡la muerte en la horca!; film agresivo como pocos, ofrece una durísima caricatura de los aspectos más rancios y reaccionarios de la moral victoriana que todavía perviven en la moderna Gran Bretaña. Pero tampoco hay que echar en saco roto los méritos de *House of the Long Shadows*, digresión sobre las frágiles fronteras entre realidad y ficción en formato de pequeño homenaje a varias viejas estrellas del género fantástico: John Carradine, Peter Cushing, Christopher Lee y Vincent Price.

CHARLEMAGNE, TYBURN Y OTRAS PRODUCCIONES

La producción fantástica, ínfima en el caso de Charlemagne Productions, se limita a una única película, *Noche infernal* (*Nothing But the Night*, 1973). Tampoco va mucho más allá en el de Tyburn Film Productions Limited, un total de seis producciones, de las cuales son *fantastiques The Ghoul* (1975) y *Legend of the Werewolf* (1975), ambas firmadas por Freddie Francis, y *Persecution* (1975). Las producciones de Charlemag-

Christopher Lee posando con dos compañeras de reparto de *The Creeping Flesh.*

ne y de Tyburn pueden verse en no poca medida como intentos de recuperar siquiera en parte el brillo de las producciones Hammer de los mejores tiempos, habida cuenta de que todas esas películas están más que estrechamente relacionadas con la productora de Michael Carreras. *Noche infernal* cuenta con un buen puñado de veteranos de la Hammer, tal es el caso del realizador Peter Sasdy, el productor Anthony Nelson Keys (1911-1985) –quien había dejado Hammer tras la producción de *El cerebro de Frankenstein,* disconforme con las nuevas directrices de producción de la empresa de Carreras[5]–, el compositor Malcolm Williamson, el técnico de efectos especiales Les Bowie y los actores Peter Cushing y Christopher Lee (él crearía la productora de vida extraordinariamente efímera con un nombre, al parecer, que honraba a uno de sus antepasados, Carlomagno). Por su parte, las producciones de Tyburn también pueden verse como el resultado de una nostalgia por la Hammer, no solo por el hecho de que este estudio fuera fundado por Kevin Francis, el hijo de Freddie Francis (padre e hijo habían trabajado juntos para Hammer en *Drácula vuelve de la tumba,* Freddie como director y Kevin en el equipo técnico), sino también, y una vez más, por la concurrencia de antiguos colaboradores de la "casa madre" en los créditos de *The Ghoul* (Peter Cushing, Veronica Carlson, el guionista Anthony Hinds/John Elder, el maquillador Roy Ashton), *Legend of the Werewolf* (Cushing, Hinds, el actor Michael Ripper) y *Persecution* (el realizador Don Chaffey, Ashton, el actor Ralph Bates).

Significativamente, esa voluntad soterrada de recuperar lo mejor del viejo "estilo Hammer" se manifiesta en la notabilísima reducción del erotismo con respecto no ya a las producciones Tigon como a las de la propia productora de Carreras en sus últimos años, de ahí que, hasta cierto punto, podamos considerar las producciones de Charlemagne y de Tyburn como una especie de simbólica "huida hacia atrás". *Noche infernal* gira en torno a la investigación sobre las misteriosas muertes que se producen en una pequeña población rural, y que concluye con un giro inesperado que la pone en relación con *The Wicker Man* (1973), realizada ese mismo año y asimismo interpretada (que no protagonizada) por Christopher Lee, en lo que a la presencia soterrada de una cultura pagana en lo más profundo de una respetable comunidad se refiere; mientras que el film de Francis es una inesperada variante tanto de la famosa película de Fisher *Curse of the Werewolf* como de la no menos célebre novela de Guy Endore "El hombre lobo de París".

Dejando aparte *Persecution*, un film en la línea de *¿Qué fue de Baby Jane?* (*What Ever Happened to Baby Jane?*, 1962) con la pobre Lana Turner finalmente ahogada en una escudilla de leche, *The Ghoul* es un esforzado relato gótico, si bien ambientado en la década de los 20 del pasado siglo, en torno a un atormentado caballero (Peter Cushing) que oculta a un monstruoso engendro en el ático de su aislada mansión: su propio hijo, convertido en un enloquecido devorador de carne humana. No tardaremos en percibir que, a pesar de la diferencia de ambientación, contemporánea en el caso de *Noche infernal*, más o menos "de época" en el de *The Ghoul* y *Legend of the Werewolf*, late en todas ellas la voluntad de recuperar una manera de entender el género fantástico *made in the UK* que, por un lado, las producciones Amicus y sus "cuentos de hadas amenazadores"[6], y por otro, las más agresivas y procaces producciones de Tigon, unidas a la decadencia de la propia Hammer, había sido liquidada hasta su completa extinción, erigiéndose a su pesar en obras testamentarias.

¿Es por eso mismo que algunas de las mejores películas fantásticas británicas de este primer lustro de los 70 son precisamente aquellas que dejan de lado esa "tradición", o que como mínimo no la sitúan en primer plano, abriéndose a otras perspectivas? Es el caso, por ejemplo, de las excelentes *Death Line* (1973), *La leyenda de la mansión del infierno* (*The Legend of Hell House*, 1973) y *Círculo de la muerte* (*Full Circle*, 1977, también conocida con el título de *The Haunting of Julia*), las cuales de una manera u otra rompen con esa tradición pero sin renegar de ella; sencillamente, dan un paso adelante con respecto a la misma, ofreciendo, en el caso de *Death Line*, un sórdido relato contemporáneo sobre una pareja de dementes caníbales que subsisten en un sector abandonado del metro de Londres –en el cual su director, el norteamericano y futuro firmante de la magistral *Muertos y enterrados* (*Dead and Buried*, 1981), Gary Sherman, brinda un bello plano-secuencia de siete minutos para describir el cubil de sus siniestro antihéroes–; en el de *La leyenda de la mansión del infierno*, una estupenda adaptación de la novela de Richard Matheson "La casa infernal" que ilustra el fracaso de la ciencia ante los poderes de una descontrolada mansión encantada, sin duda lo mejor que nunca haya ofrecido el realizador John Hough (n. 1941); y en el de la poco conocida pero harto interesante *Círculo de la muerte*, un atmosférico relato de fantasmas basado en la novela "Julia", de Peter Straub, en torno a una mujer (Mia Farrow) obsesionada con contactar con el alma de su difunta hijita, sin duda alguna también lo mejor de su realizador, Richard Loncraine (n. 1946).

Lo expuesto no significa, ni mucho menos, que todo el *fantastique* británico del período intentara seguir esos derroteros. Abundaron, asimismo, los ejercicios de nostalgia, bien fuera los revestidos de cierta solemnidad, como la singular *The Asphyx* (1972) –en la que Robert Stephens y Robert Powell buscan la inmortalidad capturando al ser (el *asphyx*) que transporta las almas al «Más Allá»–; o bien marcados bajo el signo del humor (negro), como el por lo demás estimulante y ya mencionado díptico de Robert Fuest (1927-2012) *El abominable Dr. Phibes* y *El retorno del Dr. Phibes*, por más que el mismo se viese ampliamente superado al año siguiente por la vitriólica labor desempeñada por el aquí inspirado Douglas Hickox (1929-1988) en la asimismo citada *Matar o no matar, este es el problema*, contando asimismo con la complicidad de un inolvidable Vincent Price como un actor shakespeariano que se dedica a asesinar a los críticos (teatrales) que según él no supieron apreciar su talento. Pero toda esta ironía también se vio contrarrestada por singulares ejercicios de provocación, recurriendo en unos casos a una exacerbación del sexo (lésbico) y la violencia (sádica) –como hace la *cult movie* del español José Ramón Larraz (1929-2013) *Las hijas de Drácula* (*Vampyres*, 1974)–, para darle la vuelta en la forma pero conservando en el fondo ese sabor genuina e irremplazablemente gótico; o bien fuera apelando al triunfo del paganismo sobre la así llamada "normalidad" cotidiana de la época contemporánea, tal y como hace la sobrevalorada pero aún así notoria *The Wicker Man*, en la que las pesquisas de un puritano sargento de policía (Edward Woodward) le conducen a una isla donde se continúan practicando ritos ancestrales de los cuales él mismo acabará siendo víctima.

UN "GÉNERO" APARTE: EL AGENTE CON LICENCIA PARA MATAR

Puede parecer exagerado afirmar que las películas protagonizadas por el agente del servicio secreto británico James Bond 007 forman en sí mismas un subgénero propio, habida cuenta de que, en puridad de conceptos y al menos en su primera década de existencia, empezaron siendo una mixtura, todo lo peculiar que se quiera pero mezcla, a fin de cuentas, de otros géneros preexistentes como el policíaco y el de espionaje. Pero ya desde la inauguración oficial de una franquicia que ha sobrepasado el medio siglo de existencia, y con pingües beneficios económicos, y a pesar de que muchas de sus entregas han sido realizadas en coproducción con los Estados Unidos como consecuencia de sus cada vez más elevados costes de producción (United Artists, sola o fusionada con MGM, y luego Sony Pictures), jamás se ha puesto en duda el carácter específicamente *británico* de la saga, completamente consolidado, como digo, desde su inauguración con *Agente 007 contra el Dr. No* (*Dr. No*, 1962), y reafirmado, si cabe, en *Skyfall* (ídem, 2012), donde tiene lugar una de las mayores reivindicaciones que se

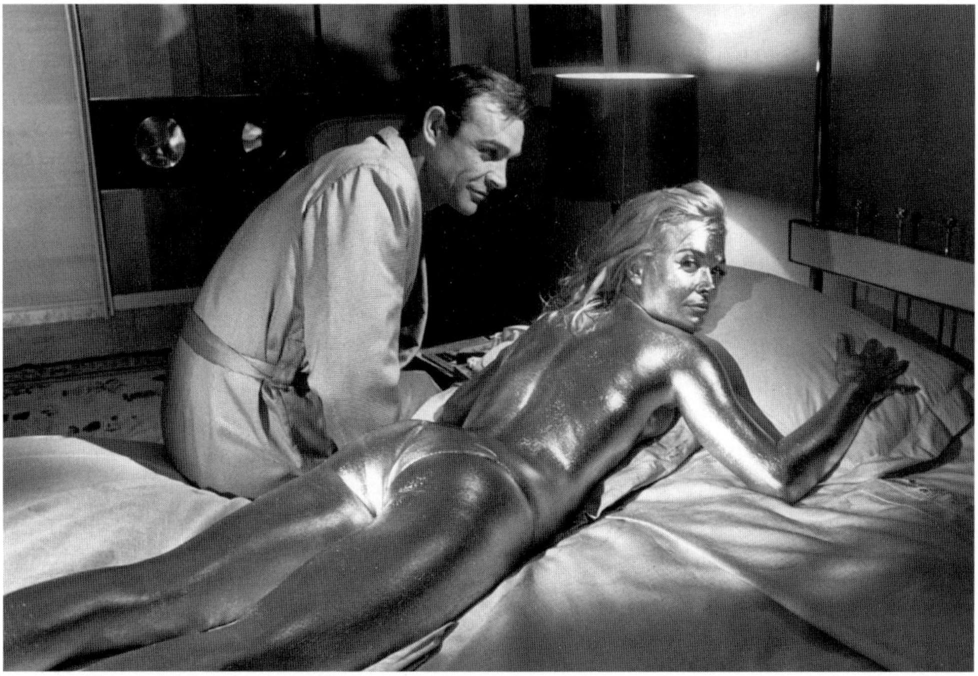

Sean Connery y Shirley Eaton, en el rodaje de *James Bond contra Goldfinger.*

hayan visto en estos últimos años de la vieja grandeza del Imperio Británico por la vía de la cita al famoso poema de Alfred Tennyson "Ulises" (1842).

La serie, nacida por iniciativa de dos productores que ni siquiera eran ingleses, Harry Saltzman y Albert R. Broccoli, que luego pasó a ser producida por Broccoli en solitario y más tarde por sus herederos, a través de las empresas Eon Productions (productora) y Danjaq (gestora del copyright), partía de la exitosa saga literaria sobre el personaje creada por el escritor Ian Fleming (1908-1964), que se inició con la novela de 1953 "Casino Royale" y se completaría con "Vive y deja morir" (1954), "Moonraker" (1955), "Diamantes para la eternidad" (1956), "Desde Rusia con amor" (1957), "Dr. No" (1958), "Goldfinger" (1958), "Operación Trueno" (1961), "El espía que me amó" (1962), "Al servicio secreto de Su Majestad" (1963), "Solo se vive dos veces" (1964) y "El hombre de la pistola de oro" (1965), y los libros de cuentos "Solo para tus ojos" (1960) y "Octopussy" (1966), este último publicado a título póstumo.

El éxito comercial de *Agente 007 contra el Dr. No*, que convirtió en estrella a su protagonista, el escocés Sean Connery (n. 1930), dio pie a una serie de continuaciones, interpretadas primero por él mismo –*Desde Rusia con amor*, de 1963, *James Bond contra Goldfinger* (*Goldfinger*, 1964), *Solo se vive dos veces* (*You Only Live Twice*, 1967), *Diamantes para la eternidad* (*Diamonds Are Forever*, 1971)–, y tras el paréntesis que supuso la efímera labor del australiano George Lazenby –*007 al servicio secreto de Su Majestad* (*On Her Majesty's Secret Service*, 1969)–, por el británico Roger Moore (n.

1927) –*007 vive y deja morir* (*Live and Let Die*, 1973), *El hombre de la pistola de oro* (*The Man with the Golden Gun*, 1974), *La espía que me amó* (*The Spy Who Loved Me*, 1977), *Moonraker* (ídem, 1979), *Solo para sus ojos* (*For Your Eyes Only*, 1981), *Octopussy* (ídem, 1983), *Panorama para matar* (*A View to a Kill*, 1985)–, el galés Timothy Dalton (n. 1944) –*007: Alta tensión* (*The Living Daylights*, 1987), *007: Licencia para matar* (*License to Kill*, 1989)–, el irlandés Pierce Brosnan (n. 1953) –*Goldeneye* (ídem, 1995), *El mañana nunca muere* (*Tomorrow Never Dies*, 1997), *El mundo nunca es suficiente* (*The World Is Not Enough*, 1999), *Muere otro día* (*Die Another Day*, 2002)– y el de nuevo británico Daniel Craig –*007: Casino Royale* (*Casino Royale*, 2006), *007: Quantum of Solace* (*Quantum of Solace*, 2008), *Skyfall*–. Mención aparte merece *Nunca digas nunca jamás* (*Never Say Never Again*, 1983), coproducción británico-norteamericana-germana protagonizada asimismo por Connery y producida al margen de la franquicia de Eon Productions gracias a un extraño resquicio legal en torno a los derechos sobre el guión y la novela de Fleming que dieron pie a *Operación Trueno*.

La serie Bond, típica obra de productor a pesar de los toques más o menos acertados que han sabido o podido incluir los realizadores que han firmado los títulos de la misma (Terence Young, Guy Hamilton, Lewis Gilbert, Peter Hunt, John Glen, Martin Campbell, Roger Spottiswoode, Lee Tamahori, Marc Forster y Sam Mendes), y generadora de incontables variantes e imitaciones –bien fuera en forma de "respuesta" (la serie Harry Palmer) o de aprovechamiento del filón (el díptico de Ralph Thomas *Más peligrosas que los hombres* y *Más peligrosas todavía*)–, ha sabido conservar sus esencias primordiales a lo largo de sus cinco décadas de existencia, condicionada por el peso específico de unas determinadas "señas de identidad" marcadas en sus primeros tiempos: los títulos de crédito diseñados por Maurice Binder; el acompañamiento de los mismos por canciones interpretadas por populares solistas o grupos (Matt Monro, Shirley Bassey, Tom Jones, Nancy Sinatra, Louis Armstrong, Paul McCartney, Lulu, Carly Simon, Sheena Easton, Rita Coolidge, Duran Duran, A-Ha, The Pretenders, Tina Turner, Sheryl Crow, Garbage, Madonna, Adele); las partituras musicales de John Barry, creador del "sonido musical" de la franquicia; la espectacularidad de las escenas de acción y los efectos visuales; la popularidad de los *gadgets* (el Aston Martin, el aparato volador de *Operación Trueno*, el Lotus submarino de *La espía que me amó*...); la bien publicitada belleza de las "chicas Bond" (Ursula Andress, Daniela Bianchi, Honor Blackman, Claudine Auger, Diana Rigg, Jill St. John, Jane Seymour, Britt Ekland, Barbara Bach, Lois Chiles, Carole Bouquet, Maud Adams, Kim Basinger, Tanya Roberts, Maryam d'Abo, Carey Lowell, Izabella Scorupco, Michelle Yeoh, Denise Richards, Halle Berry, Eva Green, Olga Kurylenko, Naomie Harris); y el carisma de los "villanos" y "villanas" (Joseph Wiseman, Lotte Lenya, Gert Fröbe, Adolfo Celi, Telly Savalas, Charles Gray, Yaphet Kotto, Christopher Lee, Curt Jürgens, Richard Kiel, Michael Lonsdale, Julian Glover, Louis Jourdan, Kabir Bedi, Barbara Carrera, Christopher Walken, Grace Jones, Jeroen Krabbé, Robert Davi, Sean Bean, Famke Janssen, Jonathan Hyde, Sophie Marceau, Robert Carlyle, Toby Stephens, Madds Mikelsen, Mathieu Amalric, Javier Bardem). Eso no significa que la franquicia no se haya dejado contagiar en ocasiones por fenómenos cinematográficos, corrientes o modas del momento, tales como el policíaco norteamericano de los setenta (*Diamantes para la eternidad*), el *blaxpoitation* (*007 vive y deja morir*), el cine de artes marciales de Hong Kong (*El hombre de la pistola de oro*), la *space opera* reactivada por la saga galáctica de George Lucas (*Moonraker*), las aventuras de Indiana Jones (*Octopussy, Nunca digas nunca jamás, 007: Alta tensión*) o la saga Jason Bourne (*007: Quantum of Solace*), ni que haya alcanzado cotas notables por cada uno de los intérpretes del personaje, caso de Connery y *James Bond contra Goldfinger*, Lazenby y *007 al servicio secreto de Su Majestad*, Moore y *La espía que me amó*, Dalton y *007: Licencia para matar*, Brosnan y *Muere otro día*, y Craig y *007: Casino Royale* y *Skyfall*.

Salvando las distancias, puede afirmarse que el talante violento de las cuatro primeras películas de la serie interpretadas por Sean Connery, *Agente 007 contra el Dr. No, Desde Rusia con amor, James Bond contra Goldfinger* y *Operación Trueno*, guarda cierta relación con el carácter turbulento que se agita en ciertos sectores fundamentales de la cinematografía británica de los primeros sesenta, tal es el caso, por un lado, del *free cinema*, entendido como movimiento fílmico arraigado en el afán de mostrar los males endémicos de la sociedad, y por otro y quizá más importante en lo que a las formas de representación fílmica de la violencia se refiere, la producción de cine de terror de bajo presupuesto encabezada por Hammer. Los cuatro primeros films de Bond-Connery parecen una versión de lujo de ese substrato física y moralmente violento que subyace en otras capas de la producción cinematográfica de la Gran Bretaña, lo cual se traduce en una violencia seca y sin adornos, aplicada someramente por un agente secreto cruel y casi sin sentimientos humanos. Una progresiva suavización de la violencia (y del sexo) se percibe ya en *Solo se vive dos veces* y *Diamantes para la eternidad*, los dos últimos Bond de Connery para Broccoli, y en el único de Lazenby, *007 al servicio secreto de Su Majestad*, como consecuencia del progresivo incremento de costes de producción de cada nuevo título de la serie, que aconseja rebajar la carga "adulta" de la misma en beneficio de una audiencia lo más mayoritaria posible que garantice la rentabilidad.

Mientras tanto, la violencia, cinematográficamente hablando, ha experimentado una evolución radical a raíz del impacto de dos famosas películas norteamericanas de alto presupuesto, *Bonnie y Clyde* (*Bonnie & Clyde*, 1967) y *Grupo salvaje* (*The Wild Bunch*, 1969), que han popularizado la utilización de las cápsulas explosivas de maquillaje colocadas bajo la ropa de actores y *stunts* para mostrar los estragos del impacto de una bala en el cuerpo humano, y que tiene su continuidad en posteriores éxitos *hollywoodienses* tan decisivos e influyentes en este y otros sentidos como *Contra el imperio de la droga* (*The French Connection*, 1971) y *El Padrino* (*The Godfather*, 1972). Sin embargo, la serie Bond permanece ajena a esta evolución, y ello se hace particularmente patente a partir de la incorporación a la serie de un actor de las características de Roger Moore, por más que en sus dos primeros films Bond, *007 vive y deja morir* y *El hombre de la pistola de oro*, todavía se perciben rasgos de la dureza inherente a Connery e incluso a Lazenby. Aspereza que se rebaja considerablemente, hasta casi desaparecer por completo, en las siguientes entregas de la etapa Moore: *La espía que me amó*, *Moonraker*, *Solo para sus ojos*, *Octopussy* y *Panorama para matar*, donde a la blandura del tratamiento de lo violento (y lo sexual) se añaden generosas dosis extra de humor ya presentes a lo largo de toda la serie, en algunos casos (*Moonraker*, *Octopussy*) en el límite mismo de lo paródico. Llama la atención que el "Bond pirata" *Nunca digas nunca jamás* tampoco se desmarque de la "violencia suave" de los Bond con Moore pese a la recuperación de un irónico Connery.

Un punto de inflexión se produce a raíz del menospreciado reemplazo de Moore a cargo de Timothy Dalton, protagonista de dos de las más apreciables entregas de la serie en los ochenta, *007: Alta tensión* y *007: Licencia para matar*, sobre todo esta última, donde contra todo pronóstico el nivel de violencia se eleva considerablemente, convirtiéndola en la película más violenta de toda la franquicia hasta la llegada de *007: Casino Royale*. Por desgracia, el elegante Dalton no fue popularmente aceptado ni la interesante *007: Licencia para matar* comprendida, y hubieron de pasar seis años para que Bond regresara, ahora bajo los rasgos lacónicos de un Pierce Brosnan excesivamente comparado/equiparado con Connery, protagonizando cuatro nuevas películas –*Goldeneye*, *El mañana nunca muere*, *El mundo nunca es suficiente* y *Muere otro día*– no exentas de méritos…, pero moderadamente violentas, y por la misma razón que los títulos de la etapa Moore: la necesidad de llegar a un público lo más amplio posible para amortizar sus elevadísimos costes de producción. De ahí el impacto casi *físico* que produjo en muchos espectadores la primera secuencia (en blanco y negro) de *007: Casino Royale*, con Daniel Craig "despachando" con la fiereza de un tigre a un sicario con el que lucha a brazo partido en unos aseos públicos, y con la frialdad de un témpano de hielo a un objetivo-a-eliminar en el despacho situado en un edificio de oficinas. Un Bond acaso más cercano al personaje arisco y más bien desagradable perfilado inicialmente por Fleming, que golpea y mata, y acaba cubierto de sangre y magulladuras, poniendo de relieve el rasgo más siniestro de su personalidad, algo hasta ese momento relativizado durante casi cincuenta años y más de veinte largometrajes: su brutalidad. Un personaje que en *007: Casino Royale*, *007: Quantum of Solace* y *Skyfall*, y gracias en no poca medida a la entrega del actor Daniel Craig, ha terminado desvelándonos la faceta más cruda de su humanidad.

Hemos apuntado que la serie Bond generó, sobre todo durante los sesenta pero también en época reciente, una amplia gama de imitaciones y parodias, las más famosas de estas últimas procedentes de los Estados Unidos, tal es el caso del díptico dedicado a Derek Flint (James Coburn), la tetralogía de Matt Helm (Dean Martin) o la trilogía de Austin Powers (Mike Myers). También se abordaron otras variantes en países como Francia, Italia –estos dos países coprodujeron, por mediación de Dino De Laurentiis, la muy "bondiana" película de Mario Bava *Diabolik* (ídem, 1968), según el famoso cómic de Angela y Lucianna Giussani–, Alemania e incluso España y Hong Kong; y, por descontado, en Gran Bretaña, donde dejando aparte alguna de otra imitación, digamos, "en serio" –*El liquidador* (*The Liquidator*, 1965)–, abundaron las

Póster de *Modesty Blaise*, superagente femenina.

variantes impregnadas de un sentido del humor de lo más *british*, tal es el caso del asimismo mencionado díptico formado por *Más peligrosas que los hombres* y *Más peligrosas todavía* (con Richard Johnson, quien fuera un serio candidato a interpretar a 007, interpretando a Bulldog Drummond, personaje creado en 1920 por el novelista H.C. McNeile usando el apodo "Sapper"); la comedia de Basil Dearden *Agentes dobles* (*Masquerade*, 1965); *Modesty Blaise, superagente femenino* (*Modesty Blaise*, 1966), indescriptible adaptación "pop" del excelente cómic homónimo de Peter O'Donnell y Jim Holdaway a cargo de un despistado Joseph Losey; la costosa (y fallida) coproducción paródica con los Estados Unidos *Casino Royale* (ídem, 1967), a partir de la novela homónima de Fleming y realizada ¡a doce manos! por nada menos que John Huston, Val Guest, Ken Hughes, Joseph McGrath, Robert Parrish y un no acreditado Richard Talmadge; o el posterior y asimismo satírico díptico de Johnny English protagonizado por Rowan Atkinson.

Pero de entre todas ellas, y con todas la matizaciones que pueden y deben hacerse, pues en puridad de conceptos no se trata de una imitación de Bond sino más bien de una especie de réplica en clave realista, más cercana a los relatos de espionaje de John le Carré que a las fantasías brutales y sexistas de Ian Fleming, hallamos una pequeña serie de films particularmente interesante, y además muy significativa del estilo del período de la cinematografía que la vio nacer: la dedicada al espía Harry Palmer. Este personaje vino al mundo desde las páginas de una serie de novelas del escritor Len Deighton (n. 1929), *Ipcress* (1962), *Horse Under Water* (1963), *Funeral en Berlín* (1964) y *Un cerebro de un billón de dólares* (1966), cuya principal particularidad con respecto a sus adaptaciones al cine consiste en que están narradas en primer persona por un espía que carece de nombre, si bien en la primera de ellas el protagonista menciona que emplea el nombre de pila falso de "Harry"; parece ser que el apellido "Palmer" fue una sugerencia del gran actor que lo encarnaría en las versiones cinematográficas de la primera, tercera y cuarta novelas de Deighton, Michael Caine (n. 1933), en *Ipcress* (*The Ipcress File*, 1965), dirigida por el canadiense Sidney J. Furie; *Funeral en Berlín* (*Funeral in Berlin*, 1966), de Guy Hamilton (curiosamente, también firmante de varias *Bond movies*: *James Bond contra Goldfinger*, *Diamantes para la eternidad*, *007 vive y deja morir* y *El hombre de la pistola de oro*); y *Un cerebro de un billón de dólares* (*Billion Dollar Brain*, 1967), realizada por Ken Russell inmediatamente antes de alcanzar la fama con *Mujeres enamoradas* (*Women in Love*, 1969).

Sobre todo en *Ipcress* y *Funeral en Berlín*, no tanto ya en la ligeramente más "bondiana" *Un cerebro de un billón de dólares*, Harry Palmer es un espía cuyos métodos se encuentran más cerca de los descritos en los libros de le Carré, si bien sin el nihilismo que transmite, sin salirnos del ámbito del cine, la magnífica lectura de este último llevada a cabo por esos años por el norteamericano Martin Ritt en *El espía que surgió del frío* (*The Spy Who Came in the Cold*, 1965); Palmer es un personaje más humano que Bond, cierto, pero no menos cínico y acaso más desencantado. A pesar del éxito que cosechó en su momento, *Ipcress* es un film notoriamente envejecido, sobre todo por culpa del carácter enfático de las secuencias de las torturas al protagonista, que cargan con el lastre de una estética coyuntural que no tardaría en quedar desfasada, por más que en su momento supusiera el punto fuerte de su atractivo comercial. Más interesante y bien conservada se revela *Funeral en Berlín*, elegantemente resuelta por Guy Hamilton en el que es uno de sus mejores trabajos tras las cámaras, y que supone además un singular cruce de la estética "bondiana" con lo mejor de la tradición del cine policíaco y de espionaje británico, variante "Guerra Fría"; hasta la desenfrenada *Un cerebro de un billón de dólares* compensa su delirante trama argumental (el complot de un multimillonario norteamericano –Ed Begley– que se ha propuesto crear un ejército privado para ¡invadir la Unión Soviética!) con un ácido sentido del humor. La serie Harry Palmer contribuyó sobremanera a asentar en Gran Bretaña la imagen más característica de Michael Caine (quien volvería a encarnar al personaje en un par de tardías adaptaciones para televisión en 1995 y 1996), asimismo perfilada en *Alfie* (ídem, 1966) y plenamente asentada en *Asesino implacable* (*Get Carter*, 1971).

NOTAS

[1] LATORRE, José María. El cine fantástico. Libro Dirigido, Serie Mayor, nº 5. Publicaciones Fabregat. Barcelona, 1987. P. 216.

[2] PIRIE, David. A Heritage of Horror. The English Gothic Cinema 1946-1972. Avon Books. Nueva York, 1973. P. 99 y ss.

[3] POLANSKI, Roman. Roman, por Polanski. Ediciones Gribaljo, S.A. Barcelona, 1985. Pp. 235-236.

[4] BOOT, Andy. Fragments of Fear. An Illustrated History of British Horror Films. Creation Books. Londres-San Francisco, 1996. P. 190.

[5] FERNÁNDEZ VALENTÍ, Tomás y NAVARRO, Antonio José. Frankenstein. El mito de la vida artificial. Nuer Ediciones. Madrid, 2000. Pp. 239-240.

[6] En feliz definición de BOOT, ibídem, p. 192.

CAPÍTULO 9

UN CINE EN TRANSFORMACIÓN

LOS AÑOS 60 Y 70

por Christian Aguilera

Tomando prestado uno de los títulos de la productora British Lion, distribuida por la Bryanston Company[1], *vientos de cambio* se adivinaban en el arranque de la década de los 60 por lo que compete a un panorama cinematográfico extremadamente condicionado a la realidad "catódica" que imprimía "carácter" a la hora de tomar determinadas decisiones. Desde un cierto sentido de la lógica, se creyó oportuno por parte de instancias vinculadas a la producción cinematográfica británica que no se pasaran o, cuanto menos, se limitaran el pase de películas por televisión, evitando así una situación un tanto paradójica. Para ello se habilitó en 1958 una institución, la Film Industry Defence Organisation (FIDO), destinada a preservar tales intereses. El montante total reservado a la adquisición de los derechos de seiscientos sesenta y cinco films se elevaría a un millón de libras esterlinas. Cifras que, de haberse mantenido en el tiempo, hubieran comportado la quiebra del organismo. De ahí que televisión y cine estuvieran obligados a llegar a acuerdos. Así, a través de la Associated British Picture Corporation (ABPC), la ABC Television podía anunciar la compra de los derechos de explotación de un paquete de películas de la Ealing con el fin de ser emitidas por la pequeña pantalla. Este sería el primero de una larga de acuerdos que dejarían fuera de juego a la FIDO a los pocos años de haberse concebido con una finalidad de naturaleza utópica, que se caería por su propio peso, el de un mercado incapaz de asumir las condiciones impuestas por un organismo que trataba de preservar los derechos de la industria cinematográfica sin apercibirse que ambos medios, a la postre, debían "retroalimentarse".

EL «ÉXODO» NORTEAMERICANO: NUEVOS AIRES PROGRESISTAS

El fenómeno del maccarthismo, focalizado a caballo entre la década de los 40 y de los 50, trajo consigo algunos "efectos colaterales" que necesariamente afectarían a la cinematografía europea en disposición a que varios de los realizadores empadronados en la industria estadounidense se vieron forzados a emigrar al viejo continente para seguir desarrollando su actividad laboral, ocupando plaza sobre todo en Francia, Italia y Gran Bretaña. Bien es cierto que Edward Dmytryk completaría en su "destierro" involuntario un par de títulos que supieron mimetizarse con la producción *british* de la época –la espléndida *Obsession* y *Give Up This Day*, ambas fechadas en 1949– y por ello no invitaba a los espectadores más inquietos a hacer cábalas sobre el origen de su responsable tras las cámaras. Dmytryk había sido colocado en el punto de mira del Comité de Actividades Antiamericanas presidido por Joseph McCarthy merced, en especial, al estrenarse *Encrucijada de odios* (*Crossfire*, 1947), cuyo guión escrito por otro *blacklisted*, John Paxton, partía de una novela elaborada por Richard Brooks (1912-1992). No obstante, Dmytryk evitaría volver a las Islas Británicas en régimen de "exiliado ideológico" al prestarse a delatar a filocomunistas en un acto que trataría de justificar, al igual que Elia Kazan (1909-2003), apelando a su propia supervivencia profesional sin menoscabo de abandonar su país de origen. Por el contrario, Joseph Losey, John Berry (1917-1999), Cy Endfield (1914-1995) y Jules Dassin (1911-2008), entre otros, fijarían de manera indefinida su residencia al otro lado del Atlántico a principios de los años 50, sabedores que su vinculación con la izquierda norteamericana, tarde o temprano, les pasaría factura. A partir de entonces, de la consideración de realizadores adscritos al cine «de género» pasarían a ser evaluados por buena parte de la crítica europea bajo la lupa de la autoría. Un periodo de observación más que prudente, empero, llevaría a tal consideración únicamente a Losey y, si acaso, en un escalafón inferior, a Dassin.

Quizás para las nuevas generaciones de aficionados al Séptimo Arte el nombre de Losey quede relegado a un muy segundo plano en el largo periodo donde se desenvolvió profesionalmente, pero el cineasta oriundo de Wisconsin se situaba en los años 60 en la cúspide de los realizadores mejor valorados por una crítica que rendía pleitesía a sus obras, proclamando sus bondades a los cuatro vientos. La revisión del conjunto de la misma muestra la existencia de "lagunas" en un cine definido desde una vertiente estética, pero aún así varias de las producciones manufacturas en los años 60 por Losey sirvieron a la "causa" de una renovación que ya se había adivinado a finales de los 50 merced al empeño de realizadores locales integrados dentro del movimiento del *free cinema* e incluso fuera del mismo.

Losey entendió que ese era su "momento" para mostrarse al mundo conforme a la imagen de un intelectual con el suficiente oficio en su haber como para repercutir sobre piezas cinematográficas administradas con un enfoque decididamente crítico en la evaluación de la sociedad británica preferentemente en sus clases medias. En aras a ver cumplido su objetivo, el realizador estadounidense buscaría acomodarse a pequeñas productoras que, en alianza con solventes compañías de distribución, propiciaran la viabilidad de proyectos guiados por el compromiso de soltar lastre para con un tipo de propuestas supeditadas a formulismos del pasado a nivel temático y estilístico. Springbok Productions –*El sirviente* (*The Servant*, 1963)–, BHE Films –*Rey y patria* (*King & Country*, 1964)–, Royal Avenue Chelsea –*Accidente* (*Accident*, 1967)– o World Film Services –*El mensajero* (1970)– fueron las compañías garantes de los inte-

La aparición de *El sirviente* contribuiría a un cambio de modelo en el seno del cine británico de los 60.

reses de Losey en el desempeño de unas historias que abordan temáticas tan espinosas en el seno de la sociedad británica escorada hacia el conservadurismo como el clasismo, el arribismo, el antibelicismo o la infidelidad conyugal. En sintonía con los preceptos regidos en el *free cinema*, Losey se abastecería de obras previamente escritas de manera indistinta para la literatura o para el teatro –Robin Maugham, John Wilson, Nicholas Mosley, L. P. Hartley– que ofrecieran cobertura dramática a su firme apuesta por aportar nuevos recorridos temáticos a la cinematografía que le había acogido en su seno desde mediados los años 50.

Losey debió permanecer unos cuantos años en suelo británico hasta conquistar sus metas, enredado, en primera instancia, en ese juego de equívocos que comporta firmar bajo seudónimo –*El tigre dormido* e *Intimidad con un extraño*, empleando los alias de Victor Habury y Alec C. Snowden, respectivamente– para luego acogerse a un cine «de género» policíaco –*La clave del enigma, El criminal* y la producción francoitaliana *Eva* (1962)– que dejaba entrever un acusado sentido de la puesta en escena deudora de su formación teatral, y una necesidad por explorar en una naturaleza humana que se conduce, en ocasiones, por sus instintos más primitivos. Similares a los que afectan a los *teddy boys* presentes en el relato de la propuesta «de anticipación» *Éstos son los condenados* (*The Damned*, 1962), en que Losey incursionaría en el cine de la Hammer[2] con menor fortuna de la esperada. En cualquier caso, le sirvió para descartar opciones a la hora de aplicarse en la consolidación de una serie de proyectos definidos desde un prisma crítico dispuesto a sacudir conciencias, a la par que servir a un puro ejercicio de entretenimiento en que la presencia de rostros (cada vez más) familiares para el gran público –Stanley Baker, Oliver Reed, Jeanne Moreau, Dirk Bogarde, James Fox, Julie Christie, Alan Bates, etc.– contribuirían soberanamente a que las cuentas financieras acabaran cuadrando. No ocurriría así con el cine de Losey librado de la siguiente década en adelante, presumiblemente debido a un sentido de autocomplacencia –en consonancia con las loanzas que recibía por gran parte de la crítica europea en aquellos años– que propiciaría un progresivo decantamiento hacia un cine afectado por un exceso de manierismo y un esteticismo que el paso del tiempo ha jugado en su contra, léase su montaje cinematográfico del texto teatral de Henrik Ibsen "*Casa de muñecas*" –*Chantaje a una esposa* (*A Doll's House*, 1973)–, de la novela de Thomas Wiseman –*La inglesa romántica* (*The Romantic Englishwoman*, 1975)–, *Las rutas del sur* (*Les routes de soud*, 1978) y la ópera *Don Giovani* (ídem, 1979), estas últimas respaldadas en lo financiero en la zona continental.

Mucho más opaco si cabe se muestra el conocimiento del cine de Cy Endfield, cuya progresión en el campo del audiovisual sufrió un giro peligroso, colocándolo al borde del precipicio, de la defenestración profesional cuando la HUAC le asoció con miembros del Partido Comunista Estadounidense. Cabe consignar el cortometraje *Inflation* (1942) habida cuenta que fue el primero de los títulos de su filmografía que despertaría recelo entre los correligionarios del maccarthismo debido a que, en tan solo diecisiete minutos, se muestra capaz de articular una velada crítica sobre el capitalismo en tiempos de guerra. Diez años más tarde, para quién seguía ejerciendo de mago profesional –entre sus alumnos tuvo a Orson Welles, de quien aprendió el arte de la dirección en el *set* de rodaje de *Ciudadano Kane* (*Citizen Kane*, 1941) y *El cuarto mandamiento* (*The Magnificent Ambersons*, 1942)–, se instalaría en Gran Bretaña recurriendo, en sintonía con la actitud adoptada por Losey, al empleo de seudónimos en aras a preservar su verdadera identidad. Escudado en el alias de Charles De La Tour, Cyril Endifeld ofrecería un par de películas sin demasiado fuste –*The Limping Man* (1953) y *Child in the House* (1956)– para dar paso a una serie de títulos calibrados con un propósito artístico mayor –*Ruta infernal*, *Sea Fury* (1958) y *Jet Storm* (1959)–. Sus rutinarios trabajos conectados a la realidad de la Guerra Fría –las cintas de espionaje *The Master Plan* (1963) y *Jugada decisiva* (*Hide and Seek*, 1964)– actuarían en contraste con un par de piezas, *Zulú* (*Zulu*, 1964) y *Las arenas de Kalahari* (*The Sands of Kalahari*, 1965), cuya acción se sitúa fuera de las fronteras del Reino Unido y contaron con la participación de su socio Stanley Baker, otro de los asiduos al cine de Losey.

Especialmente sugerente deviene *Las arenas de Kalahari*, una de las producciones británicas más sorprendentes de la década que razona sobre la idea del canibalismo aplicado a un grupo de supervivientes de un accidente aéreo en pleno desierto africano. Relacionada en su adscripción al género de aventuras en un área remota del planeta con uno de los títulos precedentes de su propia filmografía –*La isla misteriosa* (*The Mysterious Island*, 1960), "codirigida" por Ray Harryhausen– y comparada en no pocas ocasiones con su coetánea *El vuelo del Fénix* (*Flight of the Phoenix*, 1965), la propuesta del realizador y guionista estadounidense iría más encaminada hacia un discurso antropológico que acabaría conectándola con *Más allá de...* (*Walkabout*, 1970), dirigida por Nicolas Roeg (n. 1928) en tierras australianas al final de una década que prácticamente sellaría el compromiso de Endfield para con un medio sobre el que se mostraría, al cabo, con una actitud ambigua.

EL «DESEMBARCO» DE CINEASTAS NORTEAMERICANOS: MIMETIZANDO EL «PAISAJE» BRITÁNICO

Uno de los episodios clave para entender el porqué la «caza de brujas» tuvo sus horas contadas al alcancar el umbral de la década de los 50 se dio durante la preproducción de *Éxodo* (*Exodus*, 1960) –el ambicioso proyecto de adaptación de la novela homónima de Leon Uris–. A lo largo de la misma, su director Otto Preminger devolvió el nombre –y con ello su dignidad personal y profesional– a Dalton Trumbo (1905-1976), quien desde hacía años se vio forzado a recurrir a *fronts* («tapaderas») o al uso de seudónimos para seguir subsistiendo en el negocio cinematográfico. Pocos meses más tarde Trumbo volvería a recuperar el aliento cuando Kirk Douglas lo contrató para llevar a cabo la escritura del guión de *Espartaco* (*Spartacus*, 1960), que acabaría estrenándose antes que *Éxodo* en los circuitos comerciales de los Estados Unidos, y de otros países del continente sudamericano y del europeo. Un doble gesto saludado con especial emoción por parte de esos "proscritos" que habían llegado a principios de esa misma década a Inglaterra y que podrían haber sido tentados de retornar a sus países de origen, pero prefirieron asentarse en la nación que les había acogido. Además de la muestra de gratitud, esa negativa a tratar de volver sobre sus propios pasos profesionales –Cy Endfield fue el único que lo intentó, si bien de manera infructuosa; demasiadas cuentas pendientes en un expediente que, a juicio de algunos influyentes personajes que ocupaban *cátedra* en los aledaños de la Industria, aún no estaba "límpio"– se debió a que los Estados Unidos miraban a Gran Bretaña como plató susceptible de emplazar equipos de producción aprovechando una serie de ventajas fiscales y arancelarias que no se habían dado a lo largo de los dos primeros tercios del siglo XX.

En pleno proceso de desmembramiento del *Studio System* fruto de la incidencia cada vez más devastadora sobre la taquilla de la emergente televisión, pequeñas y medianas unidades de producción, amén de las *majors* que todavía se sostenían en pie con necesidad de establecer empresas filiales en puntos estratégicos del planeta, se encomendarían a desplegarse en suelo británico. Ese sentido "fraternal" que presidía

James Mason y Maximilian Schell, dos de los intérpretes de *Llamada para un muerto*, adaptación de la novela homónima de John LeCarré.

las relaciones entre los Estados Unidos y el Reino Unido durante la Segunda Guerra Mundial y en los años de posguerra resultó el caldo de cultivo propicio para que el cine acabara beneficiándose de esta óptima relación. Con la llegada de la bonanza económica a Gran Bretaña, aliada con una pujanza artística –por ejemplo, Londres se convirtió en la capital de las nuevas tendencias en materia de música pop y rock–, el país europeo no continental sería la elección lógica para un buen número de directores, guionistas y productores de nacionalidad estadounidense, pero que en la mayoría de los casos cabía buscar sus orígenes preferentemente en Centroeuropa.

Citar el detalle de las producciones con capital estadounidense que se rodaron en territorio británico desde los primeros compases de los 60 hasta principios de los 80 ocuparía un solo capítulo de este libro. Por ello resulta menester fijar la atención en aquellas producciones que lograrían levantar cineastas norteamericanos que ya habían tenido recorrido en la Industria más poderosa del mundo, pero que evidenciaron una extraordinaria capacidad de adaptación al nuevo *medio*. Otto Preminger se revelaría uno de los primeros en dar un paso al frente, *mudando* su pequeña empresa de producción Carlyle a territorio británico bajo una nueva identidad, la de Wheel Productions, que ofreció cobertura legal a la puesta en marcha de *Saint Joan* (1957), *El rapto de Bunny Lake* (*Bunny Lake's Missing*, 1965) y *El factor humano* (*The Human Factor*, 1979), el canto de cisne de un director que parecía haber encontrado en la cinematografía británica el espacio idóneo para tratar un abanico de temas depositarios de

Carol Lynley, Keir Dullea y Laurence Olivier encabezan el reparto de *El rapto de Bunny Lake*, una soberbia incursión de Otto Preminger en el cine británico.

un espíritu contestatario. De manera un tanto decepcionante, la maravillosa pieza de culto *Bunny Lake's Missing* –con algún que otro inserto que apelara a la modernidad (la aparición catódica de la banda "prefabricada" The Monkees), por otra parte, recurrente en buena parte de su filmografía administrada a través de Carlyle Productions y "derivados" a partir de los años 50– no tuvo continuidad hasta transcurridos catorce años con la aceptación de la propuesta de traslación al celuloide de la novela de Graham Greene.

Sidney Lumet (1924-2011) y Richard Fleischer (1916-2006) fueron otros de los realizadores destacados que arribaron a las costas británicas movidos por una necesidad de renovar emplazamientos y favorecer al estímulo creativo con nuevos equipos de técnicos en sus respectivos entornos, así como el hecho de contar con intérpretes nativos de reconocido prestigio internacional o en vías de lograrlo. Asociado al productor Denise O'Dell –colaborador de Richard Lester (n. 1932) merced a empresas del estilo de *¡Qué noche la de aquel día!* (1964) o *Cómo gané la guerra* (*How I Won the War*, 1967)–, por aquel entonces Lumet estaba en disposición de concebir una unidad de producción propia que llevara su nombre. Después de haner filmado en exteriores en el estado español y en estudio en Borehamwood la cinta antibelicista *The Hill* (1965) para la productora canadiense Seven Arts, Lumet, a través de su propia productora de nuevo cuño suscribió un acuerdo de distribución con Warner Brothers. Lo haría en función de la puesta en marcha de *Llamada para un muerto* (*The Deadly Affair*, 1966), en que Lumet trataría de extremar su carácter de film británico al lucir la etiqueta de adaptación de una novela de John Le Carré –adaptado a la gran pantalla un año antes con *El espía que surgió del frío*, en la que se evalúa la única participación británica de Martin Ritt, otro director en el punto de mira del maccarthismo– que cosecharía cifras de venta millonarias en el espacio de pocos años. No existía una intencionalidad por parte de Lumet de trascender un marco que no fuera el estrictamente genuino de un Londres vencido por el peso de la tradición, estimulando inclusive el respeto casi reverencial por un orden "natural" al acoplar a la trama prototípica de *spy film* dos montajes escénicos patrimonio de William Shakespeare y Christopher Marlowe, esto es, "*Macbeth*" y "*Eduardo II*".

El equipo artístico puesto al servicio de Lumet –James Mason, Harry Andrews, los hermanos Lynn y Corin Redgrave, Kenneth Haigh, etc.– y el desempeño tras el objetivo de Freddie Young no hacían más que refrendar el modelo que el propio realizador se había autoimpuesto para, de alguna manera, "reinventarse" fuera de los cauces del cine norteamericano al que no tardaría en retornar.

Confiado en encontrar otras vías de financiación que no comportaran un desembolso personal, de manera intermitente Lumet regresaría a la escena cinematográfica británica en el curso de los años 70, con una aportación que se corrige en distintas líneas genéricas y/o estilísticas. En este sentido, la principal aportación de la década del cineasta judío, sin duda, se corresponde con *La ofensa* (*The Offence*, 1972), quien sirviéndose de una obra teatral escrita y guionizada por John Hopkins (1931-1998) –uno de los miembros fijos del *staff* de la popular serie británica "*Z Cars*" (1962-1964)– elabora una variante sajona de los *police procedural* soportada por una complejidad psicológica que atañe al detective Johnson (Sean Connery, a la sazón productor a través de su compañía Tantallion) y su némesis Kenneth Baxter (Ian Bannen), acusado de violar y asesinar a una niña, abandonando su cuerpo en un descampado situado en los arrabales de una ciudad (indeterminada) de Inglaterra.

Opuesta a los planteamientos formularios que se estilaban en el policíaco británico de aquel periodo, *La ofensa* casa a la perfección con propuestas orientadas hacia la vía experimental que asimismo tuvieron acomodo en la industria para la que Lumet trabajó de una manera discontínua. En los Estados Unidos Lumet seguiría prolongando y prorrogando su interés por analizar el estamento policial en su percepción, cuando no constatación, que existe un foco de corrupción difícil de erradicar. El resto de sus incursiones británicas refuerzan su carácter de adaptador *tot court*, sometiéndose a la disciplina de *derivar* hacia la gran pantalla la novela de misterio de Agatha Christie abonada al concepto del *whodonit* («¿quién lo hizo?»), *Asesinato en el Oriente Express* (*Murder On the Orient Express*, 1974)[3], y dar acomodo a la traslación al celuloide de una pieza teatral escrita por Peter Shaffer, *Equus* (ídem, 1977), envuelta por la polémica en referencia a algunos de los temas tratados, en especial, el de la homosexualidad y la relación que se profesan paciente y médico (psicólogo) que traspasa los límites del marco profesional, en un *tour de force* sostenido entre Peter Firth y Richard Burton del que saldría mejor librado este último.

Debutante a los veintinueve años con el drama doméstico *Child of Divorce* (1946), Richard Fleischer viviría su época dorada bajo las huestes de la Fox, y por ello se prestaría a participar en el mediometraje documental *Think Twentieth* (1967). Ese mismo año Fleischer emplazaría su cámara en Inglaterra –concretamente en el Castillo de Cumbria y en Santa Lucía, en las West Indies británicas– para encomendarse al rodaje de *El extravagante Doctor Dolittle* (*Doctor Dolittle*, 1967), una propuesta musical que competía con otras producciones de un género con un considerable repunte de aceptación por parte del público. Ya desde la búsqueda de las localizaciones más idóneas para este musical que desprende aromas de fantasía, el hijo del dibujante Max Fleischer sopesaría la idea que algunos de sus proyectos evaluados al medio plazo tuvieran en Gran Bretaña su escenario natural. Con el cambio de decenio, el realizador norteamericano consensuó con el ex actor Leslie Linder (1924-2010) la necesidad de sumar esfuerzos a través de la compañía Genesis Corp. Ltd[4]. Al margen de una versión cinematográfica de *Hamlet* (1969) –registrada en directo en la Roundhouse de Londres por el equipo coordinado por un hiperactivo Tony Richardson–, Genesis Corp. únicamente financiaría –con el refuerzo de la empresa estadounidense Filmways– para el medio *El estrangulador de Rillington Place* (*Ten Rillington Place*, 1971) y *Terror ciego* (*Blind Date*, 1971), ambas bajo la dirección de Fleischer.

Es interesante observar cómo Fleischer volvía a concentrarse en la historia de un asesino de mujeres que utiliza un singular ritual, aunque con el "matiz" nada baladí de un cambio de ubicación y de época dispuesto a sumergir al espectador si cabe aún más en el espacio de lo sórdido. Así, de la capital del estado de Massachusetts de los años 60 en *El estrangulador de Boston* (*The Boston Strangler*, 1968) nos trasladamos a un suburbio del Londres de posguerra en *El estrangulador de Rillington Place*, con todas las connotaciones socopolíticas y económicas que ello implica, incluidas las referencias a los abortos clandestinos que representa uno de los vértices dramáticos de un relato que se mueve constantemente en la penumbra de un individuo (excepcional Richard Attenborough) y de su entorno familiar que ve *expulsado* de su territorio cualquier atisbo de pasión y emoción. En su tratamiento semidocumental Fleischer encontraría sus mejores bajas, siendo un título referencial –no así *Terror ciego*, que nacía con el propósito de seguir la estela del éxito de *La semilla del diablo* (*Rosemary's Baby*, 1968) con idéntica actriz protagonista, y de *Sola en la oscuridad* (*Wait Until Dark*, 1967)– que dejaría huella inclusive en producciones del alcance de *El secreto de Vera Drake* (*Vera Drake*, 2005), dirigida por Mike Leigh. Años más tarde, una vez que iba tomando cuerpo su catalogación de *yes man* habida cuenta de su aceptación de una amalgama de proyectos sin apenas puntos en común, Fleischer regresaría al modelo de coproducción angloamericana con *El príncipe y el mendigo* (*The Prince and the Pauper*, 1977), cuyo principal desembolso económico correría a cargo de Alexander e Ilya –padre e hijo– Salkind, impulsores financieros de *Superman* (*Superman: The Movie*, 1978), para la que designaría al frente de las operaciones, en materia estrictamente cinematográfica, a otro estadounidense de idéntico nombre de pila, Richard Donner. Por su parte, Sam Peckinpah (1925-1984) abandonaría su feudo americano para incursionar en el cine británico, ni que fuera en una sola ocasión, con *Perros de paja* (*Straw Dogs*, 1971), a través de la una producción sustanciada entre empresas estadounidenses y británicas que pronto acusarían la "leyenda negra" que persiguiría a su director. *Perros de paja* quedaría al arbitrio de los censores británicos de turno que repararon en la violencia explícita contenida sobre todo en el tramo final del metraje, provocando recortes en la versión a la que había dado validez el propio Peckinpah para oficializarse su estreno en salas comerciales.

Por tanto, el círculo de técnicos de primer orden provenientes del otro lado del Atlántico, quedaba, pues, lejos de cerrarse y en las venideras décadas se registraron infinidad de vuelos con productores, directores y técnicos auxiliares a bordo que conectarían la costa Este de los Estados Unidos con Londres, y viceversa. Por aquel entonces, la aldea global asimismo devino un término aplicable a la cinematografía mundial, pese a los intentos (no siempre afortunados) de preservar las señas de identidad del cine británico.

GRAN BRETAÑA, PLATÓ CINEMATOGRÁFICO

Podría interpretarse que las incursiones de Preminger, Fleischer o Lumet en suelo británico estimulaban a pensar que se produjo un «enriquecimiento», una importación de talentos (aunque fuera de manera puntual) que podría ayudar a dinamizar un cine necesitado de procesos, de flujos creativos constantes en aras a preservar su posición de privilegio en el contexto cinematográfico internacional. Sin embargo, la caractereología del cine británico parecía irremediablemente condenada a perderse entre el paisaje a escala mundial en virtud que, a partir de principios de los años 60, muchas productoras de otros tantos países –preferentemente, los Estados Unidos– colocaron el foco en las Islas para emplazar equipos de todos los tamaños imaginables. Las razones por las que Gran Bretaña era visualizada en aquel periodo como un "descomunal" plató cinematográfico se explica en función de una coyuntura económica, social, cultural y por qué no decirlo, política. Las *facturas* que habían quedado sin *pagar* durante la Segunda Guerra Mundial se *cobrarían* parcialmente, siendo los Estados Unidos el principal beneficiario de unas políticas auspiciadas por el gobierno británico que rebajaron las cargas impositivas fiscales sobre las productoras dispuestas a utilizar el país europeo conforme a un plató con infinitas posibilidades. Ello conllevaría un beneficio económico mútuo pero consecuencias de calado artístico en orden a que la esencia del cine británico parecía haber quedado diluida. Entre tanta oferta de coproducciones angloamericanas, algunas de éstas se crearon previo acuerdo para que, amén de las localizaciones, el peso interpretativo recalara en el amplio plantel británico puesto a disposición de algunos estudios afincados en el territorio, mientras que el tratamiento de las historias obedecía a postulados, ya sea por tradición o convicción, netamente americanos. De ahí esa "esquizofrenia" que invade al aficionado al tratar de discernir si una determinada película con hechuras de gran producción o produc-

Stanley Kubrick fijó su "plató" cinematográfico en Gran Bretaña a partir del rodaje de *Lolita*.

ción media localizada en el espacio temporal de los años 60 y 70 actúa bajo bandera estadounidense o británica, o representa una "mixtura" de ambas nacionalidades.

Stanley Kubrick (1928-1999) fue de los primeros realizadores en tomar conciencia que Gran Bretaña procuraba muchos más beneficios que aspectos negativos a la hora de sopesar la viabilidad de una determinada producción. El cineasta norteamericano fijaría su residencia en St. Albans, en el estado de Hertfordshire, desde donde podía desplazarse sin perder demasiado tiempo a los pertinentes estudios y así ejercer un mayor control sobre sus *criaturas* cinematográficas. En este sentido, *Lolita* (ídem, 1962) representó su bautismo de fuego. Kubrick precisó de un *pool* de empresas para que el proyecto de adaptación de la novela homónima de Vladimir Nabokov saliera adelante. Buen conocedor del sistema de producción que rigió en Gran Bretaña en los años de Guerra y posguerra, Kubrick entendió idóneo emplear los Estudios Elstree, sitos en Borehamwood (sin necesidad de salir de los dominios del estado de Hertfordshire) y los que propiciaría la Associated British Pictures Studios, muy cerca de ese mismo enclave, en atención a abordar el rodaje de su sexto largometraje. Resulta un ejercicio ciertamente complicado para los que no sean nativos del Reino Unido detectar la "huella" *british* en el montaje final de *Lolita*, ambientada en la costa Este de los Estados Unidos.

Tras haber finiquitado su compromiso con James B. Harris, Kubrick creó su propia unidad de producción, Hawks Film, con la que negociaría condiciones favorables con la Columbia para edificar el proyecto en común de *¿Teléfono Rojo?, volamos hacia Moscú* (*Dr. Strangelove...*, 1964), al igual que su título precedente, evaluada en régimen de coproducción angloamericana. Esta historia de claras connotaciones de sátira antibelicista precisaba recurrir a material documental ya filmado o desplazar a segundas unidades de producción, por ejemplo, a los confines de Canadá. Paradójicamente, con la salvedad de la escena final, el mayor impacto visual que muestra el film se concreta en la *Room War* diseñada por Ken Adam, a expensas de las indicaciones brindadas por Kubrick. Además de otros escenarios que competen al film, en los Shepperton Studios se recrearía la espectacular sala donde se dirimen en torno a una mesa circular asuntos de vital importancia para el futuro... de la humanidad. Pertrechado en su convicción de ejercer un control absoluto sobre sus proyectos, después de un par de experiencias Stanley Kubrick entendió la idoneidad de combinar estudios (los de Borehamwood y Shepperton, además de los que procuraría la división británica de la Metro) ya utilizados para una propuesta que alcanza un carácter singular. Lo es no tan solo por las nuevas perspectivas que infundía al género de la ciencia-ficción en su prospección por cuestiones que atañen incluso a la metafísica, sino al reto de recrear un universo inexplorado en estudio que fuera "creíble" cara al espectador.

Las certezas de tal logro traducidas al plano visual en *2001: una odisea del espacio* (*2001: A Space Oddissey*, 1968) se convirtieron en dogma de fe para aquellos colegas de profesión desconocedores de las "interioridades" de la industria cinematográfica británica. Kubrick, natural de Nueva York, crearía el «espejo» con el que una legión de realizadores quería «mirarse». En este sentido, Kubrick se erigiría en uno de los "embajadores" más cualificados de la industria de las Islas Británicas, mostrando al mundo las enormes opciones con las que podían contar, como señalaba, productoras de cierto tamaño, quedando exluídas (en su inmensa mayoría) pequeñas compañías que operaban en el sector. Desplazar equipos de producción a un país extranjero comportaba una inversión nada desdeñable. En un razonamiento guiado a la luz de los resultados de films como los concebidos por Kubrick, todo ello quedaría compensado con creces por la eficacia de unos estudios que no parecían ponerse coto a la hora de recrear "mundos" hasta entonces privativos de la imaginación. A lo largo de la década de los 70 Kubrick seguiría fiel a este planteamiento de coproducción en sus posteriores films, *La naranja mecánica* (*A Clockwork Orange*, 1971), *Barry Lyndon* (ídem, 1975) –cuya recreación histórica movilizaría a miles de extras– y *El resplandor* (*The Shining*, 1980). Kubrick nunca renunció a su nacionalidad estadounidense, y su cine no obedece precisamente al estímulo de conducirse por historias localistas aferradas a la idea de explorar la idiosincrasia británica. Por ello, Kubrick jamás ha sido observado desde la óptica de un norteamericano "asimilado" al cine y, por extensión, a la cultura británica. Él quiso estar en el mejor de los dos "mundos", colocando un pie en los Estados Unidos y otro en Gran Bretaña. De ahí que la traducción de esa necesidad se evaluara en forma de concebir sus películas bajo una doble "identidad".

Coetáneo de Stanley Kubrick –nacieron el mismo año; apenas se llevaban algo más de un mes de diferencia–, James Ivory (n. 1928) sí puede ser considerado un estadounidense "asimilado" a la idiosincrasia británica, atravesando para ello un largo *puente*, el que se localizaría en la India. Allí fue donde Ivory entró en contacto con Ismail Merchand (1936-2005) y Ruth Prawer-Jhabvala (1927-2013), productor y guionista titular de una obra que arranca a principios de los 60 pero que obtendría su *visado* cinematográfico en las Islas Británicas en forma de empresa financiera propia –la «sociedad limitada» Merchant-Ivory Productions– hasta *Autobiography of a Princess* (1975). A partir de entonces, Ivory disfrutaría de la oportunidad de trabajar sobre materiales literarios de raigambre esencialmente británica, el primero de los cuales atendería a *Los europeos* (*The Europeans*, 1979) respetando, por consiguiente, el título de la novela de partida obra de Henry James. Pero no sería hasta la llegada del cambio de decenio cuando Ivory empezó a infundir "carácter" a un cine de corte academicista, de líneas claras y un brillo que, por lo general, quedaban a buen recaudo merced a los intérpretes que tuvo a su disposición.

Al igual que Ivory, los equívocos se generan por sí solos cuando constatamos que la nacionalidad estadounidense de Richard Lester entra en "conflicto" con el cine que practicaría a lo largo de los años 60 y 70. Ni tan siquiera en su caso Lester dejaría rastro de una eventual obra labrada en territorio norteamericano. A la edad de veintiocho años Lester empezaría a tomar *impulso* en la Industria británica merced a un corto, *The Running Jumping & Standing Still Film* (1960), acreedor de una nominación a los

Alan Bates, Malcolm McDowell y Oliver Reed, un trío de lujo para *El cobarde heroíco*, cinta en clave cómica dirigida por Richard Lester.

Robin y Marian **representa una pieza desmitificadora con Sean Connery encomendándose al papel principal.**

Oscar en esta categoría. Una propuesta encaminada a dejar constancia cara al celuloide de las prestaciones de varios de los intérpretes vinculados al grupo «The Goon Show», en el que descollaría por derecho propio el talento de Peter Sellers. Él mismo dio cobertura financiera a un corto que marcaría las líneas a seguir del cine *lesterniano* –si se permite la expresión–, empecinado en derribar tabúes y reformular un espacio apto para todo tipo de críticas que tuvieran en su diana el *establishment*. Para tal menester, Lester se apoyaría en la misma estrategia que guiaría los destinos del cine de Kubrick, esto es, buscar financiación a ambos lados del Atlántico.

El sentido de la sátira dominaría el contenido de una filmografía que ganaría en popularidad en los años de pujanza del movimiento *hippie* y de la *beatlmania* –como he señado con anterioridad, él se encargaría de rodar un par de cintas, en clave de ficción, sobre el cuarteto de Liverpool, grandes fans de los irreverentes «The Goon Show»– , calibrada con propuestas de cierta o notable repercusión mundial como *Golfus de Roma* (*A Funny Thing Happened on the Way to the Forum*, 1966) –con fotografía de Nicolas Roeg, interpretación a cargo de otro *blacklisted*, Zero Mostel, y unos espléndidos títulos de crédito en el debe del ilustrador Richard Williams–, el drama romántico *Petulia* (ídem, 1968), *El cobarde heroíco* (*The Royal Flash*, 1975) y *The Ritz* (1976). En otro campo de batalla se dirime el relato fílmico de *Cómo gané la guerra* (*How I Won the War*, 1967), un auténtico despropósito a cuenta de un enunciado antibelicista, al igual que *The Hill*, filmada parcialmente en Almería. En virtud del rédito que había obtenido al haber dirigido a los Beatles, Lester se vio en la encrucijada de adjudicar uno de los papeles protagonistas de *Cómo gané la guerra* a John Lennon, por aquel entonces con la mente puesta en abandonar el grupo que le procuraría fama mundial. Un par de años más tarde, Lester asimilaría para la causa de la contracultura un discurso netamente antinuclear con *The Bed Sitting Room* (1969), otra vuelta de tuerca sobre un tema tratado en la citada *¿Teléfono Rojo?, volamos hacia Moscú*, además de *Punto límite* (*Fail-Safe*, 1964), de Sidney Lumet y *El juego de la guerra* (*The War Game*, 1965) de Peter Watkins. Definida sobre contornos propios de la *sci-fi*, *The Bed Sitting Room anunciaría*, pues, la adscripción de Lester a un género en que tributaría la figura de un superhéroe surgido del cómic a través de las dos continuaciones de *Superman*. Extraña, cuanto menos, la elección de los Salkind para que Lester tomara el relevo a Donner –responsable no acreditado de buena parte de *Superman II* (ídem, 1980)– si nos atenemos a una dinámica de títulos confeccionados a lo largo de esa misma década, en que el sentido de la desmitificación arraigaría en la formulación de relatos del estilo de *Los tres mosqueteros (The Three Musketeers*, 1973) y su continuación, *Los cuatro mosqueteros* (*The Fourth Musqueteers*, 1974) –a finales de los 80 consignaría una tercera entrega en torno a los caracteres creados por Alejandro Dumas, *El regreso de los mosqueteros* (*The Return of the Musketeers*, 1989)– , *Robin y Marian* (*Robin and Marian*, 1976) y *Los primeros golpes de Butch Cassidy y Sundance* (*Butch Cassidy and Sundance: Early Days*, 1979), estas últimas operando bajo el paraguas financiero de los Estados Unidos. A semejante cinematografía ligaría su suerte Richard Lester, la que se corresponde con la de su propio país de origen, pese a que muchos le integrarían sin paliativos a la relación de cineastas británicos que cubrieron sus etapas "gloriosas" en esos años de especial *bullicio* creativo.

Dejando al margen los nombres de Kubrick, Ivory y Lester, la plana mayor de cineastas que participaron de manera activa en la concreción de obras rodadas en régimen de coproducción, de procedencia angloamericana, en el curso de los años 60 y 70 lucían el pasaporte que les acreditaba como ciudadanos europeos. El francopolaco Roman Polanski, al que nos hemos referido en el capítulo anterior en virtud de su alianza con Compton Films en *Repulsión* y *Callejón sin salida*, quedaría plenamente satisfecho de las posibilidades que ofrecían los platós de Gran Bretaña. Así pues, Polanski manufacturaría, en parte, *El baile de los vampiros* (*The Fearless Vampire Killers*, 1967) en los Elstree Studios, en los Pinewood y en los MGM situados en Borehanwood, y realizaría una versión de "*Macbeth*" en 1971 en diversas localizaciones de Gales e Inglaterra que acabaría conviriténdose, debido a asuntos "extracinematográficos," su despedida de una nación por la que sigue sintiendo auténtica admiración, sobre todo en relación a sus técnicos e intérpretes. Para Polanski la cuestión idiomática en relación al inglés no resultó un freno para sus aspiraciones artísticas; su defenestración del Reino Unido, a efectos de poder rodar, iba por otros derroteros ligados a sus problemas con la justicia al haber sido acusado de violar a una menor a mediados los años 70 en los Estados Unidos.

Vanessa Redgrave y David Hemmings al servicio de *Blow-Up* (*Deseo de una mañana de verano*), una cinta surgida en plena eclosión del *swining London.*

Tampoco para Michelangelo Antonioni (1912-2007) la cuestión del idioma representaba un handicap, ya que vivió in situ el periodo del *Swinging London* del que acabaría impregnándose para acometer *Blow-Up (Deseo de una mañana de verano)* (*Blow-Up*, 1966), un film que destila una formulación esencialmente coyuntural en sus enunciados estéticos y narrativos, luego tomado como referente por cineastas iconoclastas localizados en distintos puntos del planeta. Habiéndose manejado con un actor británico, Richard Harris, en su film anterior, *El desierto rojo* (*Desserto rosso*, 1964), para *Deseo de una mañana de verano Antonioni* tuvo a su disposición a un cuerpo de intérpres de idéntica nacionalidad (Sarah Miles, Vanessa Redgrave, Jane Birkin, David Hemmings, etc.) comprometidos con el proceso creativo de una cinta con una mirada enfundada de modernidad a través de un crisol de temas que recorre su metraje, desde el sexo hasta el *voyeurismo* o las drogas. Un cóctel que, al cabo de agitarse y seducidos por un embriagador olor, iría perdiendo paulatinamente su sabor al paladar de espectadores no precisamente familiarizados con la realidad de la época en que había sido gestada.

Meses antes que el impacto del estreno de *Blow-Up* se dejara sentir en las carteleras británicas, otro director "continental", François Truffaut (1932-1984) presentaría en sociedad *Fahrenheit 451* (ídem, 1966), siendo en su caso su deficiente dominio del inglés un factor a tener en cuenta, unido al celo que trataría de preservar sobre su obra fílmica, para que no volviera a concebir una producción en las Islas. Ello no invalida la propuesta de la adaptación de la novela homónima de Ray Bradbury –fechada en

1951–, abierta a una lectura que hoy en día se advierte proféctica en su definición de un mundo canalizado por el poder audiovisual frente a la "amenaza" que representan los libros. El proyecto de Anglo Enterprise nació y *murió* con *Fahrenheit 451* después de varias tentativas de llevar a buen puerto la traslación a la gran pantalla el relato de Bradbury.

Al mando de Anglo Enterprise se significaría Lewis M. Allen (1922-2003), a la sazón productor de otra versión cinematográfica extraída de un *longseller*, "*El señor de las moscas*" y al que cabe adjudicar uno de los grandes hallazgos del film dirigido por Truffaut, el de haber brindado un doble papel a Julie Christie, el de Clarisse y su némesis, Linda Montag, la obediente mujer del bombero Guy (Oskar Werner) que acaba replanteándose el sentido de sus acciones y, por ello, decide buscar refugio en el espacio que ocupan los denominados "hombres-libro", en la orilla de un río, fuera del alcance de la *civilización*. Ciertamente, Werner protagonizaría una de las secuencias finales, a mi entender, más bellas que haya ofrecido la cinematografía en general, y la británica, en particular. Diez años más tarde, el actor vienés –curiosamente fallecido un par de días después que lo hiciera Truffaut– intervino en un título coral, *El viaje de los malditos* (*Voyage of the Damned*, 1975), filmada exlusivamente con capital británico y, de esta forma, cumpliendo el acuerdo que se rodara parcialmente en las Islas. El

Alec Guinness y Julie Christie en un fotograma de *Doctor Zhivago*, realizada por David Lean.

resto de la cinta dirigida por Stuart Rosenberg (1928-2007) se localizaría en España, el otro plató cinematográfico europeo por definición en aquella época que se extendería a lo largo y ancho del país. Allí se desplazarían las distintas unidades de producción que comprometían a los rodajes de *Lawrence de Arabia* (*Lawrence of Arabia*, 1962) y *Doctor Zhivago* (ídem, 1965), ambas dirigidas por David Lean. Como sintetiza Tomás Fernández Valentí en el subtítulo de su libro dedicado a la obra de Lean, "La emoción y el espectáculo" se acomodan al propósito de sendos trabajos con un poso historicista, al calor de las andanzas de unos personajes cuyas convicciones (incluidas las contradicciones) chocan en el mundo que les tocó vivir.

Con *El puente sobre el río Kwai* Lean ya marcaría un punto de inflexión en su dilatada carrera cinematográfica, a la búsqueda de un cine orientado al espectáculo visual pero sin perder el sentido íntimo, aquel capaz de adherirse al comportamiento de los seres humanos. Proyecto barajado desde los tiempos del mudo por las cinematografías británica y estadounidense, la vida de Thomas Edward Lawrence (1888-1935) estuvo en vías de "imprimirse" en la gran pantalla toda vez que el aventurero inglés se reunió con el productor Herbert Wilcox, sondeando la posibilidad que su autobiografía "Los siete pilares de la sabiduría" se ajustara al concepto de epopeya fílmica. La propuesta de Lawrence no entusiasmó a Wilcox por considerarla con demasiados claroscuros sobre su persona, una impresión que no llegaría a compartir Alexander Korda, quien a mediados los años 40 realizaría una ofensiva para que el proyecto cristalizara.

Durante varios años Korda libraría una particular "batalla" para conseguir cumplir su objetivo, pero entre tantas desaprobaciones de guión y descuadres en el capítulo presupuestario e interpretativo, el proyecto se iría postergando hasta que Lean hizo cambiar el rumbo de los acontecimientos, dando como resultado una de esas propuestas cinematográficas que requiere del esfuerzo del espectador por no caer en un ejercicio contemplativo en función de su belleza visual y auditiva (primero de los afortunados encuentros entre cineasta y compositor, el francés Maurice Jarre), y penetrar en los intersticios de unos personajes (con Lawrence/Peter O'Toole en primera plano) vinculados a un mundo tejido de odio, envidia, deseo y poder. Un poder que lo conecta directamente con la realidad de un Imperio colonialista con una tendencia expansiva que iría perdiendo fuelle en el periodo de entreguerras del siglo pasado. No escaparía a nadie que Lean supo trascender con imágenes una propuesta formulada con no pocas reservas debido a la complejidad de un personaje y a la ausencia de *subplots* referidos a una presencia femenina en fase de enamoramiento que amenizara semejante *travesía* por un *desierto* que Lawrence llegaría a conocer con profundidad. Los quince millones de dólares invertidos con la realización de Lawrence de Arabia no tardarían en ser compensados, entre otras consideraciones gracias al "estímulo" de la obtención de siete Oscar, la mayoría de carácter técnico. En minoría se encontrarían los relativos al cuadro interpretativo, en que O'Toole y Omar Sharif, en calidad de Mejor Secundario, se "coronarían" en la gala de los Oscar celebrada en primavera de 1963. Por aquel entonces, David Lean, asimismo distinguido con la estatuilla dorada, parecía haber fijado un nuevo objetivo, la adaptación de la voluminosa novela de Boris Pasternak (1890-1960) "Doctor Zhivago".

Familiarizado con las proporciones gigantescas de un rodaje como el de *Lawrence de Arabia* –al que cabía añadir los rigores climatológicos soportados durante las distintas fases de filmación en el sur de España y en el norte de África–, Lean no parecía, pues, derrotado de antemano por las enormes dificultades que entrañaba un proyecto de las características de *Doctor Zhivago*. Más bien, todo ello se tradujo en un acicate, en un reto que involucraba a partes iguales lo personal con lo profesional. Los conceptos barajados para uno y otro film servirían de igual manera para Lean, atendiendo a ese componente de espectacularidad que viste una producción –bajo el control financiero de la empresa de Carlo Ponti; la distribución correría a cargo de la Metro– que requería de múltiples localizaciones y de una afinación en relación a los pronósticos metereológicos debido a ese factor estacional que repercute en el entramado dramático de la propuesta. Aun teniendo presente que el ex montador trabaja en otro nivel de exigencia, para *Doctor Zhivago* aplicaría elementos propios de su cine de "pequeño" o "mediano" formato, como el del empleo del *flashback* que organiza las secuencias de las vidas de unos personajes, presidiendo el relato una historia triangular que compete a Lara (Julie Christie), Yuri –el doctor Zhivago del título– (de nuevo Omar Sharif) y el idealista volchevique Pasha (Tom Courtenay). Aplicada hasta el milímetro en su fundamento narrativo y visual, Lean lograría, a mi juicio, su cima artística por lo que atañe a un modelo de producción que se prolongaría al término de esa misma década con *La hija de Ryan* (*Ryan's Daughter*, 1970), una precisa aproximación al entorno vital, emocional y físico de una de esas mujeres "marcadas" por el pasado, la profesora de escuela, Rosy Ryan (Sarah Miles, a la sazón esposa del guionista Robert Bolt, mano derecha de Lean durante ese periodo), que entroncaría con una larga "tradición" de féminas que se decantan por ser dueñas de sus destinos, empezando por las registradas en el cine del propio cineasta inglés durante los años 40. Localizada en parajes naturales de Irlanda, el estreno de *La hija de Ryan* generaría críticas negativas, una circunstancia que al parecer irritaría a Lean hasta el extremo que el arrojo de antaño sería evaluad0 desde la cautela y la prudencia. La misma que le llevaría a esperar catorce años para realizar su siguiente producción, *Pasaje a la India* (*A Passage to the India*, 1984), vinculando nuevamente los nombres de Alec Guinness y Maurice Jarre, entre otros, a una propuesta que se saldría del *molde* en su concepción artística, estableciéndose un referente para la comunidad de cineastas a la hora de acometer el rodaje de un film en que la espectacularidad no debe "reñir" con el intimismo. En estas cuatro producciones dirigidas por el genio de Lean se advierte semejante logro, además de una necesidad por activar aspectos de la historia que *envuelven* al relato, ofreciendo una mayor densidad. Un elemento, el histórico, que comprometería a un número importante de producciones ejecutadas en el plató de Gran Bretaña, algunos con un dispositivo claramente propagandístico –al hilo de las enseñanzas del pasado– como *La batalla de Inglaterra* (*Battle of Britain*, 1969) y otras con un fundamento de recreación de un periodo especialmente "sensible" en que el poder eclesiástico y el

El último valle atiende a una corriente de renovación de producciones de cariz histórico que se dio en el cine británico de los 60 y 70. En la foto, Florinda Bolkan y Michael Caine.

político se enmarañan como *Becket* (ídem, 1964), *El león en invierno* (*The Lion on Winter*, 1968) o *Ana de los mil días* (*Anne of the Thousand Days*, 1970). Asimismo cabrían propuestas entendidas con un enunciado menos ambicioso que han ido ganando adeptos con el paso de los años, caso de *El último valle* (*The Last Valley*, 1971) –dirigida por James Clavell, y con Michael Caine y Omar Sharif encabezando su apartado artístico.

MAN ON WAR: PETER WATKINS

Parece ocioso pensar que Lindsay Anderson obedece como ningún otro cineasta británico al paradigma de «francotirador» en relación a la industria audiovisual de su país. En realidad, Anderson llevó a cabo este comportamiento guiado por sus propias convicciones ideológicas desde «dentro» del Sistema mientras que Peter Watkins (n. 1935), fiel a sus propias convicciones, desestimaría tal opción para someterse a un permanente ejercicio de *combate* desde «fuera», a través de proyectos que tuvieron diversos «padres» (Inglaterra, Suecia, Noruega, Estados Unidos, etc.), léase naciones, dispuestos a preservar un espíritu crítico insobornable. Un cine «de guerrillas» que Watkins articuló bajo un propósito, el de mostrar una ficción documental o lo que en términos actuales podría denominarse el embrión del *mockmentary* o «falso documental». En este sentido, su carácter pionero en relación a un subgénero arraigado al terreno cinematográfico de finales del siglo XX y lo que llevamos del siglo XXI bastaría para mostrar la importancia de un realizador del perfil de Watkins, quien por lo general no figura en las programaciones oficiales para dar a conocer el contenido y el «continente» del cine británico de cara al exterior pero, a modo de contrapartida, su obra ha encontrado cabida en determinados certámenes y filmotecas de muchos países dispuestos a ofrecer una ventana alternativa a una realidad que mira a trasluz un mundo caótico, afectado de desigualdades, sufrimiento, terror, angustia con un resquicio para la esperanza.

Cierto que Watkins emprendió su particular diatriba contra el Sistema a mediados los años 60 con una serie de cortometrajes –*The Web* (1956), *The Field on Red* (1958), *The Diary of Unknown Soldier* (1959), *The Forgotten Faces* (1961) y *The Controllers* (1963)–, amén de la producción para televisión "*Culloden*" (1964), pero el punto de inflexión de su trayectoria artística lo marcaría el mencionado mediometraje *El juego de la guerra*. El tema de la guerra nuclear que años más tarde retomaría el propio Watkins en *Resan: The Journey Documentary* (1987), continuaba teniendo predicamento en aquel periodo. No en vano, los preparativos de rodaje de *The War Game* coincidión con la producción angloamericana *Estado de alarma* (*The Bedford Incident*, 1965). Este films cuenta con fotografía de Gilbert Taylor (1914-2013) en blanco y negro, en que trató de repercutir, al igual que en *¿Teléfono Rojo?; volamos hacia Moscú*, su experiencia en una unidad de la RAF que sobrevolaría ciudades de la Alemania nazi durante la Segunda Guerra Mundial. A Watkins, por edad, no le correspondía haberse alistado en el Ejército británico para unirse a los aliados prestos a contrarrestar el avance del nazismo. No obstante, el visionado de numerosos documentales sobre aquel cruento episodio vivido por la uumanidad hizo mella en el pensamiento de Watkins, al punto que su conciencia antimilitarista ya se vio reflejada, a los veinticinco años, a través de su cortometraje *The Diary of Unknown Soldier*.

Al cabo, en atención a su precocidad y empeño creativo, la BBC le procuró una oferta laboral que contemplaría la confección de un par de documentales que, una vez evaluados sus resultados, el tratamiento subversivo aplicado por Watkins distaba de lo que habían imaginado los directivos de la televisión británica. Si "*Culloden*" ya resulta toda una afrenta a las exigencias de la prestigiosa cadena pública por ofrecer una «lección de Historia» –en relación a los acontecimientos suscitados a mediados del siglo XVIII entre los Jacobitas y los defensores de la Casa de Hanover– *El juego de la guerra* dinamitaría cualquier escenario factible, dentro de los parámetros de la lógica, por parte de los responsables de la BBC encargados de velar por el buen nombre de la cadena. Así pues, una vez mostrado el contenido íntegro del metraje, la «condena» sobre *The War Game* pesaría por tiempo indefinido, hasta nueva *orden*. Una *orden* que llegaría veinte años más tarde al levantarse el veto sobre una cinta que nos sitúa en el escenario de una guerra nuclear verbigracia del ataque acometido por el Ejército soviético en suelo británico. La afectación visionaria de Watkins redundaría en un Oscar al

Mejor Documental, si bien su catalogación sugería un error mayúsculo. La voluntad de Watkins estribaba en mostrar un ejercicio de ficción en tránsito a resultar verídico, creíble para el espectador.

El carácter transgresor y desafiante de Watkins dio un nuevo paso al frente cuando presentó en sociedad *Privilegio* (*Privilege*, 1967), cinta que nos sitúa en el camino de la idolatría en torno al *rock star* Steven Shorter (Paul Jones). Evaluado un Mesías para una juventud adoctrinada en las salas de concierto habilitadas para propuestas de rock que actúan a modo de substituto de los recintos eclesiásticos, Shorter se muestra un antecedente más que plausible de Swan (otro Paul, apellidado Williams) en *El fantasma del paraíso* (*Phantom of the Paradise*, 1974) y Pink (Bob Geldof) en *Pink Floyd: el muro*. Watkins empezaba a tomar las hechuras de *gurú* mediático para una determinada juventud británica, entre los que se contabilizaría a Roger Waters, miembro fundador de Pink Floyd y alma mater de "*The Wall*" (1979), en que se puede leer entre líneas no pocos mensajes antibelicistas que se alinean con la visión sumamente desgarradora planteada por el cineasta británico en *El juego de la guerra*.

Entendiendo que para preservar su carácter insobornable cabía plantearse buscar nuevos "refugios" en el exterior, Watkins trazaría un mapa de "combate" en distintos "frentes", esto es, países como Suecia –*Gladiatorema* (1969)–, Estados Unidos –*Punishment Park* (1971)–, Noruega –"*Edward Munch*" (1974)– y Dinamarca –*70'ernes Folk* (1975), *Aftenlandet* (1977)– , en que explica realidades locales con un fin universal. Temas que, en verdad, no son privativos de una zona concreta del planeta, pero el tratamiento "de proximidad" que aplica Watkins sirve de altavoz para un discurso que, a menudo, acusa un radicalismo *mórbido*. El sentido de la desproporción acabaría, en parte, ahogando un discurso loable en su contenido, harto discutible en sus *formas*, aquellas arbitradas por una cámara que filma sin cesar y descuida la función del montaje como elemento apto para articular una narración tocada por una coherencia de estilo. La mencionada *Resan* sería la máxima expresión de ese "desajuste" de un lenguaje abonado a la desmesura, presentando un metraje de catorce horas, dispuesto a ofrecer al espectador un ejercicio de puro masoquismo. A partir de entonces, objeto de no pocas críticas, Watkins trataría de "recomponer" su figura artística prologando su interés por la biografía de creadores en distintas facetas artísticas como el dramaturgo August Strindberg en *Fritänkaren* (1994), que trataron de rebatir las reglas impuestas por una sociedad conservadora y puritana.

Asimismo, a diferencia de sus cintas «de anticipación», *La commune (Paris, 1871)* se proyecta en un tiempo pretérito, el que facultaría el embrión en forma de huelga de trabajadores que daría pie a lo que se denominaría La Revolución francesa. Punto de partida para una larga relación de conquistas individuales y colectivas en el seno de Europa, pero no las suficientes para que cineastas como Peter Watkins hayan mostrado *en carne viva* las "imperfecciones" de un Sistema que se mueve de continuo en un mar de contradicciones y paradojas. De regreso a Suecia, una de las "patrias" del irreverente cineasta, Watkins completaría *Fällan* (2012), la que se presume su "testamento" cinematográfico.

LA REBELDÍA JUVENIL

Otro tipo de *rebeldía* distinta a la que incrimina al cine de Watkins se registraría en aquel periodo. Contemporáneo de Watkins, el cineasta Sidney J. Furie (n. 1933) ha sido igualmente ignorado por la plana mayor de la crítica. Furie equivaldría, si nos ceñimos al dictado historiográfico, a un cineasta de notable relevancia al dinamizar el espacio de las denominadas películas para *teenagers* o adolescentes en los albores de los años 60. Furie, oriundo de Ontario (Canadá), llevaba la lección bien aprendida del continente norteamericano al haber rodado un par de largometrajes con una provisión presupuestaria muy reducida –*A Dangerous Age* (1959) y *A Cool Sound from Hell* (1959)–. Al llegar a la industria cinematográfica británica, el realizador y guionista canadiense se manejaría con producciones *low budget* que iban destinadas a un público esencialmente juvenil a través de propuestas del calado del díptico *Los años jóvenes* (*The Young Ones*, 1961) y *Días maravillosos* (*Wonderful Life*, 1964) –proyectando a Cliff Richard y su banda, The Shadows, a dimensionar un estrellato ya acreditado en el ámbito de la música ligera–, *The Boys* (1962) y *The Leather Boys* (1964). Para esta última, Rita Tushingham vuelve a ejercer de "musa" de un cine abocado a pasar revista a la realidad de jóvenes en entornos urbanos de la Inglaterra de los años 60. Una historia triangular, la de *Leather Boys*, que discurre en torno al peligro que entraña una relación conyugal entre dos jóvenes veinteañeros, privados de la experiencia necesaria para consolidar una proyecto en común. Dot (Tushingham) persigue una mayor implicación emocional y sentimental de la que ofrece Reggie (Colin Campbell), los protagonistas de un *tierno* matrimonio que está apunto de tocar a su fin. Para Dot, el "estímulo" proviene del exterior, embarcándola en un idilio con Pete (Dudley Sutton), el mejor amigo de Reggie, que tiene trazas de prosperar. Pese al corto periodo transcurrido desde la celebración de la boda en *petit comité*, el amor sale por la ventana en esta producción habitada por el tema de la infidelidad pero también por el de una juventud declarada *en rebeldía*, presta a quemar etapas donde se ven obligados a sobrevivir en condiciones miserables.

Furie, una vez abandonado el formato «B», buscaría acomodarse a un cine que colocaría el acento en la espectacularidad de algunas de sus escenas frente al concepto de *kitchen skin*[5] en el que se había movido su cine. A mediados los 60, el éxito de *Ipcress* –en paralelo al experimentado por su protagonista, Michael Caine– le catapultaría hacia la esfera de las producciones estadounidenses. En una legítima aspiración de promover su "candidatura" en algunas de las producciones USA que se estaban *cociendo* en aquel periodo de *toros salvajes* y *moteros tranquilos* –su nombre figuraría en la terna de "posibles" para dirigir *El padrino* (*The Godfather*, 1972)–, Furie se confió a un par de proyectos calibrados sobre el concepto del *biopic* de *celebrities* que causaron baja antes de lo razonablemente previsible, esto es, Billie Holiday (Diana Ross) en *El ocaso de una estrella* (*Lady Sings the Blues*, 1972) y Carole Lombard (Jill Clayburgh) –compartiendo romance con Clark Gable (James Brolin))– en *Los ídolos también aman* (*Gable and Lombard*, 1976). A partir de entonces, los ecos de la etapa británica de

Furie iban perdiendo fuerza y pocos fueron los que reconocieron su mérito en aquellos *días maravillosos* servidos al compás del repertorio de The Shadows, de la inolvidable *performance* de Michael Caine o de una juventud "atrapada" en compromisos sellados bajo la luz de una iglesia que parecía consignarse cuando asistía a determinadas proyecciones de películas con un pálpito de temor y de recelo. Infundado o no, lo cierto es que el cine británico se plegaría a la demanda de los jóvenes, siendo las películas de Furie un fiel testimonio coyuntural de aquella realidad social.

Óbviamente, en el marco de una sociedad como la británica, en que el sistema educativo encontró en el cine un elemento vertebrador de suma importancia, no escaparía a la necesidad de "regular" ciertos contenidos que no resultaran lesivos a los valores morales que cabía inculcar a los jóvenes. Por ello, la propia monarquía tomaría cartas en el asunto, erigiéndose el productor James Archibald en, a priori, correa de transmisión del Duque de Edimburgo, quien a través de un programa que llevaba su nombre desde 1956, se establecieron los criterios pertinentes para que *Ráfagas de violencia* (*Some People*, 1962) desplegara una serie de valores de "obligado cumplimiento" entre la juventud británica. En declaraciones de su director, Clive Donner (1926-2010), señalaría que «Como resultado nosotros decidimos darle al film lo que deseaban, podíamos haber hecho una película de entretenimiento (no como un documental didáctico, porque la audiencia no parecía receptiva a ello) (...) Lógicamente había un requerimiento de propaganda, Los sponsors manifestaron querer que su punto de vista se mostrara bien dirigido y firme»[6]. Visicitudes de una producción que expresa la voluntad de crear "diques de contención" frente a esas aguas embravecidas en forma de rebeldía juvenil que acabarían anegando el suelo británico, siguiendo una moda importada de los Estados Unidos, con una *tradición* a la altura de principios de los 60, más que estimable de producciones que bien podrían agruparse en una suerte de subgénero.

En ese espacio donde se habían forjado mitos de la gran pantalla –James Dean, a la cabeza– y que la cinematografía británica buscaría los suyos propios pero con un efecto mucho menos duradero en el tiempo. La proliferación de títulos *british* bajo el sesgo del concepto de rebeldía juvenil –"aliada" con una música "revolucionaría", la del rock, y una violencia que actuaba a la manera de elemento "dinamizador" en las noches de juerga organizadas por los *teddy boys*– otorgaron una gran popularidad a Adam Faith –partícipe de la producción *Beat Girl* (1959), uno de los títulos pre-*Beat* por definición, se le considera el primero rockero británico–, Ray Brooks o Virginia Maskell, pero tuvo fecha de caducidad al cabo de unos años. En sentido contrario nació el proyecto de *Bronco Bullfrog* (1970), en que su guionista y director Barney Platts-Mills prescindiría de jóvenes intépretes con visos a ganar popularidad. Actores no profesionales formaron en este drama «maldito» que examina, sirviéndose de una metodología de trabajo amparada en la libertad de acción, ese concepto de rebeldía juvenil fijada sobre el terreno de la realidad londinense a finales de los 60. En similar régimen de libertad se movería Platts-Mills en su siguiente film, *Private Road* (1971), en que nuevamente disecciona el universo juvenil conformado sobre la base de las

Bronco Bullfrog representa una de las propuestas más arriesgadas del cine de los 60 en relación a la temática de la rebeldía juvenil.

relaciones sexuales, el refuerzo de la identidad personal y la necesidad que las experiencias sirvan de acicate para ir descartando caminos susceptibles de tomar.

Uno de los focos que casa mejor con el planteamiento temático de la rebeldía juvenil se sitúa en los centros educativos. En tiempos en que se quería dar acomodo a propuestas que persiguen inculcar una serie de valores "positivos" a la juventud, como *Ráfagas de violencia* o *Es grande ser joven* (*It's Great to Be a Young!* (1956) –con John Mills ejerciendo de profesor de música con dos frentes abiertos; el relativo a su alumnado y el que atañe a los órganos de dirección de la escuela–, al otro lado operarían propuestas que pretendían llamar la atención del espectador por el duro contenido de las mismas. El guión servido al alimón por James Barlow y Peter Glenville (asimismo el director de la cinta) para *Escándalo en las aulas* (*Term of Trial*, 1962) cumple semejante requisito al detallar una relación sostenida entre un profesor dipsómano, Graham Weir (Laurence Olivier) y una de sus alumnas, Shirley Taylor (Sarah Miles). Atormentado por un pasado ligado al frente de combate durante la Segunda Guerra Mundial, Weir entra en una espiral de sentimientos encontrados, incapaz de calibrar el alcance de sus actuaciones, derivando de todo ello la "venganza" de Shirley al saberse rechazada por su propio tutor.

Romulus Films volvería a auspiciar una producción capaz de romper moldes en su aspiración de dar visibilidad a determinados temas que ni tan siquiera habían llegado a plantearse en el contexto cinematográfico de épocas anteriores. En *Escándalo en las aulas* asistimos, en un segundo plano, a la desmotivación de un alumnado que entiende su asistencia a clase más como un "pasatiempos" que una oportunidad para aplicarse en el conocimiento de diversas materias. Un lustro más tarde, de la mano de la división británica de la Columbia, *Rebelión en las aulas* (*To Sir, with Love*, 1967) tomaría el testigo de *Escándalo en las aulas* pero trasladando su radio de acción desde el norte de Inglaterra a la capital londinense. Allí, la desmotivación de los pupilos, en alianza con los que aparecen en *Term of Trial*, muestra la degradación de un sector de la población sin un horizonte de esperanza al que aferrarse. El profesor Mark Thackeray –con un apellido que atiende a una forma de homenajear al distinguido escritor de "*Las aventuras de Barry Lyndon*", adaptada al celuloide de forma magistral por Stanley Kubrick–, encarnado por Sydney Poitier, se erige en el factor "catalizador" de un cambio de tendencia. La oposición frontal que experimenta a las primeras de cambio va transformándose gradualmente en la aceptación de un modelo de comportamiento recubierto de humanismo que, a la postre, queda impregnado en las conciencias de sus alumnos. Bienintencionada propuesta que acabaría siendo el germen de una serie de televisión, *Rebelión en las aulas* precedería al estreno de *If....*, en que se pone en tela de juicio nuevamente el sistema educativo británico mediante un planteamiento orquestado por Lindsay Anderson, en verdad, desprovisto del sentido de la "medida" merced a su dispositivo alegórico y actuando a la manera de catarsis capaz de generar una serie de estampas visuales y frases lapidarias *antistablishment* que llevarían el membrete del ideólogo del *free cinema*. Un dardo envenenado, por tanto, que traspasaría fronteras, entre otras consideraciones, merced a la Palma de Oro que cosecharía en el Festival de Cine de Cannes. Ese «si» condicional se revelaría un «si» afirmativo con el cambio de década por lo que concierne a la descripción de una rebeldía instalada en las aulas, capaz de sugerir textos cinematográficos pero asimismo surtir de fuente de inspiración de álbumes conceptuales del calado de "*Pink Floyd: The Wall*" (1979).

RACISMO Y HOMOSEXUALIDAD: ROMPIENDO MOLDES

El *free cinema* anduvo lejos de gozar de la "exclusiva" sobre el manejo de temas controvertidos que hasta bien entrada la década de los 50 no tuvieron cabida en el cine británico. Como apuntaba en el capítulo anterior, *Mirando hacia atrás con ira* y *Un sabor a miel* cubren parte de sus expectativas "contestatarias" al deslizar el tema del racismo. Ésta última coincidiría en cartelera con *Fuego en las calles*, dirigida por Roy Ward Baker, quien se había situado próximo a rodar *Sábado noche, domingo mañana*, pero le acabaría tomando la delantera Karel Reisz. "Tapada" en su momento por la preeminencia del *Free* en el contexto del cine británico de la época, hoy en día no cabe ninguna duda de la importancia de una producción abanderada tras las cámaras por Baker, quien a partir de un libreto de Ted Willis muestra la realidad de cuatro jóvenes (los dos varones, de raza negra, las dos féminas, de raza blanca) en un clima nada propicio para sus intereses. La cinta refleja la escasa o nula tolerancia de un sector de la población inglesa a que se establezcan parejas interraciales. En su tesis, *Fuego en las calles* retrata ese clima de animadversión, capaz de "combatir" enlaces sentimentales librados entre personas de distinta raza. Mas, el matrimonio constituido por Jacko (John Mills) y Nell Palmer (Brenda de Banzie) tratan de disuadir a su hija Kathie (Sylvia Sims) de que se case con su prometido, Harry Mitchell (Meredith Edwards). El color de la piel "marca", pues, el sentido de una petición del sindicalista Jacko para que Kathie abandone, a su juicio, la descabellada idea y rompa su relación con Harry. En buena lid, se puede entender *Fire in the Streets* un anticipo de una historia plegada igualmente a infundir el valor de la tolerancia, *Adivina quién vine esta noche* (*Guess Who's Coming to Dinner*, 1967), en que Katharine Hepburn, Spencer Tracy y Sidney Poitier se situarían al frente de su reparto. William Rose se alzaría con un Oscar por el guión del que sería la última participación en la gran pantalla de Tracy. Willis, por su parte, se debió conformar años atrás con una nominación a los BAFTA al mejor guión por *Fuego en las calles*.

De su contribución al cine británico razona no tan solo esta producción sino la citada *It's Great Be a Young!*, *Woman in a Dressing Gown* (1957), *The Young and the Guilty* (1958) y *No Trees in the Street* (1959). Como Baker, su aportación al medio quedaría diluída en el contexto cinematográfico de la época. Si no hubiese acaparado el *free cinema* prácticamente todo el protagonismo por aquel entonces en referencia al cine arraigado a la realidad de las *working class*, Ted Willis sería reconocido en el sentido que se le podría considerar el equivalente de Cesare Zavatini –Italia en la etapa del neorrealismo– o Paddy Chayefsky –Estados Unidos en plena eclosión de la denominada «Generación de la televisión»– en territorio británico. Él mismo expresaría su identificación con el modelo de textos barajados por Zavatini y Chayefsky: «Ambos tratan con lo mundano, lo ordinario, lo no-teatral. Los caracteres principales son más típicos que excepcionales: las situaciones son fácilmente identificables por el espectador; y las relaciones sentimentales son tan comunes como las personas... Justo ahora estoy dándome cuenta de este área, el maravilloso mundo de lo corriente»[7]. De resultas de todo ello, Willis lograría establecer una suerte de paradigma de algunos de los temas más candentes que comprometieron al cine bajo bandera británica desde mediados los años 50 hasta principios de los 60: la rebeldía juvenil en el marco docente – *It's Great Be a Young!* –; la infidelidad conyugal –*Woman in a Dressing Gown*–; la violencia en las calles –*No Trees in the Street*– ; el racismo –*Fuego en las calles*–; y el conflicto paternofilial en el ámbito doméstico –*The Young and the Guilty*–. Superada esta intensa etapa, Willis aceptó un montón de encargos provenientes de la televisión, el medio para el que había creado la serie "*Dixon of Dock Green*" (1955-1976) con más de veinte años en antena. La serie llevaría en su enunciado el nombre del sargento de policía que ya había adquirido presencia en el clásico *El faro azul*, en cuyo cuadro técnico había intervenido el prestigioso guionista y autor teatral, en términos generales, ignorado fuera de las fronteras del país que le vio nacer.

Al igual de Roy Ward Baker y Ted Willis, Basil Dearden no fue él mismo quién mejor supo "venderse". Con todo, su figura cinematográfica ha ido revalorizándose.

Woman in a Dressing Gown **ofrece una panorámica sobre las mujeres en una época clave para su «emancipación» y la superación de ciertos convencionalismos.**

Crimen al atardecer, *Víctima* y *Vida para Ruth* (*Life for Ruth*, 1962) –relato en clave dramático en que se pone en jaque la existencia de una joven (Janet Munro) ante la negativa de su familia que se la aplique una transfusión de sangre– se sitúan en el centro de gravedad de esa necesidad de vencer reticencias y saludar el cine de Dearden desde la perspectiva de un cineasta capaz de tocar temas espinosos. Para *Crimen al atardecer* opera un relato fílmico en que el racismo ocupa un espacio preminente, a partir de la crónica de la investigación del asesinato de Sapphire Robbins (Yvonne Buckingham), una chica de raza negra con la que David Harris (Paul Massie) estaba saliendo, a espaldas del conocimiento de sus progenitores, Ted (Bernard Miles) y su esposa (Olga Lindo). La investigación policial dictamina, en primera instancia, que el móvil del asesinato podría obedecer a motivaciones racistas.

De igual modo, Dearden volvería a tocar este tema "sensible" para la sociedad de su tiempo en *Noche de pesadilla* (*All Night Long*, 1962), trasposición de la historia de "Otelo" –otro drama shakespeariano–, a la escena del jazz londinense en los *happy sixties*. A partir de la "celebración" de estos títulos, la cinematografía británica se avino a filmar producciones dispuestas a reprobar conductas racistas que habían surgido a pie de calle –*The Wind of Change* (1961), protagonizada por Donald Pleasence– o en una escuela pública de Londres –la citada *Rebelión en las aulas*– en una serie de exposiciones calibradas sobre la realidad social de aquel periodo. *Rebelión en las aulas* sería el título "traducido" para su estreno en nuestro país, en detrimento del original *To Sir, with Love*, que hace referencia a la forma cómo debería saludarse al recién llegado profesor Mark Thackeray (Poitier) por parte de su alumnado. La discriminación racial opera, pues, en el cuadro de mando de esta producción manejada por James Clavell. A la altura de este primer largometraje concebido por Clavell ya computarían una colección de títulos que habían tratado el tema del racismo con el freno de mano puesto para que parte de la sociedad no cargara en exceso las tintas en relación a títulos como *Rebelión en las aulas*.

Entre medias de sendas producciones dirigidas por Basil Dearden, se "confabularía" con su fiel colaborador Michael Relph para repercutir en pantalla *Víctima*, escueto título para una trama compleja en que Dirk Bogarde aborda un personaje homosexual con instinto asesino. Una apuesta de riesgo que se saldaría con una respuesta favorable por parte de un amplio sector del público. Ello daría alas para que cineastas como John Schlesinger, pertenecientes al colectivo *gay*, aprovecharan la circunstancia de reflejar en la gran pantalla historias de semejante temática. James Leo Herlihy provisionaría a Schlesinger de una novela, "Cowboy de medianoche", que estimularía a pensar que sería un material idóneo para adecuarlo a la gran pantalla. A su regreso de los Estados Unidos, Schlesinger se mostró resuelto a incorporar a su filmografía *Domingo, maldito domingo* (*Sunday, Bloody Sunday*, 1970), evaluando un triángulo amoroso en cuyas *aristas* se localizan comportamientos homosexuales estimulados, en algunos casos, por un sentido (auto)destructivo. La presencia de Glenda Jackson, Murray Head (de oficio en temporada *regular*, cantante y compositor) y Peter Finch –su *performance* en *The Trials of Oscar Wilde* (1960) asimismo le relacionaba con otra producción que incrimina, de soslayo, la temática *gay*– garantizarían *de facto* su buen desarrollo en taquilla.

Más inclinado si cabe hacia lo escabroso, un título coetáneo al de *Domingo, maldito domingo*, *La pasión de vivir*, sirve en bandeja otro retrato sobre un personaje homosexual, Pyotr Tchaikovsky, que obtuvo proyección internacional merced a sus composiciones musicales. Ken Russell cumpliría las expectativas y no "defraudaría" a aquellos dispuestos a *reprimirle* su conducta cinematográfica, la de un realizador que apelaría en reiteradas ocasiones a hacer sentir su *voz* con productos definidos bajo la estrategia de la provocación.

LA «REBELIÓN» SILENCIOSA: EL MUNDO FEMENINO EN BUSCA DE LA «EMANCIPACIÓN»

En esas mismas coordenadas estimuladas por la asunción de un riesgo difícil de *medir* por las que se guiarían las temáticas de la rebeldía juvenil, del racismo y de la homosexualidad, encontramos la problemática subyacente a la «emancipación» de la mujer en un contexto social configurado en torno a una estructura patriarcal. El propio Schlesinger, en coalición con el guionista Frederic Raphael, contribuiría a crear el paradigma de la mujer «emancipada» que desoye los cantos de sirena de un sistema social jerarquizado en cuyos niveles más elevados se sitúa la figura dominante del varón. En la Diana Scott (Julie Christie) de *Darling* se sentirían o aspirarían a sentirse reflejadas un porcentaje significativo de las chicas pertenecientes a una generación que crecía al abrigo de las transformaciones sufridas en el seno de la sociedad británica en los años 60. *Darling* rompería así con una inveterada tradición que iba postergando *sine die* las demandas de las mujeres en materia de derechos laborales, pero también que comprometían a su propia sexualidad. Múltiples ejemplos de esa realidad femenina se ven reflejados en el cine a caballo entre la década los 50 y de los 60, *como Woman in a Dressing Goom, Sons and Lovers* (1960) o *Esa clase de amor*. Esa *voz* femenina que en tantas ocasiones había sido "apagada" merced al "interruptor" de la censura impuesta por organismos paragubernamentales o por los propios órganos de dirección de compañías productoras británicas, empezaba a resonar con cierta intensidad en aras a defender un pliego de reivindicaciones.

En esos años de cambios sintomáticos experimentados en la sociedad británica la causa de la mujer quedaría a resguardo del enunciado de films ciertamente significativos en el espectro de lo que podríamos colegir la serie «A» de la industria cinematográfica británica. Ya nada parecía coartar el ánimo de guionistas por radiografiar esa realidad que puso en valor un "patrimonio" hasta la fecha minusvalorado o relegado a un papel subsidiario en el organigrama de una sociedad que presumía de vanguardista en no pocos aspectos. Cierto que se seguía mostrando en pantalla el estereotipo de mujer que no puede escapar del peso de la tradición, de unas costumbres que laminan, anulan su capacidad de maniobra y de decisión, de un entorno que reprime su sexualidad. En *Fuego en las calles* Ted Willis reserva una suerte de monólogo en la voz de Nell Palmer (DeBanzie), la abnegada esposa del sindicalista Jacko (John Mills), quien se expresa a «tumba abierta» cuando hace balance de una vida conyugal de más de veinte años. Nell reprocha a Jacko que se hubiera "casado" con su trabajo mientras ella quedaba arrinconada, carcomida por unos pensamientos que hasta entonces no había osado expresar con toda rotundidad. Ese mismo silencio que sirve de leit motiv en la expresión de sus deseos para Margaret Hammond (Rachel Roberts) en *El ingenuo salvaje*, una "muerta en vida" tras la desaparición de su marido supuestamente como consecuencia de un accidente laboral.

Al año siguiente, Romulus Films abordaría la problemática de una mujer, Jo Armitage (Anne Bancroft) en un espacio, el conyugal, en el que ésta se siente anulada. Su título traducido al castellano, *Siempre estoy sola*, nos coloca sobre la pista del estado de ánimo de Jo, cuyo mundo se desmorona bajo sus pies al saberse más un objeto decorativo que una persona capaz de tomar sus propias decisiones sin necesidad de consultar a su marido Jake (Peter Finch), un guionista de reconocido prestigio. Un *desliz* biográfico a cuenta de Harold Pinter –colaborador asiduo de Losey en aquel periodo–, quien se servía de un texto de Penelope Mortimer, la guionista de *El rapto de Bunny*

James Mason y Anne Bancroft, dos de los intérpretes del drama *Siempre estoy sola.*

Lake. *Siempre estoy sola* (*The Pumpkin Eater*, 1964) sigue resistiendo la idea de tratarse del film "maldito" dirigido por Jack Clayton, de muy difícil visionado.

Quizás por ello se haya obviado *Siempre estoy sola* al enumerar producciones francas a trazar una crónica sobre la descomposición matrimonial, cuya principal aportación británica en este sentido se reservaría a *Dos en la carretera* (*Two for the Road*, 1967). No cabe duda que el guionista Frederic Raphael y el director Stanley Donen (n. 1924) –en la primera de sus contribuciones al cine británico; casi inmediatamente vendría *Bedazzled* (1967) la coproducción *La escalera* (*Staircase*, 1969), nueva aproximación a la temática de la homosexualidad con un dispositivo netamente "teatral" y *El pequeño príncipe* (*The Little Prince*, 1974), versión musical de "El principito" de Antoine de Saint-Exupéry– tuvieron una "cita" previa con el desempeño dramático (incluida su formulación narrativa, sobre la base de constantes "saltos en el tiempo") de *The Pumpkin Eater* antes de ofrecer cobertura a una producción recorrida en cada uno de sus *poros* por un sentimiento mezcla de desamparo y nostalgia, de ternura y amargura. Una ruptura conyugal que, en una notable proporción, viene diferida de una infidelidad, asunto que sería convenientemente tratado en tiempo y forma por diversas producciones conscientes que no podían colocarse de espaldas a la realidad que les había tocado vivir.

JACK CLAYTON, ALEXANDER MACKENDRICK Y OTROS «ÁMBITOS»: EL TEMA «OCULTO» BRITÁNICO DE LA INOCENCIA EN SUS MÚLTIPLES DERIVADAS

Quizás como ninguna otra cinematografía, la británica ha abordado a lo largo de los años, de las décadas, una temática que por lo general se orilla al considerarla ligada exclusivamente al cuaderno de bitácora de determinados realizadores. Se trata de la inocencia cautiva de la infancia y de la adolescencia que se ve dinamitada o, cuanto menos, alterada en este segmento de la población británica al quedar expuesto a una situación de conflicto que indefectiblemente atiende a alianzas sostenidas con el mundo de los adultos. Por lo general, se establecen relaciones en que se advierte una fascinación, una obsesión en común dispuesta a vehicularse conforme a la fuerza motriz de las narraciones en cuestión. Si bien desde distintos enfoques, el cine de Sir Carol Reed, el de Alexander Mackendrick y el de Jack Clayton se alinean en algunos de sus enunciados autorales en torno a esta singular pasión-obsesión que compromete a niños y adultos en un "juego" que puede alcanzar un nivel destructivo en disposición de erosionar, resquebrajar el sentido de la inocencia. Reed lo haría a través de algunas propuestas ancladas en el periodo de posguerra –*El ídolo caído*– y en el ecuador de la década de los 50 –*El niño y el unicornio*– para, años más tarde, siguiendo su propio instinto, embarcarse en un musical basado en el relato de Charles Dickens "Oliver Twist" que deja al descubierto el factor corrosivo del mundo de los adultos –depositario de individuos del temperamento ruín de Fagin y Bill Sykes– aplicado sobre el universo infantil. Incluso en producciones en las que Reed se prodigaría en la retórica de otros espacios temáticos, aflora en algunos de sus tramos esa mirada infantil presa de la fascinación de un mundo que aún no entiende pero que pretende emular en sus comportamientos. Allí están títulos como *Larga es la noche*, *El desterrado de las islas* o *Se interpone un hombre*, entre otras, para atestiguarlo.

Por lo que atañe a Alexander Mackendrick, aborda en casi todas sus películas el poder destructivo de la inocencia. A tal propósito, se desempeñaría en historias en que causa baja la mirada límpia y perfumada de una infancia que disfruta de sus años de desarrollo y formación sin contratiempo alguno más allá de los propios efectos de un sentido lúdico y festivo. Lo haría en clave dramática –*Mandy*, cuyo personaje epónimo encarnado por Mandy Miller se ve afectada por su condición de sordomuda–; de relato de aventuras en forma de «viaje iniciático» –*Sammy, huida hacia el sur* y *Viento en las velas*, adaptación de la novela de Richard Hughes "*Huracán en Jamaica*"– o de comedia con trasfondo dramático –*La bella Maggie*–. Mas, aquellas producciones arbitradas por la cámara de Mackendrick donde las historias discurren por entero en un ámbito propio de los adultos, léase por ejemplo, *El quinteto de la muerte*, se escuchan los ecos de la inocencia a través de algunos de los miembros de un falso grupo de músicos –en especial, los personajes compuestos por Cecil Parker y Peter Sellers– que sirvieron para captar la atención de Mackendrick a la hora de interesarse por el proyecto de la Ealing nacido de un guión original del citado William Rose. De ahí que convenciera a su jefe Michael Balcon de la conveniencia para que él dirigiera el proyecto y, de paso, dejar filtrar el tema de la destrucción de la inocencia aunque sin la presencia de los niños.

Sin embargo, en Harry AKA Mr. Robinson (Sellers) y Claude AKA Major Courtney (Parker) trabaja una mente infantil que, como manifiesta Richard Hughes en las páginas de su libro "Huracán en Jamaica", «las posibilidades que tiene un adulto de comprender son infinitesimales». Estimación que asimismo certificaría Jack Clayton, otro cineasta con una corta filmografía en calidad de director, pero no por ello merecedora de desinterés. Una similar inocencia "contaminada" empadronada en el cine de Mackendrick se refleja en la obra de Clayton, cuyo prestigio crítico se cimentaría a las primeras de cambio con *Un lugar en la cumbre*, una propuesta que como había señalado, se encuadra en las coordenadas del *free cinema*.

En esta pieza cinematográfica ya se advierte en su tramo final una cierta debilidad por mostrar la mirada infantil a través de una serie de figuras secundarias, pero no será hasta *¡Suspense!* en que alcanzará verdadera entidad. La más satisfactoria de cuántas adaptaciones han surgido hasta la fecha en torno al breve relato "Otra vuelta de tuerca" (1898) de Henry James (1843-1916), Clayton, al amparo del libreto escrito por William Archibald y Truman Capote, borda una propuesta cinematográfica que, por debajo de su revestimiento de *ghost story*, fía su verdadero relieve dramático a ese universo victoriano en que lo perverso y lo enfermizo traspasan el pórtico de la inocencia depositaria de los hermanos Flora (Pamela Franklin) y sobre todo de Miles (Martin Stephens) al irrumpir en el mismo una institutriz, Miss Giddens (Deborah Kerr), que arrastra consigo los temores inherentes a una educación represiva. Una modélica "descripción" de la maldad que puede posarse en esas mentes infantiles y que, de hecho, Clayton prolongaría en *A las nueve, cada noche* (*Our Mother's House*, 1967), si bien limaría –con el concurso de su esposa Haya Harareet y de Jeremy Brooks– algunos de los aspectos más desgarradores contenidos en la novela de partida, obra de Julian Gloag. Sobre un *alambre* que nunca llega a precipitarse en un vacío habitado por lo truculento, se mueve un film en el que Clayton confrontaría frente a unos niños dispuestos a honrar la memoria de su difunta madre un ser de moralidad serpenteante, Charlie Hook, interpretado por Dirk Bogarde en una etapa en la que podía presumir de haber ganado terreno a la Historia al presentarse con una filmografía de empaque, salpicada por piezas de culto a la que acabaría sumándose *A las nueve, cada noche.*

A semejante catalogación no escapa *Hunted*, dirigida por Charles Crichton pero que se encauza a la perfección en el ordenamiento narrativo y temático del cine de Carol Reed. Crichton, quien ya había tratado el mundo de la infancia y de la adolescencia desde un prisma más amable –inspirado en las historietas de los cómics– en *Hue and Cry*, regresaría al mismo un lustro más tarde con una producción cinematográfica financiada por la Rank en que el pequeño Robbie (John Whiteley, el mismo de *Los contrabandistas de Moonfleet*) y el presunto asesino Chris Lloyd (Bogarde) unen sus destinos guiados por una pasión en común: el fuego. Modélica en su aparato visual y en el trazo psicológico de los personajes principales en liza, *Hunted* serviría de pauta

James Coburn (izqda.) y Anthony Quinn (dcha.) en un fotograma de *Viento en las velas*, film dirigido por A. Mackendrick.

para posteriores desarrollos argumentales formulados sobre la base de la conexión existente entre niños y adultos en un espacio presidido por la oscuridad e irradiado de un propósito malsano. Uno de ellos se enmarcaría en la factoría de la Independent Artists, *La bahía del tigre* (*The Tiger Bay*, 1959), en que J. Lee Thompson, al final de una década modelada por propuestas de sumo interés, arbola un relato en que nuevamente un representante del cuerpo de marines –en este caso Korchinsky (Horst Buccholz), de origen polaco– se sitúa en el punto de mira de la policía con el objetivo de esclarecer la autoría de un asesinato. Del mismo parece ser testigo la adolescente Gillie (Hayley Mills), quien empieza a sentir fascinación por aquel hombre acorralado, y con ello favorecer a una relación que se tornará cada vez más intensa. Igualmente coprotagonizada por la hija menor de Sir John Mills, *Cuando el viento silba* se corrige hacia esa serie de tramas y temáticas que han quedado (semi)ocultas a la hora de ocupar un espacio de análisis de la historiografía del cine británico.

Así pues, *Cuando el viento silba* cuenta con el estímulo añadido de haber sido, en cierta medida, precursora de *El espíritu de la colmena* (1973) –sin ambages, obra capital del cine español– con arreglo a las similitudes argumentales establecidas entre uno y otro título, en que una niña (Hayley Mills) descubre la presencia de un individuo (Alan Bates) abandonado a su suerte, que en un instante de delirio balbucea el nombre de

Jesucristo. La mente de la chica adolescente procesa como verdad incontestable semejante "revelación" y con ello se consagra a ocultarlo para evitar que lo juzguen por un presunto crimen que cometió. Presentada en distintos festivales de ámbito europeo, *Cuando el viento silba* daría por iniciada una década sembrada de propuestas cinematográficas de capital angloamericano porfiadas en la necesidad de articular "fantasías" sustentadas en la dicomotía mundo adulto-mundo juvenil, algunas de las cuales surgidas, al igual que *Viento en las velas* o *A las nueve, cada noche*, de la literatura.

Descontadas las ya localizadas en el *mapa* cinematográfico de Mackenderick y de Clayton, de entre todas las adaptaciones derivadas del espacio de la literatura anglosajona del siglo XX destaca con luz propia *Lord of the Flies*, cuya maldad intrínseca contenida en el *alma* de sus personajes adolescentes la haría especialmente desaconsejable para su estreno en nuestro país, tutelado por una dictadura esquiva a introducir elementos de "distorsión" en una enseñanza reglada en el valor de la tradición y de las buenas prácticas. Por consiguiente, *Lord of the Flies*, a pesar de tratarse de la traslación a la gran pantalla de un *bestseller* escrito por William Golding (1911-1993), permanecería fuera de los circuitos de exhibición y tan solo de manera puntual se ha podido ver en aislados pases televisivos a lo largo de su medio siglo de existencia. Con todo, la puesta de largo de una nueva versión –en 1990– propiciaría un incremento de su interés para el que se presume el paradigma de la maldad encofrada en la mente de un adolescente observada en la gran pantalla, para la ocasión, en una emulsión en blanco y negro, por encima incluso de las cintas de Clayton, Mackendrick, Thompson o Bryan Forbes, sobre el cuál "pesa" una necesidad de reivindicar su impronta cinematográfica en el contexto de una producción británica, la concerniente a los años 60 y 70, que ha acusado en demasía su flanco crítico historiográfico de una cierta actitud desmañada, castrada de curiosidad. Sin duda, una actitud que ha tenido en Bryan Forbes uno de sus principales "damnificados".

LA «LISTA» FORBES: LO HETERODOXO COMO EXPRESIÓN ARTÍSTICA

Generalmente, lo más llamativo puede contribuir a desviar el interés por otras propuestas guiadas por un similar sentido de nadar «contracorriente» dentro de lo que podríamos denominar *establishment*. En buena lid, el *free cinema* y la vanguardia contracultural que florecería en los años del auge del movimiento *hippie* polarizaron la atracción de la juventud por relatos cinematográficos que buscaban situarse «al otro lado» de una sociedad arremolinada entorno al concepto de las costumbres y de las tradiciones que ahogaran cualquier tentativa de dinamitar las reglas de una sociedad que arrastraba las *consignas* de la época victoriana. Por ello, la figura de Bryan Forbes –nacido con el nombre de John Theobald Clarke (1926-2013)– quedaría ubicada en «tierra de nadie». Fruto del desconocimiento y del seguidismo (eufemismo sinónimo de apatía o desgana) al que se acogen un buen número de historiadores cinematográficos, a este ex actor reciclado a guionista –desdoblado a principios de los 60 en director– apenas se le ha asistido en la evaluación de una filmografía que discurre por caminos de pura heterodoxia, dejando patente que sus propuestas cinematográficas para nada acusan el sentido de lo tradicional; más bien se sustancian en su sentido inverso.

A partir de su decisión de posicionarse tras las cámaras, Forbes entendió que empezaba a asumir un compromiso para con un cine administrado fuera del circuito de los convencionalismos y de los lugares comunes. A la citada *Cuando el viento silba* no tardaría en sumarse *La habitación en forma de L* (*The L-Shaped Room*, 1962), en que Leslie Caron compone a una «antiheroína» que toma sus propias decisiones con arreglo a interrumpir un embarazo. En la imagen de una mujer, Jane Fosset, que se enfrenta a una lacerante realidad –la de un aborto– sin el soporte de la figura "impositiva" del marido, descansa el principal argumento para saludar *La habitación en forma de L* como una cinta avanzada a su tiempo, que no hace concesiones en su tramo final, de similar calado pesimista que los *unhappy end* de otras de las películas dirigidas por Bryan Forbes, caso de *Amor es mi vida* (*Raging Moon*, 1971) o *The Stepford Wifes* (1975), surgida a partir de la novela *"Las poseídas de Stepford"* de Ira Levin. Además de mostrar realidades en espacios cerrados, opresivos en su fundamento dramático –el desastrado inmueble situado en un suburbio londinense en *La habitación en forma de L*; la sociedad elitista que reserva a las mujeres una nueva "entidad" que las hace modélicas en su ordenamiento funcional pero no en el emocional, en *The Stepford*

La caja de las sorpresas **define el sentido heterodoxo del cine de Bryan Forbes. En la foto, John Mills y Ralph Richardson.**

Wifes; o el centro médico destinado a enfermos que sufren lesiones medulares en *Amor es mi vida*–, Bryan Frobes comprendería que el ejercicio de la práctica cinematográfica podía favorecer a la confección de historias «de género», pero sin dejarse llevar por lo trillado. De tal suerte, el cineasta británico abordaría propuestas bélicas –*King Rat* (ídem, 1965)–, de misterio –*Angustia mortal* (*Deadfall*, 1964) y de *thriller* con un efecto terrorífico –*Plan siniestro* (*Seance on a Wet Afternoon*, 1964)– acomodado a la búsqueda de un niño a través de conexiones con el «Más Allá».

Considerada hoy en día una de las cintas precursoras de un alud de producciones ligadas a las representaciones de sesiones de espiritismo que invocan a las fuerzas del Mal, *Plan siniestro* llamaría a convencer a Forbes que no debía ausentarse de su compromiso para con un cine que escapa de lo manido en sus enunciados narrativos. Forbes rodaría cuatro piezas en blanco y negro seguidas para luego dar paso a la emulsión en color que repercutiría en *La caja de las sorpresas* (*The Wrong Box*, 1966), máxima expresión de un arte que trabaja sobre preceptos nada convencionales, en una muestra cinematográfica que, a ratos, parece *diferida* del «teatro» del absurdo de Ionescu. Una cinta en la que campa a sus anchas, entre otros, Ralph Richardson, la dupla de cómicos Peter Cook-Dudley Moore y un irreconocible Peter Sellers. *The Whisperers* (1967) –una vez más con John Barry en el apartado musical–, consagrada a la personalidad artística de una anciana Dame Edith Evans, en que se aborda el tema de la paranoia *medida* desde la soledad, fue la última propuesta de Forbes antes de buscar plaza en los Estados Unidos entre los realizadores que habían emigrado del viejo continente. A partir de entonces, los viajes de ida y vuelta entre los Estados Unidos y Gran Bretaña se sucederían, acabando por desdibujar una filmografía que encuentra sus mejores argumentos para su reivindicación en el cine manufacturado durante los años 60.

En la siguiente década, los títulos que Forbes lograría levantar preferentemente con financiación estadounidense, dejaría, en un balance general, un poso de cierta insatisfacción pero tanto él como su esposa Nannette Newman –partícipe en buena parte de sus films; ambos habían coincidido por primera vez en calidad de intérpretes en el rodaje de *Objetivo: Banco de Inglaterra*– seguirían alimentando una esperanza de futuro para reencontrarse con un modelo de propuestas amparadas en su carácter singular. Un escenario que no llegaría a darse, debiendo replegarse Forbes a su cometido de guionista, presto a colaborar en la elaboración del *biopic* sobre Charles Chaplin orquestado por Lord Richard Attenborough. Un reencuentro entre dos intérpretes que oficiaron de directores y que habían formalizado la confección de una unidad de producción, Beaver Films, a finales de los 50, dando salida a propuestas del calado de *The Angry Silence* y *Plan siniestro*. Una productora que, a la postre, tuvo poco recorrido, emprendiendo entonces Forbes y Attenborough caminos por separado en la realización de largometrajes; el uno practicante de la ortodoxia, el otro, confiado en el valor de lo heterodoxo como seña de identidad de un cineasta que ni siquiera la noticia de su muerte en la primavera de 2013 todavía no ha propiciado su justa, por necesaria, reivindicación.

LA TELEVISIÓN BRITÁNICA: CANTERA DE DIRECTORES CON DESTINO A LA MECA DEL CINE

A través de programas televisivos del arraigo popular de "Top of the Pops", la BBC actuó de caja de resonancia para infinidad de grupos emergentes en la escena musical británica de los años 60 y 70. Asimismo, la cadena británica sirvió de cantera para un conjunto ecléctico de cineastas que velarían sus primeras armas en un medio propicio a equivocarse, para corregir sobre la marcha. De esta forma, se obtenían las suficientes tablas con el ánimo de enfrentarse al ejercicio de la dirección de largometrajes minados de problemas y, por consiguiente, de tomas de decisión que adoptar en tiempo récord. Algunos de estos técnicos quedarían a resguardo de la compañía televisiva que les había ofrecido su primera oportunidad laboral mientras que otros emprendieron rumbo a la confección de anuncios publicitarios, por lo general, antesala de un futuro desempeño en el campo de la dirección de largometrajes de ficción.

En el camino inverso que se había dado años atrás, amén de nombres propios como los de Jack Clayton o Bryan Forbes, un puñado de cineastas británicos surgidos de los platós televisivos se posicionarían detrás de las cámaras en producciones con bandera estadounidense. Las razones de este «éxodo» cabe enterderlas por distintos motivos. No existe, por tanto, una explicación única a semejante fenómeno; más bien, se trata de una suma de factores, entre los cuales cabe citar las mayores posibilidades de financiación de proyectos con unas dotaciones presupuestarias relevantes, la presión fiscal ejercida en Gran Bretaña (de las más altas de Europa) y el prestigio creciente de una BBC cuyos técnicos ya por aquel entonces eran reconocidos a escala planetaria. En esta fase decisiva para la renovación del cine británico abastecido por técnicos surgidos de la pequeña pantalla, David Puttman (n. 1941), en calidad de productor, oficiaría de "maestro de ceremonias" de realizadores que siguen gozando de un largo recorrido profesional, caso de Ridley Scott (n. 1937) o Ken Loach (n. 1935), de otros que "descarrilarían" demasiado pronto, como Hugh Hudson (n. 1936), o que se perderían en el "lodazal" de un cine arbitrado por una polémica *subsidiaria* del mal gusto, como ocurriría con Ken Russell (1927-2011).

«Seguro que si vemos algo de lo que hicimos entonces parecería muy primitivo, como si se tratara de la obra de un principiante. Pero aun así, lo que buscábamos colectivamente merecía la pena»[8]. En estos términos se expresa Ken Loach al rememorar los tiempos de formación en la cantera de la BBC, en su caso, al calor de su participación en el espacio Dramático "Wednedsay Play", compuesto por una serie de treinta y seis obras, con una duración equivalente cada una de ellas a la de una película cinematográfica. Loach trabajaría a destajo en la confección de guiones y en la dirección en esta especie de versión british de los Dramáticos "Studio One" o "Playhouse 90" auspiciados por la televisión estadounidense en el curso de los años 50 y en las primeras estribaciones de los 60. Natural de una pequeña población del centro de Inglaterra, Loach no tardaría en convertirse en una de las primma donas del medio, haciéndose efectivo su debut en el cine con la adaptación de la novela de Neil Dunn "Poor

Como tantos otros técnicos británicos que irrumpieron en el cine de los 70, Michael Apted obtuvo su formación profesional en la televisión.

Cow", en el que se dirimen asuntos circunscritos a los conflictos de pareja con un telón de fondo presidido por el desarraigo afectivo.

Tras el estreno de *Poor Cow* (1967) la mirada femenina seguía presidiendo en *Family Life*, 1971–en que el mundo de la tradición, representado por los progenitores, y al que se acoge una chica con problemas mentales, "colisionan" de continuo– mientras que *Kes* (1969), en su formulación simbólica, muestra el espacio de libertad en el que intenta desenvolverse un joven quinceañero refractario a ser *fagocitado* por el sistema educativo. Paradójicamente, el tiempo cinematográfico de Loach se "detuvo" durante varios años, los suficientes para sembrar dudas entre sus colaboradores de si su talento se había perdido irremediablemente en el mar de los *spots* que habían sido su tabla de salvación durante su particular *naufragio*. Putman iría a su rescate, ofreciéndole rodar la controvertida *Agenda oculta* (*Hidden Agenda*, 1990) después de que Loach filmara una serie de producciones en los 80 que se adivinarían ejercicios preparatorios de lo que estaría aún por llegar. Loach, lejos de cubrir con un velo de vergüenza su actividad en el terreno de los comerciales, se mostraría agradecido por haberle permitido una subsistencia laboral, de igual modo que lo hicieron Alan Parker (n. 1944), Adrian Lyne (n. 1941) y el mayor de los hermanos Scott. Pero, a diferencia de Loach, este trío de cineastas se convirtieron en figuras solicitadas en un campo presto a la innovación. En cierta manera, el lenguaje del videoclip que habían contribuido a "definir" estos realizadores se iría *incubando* en producciones cinematográficas que acusaban un sentido esteticista inequívocamente singular para la época.

Ken Russell, sinónimo de director controvertido.

Muestra de ello deviene *Los duelistas* (*The Duellists*, 1977), una plasmación visual del universo descrito por Joseph Conrad en su relato corto *"El duelo"*, en que se deja constancia del buen pulso de Ridley Scott para surtir de un preciosismo formal elocuente las imágenes que conforman su opera prima. Ese mismo efectismo que afecta a *Bugsy Malone, nieto de Al Capone* (*Bugsy Malone*, 1976), dispuesta por la cámara de Parker, quien sembraría de *trazas* musicales adscritas al blues, al rock y/o al pop buena parte de sus propuestas cinematográficas, entre ellas *Pink Floyd: el muro (Pink Floyd: The*

Wall, 1982), *Birdy* (ídem, 1984) –con una banda sonora compuesta por Peter Gabriel, el *front man* de la primera etapa de Genesis– o *Los commitments* (*The Commitments*, 1991). En el espacio de tres años se concentraría los debuts nortamericanos de Alan Parker –*El expreso de medianoche* (*Midnight Express*, 1978)–, Ridley Scott –*Alien, el octavo pasajero* (*Alien*, 1979)– y Adrian Lyne –*Foxes* (1980)–. En esa misma franja temporal se localizarían otras primerizas obras de cineastas que habían militado en la televisión británica y habían manufacturado, eso sí, de manera puntual, algunos *spots* publicitarios.

Poseedor de una trayectoria fílmica difuminada por sus constantes cambios de registro genéricos y estilísticos, Michael Apted (n. 1941) apuntaría en sus inicios profesionales hacia un tipo de películas de mayor calado experimental y vanguardista. No en vano, Apted fue artífice del documental televisivo "21 Up" (1977), en que nos asomamos a la realidad de unos jóvenes que observan con un sentido ambivalente, a medio camino entre el recelo y la esperanza, el futuro que les aguarda. Años antes, Apted había alumbrado una obra, *La máscara y la piel* (*The Triple Echo*, 1972), que *atenta* contra la moral conservadora a través de la plasmación de un relato en que convergen temas del alcance de la homosexualidad y del travestismo, uno de esos *private pleasures* que se acomodan entre los *pliegues* de la realidad social británica. Una vez concluida la filmación de *El ídolo* (*Stardust*, 1974), con participación de un treintañero Adam Faith, de *The Squeeze* (1977) –una historia sobre robos y secuestros en la que recalaría Stacey Keach– y de *Agatha* (ídem, 1979) –en torno al misterio que envolvió la desaparición de la escritora Agatha Christie a mediados los años 20, en que ficción y realidad van de la mano–, Apted asumió que su destino profesional le situaría al otro lado del Atlántico, aceptando rodar *Quiero ser libre* (*Coal Miner's Daughter*, 1980), en que Sissy Spacek mostraría sus atributos interpretativos al encarnar a la cantante de *country* Loretta Lynn. Pese a sus compromisos adquiridos en el continente norteamericano, Apted no perdería la perspectiva de la serie documental que le otorgaría cierto relieve en el medio televisivo donde se había empleado durante bastantes años. Ciertamente, a la par que daba acomodo a "*28 Up*" (1985), el cineasta inglés confeccionaba un espléndido documental presto a rendir cuentas con el pasado (ligado a The Police) y el presente de Sting en *Bring On the Night* (1985). Del mismo se derivaría un doble disco compacto, "bisagra" de lo que marcaría el final de The Police y el nacimiento de la etapa en solitario de un *aguijón* que, al cabo, se quedaría sin "veneno" para dotar de contenido y sentido las letras de sus canciones. *Bring On the Night* se significaría, pues, conforme a esos rescoldos de un cine documental que levanta acta de la importancia capital de la música en el imaginario colectivo para una generación de jóvenes.

Al igual que su tocayo Apted, Mike Newell (n. 1942) pasaría a engrosar la nómina de técnicos de la Granada Television forjados en los años 70, pero asimismo figuraría en la relación de profesionales adscritos a la BBC. Los trabajos de uno y otro podrían resultar intercambiables, aunque Newell ha tratado de buscar una *coartada* "autoral" de la que Apted siempre ha prescindido por motivos más que justificados. Su primera producción en los Estados Unidos se formalizaría a las puertas de los 80 –con la cinta de aventuras impregnada de misterio a orillas del Río Nilo, *El despertar* (*The Awakening*, 1980)–, la década que ofrecería la alternativa en el manejo del largometraje, de mayor o menor empaque, a Tony Scott (1944-2012), hermano menor de Ridley, y a Hugh Hudson (n. 1936), cuyo cortometraje *The Tortoise and the Hare* (1967) –«La tortuga y la liebre»– acabaría por redundar, desde una perspectiva alegórica, en el *mensaje* de *Carros de fuego* (*Chariots of Fire*, 1981), elevada a las alturas de la popularidad, en especial, gracias a los premios conquistados, incluidos un total de cuatro Oscar. Putman, "agraciado" con una de las estatuillas doradas, volvía a *guiar* a uno de los directores *instruidos* en la *escuela* de la televisión pública británica. En su persona se encuentra la llave que abriría la puerta del medio cinematográfico a no pocos realizadores nacidos, en la mayoría de los casos, en zonas rurales o pequeños núcleos urbanos de Inglaterra.

Una de las excepciones, junto al londinense Hudson, a esta regla "no escrita" sería Ken Russell, oriundo de Southampton, una de las principales ciudades porturarias ubicada al sur de Inglaterra. Hijo de familia adinerada, Russell obtuvo sus primeros créditos profesionales en la pequeña pantalla desenvolviéndose en tareas de operador para luego corregirse en calidad de director de documentales de la BBC de cariz biográfico de toda índole. Un flujo creativo que le condujo hacia la dirección de largometrajes sin demasiado reparo a la hora de sopesar la bondad de determinados proyectos, algunos de los cuales "sugestionados" por su melomanía atravesada de numerosos estilos y tendencias. De ahí que Ken Russell confeccionara biografías (parciales) bajo la luz *deformante* acorde a los gustos estéticos de su realizador, esto es, relativas al escultor Henri Gaudier Brzeska –*El mesías salvaje* (*Savage Messiah*, 1972) –, y a los compositores Pyotr Tchaikovskyi –*La pasión de vivir* (*The Music Lovers*, 1970)–, Gustav Mahler –*La sombra en el pasado* (*Mahler*, 1974)– y Franz Liszt –*Lisztomania* (ídem, 1975)–. No obstante, el título que le dio el crédito suficiente, cuanto menos al corto o medio plazo, para seguir proyectando sus "delirios" en la gran pantalla, a imagen y semejanza de algunos títulos citados y otros tantos consignados en su etapa primeriza en el celuloide –*Los demonios* (*The Devils*, 1971), un auténtico "atropello" a la *lógica* narrativa–, sería *Tommy* (ídem, 1975), traslación de la opera rock perpetrada por el grupo The Who que atraería el interés de una buena nómina de intérpretes norteamericanos de primera fila en el *box-office*. Un título que se localizaría en el epicentro de una actividad *sísmica* que sacudía los cimientos de la industria cinematográfica británica a ritmo de rock.

AMPLIANDO FRONTERAS: EN TERRITORIO «ANGLOAUSTRALIANO»

En la historiografía cinematográfica mundial apenas se consignan referencias que traten de desarrollar, ni que fuera en forma de hipótesis de trabajo, la particular conexión existente entre el cine británico y el australiano. Unidos por un mismo factor idiomático, lo cierto es que las relaciones entre ambos países –el uno con proporciones de continente; el otro con hechuras de Imperio– por lo que atañe a lo meramente cinematográfico se fraguarían a mediados los años 40, sobre todo a partir de la necesidad de la Ealing Studios por ampliar su radio de acción, acuciada por necesidades económicas. En el continente oceánico existía un dinero "inmovilizado" del que productoras como la Ealing se aprovecharon para ofrecer una "salida" en forma de una serie de variopintas propuestas cinematográficas regidas, eso sí, por un puro sentido del entretenimiento. Harry Watt se encargaría de acometer los proyectos de *The Overlander, Eureka Stockade* (1949) y *El asedio de Pinchgut*. Ralph Smart (1908-2001), nativo del país oceánico, completaría el cuadro de producciones *made in* Ealing en territorio *aussie* dirigiendo *Bitter Springs* (1950) –un título que el propio Watt estuvo a punto de hacerse cargo–. En paralelo, la London Film hizo su particular "ofensiva" al auspiciar un par de comedias, *Smiley* (1956) *y Smiley Gets a Gun* (1958) –ambas participadas tras las cámaras por Anthony Kimmins (1901-1964)–, orientadas hacia un público infantil y juvenil, la misma franja de audiencia a la que iba destinada *Bush Christmas* (1947), producida, dirigida y guionizada por Ralph Smart con un claro propósito de emular las andanzas de "Los cinco" de Enid Blyton pero transferidas al vasto espacio australiano.

A mediados los 60, Michael Powell y Emeric Pressburger tomarían el relevo de la Ealing y de la London Films a la hora de tratar de *colonizar* territorio *aussie*. La primera de las propuestas sugerida por este peculiar tándem de cineastas sería *They're a Weird Mob* (1966), que contaba con el aval que la novela de partida, obra de John O'Grady, se significaría conforme a un auténtico *bestseller* entre la población que él mismo retrata con un sentido del humor agudo. Tal como expresa Llorenç Esteve en las páginas de su monografía sobre Powell & Pressburger, la Australia que se encontró el primero «Era muy diferente a la que podía imaginarse, las tradiciones y los deportes eran similares; el *cricket*, las carreras, los *pubs*... En cambio, la población vivía en una sociedad burguesamente igualitaria. Su título, *They're a Weird Mob* («Ellos son un tumulto alucinante») es ya una declaración de principios sobre las intenciones del film»[9]. Encomendándose a un guión servido por Michael Powell y su socio de ascendencia húngaro (empleando el seudónimo de Richard Imrie) tratarían de armar un relato fílmico alineado con el concepto de *ocker comedies*, subgénero que perseguía mostrar, empleando un cierto soniquete satírico, la realidad de una comunidad *aussie* que se burlaba de ese sistema de valores que seguían rigiendo la sociedad británica. Óbviamente, la respuesta comercial de *They're a Weird Mob* cabía buscarla en el país oceánico, dando por descontado que la acogida en Gran Bretaña estaría –más aún si nos centramos en el equipo artístico desplegado para la ocasión, encabezado por Walter Chiari– próximo a evaluarse nula. Así resultaría, cobrándose la dupla de cineastas un tanto en lo comercial pero con registros más bien discretos en el plano artístico.

Tomando como buena la vertiente crematística, Powell –ya sin la compañía de Pressburger– se sentiría confiado en promover un nuevo proyecto circunscrito al paisaje oceánico. James Mason, desdoblado en productor, acompañaría a Powell en este viaje austral que parecía cerrar el círculo en su dispositivo alegórico por cuanto, como bien señala Esteve, de la coincidencia de que éste último trabajara con Michael Pate (en calidad de productor asociado), el hijo político de Joe Rock, impulsor del primer largometraje del reputado director, se deriva una sugerente *interpretación*: «en aquel momento no sabía que se estaba enfrentando a su último largometraje, pero aquello era un guiño que las circunstancias le habían reservado y que simbólicamente le indicaba que estaba cerrando un círculo. Había otro elemento que relacionaba *The Edge of the World* y *Age of Consent*, las dos se situaban en una isla, sintomáticamente un lugar indicado para calibrar la propia situación artística de Powell.

Si *The Edge of the World* puede simbolizar la isla en que se encuentra un artista cuando empieza, sin saber cómo reaccionará el mundo ante el mensaje, en cambio, *Age of Consent* representa la isla donde el artista se refugia después de haber agotado una etapa creativa. Por supuesto, la isla nos remite a la renuncia y a la marginación de un artista enfrentado a la clase cinematográfica y que encuentra en la soledad un refugio necesario»[10]. Fuera de estas *interpretaciones* que responden a estímulos "autorales", *Age of Consent* (1969) incurre en el defecto de abonar tópicos a través de la caractereología de unos individuos que tratan de velar casi en exclusiva por sus propios intereses y que tienen en un pintor alejado del mundanal ruido por expresa decisión –Bradley Moraham (Mason)– la víctima propiciatoria. La «feminidad salvaje» tan sabiamente mostrada por Powell antaño tan solo encontraría asidero en la que acabaría siendo su última producción cinematográfica a través del personaje de Cora, encarnada por una juvenil Helen Mirren, la aportación de la Royal Academy of Arts (así se "certifica" en los créditos) a una propuesta que pasaría de puntillas por la cartelera británica y se defendería las primeras semanas de su presencia en las salas comerciales australianas. Luego, un profundo silencio cubriría el efecto de una producción registrada en los estertores de la década de los 60. Al inicio de la misma, después de asistir a una retrospectiva consagrada a la obra de otro pintor, Sidney Nolan, en una galería de arte londinense, Tony Richardson barruntaría sobre la posibilidad que Ned Kelly, retratado sobre el lienzo por el artista australiano, tuviera acomodo en la gran pantalla. No en vano, Ned Kelly respondía al prototipo de antihéroe que Richardson había ido acomodando a su filmografía hasta entonces. Una serie de carambolas propiciaron que Mick Jagger, el líder de los Rolling Stones, se hiciera con el papel del *outlaw* australiano. Un as bajo la manga que Woodfall Productions quiso jugar frente a posibles inversores localizados en el continente oceánico. Finalmente Woodfall asumiría el riesgo en solitario, convirtiéndose en una de las contadas producciones británicas en auspiciar un proyecto que se desarrollaba por entero en Australia y que treinta años después contaría con un *remake* de idéntico título protagonizado por el finado Heath Ledger.

Para los coleccionistas de *rarities*, la seminal *Ned Kelly* (1970) responde a un producto perfectamente reglado en este sentido y con la participación de un Jagger empecinado en labrarse una carrera cinematográfica en paralelo a la musical. Unas aspiraciones que ya se adivinaban ciertas en el ecuador de la década de los 60 cuando se especuló sobre la posibilidad que diera cobertura al *drugo* Alex DeLarge toda vez que Si

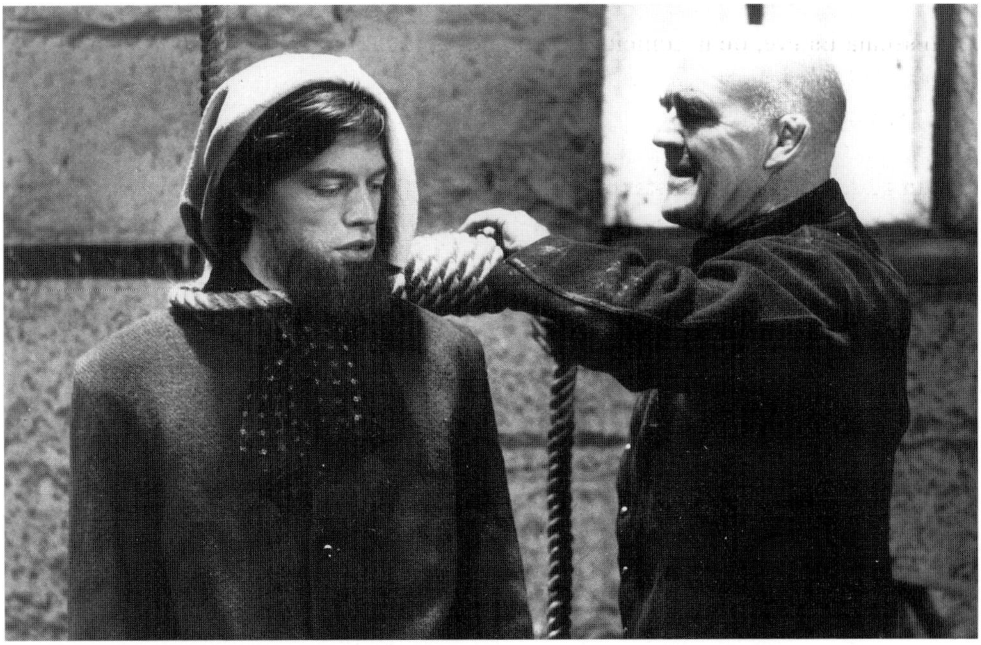

Nicolas Roeg llevaría al celuloide la historia de Ned Kelly en 1970, siendo su protagonista Mick Jagger.

Litvinoff había adquirido los derechos de la novela "*La naranja mecánica*" (1962) para su explotación cinematográfica. Frustrada semejante tentativa por decisión expresa de Stanley Kubrick, empero, Jagger no cejaría en su empeño, desenvolviéndose en una propuesta coyuntural, *Performance* (1970), en que se registrarían un par de directores tras las cámaras.

En esta producción inglesa velaría sus primeras armas en calidad de realizador Nicolas Roeg –junto a Donald Cammell (1934-1996)– para meses más tarde concentrarse en planificar *Más allá de... / Walkabout*. El propio Si Livitinoff contribuiría a arropar el proyecto en su vertiente financiera tras haberse enfrascado en la producción de *The Queen* (1968), mediometraje que se define a todas luces por ser un precedente de *Las aventuras de Priscilla, reina del desierto* (*The Adventures of Priscilla, Queen of the Desert*, 1994), participada por capital australiano y británico en la mitad de una década donde no resultaba extraño encontrar esta suerte de alianzas entre países «hermanados» por una misma lengua y unas costumbres que, en su inmensa mayoría, transitaban por una vía de una sola dirección. Pero hasta alcanzar este punto del relato historiográfico de dos cinematografías cuyos vínculos merece un ensayo por sí solo, tuvieron que pasar varias décadas.

Más de treinta años que separan una realidad sustancialmente diferente, la relativa a un país que apenas contaba con apoyo estatal para su cine en 1970, en que se sitúa el «año 0» de una institución, la Austalian Film Development Corporation, que concedería ayudas a la producción nacional. Ese mismo año se presentaría en sociedad *Ned*

Kelly y se anunciaba el rodaje de *Walkabout*, una mirada "desprejuiciada" sobre el *outback* australiano, habitada por lo bucólico y lo salvaje a partes iguales, que resplandece de manera todavía más elocuente bajo los compases musicales de un John Barry en estado de gracia. El mismo estado que debió sentir como propio Nicolas Roeg cuando vio terminada su *odisea* oceánica que contribuiría a tender un *puente* entre Gran Bretaña y Australia, sobre el que se acabarían *deslizando* diversas (algunas de las cuales ciertamente significativas como la citada *Priscilla*, todo un *boom* a escala internacional) producciones, en términos generales, adscritas a la comedia y al drama en sus múltiples definiciones.

Asimismo, Australia sería el país de acogida de súbditos británicos, caso de Brian Trenchard-Smith (n. 1946) –por lo general, moviéndose en el espacio de la serie *B* que le ha permitido ser saludado conforme a uno de las más prolíficos directores de su generación– y David Hemmings (1941-2003), creador, en coalición con John Daly, de la compañía de producción independiente Hemdale Film Corporation. Antes de abandonar la misma, en 1971, dejando a los mandos a su socio Daly, Hemmings repercutiría su nombre en los créditos –en el apartado reservado a los productores– de *Melody* (1971), el que se revelaría el primer trabajo para el medio de Alan Parker –en calidad de guionista y autor de la historia original–, no por casualidad, vinculado a la música. Otras *melodías* llegarían a sonar con mayor intensidad en el espacio de los siguientes años para un Alan Parker necesitado de cosechar sus propios triunfos en el desempeño de su labor de director.

GRAN BRETAÑA, AÑOS 70: «EL PARAÍSO DE LOS MALDITOS»

En su escrito sobre la Hammer en este mismo volumen Tomás Fernández Valentí expresa la idea, cuando no la convicción, que la coincidencia temporal de la factoría de terror británica por antonomasia con el *free cinema* no surgió por un principio de casualidad sino por el de causalidad, propiciándose para ello un caldo de cultivo gestado décadas atrás. Algo similar, a mi juicio, ocurriría con ese cine británico desplegado en los márgenes del Sistema en la década de los 70, a imagen y semejanza de lo que acontecería en ese mismo periodo al otro lado del Atlántico. En estos espacios geográficos se localizarían lo que denominaría los «paraísos de los malditos», en razón de la catalogación que merecen, a día de hoy, un porcentaje nada baladí de producciones que cobraron forma en la gran pantalla acusando una vena experimental, un aliento vanguardista observada, al cabo, al *microscopio* de la realidad cinematográfica de la época en que fueron alumbradas conforme a "cuerpos extraños". En su *composición* se detectan elementos que, por lo general, no habían sido utilizados para la construcción de *edificios* cinematográficos, en forma de temáticas osadas o configuraciones de mundos distópicos que trataban de ganar al *mar* del *fantastique* pero, en su mayoría se asentaban en *suelo* firme, el de una realidad cotidiana que viaja de la mano de una sociedad en constante transformación de su fisonomía a causa del progreso, en especial en materia científica y tecnológica. El efecto multiplicador, sinónimo de enriquecimiento temático que representó en su momento el surgimiento de infinidad de unidades de producción independientes en los Estados Unidos, se dio a menor escala en Gran Bretaña. Con ello, semejante derivada arrojaría un buen puñado de producciones libradas por cineastas que el paso del tiempo les ha reservado el adjetivo de «malditos» en justa correspondencia con la confección de títulos que jalonan sus respectivas filmografías con apremio a desviarse de las normas, de los caminos trillados y así definir las líneas maestras de *cuadros* con el motivo de la descripción de un "paraíso" afianzado a través de extrañas, crípticas formas alejadas de una realidad *ad hoc*. Abstracción de una realidad que computaría en el cine de un ramillete de directores procedentes de distintos gremios, oficios, no necesariamente vinculados, en sus primeros estadíos, con el mundo del celuloide.

Pieza «bautismal» de lo que podríamos inferir un cine británico, el de los 70, perfilado sobre el denominador común de la mixtura de géneros y la asunción de un riesgo formal y temático, *Performance* (1970) no tuvo acomodo en las carteleras de su país debido a su catalogación «R». El sexo, la violencia y las drogas se configuran a modo de un cóctel demasiado indigesto para vencer la censura de la época con la sensibilidad a flor de piel al abordarse tales temáticas en una misma producción cinematográfica. Necesariamente, sus impulsores, Donald Cammell y Nicolas Roeg, sabían el peligro que corrían al tratar un film bajo el amparo de la empresa de nuevo cuño, Goodtime Enterprises, que más tarde se pronunciaría en el campo del drama musical con la puesta en marcha de *Melody*, *Ése será el día* (*That'll Be the Day*, 1973), *Flame* (1975) y *Bugsy Malone, nieto de Al Capone* (*Bugsy Malone*, 1976), entre otras. De hecho, el productor Sanford Lieberson (n. 1936) expresaría desde su primer crédito en la gran pantalla con *Performance* la necesidad de reformular el cine de género, léase el de la crónica policial, con el aliño del musical a través de una batería de canciones que repercutiría en la banda sonora del film. No fue ajena tampoco a esta intencionalidad la presencia de Mick Jagger dando vida al Sr. Turner, una suerte de alter ego que entra en contacto, en una *guest house* del East London, con Chas, un sicótico personaje encarnado por James Fox.

La prohibición de explotación del film en circuitos de salas comerciales que pendía desde entonces no se levantaría hasta casi cuarenta años más tarde, tiempo más que suficiente para observar en perspectiva el recorrido cinematográfico de sus dos directores. Cuando se levantó el veto que pesaba sobre su opera prima, el uno, Nicolas Roeg, prácticamente acabaría *devorado* por sus propias ínfulas creativas, para nada casadas con la demanda de los espectadores medios del siglo XXI, y el otro, Donald Cammell –formado como pintor en los tiempos del *swinging London*– fallecido en 2006 a causa de un suicidio. Ciertamente, Roeg ofrecería mayores posibilidades de analizar una obra cinematográfica que la desplegada por su colega Cammell. Amén de *Performance*, este último plasmaría en la gran pantalla tan solo tres largometrajes más[11]. El primero que el cineasta escocés dirigiría en solitario, *Engendro mecánico* (*Demon Seed*, 1977), ofrece un interesante punto de partida –cortesía del novelista

Arriba: David Bowie en *The Man who Fell to Earth.*
Abajo: Sean Connery y Charlotte Rampling en *Zardoz.*
Dos extrañas producciones en el espacio del cine británico de los 70.

Dean R. Koontz–, el de una casa que cobra papel protagonista merced a su concepción domótica y en cuyo interior se gesta el nacimiento de una criatura sin necesidad de utilizar "material" humano. Una variante distópica que acusa en demasía las "costuras" de un cine un tanto en precario en su definición visual y en la articulación de un lenguaje que funciona por "tramos". Consideración que podían servir perfectamente al evaluar el cine de Nicolas Roeg.

Director de fotografía de constrastada calidad en su aplicación con el color (allí están sus créditos en *Lejos de un mundanal ruido, Fahrenheit 451* y *La máscara de la Muerte Roja* para dar fe de ello), Nicolas Roeg preservaría su condición de *cameraman* en *Walkabout,* el segundo de sus lagometrajes en funciones de director que se integra dentro del conjunto de piezas de una década dispuesta a fijar sus particulares obsesiones bajo un prisma netamente experimental. Sin ningún género de dudas, *Amenaza en la sombra* (*Don't Look Now*, 1973) se revela la pieza angular de una filmografía que, a menudo, acusa sus defectos de forma y contenido en lo que vendría a corresponderse con el segundo y el tercer "acto". Allí donde la desmedida viaja por libre, al contrario de lo que acontece en *Amenaza en la sombra* cuando la acción se asienta en esa Venecia destilada por el filtro del misterio y del terror. Basada en un cuento escrito por Daphne du Maurier ("Rebeca", "Los pájaros"), *Amenaza en la sombra* computaría entre las producciones británicas de la década que mayor campo de influencia han ganado, incluido el que atañe al cine de Brian De Palma, quien descubrió a partir de entonces el *juego* que ofrecía el compositor de la cinta orquestada por Roeg, el italiano Pino Donaggio. Pero Roeg, lejos de pretender un equilibrio estético y dramático para sus futuras producciones, se abonaría a esa desmesura recubierta de un elemento hipnótico –cualidad que suelen advertir los defensores de su cine– a partir de concretar en el celuloide la adaptación de otra novela, "The Man Who Fell to Earth" de Walter Tevis. Nuevamente echando mano de un cantante y compositor musical al frente del reparto, para la ocasión Roeg contaría con David Bowie en esta *space oddity* por el planeta tierra donde el valor del dinero guarda estrecha relación con la necesidad de alcanzar una vida placentera y satisfactoria. En esta impostura se instala el personaje alienigena que opera bajo la máscara de Thomas Jerome Newton.

A raíz de haber concretado el rodaje de *The Man Who Fell to Earth* Nicolas Roeg parecía haberse *despegado* de la realidad de una cinematografía británica regulada al amparo de unos códigos suficientemente definidos de generación en generación, viajando hacia esas *constelaciones* privativas de directores y productores que no persiguen un mero retorno económico sino el desarrollo de un fundamento artístico. Poblada de insertos en forma de *flashbacks* –otro de los trazos distintivos del cine de Roeg– que entran en conflicto con la idea de una fácil *digestión* para la eventual comprensión de la trama por parte del espectador, el *thriller* ambientado en Viena *Contratiempo* (*Bad Timing*, 1980) cerraría el ciclo de películas elaboradas por el ex operador londinense a lo largo y ancho de los 70. Luego su cine seguiría acusando esos *delices* de forma y fondo propios de un cineasta que nunca persiguió sellar la *paz* con la Industria y abonarse así a un cine más acomodaticio. *Eureka* (1983), *Insignificancia* (*Insignificance*, 1988) y *Ruta 99* (*Track 99*, 1989) no harían más que constatar el carácter "indómito" de un cineasta que, como sus coetáneos Monte Hellman, Bob Rafelson o Hal Ashby al otro lado del Atlántico, se ganaría el aplauso de aficionados que, por lo general, persiguen la necesidad de observar en pantalla un relato "dislocado" de la realidad y de la lógica. Una lógica, la de una Industria que reservaría a Roeg la posibilidad de seguir desenvolviéndose en el marco profesional del audiovisual –rodaría diversos videoclips y *tvmovies*– con la que pagar las "facturas" pendientes de un cine deficitario en lo económico, pero asimismo, cabe decirlo, en su ordenamiento artístico en buena parte de las ocasiones que dispuso para levantar proyectos *out-system*.

John Boorman (n. 1933) obedece a la imagen de otro "francotirador" apostado en lo alto de un *edificio* compuesto de material poco empleado para la *construcción* del cine británico de la época y, por añadidura, del anglosajón. Después de una etapa prosaica, Boorman daría por bien empleada su ocupación de crítico en una revista femenina pero su exigencia artística necesariamente le destinaría al *campo de batalla* de la práctica cinematográfica. En primera instancia, se desenvolvió en espacios televisivos, preferentemente documentales pero también *soap operas* del estilo de la popular "The Newcomers" (1965-1969) con episodios *half hour*. Esta serie facultaría a Boorman para acomodarse a un ejercicio de mayor calado profesional, el que le permitiría oficiar de director en la cinta musical *Catch Us if You Can* (1965) para, a renglón seguido, sucumbir al *embriagador* encanto del cine estadounidense, presto a redefinir los

Oliver Reed y Diana Rigg intervienen en el reparto de *El club de asesinos*, una producción sobre un subgénero que tuvo arraigo en el cine británico a lo largo de varias décadas.

esquemas del *thriller* policíaco con títulos como *A quemarropa* (*Point Black*, 1967). Boorman repetiría experiencia con Lee Marvin en *Infierno en el pacífico* (*Hell in the Pacific*, 1968), una insólita propuesta que muestra un solo "decorado", el de una isla, y dos únicos personajes (además del actor de pelo cano, Toshiro Mifune).

De regreso a su Inglaterra natal, John Boorman atacaría el flanco del cine privativo de ocupar plaza en las salas de «arte y ensayo» con la puesta en danza de *Leo el último* (*Leo the Last*, 1970). Luego de su nueva incursión en los Estados Unidos con *Deliverance* (ídem, 1972) –una alegoría sobre la América erradicada en la tradición armamentística conforme a la defensa de un patrimonio territorial y familiar; la coproducción *Los cazadores* (*Open Season*, 1974), participada entre otros países por Gran Bretaña, operaría en un sentido muy similar con ex combatientes de Vietnam protagonizando la función– *migraría* nuevamente a la cinematografía de su país con un discurso fílmico, el que presenta *Zardoz* (ídem, 1974), encardinado en un humanismo "desestabilizado" por sus propios excesos que rigen a todos los niveles. Cinta que se sitúa siguiendo las coordenadas del fantástico en su derivación de «anticipación», Zardoz precedería a su nuevo *comeback* al país norteamericano con una segunda parte de *El exorcista* (1973). El cineasta inglés tardaría varios años en recuperarse del fiasco económico que se derivaría al haber asumido el proyecto de *El hereje (Exorcista II)* (*Exorcist II: The Heretic*, 1977). Con todo, una temática mucho más afín a sus intere-

Peter Collinson se revelaría un director a tener en cuenta en los años 70. Fallecido prematuramente, *Los cazadores* sigue siendo una de sus producciones más estimables.

ses artísticos –llevaba tiempo sopesando la posibilidad de rodar "*El señor de los anillos*", algo que lo hubiera encumbrado definitivamente o, por el contrario, le hubiera sumido en un pozo sin fondo– razona en el dispositivo narrativo de *Excalibur* (ídem, 1981). Un título que serviría para que Boorman no fuera observado un realizador "extraño" a la propia realidad del cine británico, circunstancia que no se había constatado en las décadas anteriores en que su agenda profesional registraría numerosas salidas de Europa con destino a Norteamérica, y viceversa, en una dinámica que nunca ha llegado a abandonar por *consejo* expreso de su *salud* laboral.

En tiempos en que John Byrum (n. 1947) trabajaba en el guión sobre la diseñadora de moda africana Tracy Chambers, junto a Tony Richardson, el cineasta norteamericano confiaba en la bondad del proyecto *Inserts*. Muesta de «cine dentro de cine» –un subgénero en sí mismo que, por otra parte, salvo puntuales aproximaciones, léase *The Magic Box*, *El fotógrafo del pánico* y *La mujer del teniente francés*, entre otras, ha tenido poco predicamento en la industria británica a lo largo de su más de un siglo de existencia–, *Insertos* (*Inserts*, 1974) trabaja en el lado "oculto" de una producción cinematográfica en los años 70 que levantaría acta en infinidad de ocasiones de la necesidad de «emanciparse» de aquellos contenidos que acusaban un tufo a repetición, a cliché. La identidad sexual y la adicción a las drogas se entremezclan en el dispositivo narrativo de una cinta protagonizada por Richard Dreyfuss que significaría la única contribución británica de su director, porfiado en hacerse valer en los Estados Unidos a partir de *Mahogany, piel de caoba* (*Mahogany*, 1975), de la que Richardson quedaría "liberado" de hacerse cargo de la dirección por "discrepancias artísticas" con el productor Berry Gordy. El socio fundador de la Motown Records resolvería dirigir él mismo un *biopic* parcial protagonizado por Diana Ross. Durante su "exilio" voluntario en los Estados Unidos, a buen seguro, Richardson tuvo tiempo o le hubiera gustado intercambiar impresiones con Byrum sobre la dificultad de subsistir en lo creativo frente a la implacable maquinaria *hollywoodiense*. Si Byrum acabaría claudicando ante tamaña realidad, a Richardson le sucedería un tanto de lo mismo. Ambos encontrarían cobijo en las películas creadas ex profeso para la televisión o también en (mini)series residuales en su fundamento artístico.

Además de las prouestas administradas tras las cámaras por Nicolas Roeg, Donald Cammell, John Boorman o John Byrum, el *thriller* y el policíaco británico abonaría ese "malditismo" que acompañaría a un porcentaje más significativo de lo que, a priori, podría desprenderse de la producción británica de la década. Stephen Frears –*Detective sin licencia* (*Gumshoe*, 1971)–, Sidney Hayers –*Deadly Strangers* (1976) y *Diagnosis: Murder* (1976)– y Peter Collinson (1936-1980) –*Y después sin parar, hasta el final* (*Straight on Till Morning*, 1972)– fueron algunos de los realizadores francos a desafiar una narrativa cinematográfica a los que algunos de ellos acabarían claudicando, ya bien sea en el curso de la década siguiente o en esa misma década en que debieron "convivir" con un cine acomodaticio pertrechado, en no pocas ocasiones, en la búsqueda de rentabilizar operaciones financieras en los denominados *remakes* o versiones encubiertas de títulos clásicos, casi siempre sobre el *suelo* firme de una tradición literaria que parecía un filón inagotable.

Con todo, algunos de los títulos que llevaban la rúbrica de algunos de estos directores afectados por la etiqueta del «malditismo» alcanzaron una repercusión en taquilla notable, al punto que por ejemplo, *Un trabajo en Italia* (*The Italian Job*, 1969), realizada por el hábil Collinson, causaría alta en la categoría de clásicos contemporáneos –en su derivada de *thriller* urbano– sujeto a constante revisión, sobre todo en el periodo –en 2003– donde vio la luz un *remake* homónimo facturado con un estilo acorde a los nuevos tiempos. Asimismo pertinente deviene la cita a *Atraco a la inglesa* (*The Jokers*, 1967), quizás una de las pocas propuestas dirigida por Michael Winner (1935-2013) que merezcan hoy en día su revisión. Con esta cinta protagonizada por Oliver Reed y Michael Crawford se trataba de recuperar la adscripción del cine británico por un tipo de historias con el denominador común de un atraco que, casi en términos absolutos, nunca consigue su fin. Cuanto menos, *Atraco a la inglesa* lo hace desde una comicidad articulada merced a un ingenioso libreto, surgido a partir de una historia original del propio Winner. De un sesgo humorístico similar participaría *El club de asesinos* (*The Assassination Bureau*, 1969), interpretada nuevamente por Oliver Reed, asumiendo el puesto de *directed by* Basil Dearden, al cierre de una década que para él sería auténticamente "prodigiosa", con una capacidad para pasar de un género a otro encomiable.

«DESMITIFICANDO» AL «MITO» Y *REMAKES* DE CLÁSICOS

De esa misma tradición literaria británica echaría mano la década de los 70 para amueblar diversas producciones del audiovisual de la época, algunas de las cuales sustanciadas en el medio televisivo y otras tantas en el cinematográfico. Con Hollywood instalado en los platós del Reino Unido resulta fácil confundir la nacionalidad de una determinada producción, máxime cuando adoptaban un efecto de "camuflaje" para con la nación sobre la que desplegarían una batería de técnicos, decorados, intérpretes y todo lo concerniente al rodaje de películas evaluadas con un coste estimado medio o grande. En ese contexto de "permisibilidad" que se dio en los 70 a la hora de alentar proyectos reñidos con la ortodoxia cinematográfica, la «desmitifación» de mitos que habían cursado, en primera instancia, en las obras literarias de real abolengo, fue un fenómeno preferentemente cinematográfico –aunque no exclusivo– digno de tener en cuenta. Muchos de los guionistas y directores que se iban incorporando a la Industria crecieron con el visionado de producciones de fantaciencia de los 50, y cintas de terror de la Hammer o *ghost stories*. Pero quedarse en un mero calco del original no parecía una opción que valiera por sí misma el esfuerzo de implicar la activación de una maquinaria humana y logística en aras a concretarse en la gran pantalla, en una actitud muy británica que dista sobremanera del poco pudor y de la practicidad mostrada por sus colegas norteamericanos. Inevitablemente, la entrada de los Estados Unidos en el mercado británico para establecer negocios de toda índole, en especial por lo que compete al alquiler de estudios y técnicos con los que elaborar un sinfín de producciones, llevaría "acoplado" ese sentido de la practicidad que cuadra con la oleada de títulos (anglo)americanos con sendos antecedentes cinematográficos, la mayoría de los cuales privativos, en su origen, de la literatura.

El concepto de «desmitifación» era un fenómeno que prendería la mecha en los Estados Unidos a finales de los 60 con arreglo sobre todo a un género, el del western, que por razones obvias apenas asomaría en el cine británico a lo largo y ancho de su historia –*Chato, el apache* (*Chato's Land*, 1972) o la coproducción anglohispanoitaliana *A Man Called Noon / Un hombre llamado Noon* (1973) obedecen al valor de la excepción–. Por ello se tanteó la posibilidad que fueran los mitos arraigados en la propia tradición británica los que debieran rendir "cuentas" con el cinematógrafo o, en su defecto, la televisión, en ese propósito de ofrecer "otra vuelta de tuerca" en torno a ese fundamento literario que ya se había *transformado* en material audiovisual con mayor o menor fortuna. Así, la década se "inauguraba" con el estreno de *La vida privada de Sherlock Holmes* (*The Private Life of Sherlock Holmes*, 1970), única de las producciones de Billy Wilder que actuaría bajo bandera británica. Rodada por entero en localizaciones naturales de Escocia (el castillo de Urquhart, sito en las Highlands, el lago Ness e Inverness) e Inglaterra, y en los estudios Pinewood, *La vida privada de Sherlock Holmes* "imboca" a la palabra «maestría» al juzgar el logro artístico cosechado por Wilder y su recurrente colaborador I. A. L. Diamond a la hora de articular un relato que "humaniza" al personaje de Sherlock Holmes (Robert Stephens), mostrando sus

Un hombre llamado Noon atiende a cierta importancia por ser uno de los pocos westerns británicos.

debilidades y una complejidad emocional de una manera que jamás se había observado hasta entonces en la gran pantalla. La homosexualidad *diferida* de algunas líneas de diálogo y comportamientos sojuzgados por el sentido de lo sutil añaden una capa adicional de complejidad sobre el mismo. No extrañaría, pues, que el film se saldara con un estrepitoso fiasco comercial, preferentemente registrado en el mercado anglosajón para luego, fruto de las reposiciones y de los pases televisivos que se han ido sucediendo en el tiempo, ser saludada como una pieza de supina elegancia, de exquisita calidez en un retrato humanista que rebaja el alcance del Mito hasta la mínima expresión, implicando semejante consideración no tan solo al personaje de Holmes sino también al doctor Watson (Colin Blakely, otrora uno de los miembros de la *working class* en *Sábado noche, domingo mañana*) y a Mycroft (Christopher Lee, desprovisto de su habitual tupé), el hermano del sagaz detective privado que trabaja para *Her Majesty*.

Transcurridos unos años desde su fecha de estreno, la «operación rescate» de una de las piezas imprescindibles del tándem Wilder & Diamond se puso en marcha vía reposición (en nuestro país se postergaría hasta la altura de finales de los 80). Por aquel entonces se activaron diversos proyectos recorridos por el denominador común de un Sherlock Holmes apartado de la visión "oficial" del personaje creado por Sir Arthur Conan Doyle que había mostrado en infinidad de ocasiones el cinematógrafo y la pequeña pantalla. Mas, la prueba del *delito* de esa fiebre "desmitificadora" sobre el personaje en cuestión se localiza en *El hermano más listo de Sherlock Holmes* (*The Adventures of Sherlock Holmes' Smarter Brother*, 1975) desde una vertiente paródica, en consonancia con el modelo aplicado un año antes en *El jovencito Frankenstein* (*The Young Frankenstein*, 1974) con idéntico actor protagonista –otro Wilder, de nombre de pila Gene–, secundarios –Marty Feldman caracterizado por sus ojos saltones y con una vis cómica de imposible catalogación, y Madaline Kahn– y compositor –el injustamente olvidado John Morris–. En realidad, Gene Wilder, además de colocarse tras las cámaras, se acomoda al personaje del hermano de Sherlock, Sigerson Holmes, embarcándose en una serie de investigaciones en *paralelo* que cursan en el terreno del *slapstick* y del musical vodevilesco. Asistido por un reparto de campanillas en *El hermano más listo de Sherlock Holmes*, Wilder volvería a repetir experiencia en la dirección con *El mejor amante del mundo* (*The World's Greatest Lover*, 1977) –la "víctima" propiciatoria para la ocasión: un sosías de Rodolfo Valentino–, el mismo año que se estrenaba en varios países del continente europeo *Elemental, doctor Freud* (1976), cuyo título original, *The Seven-Per-Cent-Solution* (en alusión a la proporción de cocaína y de solución salina que se aplica por vena el taimado detective), encierra de partida el propósito del neoyorquino Nicholas Meyer –"activista" de un cine y de una literatura empadronada en el espacio de lo transgresor y lo subversivo: véase su original *Los pasajeros del tiempo* (*Time After Time*, 1979)– por desarbolar la imagen-modelo del investigador privado más popular del mundo. La historia se enreda en la *madeja* de los "posibilismos" librados a la imaginación, calzando en el relato al personaje del doctor Sigmund Freud (Alan Arkin) con un Sherlock Holmes (Nicol Williamson) que debe "rendir cuentas" con Mycroft (Charles Gray) y *viajar* a la mente del pérfido profesor James Moriarty (Laurence Olivier) para desencallar la resolución de un misterio acaecido en la capital austríaca. *Asesinato por decreto* (1979), a la que nos hemos referido en el capítulo anterior, abunda sobre la figura de Sherlock Holmes alejado del carácter unidimensional con el que hasta finales de los 60 había sido tratado en el celuloide. La cinta del norteamericano Bob Clark especula con el encuentro entre Holmes y Jack el destripador a través de una trama con olor a conspiración que alcanza a las más altas capas de la sociedad victoriana.

Atacada por la vertiente caricaturesca del personaje de Sherlock Holmes, la cinematografía británica habilitaría un número reducido de producciones, entre las cuales figuran el mediometraje *The Strange Case of the End of Civilization as We Know It* (1977) –el realizador Joseph McGrath estuvo extremadamente "condicionado" por la presencia del díscolo Monty Python John Cleese, asimismo coartífice del libreto– y *The Hound of Baskervilles* (1978), dirigida por Paul Morrisey, y afectada en su "línea de flotación" humorística por la presencia del tándem Peter Cook (Sherlock Holmes)-Dudley Moore (Doctor Watson y otros tres personajes más), y ya en el plano televisivo, en *The Return of the World's Greatest Detective* (1976) con un imposible Larry Hagman *embutido* en el traje de un trasunto de Sherlock Homes. Para el mismo medio, Universal financió la producción estadounidense pero plagada de intérpretes británicos (James Mason, el "ex teddy boy" David McCallum, Leonard Whiting, Jane Seymour, etc.), dirigida por Jack Smight *La verdadera historia de Frankenstein* (1973) –estrenada en salas comerciales del estado español–, que ofrece una renovada *panorámica* sobre el Mito inmortalizado en las páginas de la novela secular de Mary W. Shelley. Una *tvmovie* de tres horas de duración que crecería en importancia a la luz de ser interpretada conforme a un referente a tener en cuenta de la versión cinética acometida por Kenneth Branagh a mediados los años 90.

Algo parecido ocurriría con una «redefinición» del "Drácula" de Bram Stoker, sometido a *observación* por parte del guionista W. D. Ritcher, captando elementos que habían quedado apenas esbozados en otros libretos anteriores al texto fílmico pergeñado por John Badham, inglés de nacimiento aunque afincado en la industria cinematográfica estadounidense a las primeras de cambio. Badham, quien ya contaba en su hoja curricular relativa a la televisión con "Reflections of Murder" (1974), una magnífica adaptación de la novela "Las diabólicas" escrita al alimón por Pierre Boileau y Thomas Narcejac[12], se enfrentó a los productores de la Universal durante el rodaje y a lo largo de la postoproducción, dando por válido, a la postre, un montaje con partes en que el arco cromático se redujo notablemente. De esta forma, quedaría sin efecto el trabajo cromático que repercutiría para la versión «en color» desplegada por el *cameraman* Gilbert Taylor, quien había contribuido decisivamente a asentar el estilo visual de los films de J. Lee Thompson por espacio de una década, la de los 50, a través de un total de ocho participaciones en común. Así, Universal, la *major* que durante la primera etapa del sonoro creó la "marca" del cine de terror gótico que años más tarde se encargaría de "rebatir" la Hammer con unos planteamientos, en verdad, bastante diferentes, confeccionaría dos producciones de género *enquistadas* en la industria angloamericana de los 70 con "acuse de recibo" para el *Frankenstein de Mary Shelley* (*Mary Shelley's Frankenstein*, 1994) y *Drácula de Bram Stoker* (*Bram Stoker's Dracula*, 1992). En sentido estricto no podemos expresarnos en términos de *remakes*, pero sí de producciones que aportaron elementos o ideas que servirían a la causa de las películas realizadas por Kenneth Branagh y Francis Ford Coppola, respectivamente. Semejante calificativo sí computaría, en cambio, en un rosario de producciones *seventies* forjadas por *cult directors* del estilo del mencionado Peter Collinson o Robert Fuest, u otros que operaron en los márgenes de la discreción, caso de Anthony Page (n. 1935) o Alan Bridges (n. 1927).

Coetáneo de Alan Bridges, Robert Fuest, superado el trámite de haber rodado *Just Like a Woman* (1967), una comedia protagonizada por Wendy Craig para el sello Dormar Productions Ltd., y algunos episodios de la serie "Los vengadores" (1961-1969) en la recta final de su pervivencia en antena, revisitaría el clásico de Emily Brontë "Cumbres borrascosas" en una versión catódica que cuenta entre sus filas interpretativas con un recién llegado Timothy Dalton para el papel de Heathcliff. *Cumbres borrascosas* (*Wuthering Heights*, 1970) mereció "galones" de estreno en salas en algunos países de Europa –incluído el nuestro– y del subcontinente sudamericano. Al cabo de unos años, Peter Collinson reincidiría con la celebérrima historia de "Los diez

Marlon Brando (en el centro) participaría en el rodaje de *Los últimos juegos prohibidos*, "ramificación" del texto literario de Henry James "Otra vuelta de tuerca".

negritos" de Agatha Christie con una propuesta definida en régimen de "multiproducción". En realidad, Collinson y los guionistas contratados para la ocasión prácticamente no se apartarían un ápice de la versión de 1965 de "Ten Little Indians", rodada por George Pollock (1907-1979), todo un especialista en el «universo Agatha Christie» al haber conformado con anterioridad un póker de títulos financiados por la división británica de la Metro sobre la base del personaje de Miss Marple compuesto por una entrañable Margaret Rutherford, a saber, *El tren de las 4:50* (*Murder She Said*, 1962) *Después del funeral* (*Murder at the Gallop*, 1963), *La señora McGinty ha muerto* (*Murder Must Foul*, 1964) y *Asesinato a bordo* (*Murder Ahoy*, 1964). Si nos atenemos al contenido dialogado de sendas versiones, *Diez negritos* (*Ten Little Indians*, 1974) bordearía el plagio, no así otro *remake* emprendido por Collinson al año siguiente, *La escalera de caracol* (1975, *The Spiral Staircase*), que Warner Bros. en su cometido de empresa distribuidora colocaría en circulación con el pálpito de repetir el éxito de la propuesta de la RKO fechada treinta años antes. Exenta de los fundamentos expresionistas de la fotografía en blanco y negro del título seminal, la versión de 1975 se abastece igualmente de un sugerente reparto encabezado por Jacqueline Bissett –actriz británica que "afrancesaría" su nombre y apellido, en origen compuesto–, Christopher Plummer, John Phillip Law y Mildred Dunnock, entre otros. Asimismo, Ethel Lina White (1876-1944), la autora que, a través del relato "Some Much Watch", inspirara a sendas producciones cinematográficas, alumbraría la historia "The Wheel Spins" que diera pie a *La dama del expreso*, objeto de un *remake* en 1979 realizado por Anthony Page, a cuenta de la Rank Organization en comunión con Hammer Films. Una asociación que no llegaría a fructificar de cara al futuro pero que se formalizaría de manera puntual habida cuenta de la necesidad de ambas productoras por capear el temporal sirviéndose de textos (ya sea literarios y/o cinematográficos) que habían funcionado en un pasado ya lejano.

La otra fórmula adoptada para dar acomodo a nuevas versiones de clásicos fue la televisión, donde proliferaron numerosos títulos en formato de (mini)serie o *tvmovie*. Tan solo unos pocos de éstos lucirían en la gran pantalla con todos los *fastos* que requería la ocasión, como sucede en la producción angloitaliana *Breve encuentro* (*Brief Encounter*, 1974). Richard Burton y Sophia Loren capitalizarían el atractivo principal de esta cinta administrada por la cámara de Alan Bridges que mira de reojo a la excelente *Breve encuentro* (1945) dirigida por Lean. *Remakes* que, tomando prestado el título de una producción concebida por el propio Bridges, son observadas hoy en día como piezas *Out of Season* («Fuera de temporada»), pero que contribuyeron a definir los parámetros por los que se rigió el cine británico en la década de los 70. De igual manera, la pujanza del rock en el espacio de esa misma década ofrecería un "valor añadido" al asimilarlo dentro de los patrones de un cine musical que habían cobrado fortuna en los 60, donde se localizaría el florecimiento de bandas legendarias como los Beatles, los Rolling Stones, Pink Floyd o Moody Blues, entre muchas otras.

EL POP-ROCK SE ABRE AL CINE

La irrupción del pop-rock en Gran Bretaña acarrearía que el cine fijara su mirada sobre un fenómeno que traspasaba las fronteras de lo estrictamente musical para posicionarse en el terreno de lo social. Bien entrada la década de los 60 se registrarían algunos títulos que se ganaron el favor del público juvenil adscrito a este fenómeno musical, concentrándose en apenas unos años en taquilla propuestas financiadas por pequeñas unidades de producción, esto es, la K. N. P –*It's All Happening* (1963) con Tommy Steele reinando la función–, Three Kings –*Sing and Swing* AKA *Live It Up!* (1963), en la que asoma entre su reparto el *rock star* Ritchie Blackmore en calidad de integrante de The Outlaws, y *Be My Guest* (1965), un drama aderezado con alguna que otra estimulante presencia como la de Jerry Lee Lewis en plan *guest star*–, Bruton Films –*Catch Us If You Can*, con el grupo de Tottenham The Dave Clark Five amenizando una velada cinematográfica que significaría el debut en el largometraje de John Boorman–, Fitzroy-Maycroft Production –*Everyday's a Holiday* (1965) con los Freddie and the Dreamers–, Titan Film Production –*Gonks Go Beat* (1965), un pupurrí de géneros asistido por nombres propios del Grupo Lulu, Ginger Baker y Jack Bruce, entre su ecléctico reparto–, una producción de Harry Field –*The Ghost Goes Wear* (1966), en que suenan los acordes a la guitarra de Steve Winwood– y Subafilms

–*Ferry Cross the Mersey* (1965), primer y único testimonio fílmico de la banda Gerry & The Peacemakers–. Esta última producción se rodaría en Liverpool, en plena *beatlemania*, consolidándose con el tiempo conforme a un testimonio de primera magnitud de esa escena inglesa en que se forjaría una de las mayores leyendas de la música contemporánea. La propia Subafilms dio cobertura ese mismo año a *¡Socorro!* (*Help!*, 1965), la segunda de las cintas celebradas a mayor gloria de los Beatles. El norteamericano ya los había dirigido en *¡Qué noche la de aquel día!* (*A Hard Day's Night*, 1964), y repetiría experiencia bajo una similar sentido de la inconsciencia y de una permanente llamada a la improvisión. Cualquier circunstancia que se presentara en el curso del rodaje podría acoplarse a su formulación "anárquica", ofreciendo como resultado, a día de hoy, una película fresca y dinámica, estimulante en su retrato esencial del testimonio de una época y de una manera de entender la vida sin el corsé de una tradición impuesta por una sociedad que se resistía a asumir la existencia de esos vientos de cambio provenientes de distintos puntos de las Islas Británicas.

En cierta medida, las películas realizadas por Richard Lester, servirían de referentes para la futura concreción de largometrajes, en su mayoría de cariz documental, consagrados a bandas del amplio espectro musical del pop-rock que surgieron en la escena inglesa de los años sesenta. Así pues, el díptico *¡Qué noche la de aquel día!* y *¡Socorro!* se situarían en forma de punta de lanza de un subgénero amparado por un

Richard Lester se encargaría tras las cámaras de dirigir a los Beatles en *¡Qué noche la de aquel día!*

Roger Daltrey, cantante de The Who, protagoniza la opera-rock *Tommy* en su formato cinematográfico.

público juvenil que tuvo en las tiendas discográficas y en locales como The Marquee o UFO lugares ineludibles en aras a alimentar una afición que para un pequeño porcentaje acabaría transformándose en profesión. A mediados los años 60 se forjarían varios de los grupos que acusaron, al corto o medio plazo, un desgaste por diversos motivos, provocando que apenas se registraran testimonios documentales de los mismos. Los que superaron un periodo de "tanteo" sí computarían en el espacio de los documentales musicales con piezas que incluso en la actualidad conservan unas cualidades artísticas de indudable calibre para el aficionado a una banda en particular o, en términos generales, a la música pop-rock de aquella época. En cualquier caso, las razones que explican el porqué el número de producciones documentales cautivas del pop-rock de calado profesional ha sido singularmente limitado en proporción a la proliferación de bandas que nacieron por aquel entonces se debe preferentemente a la propia ingenuidad de un sector para el que los términos «*brand*» o «*merchandising*» no guardan el significado que han tenido en el marco de los últimos decenios. La mercadotecnia invasiva de nuestros tiempos poca o nula relación guardaba con aquel periodo de esplendor en lo artístico, y con ello la necesidad de editar conciertos mostrando el *backstage* de los grupos parecía sinónimo de extravagancia, difícil de asimilar para productores musicales centrados en sacar el máximo provecho económico de la publicación de álbumes y de las giras preceptivas que miraban al otro lado del Atlántico como si se tratara de «El Dorado», la tierra que les provisionaría de un retiro para la «eternidad» una vez la cuenta de resultados adoptaba una curva ascendente sostenida en el tiempo.

Ciertamente, a excepción de las cintas de los Beatles, los años 60 no fueron especialmente proactivos en la manufacturación de documentales que sirvieran para dimensionar bandas circunscritas al espectro musical de la época. Con todo, cabe consignar la existencia de *Pop Gear* (1965), recopilación de grabaciones de grupos pertenecientes a lo que se denominó la «Invasión Británica», caso de The Animals, Spencer Davis Group –con un imberbe Steve Wimwood localizado en sus filas– o Herman's Hemits, entre otros. Más afincado en el concepto de pieza de culto que *Pop Gear* se revela *Tonite Lets All Make Love in London* (1966), en que Peter Whitehead trataría de captar el espíritu de libertad que se respiraba en el *Swinging London* verbigracia de una *collage* musical capaz de ramificarse en multitud de estilos y que cuenta, en forma de "interludios", con la presencia de Michael Caine, Lee Marvin y Julie Christie divagando sobre diversos aspectos de la vida y, en singular, el sexo. Por su parte, Syd Barrett figura en su variopinta "alineación" musical para el que fuera la principal voz y el letrista titular en la primera etapa de Pink Floyd.

Una vez Barrett fue desposeído de su «reinado» a causa del consumo de drogas que le colocarían «fuera de juego», Pink Floyd, adalid del rock psicodélico, aprendió de la necesidad de preservar su carácter de banda de culto de la escena *underground* británica, dedicando esfuerzos a la confección de documentales que parecían orientarse bajo presupuestos estéticos –*Live at Pompeii* (1970)– y dando cabida a otros proyectos de largometrajes de ficción que se plantearan sobre la base que la música se arrogara un "protagonismo" en sus pistas sonoras. Pese a contar con algunos temas creados ex profeso por Pink Floyd –otros tantos fueron variaciones de piezas registradas en álbumes ya publicados–, la realidad es que buena parte de estas producciones no estaban participadas por capital británico. La financiación de *More* (1969) y *Le Valée* (1972) –ambas dirigidas por Barbet Schroeder– provino de la parte continental de Europa mientras que *Zabriskie Point* (ídem, 1970) –realizada por uno de los asiduos del circuito *underground* musical de los 60, el iconoclasta Michelangelo Antonioni– recurriría a capital estadounidense. Inequívocamente, la difusión del macrodocumental *Woodstock* (ídem, 1969) concebido por Michael Wadleigh –*apuntalado* en la mesa de edición, entre otros, por Martin Scorsese– favorecía a que los productores confiaran en los réditos que pudieran generar otras muestras de un subgénero en franca progresión en los Estados Unidos.

Al margen del rodaje del tercer y cuatro film a mayor gloria de la legendaria formación de Liverpool, *El submarino amarillo* (*The Yellow Submarine*, 1968) –en régimen de coproducción angloamericana, en que se mezcla animación con personajes reales– y *Let It Be* (ídem, 1970), a finales de esa década Gran Bretaña se seguía mostrando remisa a auspiciar proyectos de cierta envergadura presupuestaria. La principal candidata a vencer tales reticencias se serviría del gancho comercial de The Who, la banda que había elaborado una de sus *magnum opus*, el doble álbum "*Tommy*" (1969), coincidiendo con la puesta en marcha del documental sobre los Beatles –a las puertas de anunciarse su ruptura– dirigido por el neoyorquino Michael Lindsay-Hogg. Ken Russell parecía el director idóneo para dirigir *Tommy*, una propuesta "desbocada" de principio a fin.

En otros casos se optaría por repartir riesgos a uno y otro lado del Atlántico, como prueba el hecho que la Fox diera luz verde a *The Rocky Horror Picture Show* (ídem, 1975) –una *cult movie*, preferentemente entre la comunidad gay– con arreglo a ser financiada por su filial inglesa, y que la compañía Swan Song –título inspirado en otra *cult movie*, *El fantasma del paraíso*– llegara a un acuerdo contractual con Warner Bros. para que cristalizara la producción y la posterior distribución de *The Songs Remains the Same* (1976). Documental que mezcla actuaciones en directo de Led Zeppelin en una gira americana con una pequeña ficción que encuentra afinidades en su aparato estético con el cine de Alan Parker –en particular, la coetánea *Bugsy Malone, nieto de Al Capone*–, *The Songs Remains the Same* se revelaría un título indispensable a la hora de computar las producciones (semi)británicas acreditadas en el ámbito del documental musical. El propio Parker iría más allá de la propuesta dirigida por Peter Clifton y Joe Massot al asumir como propio el ambicioso proyecto de *Pink Floyd: El muro*, en que el factor seminal de reproducir en imágenes el contenido conceptual del álbum de idéntico título –perfilado sobre todo por Roger Waters tras un periodo de "excedencia" voluntaria– sufriría diversas *metamorfosis* hasta derivar en una cinta en que la lucha de egos trajo consigo miradas contrapuestas en torno a su acabado. Con todo, *Pink Floyd: El muro* lograría elevarse muy por encima de la media de producciones que buscaban equilibrar un dispositivo narrativo "ficcionado" (incluidos insertos animados cortesía de Gerald Scarfe) con una propuesta musical encardinada en el rock.

Otros grupos que operarían en la esfera del rock progresivo o sinfónico tantearon el espacio cinematográfico pero con resultados francos a ocupar un espacio marginal dentro del contexto de la producción audiovisual de la época. Testimonios documentales hubo –*Yessongs* (1975) de Peter Neal, por citar un ejemplo– pero en su mayoría destilados con un sentido *amateur* que apenas obtuvieron difusión fuera de los dominios de los *fan clubs*. Para muchas otras formaciones, incluso aquellas situadas en la vanguardia musical de la época, léase Genesis o Emerson Lake & Palmer, el formato documental de carácter profesional se correspondería con una página en blanco. Pero esta situación empezaría a variar en la frontera de anunciarse el cambio de década. Entonces se citarían en la cartelera algunos títulos que dieron mayor empaque si cabe a grupos bandera de la escena británica como The Who en *The Kids Are Alright* (1979) y *Quadrophenia* (ídem, 1979) –a partir del álbum homónimo–, en el que se distingue entre su ecléctico reparto un jovencísimo Gordon Matthew Summer, en arte Sting. La banda inglesa liderara por éste, The Police, acabaría convirtiéndose a principios de la década siguiente en una de las pioneras en entender el valor de los canales de difusión que procuraban los videoclips.

Aún con la herida abierta de la disolución de The Police, Sting cumplimentaría un documental dirigido por su compatriota Michael Apted, la citada *Bring On the Night*, una propuesta que una vez más registraría su sede financiera en los Estados Unidos. El país que, en definitiva, facultaría que fenómenos musicales en primera instancia focalizados en las Islas Británicas pudieran crecer a escala mundial merced a una potente red de giras por Norteamérica que, en ocasiones, comportaría la grabación de algunos documentales, mucho material del cuál se perdería en el erial del audiovisual de la época para luego ser «exhumado» e incorporado, vía extras, a las ediciones digitales de grupos que apelan a la leyenda del rock vestido con distintos ropajes.

Un espacio aparte merece los caminos emprendidos por miembros pertenecientes a grupos que traspasarían el umbral de la leyenda al poco de iniciar sus singladuras profesionales. En el caso de Ringo Starr compartiría créditos con David Essex en *Ese será el día*, narrado en clave de drama musical. Su inclusión en esta producción dirigida por Claude Whatham se revelaría el principal motivo por el que el batería de los Beatles quedaría fuera del proyecto de la mencionada *El ídolo*, ofertada bajo el concepto de *rise and fall* («auge y caída») en el que David Essex regresaba sobre el personaje de Jim McLaine, esta vez acompañado por la banda (ficticia) The Stray Cats. Tanto Al igual que Ringo Starr y Mick Jagger, George Harrison, una vez concluido su ciclo profesional con los Beatles, invertiría una parte de sus enormes "ganancias" en la producción de algunas películas que demostrarían su buen tino a la hora de escoger determinados proyectos. Particularmente interesante fue su apuesta, a través de la compañía HandMade Films, de ofrecer la oportunidad a nuevos talentos como John MacKenzie –*El largo viernes santo* (*The Long Good Friday*, 1980)– , Malcolm Mowray –*Función privada* (*A Private function*, 1984)–, Bruce Robinson –*Whitnail y yo* (*Whitnail and I*, 1989)– y asimismo dar cobertura financiera a los miembros de los Monty Python en *La vida de Brian* (*The Life of Brian*, 1979). Los Beatles conocieron el detalle de la existencia del productor musical Brian Epstein. A finales de la década en que se oficializaría la ruptura del grupo inglés, Harrison entraría en contacto con otro Brian, apellidado Cohen y merced a la "providencia", acabaría siendo confundido como el mismísimo Jesucristo.

EL *SILLY HUMOR* DE LOS MONTY PYTHON

Referirse al humor británico practicado a lo largo de los años 60 y 70 pasa inexcusablemente por evaluar los trabajos llevados a cabo por los Monty Python. La historia de la creación de los Python podría caber en un volumen, pero en síntesis su confección se fraguaría merced a una serie de sinergias surgidas gracias un caldo de cultivo propicio, el de una década, la de los 60, en plena efervescencia de la denominada contracultura en Gran Bretaña. El teatro *amateur* fortalecería el espíritu crítico, diríase corrosivo, a ratos surrealista en sus enunciados, de un grupo que tardaría unos cuantos años en saltar al ruedo de la televisión después de haberse registrado una escisión en el seno de los "Cambridge University Footlights". El periodo de aprendizaje de los Python antes de alcanzar fama mundial a través de la pequeña pantalla se desenvolvió entre la escrituras de textos teatrales y puntuales apariciones televisivas. La BBC les ofrecería la alternativa a finales de los 60 con la emisión de la serie "*Monty Python's Flying Circus*", practicando la esencia de un humor que captaría la atención de unos jóvenes espectadores receptivos a una propuesta que, a fin de cuentas, trataba de espolear una actitud de "insumisión", de "rebeldía" frente al *establishment* a través de un *arma* que resultaría *mortífera* para las conciencias más retrógradas, ancladas en viejos preceptos del pasado.

A partir de la emisión en antena del primer capítulo de "Monty Python's Flying Circus", acaecida el 5 de octubre de 1969, el grupo empezaría a forjar su propia leyenda en relación a una generación de británicos ociosa de *sintonizar* con ese *silly humor* imposible de catalogar. Había nacido una nueva forma de humor, por una parte, que rendía pleitesía a una larga tradición de cómicos británicos, pero por otras parte fruto de las convergencias creativas suscitadas entre sus seis miembros, a saber, John Cleese (n. 1939), Michael Palin (n. 1943), Terry Jones (n. 1942), Eric Idle (n. 1943), Graham Chapman (1941-1989) y Terry Gilliam (n. 1940), el único norteamericano del grupo y el que, sin duda, ha tenido mayor proyección en el medio cinematográfico por lo que compete a la articulación de una obra fílmica elaborada tras las cámaras que muestra, en algunas de sus caras, parte del legado de los Python.

And Now for Something completely Different (1971) se corresponde con una recopilación de *sketches* correspondientes a la primera y segunda temporada de "*Monty Python's Flying Circus*" que actuaría bajo el título de *Se armó la gorda* para su estreno en las carteleras españolas, en una tentativa un tanto burda de rentabilizar el éxito de la reposición –a finales de los años 80– de *Los caballeros de la mesa cuadrada y sus locos seguidores* (*Monty Python and the Holy Grail*, 1975), cuyo presupuesto bajo mínimos –230.000 libras esterlinas– hizo agudizar el ingenio en esta recreación sui generis de la época Medieval. En parte, en el ánimo de los Python, no cabe duda, estuvo *vengar* esas clases tediosas de historia recibidas en los institutos y en las prestigiosas universidades –Cleese, Idle y Chapman procedían de Cambridge, mientras que Jones y Palin se habían formado en la rival, Oxford– donde se licenciarían. El estreno de *Los caballeros de la mesa cuadrada y sus locos seguidores* pasaría un tanto de hurtadillas por las salas de cine, pero para los "avisados" (aquellos seguidores que habían crecido con la emisión de la serie televisiva "*Flying Circus*") ese sería un primer logro antes de escalar una montaña *coronada* por *La vida de Brian*. A diferencia de *Los caballeros de la mesa cuadrada* en la que contaría con el concurso de su tocayo Gilliam, Terry Jones aparecería acreditado en solitario en la realización de un film que atacaba de raíz el último bastión que faltaba por derribar durante ese periodo dispuesto para *detonar* temas hasta entonces tabúes cara a la sociedad. La vida de Jesucristo *transfigurada* en la de Brian Cohen (Graham Chapman) ganaría a una audiencia juvenil cuyo sometimiento a la doctrina religiosa había sido nula o prácticamente inapreciable durante su periodo educativo. George Harrison, a través de la productora HandMade, una vez

Arriba: un fotograma de *El sentido de la vida*.
Abajo: un fotograma de *La vida de Brian*. Dos muestras del cine irreverente ejercido por los Monty Python.

recabadas una serie de alianzas en forma de inversores, había puesto sobre la mesa los cuatro millones de dólares necesarios para hacer *rodar* un proyecto que se trazaría a partir de una suma de ideas con cargo a cada uno de los miembros del grupo –en especial, Gilliam, Jones y Palin–.

En paralelo al proyecto de *La vida de Brian*, Hamdale mostraría su intensión de diversificar su oferta con la puesta en marcha de *A Sense of Freedom* (1979), basada en la vida del convicto escocés Jimmy Boyle, a partir de su propio libro autobiográfico. El título en cuestión de esta cinta dirigida por John MacKenzie (1932-2011) sería aplicable al estado anímico por el que atravesaban los Python, a punto de cruzar al otro lado del *puente* donde les aguardaría una década –los años 80– que confirmaría una evidencia. Un grupo de las características de los Monty Python estaba llamado a su "inmolación" debido al auténtico caos que reinaba a la hora de comprometerse en un determinado proyecto, máxime cuando el medio donde se desarrollaba era el cinematográfico. Un efecto imposible de controlar y que acabaría por *explosionar* durante la fase de preproducción de *El sentido de la vida* (*The Meaning of Life*, 1983), donde las desaveniencias estuvieron a la orden del día y las decisiones equivocadas comportaron desajustes presupuestarios difíciles de soportar.

La desbandada de los Python se constataría al poco de estrenarse esta pieza que funciona por *sketches* –en la mejor tradición de las enseñanzas de "Flying Circus"–, dejando el camino expedito para que Terry Gilliam concentrara su enorme talento en la confección de *Brazil* (ídem, 1985), y así creciera su imagen de visionario, sorteando toda clase de trabas financieras que cuestionaban la viabilidad de sus empresas trocadas por una imaginación sin límites. Amén de *Los caballeros de la mesa cuadrada* –de manera parcial– y *La bestia del reino* (*Jabberwocky*, 1977), Gilliam ya había dado la medida de sus posibilidades de recrear mundos imaginarios a través del visor de la cámara, pero no sería hasta *Los héroes del tiempo* (*Time Bandits*, 1981) en que sus hechuras de cineasta se cobraban al alza, en contraste con los derroteros por los que transitaría Terry Jones a lo largo de una década en que se registraría la muerte de Graham Chapman a causa del SIDA.

Con esta luctuosa noticia parecía cerrarse definitivamente una eventual reunión de los Python, aunque algunos de sus integrantes –John Cleese y Michael Palin– participarían en algún que otro título que amagaría en el sentido de haber capturado el espíritu irreverente de la banda de humoristas, caso de *Un pez llamado Wanda* (*A Fish Called Wanda*, 1988) y *Criaturas feroces* (*Fierce Creatures*, 1997), esta última en régimen de coproducción con los Estados Unidos. No obstante, la cumbre de su humor se había localizado años atrás, al final de la década de los 70, consignando para los anales la postrera escena de Jesucristo/Brian en la cruz mientras sus "iguales" silban una tonada, invitando al espectador a dejarse *seducir* por «el lado amable de la vida». Entre silbidos –los registrados por los alegres crucificados, no los provenientes de la platea–, pues, se procedía a *despedir* un periodo de la Historia del cine británico, el que comprende la década de los 60 y 70, imprescindible para consignar los grandes cambios registrados fundamentalmente al abordar temáticas y así reformular géneros que hubieran resultado una auténtica entelequia ni tan siquiera haber planteado en los tiempos de auge de los Korda, Rank, Balcon y compañía.

NOTAS

[1] The Wind of Change (1961), dirigida por Vernon Sewell y protagonizada por Donald Pleasence.

[2] Previamente Losey ya había intervenido en la realización del mediometraje A Man on the Beach (1955), su primera producción en color tras su opera prima El muchacho de los cabellos verdes (The Boy with Green Hair, 1948), una parábola social en toda regla.

[3] Sirviéndose de idéntica estrategia, la de reclutar a un conjunto de intérpretes de primer nivel, los productores John Brabourne y Richard B. Goodwin acometerían posteriormente la financiación de otras adaptaciones de novelas de Agatha Christie, a saber, Muerte en El Nilo (1978), El espejo roto (1980) y Muerte bajo el sol (1982) –aunque se omite en los créditos su vinculación con una obra de la famosa escritora ingles–, dirigidas por John Guillermin y Guy Hamilton (para las dos últimas), respectivamente.

[4] Curiosamente, por aquellas fechas surgiría otra «sociedad limitada» con el nombre Genesis, pero en el ámbito de la música, la formada, entre otros, por Mike Rutherford, Tony Banks y Peter Gabriel.

[5] Definición de Kitchen skin.

[6] Declaraciones extraídas del ensayo en forma de libro Sex, Class and Realism: British Cinema 1956-1963 de John Hill. BFI Publishing. Londres, 1986.

[7] Entrevista realizada por Leslie Mallory en el "Daily Herald". 6 de enero de 1961.

[8] Documental titulado Carry On Ken Loach integrado en los extras de la edición de Cameo de Family Life (1971) dentro de la Colección Cine Bis.

[9] ESTEVE, Llorenç. Michael Powell y Emeric Pressburger. Ediciones Cátedra (Grupo Anaya, S.A.). Madrid, 2002. Colección Signo e Imagen/Cineastas, nº 55..

[10] Ibídem núm. 9

[11] Después de Engendro mecánico (1977) Cammell dirigiría los thrillers White of the Eye (1987) –cuya principal particularidad es que la banda sonora fue escrita por el batería de Pink Floyd, Nick Mason–, y Wild Side (1995).

[12] Autores de la novela que diera pie a la famosa película dirigida por Alfred Hitchcock en 1958 que operaría, para su estreno y múltiples reposiciones en el estado español, indistintamente bajo los títulos de Vértigo y De entre los muertos.

La Route des Indes

CAPÍTULO 10

AIRES DE RENOVACIÓN

DE *CARROS DE FUEGO* A *FULL MONTY* PASANDO POR MARGARET THATCHER

Los años 80 y 90

por Tomás Fernández Valentí

LOS AÑOS 80: PRIMERA PANORÁMICA

A pesar de la tendencia generalizada de dividir por décadas las etapas temporales en las que agrupan a efectos sistemáticos los estudios en torno a cualquier cinematografía, en el caso de la británica nos hallamos con que la producción de los decenios de los ochenta y noventa se encuentran tan estrechamente vinculadas entre sí que hemos optado por englobar ambas décadas en un mismo capítulo. Empezamos, pues, por el de los ochenta, el cual se conforma en sus líneas generales alrededor de ocho grandes tendencias que podemos resumir del siguiente modo:

1) La continuidad y puesta al día del estilo más característico, o si se prefiere, "clásico" (con todo lo de resbaladizo que conlleva el término) de la cinematografía nacional, manifestada principalmente en la labor de productores como sobre todo David Puttnam, pero también Jeremy Thomas (n. 1949). A la labor de los mismos hay que sumar el auge que durante esta década y en particular la siguiente conocerá la obra del equipo formado por el productor indio Ismail Merchant, la guionista germano-polaca Ruth Prawer Jhabvala y el director norteamericano James Ivory a través de la firma Merchant Ivory Productions, y cuyo mejor trabajo en los ochenta probablemente es –paradójicamente– un film que está a caballo de lo antiguo y lo actual, la tradición y la modernidad: *Oriente y Occidente* (*Heat and Dust*, 1983); el más popular, en cambio, es el más tradicional y menos logrado *Una habitación con vistas* (*A Room with a View*, 1985), por más que contribuyera a descubrir a dos futuras estrellas nacionales, Daniel Day-Lewis y Helena Bonham Carter. Resulta asimismo obligado mencionar los éxitos de taquilla alcanzados como realizador por el veterano Richard Attenborough, principalmente *Gandhi* (ídem, 1982), pero también (si bien menos) *Grita libertad* (*Cry Freedom*, 1987). Podemos incluir en este apartado la pervivencia de un "viejo estilo" tanto en algunos notables films firmados por cineasta experimentados, como Peter Yates –*La sombra del actor* (*The Dresser*, 1983)– o Lewis Gilbert –*Educando a Rita* (*Educating Rita*, 1983)–, y en películas de cineastas más contemporáne-

os como David (Hugh) Jones (1934-2008) –*El riesgo de la traición* (*Betrayal*, 1983), *La carta final* (*84 Charing Cross Road*, 1987)–, Hugh Hudson (n. 1936) –*Carros de fuego* (*Chariots of Fire*, 1981) y el que posiblemente es su mejor y más subvalorado trabajo: *Greystoke: La leyenda de Tarzán, el rey de los monos* (*Greystone: The Legend of Tarzan, Lord of the Apes*, 1984)–, Roland Joffé (n. 1945) –*Los gritos del silencio* (*The Killing Fields*, 1984), *La misión* (*The Mission*, 1986)–, el australiano Roger Donaldson –*Motín a bordo* (*The Bounty*, 1984)–, David Hare (n. 1947) –*Un pasado en sombras* (*Wetherby*, 1985)–, Trevor Nunn (n. 1940) –*Lady Jane* (ídem, 1986)–, Julien Temple (n. 1953) –*Principiantes* (*Absolute Beginners*, 1986)–, Andrew Grieve (n. 1939) –*Sobre la colina negra* (*On the Black Hill*, 1987)–, el director de fotografía y ocasional realizador Chris Menges (n. 1940) –*Un mundo aparte* (*A World Apart*, 1988)–, Tony Palmer (n. 1941) –*Testimony* (1988)– o Michael Caton-Jones (n. 1957) –*Escándalo* (*Scandal*, 1989)–. Resulta significativo que, en este contexto, incluso una superproducción con sello de "autor", la coproducción con Japón realizada por el nipón Nagisa Oshima *Feliz Navidad, Mr. Lawrence* (*Merry Christmas Mr. Lawrence*, 1983), sea lanzada en su momento como "la respuesta japonesa a *El puente sobre el río Kwai*" (sic). Puttnam impulsa superproducciones, dentro del contexto industrial del cine británico del momento, las cuales buscan conjugar comercialidad y calidad, popularidad y prestigio, tal es el caso de *Carros de fuego*, *Los gritos del silencio* y *La misión*. Jeremy Thomas, productor de la mencionada *Feliz Navidad, Mr. Lawrence* y de la famosísima *El último emperador* (*The Last Emperor*, 1987), al principio parece seguir este sendero, decantándose progresivamente por la producción internacional más "de prestigio".

Dejando aparte *El último emperador*, la cual, dada la financiación internacional de esta superproducción dirigida por el italiano Bernardo Bertolucci (junto con Italia, China y Francia), al margen de sus méritos artísticos y a pesar de la presencia en su reparto de Peter O'Toole, no la consideramos una película británica en sentido estricto, ante su dificultad de encaje dentro de un concepto identificador que muchos autores británicos engloban bajo el término inglés *britishness* y que podríamos más o menos traducir usando el barbarismo castellano "britanidad" (y aceptando, por descontado, la relatividad de este concepto), hay que reconocer que durante los ochenta el concepto de superproducción británica "de época" sufre sensibles alteraciones.

Si bien es verdad que la más arquetípica del período, *Gandhi*, puede verse fácilmente como la continuadora de una tradición –a lo cual se suma la presencia en su elenco de buena parte de la plana mayor de estrellas británicas supervivientes de los tiempos de gloria: a Ben Kingsley (como el Mahatma) le secundan nada menos que John Gielgud, John Mills, Trevor Howard y Edward Fox–, lo cierto es que en la práctica este film (no lo mejor del Attenborough director, pero más aceptable de lo que suele pregonarse) hace gala de una esforzada inclinación hacia el intimismo por encima del espectáculo. En un extremo diametralmente opuesto se colocaría *La misión*, película con libreto de uno de los guionistas habituales de David Lean en sus últimos años, Robert Bolt, pero que a pesar de eso deviene un relato en las antípodas del autor de *Lawrence de Arabia*, primando el espectáculo esteticista habitual en Joffé (bellamente

Carros de fuego, de Hugh Hudson, inicio del *boom* del cine británico de los 80.

fotografiado, por otro lado, por Chris Menges) en detrimento de las posibilidades dramáticas de esta historia sobre un jesuita (Jeremy Irons) que inspira a un extraficante de esclavos (Robert De Niro) en la Sudamérica del siglo XVIII. Precisamente sería Lean quien, en contra de su voluntad (fallecería en 1991, antes de poder haber hecho realidad su sueño de llevar al cine el *Nostromo* de Joseph Conrad), dio la última lección magistral al respecto con su agradecido retorno al cine mediante *Pasaje a la India* (*A Passage to India*, 1984), adaptación de la novela homónima de E.M. Forster y de la versión teatral de esta última escrita por Santha Rama Rau, y última obra maestra de su filmografía. Film extraordinario que todavía hoy sigue juzgándose con vergonzosa pereza mental, no es tanto una reafirmación de estilo por parte de su autor como una sensible evolución, perfeccionamiento y depuración del mismo, de tal manera que esta historia del choque de (parafraseando a Ivory) Oriente y Occidente, a raíz de la relación de dos damas inglesas, una anciana (Peggy Ashcroft, inolvidable) y otra joven y solterona (Judy David), con un ingenuo y bienintencionado viudo hindú (Victor Banerjee), da pie a una amarga digresión sobre el fracaso de la reconciliación entre colonizadores y colonizados, entre opresores y oprimidos, y la imposibilidad de perdonar lo imperdonable; su poética conclusión, puesta en boca de la anciana dama al borde de la muerte, no puede ser más contundente: «somos figuras en un paisaje sin Dios...».

***Excalibur*, compleja reconstrucción del mito artúrico a cargo de John Boorman.**

2) Estrechamente relacionado con el punto anterior, la pervivencia y, en algunos casos, la supervivencia de veteranos practicantes del *free cinema* o contemporáneos de su generación, tales son los casos de Jack Clayton –*La solitaria pasión de Judith Hearne* (*The Lonely Passion of Judith Hearne*, 1987)–, Karel Reisz –*La mujer del teniente francés*–, Lindsay Anderson –*Britannia Hospital, Las ballenas de agosto*–, John Schlesinger –el prestigioso telefilm *An Englishman Abroad* (1983), *Madame Souzatzka* (ídem, 1988)–, Nicolas Roeg –*Contratiempo, Insignificance* (ídem, 1985), *Robinson Crusoe por un año* (*Castaway*, 1986)–, Ken Russell –*Gothic* (ídem, 1985), *Salomé, el precio de la pasión* (*Salome's Last Dance*, 1986), *The Laird of the White Worm* (1988)– y John Boorman, quien en esta década logra uno de los mayores éxitos de su carrera, si no el mayor, con *Excalibur* (ídem, 1981), y firma una de sus películas más premiadas, el melodrama sentimental sobre Gran Bretaña en tiempos de guerra *Esperanza y gloria* (*Hope & Glory*, 1987), a pesar del tropiezo que supuso *La selva esmeralda* (*The Emerald Forest*, 1985). Anotemos que estos años ven la despedida del cine, de nuevo bajo pabellón inglés, del norteamericano Joseph Losey: *Steaming* (1985). Sin perjuicio del interés de la mayoría de títulos mencionados, probablemente el más intenso y carismático es *Excalibur*, con la cual Boorman se propuso la nada despreciable hazaña de llevar a cabo la más completa versión cinematográfica sobre el mito del rey Arturo. Se valió para ello de un amplio bagaje cultural, que incluía desde una excepcional foto-

grafía de Alex Thompson y una banda sonora elaborada a partir de temas de Richard Wagner o Carl Orff (además de música adicional de Trevor Jones) hasta elementos tomados de otras versiones de la leyenda artúrica, sobre todo lo que se refiere al diseño y el peso de las armaduras, sacadas del *Lancelot du Lac* (ídem, 1974) de Robert Bresson. Lo que mejor funciona es lo que siempre ha sido una de las especialidades de su director: su telúrico sentido de los elementos naturales. Bosques, lagos y ríos tienen una gran presencia física y dotan de corporeidad a las vivencias de los personajes, todos ellos –Arturo (Nigel Terry), Merlín (Nicol Williamson), Ginebra (Chreie Lunghi), Morgana (Helen Mirren), Lancelot (Nicholas Clay)– mostrados con matices muy humanos. Sin despreciar el carácter mágico y legendario de lo que narra, el film se concentra en sus aspectos más físicos y terrenales: las ya mencionadas armaduras, los duelos a espada y las batallas transmiten sensación de veracidad, sobre todo la final, en la que el rojo de la sangre se mezcla pictóricamente con el rojo del crepúsculo.

3) El renacimiento de la tradición realista, fomentado por la contundente respuesta del mundo de la cultura contra la agresiva política socio-económica y reaccionaria de Margaret Thatcher. Esta coyuntura propicia un resurgimiento del interés por el cine de denuncia social de Ken Loach y la consolidación de un nuevo talento del realismo *made in the UK*, Mike Leigh (n. 1943), los cuales vienen acompañados de los éxitos de ese cine "anti-Thatcher" firmados por Stephen Frears a partir de guiones de Hanif Kureishi: *Mi hermosa lavandería* (*My Beautiful Laundrette*, 1985) y *Sammy y Rosie se lo montan (Sammy and Rosie Get Laid*, 1987); cineasta formado profesionalmente en los setenta, Frears pasará a convertirse así en una de las principales referencias del cine de su país. Otros notables títulos inscribibles en esta renovada tendencia realista vienen firmados por el polaco Jerzy Skolimovsky –la excelente *Trabajo clandestino* (*Moonlighning*, 1982)–, Alex Cox (n. 1954) –la sarcástica *Sid y Nancy* (*Sid and Nancy*, 1986)–, Bill Douglas (1934-1991) –*Comrades* (1986)– y Alan Clarke (1935-1990) –la "sucia" *Rita, Sue y también Bob* (*Rita, Sue and Bob Too!*, 1987)–, quien en la década anterior había brindado la virulenta *Escoria* (*Scum*, 1979).

4) Si bien inscrito en la corriente realista y antigubernamental de la época, Frears es asimismo representativo de otra tendencia que en la década anterior y también en la presente ya había dado casos tan notorios como los de Alan Parker y Ridley Scott: la de cineastas que, como suele decirse, ha desarrollado importantes trayectorias a ambos lados del Atlántico. Frears alterna desde entonces y hasta la actualidad los films "típicamente" británicos en el sentido más noble de la expresión –cabe añadir a su producción de los ochenta *Ábrete de orejas* (*Pick Up Your Ears*, 1987)– con abundantes títulos de producción norteamericana, a pesar de que alguno de ellos, como *Mary Reilly* (ídem, 1996), tenga "sabor inglés". Algo parecido es el caso del, por lo demás, norteamericano Terry Gilliam (n. 1940), quien en los ochenta continúa desarrollando su obra en el seno de los Monty Python –*El sentido de la vida* (*The Meaning*

of Life, 1983), principalmente realizada por Terry Jones: Gilliam solo se ocupó de la primera (y mejor) secuencia del film, la de los contables jubilados convertidos en piratas–, para pasar a dirigir en solitario: la divertida *Los héroes del tiempo*, por más que esta fuera erróneamente vendida como una película "de" Monty Phyton, la espléndida *Brazil* y la brillante y menospreciada *Las aventuras del Barón Munchausen* (*The Adventures of Baron Munchausen*, 1988) confirmarían los mejores pronósticos, a pesar de los colosales problemas de producción de las dos últimas, consolidando una personalísima carrera que, salvo algunas excepciones y en régimen de coproducción con Gran Bretaña o con otros países –*El secreto de los hermanos Grimm* (*The Grimm Brothers*, 2005), *Tideland* (ídem, 2005), *El imaginario del Doctor Parnassus* (*The Imaginarium of Doctor Parnassus*, 2009), *The Zero Theorem* (2013)–, se ha ido alternando con producciones en los Estados Unidos.

Pese al elevado interés del conjunto de su excesiva aunque siempre atractiva filmografía, en puridad de conceptos la obra de Gilliam más *estrictamente británica* es la que atañe a su labor con los Phyton y, por descontado, *Brazil*, una magnífica rareza en el contexto del moderno cine de ciencia-ficción por muy diversas razones, entre ellas, su carácter híbrido: describe un hipotético mundo futuro situado *en algún momento del siglo XX* (sic), mostrándolo como una sociedad terrible y deshumanizada, agobiada por una monstruosa burocracia y caracterizada prácticamente como si fuera una dictadura en la que los ciudadanos están sometidos a un sistema social que les vigila, les controla y, en definitiva, les esclaviza hasta arrebatarles el menor estímulo de iniciativa personal, la más pequeña muestra de personalidad, la mínima expresión de libertad; cuesta creer que, en sus propias palabras, Gilliam no hubiese leído *1984* antes de hacer esta película, o que sus irónicos parecidos con una sociedad británica "distópica" fueran casuales. Más directo que Gilliam, pero no menos sutil, es Frears en uno de sus mejores trabajos del período, *Ábrete de orejas*, relato basado en la historia real de la relación del dramaturgo homosexual Joe Orton y el actor y dramaturgo Kenneth Halliwell (respectivamente encarnados por unos brillantes Gary Oldman y Alfred Molina), quien vuelve a reincidir en esa imagen sórdida, cruel, insensible y arribista de la sociedad británica de ayer y de hoy, substituyendo la metáfora futurista por una sangrante ironía rayana en lo caricaturesco y rebosante de un humor negro casi doloroso, cortesía del guionista y dramaturgo Alan Bennett.

5) El (re)nacimiento de la cinematografía irlandesa, por un lado, y el reconocimiento tímido pero incipiente de otras realidades lingüísticas de Gran Bretaña, por otro. Respecto a lo primero, la historia del cine en Irlanda es tan antigua como la del propio cine británico, si bien "las instituciones irlandesas intervinieron a favor del cine inaugurando el Festival del Film de Cork en mayo de 1956, facilitando la apertura de los estudios de Ardmore en 1958, y más tarde, tras muchas dilaciones, creando en 1981 el Irish Film Board, desde 1986 Irish Film Center, en Dublín" [1]. Durante los ochenta, se produce un *boom* del cine irlandés, de producción autóctona o en régimen de coproducción británica, del cual despuntaría el cineasta irlandés más relevante de su gene-

Mi pie izquierdo, de Jim Sheridan, uno de los primeros éxitos del nuevo cine irlandés

ración, Neil Jordan (n. 1950), con éxitos de notable repercusión nacional e internacional durante dos décadas –*Danny Boy* (*Angel*, 1982), *En compañía de lobos* (*The Company of Wolves*, 1984), *Mona Lisa* (ídem, 1986)–, combinados con alguna producción o coproducción *hollywoodiense*, más o menos como Frears pero sin llegar a la dedicación casi exclusiva de Parker o los hermanos Scott. Otros cineastas irlandeses que despuntan por esta época, algunos de los cuales llegan en ocasiones a trabajar también en Hollywood, totalmente o por la vía parcial de la coproducción, son Pat O'Connor (n. 1943) –*Cal* (1984), producida por David Puttnam–, Joe Comerford (n. 1949) –*Reefer y la modelo* (*Reefer and the Model*, 1988)–, y el afamado Jim Sheridan (n. 1949), quien debuta a finales de la década con *Mi pie izquierdo* (*My Left Foot*, 1989). En lo que a la normalización lingüística se refiere, destacar la aparición de films como *Yr Alcoholig Llon / The Happy Alcoholic* (1983) o *Rhosyn a Rhith / Coming Up Roses* (1987), ambos hablados en galés.

6) Una singular oleada de nuevos realizadores que se consolidan a lo largo de esta década, tal es el caso de Michael Radford (n. 1946) –*Otro tiempo, otro lugar* (*Another Time, Another Place*, 1983), *1984* (ídem, 1984), *Pasiones en Kenia* (*White Mischief*, 1987)–, Richard Eyre (n. 1943) –*The Ploughman's Lunch* (1983)–, Marek Kanievska (n. 1952) –*Otro país* (*Another Country*, 1984)–, Mike Newell (n. 1942) –*Bailar con un extraño* (*Dance with a Stranger*, 1985)–, Chris Bernard (n. 1955) –*Desde Liverpool con amor* (*Letter to Brezhnev*, 1985)–, David Drury –*Defense of the Realm* (1986)–, David Leland (n. 1947) –*Si estuvieras aquí* (*Wish You Were Here*, 1987)–, Andrew Birkin (n. 1945) –*Secreto en llamas* (*Burning Secret*, 1988)–, y Mike Figgis (n. 1948) –*Lunes tormentoso* (*Stormy Monday*, 1988)–, este último otro "itinerante" que se moverá con aparente facilidad entre las cinematografías británicas y norteamericana (*Lunes tormentoso* ya es una coproducción con los Estados Unidos). Sin embargo, entre todos ellos destacan a base de fuerza expresiva y personalidad acusada tres cineastas (o cuatro, pues "uno" de ellos es en realidad un dúo): Terence Davies (n. 1945), Bruce Robinson (n. 1946) y los hermanos gemelos de origen estadounidense pero de formación y carrera profesional intrínsecamente británicas Stephen y Timothy Quay (n. 1947), que firman sus trabajos como The Quay Brothers. Davies, Robinson y los Quay debutan en el cine con la sensible *Voces distantes* (*Distant Voices, Still Lives*, 1988), la excelente comedia dramática de culto *Withnail y yo* (*Withnail & I*, 1987) y el experimental cortometraje de animación *Street of Crocodiles* (1987), respectivamente; en el caso de Davies, tras haberse formado previamente también en el terreno del corto; y en el de Robinson, con amplia experiencia previa como actor y guionista: en este último cometido, firmó el guión de la exitosa producción de Puttnam *Los gritos del silencio*.

Otro ejemplo es el actor y realizador irlandés Kenneth Branagh (n. 1960), reputado talento de la escena británica en calidad de intérprete y director de escena que a finales de los ochenta triunfó con su ópera prima *Enrique V* (*Henry V*, 1989), para lanzarse a continuación a una carrera como realizador entre esta década y hasta el momento actual que combina producciones británicas –*Los amigos de Peter* (*Peter's Friends*, 1992), *Mucho ruido y pocas nueces* (*Much Ado About Nothing*, 1993), *En lo más crudo del crudo invierno* (*In the Bleak Midwinter*, 1995), *La flauta mágica* (*The Magic Flute*, 2006)– con (co)producciones norteamericanas –*Morir todavía* (*Dead Again*, 1991), *Frankenstein de Mary Shelley* (*Mary Shelley's Frankenstein*, 1994), *Hamlet* (ídem,

1996), *Trabajos de amor perdidos* (*Love's Labour's Lost*, 2000), *As You Like It* (2006), *La huella* (*Sleuth*, 2007)–, las últimas de ellas –*Thor* (ídem, 2011), *Jack Ryan: Operación Sombra* (*Jack Ryan: Shadow Recruit*, 2014)– muy *hollywoodienses*. Realizador brillantísimo aunque irregular, las extraordinarias *Enrique V*, *Mucho ruido y pocas nueces*, *Trabajos de amor perdidos* y *La flauta mágica* son sus mejores producciones británicas (y *Frankenstein de Mary Shelley*, de factura muy *british*, su mejor trabajo en los Estados Unidos).

***Enrique V*, ópera prima como director de Kenneth Branagh.**

Por más que muy distintas entre sí, las dos obras más llamativas de Davies y Branagh de este período, *Voces distantes* y *Enrique V* respectivamente, atesoran cada una a su manera cierta voluntad provocativa con respecto a las tradiciones del cine británico a las que, en teoría, representan fielmente. Suerte de poema visual que forma una trilogía de películas autobiográficas junto con, valgan las redundancias, *The Terence Davies Trilogy* o simplemente *Trilogy* (1983) –compuesta a su vez por tres *sketchs*: *Children*, *Madonna and Child* y *Death and Transfiguration*–, y la posterior *El largo día acaba* (*The Long Day Closes*, 1992), *Voces distantes* es un film prácticamente sin diálogos en el cual la mayoría de sus personajes (miembros de una familia de clase media del Liverpool de los años cuarenta y cincuenta) aparecen cantando antiguas canciones de la época, acompañados por los suaves *travellings* y fundidos en blanco de una puesta en escena que esquiva el realismo de las descripciones (aun sin eludirlo por completo) en beneficio de un dulce carácter evocador. De este modo, *Voces distantes* se erige en la práctica en el reverso no narrativo, o si se prefiere, en una vieja placa de revelado de colores sepias donde se conservan veladamente los vestigios del extinto cine británico de guerra y posguerra, reducido así a una fantasmagoría: para entendernos, algo así como el reverso de *La vida manda*, de David Lean. Asimismo, la versión de Branagh de *Enrique V* subvierte hasta cierto punto la tradición de la representación de Shakespeare en la cinematografía nacional, marcando distancias con la versión dirigida y protagonizada por Laurence Olivier mediante una adaptación que se concentra en todos los elementos del original escénico que contribuyen al perfil psicológico del joven monarca protagonista (encarnado, asimismo, por el propio Branagh), y efectuando a partir de esta lectura una sombría digresión entre trágica y política sobre los excesos del poder y la ambición, cuyo patético punto culminante reside en ese visceral *travelling* que sigue al rey Enrique cargando con el cadáver de un inocente paje (Christian Bale) asesinado durante la batalla de Agincourt, a los nobles del soberbio "Non Nobis" compuesto por el extraordinario compositor Patrick Doyle (n. 1953).

7) La irrupción de un cine de vanguardia y experimental, representado principalmente por la consagración definitiva de un talento forjado en la década anterior, Derek Jarman (1942-1994), y de otro que eclosiona en el presente decenio, Peter Greenaway (n. 1942), sobre todo gracias a la repercusión de su segundo largometraje, *El contrato del dibujante* (*The Draughtsman's Contract*, 1982). La obra de Jarman y Greenaway resulta tan compacta y característica, que a su "sombra" surgirán realizadores como Isaac Julien (n. 1960), quien debuta a finales de la década con *Looking for Langston* (1989), y el escocés Ian Sellar, que hace otro tanto con *Venus Peter* (1989).

8) Dejando aparte el documental –*For My Working Life* (1981), *Too Long a Sacrifice* (1984) y *Leaving on the Edge* (1987), del veterano Michael Grigsby (1936-2013–, y el policíaco –el fundamental y excelente *El largo viernes santo*, realizado en 1980 por el escocés John Mackenzie (1932-2011)–, los géneros que mejor funcionamiento siguen ofreciendo en esta década siguen siendo el de terror y la comedia. Los mayores éxitos del género terrorífico son los de la ya mencionada película de Neil Jordan *En compañía de lobos* y la de otro talento surgido del mundo de la literatura y el teatro, Clive Barker (n. 1952), gracias a la taquillera (y excelente) *Hellraiser: Los que traen el infierno* (*Hellraiser*, 1987), generadora de múltiples secuelas[2]. El otro gran género "clásico" *made in british* que continúa funcionando a casi pleno rendimiento es el de la comedia, buena parte de la misma fagocitada por los éxitos de Monty Phyton, hasta el punto de que otros destacables títulos de la década funcionan en todo o en parte por contar con algunos de los miembros del grupo, oficialmente deshecho en 1983, el mismo año que estrenan la ya mencionada *El sentido de la vida*. El caso más notorio y taquillero, a finales del decenio, es el de la popularísima aunque no muy conseguida coproducción con los Estados Unidos *Un pez llamado Wanda* (*A Fish Called Wanda*, 1988), que supone la despedida del cine del veteranísimo Charles Crichton, con la ayuda del ex Python John Cleese en tareas de co-protagonismo, guión (con crédito) y dirección (sin crédito), amen de la participación como actor de Michael Palin. Este último se encuentra asimismo presente, como guionista y protagonista, en *The Missionary* (1982), y solo como actor en *Función privada* (*A Private Function*, 1984), sin por ello dejar de echarle una mano al colega Terry Gilliam saliendo en *Brazil*, del mismo modo

que su compañero Eric Idle hará otro tanto en *Las aventuras del Barón Munchausen*. Por su parte, Terry Jones prueba suerte como realizador en solitario con *Servicios muy personales* (*Personal Services*, 1987) y –reencontrándose con el amigo John Cleese– *Erik el vikingo* (*Erik the Viking*, 1989). Fuera de la órbita de los Phyton, despuntan en otra línea las comedias costumbristas del escocés Bill Forsyth (n. 1946): *Gregory's Girl* (1981), *Un tipo genial* (*Local Hero*, 1983) y *Comfort and Joy* (1984).

El cine de terror británico del período vive horas altas gracias a dos carismáticas e influyentes películas, las ya citadas *En compañía de lobos* y *Hellraiser: Los que traen el infierno*. La primera de ellas, escrita por Jordan en estrecha colaboración con Angela Carter (quien suministró la materia prima del guión: sus cuentos *Licantropía, En compañía de lobos* y *Lobalicia*, recogidos en su volumen de relatos *La cámara sangrienta y otros cuentos*), propone una compleja digresión metafórica a caballo de la fantasía y la realidad –sobre la base de los sueños de una adolescente (Sarah Patterson) a un paso de la madurez– que, adoptando la estructura del cuento de Caperucita Roja, el lobo y la abuelita (excepcional Angela Lansbury), entre otros cuentos de hadas, pone en cuestión la naturaleza perversa de los mismos: pequeñas lecciones ejemplares de moralidad y buenas costumbres dirigidas a los niños que esconden un fondo de lo más turbulento, visualizado en un relato que adopta la estética de aquéllos y lo mezcla con el mito del hombre lobo, culminando en una de las secuencias más bellas de la historia del fantástico británico: aquella, a los sones de una gran partitura de George Fen-

Un gran éxito del cine de terror británico de los 80: *Hellraiser, los que traen el infierno.*

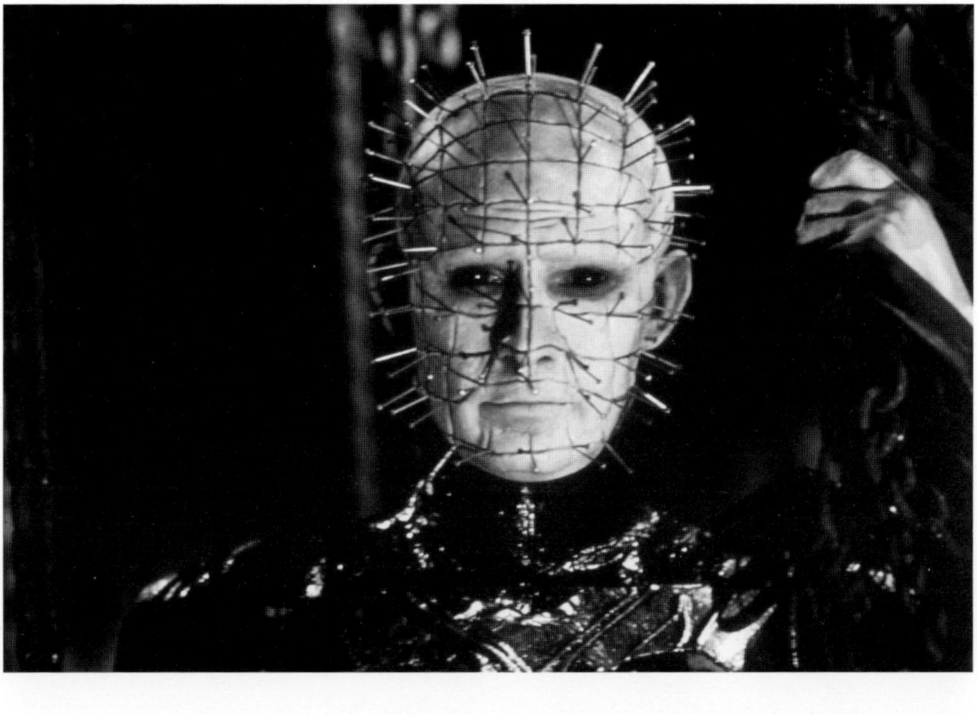

ton, en la que los lobos irrumpen en la casa de la joven protagonista y penetran en su dormitorio, anunciando así el final de su inocencia y su definitiva entrada en el mundo de los lobos / de los adultos. Por su parte, Barker adapta su propia novela, *Hellraiser*, recogiendo a la vez cierta tradición literaria y fílmica típicamente británica, de regusto gótico y con calculadas dosis de ironía, que se percibe, por ejemplo, en el retrato de esa ama de casa de apariencia respetable (Clare Higgins) que esconde, en el fondo, una mujer adúltera y lujuriosa, capaz de seducir a otros hombres para que su carne y su sangre reconstituyan el cuerpo de su siniestro amante (Sean Chapman), al cual esconde en la buhardilla de su propia casa (al igual que hacía Melissa Stribling en el *Drácula* de Fisher) del acecho de los Cenobitas, criaturas de otra dimensión que profesan el masoquismo a modo de religión y liderados por el popular icono del género Pinhead (Doug Bradley).

Y del terror a la risa, por más que la mejor comedia del período, la espléndida *Withnail y yo*, a pesar de sus momentos hilarantes –todas las escenas en las cuales uno de los dos protagonistas (Paul McGann) es insistentemente perseguido por el orondo tío gay (Richard Griffiths) de su amigo Withnail (Richard E. Grant)–, esconde otra dura digresión, en este caso sobre la fragilidad de la amistad de dos actores en paro en el Londres de 1969, sobre todo a partir del momento en que se hace evidente que Withnail no es sino un parásito que no para de fagocitar a su amigo y le impide desarrollarse no ya profesionalmente, sino incluso humanamente. Todo ello enmarcado en un momento de cambio crucial en Gran Bretaña, con la moral victoriana puesta en cuestión más que nunca, por más que *Withnail y yo* no pretenda ser la crónica de una evolución histórica, sino más bien un tragicómico cuestionamiento de las convenciones habituales del cine británico a la hora de retratar esa un tanto idealizada época, que se complementa, tan pronto como la acción se traslada a la casa de campo del afeminado tío de Withnail, con una no menos sarcástica (re)visión de los relatos dedicados a glosar las supuestas excelencias de la vida en la campiña inglesa.

TODOS CONTRA LA PRIMER MINISTRO: EL CINE VS . MARGARET THATCHER

Los gobiernos conservadores presididos por la Primer Ministro Margaret Thatcher (1925-2013) entre el 4 de mayo de 1979 y el 28 de noviembre de 1990 crearon una corriente, tendencia o "género" absolutamente específico de la cinematografía británica de los ochenta: el "cine anti-Thatcher". Pero más allá de esta cuestión, que dicha así puede sonar a frivolidad, lo lamentablemente cierto es que el gobierno Thatcher supuso un duro golpe no solo para la cinematografía, sino para la sociedad británica entera, como consecuencia de la rigidez de un programa que incluía la priorización del control de la inflación como objetivo político; la reducción del gasto público; la reducción de los impuestos en función de la restauración de los incentivos, disminuyendo los impuestos directos y aumentando los indirectos; el abandono del objetivo del pleno empleo; una reforma de la legislación sindical destinada a reducir el poder de los sindicatos, liberalizar el mercado de trabajo y hacer así a la industria más competitiva; la progresiva desregularización, ergo liberalización, del sector privado, en particular la banca y entidades financieras (lo cual culminaría en el "Big Bang" de la City of London en 1986); y la privatización de las entidades que operaban en el sector público, la venta de inmuebles de ese mismo sector aun cuando estuviesen destinados a alojamiento y vivienda, y la "mercalización" general del sector público a través de la introducción en el mismo de disciplinas de mercado y contratación de servicios privados. Todo ello redundó en una política de reducción de presupuestos para las universidades; un agresivo aumento de los impuestos como respuesta al aumento de la recesión económica y del paro (3,3 millones de parados en 1984, el más alto de la época en el país); y abundantes huelgas sindicales, la más importante la de los mineros de 1984-1985, como consecuencia del cierre de 20 de las 174 minas de carbón propiedad del estado y el despido de 20.000 mineros: se calcula que, solo en 1984, hubo 1.221 paros laborales en toda la nación. Por no hablar, claro está, de la agresiva política interior y exterior de la Primer Ministro, que dio pie a episodios tan dramáticos como las huelgas de hambre de miembros del IRA en la prisión norirlandesa de Maze en 1980 y 1981, un atentado con bomba contra Thatcher y su marido el 12 de octubre de 1984 mientras se alojaban en un hotel, y el tristemente célebre conflicto de las islas Malvinas.

La política de Thatcher influiría en el cine del país de dos maneras. Por un lado, en lo que a política de producción y promoción de la cinematografía se refiere, incluyendo la "imposición" indirecta de un tipo de películas acordes con la mentalidad de los conservadores, hablaremos más adelante. Pero, por otra parte, el gobierno thatcheriano generó una reacción contra el mismo desde distintos ámbitos de la sociedad pública y la cultura, y dentro de esta última, el cine. Siguiendo aquí el extraordinario ensayo de Chantal Cornut-Gentille D'Arcy, cuyo análisis del cine "pro" y "anti" thatcheriano no nos vemos capaces de superar, "a toro pasado, es evidente que la señora Thatcher logró dos proezas incontestables como primer ministro de Gran Bretaña. En primer lugar, sobrepasó ampliamente el récord de estancia continua como primer ministro durante el siglo XX, y en segundo lugar, ha sido el único político europeo a quien se añadió un *–ismo* a su apellido y en adquirir una etiqueta internacional asociada a su programa político y a su personalidad.

En consecuencia, desde los años ochenta, tanto la expresión *thatcherismo* como la de *Dama de Hierro* están firmemente asentadas en el vocabulario político contemporáneo[3]. «El resurgimiento del cine británico comenzó con la película de Hugh Hudson *Carros de fuego*», sobre la que luego volveremos; «esta película anticipaba lo que en breve iba a convertirse en el ciclo dominante de la época: las películas históricas de calidad, que a menudo se conocen como *heritage films*. El término *heritage films* es imposible de traducir al español de forma adecuada. Por el momento baste saber que el término *heritage* invoca de forma invariable la importancia histórica de ciertas características de una sociedad determinada que perduran en la actualidad, como por ejemplo algunas costumbres, tradiciones, edificios o máquinas del pasado. Con res-

Riff-Raff, película representativa del realismo crítico del director Ken Loach.

pecto al cine, quizá la explicación más amplia y clara sea la propuesta por Claire Monk. Esta autora [lo] describe como "ficciones británicas para la pantalla situadas en el pasado". Dicho esto, es interesante señalar que, para buena parte de la crítica cinematográfica, *heritage cinema* (lo que el americano Martin Hipsky denomina cine "anglófilo") es una etiqueta más o menos peyorativa. Mientras algunos críticos contemplan estas películas desde una perspectiva más neutra, es decir, simplemente como un tipo particular de la cinematografía contemporánea, típico de Gran Bretaña pero corriente también en Europa y hasta cierto punto en EE.UU., con sus propias variantes, otros las observan de forma despectiva, como reflejos del conservadurismo británico de derechas».

En el polo opuesto a estos *heritage films*, "la insatisfacción con el Partido Laborista y la desorientación en las filas de la oposición fueron de tal calibre durante la década del gobierno *tory* que el cine socialmente comprometido fue una de las pocas armas ideológicas que persistieron, con eficacia suficiente, para enfrentarse a la marea Thatcher. Películas como *Grandes ambiciones* [*High Hopes*, 1988], *Riff-Raff* [ídem, 1991] *Mi hermosa lavandería* y *El cocinero, el ladrón, su mujer y su amante* [*The Cook, the Thief, His Wife & Her Lover*, 1989] representaron una forma eficaz de exponer y denunciar las injusticias, la avaricia, la mezquindad y el absurdo de gran parte de la vida cotidiana durante la era Thatcher. Aunque formal y estéticamente diferentes, todas estas películas comparten una preocupación temática parecida, al proyectar para las audiencias internacionales imágenes críticas de la Gran Bretaña thatcheriana contemporánea". Por más que *Mi hermosa lavandería* y su, digamos, "secuela", *Sammy y Rosie se lo montan* han envejecido mal, probablemente como consecuencia de su carácter coyuntural, su condición de *crónicas de urgencia* sobre un presente que ahora ya es pasado (al menos, en teoría), resulta imposible hablar del cine antithatcheriano de la época sin referirse a la importancia sociológica de la primera de las mencionadas.

Respecto a *Mi hermosa lavandería*, tanto esta "como *Sammy y Rosie se lo montan*, que Kureishi [su guionista, recordemos] describe como "continuación del trabajo comenzado en la primera", hacen uso del Londres metropolitano de los años 80para explorar los cambios estructurales de la sociedad británica. Así, como en *Grandes ambiciones* y *Riff-Raff*, la gran urbe es en estas películas el principal indicador del cambio de la vida económica y social de Gran Bretaña bajo el régimen de Thatcher, y el medio en el que se pueden reflejar y explorar diferentes identidades. Aunque un título tan poco comercial como *Mi hermosa lavandería* hace pensar que la película trata de tiendas, almacenes y negocios, esta no cuenta la saga de una lavandería. Es la historia de dos desarraigados en el Londres moderno. La narración de la película se centra en un joven anglo-pakistaní, Omar (Gordon Warnecke) y su amigo blanco de clase obrera, Johnny (Daniel Day-Lewis). Aunque la relación entre Johnny y Omar sea la principal línea argumental de la película, en *Mi hermosa lavandería* no predomina ninguna historia en particular. Es decir, el interés de la película no está tanto en las historias de las vidas individuales como en el panorama general que nos proporciona de la sociedad en la que habitan los personajes. A este respecto, *Mi hermosa lavandería* puede ser considerada "una exploración de contrastes", entre los ricos y los pobres, entre las clases altas y bajas de Londres, entre los nativos británicos y los inmigrantes pakistaníes. A esta mezcla, la película añade el conflicto entre hetero y homosexuales". La conclusión es que, «como tal, el mensaje político de *Mi hermosa lavandería* no depende tanto de su capacidad para generar ideas o análisis políticos convencionales como de su facultad para transmitir estados de ánimo, actitudes o sentimientos como respuesta a la ansiedad de Kureishi sobre *el estado de la nación*».

RENOVARSE O MORIR: EL MERCADO DEL CINE BRITÁNICO ENTRE 1983 Y 1994

Señala Cornut-Gentille D'Arcy que "Thatcher nunca mostró un interés particular por el arte. En consecuencia, como hace patente el único libro blanco sobre el cine aparecido en los años ochenta, *Film Policy* (1984), trató a las artes, y, dentro de ellas, al negocio del cine como a cualquier otro negocio. La Film Act de 1985, desarrollada después de este libro blanco, aplicaba claramente los principios del mercado a la industria del cine. Por ley se abolió la tasa Eady de 1947 (una norma que había distribuido un porcentaje de los ingresos de taquilla entre las películas realizadas en Gran Bretaña) sin establecer ninguna habilitación que reemplazara esta pérdida de ingresos. [Nota *bene*: La tasa Eady o *Eady Tax*, también conocida como *Eady Levy*, en realidad fue instaurada en 1957, si bien la autora puede que se refiera a la tasa sobre el cine británico inmediatamente anterior a esta que fue propuesta a finales de la década de los cuarenta.] La ley de 1985 abolió asimismo una reducción de impuestos del 25% a la inversión en la producción de películas y privatizó la National Film Finance Corporation (NFFC), eliminando de esta forma la única participación directa del Gobierno en el campo del cine comercial.

El rechazo del Gobierno Thatcher a las ayudas a la producción de películas británicas acentuó los problemas a largo plazo de una industria históricamente en decadencia cuya audiencia llevaba décadas disminuyendo pausadamente. A raíz de la política gubernamental, la industria cinematográfica británica, durante la década de los 80, estuvo más expuesta que nunca a la dominación por parte de Hollywood. Esa colonización se apreciaba tanto en el número de películas estadounidenses que se exhibía en el cine y la televisión como en el número de directores británicos de prestigio que se marcharon a Hollywood para trabajar en una industria estable y bien financiada y desarrollar así una carrera más lucrativa".

En los años veinte, el gobierno británico había introducido una cuota de pantalla que fracasó estrepitosamente.1983 fue el año en el que se abolió la cuota, lo cual tuvo un doble efecto, positivo y negativo: contra todo pronóstico, la abolición coincidió con un repunte de la comercialidad del cine británico dentro de su propio mercado gracias a la renovación que se produjo en todo el ámbito cinematográfico nada más empezar esta década, de tal manera que el público británico pareció reencontrar el placer de la producción autóctona. Paradójicamente, ese *boom* del cine británico coincidió asimismo con un retroceso global de la asistencia a los cines similar a la que se había producido casi sesenta años antes pese a la implantación de la cuota, hasta el punto de que en 1992 el cine norteamericano llegaría a acaparar el 92.5% de los cines, dejando a la producción nacional un miserable 4% de la cuota de mercado. Seis décadas más tarde, la historia (casi) volvía a repetirse. Pero, en esta ocasión, la lucha de la cinematografía nacional contra el imparable gigante estadounidense adoptaba nuevas estrategias, las cuales podían dividirse en tres: la imitación del cine de Hollywood, la competición con Hollywood en los mercados domésticos, y la diferenciación de Hollywood.

La imitación de Hollywood comportaba el regreso a la vieja estrategia de elaboración de producciones comparables a las *hollywoodienses* que llevaron a cabo Alexander Korda en los años treinta, Rank en los cuarenta, EMI en los setenta y Goldcrest Film & Television en los ochenta, siendo acaso la figura más representativa de esta tendencia el afamado David Puttnam, sobre todo a partir del momento en que este productor se quedó prácticamente solo tras el abandono definitivo de la producción de la vieja Rank en 1980, el fracaso de la política de expansión de Goldcrest en 1985, con la que Puttnam había coproducido *Carros de fuego* –debacle propiciada en parte por el desastre comercial de su ambiciosa coproducción con Noruega *Revolución* (*Revolution*, 1985), protagonizada por el norteamericano Al Pacino, el canadiense Donald Sutherland y la alemana Nastassja Kinski–, la compra (por 125 millones de libras esterlinas) y la venta a la semana siguiente (por 175 millones) de la productora Thorn-EMI Screen Entertainment por el millonario australiano Alan Bond, y la intrusión del grupo estadounidense The Cannon Film Group, propiedad de los israelíes Menahem Golan y Yoram Globus, en el mercado de la distribución y exhibición, abriendo su primer multicine en Manchester en 1986. La competición con Hollywood en los mercados domésticos comportaba la elaboración y explotación de un producto cinematográfico autóctono que equivaliera, por ejemplo, al cine de terror de Hammer de los años cincuenta y sesenta o a la serie de comedias "Carry on" de los sesenta y setenta, pero incluso alternativas populares como la representada por la comedia *Buster (El robo del siglo)* (*Buster*, 1988), protagonizada por la estrella del pop-rock Phil Collins, tuvo dificultades para recuperar en las taquillas del mercado nacional su coste de producción de 3.2 millones de libras esterlinas, en un momento además en el que pocas producciones británicas conseguían recaudar en cines más de un millón de libras; habría que esperar a la llegada de *Cuatro bodas y un funeral* en 1994 para que una comedia *made in the UK* volviera a convocar a un importante contingente de público en su país de origen: 12.38 millones de espectadores.

Aparte de Puttnam, otros productores que intentaron esa competencia con Hollywood fueron Euan Lloyd (n. 1923), quien a finales de los años 70consiguió un notable éxito internacional gracias al popularísimo film de acción *Patos salvajes* (*The Wild Geese*, 1978), dirigido con solvencia por Andrew V. McLaglen (n. 1920), hijo del mítico actor Victor McLaglen; o Sir Lew Grade (1906-1998), luego Lord Lew Grade, quien hizo otro tanto con títulos asimismo de finales de los setenta y principios de los ochenta como *Evasión en Atenea* (*Escape to Athena*, 1979), coprotagonizada al igual que *Patos salvajes* por un Roger Moore en la cúspide de su popularidad gracias a su intervención en la serie James Bond, o como *Rescaten el Titanic* (*Raise the Titanic*, 1980), cara coproducción con los Estados Unidos cuyo fracaso comercial casi destrozó su carrera. Quedaba la tercera opción, la elaboración de un cine radicalmente diferente del *hollywoodiense*, vía representada por las producciones de estilo realista de Loach y Leigh, las diatribas anti-Thatcher" de Frears *Mi hermosa lavandería* y *Sammy y Rosie se lo montan*, los experimentos de Jarman y Greenaway –varios de los del primero fueron producidos por el escocés Don Boyd (n. 1948), asimismo realizador, y firmante entre otras de *My Kingdom* (ídem, 2001)–, o, desde otro extremo, las producciones "típicamente" británicas del equipo Merchant /Jhabvala /Ivory. Un punto de inflexión a medio camino entre la segunda y tercera tendencia no se produciría hasta los noventa con la irrupción del cineasta Danny Boyle, gracias a *Tumba abierta* (*Shallow Grave*, 1994) y *Trainspotting* (ídem, 1996).

Poco más o menos como había ocurrido en décadas anteriores, esas estrategias se activaron a principios de los ochenta solo cuando la cinematografía nacional entraba una crisis. En honor a la verdad, hay que decir que las mismas en un primer momento funcionaron: de los 58 millones de entradas de cine vendidas en 1984, se alcanzaron los 123 millones en 1994, año en el que los influyentes productores David Puttnam y Jeremy Thomas, este último hijo y sobrino de cineastas (Ralph y Gerald Thomas respectivamente), promovieron la campaña IMPACT, destinada a reactivar la industria del cine. El hábito de ir al cine había revivido notablemente a partir de la implantación en 1985 de multisalas. Se calcula que en 1990 un 78% de las entradas eran adquiridas por un público de edades comprendidas entre los 15 y 34 años, si bien solo representaban un 37% de la población. Asimismo, hay que tener en cuenta que en Gran Bretaña la penetración del vídeo doméstico fue fortísima, con el cambio de hábitos de consumo cinematográfico que comportó: en 1993, el número de alquileres de películas en vídeo alcanzó la espectacular cifra de 328 millones, por mas que al año siguiente retrocediera no menos llamativamente hasta los 194 millones, cifra superior, no obstante, al número de entradas vendidas en cines ese mismo año.

Otro factor de cambio de hábitos de consumo cinematográfico a tener en cuenta fue la televisión: asimismo en 1994, 1.910 películas fueron emitidas por la "pequeña pantalla", de las cuales tan solo 413 eran producciones británicas, pero aún así superaban con creces los films nacionales exhibidos en cines, tan solo 35 (sic) de un total de 299 títulos estrenados. Llegaron a darse las situaciones paradójicas de películas británicas que llegaron a tener más espectadores con motivo de su emisión televisiva que cuando se estrenaron en salas, tal es el caso de *Los amigos de Peter*: se calcula que logró cuatro telespectadores por cada espectador que tuvo en cine. Este fenómeno se desató a primeros de los ochenta a raíz de éxitos de series de tanto prestigio y calidad como *Retorno a Brideshead* (*Brideshead Revisited*, 1981) y *La joya de la corona* (*The Jewell in the Crown*, 1984), ambas producidas por Granada TV: «el hecho era que, en los años ochenta, la televisión, como servicio público, se llevaba gran parte de la audiencia. De aquí la creciente interdependencia del cine y la televisión durante la década. Precisamente en este sentido el canal de televisión Channel Four fue tan importante para el desarrollo del cine a lo largo de los años ochenta. Subvencionó la producción y encargó películas a productores independientes. Así, filmes como *El contrato del dibujante, The Ploughman's Lunch, Otro tiempo, otro lugar* y *Mi hermosa lavandería* recibieron la mayoría de fondos de Channel Four, que destinó la parte más importante de su presupuesto para obras dramáticas en la producción de largometrajes. Esta política ayudó a establecer un estado general de ánimo que incitaba a asumir riesgos económicos y a experimentar con prácticas comerciales inéditas y más innovadoras». Resulta irónico, por tanto, que la más famosa película antithatcheriana, *Mi hermosa lavandería*, fuera indirectamente producida por la Dama de Hierro...

DAVID PUTTNAM, *CARROS DE FUEGO* Y LAS VIEJAS ESENCIAS DEL IMPERIO

Para Philippe Pilard, «David Puttnam apareció en la época como el *wonder boy* del renacimiento del cine británico. Su notoriedad fue tal, durante algunos años, que solo su nombre servía de calificativo en las películas en que trabajaba. Se hablaba –se habla todavía– de las "películas Puttnam" y no de las películas de Hugh Hudson [*Carros de fuego*], Pat O'Connor [*Cal*] y Roland Joffé [*Los gritos del silencio* y *La misión*]. Puttnam es un hombre al que le gusta ser siempre protagonista. Formado en el mundo de la publicidad, es consciente de que el "hacer saber" vale tanto o más que el "saber hacer", y que la fórmula del éxito consiste en combinar las dos. La carrera de las primeras producciones para las que Puttnam trabajó en los años 1975-1977 es casi inmejorable: *El ídolo* (*Stardust*, 1974), con Michael Apted, *Los duelistas*, con Ridley Scott, *Bugsy Malone, nieto de Al Capone* y *El expreso de medianoche*, con Alan Parker. En 1977, Puttnam trabajó en Hollywood para Casablanca Film Works. No duró mucho en esta sociedad, de la que parece no guardó muy buen recuerdo, pero adquirió experiencia». Al volver a su país de origen, produjo la exitosa *Carros de fuego* en asociación

El productor David Puttnam, el director Roland Joffé y el guionista Bruce Robinson, en el rodaje de *Los gritos del silencio*.

Pasaje a la India, obra maestra que cierra la carrera de David Lean.

con Goldcrest; la mayoría de las películas de esta misma productora «cuentan la misma historia, la de un hombre de clase media que por su sentido del honor, de la honestidad, su solidaridad, logra superar todas las dificultades. *Carros de fuego, Los gritos del silencio, La misión, Revolución*, todas siguen el mismo esquema, imitando el mayor de los éxitos de la compañía, tal vez la más representativa, *Gandhi*, cuyo protagonista era un ciudadano inglés... Para los jefes de Goldcrest, [Ben] Kingsley era uno de ellos...»[4].

Existe una práctica unanimidad a la hora de señalar el éxito de *Carros de fuego* como el punto de partida, cronológico pero también simbólico, del inicio de una nueva etapa dentro del cine británico. Ganadora de cuatro premios Oscar –mejor película, guión original (Colin Welland), banda sonora original (Vangelis) y vestuario (Milena Canonero)–, esta epopeya de exaltación deportiva, basada en la historia real de los atletas Harold Abrahams, Eric Liddell y Aubrey Montague (los dos primeros ganadores de medallas en los Juegos Olímpicos de París de 1924), marcó un inesperado despegue de renovada popularidad mundial de la cinematografía nacional, refrendada por un aluvión de galardones en sucesivas ediciones de los premios de la Academia de Hollywood y certámenes internacionales: al año siguiente, *Gandhi* se alzó nada menos que con ocho Oscar, entre ellos los de mejor película, director (Richard Attenborough) y actor (Ben Kingsley); dos años más tarde, y pese a llevarse solo un par de estatuillas, para la mejor actriz de reparto (Peggy Ashcroft) y su banda sonora original (Maurice Jarre), la última obra de David Lean *Pasaje a la India* acaparó otras nueve nominaciones; ese mismo año, Roland Joffé ganó tres trofeos por su ópera prima para el cine, *Los gritos del silencio*, y dos años después su siguiente largometraje, *La misión*, se llevó por sorpresa la Palma de Oro del Festival de Cannes y recibió entre otras las candidaturas al Oscar a la mejor película y director; también ese año James Ivory consigue tres estatuillas y otras cinco candidaturas para *Una habitación con vistas*; luego, Jeremy Thomas conseguiría el pleno de nueve Oscar para *El último emperador*; y, ese mismo año, Ivory ganaría un León de Plata y otros dos premios en el Festival de Venecia por *Maurice* (ídem, 1987). En medio de todos estos títulos, hasta la minoritaria *Mi hermosa lavandería* conseguiría una nominación al Oscar al mejor guión original.

No ha faltado quien ha visto en el triunfo de *Carros de fuego* y todo lo que supuso para el cine británico de la década una especie de reafirmación o "rearme" ideológico de la identidad nacional. Pese a su fama de película de exaltación británica, lo cierto es que los protagonistas de *Carros de fuego*, Harold Abrahams (Ben Cross) y Eric Liddell (Ian Charleson), son un judío de ascendencia lituana y un escocés nacido en China, respectivamente. El film de Hugh Hudson ganó sus cuatro Oscar el 23 de marzo de 1982. Dos semanas más tarde, el 2 de abril se producía la invasión por Argentina de las Islas Malvinas (Falklands, para los ingleses), y tres días después el gobierno de Thatcher aprobaba el envío de una fuerza naval para recuperarlas, algo que se consumó en junio. "The british are coming!", había exclamado Colin Welland al recoger su estatuilla por *Carros de fuego*. Puttnam fue invitado por la Primer Ministro como parte de los actos oficiales que vinieron a celebrar la victoria militar en las Malvinas.

Estrenada en Gran Bretaña el 30 de marzo de 1981, *Carros de fuego* llegó a compartir sesiones de programa doble con la comedia escocesa *Gregory's Girl*, cuya trama gira asimismo alrededor de una actividad deportiva pero con personajes anónimos y mucho más humildes, y que llegaría a los cines el 23 de abril del mismo año. Más que un renacimiento del cine británico, lo que *Carros de fuego* venía a demostrar era la existencia de dos clases de cine británico. Costó 3 millones de libras esterlinas, una cifra elevada para una producción de la época, mientras que *Gregory's Girl* tan solo 200.000 libras. La una mira al pasado y a personajes de clases sociales privilegiadas, haciendo gala además de una estructura narrativa clásica (o considerada como tal), mientras que la otra ofrece una narración más anárquica y salpicada de humor que toma como protagonistas a figuras de las "clases populares" –la "chica de Gregory" (John Gordon Sinclair) a la que se refiere el título es Dorothy (Dee Hepburn), una jugadora de fútbol–; además, *Carros de fuego* sería, por comparación, una producción de espíritu más "inglés", mientras que *Gregory's Girl* es mucho más "escocesa". Aunque ambos films están rodados total o parcialmente en Escocia, *Carros de fuego* mira lo "escocés" desde una perspectiva *british* que asocia lo "natural" con lo "primitivo", y *Gregory's Girl* contempla lo "escocés" bajo una mirada moderna y actualizada. No es de extrañar que *Carros de fuego* triunfara en los Estados Unidos, al brindar al espectador norteamericano una imagen de lo "británico" desde un prisma ampliamente conocido y como si fuera una especie de "herencia nacional" (el viejo cine británico de siempre puesto al día), mientras que la difusión internacional de *Gregory's Girl* se vio limitada en no poca medida por el hecho de estar hablada con un fuerte acento local que, por ejemplo, obligó a doblar algunos fragmentos con motivo de su estreno en los Norteamérica a fin de dotar a la película de una pronunciación "escocesa" estándar.

Carros de fuego vendría a ilustrar las tensiones y contradicciones sobre lo que, cinematográficamente hablando, se entiende como "carácter nacional". A principios de los ochenta, la estabilidad del período de posguerra estableció un estado del bienestar que fue cambiado y parcialmente desmantelado por el gobierno conservador de Thatcher, el cual abogaba por la recuperación de una imagen grandiosa de las esencias del Imperio y la recuperación de las viejas formas culturales inglesas como representación de lo mejor de la nación. El "thatcherismo" no dejaba de ser una plataforma política que combinaba los intereses volcados hacia unas políticas económicas agresivas y una recuperación del pasado "glorioso" representado por las virtudes morales de la era victoriana, considerada la "cuna" de la *verdadera* "herencia nacional". Para Thatcher, el estado del bienestar había arruinado el "carácter nacional", en el sentido de que había creado una generación de padres incapaces de inculcar a sus hijos la manera adecuada de hacer frente a la transición a la vida adulta, retomando en parte el discurso de Winston Churchill cuando, en tiempos de guerra, abogaba por la consecución de la justicia social por medio de la práctica de la autodisciplina y la contención bajo la guía de un líder carismático. Bajo esta perspectiva, muchos interpretaron el triunfo de *Carros de fuego* en los Oscar como un equivalente al que sus protagonistas conseguían en las Olimpíadas de París del 24, y a renglón seguido, como un paradigma cinematográfico de lo que Thatcher consideraba un ejemplo de producto empresarial y cultural *adecuadamente* británico, destinado a competir en el mercado internacional con el soporte gubernamental.

Paradójicamente, Puttnam se había encontrado con grandes dificultades para producir el film porque la mayoría de los inversores lo consideraban "demasiado británico" (sic), hasta el punto de que la mayor parte del presupuesto fue avanzado por la norteamericana Twentieth Century-Fox y la compañía del magnate de origen egipcio Mohammed Al Fayed, de ahí que su hijo, Dodi (Al) Fayed (luego tristemente célebre por el trágico final de su relación amorosa con Lady Diana Spencer), figure como productor ejecutivo; la productora Goldcrest solo se incorporó a la misma cuando el rodaje se puso en marcha.

EL OASIS IRLANDÉS: NEIL JORDAN

Dentro de todos los talentos surgidos y consolidados durante los años 80y noventa, merece una mención especial Neil Jordan, cineasta atípico como pocos dentro del panorama no ya británico o irlandés sino del cine internacional, y ello en base a su

Neil Jordan, el cineasta irlandés más prestigioso de su generación.

sempiterna costumbre de permanecer fiel a sí mismo contra viento y marea. Con todas sus irregularidades y equivocaciones –las comedias *El hotel de los fantasmas* (*High Spirits*, 1988) y *Nunca fuimos ángeles* (*We're No Angels*, 1989) y el *thriller In Dreams (Dentro de mis sueños)* (*In Dreams*, 1999), los tres norteamericanos de manera parcial (el primero) o total (el segundo y el tercero)–, y algún que otro fracaso artístico – *El fin del romance* (*The End of the Affair*, 1999), a partir de Graham Greene–, el saldo medio que arroja el conjunto de su filmografía hace de él uno de los más interesantes y personales cineastas actuales de las islas británicas. Dotado de un estilo dramático y visual que podríamos definir, vagamente, como una versión propia e intransferible, *a la irlandesa*, de lo que en la literatura latinoamericana es conocido como "realismo mágico", su cine navega sinuosamente y con valentía por terrenos pantanosos a medio camino entre lo mítico y lo costumbrista, lo fantástico y lo realista, lo sobrenatural y lo cotidiano, lo excepcional y lo rutinario, conformando un todo en ocasiones indivisible. Si el balance que arroja su filmografía entre los años 80y noventa es más que atractivo, con hitos como la ya comentada *En compañía de lobos*, feliz colaboración de Jordan con la inclasificable y malograda autora de "cuentos de hadas perversos" Angela Carter y una de las mejores películas fantásticas británicas de su decenio, y ese asimismo extraño *thriller* que combina terrorismo del IRA y ambigüedad sexual que es *Juego de lágrimas* (*The Crying Game*, 1992), que le reportó a Jordan un Oscar al mejor guión original y sobre el cual ya volveremos, a los mismos cabe añadir otro buen puñado de títulos de interés.

De entrada ya destaca su ópera prima, el *thriller Danny Boy*, cuyo título español (el cual hace referencia a la célebre balada compuesta en 1913 por Frank Weatherly convertida en el "himno" extraoficial de Irlanda) centra la atención en la presencia del IRA como telón de fondo del relato, mientras que su título original en inglés, *Angel*, apunta mejor hacia la entraña del relato: la historia de un saxofonista (Stephen Rea, el rostro más habitual de su cine) que se obsesiona con vengar el gratuito asesinato de una angelical muchacha muda a manos de una facción del Ejercito Republicano Irlandés, y que ya apuntala con vigor los rasgos de ese personal "realismo mágico". Dejando aparte *Juego de lágrimas*, y más realista en la forma (dado que se inspira en hechos históricos) pero no por ello menos poética en el fondo (en función del tono impreso por la puesta en escena), *Michael Collins* (ídem, 1996), interesante reconstrucción de la lucha armada del famoso líder del IRA de sus primeros tiempos (encarnado por Liam Neeson), es una atípica epopeya que logra eludir con habilidad las convenciones del *biopic* gracias a esa tonalidad, manifiesta sobre todo en esa brillante secuencia en montaje paralelo que alterna a Collins haciendo el amor con su novia Kitty Kiernan (Julia Roberts) y una oleada de atentados, fusionando audazmente el amor romántico de los primeros con la radical manifestación de "amor a la patria" de los terroristas. Pero Jordan también ha mostrado visiones costumbristas de Irlanda, tales como la melodramática *Amor a una extraña* (*The Miracle*, 1991), en la que un adolescente se enamora platónicamente de una forastera bastante mayor que él (Beverly D'Angelo), lo cual da pie a una nueva digresión metafórica sobre el proceso de madurez relativamente emparentada con la que se daba en *En compañía de lobos*, y la sarcástica e inclasificable *The Butcher's Boy* (1997), sobre las peripecias de otros dos adolescentes en guerra continua contra el contexto represor de su entorno.

La labor de Jordan ha pasado por aproximaciones a otros géneros, tales como el policíaco en la sugerente *Mona Lisa* y una, esta sí, afortunada incursión en el terreno de la superproducción *hollywoodiense*, de nuevo en clave fantástica: la atractiva *Entrevista con el vampiro* (*Interview with the Vampire*, 1994), adaptación de la popular novela homónima de Anne Rice que supera con creces el discutible original literario. Sin entrar más en ésta, no por su falta de calidad sino por su carácter no británico ni irlandés –al igual que su hasta la fecha última incursión en la cinematografía norteamericana: ese *thriller* interesantísimo y todavía pendiente de la adecuada revalorización que es *La extraña que hay en ti* (*The Brave One*, 2007)–, así como su nada desdeñable labor en televisión –la serie *Los Borgia* (*The Borgias*, 2011-2013), de la cual realizó seis episodios–, la obra de Jordan en el nuevo milenio sigue arrojando un saldo de considerables proporciones artísticas.

El buen ladrón (*The Good Thief*, 2002), su elegante nueva versión del film de Jean-Pierre Melville *Bob le flambeur* (1956), es una película a la altura del original, siendo al mismo radicalmente distinta y muy personal. *Desayuno en Plutón* (*Breakfast on Pluto*, 2005) es una brillante digresión sobre uno de los temas recurrentes de su autor, el complejo equilibrio entre fantasía y realidad, por medio de las vicisitudes de un homosexual travestido (excelente Cillian Murphy) y sus dificultades para encontrar su lugar en el mundo. *Ondine* (2009), si bien inferior a las dos anteriormente citadas pero harto curiosa, es una simpática fábula en torno a un pescador irlandés (Colin Farrell) convencido de haber pescado a una sirena (Alicja Bachleda). En cuanto a su reciente y magnífica *Byzantium* (2012), su mejor trabajo de estos últimos años, vuelve a abordar el tema del vampirismo, si bien en esta ocasión el tono está de nuevo más próximo al de *Amar una extraña*, *The Butcher's Boy* y *Ondine* que de su lectura de Anne Rice, pese a algunas pequeñas referencias visuales y/o de ambientación: los bellísimos *flashbacks* que ilustran el origen de Clara (Gemma Arterton) y Eleanor (Saoirse Ronan), madre e hija vampiresas forzadas a una vida trashumante, en lo que puede verse un nuevo y sensible "cuento de hadas para adultos" de un autor todavía repleto de gratas sorpresas.

LOS AÑOS 90: SEGUNDA PANORÁMICA

El cine británico de los años 90 se encuentra tan estrechamente ligado al realizado en la década inmediatamente anterior, que la mayoría de las apreciaciones que hemos hecho al respecto se pueden aplicar casi perfectamente a este decenio:

1) *La continuidad del cine británico de estilo más (oficialmente) "clásico"*: Destaca, en primer lugar, la plena madurez del equipo Merchant/Jhabvala/Ivory, quienes por estos años firman algunos de sus mejores trabajos, *Regreso a Howards End* (*Howards End*, 1992) y *Lo que queda del día* (*The Remains of the Day*, 1993). En parte a remolque de estos (merecidos) triunfos y de los éxitos obtenidos por el mismo equipo en la década anterior, surge una retahíla de títulos inscribibles en un moderno *costume genre* o "cine de época", tal es el caso de *Donde los ángeles no se aventuran* (*Where Angels Fear to Tread*, 1991), *Un abril encantado* (*Enchanted April*, 1991), la extraña comedia *Rebecca's Daughters* (1992), el melodrama de fondo bélico *Regeneration* (ídem, 1997), el film de aventuras *Rob Roy (La pasión de un rebelde)* (*Rob Roy*, 1995), y diversas y más o menos heterodoxas nuevas versiones de William Shakespeare: dejando aparte las de Kenneth Branagh, mencionemos la atípica *Rosencrantz y Guildenstern han muerto* (*Rosencrantz & Guildenstern Are Dead*, 1990) –en la cual Tom Stoppard ofrece una singular relectura parcial de *Hamlet*–, *As You Like It* (1992), la anacrónica versión de Richard Loncraine de *Ricardo III* (*Richard III*, 1995), *Noche de reyes* (*Twelfht Night or What You Will*, 1996) o *El sueño de una noche de verano*, la cual por estos años es objeto de dos dispares adaptaciones: una, de Adrian Noble, austera y rodada con espíritu minimalista, *Un sueño en una noche de verano* (*A Midsummer Night's Dream*, 1996), y la más lujosa y con un reparto estelar, a cargo del norteamericano Michael Hoffman, *El sueño de una noche de verano* (*A Midsummer Night's Dream*, 1999); no obstante, la mejor lectura es la magnífica que brinda la realizadora norteamericana Julie Taymor con *Titus* (ídem, 1999), a partir de *Tito Andrónico*, retomando y perfeccionando lo avanzado por Richard Loncraine en su mencionada *Ricardo III*.

Nostalgia por el cine "clásico" de estilo británico: *El paciente inglés.*

Otros clásicos de la literatura y el teatro universales que son revisitados son la correcta *La versión Browning* (*The Browning Version*, 1994); *Jude* (ídem, 1996), soporífera lectura de Thomas Hardy a cargo de un aquí desafortunado Michael Winterbottom; *August* (ídem, 1996), destrozo del *Tío Vania* de Chejov a cargo de Anthony Hopkins como director y protagonista; *Jane Eyre* (ídem, 1996), subvalorada adaptación a cargo del italiano Franco Zeffirelli, quien esa misma década brinda al cine británico la asimismo injustamente ignorada *Té con Mussolini* (*Tea With Mussolini*, 1999); una exitosa versión de *Sentido y sensibilidad* (*Sense and Sensibility*, 1996)..., y uno de los peores trabajos del excelente cineasta taiwanés Ang Lee; la irregular *Las alas de la paloma* (*The Wings of the Dove*, 1997); la espléndida *Onegin* (ídem, 1999); o la convencional *Un marido ideal* (*An Ideal Husband*, 1999). Roland Joffé sigue en sus trece con *La ciudad de la alegría* (*City of Joy*, 1992), mientras que cuatro años después el prematuramente malogrado Anthony Minghella (1954-2008) consigue acaparar nueve Oscar con la popular *El paciente inglés* (*The English Patient*, 1996). En esta misma tendencia "clásica" (o, si se prefiere, "neo-clásica") podemos encuadrar *biopics* y/o films "históricos" como *Tom y Viv (Tom & Viv*, 1994), *La locura del rey Jorge* (*The Madness of King George*, 1994), *Carrington* (ídem, 1995), *Su Majestad Mrs. Brown* (*Mrs. Brown*, 1997), *Wilde* (ídem, 1997), *La joven Jane Austen* (*Becoming Jane*, 2007), *Elizabeth* (ídem, 1998) –que conocerá una secuela casi diez años después, *Elizabeth: La edad de oro* (*Elizabeth: The Golden Age*, 2007), a cargo del mismo realizador, Shekhar Kapur (n. 1945)–, *El amor es el demonio* (*Love Is the Devil*, 1998), *Hilary y Jackie*

(*Hilary and Jackie*, 1998) y *Dioses y monstruos* (*Gods and Monsters*, 1998), este firmado por el norteamericano Bill Condon y ambientado en el Hollywood de finales de los cincuenta.

Llama poderosamente la atención que Richard Attenborough, quien prosigue como director con su apuesta por un cine *bigger than life* con la esforzada pero estereotipada *Chaplin* (ídem, 1992), brinda a continuación el que sin duda alguna es, junto con *Magic*, su mejor trabajo tras las cámaras: la magnífica y sensible *Tierras de penumbra* (*Shadowlands*, 1993). A partir de un gran guión de William Nicholson, basado en su propia obra teatral inspirada a su vez en la historia real de la relación del escritor C.S. Lewis / Jack Lewis (un Anthony Hopkins fuera de serie) con la escritora y poeta norteamericana Joy Gresham / Joy Davidman (una Debra Winger que nunca ha estado mejor), cuya prematura muerte, víctima del cáncer, dio pie a Lewis para escribir su conmovedor ensayo *Una pena en observación*, *Tierras de penumbra* es otra bella demostración de clasicismo bien entendido y mejor desarrollado, y la mejor prueba de que las habituales acusaciones de "academicismo" a este tipo de producción británica no tienen, en sí mismas consideradas, la más mínima validez, poniendo en entredicho la calidad no ya intelectual sino incluso humana de quienes las pronuncian alegremente: la extraordinaria secuencia de la primera reunión de un Lewis roto de dolor con sus colegas de la universidad tras el entierro de su esposa es la mejor de las evidencias.

Tres años después, Anthony Minghella llevaría a cabo una especie de nueva incursión en el terreno de la, digamos, "superproducción intimista" a lo, sigamos diciendo, "David Lean" con la popular adaptación de una discutible novela de Michael Ondaatje. El resultado, *El paciente inglés*, relato un tanto folletinesco en torno al amor imposible de un inglés (Ralph Fiennes) y una mujer casada (Kristin Scott Thomas), del cual es depositaria una enfermera francesa (Juliette Binoche) encargada de atender al primero, cuyo cuerpo ha quedado reducido a una masa de cicatrices como consecuencia del fuego, y con la Segunda Guerra Mundial como siempre vistoso telón de fondo. Repleta, a pesar de todo, de buenos momentos, *El paciente inglés* "palidece", como suele decirse, contrastada con el cine de Lean, y certifica simbólicamente el final de una manera de entender el cine, o si se prefiere, la imposibilidad de repetirlo hoy en día.

2) *La continuidad de las carreras de los realizadores más veteranos y de los talentos surgidos en la década anterior*: Mencionando a modo de rareza la inesperada aunque excelente incursión de otro veterano, el francés Louis Malle, en la cinematografía británica con *Herida* (*Damage*, 1992), esta década alumbra las nuevas obras de cineastas de larga trayectoria, por más que no en su mejor forma, caso de Alan Parker, quien firma *Los Commitments* (*The Commitments*, 1991) y *Las cenizas de Ángela* (*Angela's Ashes*, 1999), ninguna de las dos muy afortunada, o Nicolas Roeg, con la curiosa *Dos muertes* (*Two Deaths*, 1995). Terence Davies, con su soberbio estilo a la vez clásico y moderno –*El largo día acaba* (de 1992), *La biblia de neón* (*The Neon Bible*, 1995)–, es quien vuelve a salvar el honor de su generación. Pese a todo, vale la pena detenerse siquiera

un poco en la más lograda producción firmada en este período por otro veterano, John Boorman: *The General (El general)* (*The General*, 1998). Este film, que supuso merecidamente la consagración de su excelente actor protagonista, el irlandés Brendan Gleeson, reconstruye el caso real de Martin Cahill un delincuente apodado "El General" que se convirtió en el jefe del hampa del Dublín de los años ochenta, si bien ganándose a cambio el odio del cuerpo de policía local –representado en la película por el inspector a cargo de Jon Voight– y del mismísimo IRA, principal sospechoso de haberle asesinado. Boorman resuelve este relato con notable solidez, a medio camino entre la comedia de humor negro y la crónica negra, empleando el blanco y negro –si bien de este film también se tiraron y difundieron copias en color– para imprimirle a la película una atmósfera a la vez realista y estilizada.

3) *La continuidad de la tradición realista*: Los noventa contemplan los nuevos trabajos de los dos máximos representantes del realismo británico, Ken Loach y Mike Leigh, así como la aparición de títulos en una línea más o menos similar, caso del guionista de *Mi hermosa lavandería* Hanif Kureishi (n. 1954) con *Londres me mata* (*London Kills Me*, 1991), del muy apreciable Shane Meadows (n. 1972) de *24 7: Twenty Four Seven* (ídem, 1997), o de la estupenda *Orphans* (1998), ópera prima del excelente actor escocés Peter Mullan (n. 1959). Luego nos detendremos en una comparativa, hecha a la luz de críticos de cine británicos, sobre la obra de Loach y Leigh, así como en un par de singulares aportaciones al realismo firmadas por dos excelentes actores debutando asimismo con acierto en tareas de dirección: Gary Oldman (n. 1958) –con *Los golpes de la vida* (*Nil by Mouth*, 1996)– y Tim Roth (n. 1961) –con *La zona oscura* (*The War Zone*, 1997)–, y en la nueva (y ligera) visión de la clase obrera que ofrecen títulos como *Tocando el viento* (*Brassed Off*, 1996), y las horrendas rompetaquillas *Full Monty* (*The Full Monty*, 1997) y *Billy Elliot (¡Quiero bailar!)* (*Billy Elliot*, 2000). Pero antes vamos a detenernos un poco en la que, para quien esto suscribe, es la mejor película realizada en esta década por el no siempre inspirado Loach: *Agenda oculta*. A partir de un guión de Jim Allen, desigual autor que escribiría para el mismo director el libreto de otra de sus más estimables obras del período, *Lloviendo piedras* (*Raining Stones*, 1993) –en torno a los problemas económicos de un obrero que, para solucionarlos, comete la temeridad de endeudarse con un mafioso del barrio: su media hora final es espléndida–..., pero también el de una de las peores –*Tierra y libertad* (*Land and Freedom*, 1996), demagógica visión de la guerra civil española lastrada por un exceso de maniqueísmo en los diálogos y en las situaciones–, *Agenda oculta* hace gala de una solidez visual y narrativa, y sobre todo, de una intensidad dramática poco frecuentes en el cine de su autor. El asesinato de un abogado norteamericano (Brad Dourif) a manos de las fuerzas militares secretas de seguridad del gobierno británico en las inmediaciones de Belfast provoca que su pareja (Frances McDormand), compañera suya en una investigación periodística sobre las torturas infligidas por la policía inglesa a ciudadanos de Irlanda del Norte sospechosos de pertenecer o estar relacionados con el IRA, provoca que aquélla una fuerzas con un inspector de policía británico con fama de incorrupti-

ble (Brian Cox) a fin de esclarecer lo ocurrido. La realidad es que el asesinato fue ejecutado para esconder una información que demostraría la vinculación del gobierno de Thatcher con la realización de las torturas. El final es desolador, pues ni la viuda del abogado asesinado ni el diligente inspector de policía lograrán que la verdad salga a la luz, en un relato que Loach construye como si fuera un *thriller* a la inversa: los hechos son mostrados en todo momento al espectador, que asiste impotente a una demostración de la invulnerabilidad del estado cuando adopta procedimientos propios del terrorismo para salirse con la suya: terrorismo de estado a un paso del fascismo.

4) *La continuidad del cine experimental*: El primer lustro de la década ve concluir, por causa de muerte, la obra de Derek Jarman. Por su parte, y a pesar de que no sea esta la opinión dominante al respecto, Peter Greenaway realiza durante esta década algunos de sus trabajos más bellos, completos y sinceros: sobre todo *Prospero's Books* (ídem, 1991), pero también el excelente *El niño de Mâcon* (*The Baby of Mâcon*, 1993) y el injustamente menospreciado *Eight and a Half Women* (1999). *Prospero's Books* es una hermosa y muy particular adaptación de *La tempestad*, de Shakespeare, en la cual Greenaway acentúa el papel de demiurgo de Próspero (John Gielgud) mediante una compleja combinación de elaborados movimientos de cámara, encuadres construidos con excepcional sentido del barroquismo y el frecuente empleo de simbólicas imágenes superpuestas que vienen a expresar la imaginación desbordante y desbordada del poderoso protagonista; además, *Prospero's Books* atesora una secuencia (la del banquete) que posiblemente sea la más bella jamás rodada por su realizador, del mismo modo que el tema musical que lo acompaña, obra del compositor habitual de Greenaway durante mucho tiempo, el minimalista Michael Nyman, es posiblemente uno de los más logrados de la obra para el cine de este último. Finalmente, apuntar dentro de este apartado y dentro de esta relativamente similar línea, la obra de Ian Sellar *Prague* (1992), y otra sorpresa de una década propensa a ellas: la incursión en la cinematografía británica del siempre interesante realizador independiente estadounidense Todd Haynes con su espléndida *Velvet Goldmine* (ídem, 1998).

5) *La continuidad de la tendencia de los realizadores británicos a caballo de su propia cinematografía y la de los Estados Unidos*: Es el caso, sobre todo, de Stephen Frears, quien en parte agotada su "etapa más norteamericana" –*Las amistades peligrosas* (*Dangerous Liaisons*, 1988), *The Grifters (Los timadores)* (*The Grifters*, 1990), *Héroe por accidente* (*Hero*, 1992), *Mary Reilly*– reanuda con fruición su carrera británica con el divertido telefilm estrenado en cines en España *Café irlandés* (*The Snapper*, 1993), y la simpática *La camioneta* (*The Van*, 1996).

6) *La continuidad de la producción y/o coproducción con Irlanda*: Refiere Philippe Pilard con respecto al cine irlandés que "paralizado durante bastante tiempo, en 1993 el Ministro de Cultura Michael D. Higgins lo volvió a poner en funcionamiento. (...) El año del *boom* de la economía cinematográfica en Irlanda fue 1995; en parte gracias

a las subvenciones dadas a la producción por parte del Estado. Y aprovechando las ayudas de los estudios Ardmore para un film Twentieth Century-Fox como *Braveheart* [ídem, 1994], de Mel Gibson, por ejemplo, se pueden rodar películas europeas como *Moll Flanders: El coraje de una mujer* [*Moll Flanders*, 1996, por lo demás de producción norteamericana], de Pen Densham, basada en la obra de Daniel Defoe; *Driftwood* [1998], de Ronan O'Leary; y también otros proyectos más específicamente irlandeses. Es el caso de Pat O'Connor con *Círculo de amigos* [*Circle of Friends*, 1995, en coproducción con los Estados Unidos], de la novela homónima de Maeve Binchy; o de Neil Jordan, cineasta *mid Atlantic* donde los haya, capaz de rodar tanto lo peor como lo mejor [sic], que ha podido sacar de sus carpetas, gracias a la Warner, un proyecto dedicado a *Michael Collins*, uno de los héroes del período revolucionario irlandés de 1916 a 1922" [5]. De nuevo, tal y como ya hemos visto, Jordan sigue siendo el mejor representante del talento fílmico irlandés, como demuestran *Juego de lágrimas* y *Michael Collins*. Esta cinematografía alumbra por esos años la nueva película del asimismo mencionado Pat O'Connor –*Fools of Fortune (Un tiempo pasado)* (*Fools of Fortune*, 1990)–; debutantes como Thaddeus O'Sullivan (n. 1947) –*La novia de diciembre* (*December's Bride*, 1990). *Nothing Personal* (1995)–, Justin Kerrigan (n. 1974) –*Generación Éxtasis* (*Human Traffic*, 1999)–, y la consagración del que probablemente sea el máximo valedor del cine irlandés allende las fronteras de su patria en su doble condición de productor y director, el por lo demás efectista Jim Sheridan, gracias a los consecutivos éxitos internacionales de *El prado* (*The Field*, 1990), *En el nombre del padre* (*In the Name of the Father*, 1993) y *The Boxer* (ídem, 1997), hasta el punto de apadrinar como coguionista y coproductor el debut del también irlandés Terry George (n. 1952) *En el nombre del hijo* (*Some Mother's Son*, 1996).

Juego de lágrimas y *En el nombre del padre*, rodadas tan solo con un año de diferencia, pueden verse como la cara y la cruz del cine irlandés de temática irlandesa de la época, coincidiendo además en un asunto siempre candente, el IRA, si bien desde tratamientos de lo más dispar. La primera parte, como hemos visto, de un guión enteramente original del propio Jordan para desarrollar, en dos tiempos y otros tantos espacios, la extraña evolución que experimenta un miembro de la organización terrorista (Stephen Rea) tras congeniar con un soldado británico de raza negra (Forest Whitaker) al que el IRA ha hecho prisionero para pedir un rescate a cambio de su liberación; pasado el tiempo, el protagonista, bajo otra identidad, se esconde en Londres, obsesionándose con conocer a "la novia" del soldado, la cual resulta ser... otro hombre (Jaye Davidson). Jordan adopta un tono cercano al del cuento de hadas para adultos, muy característico de él, a fin de mostrarnos el terrorismo del IRA como si fuera un abstracto conflicto de personalidad, similar o equivalente en un momento dado al que se da en torno a la homosexualidad.

Audaz planteamiento que el realizador resuelve de forma tan sólida como desigual: la primera mitad del film, la que dibuja la relación del terrorista con el soldado prisionero, es realmente magnífica, de lo mejor de su autor; la segunda parte resulta, en cambio, mucho más irregular. En cambio, *En el nombre del padre* apela a la fuerza de unos indignantes hechos reales –el tristemente célebre "caso" de los Cuatro de Guilford: tres hombres y una mujer irlandeses que fueron procesados y condenados sin pruebas a prisión bajo la acusación de una hipotética pertenencia al IRA– que Jim Sheridan plantea y resuelve siguiendo los tristes métodos demagógicos de Ken Loach, o de Costa-Gavras o Elio Petri, con resultados un tanto indigestos, a pesar de la entregada labor de los intérpretes, en particular el aquí revelado y luego prematuramente desaparecido Pete Postlethwaite (1946-2011).

7) *El surgimiento de nuevos realizadores*: La década presencia la llamada de atención de nuevos valores, algunos efímeros, unos pocos valiosos, que consiguen renovar el panorama de la cinematografía nacional. En medio del alud de nombres como los de Mike Ockrent –*Bailando en la oscuridad* (*Dancin' Thru the Dark*, 1990)–, el ya citado Anthony Minghella –*Truly Madly Deeply* (1990)–, Stephen Poliakoff –*Con mis ojos cerrados* (*Close My Eyes*, 1991)–, Mark Peploe, hermano de Clare Peploe –*Afraid of the Dark* (1991)–, Tristam Powell –*American Friends* (1991)– Peter Chelsom –*Hear My Song* (1991), *Funny Bones* (ídem, 1995)–, Iain Softley –*Backbeat* (ídem, 1994)– o Benjamin Ross –*The Young Poisoner's Handbook* (1995)–, el que suscribe se atreve a romper una lanza por la excelente coproducción con Canadá de Richard Kwietniowski (n. 1957) *Amor y muerte en Long Island* (*Love and Death on Long Island*, 1997). Pero los nombres que para bien o para mal marcan *tendencia* dentro del panorama del joven cine británico de esta década son sin duda alguna Danny Boyle (n. 1956), Guy Ritchie (n. 1968) y Michael Winterbottom (n. 1961). En lo que respecta a este último, y a pesar del bombo con que se le predica, en esta década todavía no hace gala de grandes méritos artísticos –*Besos de mariposa* (*Butterfly Kiss*, 1995), *Go Now* (ídem, 1995), *Jude, I Want You* (ídem, 1998)–, con las excepciones de las estimables *Welcome to Sarajevo* (1997, en coproducción con los Estados Unidos), *Wonderland* (ídem, 1999) y *Contigo o sin ti* (*With or Without You*, 1999): el futuro acabará jugando a su favor. Y, pese a su popularidad entre la cinefilia joven, poco de bueno puede decirse de Ritchie y del film que le dio la fama, todo lo más divertido: *Lock & Stock* (*Lock, Stock and Two Smoking Barrels*, 1998).

Más interesante, pese a su notoria irregularidad, es Danny Boyle, quien tras una notable trayectoria en televisión alcanzó fama y prestigio con la singular comedia de humor negro *Tumba abierta* y sobre todo con *Trainspotting*; a pesar, vuelvo a insistir, de la desigualdad artística de su cine –Boyle remató la década con dos coproducciones con los Estados Unidos, a cual peor: *Una historia diferente* (*A Life Less Ordinary*, 1997) y *La playa* (*The Beach*, 2000)–, no debe despreciarse el valor de este cineasta en cuanto puente y síntesis de diversas tendencias tradicionales y modernas del cine británico.

De ahí que, pese a su mediocridad, *Trainspotting* debe resaltarse como uno de los títulos más influyentes del cine británico de su época, amen de ser la pista de lanzamiento de algunas importantes estrellas interpretativas de su generación, caso de los escoceses Ewan McGregor y Robert Carlyle. Esta adaptación del libro homónimo de Irvine Welsh sobre a las peripecias de un puñado de desastrosos y desastrados consumidores de drogas de Edimburgo se convierte, como viene siendo habitual en Boyle, en un film-puente entre tendencias, dado que en sus desenfrenadas imágenes se dan cita desde el Richard Lester más pop de sus dos películas con los Beatles a una estética contemporánea heredada del videoclip, siendo al mismo tiempo una revisión en clave tronada de la tradición realista británica y un claro intento de renovación de la misma por la vía de un sentido del humor deliberadamente surrealista.

8) *La consolidación del cine realizado por mujeres*: Como en la mayoría de cinematografías nacionales, el número de mujeres ocupando puestos de poder en la industria del cine británico sigue siendo muy pequeño hasta fecha reciente, y las mujeres realizadores siguen representando una minoría. Muriel Box (1905-1991) y Wendy Toye (1917-2010) dirigieron algunas películas durante los años cincuenta; en un ensayo sobre estas cineastas: "dentro de una industria dominada durante muchísimo tiempo por los hombres (...), sus films emergieron a modo de expresiva anticipación de legítimos conceptos feministas", por más que no llegaran a tener un gran impacto en su momento y a pesar de que Box sí que fue una personalidad influyente como productora [6]. Durante los años sesenta y setenta, las películas más osadas en materia sexual fueron dirigidas por varones, y los films de esta temática más específica iban dirigidos a un sector de público masculino y heterosexual. No fue hasta los años 90 en que una serie de realizadoras empezaron a despuntar haciendo películas que abordaban cuestiones como la sexualidad y el género desde perspectivas ampliamente debatidas por la teoría feminista. En su ensayo sobre el "placer visual", la ensayista y realizadora Laura Mulvey (n. 1941) afirmaba que los films *mainstream* han perpetuado la ideología patriarcal dominante, y en sus propias películas (realizadas en colaboración con su colega Peter Wollen) pone de relieve la idea de que las mujeres cineastas tienden a rechazar esas estructuras narrativas tradicionales y las técnicas del realismo[7]. De este modo, en su film más influyente, *Riddles of the Sphinx* (1977), Mulvey ataca los tópicos relativos a la narrativa convencional mediante una arriesgada mezcla de teorías psicoanalíticas y experimentación formal. Su elección estética resultaba la más adecuada en un momento en el que las realizadoras feministas se veían obligadas a trabajar principalmente en el terreno del documental y el cine de vanguardia.

Pero en los noventa la situación en la industria cambió lo suficiente a fin de facilitar la aparición de mujeres cineastas, por más que algunas de ellas se vieran asimismo forzadas a llevar adelante sus proyectos de formas variopintas. Es el caso de la pionera Sally Potter (n. 1949), quien alcanzó la fama gracias a *Orlando* (ídem, 1992), adaptación de la novela homónima de Virginia Woolf que tuvo que llevar a cabo recurriendo a la coproducción entre diversas empresas de producción de nacionalidad rusa, francesa, italiana y holandesa. Mulvey y Potter (n. 1949) dieron pie a la posterior difusión de las obras de realizadoras como la hermana de Mark Peploe y esposa de Bernardo Bertolucci Clare Peploe (n. 1942) –la cual ya había debutado a finales de la década anterior con la comedia *Temporada alta* (*High Season*, 1987) y luego firmaría la afortunada coproducción *El triunfo del amor* (*The Triumph of Love*, 2001), a partir de la obra de teatro de Marivaux–, Margo Harkin (n. 1951) –*Hush-a-Bye Baby* (1990)–, Gurinder Chadha (n. 1960) –*Bhaji on the Beach* (1993)–, la sudafricana Elaine Proctor (n. 1960) –*Friends* (1993)–, Antonia Bird (1959-2013) –*Priest* (ídem, 1994)–, la norteamericana Nancy Meckler –*Mi querida hermana* (*Sister My Sister*, 1995)–, Sandra Goldbacher (n. 1960) –*La institutriz* (*The Governess*, 1998)–, la escocesa Lynne Ramsay (n. 1969)–*Ratcatcher* (1999)–, y Martha Fiennes (n. 1965), hermana del actor Ralph Fiennes y autora de la mencionada *Onegin*.

9) *La resurrección de la comedia "a la inglesa"*: Mencionando de nuevo de manera residual la pervivencia de la tradición del documental –ahí está *London* (1994), de Patrick Keiler–, el género británico "clásico" por antonomasia en lo que se refiere a repercusión mundial sigue siendo la comedia. Y la comedia británica de los noventa no puede entenderse sin mencionar el excepcional triunfo en taquilla de la, por lo demás, artísticamente poco destacable *Cuatro bodas y un funeral* (*Four Weddings and a Funeral*, 1994), la cual confirma el inesperado estrellato de Hugh Grant dentro del género y revela el habilidoso talento del auténtico "autor" del *boom* de *Cuatro bodas y un funeral*: el guionista, productor y realizador de origen neozelandés Richard Curtis (n. 1956). Por más que los méritos de *Cuatro bodas y un funeral* sean más de guión e interpretación que de puesta en escena (a cargo del siempre desigual Mike Newell), este film marcó una tendencia que prosigue en la actualidad en materia de comedia con toques dramáticos y/o sentimentales. De hecho, tal y como ya indica su mismo título, la película avanza al albur de las cómicas situaciones que viven un grupo de hombres y mujeres unidos por el siempre misterioso vínculo de la amistad y con el nexo en común de su coincidencia durante la celebración de cuatro ceremonias nupciales y, finalmente, del funeral de uno de los más queridos componentes del grupo, en lo que vendría a ser, *sotto vocce*, una (suave) reflexión sobre el sentido de la vida.

La comedia británica del resto de esta década y buena parte de la siguiente está dominada por lo que podríamos denominar ese "estilo Curtis", como demuestra la existencia de títulos del calibre de *Como pez en el agua* (*Shooting Fish*, 1997), *No hay pelotas* (*Up 'n' Under*, 1998), *El amor de este año* (*This Year's Love*, 1999) y de las coproducciones con los Estados Unidos *Dos vidas en un instante* (*Sliding Doors*, 1998) y en particular *Nothing Hill* (ídem, 1999), que recupera a Grant para emparejarlo con la diva norteamericana Julia Roberts, si bien al final el auténtico beneficiado de esta aburrida operación es el estupendo y versátil actor galés Rhys Ifans; este último sería el protagonista, junto a su hermano Llyr Ifans, de una comedia que, en cierto sentido, supone una puesta en cuestionamiento del modelo "a lo Loach" en una comedia que casi parece parodiar el mismo: *Twin Town* (ídem, 1997); algo parecido puede decirse de *The Girl with Brains in her Feet* (1997), que vendría a ser un precedente de la posterior y más exitosa *Quiero ser como Beckham* (*Bend It Like Beckham*, 2002); *Fuera de juego* (*Fever Pitch*, 1997), adaptación de una novela autobiográfica de Nick Hornby, el mismo autor que luego adaptaría Stephen Frears en los Estados Unidos –*Alta fielidad* (*High Fidelity*, 2000)–, la cual se encuentra en la base del pseudo-*remake* que realizarían también en Norteamérica Bobby y Peter Farrelly, *Amor en juego* (*Fever Pitch*, 2005); y *Oriente es Oriente* (*East Is East*, 1999), la cual centra su protagonismo en una familia pakistaní residente en Gran Bretaña. Por lo demás, el género cómico de los noventa oscila entre intentos de mantenimiento de las viejas esencias del humor *made in british*, bien sea mediante la fórmula del diálogo ingenioso –*Decadence* (1994), codirigida (con David Tickner) y coprotagonizada (junto a Joan Collins) por el actor y dramaturgo Steven Berkoff a partir de su propia pieza teatral–, los intentos de repetición de éxitos anteriores –*Criaturas feroces* (*Fierce Criatures*, 1997), hecha a la sombra de

Un pez llamado Wanda– y de recuperación de la comedia pop a lo (más o menos) Richard Lester –*Spice Girls: La película* (*Spice World*, 1997)–, imitaciones de éxitos foráneos –la comedia infantil "a lo USA" *Los Borrowers* (*The Borrowers*, 1997)–, parodias de éxitos propios en tono de astracán –*Arrogantes y exquisitos* (*Stiff Upper Lips*, 1998), que parodia el cine "de época" a partir del modelo Merchant Ivory–, adaptaciones de éxitos televisivos –*Bean, lo último en cine catastrófico* (Bean, 1997), con Rowan Atkinson reviviendo en pantalla grande el personaje creado para la serie *Mr. Bean* (1990-1995)–, o las evocaciones parciales del estilo Ealing en títulos simpáticos como *Little Voice* (ídem, 1998) y *Despertando a Ned* (*Waking Ned*, 1998).

EL AMOR AL CLASICISMO: JAMES IVORY

Si bien es verdad que la carrera del "equipo" James Ivory/Ismail Merchant/Ruth Prawer Jhabvala (a quienes cabe añadir un selecto grupo de colaboradores más o menos fijos, como el compositor Richard Robbins, el director de fotografía Tony Pierce-Roberts, la decoradora Luciana Arrighi y la diseñadora de vestuario Jenny Beavan), desde un punto de vista estrictamente cronológico, arranca a principios de la década de los sesenta con la realización de *The Householder* (1963), y concluye al cierre de este volumen con el largometraje *The City of Your Final Destination* (2009) y con

***Lo que queda del día*, adaptación de Kazuo Ishiguro realizada por James Ivory.**

Ivory adaptó a E.M. Forster en uno de sus mayores éxitos: *Regreso a Howards End.*

un cortometraje y un mediometraje documentales del mismo año, *The Sword and the Flute* y *The Delhi Way* respectivamente, no es menos cierto que fue en los noventa cuando el equipo Ivory alcanzó sus dos mayores cotas de esplendor gracias a la excelente *Regreso a Howards End* y la magnífica *Lo que queda del día*. Sendas adaptaciones de dos novelas no menos espléndidas, la primera de ellas parte del libro homónimo de E.M. Forster (también conocido, en sus primeras ediciones en castellano, con el título de *La mansión*), escritor al que Ivory había adaptado previamente en *Una habitación con vistas* y *Maurice* (en ambos casos, con resultados poco felices), mientras que la segunda versiona la famosa de Kazuo Ishiguro *Los restos del día*. Eso no significa, por descontado, que Merchant Ivory Productions no alumbraran otras buenas películas a lo largo de su carrera. Por más que es de justicia admitir que no todas sus producciones están completamente logradas o son incluso fallidas –tal es el caso de las mencionadas *Una habitación con vistas* y *Maurice*, a las cuales se pueden añadir *Quartet* (ídem, 1981), *Las bostonianas* (*The Bostonians*, 1984), la horrible *Esclavos de Nueva York* (*Slaves of New York*, 1989), la insuficiente *Sobrevivir a Picasso* (*Surviving Picasso*, 1996) o la mediocre *Le divorce* (ídem, 2003)–, también debe admitirse que cuentan con un buen puñado de obras que bien merecen un mínimo de atención –*Los europeos*, *Esperando a Mr. Bridge* (*Mr. & Mrs. Bridge*, 1990), *Jefferson in Paris* (1995), *La hija de un soldado nunca llora* (*A Soldier's Daughter Never Cries*, 1998)–, y buenas películas a la altura de la ya mencionada *Oriente y Occidente*, a las que se pueden sumar la subvalorada *Fiesta salvaje* (*The Wild Party*, 1975), *La copa dorada* (*The Golden Bowl*, 2000), a partir en esta ocasión de Henry James, y *La condesa rusa* (*The White Countess*, 2005), sobre un guión original de Ishiguro.

Regreso a Howards End supuso la consagración crítica y sobre todo comercial de Ivory, quien hasta entonces había destacado por una serie de films caracterizados por un estilo particularmente celebrado en base al refinamiento de los ambientes que mostraba y, en particular, por la elegancia de sus tramas, si bien esto último debe atribuirse en no poca medida a las excelentes obras literarias que se encontraban detrás de algunas de ellas. *Regreso a Howards End* es un excelente melodrama sobre la diferencia de clase social, una temática ancestral no ya dentro de la literatura y el cine como de la cultura británica en general, ofrecida a través de un fresco de inolvidables personajes: por un lado, las hermanas Schlegel, Margaret (Emma Thompson) y Helen (Helena Bonham Carter), solteras de clase media-acomodada que tratan de paliar su soledad mediante el cultivo de sus aficiones culturales; los Wilcox, Henry (Anthony Hopkins) y Ruth (Vanessa Redgrave), que se verán íntimamente relacionados con las hermanas Schlegel en delicadas circunstancias; y Leonard Bast (Samuel West), un humilde contable cuya relación, primero, con las Schlegel, y luego con los Wilcox estará fatalmente marcada por el signo de la tragedia.

Regreso a Howards End es una tragedia narrada de forma directa y pausada, en la que llama la atención de qué manera las diferencias de clase terminan arruinando las relaciones entre personas que, en el caso de no darse esas distinciones sociales, estarían llamadas a convivir pacífica y amigablemente entre ellas. Está muy claro, por ejemplo, que la sensibilidad de la cual hace gala Bast le aproxima cultural, sensitiva y espiritualmente a las hermanas Schlegel; pero la realidad es que Bast convive con Annie (Jo Kendall), una esposa ordinaria e inculta, a la que quiere pero con la que únicamente comparte el lecho. Se da, asimismo, una gran proximidad entre Helen y Bast motivada por el común sentimiento de insatisfacción y rebeldía que experimentan hacia sus respectivas existencias: Helen detesta la hipocresía de los Wilcox, sobre todo a partir del momento en que Margaret, temerosa de quedarse soltera, acaba casándose con Henry, mientras que Bast odia la miseria y mediocridad de su vida en común junto a Annie: uno de los mejores momentos de la película es cuando Helen y Bast dan rienda suelta a su pasión a bordo del bote de remos en el que se encuentran, en una gráfica expresión del sentido itinerante y sin rumbo de los personajes.

La actriz Emma Thompson, que a raíz de su intervención en este film ganó un merecido premio Oscar de interpretación, lo cual contribuyó junto a la repercusión de sus trabajos con Kenneth Branagh, quien fuera su marido entre 1989 y 1995 (*Enrique V*, *Morir todavía*, *Los amigos de Peter*, *Mucho ruido y pocas nueces*), a hacer de ella una de las estrellas con mayor proyección de la cinematografía británica de los noventa, con abundantes trabajos a ambos lados del Atlántico, volvió a coincidir con Anthony Hopkins –otra de las grandes estrellas británicas de la década, gracias en su caso al éxito y el Oscar obtenidos con la famosísima película de Jonathan Demme *El silencio de los corderos* (*The Silence of the Lambs*, 1990)– en el siguiente largometraje rodado por Ivory : *Lo que queda del día*. Película que logró convencer incluso a quienes no profesan cariño por el cine de Ivory (los que lo acusan, *à la Truffaut*, de "académico"), adapta con notable fidelidad la novela de Ishiguro para brindarnos una profunda digresión sobre la futilidad de la existencia y la sensación de desperdicio de una vida a través de la historia de un estricto mayordomo, Stevens (superlativo Hopkins), que acaba sirviendo con tanta fidelidad a los dueños de la mansión donde trabaja y vive, que por el camino se olvida de vivir su propia vida más allá del trabajo, lo cual le impide admitir su enamoramiento, calladamente correspondido, hacia el ama de llaves de la casa, Miss Kenton (una no menos excelsa Thompson), a la que acaba perdiendo cuando ella acepta otra proposición de matrimonio. Film ejemplarmente construido, con momentos de extrema dificultad dramática resueltos con exquisita delicadeza, tales como todas las escenas de conversaciones íntimas entre Stevens y Miss Kenton (en particular ese gran instante en que la segunda sorprende a un azorado Stevens leyendo una novela de amor), o la magnífica del dolor contenido de Stevens durante la recepción en la mansión que coincide con la reciente noticia de la muerte de su padre, también criado de la casa (Peter Vaughan), *Lo que queda del día* supone la cota más alta alcanzada nunca por Ivory y otra firme demostración (junto con la ya citada *Tierras de penumbra*, rodada ese mismo año y también con Hopkins en el principal papel masculino) de que el clasicismo bien entendido y mejor asimilado *también es cine*.

EL RESURGIMIENTO DEL REALISMO: KEN LOACH Y MIKE LEIGH

El gobierno de Thatcher trajo aparejado un movimiento cinematográfico de cine "anti-Thatcher" o "antithatcherismo" que fomentó desde una perspectiva más amplia un renacer del realismo crítico, principalmente representado durante las dos décadas siguientes por todo un veterano en estas lides, Ken Loach –*Looks and Smiles* (1981), *Fatherland* (1986), *Agenda oculta*, *Riff-Raff*, *Lloviendo piedras*, *Ladybird, Ladybird* (ídem, 1994), *Tierra y libertad*, *Mi nombre es Joe* (*My Name Is Joe*, 1998)–, y un cineasta procedente de la televisión, Mike Leigh, que sería entre finales de los ochenta y durante los noventa cuando firmaría algunos de sus mejores trabajos: *Grandes ambiciones*, *La vida es dulce* (*Life Is Sweet*, 1990), *Naked (Indefenso)* (*Naked*, 1993), *Secretos y mentiras* (*Secrets & Lies*, 1996), *Dos chicas de hoy* (*Career Girls*, 1997) y *Topsy-Turvy* (1999). De los films de Loach que acabamos de mencionar, solo *Agenda oculta* me parece una buena película, y *Lloviendo piedras* atesora algunos elementos de interés; en cuanto a Leigh, un cineasta a mi entender superior al anterior, cabe destacar de entre lo mencionado la interesante *Naked (Indefenso)* y la magnífica y justamente famosa *Secretos y mentiras*, drama cotidiano y tragicómico sobre un ama de casa (la inmensa Brenda Blethyn) que se reencuentra con su ya adulta hija de raza negra (Marianne Jean-Baptiste) a la que dejó en adopción siendo esta última una recién naci-

Secretos y mentiras, una de las más famosas películas de Mike Leigh.

da; pero, dejando aparte apreciaciones particulares, vale la pena que nos acerquemos a la obra de Loach y Leigh conjuntamente y desde la perspectiva histórica que aportan críticos de su país de origen, pues de ello surgen valiosas conclusiones[8].

En cierto sentido ambos vienen a representar los polos opuestos de la tradición realista, de tal manera que la vertiente más documental o documentalista sería la representada por Loach, y la más teatral o teatralizada, la de Leigh. Pese a todo, sus películas también tienen numerosos puntos de contacto, por ejemplo el desarrollo de lo que se ha venido en llamar "política de acentos", en virtud de la cual los personajes de los films de Loach hablan con acentos de lo más variado, si bien a este director le gusta subrayar esas diferencias fonéticas para sugerir los intereses comunes de sus personajes de clase obrera en diferentes regiones de Gran Bretaña (hasta el punto que eso ha provocado que algunas de sus películas hayan tenido que estrenarse subtituladas en inglés estándar en los Estados Unidos), mientras que Leigh utiliza los acentos para resaltar, desde una perspectiva de "pose" teatral, las diferencias de clase social de sus personajes.

No obstante, el sentido del realismo de Loach y Leigh ha sido puesto en cuestión en varias ocasiones. George McKnight apuntaba al hecho de que "el reconocimiento y la identificación" del espectador con los personajes de Loach "a menudo es muy problemático", y lo mismo ocurre a veces con los del cine de Leigh, sobre todo en el caso del conflictivo protagonista de *Naked (Indefenso)*, encarnado por David Thewliss. John

Mike Leigh, un gran cultivador del realismo social.

Hill es del parecer de que "los films de Loach rara vez pretenden la identificación con sus personajes, prefiriendo en cambio observarlos y comprender sus motivaciones", y que "su poder para perturbar deriva de la aparente impasibilidad de su estilo fílmico en relación con los alarmantes acontecimientos que se desarrollan ante la cámara"; acontecimientos que a su vez evocan "el mecanismo dramático del melodrama: decisiones imposibles, equivocaciones, coincidencias, un sentido en abstracto de la causa y el efecto"; los personajes de Loach no son sencillamente buenos o malos, sino que están moldeados por las condiciones sociales y económicas de su entorno, si bien reconoce que en sus films más recientes se percibe "una creciente sensación de impotencia política tanto en lo que se refiere a los personajes como a los propios espectadores". Tampoco falta quien critica, a causa de su tendencia a la caricatura, el sentido del realismo de Leigh, quien en ocasiones ha reconocido la "teatralidad" de sus películas, sugiriendo que con ello introduce "una elevada cualidad cómica en ellas", destinada a alterar las expectativas de densidad social y psicológica de aquellos espectadores que las asocian por sistema con el estilo realista de filmación.

Sus métodos cinematográficos son, asimismo, muy diferentes. El desarrollo de un film empieza para Leigh con un largo período de investigación centrado, en primer lugar, en el reparto de intérpretes, los cuales son la base a partir de la cual escribe el guión definitivo y en consideración a la relativa importancia que le da la filmación tan pronto como la trama está a su entender debidamente trenzada. Por su parte, Loach suele partir de la consideración de que "no hay nada interesante que enseñar en los lugares donde vive la gente pobre" (sic), lo cual explicaría para algunos tanto que centre el foco dramático en los personajes como la aparente pobreza visual de sus películas, que contrasta con el interés que tenían los cineastas del *free cinema* de mostrar esos ambientes populares con vistas a lograr imágenes pintorescas. Los films de Loach son más abiertamente políticos que los de Leigh, lo que se ve como una reafirmación de "la dimensión crítica de su sentido del realismo desde una perspectiva marxista". En cambio, hay quien insiste en que, en comparación con la de Loach, las películas de Leigh "no son representativas de programa político alguno, nunca pretenden ofrecer alternativas políticas o soluciones a los problemas como las de Loach". Loach anima al pueblo a luchar por mantener su individualidad contra un sistema que presiona a las personas hasta que terminan interiorizando valores sociales que definen sus experiencias vitales marcadas por la limitación y lo degradante. *Ladybird, Ladybird*, por ejemplo, describe el calvario de una madre soltera y que sufrió abusos en el pasado (Chrissy Rock), con tal de conservar la custodia de sus hijos frente a un sistema de servicios sociales que la agrede constantemente por culpa de su inhabilidad para controlar su temperamento. En el film de Leigh *La vida es dulce*, la hija anoréxica de una familia de clase obrera, esconde su inseguridad detrás de amargos discursos políticos inspirados en lo que ha leído pero que acaban teniendo su pequeña relevancia en la desordenada realidad de la vida de su familia. Leigh quiere dar a entender que esta joven es "un receptáculo de ideas recibidas", pero "lo importante reside en el porqué ella tiene esa necesidad de tener esas ideas y eslóganes". Algo que, a su vez, enlaza con lo que se afirma con respecto a que, en el cine de Loach, las personas "tienen problemas para escapar de su propio estereotipo".

Para otros autores, la principal diferencia entre Loach y Leigh consiste en que el "universo" de este último es principalmente el de la familia, y sus films sugieren que "si las familias tienen puntos débiles, eso significa, poco más o menos, que todos los personajes también los tendrán". Y los personajes que no tienen familia, son el resultado del árido paisaje urbano, como el protagonista de *Naked (Indefenso)*. Por más que haya quien pueda ver en ello un intento de Leigh por ofrecer una mirada amable sobre cuestiones políticas mediante el recurso de personajes femeninos que quieren abrazar la maternidad, sus películas terminan sembrando la discrepancia que se produce entre el énfasis ideológico de la importancia de la familia y las actuales condiciones sociales que ejercen agobiantes influencias internas y externas sobre las relaciones familiares. Precisamente es Loach quien tiene una película titulada *Family Life* (1971), en torno a una familia de clase media en la que los rígidos valores de los padres arrastran a su hija hacia la esquizofrenia. En posteriores trabajos del mismo director la familia no suele ocupar el centro de la trama, por más que en *Lloviendo piedras* muestra a dos familias enfrentándose a las condiciones económicas del país en la era post-Thatcher, tras haber asumido los valores morales y religiosos de esta última, los cuales no hacen sino dificultar todavía más su situación.

El aparente pesimismo de las películas de Loach suele entrar en conflicto con su pensamiento marxista, si bien "la idea de que los films de Loach son deprimentes o completamente tristes es un error fundamental", entendiendo que, al no ofrecer soluciones marxistas o de otro tipo a los problemas de sus personajes, el realismo "crítico" de estas películas exige a los espectadores que "interactúen con ellos en el sentido de que se encuentran atrapados por la idea de su sometimiento forzoso a una ideología que es la dominante". A pesar, asimismo, de su reputación de pesimista, el cine de

Loach suelen incluir momentos cómicos, tales como esa secuencia de *Lloviendo piedras* en la que un grupo de parados discute sobre cómo conseguir dinero fácil y rápido. No obstante, esos cambios de tono de lo dramático a lo cómico y viceversa son más frecuentes en el cine de Leigh. Algunos críticos han visto en ello una suerte de efecto de "distanciamiento" a lo Brecht, si bien también se afirma que esos cambios de tonalidad "no solo sirven para inhibir al espectador de la identificación emocional con los personajes, sino también para crearle una determinada perspectiva de superioridad con respecto a ellos. Bajo esta perspectiva, el distanciamiento no invita al análisis, pero al mismo tiempo, y desde ese punto de vista de superioridad con respecto a los personajes, se impide también el menor sentimiento de complacencia". Leigh siempre ha defendido esta aproximación a los personajes en términos de realismo, insistiendo en que "para mí, lo tragicómico es tal y como la vida es".

LOS HIJOS DEL REALISMO: LA "HERENCIA DURA" Y LA "HERENCIA LIGERA"

El éxito de Loach y Leigh y la atención internacional que recibieron animaron a muchos jóvenes realizadores a ahondar en la tradición realista[9]. De ahí surgieron films como *Tocando el viento* (*Brassed Off*, 1996), sobre las vicisitudes de una humilde banda de música, y *Full Monty*, en torno a un grupo de obreros en paro que deciden organizar un espectáculo de *striptease* masculino (sic) y que confirmó la popularidad del actor Robert Carlyle, combinando la iconografía de la clase obrera del norte de la nación con un "tragicómico" sentido de lo depresivo y la comedia, reminiscente de lo que Leigh había dibujado en forma de "utopía" popular. *Los golpes de la vida*, de Gary Oldman, y *La zona oscura*, de Tim Roth, son los esfuerzos como directores de dos actores que habían trabajado con Leigh al principio de sus carreras, pues tuvieron sus primeros papeles importantes en su telefilm *Meantime* (1984). A pesar de que *Los golpes de la vida* y *La zona oscura* parten de premisas similares a las de Loach y Leigh, un problema social examinado en el contexto de una familia, los problemas aquí son más extremos –abuso a la esposa en *Los golpes de la vida*, incesto en *La zona oscura*– y ambos cineastas renuncian a mostrar un contexto social que pudiera ser la causa de los mismos. También para numerosos críticos británicos, *Los golpes de la vida*, a diferencia de Loach y Leigh, "y a menudo para mantener una distancia política con los personajes, en su deseo de mostrar el funcionamiento de las estructuras sociales", adopta, dicen, "una relación íntima con el tema del film, una nacida de modelos psicoterapéuticos". Estos comentarios sugieren la existencia de una forma de realismo que antepone la intensidad del afecto por encima del entendimiento social o político, presumiblemente como consecuencia de la asunción de esa cultura contemporánea tendente a sensibilizar unos puntos de vista paralizados dentro de su propia apatía. *Los golpes de la vida* supone, ciertamente, una experiencia sobrecogedora para el público: la intensa vida emocional de una familia de clase obrera se ve presentada en primer plano, filmada al estilo *cinéma vérité* con una cámara en constante movimiento, al mismo tiempo que la pista de sonido está dominada por personajes que airean sus frustraciones en un torrente verbal en el cual la palabra "fuck" es probablemente la más utilizada. El foco principal lo hallamos en Ray (Ray Winstone), quien acosa a su esposa física y verbalmente como si fuera una monstruosa figura con la cual es virtualmente imposible identificarse a causa de esos primeros planos y de su presencia casi constante en pantalla.

La zona oscura opera de manera muy diferente. A diferencia del desolado escenario urbano del film de Oldman, Tim Roth sitúa a su familia (desplazada de Londres por unas nunca aclaradas pero presumiblemente económicas razones) en los maravillosos y lluviosos páramos del norte de Devon. Las elaboradas y pintorescas imágenes del paisaje natural crean una tensión con el aterrador relato de un adolescente que descubre que su padre está abusando sexualmente de su hermana. De nuevo Ray Winstone interpreta al monstruoso padre, pero en la mayoría de las ocasiones el personaje es presentado como un hombre problemático pero razonable, e implicado con su familia. Tan solo en una secuencia, después de que su hijo le haya denunciado ante su madre, el padre da rienda suelta a su ira al estilo de *Los golpes de la vida*, por medio de un discurso lleno de obscenidades. Cuando intenta convencer a su hijo, mientras la hija les observa, de que ese incesto no es sino fruto de su imaginación, el personaje resulta convincente hasta el punto de que el film entero parece situarse en otro plano de la realidad. Roth explicaba que su intención era mostrar al adolescente Tom (Freddie Cunliffe) como el primer personaje que sospechara de las relaciones entre su padre y su hermana "porque buscaba sembrar la sospecha de que pudiera estar equivocado".

Richard Dyer analizó en un influyente ensayo el porqué los viejos musicales de Hollywood fueron relevantes de cara a la configuración de una determinada parcela cultural estadounidense, el entretenimiento (*entertainment*), el cual atrae al gran público como consecuencia de su carácter "utópico". Dyer sugería que las películas populares normalmente no ofrecen visiones completamente maravillosas de la utopía, pero a cambio brindan "sentimientos" utópicos a modo de imaginaria compensación de los sinsabores de la vida diaria.

Los placeres del entretenimiento popular cinematográfico tienen también una función ideológica, ya que la "sensibilidad utópica" debe "chocar de frente con la experiencia real de la audiencia". De ahí que concluya que "dibujar con cuidado el hueco existente entre lo que las cosas son y lo que deberían ser es, ideológicamente hablando, jugar con fuego". Algunos de los más populares films británicos de los años 90 formaron un grupo en el cual la tradición realista de los relatos centrados en la clase obrera del norte del país se combinaba con el dibujo de personajes que escapaban de esa gris rutina diaria por medio de la inmersión en el *entertainment*. Estas películas –*Tocando el viento*, *Full Monty* y, ya a principios de la década siguiente, *Billy Elliot (¡Quiero bailar!)*– son representativas de un realismo "blando" opuesto al realismo "duro" de films como *Los golpes de la vida* y *La zona oscura*, los cuales se sumergen en la tradición del realismo británico para mostrarnos las cosas "como son". Esas películas "ofrecen una cierta utopía en torno a la posibilidad de la acción social colectiva", gracias a lo cual incluso llegaron a ser un considerable fenómeno internacional en base a su condición de films "placenteros" (*feel-good movies*). Además, estos mismos films "ocupan un ambiguo terreno cultural", dado que en su dibujo de la familiar iconografía del norte industrial "hay una celebración de lo local, del mismo tipo acomodaticio como suelen verse retratadas las identidades culturales de las comunidades económicamente marginales, las cuales empaquetan sus experiencias de cara a venderlas en el mercado del cine internacional".

Una sorprendente opción intermedia, a medio camino entre la tradición realista, representada por Loach y Leigh y en parte renovada por Oldman y Roth, y esas películas que muestran a las clases obras de manera "placentera", pero en este caso de manera ferozmente cínica y sin incurrir en sentimentalismo alguno, lo hallamos en la ópera prima del actor y realizador escocés Peter Mullan (n. 1959): *Orphans*. Relato agridulce, a ratos amargo, en otros muy divertido, pero en cualquier caso entrañable, sobre lo que les ocurre a los hijos de una anciana de Glasgow que acaba de fallecer la noche antes del funeral de esta última, contrariamente a lo que pueda dar a entender tan melancólico planteamiento, *Orphans* no es exactamente un melodrama, sino más bien una extravagante digresión sobre el sentido de la vida y la futilidad de la existencia, que cae como un peso sobre los hombros de los cuatro hermanos a raíz de la muerte de su madre, y sobre todo, de la larga noche "infernal" que van a atravesar, juntos o por separado, antes de reunirse nuevamente para el funeral de la difunta.

LA OPCIÓN VANGUARDISTA: DEREK JARMAN, PETER GREENAWAY Y ISAAC JULIEN

Por más que la obra de Derek Jarman arranca en los setenta, con hitos como *Sebastián* (*Sebastiane*, 1976), *Jubilee* (1978) y *The Tempest* (1979), no será sino durante los ochenta y ese primer lustro de los noventa que no llegó a terminar con vida cuando su cine alcanzará el grado máximo de abstracción (y provocación) gracias al impacto de *Caravaggio* (ídem, 1986), *The Last of England* (1988), *War Requiem* (1989), *The Garden* (1990), *Eduardo II* (*Edward II*, 1991) y *Wittgenstein* (1993). Paralelamente, Peter Greenaway verá consolidar su prestigio como consecuencia de la creciente reputación de sus largometrajes: *The Falls* (1980), *El contrato del dibujante*, *Zoo* (*A Zed & Two Noughts*, 1986), *El vientre de un arquitecto* (*The Belly of an Architect*, 1987), *Conspiración de mujeres* (*Drowning by Numbers*, 1988), *El cocinero, el ladrón, su mujer y su amante*, *Prospero's Books*, *El niño de Mâcon*, *The Pillow Book* (ídem, 1996) y *Eight and a Half Women*. Como en el caso del binomio Loach-Leigh, el contraste Jarman-Greenaway ha dado pie a no pocos historiadores británicos a efectuar atractivas digresiones que aquí recogemos[10].

Hay autores que consideran que los films de Jarman y Greenaway suponen una especie de simbólica respuesta a la tradición de lo que puede denominarse como el

Peter Greenaway, máximo representante del cine británico más experimental.

nuevo "romanticismo inglés" que estuvo representado en su momento por Russell, Roeg y Boorman, los cuales a su vez se oponían no solamente a la tradición realista británica sino incluso a ciertas formas del cine más vanguardista; en el cine de Gran Bretaña "la modernidad nunca arraigó en ningún sentido", hasta el punto de que el impulso moderno que dio pie a un número de films silentes experimentales durante los años veinte acabaron "subsumidos dentro del movimiento del documental británico". Pese a que los movimientos cinematográficos modernos habitualmente se definían a sí mismos como contrarios al realismo, John Grierson y sus colegas acabaron acaparando el concepto de "modernidad cinematográfica" a partir de su asimilación de las técnicas de montaje de realizadores soviéticos como Sergei M. Eisenstein, Vsevolod Pudovkin o Dziga Vertov.

De ahí que, llegados a los años ochenta, la cultura posmoderna fomentó la distinción entre la así llamada cultura de masas de aquella que partía de patrones estéticos modernos. No obstante, la distinción entre "cine popular" y "cine de arte y ensayo" quedó menos clara que nunca como consecuencia de la adopción de ciertas técnicas del cine más vanguardista por parte de las películas comerciales. Al mismo tiempo, nuevos sistemas de financiación cinematográfica impulsados por el British Film Institute y el canal de televisión Channel 4 crearon la posibilidad de que cineastas de vanguardia lograran sacar adelante largometrajes con valores de producción si no iguales al menos sí comparables a los del cine *mainstream*. Los más exitosos fueron Jarman y Greenaway, cuyas películas combinan la innovación formal con una mirada crítica sobre las tradiciones cinematográficas nacionales.

Jarman se veía a sí mismo como alguien que trabajaba dentro de las tradiciones inglesas que él mismo se encargó de hacer desaparecer rápidamente de su obra. Cuando miró al arte europeo en busca de inspiración, como hizo en *Caravaggio*, usó anacronismos a fin de hacer reflexionar al espectador de la relevancia que se da en el film al tratamiento del poder, la sexualidad y el arte en la Gran Bretaña de Thatcher. Las referencias culturales de Greenaway son más cosmopolitas, pues incluye las europeas pero además las extiende a las tradiciones de Oriente, como hace en *The Pillow Book*. Mientras que Jarman sitúa su adaptación de Shakespeare, *The Tempest*, en una típica casa de campo inglesa, Greenaway utiliza la misma obra de teatro para, en *Prospero's Books*, mostrar las deudas de la misma con una amplia tradición de textos y tradiciones europeas. Muchos de los films de Jarman combinan de manera conjunta elementos heterogéneos con la finalidad de crear unos "montajes mentales" mucho más extremos que los mosaicos temporales de Roeg. En *Jubilee*, el pasado y el futuro son mostrados simultáneamente mientras Isabel I es transportada desde los tranquilos jardines de su época hasta la violento y devastada tierra que representa el futuro próximo de Gran Bretaña, donde hallamos referencias a la cultura punk y al gobierno laborista del más inmediato presente. *The Last of England* supone el más complejo uso de esas técnicas, mostrando de manera fragmentada o bien mediante la superposición una serie de imágenes y sonidos de todos los tipos, y en *Eduardo II* opera como en *Caravaggio* mediante el uso de anacronismos a fin de demostrar la importancia del dramaturgo del siglo XVI Christopher Marlowe en la Inglaterra contemporánea. El sentido de lo tradicional en Jarman consistía en conjugar la estética punk con el ataque anárquico a las instituciones nacionales, como hacía la versión de los Sex Pistols de "God Save the Queen", un estilo "de vídeo casero" cinematográficamente equivalente a "lo que el punk supuso en cuanto desmitificación de la música pop profesional y la estética del háztelo-tú-mismo".

Esta visión está particularmente desarrollada en *The Last of England*, la alternativa de Jarman a la herencia de esos films que "siempre muestran el esplendor de la sociedad, en vez de socavar las imágenes de lo más bajo de Inglaterra". En muchas de sus películas, Jarman rechaza "las historias y el envoltorio del cine británico tradicional", en un intento de "desestabilizar" la situación del status quo. Rodando en Súper 8, y usando vídeo en el proceso de montaje, *The Last of England* usa una rudimentaria narrativa para mostrar a una patrulla de soldados que atraviesa un desolado paisaje urbano, ejecutando y deportando a todos aquellos aparentes disidentes que se encuentran. El film incluye filmaciones caseras de Jarman y su familia de cuando él era niño, en un aparentemente idílico tiempo pasado pero repleto de alusiones a la historia imperial de la nación y la Segunda Guerra Mundial que sugieren las causas de la pesadilla del presente. La banda sonora consiste en las palabras de un poeta, bien sea el que aparece al principio (interpretado por el propio Jarman, si bien su voz es la de Nigel

Terry), quien experimenta, en palabras del propio Jarman, un "sueño alegórico" situado en "un paisaje visionario donde descubrimos personificaciones de estados de la mente"; Jarman describe la banda sonora como "un palimpsesto", en el cual la narración poética es confrontada con fragmentos grabados del pasado reciente (uno de los discursos de Hitler) y del presente (un programa de telecompra estadounidense). De ahí la llamada a la memoria colectiva que subyace en el fondo de la película, la cual ofrece "un repertorio de imágenes y una selección de momentos particulares del pasado de la nación, muchos de los cuales (en ocasiones contradictorios o discutidos) encuentran su sentido en su ataque al presente".

La furiosa energía de la obra de Jarman pone en evidencia su impronta personal escandalizando a muchos críticos por su gráfica representación de la homosexualidad. Tras haber sido diagnosticado de sida en 1986, el conocimiento sobre su condición sexual tuvo una amplia repercusión pública en los films que realizó desde entonces y hasta su muerte. Greenaway también escandalizó en su momento con su énfasis sobre el cuerpo humano desnudo y la (hetero)sexualidad de sus películas, pero no sufrió los mismos ataques gracias al aparente desinterés y frialdad en el tratamiento de sus personajes; John Boorman, por ejemplo, criticó la crueldad, frialdad y estéril seguridad que veía en sus films. Mientras que las películas de Jarman parece que están a punto de explotar, las de Greenaway parecen hacer gala de un excesivo control, como si él mismo se impusiera una especie de paternalismo formal hacia los materiales que maneja: los doce dibujos de la casa de campo que centran la acción de *El contrato del dibujante*, los números del uno al cien que aparecen ordenados en *Conspiración de mujeres*, o los minuciosos menús diarios de *El cocinero, el ladrón, su mujer y su amante*. A pesar de que la aparente rigidez de esos esquemas numéricos parece entrar en contradicción con su interés final de crear un determinado sentido a lo que narra, Greenaway sugiere de este modo que ello vendría a ser una forma de darle a los deseos humanos "un determinado sentido de la coherencia y orden al mundo", por más que, en definitiva, ese propósito "siempre fracase". Sus films acaban dependiendo de "la contradicción que se produce entre lo romántico y lo clásico; lo violento, lo absurdo y lo extraño intentan adquirir de este modo una severa apariencia de control".

Hay quien apunta por ello que "las películas de Greenaway son la completa negación del realismo", y por ello la con frecuencia hostil reacción de la crítica británica (y no solo la británica...) frente a ellas es "un testimonio de hasta qué punto esas posturas a favor del realismo continúan siendo las dominantes en la concepción estética del cine británico". La resistencia de su autor a conferir un sentido concreto a sus films enlaza con las representaciones que hace de la sexualidad, las cuales se inspiran en las tradiciones orientales en materia de representación de desnudos en pintura. Los cuerpos desnudos (masculinos y femeninos) abundan en sus películas, pero estos (y los deseos sexuales que los mismos expresan y provocan) se ven constantemente sobrepasados por los caudales visuales y verbales que los acompañan. Como Jarman, Greenaway deplora el estado de salud de la cultura británica contemporánea, si bien ambos cineastas también han reconocido el placer que han experimentado cuando se han puesto a reorganizar y desmenuzar los fragmentos de las reliquias de los viejos sistemas sociales. En cierto sentido, han llevado a cabo un cambio en los mitos de la herencia cultural británica y en la idea de los supuestamente simples valores del pasado cuya continuidad les agobiaba. El concepto de que los films de vanguardia podían estar más cerca del cine comercial de lo que pudiera parecer a simple vista no terminó de prosperar como consecuencia de la muerte prematura de Jarman y el fracaso de las más recientes películas de Greenaway entre la crítica y sus crecientes dificultades para encontrar distribución. Sin embargo, su obra dio pie a otros intentos notables en su misma o parecida línea, tal es el caso de las películas de Sally Potter, por más que la mayoría de artistas visuales interesados en la imagen en movimiento prefieren actualmente trabajar en vídeo que en película. El desarrollo de los soportes digitales, en el cual Greenaway ha desempeñado un papel fundamental, ha terminado emborronando la clásica distinción entre "película" y "vídeo", y ha animado a otros numerosos aventureros en el tema de la creación de imágenes en general. En estas condiciones, muchos films actuales incorporan elementos tomados tanto del realismo y las corrientes expresionistas, pero aderezándolas con nuevos parámetros audiovisuales emergentes. Tal y como concluye Jim Leach, "el cine británico siempre ha dependido de una intrincada interacción entre todas esas tradiciones".

Una mención merece la obra de Isaac Julien, renombrado artista especializado en vídeo-instalaciones cuya obra cinematográfica, formada principalmente por cortometrajes y documentales, algunos de estos últimos para televisión, también comprende algunos largometrajes de ficción o semi-ficción. Ejemplo de esto último es la ya mencionada *Looking for Langston*, que recrea mediante la técnica del falso documental y en blanco y negro una realidad histórica alternativa donde se combina la historia real del polifacético escritor, novelista, poeta y activista social norteamericano gay de raza negra Langston Hughes y el movimiento cultural de la Harlem Renaissance de los años veinte con una imaginaria visión de una sociedad mayoritariamente formada por hombres gays.

Aparentemente más convencional, por cuanto se inscribe dentro de los parámetros habituales de la ficción (o considerados como tales) es *La radio pirata* (*Young Soul Rebels*, 1991), en la que dos amigos crean una emisora ilegal en el Londres de 1977. Pero en el cine de Julien, como en el de Jarman y Greenaway, las apariencias suelen ser engañosas: los films de Julien guardan a priori cierta relación "con los films de Frears/Kureishi: en su intención de cambiar los estereotipos convencionales sobre la gente de raza negra (por lo general, mostrada como problemática o como víctimas) y articular la diversidad de la experiencia "negra" en Gran Bretaña". Julien, asimismo de raza negra y homosexual, ofrece en *Looking for Langston* algo que "no es un film histórico convencional sino más bien una meditación sobre el proceso de construcción de la Historia", cuyo núcleo central es "su imaginativa compromiso con la América negra" a través de la exploración "de la "historia oculta" de la contribución de los gays al Harlem Renaissance"[11].

NOTAS

[1] PILARD, Philippe. Ibídem, p. 76.

[2] Secuelas de financiación a caballo del cine británico, el norteamericano y el canadiense: Hellbound: Hellraiser II (ídem, 1988), Hellraiser III: El infierno en la Tierra (Hellraiser III: Hell on Earth, 1992), Hellraiser: Bloodline (1996), Hellraiser: Inferno (2000), Hellraiser: Hellseeker (2001), Hellraiser: Deader (2003), Hellraiser: Hellworld (2005) y Hellraiser: Revelations (2011). Las últimas entregas de la franquicia se han visto en España en formatos domésticos.

[3] CORNUT-GENTILLE D'ARCY, Chantal. El cine británico de la era Thatcher. ¿Cine nacional o "nacionalista"? Prensas Universitarias de Zaragoza, 2006. Salvo que se indique lo contrario, los textos reproducidos en los apartados "Todos contra la Primer Ministro: el cine vs. Margaret Thatcher" y "Renovarse o morir: el mercado del cine británico entre 1983 y 1994", han sido sacadas de la obra de dicha autora, pp. 60-61, 65, 68, 81-82, 82-83 y 99-100.

[4] PILARD, Philippe. Ibídem, p. 79.

[5] PILARD, Philippe. Ibídem, p. 77.

[6] MERZ, Caroline. "The Tension of Genre: Wendy Toye and Muriel Box". Incluido en WINSTON DIXON, Wheeler (editor), Re-Viewing British Cinema 1900-1992: Essays and Interviews. State University of New York Press, 1994. P. 122.

[7] MULVEY, Laura. "Visual Pleasure and Narrative Cinema". Screen, núm. 3 (otoño de 1975), pp. 6-18.

[8] El presente texto sobre Ken Loach y Mike Leigh sigue (y comparte) el que desarrolla LEACH, Jim, en British Films, ibídem, apartado "Escaping their own stereotype: Mike Leigh and Ken Loach", el cual incluye citas, que reproducimos también, extraídas de las siguientes fuentes:

McKNIGHT, George. "Ken Loach's Domestic Morality Tales". Agent of Challenge and Defiance: The Films of Ken Loach. Flicks Books. Trowbridge, Wiltshire, 1997. Pp. 82-98.

HILL, John. Declaraciones extraídas de "Failure and Utopianism: Representations of the Working Class in British Cinema of the 1990s.". British Cinema of the 90s. MURPHY, Robert (editor). British Film Institute. Londres, 2000. Pp. 178-187; y de "From the New Wave to "Brit-Grit": Continuity and Difference in Working-Class Realism". British Cinema, Past and Present. ASHBY, Justine y HIGSON, Andrew (editores). Routledge. Londres, 2000. Pp. 246-260.

LEIGH, Mike. Naked and Other Screenplays. Faber & Faber. Londres, 1995. P.p. xii y xxxii.

LOVELL, Alan. "The British Cinema: The Known Cinema?". The British Cinema Book. MURPHY, Robert. Ibídem, pp. 200-205.

CARNEY, Ray y QUART, Leonard. The Films of Mike Leigh: Embracing the World. Cambridge University Press, 2000. P. 6.

HILL, John, en "Interview with Ken Loach", recogida por McKNIGHT, George, ibídem, pp. 160-176.

HILL, John. British Cinema in the 1980s. Clarendon Press. Oxford, 1999. P. 196.

FULLER, Graham. Loach on Loach (editor). Faber & Faber. Londres, 1998. P. ix.

KNIGHT, Deborah. "Naturalism, Narration and Critical Perspective: Ken Loach and the Experimental Method". McKNIGHT, idíbem, pp. 60-81.

HILL, John. Ibídem, p. 195.

9 El presente texto sigue (y comparte) lo desarrollado por LEACH, Jim, ibídem, en el apartado "An intimate relationship to the film subject: Nil by Mouth and The War Zone", el cual incluye citas, que asimismo reproducimos, extraídas de las siguientes fuentes:

JAMES, Nick. "Being There". Sight & Sound, octubre 1997 (núm. 10 de 1997), pp. 6-9.

LIM, Dennis. "Marching Off to War". Cinema Scope, núm. 1 (1999), pp. 12-15.

DYER, Richard. Only Entertainment. Routledge. Londres, Londres, 1992. Pp. 18-26.

HILL, John. "Failure and Utopianism: Representations of the Working Class in British Cinema of the 1990s.". Ibídem, p. 183.

HALLAM, Julia. “Film, Class and National Identity: Re-imagining Communities in the Age of Devolution”. Citado en ASHBY, Justine, y HIGSON, Andrew (editores). Ibídem, p. 270.

[10] El presente texto sigue (y comparte) lo desarrollado por LEACH, Jim, ibídem, en el apartado “Nightmare visions: Derek Jarman and Peter Greenaway”, el cual incluye las citas que reproducimos extraídas de las siguientes fuentes:

WOLLEN, Peter. “The Last New Wave: Modernism in the British Films of the Thatcher Era”. Incluido en FRIEDMAN, Lester (editor), Fires Were Started: British Cinema and Thatcherism. University of Minnesota Press, 1993. P. 45.

O’PRAY, Michael. Derek Jarman: Dreams of England. British Film Institute. Londres, 1996. P. 95.

HIGSON, Andrew. “Re-presenting the National Past: Nostalgia and Pastiche in the Heritage Films. Incluido en FRIEDMAN, Lester (editor), ibídem, pp. 123 y 125.

LIPPARD, Chris y JOHNSON, Guy. “Private Practice, Public Health: The Politics of Sickness and the Films of Derek Jarman”. Incluido en FRIEDMAN, Lester (editor), ibídem, p. 285.

JARMAN, Derek. Incluido en The Last of England. HIRST, David L. (editor). Constable, 1987. P. 188.

KUHN, Annette. Family Secrets: Acts of Memory and Imagination. Verso. Londres, 1995. P. 110.

PALLY, Marcia. “Cinema as a Total Art Form: An Interview with Peter Greenaway”. Cineaste, núm. 18 (1991). Pp. 6-11 y 45.

HACKER y PRICE. Take Ten: Contemporary British Film Directors. Oxford University Press, 1991. P. 190.

PARK, James. Learning to Dream: The New British Cinema. Faber & Faber. Londres, 1984. P. 89.

[11] HILL, John. British Cinema in the 1980s. Ibídem, pp. 219, 230 y 234.

CAPÍTULO 11

EL CINE BRITÁNICO ACTUAL

2000-2013: FINAL Y PRINCIPIO

por Tomás Fernández Valentí

DEL IMPERIO BRITÁNICO AL IMPERIO DE LA COPRODUCCIÓN

Llegando ya al final de nuestro recorrido por el cine británico, advertimos que el momento presente es una lógica consecuencia de cuanto hemos abordado previamente, es decir, la pervivencia de los rasgos de estilo, formales y de contenido que han caracterizado y siguen caracterizando a esta cinematografía, los cuales, de manera sucinta, hemos clasificado en áreas temáticas y de género que han ido evolucionando en función de las circunstancias históricas: el *costume genre* o "cine de época", la tradición realista, la escuela documentalista, el *free cinema* y las formas autóctonas del cine inscribible en géneros como el policíaco, el bélico o el fantástico. Unas características propias e intransferibles que actualmente están, si no chocando, al menos sí conviviendo a la fuerza con una coyuntura económica que, de un modo u otro y en mayor o menor medida, las condiciona. Nos referimos al hecho de que el cine británico de nuestros días continúa supeditado en su mayor parte a unas exigencias de producción directamente importadas de los Estados Unidos, y más concretamente de Hollywood, todo lo cual, unido al progresivo aumento anual de la inflación y del coste de la vida típicos del sistema económico capitalista, y más recientemente, el desdichado período de penuria económica que venimos padeciendo desde 2008 y hasta el día de hoy, nos permite arrojar una triste conclusión: que, al menos a nivel estrictamente financiero, el cine británico es una cinematografía "hipotecada".

La mejor prueba de lo afirmado reside en el hecho cierto y comprobable de que en la actualidad no hay producción cinematográfica británica de un presupuesto mínimamente elevado, según el baremo que marca la coyuntura económica de cada momento, que no esté realizada en régimen de coproducción. Los Estados Unidos siguen llevándose la palma en lo que se refiere a cofinanciar y/o garantizar la distribución tanto en territorio norteamericano como a nivel internacional de las películas británicas (labor esta, la de distribución, que suelen llevar a cabo grandes estudios de Hollywood), pero en estos regímenes de coproducción también participan países como Irlanda, Francia, Alemania, Italia, Rumania, Canadá, España, India, Australia, Suecia, Sudáfrica, Polonia, Bélgica, Suiza, Holanda, Finlandia, Hungría, Luxemburgo, Argelia, Rusia, China y Japón. La coproducción es una fórmula financiera que desde siempre ha servido o bien para realizar aquellos proyectos que, de tan caros, no están al alcance de un único estudio nacional, o por el contrario, para hacer realidad pequeñas o medianas producciones mediante la asunción de un riesgo económico compartido. Dicho régimen general y generalizado de coproducción no solo afecta a las producciones de alto presupuesto, tal es el caso de franquicias comercialmente tan rentables y, sobre todo, temática y espiritualmente tan británicas como la del agente secreto James Bond 007 y la popularísima del joven estudiante de magia Harry Potter –cuyas más recientes entregas, *Skyfall* y *Harry Potter y las Reliquias de la Muerte (Parte II)* (*Harry Potter and the Deathly Hallows: Part II*, 2011), tuvieron un presupuesto estimado en 125 y 200 millones de dólares respectivamente, o sea, a la altura de cualquier gran superproducción *hollywoodiense*–, sino que también alcanza a producciones tan minoritarias como puedan serlo, a guisa de ejemplo, las de Ken Loach y Peter Greenaway: la mejor película del primero en estos últimos años, y además ganadora de la Palma de Oro del Festival de Cannes, *El viento que agita la cebada* (*The Wind That Shakes the Barley*, 2006), pudo llevarse a cabo aunando esfuerzos y dinero de origen británico, irlandés, alemán, italiano, español, francés, belga y suizo; mientras que Greenaway logró poner en pie la primera entrega de *Las maletas de Tulse Luper* (*The Tulse Luper Suitcases, Part I: The Moab Story*, 2003) coproduciéndola con España, Italia, Luxemburgo, Holanda, Rusia, Hungría y Alemania. Resulta significativo que la mayoría de las producciones íntegramente financiadas con dinero británico sean por regla general las inscritas dentro de los habituales parámetros modestos inherentes al género del realismo social –como, por ejemplo, la ópera prima como director del actor Paddy Considine (n. 1974) *Redención* (*Tyrannosaur*, 2011)–, o algunas pequeñas comedias –*Venus* (ídem, 2006)– cercanas a las líneas estéticas del anterior.

Lo que en cualquier caso parece claro es que si algo caracteriza, de entrada, al cine británico de la actualidad consiste en el radical relevo generacional que se ha producido en lo que se refiere al *star system* de los intérpretes que, con sus rostros, se convierten nunca mejor dicho en "la cara" o "caras" visibles de esta cinematografía, como en el pasado lo fueron Ivor Novello, Tod Slaughter, Laurence Olivier, Margaret Lockwood, Michael Redgrave, Ann Todd o James Mason, por tan solo citar a unos pocos. A los nombres de veteranos todavía en activo al cierre de este volumen, como Michael Caine, Sean Connery, Tom Courtenay, Timothy Dalton, Judi Dench, Albert Finney, Ian Holm, John Hurt, Christopher Lee, Helen Mirren, Malcolm McDowell, Ian McShane, Peter O'Toole, Charlotte Rampling, Vanessa Redgrave, Maggie Smith o Terence Stamp, hay que sumar los de intérpretes que "despegaron" durante los ochenta y los noventa: Rowan Atkinson (n. 1955), Christian Bale (n. 1974), Sean Bean (n. 1959), Kate Beckinsale (n. 1973), Jamie Bell (n. 1986), Brenda Blethyn (n. 1946), Helena Bonham Carter (n. 1966), el además director Kenneth Branagh, Ewen Bremner (n. 1972), Pierce Brosnan (n. 1953), Robert Carlyle (n. 1961), Pauline Collins (n. 1940), Robbie Coltrane (n. 1950), Tom Conti (n. 1941), Brian Cox (n. 1946), Alan

¿Dependencia de Hollywood?: *Harry Potter y las Reliquias de la Muerte (Parte II).*

Cumming (n. 1965), Daniel Day-Lewis (n. 1957), Christopher Eccleston (n. 1964), Rupert Everett (n. 1959), los hermanos Joseph (n. 1970) y Ralph Fiennes (n. 1962), Jason Flemyng (n. 1966), Brenda Fricker (n. 1945), Stephen Fry (n. 1957), Michael Gambon (n. 1940), Hugh Grant (n. 1960), Ian Hart (n. 1964), Anthony Hopkins (n. 1937), Jane Horrocks (n. 1964), Bob Hoskins (n. 1942), Ben Kingsley (n. 1943), Hugh Laurie (n. 1959), Jonny Lee Miller (n. 1972), Ewan McGregor (n. 1971), Colm Meaney (n. 1953), Ian McKellen (n. 1939), Alfred Molina (n. 1953), Liam Neeson (n. 1952), Sam Neill (n. 1947), Gary Oldman (n. 1958), Jonathan Pryce (n. 1947), Stephen Rea (n. 1946), Alan Rickman (n. 1946), Linus Roache (n. 1964), Tim Roth (n. 1961), Kristin Scott Thomas (n. 1960), Timothy Spall (n. 1957), Patrick Stewart (n. 1940), Tilda Swinton (n. 1960), David Thewlis (n. 1963), Emma Thompson (n. 1959), Julie Walters (n. 1950), Emily Watson (n. 1967), Kate Winslet (n. 1975) o Catherine Zeta-Jones (n. 1969).

Estos últimos tres lustros han alumbrado una nueva generación de "novísimos" (con independencia de que sean o no jóvenes): Gemma Arterton (n. 1986), Hayley Atwell (n. 1982), Paul Bettany (n. 1971), Hugh Bonneville (n. 1963), Orlando Bloom (n. 1977), Emily Blunt (n. 1983), Jim Broadbent (n. 1949), Henry Cavill (n. 1983), Daniel Craig (n. 1968), Steve Coogan (n. 1965), Benedict Cumberbatch (n. 1976), Chiwetel Ejiofor (n. 1977), Luke Evans (n. 1979), Colin Farrell (n. 1976), Michael Fassbender (n. 1977), Colin Firth (n. 1960), James Frain (n. 1968), Martin Freeman (n. 1971), Brendan Gleeson (n. 1955), Matthew Goode (n. 1978), Ioan Gruffudd (n.

1973), Sienna Guillory (n. 1975), Rebecca Hall (n. 1982), Tom Hardy (n. 1977), Sally Hawkins (n. 1976), Tom Hiddleston (n. 1981), Ciarán Hinds (n. 1953), Rhys Ifans (n. 1967), Toby Jones (n. 1967), Vinnie Jones (n. 1965), Keira Knightley (n. 1985), Jude Law (n. 1972), Damian Lewis (n. 1971), James McAvoy (n. 1979), Kelly Macdonald (n. 1976), Matthew Macfadyen (n. 1974), Janet McTeer (n. 1961), Rhona Mitra (n. 1976), Emily Mortimer (n. 1971), Samantha Morton (n. 1977), Carey Mulligan (n. 1985), Cillian Murphy (n. 1976), Thandie Newton (n. 1972), Bill Nighy (n. 1949), Frances O'Connor (n. 1967), Sophie Okonedo (n. 1968), Clive Owen (n. 1964), Robert Pattinson (n. 1986), Guy Pearce (n. 1967), Simon Pegg (n. 1970), Dominic Purcell (n. 1970), James Purefoy (n. 1964), Daniel Radcliffe (n. 1989), Eddie Redmayne (n. 1982), Jonathan Rhys Meyers (n. 1977), Sam Riley (n. 1980), Michael Sheen (n. 1969), Jason Statham (n. 1967), Imelda Staunton (n. 1956), Mark Strong (n. 1963), Aaron Taylor-Johnson (n. 1990), Stuart Townsend (n. 1972), Naomi Watts (n. 1968), Dominic West (n. 1969), Rachel Weisz (n. 1970), Tom Wilkinson (n. 1948) o Ray Winstone (n. 1957). A todos los mencionados hay que sumar un importante contingente de intérpretes de nacionalidad australiana y neozelandesa que se ha incorporado a las cinematografías británica y norteamericana, y que por eso mismo en ocasiones pasan equivocadamente por tener alguna de dichas nacionalidades, tal es el caso de Eric Bana, Cate Blanchett, Bryan Brown, Rose Byrne, Russell Crowe, Judy Davis, Melissa George, los hermanos Chris y Liam Hemsworth, Martin Henderson, Hugh Jackman, Nicole Kidman, Radha Mitchell, Geoffrey Rush, Mia Wasikowska, Hugo Weaving o el prematuramente desaparecido Heath Ledger (1979-2008).

EL ORGULLO DE GRAN BRETAÑA E IRLANDA

La política financiera en régimen de coproducción ha tenido sus repercusiones de índole artística que, si bien con todas las matizaciones que es necesario establecer, ha dado pie a una discusión todavía no cerrada en torno al carácter "británico" de la obra de no pocos famosos realizadores de esta nacionalidad que en estos últimos lustros han consolidado sus filmografías con trabajo dirigidos, como suele decirse, "a ambos lados del Atlántico", entendiéndose con ello que se trata de obras coproducidas entre Gran Bretaña y los Estados Unidos principalmente (si bien en no pocas ocasiones en concurso con productoras de otras naciones), o bien films de capital principalmente norteamericano pero rodadas en territorio británico contando con numerosos técnicos y muchas veces también intérpretes del país (los estudios de Pinewood siguen acogiendo la realización de muchas grandes superproducciones estadounidenses). Si bien la bandera de las barras y estrellas ondea bien alto a la hora de distribuir y promocionar este tipo de coproducciones como si hubiesen sido realizadas casi exclusivamente bajo su pabellón, lo cierto es que no han sido pocos los cineastas que han llevado a cabo importantes películas adscritas a este régimen financiero, tales como los norteamericanos Philip Kaufman –la magnífica *Quills* (ídem, 2000)–, Robert Altman –*Gosford*

Park (ídem, 2001), uno de sus últimos trabajos decentes– o Mike Nichols –la formularia *Closer* (ídem, 2004)–, el australiano Phillip Noyce –la correcta nueva versión de *El americano impasible* (*The Quiet American*, 2002)–, o un par de directores británicos familiarizados con los modos narrativos del cine *hollywoodiense*, tal es el caso de Anthony Mighella –la fallida *Cold Mountain* (ídem, 2003)– o del inevitable Stephen Frears, quien haciendo gala de su carácter camaleónico firmó con estilo *made in USA* una por lo demás estupenda comedia basada, a su vez, en la novela de un escritor británico, Nick Hornby: *Alta fidelidad* (*High Fidelity*, 2000).

El "caso Frears", por decirlo de alguna manera, es representativo de un "caso" más amplio: el de los realizadores que, en virtud de esa política de coproducciones, van alternando la cinematografía británica de la cual son originarios con la estadounidense, pero sin por ello perder su personalidad, tono o espíritu (táchese lo que no proceda) eminentemente autóctonos. Con la salvedad de la mencionada *Alta fidelidad*, probablemente su film más "estadounidense", dicho sea sin intención peyorativa, junto con *Las amistades peligrosas* (por más que esta floja lectura del clásico de Choderlos de Laclos remita, a simple vista, a la tradición británica del *costume genre*), la excelente *The Grifters (Los timadores)* y la irregular comedia *Héroe por accidente*, y dejando aparte su muy "británica" (aunque financiada con dólares, y por lo demás estupenda) *Mary Reilly*, Frears ha ido evolucionando como cineasta hasta consolidar una manera de hacer que está más allá de su carácter "británico" o "norteamericano", como demuestra la creciente solidez y consistencia de películas como *Liam* (ídem, 2000) y, sobre todo, *Negocios ocultos* (*Dirty Pretty Things*, 2002), *Mrs. Henderson presenta* (*Mrs. Henderson Presents*, 2005) y *The Queen (La reina)* (*The Queen*, 2006). *Negocios ocultos* es uno de los motores del renacimiento del cine policíaco "a la inglesa" de estos últimos tiempos, del que luego hablaremos, y cuenta con un elenco protagonista que refleja unos nuevos tiempos dominados ya por la globalidad y la (mal llamada) multiculturalidad: el británico de raza negra Chiwetel Ejiofor (como un inmigrante nigeriano en Londres), la francesa Audrey Tautou (una inmigrante turca) y el español Sergi López (como el pequeño mafioso de barrio que intenta aprovecharse de ellos). *Mrs. Henderson presenta* arroja una lograda mirada, a la vez tierna y sarcástica, sobre la Gran Bretaña de la Segunda Guerra Mundial y los espectáculos del londinense Windmill Theatre, famoso por sus *tableaux vivants* con inmóviles mujeres desnudas. Pero probablemente sea particularmente relevante la repercusión alcanzada por Frears gracias a *The Queen (La reina)*, dramatización de los momentos inmediatamente posteriores a la muerte de la exesposa del príncipe Carlos, Lady Diana Spencer, desde el punto de vista de la reina Isabel II (excepcional Helen Mirren) y su entorno, proponiendo un sugerente y arriesgado ejercicio de "política ficción" donde tampoco falta la presencia de quien fuera Primer Ministro Tony Blair (Michael Sheen). Si bien los trabajos inmediatamente posteriores de Frears no han tenido tanta altura –el drama "de época" *Chéri* (ídem, 2009), la comedia costumbrista *Tamara Drewe* (ídem, 2010)–, no es descartable que los que aguardaban estreno al cierre de este volumen –*Lay the Favorite* (2012); *Muhammad Ali's Greatest Fight* (2013), de producción ínte-

Slumdog Millionaire, film de Danny Boyle ganador de ocho Oscar.

gramente norteamericana; *Philomena* (2013)– encierren sorpresas, algo frecuente en la carrera de este realizador inclasificable.

Otro "caso" similar al de Frears es el de Danny Boyle, consagrado la década anterior a la del 2000 gracias a *Tumba abierta* (con razón) y *Trainspotting* (sin ella), pero que, opiniones y valoraciones al margen, ha demostrado tanta o más habilidad que Frears para "tontear" con la industria *hollywoodiense* pero sin perder ni un ápice de su temperamento típicamente *british*. Quizá los más alejados del mismo, y aún así nada despreciables, son el pesimista film de ciencia-ficción *Sunshine* (ídem, 2007), crónica de un viaje espacial hacia el sol con la finalidad de reactivarlo, y evitar así la destrucción de la humanidad, mediante la detonación en su superficie de un arma nuclear, que no es sino la siniestra descripción de un viaje hacia la muerte; y *127 horas* (*127 Hours*, 2010), su mejor película hasta la fecha, que por el contrario reconstruye una situación límite mortal de necesidad –la epopeya, basada en hechos reales, de un montañista estadounidense (James Franco) que sobrevivió en las montañas a costa de amputarse su propio brazo– para, a partir de la misma, desarrollar una imaginativa oda a la vitalidad. A fin de cuentas, ¿qué son muchas películas de Boyle sino cantos a la vida que se abre paso en medio de las adversidades, sean estas la marginalidad –el divertido telefilm *Strumpet* (2001)–, el fin del mundo –*28 días después* (*28 Days After*, 2002)–, la infancia –*Millones* (*Millions*, 2004)–, la pobreza de los suburbios de la India –*Slumdog Millionaire (Quiero ser millonario)* (*Slumdog Millionaire*, 2008)– o el mundillo del hampa –*Trance* (ídem, 2013)–, en mayor o menor medida, y con mejor o peor acierto? Hay que reconocerle a Boyle su habilidad para "reciclar" tendencias y/o tonos característicos del cine británico, como puedan ser el humor negro, la mirada sarcástica sobre las diferencias de clase, las consecuencias del colonialismo y géneros como el fantástico y el policíaco. Puede discutirse la teórica brillantez de su estilo, a medio camino entre el esteticismo enfermizo, el barroquismo formal a la hora de construir encuadres y un gusto por el montaje corto que lo aproxima al actual cine *made in Hollywood*, lo cual acaso explicaría los buenos ojos con los que suele verse su cine en los Estados Unidos, facilitándole la financiación vía coproducciones, e incluso premiándole con creces: su, por lo demás, poco destacable *Slumdog Millionaire (Quiero ser millonario)* es, junto con *El discurso del rey* (*The King's Speech*, 2010), el film británico más *oscarizado* de los últimos años: ocho Oscar el primero, cuatro el segundo.

En la estela de Frears y Boyle podemos mencionar a otros dos realizadores de lo más dispar: el moderno Edgar Wright (n. 1974) y el más veterano Jim Sheridan, un caso más especial que el de los citados al tratarse de un cineasta que hasta principios de la década del 2000 luchó por realzar y preservar su personalidad autóctona con éxito, notable en cuanto a reconocimiento popular (*Mi pie izquierdo*, *El prado*, *En el nombre del padre*, *The Boxer*), relativo en cuanto a méritos artísticos (su tendencia al efectismo

Uno de los últimos grandes éxitos del cine británico: *El discurso del rey*.

y la demagogia, que le erigió en una especie de versión irlandesa de Alan Parker), para irse diluyendo: dejando aparte la coproducción con Irlanda *En América* (*In America*, 2002), ni *Get Rich or Die Tryin'* (ídem, 2005), ni *Brothers* (ídem, 2009), ni *Detrás de las paredes* (*Dream House*, 2011) tienen nada de irlandés o de británico. En cuanto a Wright, de momento ha logrado labrarse cierta reputación gracias a sus sarcásticas combinaciones de comedia *made in british* con géneros codificados como el cine de terror –*Zombies Party (Una noche... de muerte)* (*Shaun of the Dead*, 2004)–, el *actioner* –*Arma fatal* (*Hot Fuzz*, 2007)–, la comedia adolescente –*Scott Pilgrim contra el mundo* (*Scott Pilgrim vs. the World*, 2010): su film más "estadounidense"– y el subgénero apocalíptico –*Bienvenidos al fin del mundo* (*The World's End*, 2013)–, si bien en estos momentos todavía está por ver si el suyo es un discurso que vaya a tener continuidad en el futuro.

BRITÁNICOS EN HOLLYWOOD

Los "casos" de realizadores como Ridley Scott, Christopher Nolan (n. 1970), Mike Figgis, Guy Ritchie, Paul Greengrass (n. 1955), Paul W.S. Anderson (n. 1965), Matthew Vaughn (n. 1971), el escocés Kevin Macdonald (n. 1967) y Bruce Robinson plantean no ya la cuestión, repetidamente abordada a lo largo de este volumen, del *feedback* entre las cinematografías británica y norteamericana, sino la pregunta, más de fondo, de si las películas o las personalidades de estos cineastas pueden considerarse de algún modo deudoras de sus orígenes nacionales, o si este debate sobre la "britanidad" (*britishness*) o la "americanidad" (y perdón por el nuevo barbarismo) de sus obras tiene realmente algún sentido en este mundo global y multicultural. ¿Podemos considerar, por ejemplo, que el último film *británico* de Ridley Scott fue *Los duelistas*, y que lo más parecido a una película *británica* que ha realizado posteriormente, en cuanto hace referencia a un mito/personaje histórico tradicional del acervo de su país de origen, es *Robin Hood* (ídem, 2010)?; esta última, además, en coproducción con los Estados Unidos, como lo es el resto de casi toda su obra de estos últimos tres lustros: *Gladiator* (ídem, 2000), *Hannibal* (ídem, 2001), *Black Hawk derribado* (*Black Hawk Down*, 2001), *El reino de los cielos* (*Kingdom of Heaven*, 2005), *Un buen año* (*A Good Year*, 2006), *Red de mentiras* (*Body of Lies*, 2008), *Prometheus* (ídem, 2012) y *El consejero* (*The Counselor*, 2013). Asimismo, y desde ese punto de vista de una teórica "britanidad" a ultranza, ¿qué hacemos con el cine de Christopher Nolan? ¿Aceptamos únicamente como tal su ópera prima, *Following* (ídem, 1998), o todo lo más su película de ambientación británica clásica/"de época" *El truco final (El prestigio)* (*The Prestige*, 2006), esta ya coproducida con los Estados Unidos?; es decir, la misma nación donde se financiaron en su integridad los primeros largometrajes que fomentaron su reputación –*Memento* (ídem, 2000), *Insomnio* (*Insomnia*, 2002)–, así como los "*blockbusters* de autor" que han hecho de él una estrella entre los cinéfilos: sobre todo la trilogía del caballero oscuro –*Batman Begins* (ídem, 2005), *El caballero oscuro* (*The Dark Knight*,

Christopher Nolan, durante la filmación de *El truco final* (*El prestigio*).

2008), *El caballero oscuro: La leyenda renace* (*The Dark Knight Rises*, 2012)–, pero también *Origen* (*Inception*, 2010) e *Interstellar* (2014). A fin de cuentas, buena parte de *El caballero oscuro* se rodó en los estudios británicos de Pinewood, Leavesden y Cardington, y otra muy importante del elenco de la trilogía está formada por intérpretes procedentes de Gran Bretaña: Christian Bale (¡quien interpreta al superhéroe estadounidense Batman!), Gary Oldman, Michael Caine, Tom Hardy, Tom Wilkinson y Linus Roache, a los cuales hay que añadir a los irlandeses Liam Neeson y Cillian Murphy. Y, sin embargo, ¿cuánta gente consideraría que *El caballero oscuro*, o cualquier otra superproducción de Nolan cofinanciada con los Estados Unidos, es un film no ya total sino tan siquiera parcialmente británico? ¿La cuestión estriba, por tanto, en que una película británica de pura cepa tiene que *parecer* británica para serlo? ¿O acaso hay una percepción generalizada con respecto al cine de todas las naciones, por la cual un film "es" de un determinado país *tan solo si se nota que lo es*, con independencia de la nacionalidad de la productora o productoras que hayan intervenido en su financiación?

Los "casos", o si se prefiere, el "problema" que plantean cineastas como Scott, Nolan u otros que como ellos han sido rápidamente absorbidos por el cine norteamericano (Figgis, Greengrass, Anderson, Vaugh y Robinson), consiste en que sus obras, por interesantes que sean, tienen un difícil encaje en una Historia del cine británico como la presente. Resulta *obligado* mencionarlos por una cuestión de origen nacional, pero sus carreras están en ocasiones tan íntimamente relacionadas con la cinematografía estadounidense, por más que muchos de ellos conserven un pie en Gran Bretaña por razones de logística de producción y/o elección de intérpretes, que en la práctica resulta imposible, o cuanto menos incoherente, mencionar *Alien, el octavo pasajero* o *Blade Runner* como producciones británicas (a pesar de que ambas son coproducciones con Gran Bretaña), casi de la misma manera que resultaría completamente absurdo omitirlas en una historia del cine norteamericano por el mero hecho de ser coproducciones británicas realizadas por un británico. Es por ello que, más allá de la mención, y sin perjuicio del reconocimiento de su valía en el conjunto no ya del cine británico o norteamericano sino en el del cine internacional, omitimos el estudio de las filmografías de Scott y Nolan en base al mismo criterio en virtud del cual no hablamos de las carreras del británico Charles Chaplin y del irlandés John Ford, ambas desarrolladas en su práctica integridad en los Estados Unidos, o bien no entramos en la producción de Alfred Hitchcock allende las fronteras de Gran Bretaña. Bajo este criterio, no exclusivo pero (lo reconocemos) parcialmente excluyente, las obras de Figgis, Greengrass, Anderson, Vaughn y Robinson, que pueden ser valiosas *en sí mismas consideradas*, tienen poco o ningún interés desde la perspectiva de una Historia del cine británico.

Mike Figgis es un caso clarísimo de absorción por la industria del cine estadounidense: tras su ópera prima *Lunes tormentoso*, el grueso de su producción durante los años 90 fue norteamericana, incluyendo su película más famosa (por otro lado, muy mediocre): *Leaving Las Vegas* (ídem, 1995); pese a ello, Figgis ha llevado a cabo algunos trabajos esporádicos en su país natal, y que sorprendentemente están por encima de su más famosas y reputadas obras en los Estados Unidos, tal es el caso de su *rema-*

Aires de posmodernidad a la británica: *Snatch, cerdos y diamantes.*

ke de *La versión Browning*, o su lectura de *La señorita Julia*, de August Strindberg: *Miss Julie* (ídem, 1999). Por otra parte, y dejando al margen otra comedia de producción íntegramente inglesa –*How to Get Ahead in Advertising* (1989)–, las dos siguientes (y excelentes) películas del interesante Bruce Robinson, *Jennifer 8* (*Jennifer Eight*, 1992) y *Los diarios del ron* (*The Rum Diary*, 2011), son norteamericanas, por lo cual el autor de *Withnail y yo*, virtudes cinematográficas aparte, ya no parece encajar en criterio alguno de "britanidad" (ni tampoco de "americanidad"). Desde este punto de vista, la contribución al cine británico (y al no británico...) de Paul Greengrass también es pobrísima, limitándose a la mediocre comedia dramática *Extraña petición* (*The Theory of Flight*, 1998), pues sus posteriores trabajos para el cine –sus dos entregas de la serie Jason Bourne y su film sobre el 11-S *United 93* (ídem, 2006), a cual peor, y *Capitán Phillips* (*Captain Phillips*, 2013)– son total o parcialmente estadounidenses, y su mejor trabajo hasta la fecha, el soberbio *Bloody Sunday (Domingo sangriento)* (*Bloody Sunday*, 2002)..., es un telefilm (por más que conociera estreno en cines españoles), este sí completamente británico. Paul W.S. Anderson es el típico caso de realizador británico rápidamente absorbido por Hollywood: tras una ópera prima muy *british*, *Shopping* (1994), se ha lanzado a desarrollar una producción tan eminentemente popular –la primera entrega de la franquicia *Mortal Kombat* (ídem, 1995), y la primera y varias de las secuelas de la serie inaugurada con *Resident Evil* (ídem, 2002)– como poco o nada personal. En cuanto a Matthew Vaughn, quien sirvió sus primeras armas como cineasta produciendo algunos de los primeros largometrajes de Guy Ritchie (*Lock & Stock*, *Snatch: Cerdos y diamantes* y *Barridos por la marea*: unas "maravillas", vamos), firmó un estimable debut con el *thriller Layer Cake (Crimen organizado)* (*Layer Cake*, 2004), el cual posiblemente jugó mucho de cara a la elección del actor Daniel Craig como intérprete de James Bond, no tardando en dejarse tentar por los cantos de sirena de Hollywood con las impersonales coproducciones *Stardust* (ídem, 2007) y *Kick-Ass: Listo para machacar* (*Kick-Ass*, 2010) –pese a la aureola "de culto" que rodea a ambas–, para rodar a continuación una superproducción íntegramente estadounidense, *X-Men: Primera generación* (*X-Men: First Class*, 2011), absolutamente dominada por la personalidad de su coguionista y coproductor, el muy superior Bryan Singer. Poco queda añadir con respecto a Guy Ritchie, quien a sus ya mencionadas *Lock & Stock*, *Snatch: Cerdos y diamantes* y *Barridos por la marea* cabe añadir otros trabajos que, como los dos primeros, acusan la influencia (o un empacho) del cine de Quentin Tarantino –*Revólver* (*Revolver*, 2005), *RocknRolla* (ídem, 2008)–, antes de dar el salto (¿definitivo?) a Hollywood con un par de superproducciones que versionan de manera heterodoxa al clásico personaje de Sir Arthur Conan Doyle: *Sherlock Holmes* (ídem, 2009), la mejor, y *Sherlock Holmes: Juego de sombras* (*Sherlock Holmes: A Game of Shadows*, 2011). Bastante más interesante es, hasta la fecha, la filmografía del escocés Kevin Macdonald (nieto, curiosamente, de Emeric Pressburger), en cuya ecléctica pero sólida trayectoria, si bien todavía ligeramente impersonal, hallamos desde un par de documentales, *Touching the Void (Tocando el vacío)* (*Touching the Void*, 2003) y *Marley* (ídem, 2012), a coproducciones con los Estados Unidos bastante logradas en sus líneas generales: *El último rey de Escocia* (*The Last King of Scotland*, 2006), *La sombra del poder* (*State of Play*, 2009) y *La legión del águila* (*The Eagle*, 2011); digamos que el suyo es un cine con tendencia a la (agradable) sorpresa.

VETERANOS DEL REALISMO SOCIAL Y SUS HEREDEROS

Como hemos visto al abordar períodos anteriores, cada etapa de la cinematografía británica que aquí hemos clasificado convencional y sistemáticamente por décadas ha visto, dado el relativamente escaso lapso temporal entre decenios, cómo se superponían las obras de realizadores veteranos con las de los nuevos talentos. El período que abordamos ahora no es una excepción, y cineastas como los británicos Terence Davies, Ken Loach, Mike Leigh y Peter Greenaway y el irlandés Neil Jordan no solo han seguido en activo (en los casos de Loach y Greenaway, casi frenéticamente), sino que en cierto sentido han consolidado una especie de simbólica "escuela clásico-moderna" de la cinematografía de Gran Bretaña que, sobre todo en el terreno de la tradición realista, ha generado un puñado de interesantes "seguidores" o "herederos" de la misma, tal es el caso del actor Peter Mullan (quien debutó como realizador, recordemos, con su interesante *Orphans*), Shane Meadows (que hizo otro tanto con la no menos lograda *24 7: Twenty Four Seven*) o la prometedora Andrea Arnold (n. 1961).

Terence Davies, probablemente el mejor cineasta británico de su generación, es quien en estos últimos años ha brindado la obra más brillante y compacta de la cinematografía de su país, partiendo al mismo tiempo de unos planteamientos dramáticos y formales aparentemente clásicos a los que sabe conferir, empero, un tratamiento sutilmente moderno, estableciendo, según como se mire, una especie de puente entre tendencias tradicionales. Si bien su primera y magnífica película de principios del nuevo milenio, *La casa de la alegría* (*The House of Mirth*, 2000), es una adaptación de una novela de Edith Wharton ambientada, por tanto, en la Nueva York de principios del siglo XX –y con unos resultados, a mi entender, superiores a los conseguidos por Martin Scorsese en *La edad de la inocencia* (*The Age of Innocence*, 1993)–, ya se perfila en ella la madurez y estilización alcanzadas por su autor gracias a la sensible evolución perceptible en *Voces distantes*, *El largo día acaba* y *La biblia de neón*. Tras un paréntesis documental de gran reputación, *Of Time and the City* (2008), en el cual el realizador evoca su propia infancia y juventud en su Liverpool natal, Davies alcanza la plenitud con una obra maestra en la que, como digo, el pasado, el presente y el futuro del cine se hermanan con bellísima armonía.

Me refiero a *The Deep Blue Sea* (ídem, 2011), nueva versión de la pieza teatral homónima de Terence Rattigan que ya había conocido una primera adaptación a mediados de los cincuenta –*The Deep Blue Sea* (1955)–, y cuya primera singularidad reside en la manera como Davies sigue por un lado las reglas de lo que se conoce como melodrama *clásico*, y por otra parte, cómo las subvierte, poniendo de relieve su artificio: su condición de convenciones establecidas por el paso del tiempo y la práctica de las mis-

The Deep Blue Sea, gran obra, clásica y a la vez renovadora, de Terence Davies.

mas tanto en teatro como en cine. Nada raro, por otra parte, en un cineasta que ha construido el grueso de su filmografía alrededor de la evocación del pasado y un sentimiento de nostalgia por el mismo que se encuentra bastante cerca del concepto de la *saudade*: una añoranza de lo pretérito cuya convocatoria por la memoria produce una sensación placentera a quien evoca ese pasado, mezclada con la amarga certeza de que ese tiempo nunca volverá: ese "bien que se padece y mal que se disfruta", como lo definió Manuel de Melo. A Davies le gusta el pasado, entendido tanto como materia prima dramática de primer orden y como referencia estética para su puesta en escena, que en *The Deep Blue Sea* bebe a tragos largos del melodrama fílmico *à la* David Lean (guiños más o menos explícitos a *Breve encuentro*, *The Passionate Friends* e incluso *Pasaje a la India*), convertido aquí en referente icónico de ese pasado y de ese cine del pasado que Davies recrea y evoca con cariño, pero también desde una amarga perspectiva contemporánea que pone al desnudo sus mecanismos narrativos y visuales. No es tanto una alusión a un "cine del pasado" como el reconocimiento por parte de Davies de una herencia cultural que asume como propia y que recrea con la conciencia de estar haciendo al mismo tiempo un ejercicio de nostalgia y de reconstrucción. Ello explica la aparente frialdad de la puesta en escena de *The Deep Blue Sea*, que puede ser interpretada como una especie de "mirada desapasionada" hacia lo que se está contando, cuando se trata más bien de una mezcla de distancia y minuciosidad, fruto tanto del respeto hacia esa tradición como del deseo de desglosar sus componentes como si estuvieran siendo analizados uno a uno bajo la lente de aumento de un

Ken Loach y los orígenes del IRA: *El viento que agita la cebada.*

microscopio. El resultado es un melodrama que se caracteriza, como siempre en Davies, por una extraña pero muy equilibrada combinación de belleza estética y belleza intelectual, hasta el punto de que las fronteras entre una y otra nunca están del todo claras (suponiendo, por descontado, que fuese necesario delimitar las mismas).

Otro veterano, el paladín del realismo social *made in the UK* Ken Loach, es quien oferta en estos últimos tiempos un mayor índice de producción, nada menos que diez largometrajes en aproximadamente trece años, y con resultados, como suele ser habitual en él, muy irregulares: obras mediocres y rebosantes de demagogia –como las terribles *Pan y rosas* (*Bread and Roses*, 2000) y *Solo un beso* (*Ae Fond Kiss*..., 2004), esta última, sobre la historia-de-amor-imposible entre una joven inglesa y un joven musulmán, particularmente nefasta–, se combinan, afortunadamente, con un buen lote de obras más equilibradas en cuanto a intenciones y resultados –*La cuadrilla* (*The Navigators*, 2001), *En un mundo libre*... (*It's a Free World*..., 2007), *Route Irish* (ídem, 2010)–, y algunas aportaciones dotadas de un singular sentido del humor –*Buscando a Eric* (*Looking for Eric*, 2009), *La parte de los ángeles* (*The Angels' Share*, 2012)–, a las cuales hay que añadir un trabajo documental, *El espíritu del 45* (*The Spirit of '45*, 2013), que precede por muy poco a su anunciada intención de abandonar el cine de ficción. Pese a todo, es de justicia señalar que Loach firma por estos años dos trabajos apreciables, por más que uno de ellos lo sea por su carácter de digresión, acaso involuntaria, sobre el papel del cine de Loach en el contexto actual. Me refiero a *Felices dieciséis* (*Sweet Sixteen*, 2002), retrato de la adolescencia en un barrio obrero que pone en evidencia la existencia de un patrón narrativo dentro de este tipo de películas, tal y como reflexionaba agudamente Carlos Losilla en su momento: «el cine de Loach se ha convertido en un género en sí mismo, pero no del mismo modo que les ha ocurrido a Woody Allen y Clint Eastwood. Mientras estos siguen empeñados en reafirmar y cuestionar alternativamente su estatuto de autor, Loach tiende a desaparecer detrás de sus propios productos, de manera que inevitablemente llevan su firma pero quizá preferirían no llevarla. (...) Pero desengañémonos: los obreros y los marginados a los que parece interpelar prefieren los efectos especiales de *Harry Potter y la cámara secreta* o *El Señor de los Anillos 2*»[1].

Muy superior es *El viento que agita la cebada*, la mejor película de Loach desde *Agenda oculta*. Un film que, de entrada, permanece fiel a todo aquello que suele caracterizar a su cine: la militancia política, el énfasis puesto en la temática de denuncia, y en lo que se refiere a sus películas de "ambientación histórica", un tratamiento dramatizado de acontecimientos reales en el cual lo simbólico predomina sobre lo psicológico, en este caso la ya en el momento de su estreno muy comentada utilización de dos personajes de hermanos –Damien (Cillian Murphy) y el líder del grupo del IRA local Teddy (Padraic Delaney)–, al principio unidos y luego divididos por las contradicciones de la lucha del IRA contra la dominación británica de Irlanda. Su construcción responde a la forma habitual de Loach de elaborar el armazón narrativo de sus ficciones, pero aquí todo está mejor dosificado y más meditado que de costumbre, y además bien planificado y rodado, cualidades que acaban haciendo desaparecer la que, hasta la fecha, era la característica más nefasta de su cine: su demagogia. De este modo, el feroz sentimiento antibritánico que jalona el primer tercio del relato va dejando paso a un profundo escepticismo, de manera que al final las actividades de los irlandeses en general y del IRA en particular son presentadas con un barniz no menos amargo. Las contradicciones van apareciendo a lo largo de una narración cuya delimitación inicial entre bandos enfrentados e irreconciliables deja paso a una notable ambigüedad. Loach sabe relacionar y equiparar, con su trabajo tras la cámara, la violencia del represor inglés con la del activista radical que cree estar convencido de que lucha por la libertad, pero que en el fondo lo hace por sus propios y egoístas intereses. Hasta otra secuencia "típica de Loach", el momento en que Damien, Teddy y otros componentes del IRA se reúnen en un despacho para discutir la conveniencia de seguir la lucha armada o aceptar el tratado de paz alcanzado con el gobierno inglés por Michael Collins (*El viento que agita la cebada* puede verse, también, como un complemento de la película sobre Collins realizada en 1996 por Neil Jordan: como una mirada desde la perspectiva de los combatientes anónimos del IRA); dicha secuencia está excelentemente resuelta: la misma recuerda mucho otra de *Tierra y libertad*, solo que todo lo que en esta última era pura demagogia aquí es un nada despreciable ensayo sobre los intereses privados que se agitan bajo la teóricamente más noble y justa de las luchas políticas.

Todo o nada (*All or Nothing*, 2002), *El secreto de Vera Drake*, *Happy, un cuento sobre la felicidad* (*Happy-Go-Lucky*, 2008) y *Another Year* (ídem, 2010) integran el valioso

***El secreto de Vera Drake*, uno de los últimos grandes films de Mike Leigh.**

lote proporcionado por el (mal llamado) "segundo realista después de Loach", Mike Leigh, en este último período. Con la relativa salvedad de *Happy, un cuento sobre la felicidad*, que acentúa las trazas de comedia que siempre han recorrido la obra de su autor y que, paradójicamente, tiene sus mejores momentos en sus escasas escenas dramáticas, *Todo o nada* y *El secreto de Vera Drake* recogen y en cierta medida amplifican los mejores logros de Leigh de años anteriores. *Todo o nada*, crónica de una familia residente en un barrio obrero (es decir, y curiosamente, el escenario "típico" de Loach), recoge y sintetiza en no poca medida sus previas incursiones en la tragicomedia cotidiano-costumbrista (*Grandes ambiciones, La vida es dulce, Naked (Indefenso)* y su primera cima al respecto, *Secretos y mentiras*), para acabar convirtiéndose en un profundo melodrama existencial. Suerte de complemento sombrío de *Secretos y mentiras*, si esta miraba con ironía y cariño combinados la institución familiar por medio de una trama digna de una comedia de enredo pero tratada con rigurosa seriedad dramática, por el contrario, *Todo o nada* se erige en una casi siniestra visión de la familia (la que gira alrededor de la pareja que forman Timothy Spall y Leslie Manville), convertida en "cárcel" donde se acumulan la tristeza de unos seres atrapados por la rutina laboral y la escasez de horizontes, por más que Leigh deja en las escenas finales una puerta abierta a la esperanza.

El secreto de Vera Drake supone, en cambio, una mirada hacia el pasado basada en hechos reales: en este caso, la historia de una abortista en el Londres de los años cincuenta –la Vera Drake del título (una extraordinaria Imelda Staunton)–, quien llevó a cabo su actividad ilegal, la misma que acabó conduciéndola a prisión, de manera absolutamente desinteresada. Sin el menor asomo de ironía en este caso, *El secreto de Vera Drake* brilla con luz propia en la mostración de un país sumido en la desesperación y la oscuridad de la posguerra, y apunta nuevamente a una temática que hemos ido apuntando a lo largo de este volumen, y que de un modo u otro se encuentra presente en buena parte de la historia de esta cinematografía: la representación de Inglaterra como una especie de estado para-policial. Son memorables en este sentido todas las magníficas escenas que implican a Vera Drake con el policía encargado de "su caso", el inspector Webster (soberbio Peter Wight): este último trata a Vera con una sensibilidad y comprensión exquisitas, pero es consciente en todo momento de que, por muy buenas que fueran sus intenciones y a pesar de que jamás cobró un céntimo por sus "servicios" a las pobres mujeres a las que "ayudaba", todo el peso de la ley acabará desplomándose sobre los hombros de la desdichada protagonista. Más relajada que *Todo o nada* y *El secreto de Vera Drake* resulta en comparación *Another Year*, dado que recupera el sentido del humor de anteriores trabajos de su principal responsable, si bien en esta ocasión acentuando el carácter de relato de episodios, todos ellos unidos por un determinado hilo argumental pero casi independientes entre sí, para ofrecernos otro brillante retrato tragicómico de la clase media inglesa.

Dejando la cita de la cuantiosa producción realista de estos últimos años para cuando abordemos el estado del cine de género en la cinematografía británica actual, ya hemos mencionado que entre los nuevos herederos de la tradición destacan dos cineastas experimentados, el actor Peter Mullan y Shane Meadows, y la recién llegada Andrea Arnold. El primero prosigue con su disección de la realidad social de su país con dos films excelentes, *Las hermanas de la Magdalena* (*The Magdalene Sisters*, 2002) y *Neds* (ídem, 2010), de los cuales (como el Leigh de *Todo o nada* y *El secreto de Vera Drake*) ha desaparecido el sentido del humor un tanto surrealista de *Orphans*, dando paso a una mirada frontal y crudeza de exposición que, en el caso de *Las hermanas de la Magdalena*, alcanza cotas memorables con su crónica feroz, inolvidable, del trato degradante e inhumano sufrido por las mujeres que, todavía en los años sesenta, eran consideradas "indecentes" –madres solteras, promiscuas o víctimas de violación (sic)–, y a las que, como castigo, se las confinaba en los Asilos de las Magdalenas, instituciones para "mujeres caídas" gobernadas por las Hermanas de la Misericordia, donde entre finales del siglo XVIII y hasta el año 1996 30.000 mujeres fueron encarceladas, y sometidas a trabajos forzados e incluso a agresiones sexuales (¡), en los asilos de este tipo en Irlanda. En una línea similar, si bien más arraigada al costumbrismo callejero y la denuncia de la violencia juvenil, se encuentran los más recientes trabajos de Shane Meadows, *Dead Man's Shoes* (2004) y *This Is England* (ídem, 2006). Acaso la evolución más interesante sea la de la directora Andrea Arnold, quien en sus dos primeros largometrajes –*Red Road* (2006), *Fish Tank* (ídem, 2009)– explora pautas formales y estéticas del *dirty realism*, que luego aplica, con gran sentido del riesgo, en su versión del clásico *Cumbres borrascosas* (*Wuthering Heights*, 2011).

En este período, Peter Greenaway se ha mantenido en sus trece, desarrollando por un lado el enorme proyecto multimedia *Las maletas de Tulse Luper*, que incluye una serie de televisión de dieciséis episodios, noventa y dos DVD,s, páginas web, CD-ROM,s, libros, tres largometrajes –*Las maletas de Tulse Luper, Las maletas de Tulse Luper, 2ª parte: De Vaux al mar* (*The Tulse Luper Suitcases, Part 2: Vaux to the Sea,* 2004) y *Las maletas de Tulse Luper, 3ª parte: De Sark al final* (*The Tulse Luper Suitcases, Part 3: From Sark to the Finish,* 2004)– y una especie de complemento, asimismo de formato cinematográfico: *The Tulse Luper Suitcases: Antwerp* (2003). Más radical y fiel a sí mismo que nunca, Greenaway subsiste gracias al sistema de coproducción que financia sus películas experimentales, iconoclastas y a contracorriente –uno de sus últimos largometrajes, *Goltzius and the Pelican Company* (2012), está coproducido con Alemania, Holanda y Francia–, hasta el punto de que en algunas ocasiones –como *Peopling the Palaces at Venaria Reale* (2007), que es una producción íntegramente italiana, o *Rembrandt's J'Accuse...!* (2008), coproducción entre Holanda, Alemania y Finlandia–, ha llegado a prescindir del capital británico. El autor de *El contrato del dibujante* parece haber perdido al público, minoritario pero fiel, con que contaba años atrás, por más que alguna de sus últimas propuestas, como la más que interesante *La ronda de noche* (*Nightwatching,* 2007) –una posterior digresión en torno a Rembrandt y los significados ocultos en la famosa pintura que da título a la película, y que tendría continuidad en el ya citado documental con toques de ficción *Rembrandt's J'Accuse...!*, que incluye algunos fragmentos de la anterior–, esté a la altura de lo mejor de su autor (para quien esto suscribe, *Prospero's Books, El niño de Mâcon* y *Eight and a Half Women*), y haga gala, incluso, de una inesperada emotividad: el cariño con que dibuja la relación de Rembrandt (Martin Freeman) con su esposa Saskia (Eva Birthistle) transmite una calidez humana insólita en el director.

UNA NUEVA GENERACIÓN DE AUTORES

La mayoría de los nuevos cineastas de interés que han consolidado sus carreras y reputación en estos últimos tres lustros tienen en común el haber arrancado sus trayectorias profesionales en los años 90, tal es el caso del más importante de este grupo, Michael Winterbottom, seguido de cerca por Richard Eyre. Otros casos son los de la realizadora escocesa Lynne Ramsay y el de quien sin duda es la más llamativa revelación de la cinematografía británica de estos últimos años, Steve McQueen (n. 1969). Pese a los méritos de los dos mencionados en último lugar, el carácter reciente de su cine, y abierto de este volumen, nos obliga a andar con mucho cuidado a la hora de dejar escritas valoraciones definitivas que el tiempo puede encargarse de refutar a corto o medio plazo. A ello hay que añadir el hecho de que Ramsay y McQueen son cineastas con todavía pocos largometrajes y, desde un punto de vista de "britanidad", nada específicos. En el caso de la escocesa, sus dos trabajos de estos últimos años, *Movern Callar* (2002) y *Tenemos que hablar de Kevin* (*We Need to Talk About Kevin,* 2011), son coproducciones (con Canadá la primera, con los Estados Unidos la segunda); y si bien el primero es "muy escocés", por temática y ambientación, el segundo de

¿Cineastas para el futuro?: *Shame*, dirigida por Steve McQueen.

los mencionados, adaptación de la novela homónima de Lionel Shriver, y aun siendo harto interesante, transcurre en los Estados Unidos, y ni siquiera la presencia al frente de reparto de Tilda Swinton le confiere el menor aire "británico", entendiendo una vez más este adjetivo en el sentido más tradicional (ergo, convencional) de la expresión.

Un poco similar ocurre con Steve McQueen. Su primer largometraje, *Hunger* (2008), es asimismo por temática y contenido "muy irlandés" (se trata, además, de una coproducción británico-irlandesa): la descripción, basada en hechos reales, de la huelga de hambre que llevaron a cabo en 1981 un grupo de prisioneros del IRA encerrados en una cárcel inglesa bajo el liderazgo de Bobby Sands, este último a cargo de una de las más fulgurantes recientes estrellas del actual cine británico, el actor germano-irlandés Michael Fassbender. Su siguiente trabajo, asimismo protagonizado por Fassbender y la base de la reciente reputación de su realizador, es *Shame* (ídem, 2011), este de producción íntegramente británica, pero cuya acción tiene lugar en Nueva York, y casi en consecuencia está dotada de un *look* visual que no es específicamente "británico" (siempre, insistimos, desde la perspectiva más vulgarizada del término), si bien tampoco muy "neoyorquina"; y su más reciente propuesta, *12 años de esclavitud* (*12 Years a Slave*, 2013), ya es de producción íntegramente estadounidense, lo cual dificulta más su clasificación como cineasta "británico".

Sea como fuere, la reputación de *Shame* y su importancia en el contexto del cine británico actual está justificada, habida cuenta de que se trata de una sugerente crónica en torno a un adicto al sexo que, en el fondo, es una digresión sobre la soledad desde la perspectiva de alguien que, cuanto más sexo le vemos practicando, más solitario se nos aparece. Ello explica que el realizador planifique la mayoría de las escenas que dibujan la actividad seductora y/o sexual del protagonista de una forma nada erótica y sí, por el contrario, muy cerebral y casi clínica, un poco "a lo Kubrick". Por tanto, puede interpretarse *Shame* como la historia de alguien que tan solo le interesa el sexo de las mujeres –o, en un momento dado y quizá a modo de prueba, también el de un hombre– porque es incapaz de mirarlas a la cara: porque mirar a la cara del Otro equivale a mirarse a uno mismo.

Un caso singular, y como tal todavía no lo suficientemente reconocido, es el de Richard Eyre, realizador con una amplísima experiencia teatral que había debutado en el cine a principios de los ochenta con *The Ploughman's Lunch*, a partir de un guión de Ian McEwan, y que tras muchos años dedicándose a la televisión arrancó el nuevo milenio con una de las mejores películas británicas de esos primeros años del 2000: *Iris* (ídem, 2001), film en torno a la escritora Jean O. Bailey, en arte Iris Murdoch, que se sitúa en las antípodas del *biopic* al uso, pues no pretende establecer una hagiografía sobre la protagonista, sino más bien recoger una serie de impresiones subjetivas sobre la personalidad de Murdoch. De ahí que las primeras imágenes de la película consistan en una serie de planos submarinos que nos muestran a una joven Iris (Kate Winslet), desnuda y radiante, buceando en las turbias aguas de un río junto a su marido John Bayley (Hugh Boneville), y que se encadenan a continuación con nuevos planos del buceo de Iris (Judi Dench) y Bayley (Jim Broadbent) ya maduros. Prólogo acuático que expresa simbólicamente el sentido de un relato que se mueve en las procelosas aguas de la memoria (tema vital a lo largo del relato: Iris Murdoch sufrió Alzheimer en sus últimos años de vida), y que se construye alrededor de una inventiva sucesión de *flashbacks* que van alternando la juventud y la vejez de los protagonistas con el propósito de poner en duda el uso convencional de esos "retrocesos en el tiempo", logrando de este modo la poética evocación de una existencia en la cual el pasado y el presente, la vida y la literatura, el amor y la muerte, acaban conformando un todo indisoluble. Si bien últimamente la labor tras las cámaras de Eyre ha sido más desigual, como certifican *Belleza prohibida* (*Stage Beauty*, 2004) y *Crónica de un engaño* (*The Other Man*, 2008), este director atesora en su haber otro film de notorio interés, *Diario de un escándalo* (*Notes on a Scandal*, 2006), adaptación de una novela de Zoe Heller en torno a la falsa amistad que se establece en una madura lesbiana (de nuevo Judi Dench) y una mujer más joven (Cate Blanchett) de la que está secretamente enamorada tras haberla conocido en la escuela donde ambas trabajan como maestras, y cómo su relación degenera a raíz del temerario *affaire* amoroso de esta última con un estudiante de tan solo quince años.

Michael Winterbottom, el talento más llamativo y también el más irregular de su generación, si bien en este caso su irregularidad resulta altamente positiva, habida cuenta de que la misma se infiere tanto de su constante actividad –quince largometrajes para el cine en trece años, por más que dos de ellos codirigidos con Mat Whitecross–, como sobre todo de su sentido del riesgo, es un cineasta cuanto menos singular. Caracterizado, de una forma muy parecida a la del realizador norteamericano Steven Soderbergh, por un insólito afán de ir probando cosas distintas en cada nueva película, en su producción del presente milenio hallamos desde incursiones en géneros codificados (aún así, atípicas) como el *western* –*El perdón* (*The Claim*, 2000)–, la ciencia-ficción –*Código 46* (*Code 46*, 2003)–, el policíaco –*El demonio bajo la piel* (*The Killer Inside Me*, 2010), a partir de *El asesino dentro de mí*, de Jim Thompson–, el drama –*Génova* (*Genova*, 2008), *Trishna* (2010), *Everyday* (2012)– o la comedia –*The Trip* (ídem, 2010), un derivado de la serie de televisión homónima del mismo año para la cual realizó un par de episodios–, hasta trabajos inscritos en cierto "hiperrealismo de denuncia" –*In This World* (ídem, 2002), *Camino a Guantánamo* (*The Road to Guantanamo*, 2006), codirigido con Whitecross, *Un corazón invencible* (*A Mighty Heart*, 2007)–, pasando por documentales –*La doctrina del shock* (*The Shock Doctrine*, 2009), también con Whitecross, a partir del famoso libro homónimo de Naomi Klein–, e inclasificables producciones del estilo de: *24 Hour Party People* (ídem, 2002), una evocación de la labor del productor musical Tony Wilson (Steve Coogan en el film) durante los años setenta, que arroja una vibrante panorámica sobre lo mejor de la música pop de finales de esa década y principios de los ochenta, en una línea relativamente similar a la explotada por el propio Winterbottom en su posterior *biopic* sobre el excéntrico multimillonario Paul Raymond (de nuevo Coogan), *The Look of Love* (2013); *9 Songs* (ídem, 2004), extraño experimento que alterna escenas de sexo explícito con las nueve canciones a las que se refiere el título, y a cuya interpretación en directo asiste la pareja de amantes protagonista entre cópulas; y *Tristam Shandy* (*A Cock and Bull Story*, 2005), otro proyecto heterodoxo, que gira en torno al hipotético rodaje de una película basada en la famosa novela de Laurence Sterne *Vida y opiniones del caballero Tristam Shandy*, con Steve Coogan (asimismo, coprotagonista de *The Trip*) encarnándose a sí mismo. En la obra actual de Winterbottom, superior a la realizada en los noventa (cuyos mejores blasones, recordemos, fueron *Welcome to Sarajevo*, *Wonderland* y *Contigo o sin ti*), aparece con frecuencia cierta estética documental en la mayoría de sus propuestas de ficción. Se trata, hasta cierto punto, de un signo visual característico de su estilo, por más que en la práctica la disparidad de temáticas y recursos formales acaba siendo su principal rasgo distintivo, más allá de una coincidente preocupación por los conflictos en Oriente Medio que aparecen en sus obras "de denuncia", no precisamente de las mejores de su autor (en particular, la nefasta y demagógica *Camino a Guantánamo*).

Para quien esto firma las mejores películas de Winterbottom hasta la fecha son *El perdón*, *24 Hour Party People* y en particular la magnífica *Génova*, caracterizadas por un estilo sensual y sensitivo de la imagen que saben combinar lo concreto y lo inconcreto, lo material y lo inmaterial, lo directo y lo sugerido, lo cual en el caso de *Génova* combina a la perfección con el sentido de un relato que bascula precisamente en lo real

24 Hour Party People, uno de los films más interesantes de Michael Winterbottom.

y lo imaginario pero sin delimitar groseramente la frontera entre conceptos contrapuestos. Su primera secuencia es una de las más intensas que haya rodado su realizador. Marianne (Hope Davis) conduce su coche por carretera; está acompañada por sus dos hijas, sentadas en el asiento trasero, la adolescente Kelly (Willa Holland) y la pequeña Mary (Perla Haney-Jardine); las tres juegan a adivinar el color de los coches que pasan a su lado, circulando en dirección contraria; por turnos, Kelly y Mary se tapan los ojos con las manos y van diciendo un color al azar; de repente, la más pequeña tiene la desafortunada ocurrencia de tapar los ojos de su madre al volante durante unos segundos; la imagen se queda en negro; suenan en *off* el chirrido de los frenos, el deslizamiento sin control del coche, el quejido de metal abollado y de cristales rotos por el impacto. Pocos segundos después, el negro deja paso de nuevo a la imagen: nos hallamos en el funeral de Marianne; al mismo asiste su marido y ahora viudo Joe (Colin Firth) junto a sus dos hijas. Una de las grandes bazas de *Génova* consiste en su manera de sugerir la existencia de una especie de *realidad alternativa* por medio de la inserción de imágenes tomadas desde ángulos que no tienen una función narrativa convencional, sino que parecen más bien "rupturas" del eje narrativo destinadas a insinuar ideas en los márgenes de ese mismo relato, como si fueran el equivalente de las notas a pie de página de un texto. Si bien la acción principal del film transcurre en Génova, la localidad italiana que le presta su título y que es el lugar elegido por Joe para pasar su año de duelo junto con sus hijas, la película no "trata" sobre Génova y de hecho la elección de esta ciudad es casi accidental, dado que la trama podría desarrollarse perfectamente en cualquier otro enclave. Ello justifica que la ciudad que muestra el film no sea la Génova "real" sino, más bien, una Génova "imaginaria": una especie de limbo donde Joe, Kelly y Mary vienen a llorar la pérdida del ser querido y a reconstruir unas existencias que ya no volverán a ser las mismas.

EL CINE DE GÉNERO EN LA ACTUALIDAD

El cine de género británico de estos últimos años se ha caracterizado, por un lado, por la continuidad y pervivencia de sus modalidades más características, o si se prefiere, clásicas, como son la tradición realista, el documental, el *costume melodrama/costume genre*/cine "de época" y la comedia, con todas y cada una de las matizaciones que pueden y deben hacerse (en particular, sobre el renacimiento del documental); y, por otra parte, la resurrección de géneros un tanto aletargados durante las décadas de los ochenta y noventa (aun sin perjuicio de la aportación de títulos estimables), y que en estos últimos tiempos han renacido, además, con una fuerza si no similar, sí comparable a la de los mejores tiempos pretéritos: el cine de terror, por más que también hallemos paralelamente al mismo ofertas valiosas en el campo temático de la ciencia-ficción; y finalmente el policíaco y, estrechamente vinculado a este, el así llamado cine de espías o de espionaje.

A todos ellos hay que sumar el *boom* de un género ciertamente mucho menos inesperado y/o previsible dentro de la cinematografía de Gran Bretaña: el del cine de animación, encabezado por la producción de Aardman Animations, un estudio especializado en el arte del *stop-motion* fundado en 1972 por el productor y realizador Peter Lord (n. 1953) en asociación con el también productor David Sproxton, y que sobre todo a raíz del éxito de *Creature Comforts* (1989), creado por otro de los hombres fuertes de Aardman, Nick Park (n. 1958), y ganador de un Oscar al Mejor Cortometraje de Animación, unido a la creciente popularidad de los dos personajes animados más famosos del estudio, Wallace y su perro Gromit, dio pie a un pequeño "imperio" dentro del género. Coincidiendo, además, con la consolidación del renovado interés popular hacia el género de la animación a nivel internacional, auspiciado sobre todo por los inmensos éxitos populares conseguidos por los Pixar Animation Studios del norteamericano John Lasseter, al principio en solitario y luego en asociación con la major *hollywoodiense* que primero solo distribuía y luego absorbería a Pixar, The Walt Disney Company, se creó de este modo una coyuntura de mercado favorable al género que, en el caso de Aardman, acabó fructificando en una serie de populares largometrajes, en su mayoría en coproducción con los Estados Unidos: *Chicken Run: Evasión en la granja* (*Chicken Run*, 2000), *Wallace & Gromit: La maldición de las verduras* (*The Curse of the Were-Rabbit*, 2005) –el mejor hasta la fecha–, *Ratónpolis* (*Flushed Away*, 2006) y *¡Piratas!* (*The Pirates! In an Adventure with Scientists!*, 2012).

Dejando aparte, pero sin excluirla, la obra de realistas consumados con Loach y Leigh, el realismo social *made in Britain* de estos últimos tiempos sigue siendo, por lo general, terreno abonado para dar a conocer nuevos cineastas, o en algunos casos, para que cineastas experimentados exploren otros territorios formales. Es el caso de *Some Voices* (ídem, 2000), *Me Without You* (2001), *Jump Tomorrow* (2001), *Strictly Sinatra* (2001), *Café de noche* (*Late Night Shopping*, 2001), *South West 9* (2001), *AKA* (2002), *The Mother* (ídem, 2003) –sin duda alguna la mejor película del director de *Nothing Hill* Roger Michell– *Kiss of Life* (2003), *AfterLife* (2003), *A Way of Life* (2004), o *Wild Bill* (2012), ópera prima del actor Dexter Fletcher (n. 1966). De entre todos ellos destacan, por su proyección internacional, el sugerente film de David Mackenzie (n. 1966) *Young Adam* (ídem, 2003), turbio melodrama triangular que a ratos parece un *remake* pervertido del clásico de Jean Vigo *L'Atalante* (ídem, 1934); y el ya mencionado debut de otro actor, Paddy Considine: *Redención*. El actor y realizador Peter Mullan (*Las hermanas de la Magdalena*), uno de los rostros característicos de este tipo de películas, asume el papel principal del film de Considine, el cual responde al grueso de características del *dirty realism* británico: bajo presupuesto, fotografía de iluminación cruda, predilección por escenarios urbanos auténticos y, a poder ser, de barriadas periféricas, y naturalismo en las interpretaciones.

El cine británico de género de estos últimos tiempos ha vivido otro notable fenómeno, el nuevo auge del cine documental, cuyo carácter autóctono ha pasado, paradójicamente, muy desapercibido a pesar de su considerable popularidad, y ello como consecuencia de tratarse de producciones realizadas, una vez más, en estrecha colaboración con los Estados Unidos, y tocando en ocasiones cuestiones por temática o contenido muy específicas de esta última nación, lo cual ha acabado generando la impresión de que se trata de un fenómeno exclusivamente norteamericano. Ello se debe un poco, salvando todas las distancias, a algo parecido a lo ocurrido con el cine de animación británico *chez* Aardman: del mismo modo que los principales patrocinadores y distribuidores de este último en todo el mundo son grandes estudios de Hollywood, y el cine Aardman se promociona, por tanto, casi como si fuera de producción estadounidense, el género del documental ha experimentado un *boom* a raíz, en gran medida, de los éxitos conseguidos por el discutido pero muy popular documentalista norteamericano Michael Moore. Puede parecer exagerado el afirmar de manera rotunda que, gracias a Lasseter y a Moore, el cine británico de animación y documental, respectivamente, han experimentado dicho auge, pero hay que reconocer que, cuanto menos, han favorecido su reintroducción en el mercado mundial del cine.

Sea como fuere, y dejando aparte muestras del género documental no por poco difundidas allende las fronteras de Gran Bretaña menos valiosas –*Black Sun* (2005), *Scott Walker: 30 Century Man* (2006), *Taking Liberties* (2007), *Mugabe and the White African* (2009), *The Arbor* (2010), *McCullin* (2012)–, el reportaje cinematográfico total o parcialmente británico ha cosechado y sigue cosechando inesperados éxitos internacionales del calibre de *Lost in La Mancha* (ídem, 2002), el célebre documental de Keith Fulton y Louis Pepe en torno al rodaje de la inacabada película de Terry Gilliam *The Man Who Killed Don Quixote*; *Exit Through the Gift Shop* (ídem, 2010), reputado trabajo del misterioso artista gráfico Bansky..., en torno a un admirador de su obra grafitera; *Senna* (ídem, 2010), reportaje de Asid Kapadia en torno al malogrado corredor de Fórmula 1 Ayrton Senna; *El impostor* (*The Imposter*, 2012), extraña reconstrucción por parte de Bart Layton de un estrafalario caso de suplantación; o *Searching for Sugar Man* (ídem, 2012), popular reportaje de Malik Bendjelloul en torno a la sorprendente carrera musical "clandestina" de Sixto Rodríguez. De hecho, el documental británico ha acaba incluso abrigando la obra de un autor con firma propia, por más que, reiteramos a riesgo de ponernos pesados, ha desarrollado sus reportajes abordando temas y contenidos específicamente estadounidenses. Hablamos de James Marsh (n. 1963), director de las reputadas *Man on Wire* (ídem, 2008) –Oscar al Mejor Largometraje Documental– y *Proyecto Nim* (*Project Nim*, 2011), quien posteriormente ha incursionado en el terreno de la ficción con *Shadow Dancer* (2012); en cierto sentido, en el caso de Marsh se repite la cuestión sobre la "britanidad" de Ridley Scott y Christopher Nolan que hemos apuntado páginas atrás.

MIRANDO AL PASADO CON ESCEPTICISMO: EL MELODRAMA HISTÓRICO

Costume melodrama. *Costume genre*. Cine "de época". Denominaciones bajo las cuales hemos englobado, con distintas matizaciones, esa gran parcela del cine británico en la que hallamos desde melodramas de ambientación victoriana hasta relatos de trasfondo histórico englobados por lo general entre el período mencionado y el isabelino (las reinas Isabel I y Victoria resumen no ya el cine histórico, sino la propia historia de Gran Bretaña vista en su totalidad), pasando por los que transcurren a lo largo del siglo XX dentro de etapas históricamente relevantes como, por ejemplo, las dos guerras mundiales, pero sin por ello ser cine bélico, por más que en ocasiones recurran tangencialmente a algunas de sus convenciones. Un tipo de relatos existentes en la cinematografía británica desde sus inicios y que de un tiempo a esta parte, y como consecuencia casi nos atreveríamos a afirmar que natural del paso del tiempo, ha ido ampliando paulatinamente su campo de operaciones hacia períodos históricos a simple vista ya no tan alejados en el tiempo salvo a los ojos de las generaciones más jóvenes, de ahí que en estos últimos tres lustros, aproximadamente, el cine británico haya demostrado un singular interés en evocar hechos reales (sean o no históricos) y tiempos pretéritos mucho más contemporáneos. Acaso la mejor y más conocida muestra de esta tendencia sea el excelente film de la realizadora danesa Lone Scherfig *An Education* (ídem, 2009), según las memorias de Lynn Barber y ambientado en el Londres de los años sesenta, por más que no sea el único –*The Last Hangman* (2005), *History Boys* (*The History Boys*, 2006), *Brick Lane* (2007), *Made in Dagenham* (2010)–, e incluyendo, por descontado, las aportaciones que hemos mencionado aparte de Leigh o Davies (la Inglaterra de posguerra de *El secreto de Vera Drake* y *The Deep Blue Sea*) y Winterbottom (la escena de la música pop de finales de los setenta y principios de los ochenta de *24 Hour Party People*). Tiempo al tiempo, llegará el momento en que los relatos ambientados a finales del siglo XX y principios del XXI también serán cine "de época" o "histórico".

Esa aparente tirantez entre lo antiguo y moderno existente en el fondo de todo *melodrama costume* sigue estando presente en esta cinematografía, la cual ha continuado mostrándose relativamente pródiga en adaptaciones de sus clásicos de la literatura y el teatro. Shakespeare, siempre Shakespeare, se encuentra en la base de dos producciones dispares, si bien ambas no exentas de atractivos: la sombría adaptación de *El mercader de Venecia* (*The Merchant of Venice*, 2004) firmada por Michael Radford, que pone el acento en la cuestión del racismo alrededor de la figura del judío Shylock (Al Pacino); y la anacrónica de *Coriolanus* (ídem, 2011) protagonizada por Ralph Fiennes en su debut como realizador, siguiendo una hoja de ruta similar a la de Richard Loncraine y Ian McKellen en *Ricardo III*, y la de Julie Taymor en *Titus*. *El mercader de Venecia* y *Coriolanus* ponen el acento en los aspectos políticos de las piezas adaptadas, algo que no es casual dentro del contexto revisionista que recorre al actual cine británico "de época", lo cual se percibe (valoraciones artísticas al margen) en el énfasis que se pone a la hora de realzar ideas ya presentes en los originales de cara a darles una pátina de "contemporaneidad", tal es el caso, por ejemplo, de la hipocresía inherente a las apariencias sociales que se realza en ya la citada nueva versión de *La importancia de llamarse Ernesto*, o en una nueva (e insuficiente) relectura de Oscar Wilde, *El retrato de Dorian Grey* (*Dorian Gray*, 2009); la parábola sobre el arribismo social que se encuentra en primer término de la nueva versión de *Grandes esperanzas* (*Great Expectations*, 2012) rodada por Mike Newell en el año del 200 aniversario del nacimiento de Charles Dickens; o la lectura feminista que subyace en la interesante versión de Charlotte Brontë, *Jane Eyre* (ídem, 2011), firmada por el estadounidense de ascendencia japonesa Cary Fukunaga, cuya principal diferencia con respecto a adaptaciones anteriores reside, más que en posibles contenidos temáticos, en una cuestión de tono: si, en la norteamericana *Alma rebelde* (*Jane Eyre*, 1943), el británico Robert Stevenson optaba por los encuadres abigarrados y claustrofóbicos, acaso influidos por la presencia de Orson Welles en el papel de Rochester, mientras que Franco Zeffirelli, en su ya mencionada versión de 1996, se inclinaba por una desnudez formal más interesada en el dibujo de personajes que en la creación de una atmósfera (en su *Jane Eyre* la hay, pero no gótica, sino de otra índole más delicada e intimista), la opción de Fukunaga es más bien la de la morbidez, la cual confiere un carácter subjetivo y un tanto "etéreo" al relato, en consonancia con el punto de vista desde el cual está narrado y que no es otro que el de la propia Jane (Mia Wasikowska).

Dentro de un enfoque mucho más contemporáneo, no está de más detenerse siquiera brevemente en la existencia de una especie de variante del viejo cine colonial, hasta el punto de haberse creado casi un "género", subgénero o corriente genérico-temática de films de tonalidad generalmente dramática, si bien también existen los de tono humorístico, cuya acción o bien se desarrolla en las antiguas colonias y/o países que fueron miembros de la Mancomunidad de Naciones (Commonwealth), o bien tiene lugar en territorio británico pero sus personajes protagonistas son o tienen alguna relación u origen étnico relacionado con algunas de esas naciones, por lo general India –*El guerrero* (*The Warrior*, 2001)–, Sudáfrica –*Tsotsi* (ídem, 2005), ganadora del Oscar a la Mejor Película de Habla No Inglesa en representación, precisamente, de ese país; *Disparando a perros* (*Shooting Dogs*, 2005)– o Ruanda –*Hotel Rwanda* (ídem, 2004)–, si bien comparten similar espíritu melodramas como el bienintencionado pero blando *London River* (ídem, 2009), que gira en torno a la amistad entre una madura ama de casa inglesa (Brenda Blethyn) y un anciano africano (Sotigui Kouyaté) cuyos respectivos hijos han desaparecido (y muerto) en el atentado cometido por Al-Qaeda en Londres el 7 de julio de 2005; o *I Am Nasrine* (2012), que retrata a una mujer iraní de clase media (Micsha Sadeghi) en el Teherán actual. Si bien volveremos a mencionarlas cuando hablemos de la comedia, el contrapunto humorístico a este bloque temático lo constituyen algunos films que beben en todo o en parte del inesperado éxito local de la comedia de finales de los noventa *Oriente es Oriente*, tales como las populares películas de la realizadora Gurinder Chadha *Quiero ser como Beckham* (de 2002) y *Bodas y prejuicios* (*Bride & Prejudice*, 2004), y otras más o menos este estilo como *El gurú del sexo* (*The Guru*, 2002) o *La joven de las especias* (*The Mistress of Spices*, 2005).

El cine "de época" británico de estos últimos años ha puesto especial interés en la revisión de la Historia con mayúsculas, tanto la antigua como la contemporánea, lo cual ha dado pie a una seria andanada de "películas biográficas" o *biopics* que navegan por el pasado y el presente (en ocasiones, en estos últimos casos, muy reciente) con vistas a elaborar una suerte de panorámica histórica que combina a partes iguales la tradición (la evocación de la antigua grandeza del Imperio) y la revisión crítica (la mirada sobre los males endémicos de la sociedad británica que se arrastran desde entonces y hasta nuestros días). Si bien es verdad que hay un contingente de films "de época" que han concentrado sus esfuerzos histórico-revisionistas en figuras de la cultura (y ni siquiera todas ellas de la cultura inglesa), tal es el caso de *La joven de la perla* (*Girl with a Pearl Earring*, 2003) –sobre Johannes Vermeer (Colin Firth)–, *Descubriendo Nunca Jamás* (*Finding Neverland*, 2004) –James M. Barrie (Johnny Depp)– y *Bright Star* (ídem, 2009) –John Keats (Ben Whishaw)–, y alguna antigua figura de la política, como en *Amazing Grace* (ídem, 2006) –el abolicionista William Wilberforce (Ioan Gruffud)–, no es menos cierto que han seguido proliferando los retratos de la realeza y/o la aristocracia: *Matar a un rey* (*To Kill a King*, 2003), sobre el proceso dirigido por Oliver Cromwell (Tim Roth) que desembocó en la decapitación del rey Carlos I (Rupert Everett); *The Libertine* (ídem, 2004), que retrata a John Wilmot, conde de Rochester (Johnny Depp); *Elizabeth: La edad de oro*, secuela de *Elizabeth* realizada en 2007, de nuevo con Cate Blanchett como Isabel I; *Las hermanas Bolena* (*The Other Boleyn Girl*, 2008), sobre el papel jugado por María Bolena (Scarlett Johansson) en la historia de su mucho más famosa hermana Ana (Natalie Portman); *La duquesa* (*The Duchess*, 2008), en torno a la turbulenta relación de Georgiana, duquesa de Devonshire (Keira Knightley), con su marido el duque (Ralph Fiennes); o *La reina Victoria* (*The Young Victoria*, 2009), que dibuja la subida al poder de la susodicha (Emily Blunt). Desde otra perspectiva indiscutiblemente contemporánea, el *biopic* británico de estos últimos tiempos se ha centrado sobre o alrededor de estrellas de la música pop-rock, como John Lennon –si bien en un caso a través de la figura del responsable de su asesinato, Mark Chapman (Jonas Ball), en *The Killing of John Lennon* (2006); y, en otro, centrándose en la juventud de Lennon (Aaron Taylor-Johnson), caso de *Nowhere Boy* (ídem, 2010)–, el cantante de Joy Division Ian Curtis (Sam Riley) –*Control* (ídem, 2007)– o Ian Dury (Andy Serkis) –*Sex & Drugs & Rock & Roll* (2010), trabajo en solitario del colaborador habitual de Michael Winterbottom, Mat Whitecross–, por más que el subgénero también haya dejado espacio para evocar la relación entre Marilyn Monroe (Michelle Williams) y Laurence Olivier (Kenneth Branagh) durante el rodaje de *El príncipe y la corista* –la agradable *Mi semana con Marilyn* (*My Week with Marilyn*, 2011)–, o para retratar, por fin, a Margaret Thatcher (interpretada, eso sí, por la norteamericana Meryl Streep, por lo demás impresionante) en la insuficiente *La dama de hierro* (*The Iron Lady*, 2011).

Por más que el *costume genre* de estos últimos tiempos es en sus líneas generales tan sólido como siempre pero no ha proporcionado títulos demasiado relevantes, dentro del mismo han edificado su obra tres cineastas británicos cuyo prestigio ha logrado ir allende las fronteras de su país de nuevo, y por enésima vez, gracias a los "contactos" con la industria del cine *hollywoodiense*. Ellos son Stephen Daldry (n. 1961), Joe Wright (n. 1972) y Tom Hooper (n. 1972), aupados gracias al éxito comercial de sus propuestas a un cierto estatus de privilegio dentro de la cinematografía británica, y con perspectivas de integración en la de los Estados Unidos a lo Ridley Scott. El peor de los tres es Daldry, quien se dio a conocer con la ya mencionada *Billy Elliot (¡Quiero bailar!)*, una comedia obrera *light* de simplona cursilería que cuanto menos sirvió para dar a conocer a un buen actor de carácter, su joven protagonista Jamie Bell, y que no tardó en ser "captado" por Hollywood para perpetrar en régimen de coproducción un monumento al tedio, *Las horas* (*The Hours*, 2002), a costa de una no menos tediosa novela homónima de Michael Cunningham, recordado más que nada por haberle proporcionado un Oscar a la australiana Nicole Kidman por su esforzada caracterización como Virginia Woolf. Antes de dar el salto definitivo a Hollywood con la horrible *Tan fuerte, tan cerca* (*Extremely Loud & Incredibly Close*, 2011), Daldry resolvió en régimen de coproducción íntegramente norteamericana y alemana *The Reader (El lector)* (*The Reader*, 2008), que pese a su mediocridad le proporcionó asimismo el Oscar a su protagonista, en este caso la británica Kate Winslet, partiendo aquí de una (esta sí) buena novela homónima de Bernhard Schlink.

Algo mejor es Joe Wright, por más que al cierre de este volumen es el más prestigioso de los tres, probablemente (sospecho) porque solo se conocen de oídas los originales literarios de las tres películas que han cimentado su desmesurada reputación: *Orgullo y prejuicio* (*Pride & Prejudice*, 2005), según Jane Austen; *Expiación: Más allá de la pasión* (*Atonement*, 2007), a partir de Ian McEwan; y *Anna Karenina* (ídem, 2012), según la obra de León Tolstoi, cómo no. Con una calculada mezcla de efectismo y esteticismo, que a ratos parece una puesta al día del estilo del discutible Alan Parker, Wright ha logrado hacerse un hueco dentro del mundo del cine que hasta el

Expiación, adaptación de la novela de Ian McEwan a cargo de Joe Wright.

momento actual se circunscribe dentro de los márgenes del cine "de época", dado que cuando ha intentado salirse de los mismos, el resultado ha sido peor: véanse *El solista* (*The Soloist*, 2009) y *Hanna* (ídem, 2011), que no se salvan ni con el concurso de excelentes actores, Robert Downey Jr. y Jamie Foxx en el primer caso, Saoirse Ronan, Cate Blanchett y Eric Bana en el segundo.

Algo mejor es Tom Hooper, dado a conocer gracias en primer lugar a la simpática *Damned United* (*The Damned United*, 2009), reconstrucción en tono de comedia dramática de la historia real del que fuera entrenador del equipo de fútbol de los Leeds United Brian Clough (Michael Sheen), y consagrado sobre todo gracias a la más característica más no por ello despreciable película británica de estos últimos años: *El discurso del rey*. Aun estando lejos de ser un film perfecto, por culpa de cierta tendencia del realizador a los encuadres enfáticos que incluye una abusiva querencia por el "ojo de pez", uno de los aspectos más logrados de *El discurso del rey* reside en la humanidad de su planteamiento dramático, y en su habilidad para hacer una aproximación íntima a sus personajes, algo casi siempre difícil de conseguir cuando se trata, como en este caso, de figuras "históricas".

Tiene gracia, en el caso de *El discurso del rey*, que buena parte de su intríngulis gire precisamente alrededor de uno de esos personajes "históricos", Jorge VI (Colin Firth), y de las palabras que expresó en voz alta, sus discursos en público, al principio pésimos por culpa de su defecto físico y luego lo más óptimos posible (el discurso radiofónico del final), puesto que, de este modo, se invierte inteligentemente la concepción tradicional del así llamado "cine histórico", en el cual los personajes suelen expresar en voz alta aquellos pensamientos o "frases celebres" por los cuales han pasado a la posteridad: lo que importa aquí no es tanto lo que Jorge VI dijo públicamente como, sobre todo, el cómo lo dijo. Lo interesante, por tanto, es el proceso que llevó a Jorge VI a tener una dicción como mínimo aceptable, y la película lo dibuja excelente y sutilmente por medio de la descripción de la relación personal entre Bertie y Lionel Logue, su profesor de dicción, magníficamente perfilada en el espléndido guión de David Seidler y extraordinariamente sostenida sobre la labor de los intérpretes (todos soberbios, si bien merecen menciones especiales Firth, en el papel de su vida, y sobre todo, huelga decirlo, Geoffrey Rush, como Logue).

Menos conseguida, pero aún así por encima de lo que se dijo en su momento, la versión de Tom Hooper de *Los miserables* (*Les Misérables*, 2012), adaptación de la famosa obra musical de Claude-Michel Schönberg y Alain Boublil a partir de la novela homónima de Victor Hugo, en la que en muchos momentos se nota su intención de ser un equivalente fílmico del espectáculo teatral, cosa que se hace patente sobre todo en la visualización de los dos famosos temas musicales del original escénico que cierran el primer y el segundo y último acto de la función (y, con este, la película), "One Day More" y "Do You Hear The People Sing (Reprise) [Finale]", en los cuales se recurre al montaje en paralelo para unificar visual y musicalmente a los principales personajes y lograr algo parecido a un apoteosis

LA COMEDIA: CRISOL DE TENDENCIAS

El género cómico británico de los tres últimos lustros se ha caracterizado principalmente por la continuación de la explotación de fórmulas preexistentes de éxito seguro. Richard Curtis, guionista y productor ejecutivo de las exitosas *Cuatro bodas y un funeral* y *Notting Hill*, se lanzó a la aventura de la dirección con la que posiblemente sea la más popular comedia romántica británica de estos últimos tiempos, *Love Actually* (ídem, 2003), film de una bien asumida blandura pero en buena parte suplida por una considerable elegancia cómica que se descarga sobre la fórmula del relato coral y el concurso de un reparto formado por estrellas a ambos lados del Atlántico consolidadas o a punto de despegar (Bill Nighy, Colin Firth, Liam Neeson, Emma Thompson, Martin Freeman, Chiwetel Ejiofor, Keira Knightley, Hugh Grant, Laura Linney, Alan Rickman, Rowan Atkinson), erigiéndose, contra todo pronóstico, en un título-fetiche para toda una generación de espectadores que acaso resistirá el paso del tiempo mejor que los anteriores y prematuramente envejecidos trabajos de Curtis como guionista. Por más que las siguientes propuestas tras las cámaras de Curtis, *Radio encubierta* (*The Boat That Rocked*, 2009) y *Una cuestión de tiempo* (*About Time*, 2013), no tuvieron tanta repercusión, y a pesar del anuncio de su principal responsable de abandonar la realización de films tras el rodaje de la última de las mencionadas, resulta indiscutible el papel de Richard Curtis en la reciente comedia británica.

Otra fórmula explotada por el género últimamente, y asimismo heredera de fórmulas exitosas de la década de los 90, consiste en películas erigidas alrededor de figuras de la comedia inglesa de previo prestigio teatral y/o televisivo, tal es el caso del ya mencionado Rowan Atkinson, quien en estos últimos años propuso una secuela de la primera incursión en el cine de su famoso personaje televisivo Mr. Bean –*Las vacaciones de Mr. Bean* (*Mr. Bean's Holiday*, 2007)–, y, con cierto éxito, un nuevo personaje dentro de una línea similar que parodiaba abiertamente a James Bond y dio pie a un par de títulos: *Johnny English* (ídem, 2003) y *Johnny English Returns* (*Johnny English Reborn*, 2007). Un caso relativamente similar al de Atkinson es el de Steve Coogan, excelente actor cuya popularidad en el género se sustenta en vehículos hechos a su medida –*The Parole Officer (El agente de la condicional)* (*The Parole Officer*, 2001)– y en sus inteligentes prestaciones a las órdenes de un cineasta de prestigio como Michael Winterbottom (*24 Hour Party People*, *Tristam Shandy*, *The Trip*).

Dentro de este *star system* se han dado, asimismo, algunos curiosos traspasos de personalidades entre Gran Bretaña y los Estados Unidos, de tal manera que, por ejemplo, una de las mejores y más inteligentes comedias del período, *Un niño grande* (*About a Boy*, 2002), a partir de una novela de Nick Hornby (n. 1957) –cuyos libros y guiones han tenido su peso específico dentro del cine británico contemporáneo: recuérdese la adaptación llevada a cabo por Stephen Frears de *Alta fidelidad*, o su guión para *An Education*–, estuvo protagonizada por una de las grandes estrellas británicas del momento, Hugh Grant, pero dirigida por una pareja de cineastas estadounidenses, los hermanos Chris y Paul Weitz. Otro traspaso es el que se dio a partir de las (mediocres)

Love Actually, comedia representativa del estilo de su director, Richard Curtis.

adaptaciones al cine de las popularísimas novelas de Helen Fielding sobre el personaje de Bridget Jones, *El diario de Bridget Jones* (*Bridget Jones's Diary*, 2001) y *Bridget Jones: Sobreviviré* (*Bridget Jones: The Edge of Reason*, 2004), que pese al concurso de dos grandes figuras británicas masculinas, Hugh Grant y Colin Firth, están protagonizadas por la actriz norteamericana, tejana para más señas, Renée Zellweger.

El género cómico británico en la actualidad continúa reflejando a su manera lo que antes se llamaba el mestizaje y ahora se conoce como multiculturalidad y globalización, por medio de una serie de títulos que arrojan miradas a sectores de la población y la cultura británicos poco explotados antes de los años ochenta, pero que andando el tiempo han acabado formando, o casi, su propio corpus fílmico dentro de esta cinematografía. Nos referimos a los films que abordan la temática de las etnias indias y pakistaníes residentes en Gran Bretaña, los cuales, tal y como hemos apuntado, beben en no poca medida del éxito local que tuvo la comedia *Oriente es Oriente* –generadora, incluso, de una reciente secuela: *Occidente es Occidente* (*West Is West*, 2010)–, y que sobre todo en el caso de India –escenario que se evoca en la comedia coral *El exótico Hotel Marigold* (*The Best Exotic Marigold Hotel*, 2011)– ha dado origen a un pequeño subgénero, el de las comedias que evocan el estilo cinematográfico de Bollywood, caso de las ya citadas *El gurú del sexo* y *La joven de las especias*, el cual se ha convertido en una de las señas de identidad (si bien no la única y ni siquiera la principal) de uno de los escasos nombres que han despuntado cierta autoría tras las cámaras en lo que a la comedia británica se refiere: la asimismo mencionada realizadora de ascendencia india Gurinder Chadha, cuya *Quiero ser como Beckham* acaso sea otra de las comedias británicas más significativas del período, no solo por haber contribuido a lanzar al estrellato a la actriz Keira Knightley, o por su sencillo y simpático discurso a favor de la

La comedia británica mira a las actuales minorías: *Quiero ser como Beckham.*

tolerancia racial y sexual a través de la historia de la amistad de una chica de 18 años nacida en una estricta familia sij (Parminder Nagra) y otra de su misma edad y raza blanca (Knightley) que tan solo desean realizarse jugando al fútbol, sino también por enlazar simbólicamente en el tiempo con otra comedia de temática futbolística, *Gregory's Girl*. Chadha estuvo menos afortunada en *Bodas y prejuicios*, una curiosa pero irregular adaptación de *Orgullo y prejuicio*, de Jane Austen, combinada con música y estética *hollywoodiense*, cuya escasa repercusión ha influido negativamente en la recepción de sus trabajos posteriores, *Mi gato Angus, el primer morreo y el plasta de mi padre* (*Angus, Thongs and Perfect Snogging*, 2008) e *It's a Wonderful Afterlife* (2010), donde reincide en la, digamos, "temática india".

Chadha no es la única "autoría" que ha destacado en el panorama de la actual comedia británica. Al suyo habría que añadir los nombres de Garth Jennings (n. 1972) y Martin McDonagh (n. 1970), por más que se trate de dos recién llegados que han empezado a despuntar con brillantez pero sobre los cuales todavía resulta precipitado hacer valoraciones definitivas de cara a su futuro no ya dentro de la comedia sino de la propia industria del cine en general, pues al cierre de esta edición tan solo han firmado un par de largometrajes cada uno, caracterizados todos ellos, además, por esa confusa hibridación que se da en la mayoría de los trabajos de cineastas a caballo del cine británico y el norteamericano, siempre con el ojo puesto en la búsqueda, captura y explotación del talento foráneo; una vez más, la peliaguda cuestión de su "britanidad" flota sobre el conjunto de sus obras. Sea como fuere, tanto las dos primeras películas de Jennings, *Guía del autoestopista galáctico* (*The Hitchhiker's Guide to the Galaxy*, 2005) y *Son of Rambow* (ídem, 2007), como las del acaso más reputado y difundido McDonagh, la celebrada *Escondidos en Brujas* (*In Bruges*, 2008) y la curiosa aunque parcialmente fallida *Siete psicópatas* (*Seven Psychopaths*, 2012), apuntan maneras que los hacen preferibles a chacoteros del calibre de Guy Ritchie, al menos por ahora.

Por lo demás, la comedia británica actual ha mantenido bien alto cierto estilo local y casi localista en lo que se refiere a la mirada sobre personajes y/o ambientes "típicos", bien sea los suburbios londinenses de *Venus*, en la que un anciano Peter O'Toole se enamora platónicamente de una "choni" de barrio (Jodie Whittaker), o los verdes paisajes de Irlanda que ilustran títulos como la comedia sentimental *Mi querido Frankie* (*Dear Frankie*, 2004) o la divertida comedia policíaca de producción íntegramente irlandesa y, para más señas, titulada en España *El irlandés* (*The Guard*, 2011), construida en no poca medida alrededor del carisma de su espléndido actor protagonista, el dublinés Brendan Gleeson.

A esa "tradición" hay que unir intentos de modernización de esquemas clásicos del género, como el representado por los inesperados *remakes* puestos-al-día del *Alfie* de Lewis Gilbert –*Alfie* (ídem, 2004)– y la añeja serie *St. Trinian's* –*Supercañeras: El internado puede ser una fiesta* (*St. Trinian's*, 2007)–; y sobre todo, el éxito de otra de las comedias más significativas del período, junto con *Love Actually* y *Quiero ser como Beckham*: *Un funeral de muerte* (*Death at a Funeral*, 2007), dirigida por el actor y realizador británico afincado desde hace muchos años en los Estados Unidos Frank Oz (n. 1944), un divertido relato coral alrededor de un entierro de lo más accidentado que en cierto sentido podría interpretarse como una inteligente reactualización de la vieja comedia británico a lo Ealing o hermanos Boulting, cuyo triunfo en taquilla generó tan solo tres años después un rápido e innecesario *remake made in USA* (por más que el título original ya tenía, *of course*, participación financiera norteamericana), igualmente titulado *Un funeral de muerte* (*Death at a Funeral*, 2010). Pese a lo afirmado, eso no significa que en la comedia británica no haya espacio para otros temas y estilos más contemporáneos: títulos como la sátira política *In the Loop* (ídem, 2009), o *como Four Lions* (ídem, 2010), que se atreve a burlarse un tanto temerariamente del terrorismo islámico, demuestra que el género no vive, ni mucho menos, de espaldas a la más acuciante (e inquietante) actualidad.

CINE FANTÁSTICO: VIENTOS DE RENOVACIÓN

¿Cuáles son las razones por las que el cine británico actual ha vuelto a poner su mirada en el género fantástico, con predominio de la variante temática del terror, tras años de ostracismo, indignos de una cinematografía que alumbró una producción tan importante dentro del género como la de Hammer Films y a un cineasta fundamental como Terence Fisher? Puede deberse a varios factores, el primero de ellos y el más obvio, a modo de respuesta comercial derivada de la necesidad de competir con el cine norteamericano en el terreno de un género que, por regla general, suele llevarse a cabo manejando presupuestos relativamente bajos y asequibles. Pero antes de proseguir, hagamos un poco de historia. Si bien es verdad que el cese de la actividad de producción de Hammer Films y sus competidoras entre mediados de los setenta y principios de los ochenta hirió gravemente la reputación del *fantastique* británico, por lo que tuvo de cierto "vacío de creatividad", no es menos cierto que el género obtuvo dos importantes hitos en 1984 y 1987, respectivamente, gracias los ya mencionados éxitos de *En compañía de lobos* y *Hellraiser: Los que traen el infierno*. En la década siguiente se hicieron títulos de interés, pero que por una razón u otra no tuvieron la repercusión que merecieron, bien fuera por su formato –el reputado telefilm de la BBC *Ghostwatch* (1991)–, o bien porque su fracaso comercial impidió que alcanzaran más difusión internacional, tal es el caso de una coproducción con los Estados Unidos (Francis Ford Coppola, nada menos) dirigida por el veterano Lewis Gilbert y basada en *Hechizo*, una novela de James Patterson: *Haunted* (1995), elegante film de fantasmas que, en la misma estela de la famosa película norteamericana de Herk Harvey *Carnival of Souls* (1962), plantea en clave gótica lo mismo que después replantearían M. Night Shyamalan en *El sexto sentido* (*The Sixth Sense*, 1999) y Alejandro Amenábar en *Los otros* (2001).

El actual *boom* del cine fantástico británico actual arranca en 2002 gracias al éxito de un film de Danny Boyle solo en parte conseguido pero indudablemente efectivo: el ya mencionado *28 días después*, que ilustra cómo Gran Bretaña entera es asolada por una epidemia que convierte a las personas en zombis o, si se prefiere, en salvajes "infectados" de instinto asesino, y cuyos momentos más logrados se corresponden con su primera mitad, coincidiendo con el alucinante periplo de su protagonista (Cillian Murphy) tras recobrar el conocimiento en un hospital y encontrarse con que Londres se ha convertido en un desolado y aterrador páramo. *28 días después* no solo generó una secuela –y pésima, para más señas: *28 semanas después* (*28 Weeks Later*, 2007), firmada por el español Juan Carlos Fresnadillo–; también abrió una veda dentro del cine de terror *made in the UK* que, siguiendo la tradición que lo que ha sido esta cinematografía en sus líneas generales, se caracterizó por dos grandes tendencias: 1) el intento de modernización de los esquemas clásicos del género, tanto narrativos como estéticos, desde un punto de vista autóctono o, si se prefiere, "británico" en aras tanto de la continuación como de una cierta renovación del *fantastique* nacional; y 2) el intento de modernización del género por la vía en este caso de la imitación de determinados éxitos del cine norteamericano, tal es el caso, por ejemplo, de la estimable *La cámara secreta* (*My Litte Eye*, 2002), surgida al albur de la moda del *found footage* establecida a raíz del desproporcionado triunfo comercial de la horrenda *El proyecto de la bruja de Blair* (*The Blair Witch Project*, 1999); o de la coproducción de la renacida Hammer Films con los Estados Unidos que dio pie al ya mencionado, y notable, *remake* homónimo del film de Tomas Alfredson *Déjame entrar* (*Lat den rätte komma in*, 2008) firmado por el norteamericano Matt Reeves en 2010.

De ahí que, por un lado, el fantástico británico, variante cine de terror, haya intentado una cierta continuidad de la tradición mediante títulos no por ello despreciables, tal es el caso de la notable película gótica de fantasmas *La maldición de Rookford* (*The Awakening*, 2011).

Resulta curioso el parecido que existe entre este film del debutante Nick Murphy y una de las mejores producciones fantásticas brindadas por el género durante los años 90: *Fotografiando hadas* (*Photographing Fairies*, 1997). Esta última reconstruye de manera libre el caso real de las hadas de Cottingley, muy famoso en la Gran Bretaña de principios del siglo XX, que se desató a raíz de la noticia de que unas niñas jugaban y se retrataban con hadas en un bosquecillo cercano a su casa, asunto que captó la atención del mismísimo Sir Arthur Conan Doyle, padre literario de Sherlock Holmes y muy interesado por la temática sobrenatural (Conan Doyle también hace su presencia en *Fotografiando hadas* bajo los rasgos del actor Edward Hardwicke). La película se inspira pero no reconstruye el asunto de Cottingley, sino que un atractivo relato repleto de sugerencias. Su protagonista, Charles Castle (Toby Stephens, hijo de Maggie Smith y Robert Stephens), es un fotógrafo amargado por la muerte accidental de su joven esposa que en un primer momento intenta demostrar que las hadas que aparecen retratadas junto a unas niñas son un fraude, entre otras razones Castle ha perdido la fe de que pueda existir "otra vida" más allá de la existencia humana que le permitiría reunirse con su mujer. *Fotografiando hadas* bascula sobre el enfrentamiento entre razón y fe, el choque de las creencias religiosas y el raciocinio científico, y también sobre la lucha entre la rigidez de la religión oficial, institucional, representada por el reverendo Templeton (Ben Kingsley) y la libertad de la religión no oficial, pagana, simbolizada por las manifestaciones de las hadas que Castle y las niñas alcanzan a ver tras la ingestión de una rara flor con cualidades psicotrópicas. Todo ello lo articula el realizador debutante Nick Willing con elegancia y precisión, la cual culmina en una bella secuencia final donde se funden el deseo de Castle de acceder a ese más allá donde quizá le espera su difunta esposa, la música de Beethoven y un hada que anuncia su entrada en ese "otro mundo". En *La maldición de Rookford*, una escéptica "cazafantasmas" (Rebecca Hall) de la Inglaterra de 1921 se dedica a desenmascarar a falsos espiritistas que se aprovechan de la credulidad de las personas que todavía lloran a sus difuntos, y lo hace porque, en el fondo, alberga la remota esperanza de que algún día asistirá a un contacto con el más allá *autentico* que le permitirá volver a ver a su difunto prometido, fallecido durante la Gran Guerra. Una investigación de apariciones fantasmales en la escuela Rookford para niños varones, la mayoría huérfanos, da pie para plantear, *sotto vocce* y sin perder de vista en ningún momento su condición intrínseca de "historia de fantasmas", un acerado discurso sobre el cruel sistema educativo victoriano que todavía pervivía en Gran Bretaña entrado ya el pasado siglo, así como un completo muestrario de sexualidades reprimidas.

Este *boom* ha provocado el surgimiento de una generación de cineastas británicos que, con mayor o menor regularidad y mejor o peor fortuna, han decidido convertir el género fantástico en su principal base de operaciones. Ya hemos mencionado a Nick Willing (n. 1961), por más que su producción dentro del género posterior a *Fotografiando hadas* –*Doctor Sleep* (2002)– haya sido decepcionante, y dejando al margen que su interesante y subvalorada coproducción con Canadá *The River King* (ídem, 2005) sea más un *thriller* que una película de terror, pero podemos añadir otros nombres:

Doomsday: El día del juicio, film fantástico dirigido por el escocés Neil Marshall.

– Neil Marshall (n. 1970), acaso el más afamado de su generación, a pesar de la irregularidad y en ocasiones desigualdad existente entre sus aciertos y sus errores, como demuestran *Dog Soldiers* (ídem, 2002), *The Descent* (ídem, 2005) –que dio pie a una secuela: *The Descent: Part 2* (2009)–, y *Doomsday: El día del juicio* (*Doomsday*, 2008), a las cuales hay que sumar un film no fantástico aunque estimable, *Centurión* (*Centurion*, 2010). *Dog Soldiers* –una singular epopeya en torno a un grupo de soldados británicos de maniobras por Escocia que son atacados por un pequeño ejército de... hombres lobos escoceses (sic)–, *The Descent* –la odisea de un grupo de mujeres que practican espeleología en lo profundo de unas cuevas habitadas por una raza de caníbales ciegos y hostiles, en lo que puede verse una variante más *gore* y tenebrosa de una olvidada (y olvidable) película de Don Sharp, *Cavernas fantasmas* (*What Waits Below*, 1985)–, y *Doomsday: El día del juicio* –un cruce bastardo entre *1997: rescate en Nueva York* (*Escape from New York*, 1981) y la saga australiana *Mad Max* (1979-2014): no por casualidad, un par de personajes secundarios responden a los apellidos de (John) Carpenter y (George) Miller– no son buenos films, pero todos ellos contienen ráfagas de buen cine que apuntan a un futuro gran director: los ataques de los licántropos y de los caníbales subterráneos en *Dog Soldiers* y *The Descent*, respectivamente; y, en *Doomsday: El día del juicio* la visión apocalíptica de una Escocia futurista convertida, por obra y gracia del gobierno británico, es una especie de infierno en la tierra.

– Michael J. Bassett, firmante de *Deathwatch* (ídem, 2002), *Wilderness* (2006), *Solomon Kane* (ídem, 2009) y *Silent Hill: Revelation* (2012), de las cuales la primera y la tercera de las citadas, un curioso relato ambientado en una trinchera de la Primera Guerra Mundial y una adaptación de las aventuras del violento héroe puritano de Robert E. Howard, exhiben buenas maneras, todavía modestas pero considerables. Lástima que su más reciente incursión en el género, *Silent Hill: Revelation*, si bien ya no de producción británica, sea de una mediocridad absoluta.

– James Watkins (n. 1978), realizador de un título fundamental del cine de terror británico contemporáneo, *Eden Lake* (2008), así como de la en absoluto desdeñable *La mujer de negro*. *Eden Lake* es un *thriller* de suspense inscrito dentro de la tendencia conocida bajo la expresión *survival*, que engloba relatos en los cuales la supervivencia de los personajes en un torno natural hostil suele ser el principal eje del relato. Su planteamiento dramático resulta altamente corrosivo, dado que ofrece, *sotto vocce*, una amarga visión de la diferencia y el odio entre clases sociales en la Inglaterra actual. Su protagonista es Jenny (Kelly Reilly), una atractiva joven cuya imagen (alta, rubia, delicada, elegante) remite de inmediato a cierto estereotipo social de "chica bien". Su novio, Steve (Michael Fassbender), tiene una apariencia que responde a un determinado arquetipo social de "príncipe azul": apuesto, adinerado, educado. Esta *pareja perfecta*, guapa-y-feliz, decide irse a pasar el consabido fin de semana en el campo, paradigma de lo que la convención social de este último siglo ha establecido como *necesidad* semanal. Pero lo que Jenny y Steve encontrarán a orillas de ese lago Edén que, irónicamente, presta su titulo al título, será un pedazo de la más cruda de las realidades. Cerca de ellos acampa un puñado de adolescentes maleducados, que fuman, ponen fuerte la música de un radiocasete y se muestran crueles y violentos con los componentes más jóvenes, ergo más débiles, de su grupo. La incomodidad de los protagonistas ante esa presencia perturbadora acabará degenerando hasta convertirse en un enfrentamiento a muerte contra esos chicos, los cuales consiguen capturar a Steve y le torturan sin miramientos (grabándolo todo con sus teléfonos móviles simplemente porque... les mola), y obligando a Jenny a luchar por su vida y por la de su novio. Lo que se dirime en el fondo de *Eden Lake* bajo la forma de brillantes escenas de suspense es un crudo contraste social y aparentemente sin posibilidad de conciliación entre ricos y pobres. No menos interesante se revela su versión de la espléndida novela gótica de Susan Hill *La mujer de negro*, menospreciada por el mero hecho de contar con un Daniel Radcliffe recién salido de la franquicia Harry Potter en el papel protagonista, en la cual Watkins combina los elementos góticos de la escenografía con un tratamiento fotográfico de tonos azulados y grises de estética muy contemporánea. No cuesta demasiado ver en el film un homenaje a la estética de la Hammer, no por casualidad coproductora; pero Watkins sabe respetar la tradición y, al mismo tiempo, subvertirla mediante una planificación llena de "sustos" (quizá demasiados), dando pie a magníficos momentos. Tampoco cuesta demasiado ver en *La mujer de negro* una nueva mirada sobre la monstruosidad agazapada en el seno de las clases sociales marginales de la Gran Bretaña que constituía el eje de *Eden Lake*.

– Tom Shankland, quien a pesar de haber firmado hasta la fecha dos películas excelentes, *WAZ* (*WAZ/w Delta z*, 2007) y *The Children* (2008), sigue sin tener el reconocimiento que se merece. Inicialmente inscrita en la línea de *psycho-killers* "creativos" puesta de moda por dos famosos *thrillers* estadounidenses, *El silencio de los corderos* (*The Silence of the Lambs*, 1990) y *Seven* (ídem, 1995), *WAZ* documenta la investigación que lleva a cabo un veterano inspector de policía (Stellan Skarsgard) y una compañera más inexperta (Melissa George) sobre una serie de macabros asesinatos, los cuales no son sino las pistas que va dejando tras de sí una mujer sedienta de venganza (Selma Blair), cuyo propósito final no es sino obligar al detective a confesar sus secretos más oscuros... Sórdida y agobiante, *WAZ* adopta los modos del *thriller* de asesinos en serie para terminar erigiéndose en una aguda indagación sobre la fragilidad de las convenciones sociales (en este caso, la respetabilidad de la policía), algo en lo cual Shankland ahondaría todavía más en su siguiente trabajo, *The Children*. El carácter subversivo de esta última se hace palpable en cuanto ataca de frente uno de los más grandes tabúes de la sociedad contemporánea: la inocencia de la infancia. La trama gira alrededor de la reunión de Nochevieja, en una casa de campo rodeada por el bosque y la nieve, de dos matrimonios, casi todos ellos padres de niños pequeños de entre 6 y 8 años. De forma paulatina, los niños irán siendo víctimas de una invisible dolencia que les conduce...a asesinar a sus padres. Más allá de su condición de efectivo cuento de miedo, con su trasgresión de los valores morales y éticos preestablecidos en torno a la relación entre adultos y niños como telón de fondo, resulta excepcional el cuidado suspense del cual hace gala el realizador. Al contrario que *WAZ*, que funcionaba más bien por impregnación, *The Children* descarga buena parte de su enorme eficacia en detalles que van llenando la pantalla de crispación y turbiedad.

– Christopher Smith (n. 1970), el desigual pero atractivo firmante de, por un lado, un par de producciones de poco interés, *Creep* (ídem, 2004) y *Desmembrados* (*Severance*, 2006), pero también de otras dos, por el contrario, notabilísimas, *Triangle* (2009) y *Black Death* (2010). En *Triangle*, Jess (Melissa George) y los otros tres supervivientes del naufragio de un yate abordan un enorme barco de pasajeros. Sorprendentemente, no hay a nadie a bordo. De pronto, un misterioso matarife, tocado con una grotesca capucha, les ataca; solo Jess sobrevive. Pero nada es lo que parece a simple vista... *Triangle* es un film tenso y sugestivo, que sabe construir de manera sutil e inteligente una elaborada sinfonía de horrores que obliga al espectador a replantearse constantemente lo que está viendo. Smith sabe mantener en todo momento una sugerente ambigüedad, de tal manera que, llegados a determinado punto del relato, resulta lícito para el espectador el cuestionarse seriamente si lo que está viendo es realmente lo que está ocurriendo, o más bien todo se trata de una alucinación producto de una mente delirante. Más extraño resulta, por atípico e inesperado, *Black Death*, dado que combina el cine fantástico con el de aventuras medievales, en un conjunto abigarrado, violento y denso. Ambientada en la Inglaterra medieval, en plena época de la peste bubónica (la "muerte negra" a la que se refiere su título), narra las peripecias de un joven monje (Eddie Redmayne) obligado a abandonar la vida monacal y unirse un grupo de mercenarios comandados por Ulric (Sean Bean), quienes se dedican a recorrer las aldeas buscando a brujas y herejes, para torturarles hasta hacerles "confesar"

Hijos de los hombres, notable relato de anticipación de Alfonso Cuarón.

y luego ejecutarles. Todos ellos van a parar a una aldea aparentemente idílica, en realidad dominada por un feroz culto pagano, lo cual convierte a *Black Death* en una rara mezcla de la excelente película de James Clavell *El último valle* con la famosa *The Wicker Man*. La tonalidad del relato está teñida de rabia y amargura, de forma que todas las acciones de los personajes están motivadas por una furiosa reacción hacia un mundo que tan solo parece conocer la pobreza, el hambre y la enfermedad. La notable atmósfera del film se sostiene en una heterodoxa puesta en escena, que combina la brusquedad de las escenas rodadas cámara en mano, sobre todo los momentos de acción, con otros alucinógenos, en la frontera misma de lo irreal.

– El recién llegado Ben Wheatley, que al cierre de este volumen ha logrado una incipiente pero considerable reputación gracias a *Kill List* (2011) y *Turistas* (*Sightseers*, 2012).

Curiosamente, a pesar de que, dentro del género fantástico en sentido amplio, la modalidad del terror es la que ha conseguido aupar a un mayor número de nuevos realizadores, acaso sea en la otra gran modalidad del género, la ciencia-ficción, donde el cine británico actual ha logrado unos resultados más interesantes a nivel general, tanto a nivel cinematográfico como en lo que se refiere a la "britanidad" de los productos más logrados al respecto, a pesar o con independencia de que uno de los mejores, *Hijos de los hombres* (*Children of Men*, 2006), esté firmado por un realizador de nacionalidad mexicana, Alfonso Cuarón, quien ha demostrado reiteradamente su interés hacia la cultura británica: en su primer trabajo para la cinematografía estadounidense, *A Little Princess* (1995), adaptó una novela de Frances Hodgson Burnett, y también con capital norteamericano versionó libremente la novela de Charles Dickens *Grandes esperanzas* (*Great Expectations*, 1998), además de dirigir la tercera entrega de la serie

Harry Potter. En *Hijos de los hombres*, adaptación de la novela de P.D. James publicada en España como *Hijos de hombres*, Cuarón consiguió una de sus mejores películas mediante una vigorosa recreación "distópica" de Gran Bretaña en el año 2027: una sociedad al borde del colapso como consecuencia de un desastre mundial –la ausencia de natalidad: al principio del relato, los medios de información anuncian la fatídica muerte prematura del último niño nacido en el planeta dieciocho años atrás–, lo cual da pie a la brillante visualización de una nación más convulsa, inestable, insatisfecha y violenta que nunca, la cual se nos aparece marcada a fuego con uno de los lemas del movimiento punk: "no future". Dejando aparte, sin despreciarlo, el virtuosismo de muchas de sus secuencias (los planos-secuencia del clímax en el barrio obrero asaltado por el ejército donde se producirá el nacimiento casi milagroso del primer bebé en casi veinte años), *Hijos de los hombres* resulta asimismo una interesantísima película desde el punto de vista de su "britanidad", la cual va desde el acierto de la elección de los ambientes en los que se desarrolla la acción, que combina los ambientes urbanos de un Londres que parece estancado en la época del Op Art con los "típicos" paisajes de la campiña inglesa (la casa donde vive el personaje encarnado por Michael Caine), y la pertinencia de su reparto, en el cual su protagonista, Clive Owen, y el mencionado Caine contrastan a su vez con la presencia de la actriz norteamericana Julianne Moore, una consecuencia de la coproducción con los Estados Unidos en la financiación del film, encarnando al personaje que se opone a los otros dos. Desde la perspectiva de esa misma "britanidad", no hay que echar en saco roto la influencia sobre el actual cine de ciencia-ficción *made in the UK* de un par de películas parcialmente británicas, tal es el caso de la ya mencionada de Paul W.S. Anderson *Resident Evil*, según el célebre videojuego homónimo de zombis (o "infectados") creado por Bio Hazard; y, en particular, la excelente coproducción con los Estados Unidos *V de Vendetta* (*V for Vendetta*, 2005), escrita y producida (y parece ser que parcialmente dirigida) por los norteamericanos Lana y Andy Wachowski y realizada por el australiano James McTeigue a partir de la mítica novela gráfica de Alan Moore (no acreditado) y David Lloyd, cuya acción transcurre en una Gran Bretaña convertida en una dictadura orwelliana; influencia, la de esta última, particularmente notoria en un título como *Franklyn* (ídem, 2008).

Nos detendremos brevemente en un par de incursiones dentro del género en su variante temática viajes espaciales, las cuales, sin ser films perfectos, son muestras valiosas de una ciencia-ficción con personalidad: *Sunshine*, realizada por Danny Boyle en 2007, y *Moon* (ídem, 2009), ópera prima del hijo de David Bowie Duncan Jones (n. 1971), quien tras la misma no tardaría en ser convocado a filas en Hollywood –*Código fuente* (*Source Code*, 2011)–. Aunque parecen producciones muy "norteamericanas" por factura visual y presencia de intérpretes estadounidenses en sus repartos (Chris Evans y Troy Garity en *Sunshine*, por más que el protagonismo recae en el irlandés Cillian Murphy y la australiana Rose Byrne; Sam Rockwell en *Moon*), ambos films se erigen en complementos de una película a la cual estéticamente recuerdan bastante, el clásico de Ridley Scott *Alien, el octavo pasajero*, con la diferencia de que, al no depender de exigencias *hollywoodienses* (por más que *Sunshine* sea una coproducción con los Estados Unidos), las dos pueden permitirse resoluciones menos convencionales. *Sunshine* es la descripción de un viaje sin retorno: un suicida periplo estelar en dirección al sol, destinado a arrojar en su núcleo un arma nuclear que lo reactivará y devolverá el calor a una Tierra al borde de la extinción, y que concluye con el éxito de la misión... y el lógico sacrificio de todos los componentes de la misma. *Moon* es la crónica de la soledad de un cosmonauta en una base minera lunar, que da un giro en su tercio final cuando el protagonista descubre que él no es más que un clon de sí mismo, condenado a repetir su rutina periódicamente cuando sea reemplazado por su nuevo clon, tal y como si viviera en un perpetuo anillo de Moebius.

Hijos de los hombres ha ejercido su influencia en el cine de ciencia-ficción rodado en Gran Bretaña hasta nuestros días, tal y como demuestran cuatro películas que, de un modo u otro, recogen la herencia del film de Cuarón en lo que se refiere a mostrar un mundo sacudido por los horrores del porvenir y a sus comentarios por la vía de lo metafórico de la sociedad de ahora y, quizá, de siempre. Nos estamos refiriendo a *Nunca me abandones* (*Never Let Me Go*, 2010), *Monsters* (ídem, 2010), *Attack the Block* (ídem, 2011) y *Dredd* (ídem, 2012). *Nunca me abandones* es una interesantísima lectura de la novela homónima de, una vez más, Kazuo Ishiguro, que plantea la dramática "distopía" protagonizada por tres jóvenes (Carey Mulligan, Andrew Garfield y Keira Knightley) condenados a morir prematuramente en un mundo que ha erradicado la enfermedad a nivel planetario desde los años cincuenta (sic), porque ellos solo son... clones: "creados" tan solo para proveer de órganos vitales frescos a pacientes necesitados de los mismos. Sensible, melancólica y bien templada dramática y narrativamente, *Nunca me abandones* sintetiza lo mejor de parte de la tradición de la cinematografía británica a pesar de estar dirigida por un norteamericano, Mark Romanek: el melodrama "de época", la crítica social y el género fantástico de perfil psicológico-metafórico.

Por el contrario, la más atípica y menos *british* es *Monsters*, relato que gira alrededor de un hombre (Scoot McNairy) y una mujer (Whitney Able); o sea, lo usual..., pero en el contexto de un planeta Tierra que seis años atrás sufrió una accidental invasión extraterrestre, ahora en parte controlada y delimitada dentro de una zona militarizada a medio camino de la frontera entre México y los Estados Unidos, en la cual el tránsito es peligroso por culpa de las gigantescas criaturas alienígenas que deambulan a sus anchas por la misma. Con todas sus irregularidades, *Monsters* es una muy apreciable parábola de ciencia-ficción, un inesperado cruce entre el cine de Winterbottom y Steven Spielberg que su guionista y director, el debutante Gareth Edwards (n. 1975), también firmante de la fotografía y los efectos visuales, resuelve con rara pericia y capacidad de sugerencia, extrayendo el máximo partido de un planteamiento sencillo y un presupuesto bajísimo (800.000 dólares).

También hay extraterrestres en *Attack the Block*, los mismos que invaden por sorpresa un barrio cochambroso de la zona sur de Londres, y a los cuales hacen frente un grupo de jóvenes que esperaba darse de hostias con una pandilla rival en vez de con invasores del espacio. Dinámica y divertida, la ópera prima de Joe Cornish (n. 1968), parcialmente apadrinada por el aquí productor ejecutivo Edgar Wright (lo cual quizá explica la presencia de Nick Frost en un papel secundario), es un producto más profundo de lo que su ligera apariencia pueda dar a entender, revelándose una producción deudora, por un lado, del espíritu de cineastas norteamericanos como Walter Hill y John Carpenter, pero también como una obra netamente británica, en el mejor sentido de la expresión, en lo que se refiere a su sentido del humor y su buena captación de los ambientes suburbanos y la población multiétnica que los habita en la actualidad, en lo que puede verse un guiño irónico a la tradición realista de Loach y Leigh. Pero acaso la más agresiva y radical de estas propuestas metafóricas sea *Dredd*, una inesperadamente lograda nueva mirada sobre el Juez Dredd, personaje del cómic creado por el guionista estadounidense John Wagner y el dibujante español Carlos Ezquerra que ya había conocido una primera (y mediocre) adaptación –*Juez Dredd* (*Judge Dredd*, 1995)–, la cual, a partir de un libreto del escritor y guionista londinense Alex Garland –un habitual del cine de Danny Boyle: *La playa* (según su novela homónima), *28 días después*, *Sunshine*–, ofrece una violentísima y claustrofóbica fantasía "distópica" que, por medio de la acción policial del implacable Juez Dredd (Karl Urban) en pos de la perturbada jefa de una organización criminal (Lena Headey), dibuja, con gran solvencia por parte del realizador Pete Travis –quien nos brindó un telefilm estrenado en cines en España, *Omagh* (ídem, 2004), a modo de complemento del *Bloody Sunday* (*Domingo sangriento*) de Greengrass, y no menos magnífico que este–, y a pesar de que la acción transcurre en los Estados Unidos, un futuro en el cual intuimos de manera soterrada algunos de los rasgos que hemos perfilado a lo largo de este volumen sobre una parte de esa visión que el cine británico ha proporcionado de Gran Bretaña: una nación que, de un modo u otro, parece controlada por un soterrado poder represor digno del que enunciara admirablemente George Owell.

CINE POLICÍACO Y DE ESPIONAJE: LOS RESTOS DEL NAUFRAGIO DEL IMPERIO

El cine policíaco británico actual es un heredero directo del que, en cierto sentido, "nació" a principios de los setenta con la mejor película del irregular Mike Hodges, *Asesino implacable*, y alcanzó su primer estadio de madurez durante los ochenta, con títulos como *El largo viernes santo*, *La venganza* (*The Hit*, 1984), y *Mona Lisa*, teniendo su continuidad en la década siguiente en títulos acaso no tan famosos pero aún así no menos característicos como *Los Kray* (*The Krays*, 1990) y *El rostro* (*Face*, 1997). Desde este punto de vista, *Asesino implacable* vendría a ser el referente directo del no menos interesante film de Daniel Barber *Harry Brown* (2009), y no solo por el hecho de compartir al mismo actor protagonista, el gran Michael Caine, sino sobre todo por el hermanamiento *espiritual* que hay entre ambas producciones; en cierto sentido, *Harry Brown* sería una no-secuela de *Asesino implacable*, con un Jack Carter retirado aquí llamado Harry Brown y reconvertido en un veterano jubilado del ejército al que el asesinato de un viejo amigo de su barrio (David Bradley) a manos de una pandilla de jóvenes narcotraficantes y la impotencia de la policía impulsan a desempolvar su pistola y "hacer justicia" por su cuenta, dejando un reguero sangriento por un sórdido Londres nocturno espléndidamente fotografiado por el operador Martin Ruhe. Asimismo, y salvando las distancias (no muchas, la verdad), *El largo viernes santo* sería el faro bajo el cual se alumbran las posteriores *Los Kray* y, en particular, *Gánster No. 1* (2000); *La venganza*, el referente de *Sexy Beast* (ídem, 2000); y *Mona Lisa*, el de la producción de 2001 *My Kingdom* o de *44 Inch Chest* (2009). Existe, por tanto, una correlación que va más allá de la mera referencia cinéfila o el guiño cómplice, por más que estos últimos no sean completamente descartables en el contexto posmoderno que domina la cinematografía mundial. Se trata más bien de la constitución y el reforzamiento de una "nueva" tradición, en cuanto viene a substituir a la "vieja" del policíaco británico de los años cincuenta (la de *El farol azul*, para entendernos), en virtud de la cual la figura del delincuente vuelve a adquirir protagonismo en detrimento de la del policía, y se acentúa más que nunca el origen social del delito, de tal manera que los sórdidos ambientes "setenteros" de *Asesino implacable* forman un todo con los de *Harry Brown*, los gánsteres de *El largo viernes santo* vendrían a ser poco más o menos los mismos de *Los Kray* y *Gánster No. 1* o los atracadores de bancos de *El rostro*, y algo parecido se da entre el criminal refugiado en España de *La venganza* (Terence Stamp) y el de *Sexy Beast* (Ray Winstone), o entre los mafiosos sentimentales y/o decadentes de *Mona Lisa* (Bob Hoskins), *My Kingdom* (Richard Harris) y *44 Inch Chest* (de nuevo Winstone).

Todo origen tiene un principio, y el cine de gánsteres británico actual "viene al mundo" a raíz de *El largo viernes santo*, excelente film de un realizador irregular y relativamente poco conocido en España, John Mackenzie, de quien cabe recordar con cierto agrado sus adaptaciones de Graham Greene –*Cónsul honorario* (*The Honorary Consul*, 1983)– y Frederick Forsyth –*El cuarto protocolo* (*The Fourth Protocol*, 1987)–, y que en *El largo viernes santo* consiguió uno de los más logrados trasplantes a una cinematografía foránea de una fórmula característica del cine negro norteamericano de los años treinta, la *crook story* ("historia de un criminal"), por medio de la descripción de la ascensión y caída de un jefe de la mafia londinense, Harold Sand (un extraordinario Bob Hoskins). Film duro, violento y espléndidamente filmado, *El largo viernes santo* supuso el debut en el cine, en un pequeño papel, del irlandés Pierce Brosnan, luego coprotagonista de *El cuarto protocolo* e intérprete de James Bond, lo cual contribuye a asentar el peso de esta película de Mackenzie dentro de la Historia del cine británico. Pero, además de recoger y ampliar cierta herencia temática de los "mafiosos de barrio" característica del policíaco británico de los años cincuenta (recuérdese *Hasta el último aliento*, de Guillermin), *El largo viernes santo* se encuentra en la base de la inspiración de interesantes aproximaciones posteriores al esquema de la *crook story*, las ya mencionadas *Los Kray* –un film del húngaro Peter Medak que reconstruye con vigor la historia real de los gemelos Ronald y Reggie Kramp (Gary y Martin Kemp, componentes del grupo musical Spandau Ballet), "reyes" de los bajos fondos londinenses durante los sesenta– y sobre todo *Gánster No. 1*, esta particularmente significativa dentro del policíaco británico contemporáneo. Realizada por el escocés Paul McGuigan (n. 1963), cuya posterior carrera a caballo de Gran Bretaña y los Estados Unidos no ha vuelto a gozar de tanto interés como el demostrado en su segundo largometraje –con la relativa excepción de la coproducción con España *El misterio de Wells* (*The Reckoning*, 2003)–, *Gánster No. 1* tiende un simbólico y efectivo puente generacional entre el cine británico en general y el policíaco en particular de las décadas de los sesenta y del dos mil, a través de la crónica de la ascensión dentro del mundo del hampa de un mafioso sin nombre, encarnado en su madurez por el veterano Malcolm McDowell y en su juventud por el ascendente Paul Bettany, en un relato estilizado y a base de *flashbacks* que contrasta el colorido pop "sesentero" del pasado con los tonos ocres, sórdidos y oscuros del presente de un hombre al borde mismo de la locura tras años de ejercer una violencia indiscriminada.

Gánster No. 1 partía, por cierto, de la obra de teatro homónima de Louis Mellis y David Scinto, asimismo guionistas de otro policíaco del mismo año, y no menos valioso: *Sexy Beast*. Ya hemos mencionado que esta última recoge parcialmente un concepto ya expuesto por Stephen Frears en una mencionada y estimable película de su etapa

Una buena muestra del policíaco británico moderno: *Sexy Beast*, de Jonathan Glazer.

pre-Thatcher, *La venganza*; no olvidemos, a fin de cuentas, que la añeja ópera prima de Frears para el cine también era un policíaco, *Detective sin licencia*. *La venganza* describía las peripecias de dos matones (John Hurt y Tim Roth) que viajan a España para encontrar y traerse consigo a un traidor (Terence Stamp); *Sexy Beast* presenta a un mafioso que vive retirado en su chalet malagueño, hasta que un gánster (Ian McShane) le envía a un sicario de confianza (Ben Kingsley) para que le pida participar en un último "golpe"... Reputado director de videoclips, Jonathan Glazer (n. 1965) firmó aquí un atractivo debut en el cine que sabe renovar las formas del género pero respetando el espíritu del mismo, mediante toques de estética moderna bien dosificados y en combinación con el espléndido recitado de sus grandes intérpretes, con resultados de elevada intensidad dramática; por ahora, el posterior trabajo de Glazer para el cine no ha tenido la misma altura: *Reencarnación* (*Birth*, 2004), extraño melodrama con toques pseudo-fantásticos, es un desastre absoluto.

Neil Jordan, con su sicario (el siempre extraordinario Bob Hoskins) patéticamente enamorado de la prostituta (Cathy Tyson) a la que le hace de chófer siguiendo órdenes de su agresivo jefe (Michael Caine), logró con *Mona Lisa* introducir en el cine policíaco británico un determinado tono melodramático y al mismo tiempo cotidiano (tal y como ya había ensayado en *Danny Boy*, y como asimismo lo lograría en el cine fantástico con *En compañía de lobos*, *Entrevista con el vampiro* y *Byzantium*), que ha tenido cierta continuidad en títulos apreciables por más que, todo hay que decirlo, de menor calado, tal es el caso de *My Kingdom* (una adaptación de *El rey Lear* a ambientes mafiosos) o *44 Inch Chest*, de nuevo con guión de Mellis y Scinto, en torno al "juicio sumarísimo" en un sótano de los suburbios que sufre un camarero francés (Melvil Poupaud) a manos de un puñado de "mafiosos de barrio" (Ian McShane, John Hurt, Tom Wilkinson y Stephen Dillane), instigados por un colega (Ray Winstone) que acaba de descubrir que el desdichado era el amante de su esposa (Joanne Whalley).

Dejando aparte los perniciosos daños colaterales de la influencia del cine de Quentin Tarantino, perceptibles en el cine del inefable Guy Ritchie o en otros *thrillers* británicos y/o irlandeses con tendencia a la "violencia divertida" –por ejemplo, *Perrier's Bounty* (2009)–, dentro del policíaco británico actual ha habido espacio tanto para las pequeñas producciones, bastantes de las cuales no han llegado a rebasar las fronteras de Gran Bretaña –*Christie Malry's Own Double-Entry* (2000), *American Cousins* (ídem, 2003), *London to Brighton* (2006), *Rollin' with the Nines* (2006), *Shifty* (2008), *Retreat* (2011)– como para las incursiones "de autor": Stephen Frears, en 2002, con *Negocios ocultos*; de forma inesperada, el canadiense David Cronenberg, con la interesante y atípica *Promesas del este* (*Eastern Promises*, 2007); más sorprendentemente todavía, el norteamericano Woody Allen, quien ha rodado bajo pabellón financiero británico varios de sus últimos largometrajes –el magnífico drama arribista *Match Point* (ídem, 2005), la mediocre comedia de enredo *Scoop* (ídem, 2006) y el excelente relato coral *Conocerás al hombre de tus sueños* (*You Will Meet a Tall Dark Stranger*, 2010)–, llevó a cabo una valiosa aportación al género con la menospreciada y a pesar de todo estupenda *El sueño de Cassandra* (*Cassandra's Dream*, 2007); el también estadounidense William Monahan, con la digna *London Boulevard* (ídem, 2010); Danny Boyle, con la apreciable *Trance* en 2013… Todas las producciones citadas en este apartado, desde las más importantes hasta las más humildes, reinciden en centrar su atención en la figura del delincuente, de manera que la figura del policía entendido "a la inglesa", como representante de un estado "parapolicial" en la práctica por más que en teoría no lo sea, parece haberse desplazado al género fantástico (recuérdese *Dredd*).

Un género estrechamente relacionado con el policíaco, el de espionaje o "de espías", es otro que ha proporcionado a la cinematografía británica de estos últimos años algunos de sus mejores títulos. Dejando aparte la serie Bond, que siempre se ha situado en una borrosa zona entre el relato de espionaje, de aventuras y ciencia-ficción, y por más que durante la década de los 80 se llevaron a cabo diversos esfuerzos en la materia protagonizados por un Michael Caine a la sombra de su caracterización como Harry Palmer, si bien de irregular valor –*El hombre rompecabezas* (*The Jigsaw Man*, 1984), *La sombra del delator* (*The Whistle Blower*, 1986) y la ya citada (y acaso la mejor del lote) *El cuarto protocolo*–, una vez llegados a los dos mil hay cuanto menos tres películas que merecen una especial consideración, sobre todo la tercera de ellas: *El sastre de Panamá* (*The Tailor of Panama*, 2001), *El jardinero fiel* (*The Constant Gardener*, 2005) y *El topo* (*Tinker Taylor Soldier Spy*, 2011). Significativamente, estos tres films aparecen coincidiendo en orden cronológico con momentos delicados de la historia reciente: 1) el cambio de milenio y todas sus promesas de una renovación planetaria a mejor, optimismo que en *El sastre de Panamá* está seriamente puesto en cuestión mediante una intriga que pone de relieve que las fronteras entre los países y sus intereses egoístas están más cerrados que nunca; 2) el giro radical de la situación mundial tras los atentados de Nueva York el 11 de Septiembre de 2001, dejándonos un planeta en el que multiculturalidad y globalización equivalen más bien a monopolio sin escrúpulos y capitalismo sin entrañas, tal y como se intuye tras la intriga que sostiene *El jardinero fiel*; y 3) la crisis económica pero también de valores morales y éticos del momento actual, reflejada paradójicamente en un relato, el que se narra en *El topo*, que transcurre a principios de los años setenta, a modo de espejo deformante y premonitorio que indica dónde se cocieron muchos de los males de la actualidad. No casualmente, las tres películas parten de sendas novelas de John le Carré, un veterano de la literatura de espionaje en cuya obra se refleja perfectamente esa evolución entre lo antiguo y lo moderno: las convulsiones sufridas por el mundo antes y después de la Guerra Fría.

El sastre de Panamá es un irónico relato de espionaje cuya trama gira alrededor de un sastre (Geoffrey Rush) que es "reclutado" para llevar a cabo una misión de espionaje para la corona inglesa por un cínico funcionario, encarnado no por casualidad por un Pierce Brosnan que en el momento de la realización de este film todavía se hallaba incurso en la serie Bond, lo cual añade mordacidad adicional al conjunto. Resuelta mediante una rara combinación de elegancia visual y excéntrico sentido del humor (el cual incluye extrañas apariciones fantasmales imaginarias a cargo del difunto tío del protagonista, interpretado por ¡Harold Pinter!), *El sastre de Panamá* es el mejor trabajo del veterano John Boorman de sus últimos años junto con *The General (El gene-*

El topo, gran adaptación de John le Carré a cargo del sueco Tomas Alfredson.

ral), muy por encima de sus fallidas *Más allá de Rangún* (*Beyond Rangoon*, 1995) y *Un país en África* (*Country of My Skull*, 2004). No menos importante resulta *El jardinero fiel*, en la que un médico (Ralph Fiennes) investiga las misteriosas circunstancias que condujeron a la muerte a su pareja, una activista (Rachel Weisz), en el norte de Kenia, descubriendo una inhumana conspiración instada por una multinacional farmacológica. Un *thriller* que, como viene siendo habitual en él, el excelente y en ocasiones menospreciado cineasta brasileño Fernando Meirelles resuelve mediante su sensitivo estilo visual, mezclando sensualidad y aspereza con energía y sensibilidad. Precisamente Meirelles es el firmante de otra de las mejores producciones en las que haya intervenido capital británico en estos últimos años: el drama con elementos de intriga policíaca *360: Juego de destinos* (*360*, 2011), en el cual el cineasta va creando algo parecido a distintos "niveles de realidad" dentro de una misma trama coral, manteniendo un elegante control sobre las pulsaciones dramáticas del argumento mediante una planificación en la que casi cada cambio de plano aporta datos adicionales o diversas sugerencias sobre la psicología de los personajes, cuando no ofrece bonitos encadenados entre secuencias que nos trasladan de un país a otro, de un personaje a otro, en un conjunto que atesora la rara virtud de no resultar ni artificioso ni chirriante aún partiendo de semejante planteamiento. Llama la atención que esta forma de narrar, unida al carácter "internacional" de un relato que se desarrolla a caballo de París, Viena,

Rusia y los Estados Unidos, tiene la virtud de atesorar un raro equilibrio entre lo general y lo colectivo, lo universal y lo intimista, de manera que cada personaje es él y su propio mundo sin por ello dejar de responder a unos determinados arquetipos que sintetizan con carácter general la tragicomedia de la existencia humana

No obstante, y regresando al terreno del género de espionaje, la mejor película del período es sin duda alguna *El topo*, una (otra) obra maestra realizada por Tomas Alfredson, cineasta sueco justamente afamado gracias al extraordinario film fantástico *Déjame entrar*. No cuesta demasiado ver un paralelismo entre la niña vampiro de *Déjame entrar* y los espías protagonistas de *El topo*. Tanto una como otros son como parias de la sociedad que se "alimentan" de los "residuos" del sistema, la primera de seres humanos pertenecientes a las capas sociales más bajas (o consideradas como tales), y que, por tanto, nadie echa en falta si desaparecen; y los segundos, de los secretos, ergo, las bajezas y miserias del prójimo.

Tampoco resulta casual, en este sentido, que la pequeña vampiresa de *Déjame entrar* y los espías de *El topo* compartan no solo una existencia solitaria y, hasta cierto punto y paradójicamente, aburrida (beber la sangre y/o revolver la mierda de los demás deviene tedioso cuando se hace a diario); sino que, también, son personajes con una limitadísima vida personal al margen de sus, digamos, "ocupaciones": los espías de *El topo* son, asimismo, seres a los cuales la soledad, el aislamiento y la escasez de afecto les resultan familiares: George Smiley (Gary Oldman) todavía suspira en silencio por su esposa, que le abandonó tiempo atrás y después de haberle sido infiel (primera traición); hay un extraño vínculo emocional, acaso homosexual, entre Bill Haydon (Colin Firth) y Jim Prideaux (Mark Strong), que el primero se encarga de romper con sus actos (segunda traición); tras años y años de servicio leal y entregado, un solo error le basta a Control (John Hurt) para poner fin a su carrera en el MI-5 (tercera traición); Peter Guillam (Benedict Cumberbatch) lleva a escondidas su relación amorosa con otro hombre (cuarta traición, en este caso a sí mismo); Ricki Tarr (Tom Hardy) es acusado por sus superiores de ser un agente doble: un "topo" (quinta traición); Toby Esterhase (David Dencick) acabará arruinando la carrera de Percy Alleline (Toby Jones) con su indiscreción (sexta traición); Prideaux rechaza el afecto que le profesa un niño que acude a visitarle con frecuencia a su caravana (séptima traición). La traición, y todo lo que comporta (la mentira, el engaño, la falsedad de las apariencias), es la moneda de uso corriente entre los protagonistas de *El topo*. Alfredson despliega aquí una fascinante puesta en escena que podría compararse, fácilmente, con la estrategia de un jugador de ajedrez.

La sobriedad de la realización se ajusta al tono frío, aparentemente desapasionado pero muy turbulento que se agita en su interior. Una sobriedad hiriente, que se muestra atenta a gestos y miradas, y que brilla en grandes secuencias de "suspense" (el magnífico tiroteo callejero en Budapest; el extraordinario momento en que, cumpliendo órdenes de Smiley, el joven Guillam sustrae documentos secretos del archivo escondiéndolos en su maletín), y en la densidad de los encuadres y la fuerza dramática de los detalles.

FINAL DE TRAYECTO: JAMES BOND, HARRY POTTER Y EL FUTURO DEL CINE BRITÁNICO

No deja de resultar chocante que las dos mayores franquicias del actual cine británico, la longeva y todavía abierta de James Bond y la más reciente pero por el momento cerrada de Harry Potter, pasen por ser producciones *made in USA* en buena parte del inconsciente colectivo mundial, cuando en puridad de conceptos ambas son de lo más británicas, entendiendo asimismo "lo británico" en su sentido más popular. Puede que ello se deba a que, al cierre de este volumen, las series Harry Potter y James Bond siguen estando consideradas la primera y segunda más rentables de la historia del cine vistas en su globalidad, con cifras en dólares que a mediados de agosto del año 2013 todavía eran del orden de los 7.723.431.572 para la saga Harry Potter (lo cual arroja una media de 965.428.947 por cada uno de los films de la serie) y de 6.159.601.036 para la del agente 007 (con una media de 246.384.041 por cada una de las películas que la componen)[2].

Pero a pesar o casi con independencia de su coproducción con Hollywood de cara a afrontar sus elevadísimos costes de producción, los films de la saga Bond han seguido siendo un producto *nacional*, sin que esa "britanidad" se haya visto alterada ni por el hecho de que sus actuales productores, el matrimonio formado por Barbara Broccoli (n. 1960) y Michael G. Wilson (n. 1942), no sean de nacionalidad británica, al igual que tampoco lo eran los productores originales de la saga (Barbara, hija de Albert R. Broccoli, y Wilson, son norteamericanos), o a pesar de que tampoco lo sean algunos de los últimos guionistas de la franquicia, caso del guionista y realizador canadiense Paul Haggis o el estadounidense John Logan.

Sin por ello echar en saco roto la decisiva intervención en materia financiera de una *major* de Hollywood tan importante como Warner Bros., la franquicia de Harry Potter debe no ya su existencia sino incluso su indiscutible carácter británico a la labor del londinense David Heyman (n. 1961), quien en 1997 fundó la productora Heyday Films con la única finalidad de llevar al cine las famosísimas novelas sobre el joven mago escritas por J.K. Rowling, dando pie a una exitosa saga fílmica que adapta los siete libros escritos por esta novelista en ocho largometrajes, dado que la séptima novela fue dividida en dos partes. A pesar de las variadas nacionalidades y personalidades de los realizadores puestos al frente de la franquicia [3], y con independencia de la irregularidad de sus resultados artísticos, es innegable que la serie Harry Potter puede verse como una festiva celebración de la cinematografía británica, en virtud principalmente del espléndido elenco de intérpretes que fue desfilando a lo largo de la serie –Richard Harris (sustituido, tras su fallecimiento en 2002, por Michael Gambon), Ralph Fiennes, Maggie Smith, Alan Rickman, Gary Oldman, Robbie Coltrane, Helena Bonham Carter, David Thewlis, Brendan Gleeson, John Hurt, Jim Broadbent, Emma Thompson, Timothy Spall, Jason Isaacs, Kenneth Branagh, Julie Walters, Miranda Richardson, Imelda Staunton, Richard Griffiths, Rhys Ifans, John Cleese, Bill Nighy, Ian Hart, Fiona Shaw–, pero también por la participación del extraor-

Daniel Craig, actual intérprete de James Bond 007, en *Skyfall*.

La serie *Harry Potter*, la franquicia británica más comercial de todos los tiempos.

dinario diseñador de producción Stuart Craig (n. 1942), y esporádicamente, el director de fotografía Roger Pratt (n. 1947) y el compositor escocés Patrick Doyle.

En estos momentos, la industria del cine británico se encuentra, una vez más, sometida a los vaivenes creados por las exigencias del público y su preferencia general hacia el cine norteamericano y las directrices políticas de unos gobiernos que tratan de encontrar la fórmula mágica para favorecer la producción de films nacionales sin que ello repercuta en exceso en el erario público y estableciendo unos mínimos mecanismos de control que no vaya en detrimento de la libertad de expresión artística de los creadores. En 2000, el gobierno laborista de Tony Blair puso en marcha la creación del efímero The UK Film Council (UKFC), organismo administrativo independiente destinado al desarrollo y promoción del cine británico financiado desde instancias tales como The National Lottery, cuyo logo aparece con frecuencia en muchas producciones cinematográficas británicas de estos últimos años: el 1 de abril de 2010, cuando ya empezaban a circular informaciones sobre el posible cierre del UKFC, pronto consumado, se hacía público que la National Lottery había repartido desde el inicio de la actividad del organismo y hasta ese momento la friolera de 160 millones de libras esterlinas entre 900 películas[4]. Entre las actividades y departamentos del UKFC destacaban los de financiación de películas, con una media de 17 millones de libras esterlinas al año, de los cuales se beneficiaron films como *Bright Star, Fish Tank, In the Loop* y *Nowhere Boy*; el New Cinema Fund, centrado en la búsqueda de nuevos talentos; el Premiere Fund, que destinaba unos 8 millones de libras a la promoción del cine británico en el extranjero; y la Office of the British Film Commissioner, que ofrecía facilidades de producción a las películas extranjeras que se ruedan en Gran Bretaña; el UKFC tenía, asimismo, competencias en materia de distribución y exhibición, educación, estimulación del cine regional –por medio del Regional Investment Fund for England (RIFE)–, e investigación y fomento de la cultura cinematográfica a través del célebre British Film Institute (BFI), fundado en 1933.

No obstante, el 26 de julio de 2010 el gobierno liberal-conservador presidido al cierre de este volumen por David Cameron anunciaba la necesidad de abolir el UKFC, cierre que se hizo efectivo el 31 de marzo del año siguiente, traspasando todas sus funciones al BFI, a pesar de las protestas en contra de personalidades del cine británico como James McAvoy, Emily Blunt, Pete Postlethwaite, Damian Lewis, Timothy Spall, Ian Holm, el realizador Daniel Barber e incluso el actor y cineasta norteamericano Clint Eastwood, y de que, según la mencionada información difundida el 1 de abril de 2010, "el presupuesto anual íntegro del UKFC es de unos 3 millones de libras, mientras que el coste de cerrarlo y reestructurarlo se estima que podría ser hasta cuatro veces esa cantidad"[5]. Otros argumentos a favor de la rentabilidad del UKFC y en contra de la opinión del gobierno se vertieron en función de los beneficios obtenidos gracias al éxito internacional de *El discurso del rey*: con un presupuesto estimado en 15 millones de dólares, la película recaudó 235 millones en todo el mundo, de los cuales 1.6 millones, un 34% de los beneficios netos, regresaron al UKFC[6]. Posteriormente, David Cameron desató otra polémica al sugerir que el dinero de la National Lottery podría invertirse no solo en la producción de films minoritarios, sino también en aquellas superproducciones que tengan participación británica y con potencialidad de ser grandes éxitos de taquilla, aunque su capital mayoritario pueda ser procedente de otras naciones con industrias cinematográficas más poderosas, como por ejemplo la norteamericana o la japonesa, lo cual podría tener beneficiosos efectos dinamizadores y emprendedores para la industria del cine británico, pero también generar una dinámica que priorizara la superproducción en perjuicio de la inversión en cine "pequeño"[7]. El tiempo lo dirá.

Pese a todo lo afirmado, ¿cuáles son las perspectivas de futuro del cine británico? Infinitas. Tal y como ha quedado reflejado en las líneas precedentes, esta cinematografía sigue haciendo gala de la creatividad, sentido de la observación crítica, refinada estética, ansiedad experimental e inquietud artística que ha demostrado a lo largo de toda su historia, la que hemos glosado en el presente volumen no sin cierto carácter reivindicativo, con la intención de colocarla en elevadísimo lugar que le corresponde dentro del cine mundial y del arte moderno, a despecho de prejuicios e ideas preconcebidas. Y todo eso lo ha conseguido, además, conviviendo, trampeando y en no pocas ocasiones superando sus continuas crisis económicas, una lección que en el momento presente resulta más valiosa que nunca.

NOTAS

[1] LOSILLA, Carlos. Felices dieciséis. ¿Cine para todos? Crítica publicada en Dirigido por..., núm. 320. Febrero 2003. P. 12.

[2] Información extraída de Wikipedia el 23 de agosto de 2013, sobre la base de cifras contabilizadas el 16 del mismo mes y año: http://en.wikipedia.org/wiki/List_of_highest-grossing_films.

[3] El norteamericano Chris Columbus –Harry Potter y la piedra filosofal (Harry Potter and the Sorcerer's Stone, 2001) y Harry Potter y la cámara secreta (Harry Potter and the Chamber of Secrets, 2002)–, el mexicano Alfonso Cuarón –Harry Potter y el prisionero de Azkabán (Harry Potter and the Prisoner of Azkaban, 2004)– y los británicos Mike Newell –Harry Potter y el cáliz de fuego (Harry Potter and the Goblet of Fire, 2005)– y David Yates (n. 1963) –Harry Potter y la Orden del Fénix (Harry Potter and the Order of the Phoenix, 2007), Harry Potter y el misterio del príncipe (Harry Potter and the Half-Blood Prince, 2009), Harry Potter y las Reliquias de la Muerte (Parte 1), (Harry Potter and the Deathly Hallows: Part I, 2010) y Harry Potter y las Reliquias de la Muerte (Parte II)–.

[4] Información publicada en la fecha señalada en el periódico The Guardian.

[5] Ibídem, nota 5.

[6] "King's Speech: BFI gets king's ransom?". Screen Focus, 24 de febrero de 2011.

[7] PULVER, Andrew. "UK film-makers divided on David Cameron's support for box-office hits". The Guardian, 12 de enero de 2012.

BIBLIOGRAFÍA

OBRAS GENERALES SOBRE HISTORIA DEL CINE BRITÁNICO

– ADAIR, Gilbert y RODDICK, Nick. *A Night at the Pictures. Ten Decades of British Film*. Columbus Books / The British Film Year. Londres, 1985.

– ARMES, Roy. *A Critical History of British Cinema,* Oxford University Press, New York, 1978.

– ASHBY, Justine y HIGSON, Andrew (editores). *British Cinema, Past and Present*. Routledge. Londres, 2000.

– BARROSO, Miguel Ángel. *Las 100 mejores películas británicas de la historia del cine*. Cacitel, S.L. Madrid, 2010.

– BETTS, Ernest. *The Film Business. A History of British Cinema, 1896-1972*. George Allen & Unwin Ltd. Londres, 1973.

– BUTLER, Ivan. *Cinema in Britain. An Illustrated Survey*. A.S. Barnes and Company. Londres-Nueva York, 1973.

– CORNUT-GENTILLE D'ARCY, Chantal. *El cine británico de la era Thatcher. ¿Cine nacional o "nacionalista"?* Prensas Universitarias de Zaragoza, 2006.

– CHIBNALL, Steve. *"QUOTA QUICKIES"- The Birth of the British 'B' Film*, BFI, Londres, 2007.

– CROSS, Robin. *The Big Book of British Films*. Charles Herridge Ltd. / Sidwick & Jackson. Devon-Londres, 1984.

– DICKINSON, Margaret (editora). Rogue Reels: Oppositional Film in Britain, 1945-90. BFI. Londres, 1999.

– DICKINSON, Margaret y STREET, Sarah. *Cinema and State. The Film Industry and the Government 1927-84,* BFI, Londres, 1985

– DURGNAT, Raymond. *A Mirror for England-British Movies from Austerity to Affluence,* Faber and Faber, Londres, 1970.

– FRIEDMAN, Lester (editor), *Fires Were Started: British Cinema and Thatcherism*. University of Minnesota Press, 1993.

– HIGSON, Andrew. *Waving the Flag, Constructing a National Cinema in Britain*. Clarendon Press, Oxford, 1997.

– HILL, John. *British Cinema in the 1980s*. Clarendon Press-Oxford, 1999.
– HILL, John. *Sex, Class and Realism. British Cinema 1956-1963*. BFI Publishing, 1986.
– LANDY, Marcia. *British Genres, Cinema and Society 1930-1960*, Princeton University Press, Princeton, 1991.
– LEACH, Jim. *British Film*. Cambridge University Press, 2004.
– LEFEVRE, Raymond y LACOURBE, Roland. *30 ans de cinéma britannique*. Éditions Cinéma 76. París, 1976.
– LEGGOT, James. *Contemporary British Cinema. From Heritage to Horror*. Wallflower. Londres-Nueva York, 2008.
– LOVELL, Alan y HILLIER, Jim. *Studies in Documentary*. The Viking Press. Nueva York, 1972.
– McFARLANE, Brian. *The Encyclopedia of British Film*. BFI-Methuen, 2003.
– MURPHY, Robert. *Realism and Tinsel. Cinema and Society in Britain 1939-49*, Routledge, Londres, 1992
– MURPHY, Robert (editor). *The British Cinema Book*. Tercera edición: 2009. British Film Institute, 1997.
– MURPHY, Robert (editor). *British Cinema of the 90s*. BFI Publishing, 2000.
– OACKLEY, C.A.. *Where We Came In. Seventy Years of the British Film Insdustry*. George Allen & Unwin Ltd. Londres, 1964.
– PARK, James. *Learning to Dream. The New British Cinema*. Faber & Faber. Londres-Boston, 1984.
– PARK, James. *British Cinema:the light that failed*, Batsford, Londres, 1990
– PERRY, George. *The Great British Picture Show. From the 90s to the 70s*. Hart-Davis, MacGibbon Ltd. Londres, 1974.
– PILARD. Philippe. *El cine británico*. Acento Editorial. Madrid, 1998.
– PILARD. Philippe. *Le nouveau cinéma britannique 1979-1988*. 5 Continents – Hatier Renens, 1989.
– STREET, Sarah. *British National Street*. Routledge. Londres-Nueva York, 1997.
– VV.AA. *The Once & Future Film. British Cinema in the Seventies and Eighties*. Methuen. Londres, 1985.
– WALKER, Alexander. *National Heroes. British Cinema in the Seventies and Eighties*. Harrap Limited. Londres, 1985.
– WINSTON DIXON, Wheeler (editor), *Re-Viewing British Cinema 1900-1992: Essays and Interviews*. State University of New York Press, 1994.

OBRAS QUE ABORDAN GÉNEROS Y OTRAS PARCELAS CONCRETAS DEL CINE BRITÁNICO

– ALDGATE, Anthony y RICHARD, Jeffrey. *Britain can take it*, Basil

Blackwell, Oxford, 1986.
– BARR Charles. *All our yesterdays 90 years of British Cinema*, BFI, Londres, 1986
– BARR, Charles. *Ealing Studios*, StudioVista, Londres, 1993
– BOOT, Andy. *Fragments of Fear. An Illustrated History of British Horror Films*. Creation Books. Londres-San Francisco, 1996.
– CHIBNALL, Steve y McFARLANE, Brian. *The British "B" Film*. BFI – Palgrave McMillan. Londres, 2009.
– CORRAL, Juan M. *Los estudios Ealing- Comicos a Go-Go*, TB editores, Madrid, 2005
– COULTASS, Clive. *Images for Battle: British Film and the Second World War 1939-1945*, Associate University Press,Londes -Toronto,1989
– HACKER y PRICE. *Take Ten: Contemporary British Film Directors*. Oxford University Press, 1991.
– HARPER, Sue. *Picturing the Past: The Rise and Fall of the British Costume Film*, BFI, Londres, 1994,
– HARPER, Sue. *Women in British Cinema, Mad, Bad and Dangerous to Know*, Continuum, Londres-Nueva York, 2000.
– KORTE, Barbara y STERNBERG, Claudia. *Bidding for the Mainstream? Black and Asian British Film since the 1990s*. Rodopi. Ámstardam-Nueva York, 2004.
– LATORRE, José María. *El cine fantástico*. Libro Dirigido, Serie Mayor, nº 5. Publicaciones Fabregat. Barcelona, 1987.
– LOW, Rachael. *Film Making in 1939s Britain*, Allen & Unwin, Londres, 1985.
– MATTHEW St. PIERRE, Paul. *Music hall mimesis in British film 1895-1960: on the halls on the screen*, Associated University Press, NJ,200
– MEIKLE, Denis. *A History of Horrors. The Rise and Fall of the House of Hammer*. The Scarecrow Press, Inc. Lanham, Md., & London, 1996.
– PALACIOS., Jesús (ed.) *Euronoir- serie negra con sabor europeo*, T&B. Editores, Madrid, 2006.
– O'PRAY, Michael. *Derek Jarman: Dreams of England*. British Film Institute. Londres, 1996.
– PIRIE, David. *A Heritage of Horror. The English Gothic Cinema 1946-1972*. Avon Books. Nueva York, 1973.
– RICHARDS, Jeffrey. *The Age of the Dream Palace (Cinema and society in Britain 1930-1939)*, IB Tauris, Londres, 2010.
– RICHARDS, Jeffrey. *Mass-Observation at the Movies*. Taylor & Francis, Londres, 1987.
– RICHARDS, Jeffrey, *The Unknown Cinema, An Alternative History of the British Cinema*, 1929- 1939. *I.B. Tauris* & Co, Londres,1998.
– ROBERTSON, James. *The British Board of Film Censors: Film Censorship in Britain, 1896-1950*, Croom Helm, Beckenham, 1985
– SPICER, Andrew. *Typical Men: The Representation of masculinity in popular*

British Cinema, I.B. Tauris, Londres, 2001.
- SUTTON, David. *A Chrorus of Raspberries-British Film Comedy 1929-1939*, University of Exeter Press, 2000.

OBRAS DE O SOBRE REALIZADORES Y PRODUCTORES BRITÁNICOS

- CARNEY, Ray y QUART, Leonard. *The Films of Mike Leigh: Embracing the World*. Cambridge University Press, 2000.
- ESTEVE, Llorenç. *Michael Powell y Emeric Pressburger*. Ediciones Cátedra (Grupo Anaya, S.A.). Madrid, 2002. Colección Signo e Imagen/Cineastas, núm. 55.
- FERNÁNDEZ VALENTÍ, Tomás. *David Lean, La emoción y el espectáculo*, Dirigido por, Barcelona, 2000.
- FULLER, Graham. *Loach on Loach* (editor). Faber & Faber. Londres, 1998.
- GUARINOS, Virginia. *Laurence Olivier*. Royal Books, S.L. Barcelona, 1996 (colección Cine Selección).
- HIRST, David L. (editor). *The Last of England*. Constable, 1987.
- KULIK, Karol. *Alexander Korda: The Man Who Could Work Miracles*, WH. Allen, Londres, 1975.
- LEIGH, Mike. *Naked and Other Screenplays*. Faber & Faber. Londres, 1995.
- MACDONALD, Kevin. *Emeric Pressburger. The Life and Death of a Screenwriter*, Faber and Faber, Londres, 1994.
- MACNAB, Geoffrey. *J. Arthur Rank and the British Film Industry*, Routledge, Londres, 1993.
- PORTER, Vincent y LITEWSKI, Chaim. *Carol Reed*, Festival de cine de San Sebastián, 2000
- RICHARDSON, Tony. *Long Distance Runner: A Memoir*. Faber & Faber. Londres-Boston, 1993.
- RYALL, Tom. *Anthony Asquith (British Film Makers)*-Manchester University Press,2005.
- STERN, Leslie. *The Scorsese Connection*, BFI, Londres, 1995

VV.AA. *Agent of Challenge and Defiance: The Films of Ken Loach*. Flicks Books. Trowbridge, Wiltshire, 1997.
- VV.AA. *Michael Balcon: The Pursuit of British Cinema*. The Museum of Modern Art. Nueva York, 1984.

VARIOS

- DYER, Richard. *Only Entertainment*. Routledge. Londres, Londres, 1992.
- KUHN, Annette. *Family Secrets: Acts of Memory and Imagination*. Verso. Londres, 1995.

ÍNDICE ONOMÁSTICO

Poulton, Mabel 38

ÍNDICE DE PELÍCULAS